LOGIN

전산세무 2급

김영철 지음

도서출판
어울림
www.aubook.co.kr

머리말

회계는 기업의 언어입니다. 회계를 통해서 많은 이용자들이 정보를 제공받고 있습니다. 또한 회계의 자료를 가지고 기업의 경영성과에 대하여 기업은 사회적 책임을 집니다.

이 책은 회계와 세법이론에 저자의 풍부한 실무경험을 바탕으로 하여 쓰여진 책이므로, 전산세무를 공부하고자 하는 모든 분들에게 매우 유용할 것으로 확신합니다.

회계는 매우 논리적인 학문이고, 세법은 회계보다 상대적으로 비논리적이나, 세법이 달성하고자 하는 목적이 있으므로 세법의 이면에 있는 법의 취지를 이해하셔야 합니다.

회계와 세법을 매우 잘하시려면

왜(WHY) 저렇게 처리할까? 계속 의문을 가지세요!!!

1. 회계는 이해하실려고 노력하세요.

   (처음 접한 회계와 세법의 용어는 매우 생소할 수 있습니다.

   생소한 단어에 대해서 네이버나 DAUM의 검색을 통해서 이해하셔야 합니다.)

2. 세법은 법의 제정 취지를 이해하십시오.

3. 이해가 안되시면 동료들과 전문가에게 계속 질문하십시오.

전산세무를 공부하시는 수험생들 중 대다수는 이론실력이 없는 상태에서 전산프로그램 입력연습에 너무 많은 시간을 할애합니다. 그런 수험생들을 보면 너무 안쓰럽습니다.

전산세무2급은 회계이론의 기초가 바탕이 된 상태에서 세법을 이해하셔야 합니다. 세금은 기업의 경영성과에 대한 기업의 사회적 책임입니다.

전산프로그램 입력 실기보다는 이론공부와 직접 신고서를 수기로 작성해 보십시오.

회계이론과 세법이론을 튼튼히 해야 응용력이 생깁니다. 또한, 난이도에 상관없이 자신감도 붙게 됩니다. 더더욱 고급과정에 도전할 수험생이라면 더 말할 나위없이 중요한 것이 이론 공부입니다. 그러므로 전산세무2급은 이론공부에 70%, 실기연습(특히 부가세신고서 작성 등)에 30%정도로 할애하여 공부하셔도 충분합니다.

무엇보다도 전산프로그램 입력은 단순 반복적인 작업입니다.

회계나 세법실력과 무관하나,

전산세무시험에 합격하기 위해서는 회계와 세법이론에 입각한 입력을 하셔야만 합니다.

수험생 여러분!!

　무엇보다도 이론에 힘을 쓰시고, 실기능력은 신고서 및 부속서류를 5회 정도 입력을 연습하시면 100% 합격할 것이라 확신합니다.

　전산세무 2급을 합격하시고, 세무전문가인 전산세무1급에 도전하십시오. 그러면 이론적으로나 실무적으로 완벽한 세무전문가가 되는 것입니다. 세법의 무한한 바다에서 자신의 꿈을 이루세요,

　회계와 세법은 여러분 자신과의 싸움입니다. 자신을 이기십시오!!!

　마지막으로 이 책 출간을 마무리해 주신 도서출판 어울림 임직원에게 감사의 말을 드립니다.

2025년 1월

김 영 철

다음(Daum)카페 **"로그인과 함께하는 전산회계/전산세무"**

1. **실습 데이터**(도서출판 어울림에서도 다운로드가 가능합니다.)

2. 오류수정표 및 추가 반영사항

3. Q/A게시판

NAVER 블로그 "로그인 전산회계/전산세무/AT"

1. **핵심요약**(순차적으로 올릴 예정입니다,)

2. **오류수정표 및 추가반영사항**

3. **개정세법 외**

로그인카페

〈LOGIN 전산세무2급 시리즈 5종〉

도서명	도서 내용	기출문제 횟수	용도	페이지
LOGIN 전산세무2급 (기본서)	이론, 실무, 기출문제	4회	강의용/독학용	약 830
LOGIN 전산세무2급 essence (에센스)	이론 및 실무 요약, 기출문제	6회	강의용	약 500
LOGIN 전산세무2급 핵심요약 및 기출문제집	이론 및 실무 요약, 기출문제	22회	최종마무리용	약 650
LOGIN 전산세무2급 기출문제집	기출문제	15회		약 300

국가직무능력 표준(NCS)

1. 정의

국가직무능력표준(NCS, national competency standards)은 산업현장에서 직무를 수행하기 위해 요구되는 지식·기술·소양 등의 내용을 국가가 산업부문별·수준별로 체계화한 것으로 산업현장의 직무를 성공적으로 수행하기 위해 필요한 능력(지식, 기술, 태도)을 국가적 차원에서 표준화한 것을 의미

2. 훈련이수체계

수준	직종	회계·감사	세무
6수준	전문가	사업결합회계	세무조사 대응 / 조세불복 청구 / 절세방안 수립
5수준	책임자	회계감사	법인세 신고 / 기타세무신고
4수준	중간 관리자	비영리회계	종합소득세 신고
3수준	실무자	원가계산 / 재무분석	세무정보 시스템 운용 / 원천징수 / 부가가치세 신고 / 법인세 세무조정 / 지방세 신고
2수준	초급자	전표관리 / 자금관리 / 재무제표 작성 / 회계정보 시스템 운용	전표처리 / 결산관리
–		직업기초능력	

3. 회계 · 감사직무

(1) 정의

회계 · 감사는 기업 및 조직 내 · 외부에 있는 의사결정자들이 효율적인 의사결정을 할 수 있도록 유용한 정보를 제공하며, 제공된 회계정보의 적정성을 파악하는 업무에 종사

(2) 능력단위요소

능력단위(수준)	수준	능 력 단 위 요 소	교재 내용
전표관리	3	회계상 거래 인식하기	이론적기초 계정과목별이해
		전표 작성하기	
		증빙서류 관리하기	
자금관리	3	현금시재관리하기	계정과목별이해
		예금관리하기	
		법인카드 관리하기	
		어음수표관리하기	
원가계산	4	원가요소 관리하기(3)	원가의 기초개념
		원가배부하기(3)	원가계산, 개별원가, 종합원가, 결합원가계산
		원가계산하기	
		원가정보활용하기	
결산관리	4	결산분개하기(3)	회계변경 및 오류수정 결산 및 재무제표 작성
		장부마감하기(3)	
		재무제표 작성하기	
회계정보 시스템 운용	3	회계 관련 DB마스터 관리하기	재무회계실무능력
		회계프로그램 운용하기	
		회계정보활용하기	
재무분석	5	재무비율 분석하기(4)	
		CVP 분석하기(4)	
		경영의사결정 정보 제공하기	
회계감사	5	내부감사준비하기	
		외부감사준비하기(4)	
		재무정보 공시하기(4)	
사업결합회계	6	연결재무정부 수집하기(4)	
		연결정산표 작성하기(5)	
		연결재무제표 작성하기	
		합병 · 분할회계 처리하기	
비영리회계	4	비영리대상 판단하기	
		비영리 회계 처리하기	
		비영리 회계 보고서 작성하기	

4. 세무직무

(1) 정의

기업의 활동을 위하여 주어진 세법범위 내에서 조세부담을 최소화 시키는 조세전략을 포함하고 정확한 과세소득과 과세표준 및 세액을 산출하여 과세당국에 신고 · 납부하는 업무에 종사

(2) 능력단위요소

능력단위(수준)	수준	능력단위요소	교재 내용
전표처리	2	회계상 거래 인식하기	계정과목별 이해
		전표 처리하기	
		증빙서류 관리하기	
결산관리	2	손익계정 마감하기	결산 및 재무제표 작성
		자산부채계정 마감하기	
		재무제표 작성하기	
세무정보 시스템 운용	3	세무관련 전표등록하기	부가가치세, 원천징수실무
		보고서 조회 · 출력하기	
		마스터데이터 관리하기	
원천징수	3	근로/퇴직/이자/배당/연금/사업/기타소득 원천징수하기	종합소득, 과세표준 및 세액계산, 납세절차
		비거주자의 국내원천소득 원천징수하기	
		근로소득 연말정산하기	
		사업소득 연말정산하기	
부가가치세 신고	3	세금계산서 발급 · 수취하기	과세표준/세금계산서, 납부세액의 계산, 신고와 납부
		부가가치세 부속서류 작성하기	
		부가가치세 신고하기	
종합소득세 신고	4	사업소득 세무조정하기	종합소득 과세표준 및 세액계산, 납세절차
		종합소득세 부속서류 작성하기	
		종합소득세 신고하기	
법인세 세무조정	3	법인세신고 준비하기	
		부속서류 작성하기	
법인세 신고	5	각사업년도소득 세무조정하기	
		부속서류 작성하기	
		법인세 신고하기	
		법인세 중간예납 신고하기	
지방세 신고	3	지방소득세 신고하기	[보론] 지방세
		취득세 신고하기	
		주민세 신고하기	
기타세무 신고	5	양도소득세/상속 증여세 신고하기	
		국제조세 계산하기	
		세목별 수정신고 · 경정 청구하기	

합격수기

DAUM카페 "로그인과 함께하는 전산회계/전산세무"에 있는 수험생들의 공부방법과 좌절과 고통을 이겨내면서 합격하신 경험담을 같이 나누고자 합니다.

"전교꼴찌의 전산세무2급 합격수기"

형민킴 님

안녕하세요. 2017년 7월 처음 공부란 걸 시작해서 전산회계2급을 취득한 전교꼴찌입니다!!! 8월에 전산회계2급을 취득하고 9월 초부터 전산회계1급, 세무2급, TAT2급을 6주간 공부해서 모두 자격증을 취득하고 합격수기를 남깁니다~! 전산회계1급 같은 경우엔 회계2급과 내용이 비슷하고, 추가되는 내용 대해서도 심도 깊은 내용이 나오지 않아서 큰 부담이 없었는데 **전산세무 2급 경우엔 소득세까지 추가되고, 실무에서도 부가세, 소득세 내용이 갑자기 많이 나와버려서 시험 전까지 긴장을 놓지 못하고 시험을 봤어요!** 저는 이전과 같이 이론 위주로 공부를 했습니다. 재무회계에서는 내용이 대부분 비슷하게 나와서 마음 편히 공부를 하려 했는데… **시험을 보니 지문이 상당히 길어졌더라고요. 저는 책을 많이 읽지 않아 국어능력이 많이 떨어지는데 지문이 길어지니 당황하고 꽤나 많이 틀렸어요…** 그래서 저는 이론에서 5문제만 틀리자 라는 목표로 공부를 했습니다. 그렇다고 이론을 소홀히 공부한 게 아니에요! 실무에서 70점이 나오지만, 실무 또한 이론을 바탕으로 공부하기에 정말 열심히 공부했어요! 저는 79점으로 합격을 했습니다. 비록 좋은 점수로 합격을 하진 못했지만, 제가 공부한 방법을 소개시켜 드릴게요!

1. 재무회계

전산회계에서 공부한 내용 8 - 90%가 동일하게 나오지만 절대 방심하면 안됩니다!!! 실무에서 일반전표문제는 여전히 나오고 난이도는 더 올라가니 내가 알고 있고 분개하기가 귀찮다고 마음을 먹으면 제일 쉬운 부분에서 점수를 많이 잃을 수 있어요!!! 이론 문제도 꽤 많이 나오기 때문에 절대 놓치면 안돼요! 그리고 **실무 결산조정사항에서는 비용,수익의 이연은 1년에 3 - 4번 나오기 때문에 반드시 알고 있으셔야 됩니다.**

2. 원가회계

전산회계 1급에서 완벽하게 공부하셨으면 큰 어려움을 느끼진 않을 거에요. 다른 합격수기나 인터넷에 올라온 글들을 보면 많은 분들이 원가에서 어려움을 느끼시는 글을 보게 되는데 원가에서는 처음 접해보는 단어들이 너무 많기 때문에 어려움을 가지시는 것 같습니다. **하지만 원가는 이해만 하시면 정말 재미있게 공부를 하실 수 있고, 내용 또한 부가세, 소득세 보단 비교적 적으므로 계속 쓰고 입을 말하고 하면서 공부를 하면 어려움을 느끼지 않을 것 같습니다.** 또한 실무에선 원가가 나오지 않기 때문에 이론에서만 시간을 투자하시면 점수를 얻을 때 큰 어려움을 없을 것 같습니다. 저는 원가 같은 경우에 하루에 많은 양을 공부하지 않고 매일 매일 짧은 시간을 투자해서 공부했습니다.

3. 부가가치세

부가가치세에선 참 많이 애를 먹었어요… **신고서 작성이 너무 어렵더라고요. 전산세무2급에서는 부가세가 많은 부분을 차지하기 때문에 심도 있게 공부했습니다.** 이론을 꽤 많은 시간에 투자하셨으면 실무를 집중적으로 공부하셔야 됩니다. 매입매출전표와 신고서 작성이 나오니 절대 포기하지 마시고! **가산세개념을 정확히 이해하세요! 그리고 부가세는 부분점수가 있으니 완벽하게 작성을 안했다고 낙심하지 마세요!!!** 부가가치세는 구분하고 빈칸채우기가 전부이니 기계적인 연습과 책에 있는 문제를 전부 풀어보시고 **직접 신고서 와 부속서류를 손으로 작성해 보시는 것을 추천합니다.**

4. 소득세

소득세가 어렵다고 느끼는 이유는 '예외'가 참 많기 때문인 것 같습니다. 이론에서도 2-3문제가 나오고 실무에서 10점이 나오니 소홀히 공부하시면 안됩니다!!! 이론을 정확히 숙지하시면 부가세와 같이 그냥 구분하고 빈칸 채우기가 전부이고 부분점수도 있으니 포기하지 마시고 특별세액공제에 대해서 완벽히 숙지하고 있으시면 큰 어려움은 없을 거에요!!!

쓰다보니 너무 당연한 얘기만 작성했군요ㅎㅎㅎ **결국 이론이 바탕이 되어야 빈칸을 채우고 작성하고 하는 것이니 이론을 빠삭하게 알고 계셔야 됩니다.** 저는 갑자기 난이도가 올라가서 당황했지만 결국 시간과 노력으로 커버가 되더군요. 시험2주전 까진 이론만 공부했어요. 그리고 실무를 계속적으로 공부했는데 실무 난이도도 갑자기 올라가서 여유롭게 실무공부해야지 라는 마음을 잡으면 힘드실 거에요. 좋은 점수로 합격하진 못했지만 여러분들에게 응원하고 싶은 마음으로 합격수기를 남겼어요!

12월에 전산세무1급에 도전했는데 64점으로 합격하지 못하였습니다.

결론적으로 선산세부 1급과 전산세무2급의 공부량은 4배 이상이 되는 것 같습니다. 그러나 **전산세무2급에서 90점이상만 맞으면 전산세무1급도 충분히 합격할 것 같은데**… 제가 전산세무 2급의 자격증을 취득했으나 이론적으로 습득이 완벽하지 않은 것 같아, 전산세무2급의 기초부분을 다시 공부하고 있습니다. 꼭 세무1급도 합격해서 이렇게 합격수기를 남길게요! 여러분들도 모두 열공하시고 화이팅입니다!!

"비 전공자 고득점 합격 후기(책으로만 공부했어요!)"

송다솜

이번 96회 시험에서 전산세무 2급을 90점이라는 고득점으로 합격하였습니다!! 우선적으로 로그인 전산세무 2급 기본서 책을 선택한 제 자신에 대해 칭찬해 주고 싶습니다.

그리고 이 책을 집필해 주신 김영철 세무사님께도 너무나 감사드립니다.

5년 전인 2016년 3월경에 전산회계 1급에 합격한 이후에 오랜 기간 동안 공부를 안 해 오다가 다시 공부를 시작하게 되었을 때 내가 정말 해낼 수 있을까? 하는 의문을 가진채 공부를 시작하였습니다.

이런 저에게 이 카페와 책은 정말 저에게 많은 도움이 됐습니다. 특히 **<u>유튜브에 올려 주신 영상들은 정말 정말 좋았습니다.</u>** 저처럼 비 전공자이면서 책으로만 독학 중이신 분들에게 저의 경험을 나누고자 합격 후기를 작성하게 됐습니다. 제 경험이 많은 분들에게 도움이 됐으면 좋겠습니다.

합격자발표		◎세무사TV ▶ 자격시험 취업 및 합격수기 바로가기		
시행일	종목 및 등급	수험번호	점수	합격여부
2021.06.05	전산세무2급	●	90	합격

[학습 전 상태]
1. 지식수준 : 5년 전에 전산회계 1급에 합격했던 경험이 있어 기본적인 차변 대변 개념과 계정과목에 대한 기본적인 개념이 있는 상태였습니다.
2. 공부 기간 : 약 한 달
3. 공부시간 : 평일 : 3~4시간(자투리 이용 포함) 주말 : 약 6시간

[공부 방법]
1. 분개 연습 (기간 : 4일)
기본적인 개념들에 대해서는 기억하고 있었지만 분개 문제들을 바로 풀기에는 부족한 상태였습니다. 그래서 공부를 시작하자마자 저는 분개 연습부터 하였습니다.

실기 일반 전표, 매입매출 전표, 기말 결산 부분에서 가장 많이 차지하는 부분이 분개 이므로 절대 소홀히 해서는 안되기 때문입니다. 그리고 <u>일반 전표, 매입매출 전표, 결산 부분은 다 맞겠다는 생각으로 공부하시는 게 좋습니다.</u> 아무래도 부가가치세 부분 등은 실수를 통해 틀릴 확률이 높기 때문입니다. 일반 전표, 매입매출전표, 결산 분개 부분은 다 맞았을 경우 합격 확률이 높기 때문에 절대로 분개 연습을 소홀히 하시면 안 됩니다!!

저 같은 경우는 문제들을 책에 직접 풀지 않았습니다. 문제집에 직접 풀 경우 다음번에 다시 풀어 볼 때 나도 모르게 내가 예전에 풀었던 부분을 보게 되고 공부가 제대로 되지 않겠다는 생각이 들어서입니다.

노트에 분개 문제를 풀어 보면서 그 분개 내용과 관련 있는 이론 부분을 같이 공부하였습니다.

2. 실기 연습 (기간 : 총 14일)

왜 이론 공부 안 하고 바로 실기 연습을 했지?라고 의문을 가진 분들이 계실 거라고 생각합니다. 맞습니다. 실기 문제를 풀기 위해서는 이론이 바탕이 되어있어야 합니다. 그런데도 불구하고 실기 연습을 먼저 한 이유는 이론을 먼저 공부를 하고 하다 보면 제가 나태해질 거 같았던 것이 첫 번째 이유이고, 이론과 함께 실기를 병행할 경우 습득 속도가 더 좋았던 거 같았던 제 기억 속의 경험이 두 번째 이유입니다.

저 같은 경우는 실기 문제를 풀면서 그 부분과 관련된 이론을 공부하였습니다. 그렇게 하면 실기 문제의 답이 왜 이렇게 나왔는지 바로바로 이해가 되더라고요. 실기와 이론을 동시에 공부하게 되므로 시간을 효율적으로 사용할 수 있었습니다.

이론을 공부하고 바로 문제를 풀어 봄으로서 더 따르게 습득할 수 있었던 것 같습니다. 예를 들어 부가가치세 부분을 풀기 전 그 부분의 이론을 공부하고 실기 문제를 풀어 내가 이해를 했는지 확인하는 방법으로 문제를 풀어 나갔습니다. 처음에는 답안지를 보면서 따라한 비율이 높았습니다. 하루에 1회 분도 간신히 풀고 잔 날도 있습니다.

이때 유튜브에 올려주신 영상은 큰 도움이 됐습니다. 그러나 매일 꾸준히 조금씩 하다 보니 푸는 시간이 줄어드는 것도 느끼고, 풀 때마다 답안지를 확인하는 수도 줄어들었습니다.

프로그램에 직적 입력해 보는 것이 가장 좋지만 자투리 시간을 이용하면서 프로그램에 직접 입력해 볼 수 없을 경우에는 노트에 쓰면서 문제를 풀어 보았습니다. 예를 들어 부가가치세 부분과 가산세 부분의 경우 몇 번 항목에 숫자가 들어가는 지를 노트에 쓰면서 풀고, 프로그램에 입력하는 상상을 해 보았습니다.

연말정산 부분도 입력을 안 해 보더라도 기본공제가 되는 대상인지 등의 부분을 체크해 보면서 공부했습니다. 프로그램에 입력을 못한다고 실기 공부를 할 수 없는 건 아니었습니다. 물론 주말 시간을 통해 프로그램 입력 연습을 많이 하긴 하였습니다.

저는 실기 연습을 할 때도 문제집에 바로 풀지 않고 전체적으로 노트에 따로 풀었습니다. 필기할 경우에도 답안지에 작성하는 방법으로 풀어서 헷갈리는 문제도 매번 새롭게 풀어 보는 기분으로 문제를 여러 번 풀어 볼 수 있었습니다.

특히 실기 공부를 하면서 카페에 있는 영상들과 유튜브에 올라와있는 동영상들은 큰 도움이 됐습니다. 실기 공부를 하실 때 동영상들을 잘 활용해 보시는 것을 추천해 드립니다!!

기본서에 수록되어 있는 모의고사, 기출문제를 이외에 따로 기출문제들을 다운로드하여서 최대한 많은 문제들을 풀어 보려고 노력하였습니다. 기출문제들을 풀 때 헷갈리는 부분은 유튜브 동영상들을 활용해서 궁금증을 해결하면서 공부하였습니다.

기출 공부를 할 때 동영상은 전체적으로 다보는 것이 아니라 내가 헷갈렸던 부분만 참고하는 방식으로 공부를 했었습니다.

3. 이론 공부 (기간 : 총 8일)

- 이론의 경우 재무회계 5문제 , 원가 회계 5문제, 부가세+소득세 5문제로 되어있는 것을 확인하실 수 있습니다. 그래서 **재무 회계, 원가 회계의 문제들 총 10문제는 꼭 다 맞추겠다**고 생각을 하고 공부를 시작하였습니다.

- 원가 회계 : 2일

  원가 회계 역시 기본서에 나와 있는 모든 문제들을 풀어 보았습니다. 계산 문제 부분의 경우 3번씩 풀어 보았습니다. 원가 회계의 경우 기출문제들을 풀다 보면 비슷한 유형의 문제들이 나오는 것을 확인하실 수 있습니다. 그래서 문제를 몇 번 풀어 보면 원가 회계의 경우에는 다 맞은 실 수 있어요!!

- 재무회계, 부가가치세, 소득세 : 6일

  이 부분의 경우 TAT2급 핵심요약 및 기출문제책에 있는 핵심 요약 부분을 기초로 공부하였습니다. 핵심요약 내용 부분을 주로 보고 그 이외에 전산세무 2급 기본서에 있는 이론 내용을 덧붙이는 방법으로 공부를 하였습니다. TAT2급에는 원가 회계 부분이 빠져 있기 때문에 원가 회계 부분은 꼭 따로 공부해 주셔야 합니다. 최소 2 회독 이상

- 기출 공부를 하면서 틀렸던 이론 부분은 오답노트를 만들어 보았습니다. 오답 노트라고 해서 문제 전체 부분을 적어 두는 것이 아니라 헷갈렸던 부분의 문장을 따로 적어 두고 시험 전날까지 보았습니다.

4. 마지막 일주일

시험일이 포함된 주에는 이론 부분은 핵심요약 부분을 보았고, 실기 부분 역시 많이 헷갈려했던 부분을 반복적으로 보았습니다. 실기 부분에 있어서는 부가가치세 부속서류 작성을 전체적으로 한 번씩 더 해 보았고, 잘 헷갈려서 체크 해 두었던 부분들을 의식적으로 최대한 많이 보려고 노력하였습니다.

5. 시험 당일

시험시간 1시간 전부터 입실이 가능했었습니다. 너무 일찍 가셔도 입실 못하세요. 제가 그랬습니다. 문제를 제 시간 안에 푸는 것도 중요하지만 정확히 입력하는 것도 중요한 것 같습니다. 저 같은 경우는 다행히 시간이 남아서 검토해 볼 수 있었던 시간이 있었습니다. 검토를 하면서 제가 맘이 급해서 그랬는지 금액을 잘 못 입력했던 것들을 찾아 수정해볼 수 있었습니다. 마음이 급해서 입력하다 보면 저처럼 실수 하실 수 있습니다. 시간도 중요하지만 정확히 입력하는 연습이 필요하다는 생각이 들었습니다. 저 같은 경우 문제지에 분개 등을 다 쓰고 나서 후에 입력하는 스타일인데 다른 분들이 입력하시는 소리에 마음이 급해졌었던 거 같습니다. 자기 자신을 믿고 풀어나가는 마음가짐이 중요한 날이 아닌가 합니다.

6. 이외

- 궁금한 것이 생기면 꼭 해결하고 넘어가세요!! 그 부분이 어떤 식으로 문제가 되어 나올지 모릅니다. 저 같은 경우 검색도 해보고 카페에 글도 남기고 하면서 궁금증을 해결했었습니다. 다른 분들이 올리신 질문 내용을 통해 저의 궁금증이 해결된 적도 있어요 카페를 잘 활용해 보시기를 추천드립니다!

- 한번 회계공부를 시작하셨으면 흐름을 끊지 않고 계속해 나가셨으면 합니다. 저는 오랜만에 다시 공부를 시작하면서 이 부분을 정말 잘 느꼈습니다. 분개 부분을 푸는데 머릿속에 버퍼링이 걸린 느낌이었어요. 역시 하던 공부는 계속하는 게 좋다는 생각이 많이 들었습니다.

- 비전공자(사회복지전공)인 저도 인강 안 듣고 책에 나온 내용 위주로 공부한 결과 첫 시험에서 합격할 수 있었습니다. 저 같은 사람도 이해하기 쉽게 책을 지필 해 주신 김영철 세무사님께 다시 한번 감사드립니다. 질문을 올리면 바로 다음날 알려 주셔서 많은 도움이 되었습니다.

- 회원님분들도 하실 수 있으세요. 자신감을 가지고 공부해 보셨으면 좋겠습니다. 그 끝에는 좋은 결과가 기다리고 있을 거라고 생각합니다. 제 글이 많은 분들에게 도움이 되길 바라면서 글을 마칩니다. 긴 글 읽어 주셔서 감사합니다.

[2025년 전산세무회계 자격시험(국가공인) 일정공고]

1. 시험일자

회차	종목 및 등급	원서접수	시험일자	합격자발표
118회	전산세무 1,2급 전산회계 1,2급	01.02~01.08	02.09(일)	02.27(목)
119회		03.06~03.12	04.05(토)	04.24(목)
120회		05.02~05.08	06.07(토)	06.26(목)
121회		07.03~07.09	08.02(토)	08.21(목)
122회		08.28~09.03	09.28(일)	10.23(목)
123회		10.30~11.05	12.06(토)	12.24(수)
124회		**2026년 2월 시험예정**		

2. 시험종목 및 평가범위

등급		평가범위
전산세무 2급 (90분)	이론	재무회계(10%), 원가회계(10%), 세무회계(10%)
	실무	재무회계 및 원가회계(35%), 부가가치세(20%), 원천제세(15%)

3. 시험방법 및 합격자 결정기준

1) 시험방법 : 이론(30%)은 객관식 4지 선다형 필기시험으로,
   실무(70%)는 수험용 표준 프로그램 KcLep(케이 렙)을 이용한 실기시험으로 함.
2) 응시자격 : 제한없음(**신분증 미소지자는 응시할 수 없음**)
3) 합격자 결정기준 : 100점 만점에 70점 이상

4. 원서접수 및 합격자 발표

1) 접수기간 : 각 회별 원서접수기간내 접수
   (수험원서 접수 첫날 00시부터 원서접수 마지막 날 18시까지)
2) 접수 및 합격자 발표 : 자격시험사이트(http://www.license.kacpta.or.kr)

차 례

제1편   재무회계

제1장 재무회계의 이론적 기초 ──────────────────────── 26

> **NCS회계 - 3** 전표관리

제2장 계정과목별 이해 (자산) ───────────────────── 44

> **NCS회계 - 3** 전표관리 / 자금관리   **NCS세무 - 2** 전표처리

제3장 계정과목별 이해 (부채) ──────────────────── 118

> **NCS회계 - 3** 전표관리 / 자금관리   **NCS세무 - 2** 전표처리

제2편   원가회계

제3편 부가가치세

제4편 소득세

제5편 실무능력

제6편   모의고사

제7편   기출문제

2024년 시행된 기출문제 중 합격률이 낮은 4회분 수록

1분강의
QR코드 활용방법

본서 안에 있는 QR코드를 통해 연결되는 유튜브 동영상이 수험생 여러분들의 학습에 도움이 되기를 바랍니다.

방법 1

❶ 스마트폰에서 다음(Daum)을 실행한 후 검색창의 오른쪽 아이콘 터치

❷ '코드검색'을 터치하면 카메라 앱이 실행됨

❸ 도서의 QR코드를 촬영하면 유튜브의 해당 동영상으로 자동 연결

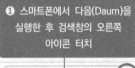

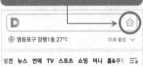

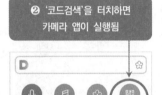

되는 현금 및 현금성자산을 구하면 얼마인가?

• 배당금지급통지표 : 500,000원
• 양도성예금증서(100일 만기) : 500,000원

방법 2

카메라 앱을 실행하고, QR코드를 촬영하면 해당 유튜브 영상으로 이동할 수 있습니다.

개정세법 반영

유튜브 상단 댓글에 고정시켰으니, 참고하시기 바랍니다.

댓글 1개 정렬 기준

LOGIN 댓글 추가...

LOGIN **@loginat1** 1년 전
<개정세법 2023> 2023년 0.8억 원 2024.7.1~2025.06.30
👍 👎 ♡ 답글

✔ 과도한 데이터 사용량이 발생할 수 있으므로, Wi-Fi가 있는 곳에서 실행하시기 바랍니다.

Part I

재무회계

재무회계의
이론적 기초

NCS회계 - 3   전표관리

제1절 회계란?

1. 회계의 개념 및 목적

　기업의 경영활동에서 일어나는 자산과 부채 및 자본의 증감변화를 일정한 원리에 의하여 기록·계산·정리하고 이를 이해관계자에게 제공하는 것이다.

　즉, 이는 ① 재무적 성격을 갖는 거래나 사건(기업의 회계자료)을 일정한 원리에 따라 기록·분류하여 재무제표를 작성하며

　② 이를 회계정보이용자들의 경제적 의사결정에 유용한 정보를 제공하는 것이다.

2. 회계의 분류 : 정보이용자에 따른 분류

　재무회계는 투자자, 채권자, 정부 등 기업의 외부이해관계자들의 의사결정에 유용한 재무적 정보를 제공하는 것을 목적으로 하는 회계이고,

　관리회계는 기업내부의 경영자가 합리적인 의사결정에 필요한 정보를 제공하는 것을 목적으로 하는 회계를 말한다.

〈재무회계와 관리회계의 비교〉

	재무회계	관리회계
목　　적	외부보고	내부보고
정보이용자	투자자, 채권자 등 외부정보이용자	경영자, 관리자 등 내부정보이용자
최종산출물	**재무제표**	**일정한 형식이 없는 보고서**
특　　징	**과거정보의 집계보고**	**미래와 관련된 정보 위주**
법적강제력	있음	없음

제2절　재무회계 개념체계(일반기업회계기준)

　재무회계 개념체계란 재무보고의 목적과 기초개념을 체계화함으로써 일관성 있는 기업회계기준을 제정케 하고, 재무제표의 성격 등에 관한 기본적 토대를 제공한다.
　개념체계와 일반기업회계기준이 상충될 경우에는 일반기업회계기준이 개념체계보다 우선한다.

1. 기본구조

재무보고의 목적	정보이용자들의 의사결정에 유용한 정보 제공

↓

회계정보의 질적특성	의사결정에 유용한 정보가 되기 위하여 회계정보가 갖추어야 할 특성

↓

재　무　제　표	기업실체의 외부정보이용자에게 기업실체에 관한 재무적 정보를 전달하는 핵심적 보고수단

↓

재무제표 기본 요소의 인식 및 측정	회계상의 거래나 사건을 화폐액으로 측정하여 재무제표에 공식적으로 보고하는 과정

2. 회계정보의 질적 특성

회계정보의 질적특성이란 회계정보가 유용한 정보가 되기 위해 갖추어야 할 주요 속성을 말하는데 이해가능성, 목적적합성, 신뢰성 및 비교가능성이 있다.

(1) 이해가능성

회계정보는 궁극적으로 회계정보이용자에게 유용한 정보가 되어야 하고, 동시에 이러한 정보는 이용자에게 이해가능한 형태로 제공되어야 한다.

(2) 주요질적특성

회계정보의 질적 특성 중 **가장 중요한 질적특성은 목적적합성과 신뢰성이다.**

① 목적적합성

목적적합한 정보란 이용자가 과거, 현재 또는 미래의 사건을 평가하거나 과거의 평가를 확인 또는 수정하도록 도와주어 **경제적 의사결정에 영향을 미치는 정보**를 말한다.

㉠ 예측역할(예측가치)과 확인역할(피드백가치)
예측역할이란 정보이용자가 기업의 미래 재무상태, 경영성과, 현금흐름 등을 예측하는 경우에 그 정보가 활용될 수 있는지 여부를 말하고, 확인역할이란 회계정보를 이용하여 예측했던 기대치(재무상태나 경영성과 등)를 확인하거나 수정함으로써 의사결정에 영향을 미칠 수 있는지의 여부를 말한다.

ⓒ 적시성

정보가 지체되면 그 정보는 목적적합성을 상실할 수 있다. 따라서 경영자는 적시성 있는 보고와 신뢰성 있는 정보 제공의 장점에 대한 상대적 균형을 고려할 필요가 있다.

② 신뢰성

회계정보가 유용하기 위해서는 신뢰할 수 있는 정보여야 한다는 속성이다.

㉠ 표현의 충실성

기업의 재무상태나 경영성과를 초래하는 사건에 대해서 충실하게 표현되어야 한다는 속성이다. 표현의 충실성을 확보하기 위해서는 회계처리되는 대상이 되는 거래나 사건의 형식보다는 그 경제적 실질에 따라 회계처리하여야 한다.

㉡ 검증가능성

다수의 독립적인 측정자가 동일한 경제적 사건이나 거래에 대하여 동일한 측정방법을 적용한다면 유사한 결론에 도달할 수 있어야 함을 의미한다.

㉢ 중립성

회계정보가 신뢰성을 갖기 위해서는 한쪽에 치우침 없이 중립적이어야 한다는 속성으로 회계정보가 특정이용자에게 치우치거나 편견을 내포해서는 안 된다는 것을 의미한다.

☞ **보수주의**

불확실한 상황에서 추정이 필요한 경우, **자산이나 수익이 과대평가되지 않고 부채나 비용이 과소평가되지 않도록** 상당한 정도의 주의를 기울이는 것을 말한다. 이러한 보수주의는 **논리적 일관성이 결여되어 있고, 이익 조작가능성이 있다.**

③ 질적특성간의 균형

목적적합성과 신뢰성간의 상충관계를 고려하여, 이러한 질적특성간에 적절한 균형을 이루는 것을 목표로 하여야 한다.

〈목적적합성과 신뢰성이 상충관계 예시〉

	목적적합성 高	신뢰성 高
자산측정	공정가치	역사적원가(원가법)
손익인식	발생주의	현금주의
수익인식	진행기준	완성기준
재무보고	중간보고서(반기,분기)	연차보고서

(3) 비교가능성

기업의 재무상태, 경영성과 등의 과거 추세분석과 기업 간의 상대적 평가를 위하여 회계정보는 **기간별 비교가능성(일관성)과 기업간 비교가능성(통일성)**을 가지고 있어야 한다는 속성이다.

기간별 비교가능성은 기업의 재무제표를 다른 기간의 재무제표와 비교할 수 있는 속성을 말하는 것이고, 기업별 비교가능성은 동종산업의 다른 기업과 유사한 정보와 비교할 수 있는 속성을 말한다.

(4) 회계정보의 제약요인

① 효익과 원가간의 균형

회계정보가 정보제공에 소요되는 비용이 효익을 초과한다면 그러한 정보제공은 정당화될 수 없다.

② 중요성

특정회계정보가 정보이용자의 의사결정에 영향을 미치는 정도를 말한다.

특정정보가 생략되거나 잘못 표시될 경우 정보이용자의 판단이나 의사결정에 영향을 미칠 수 있다면 그 정보는 중요한 것이다. 이러한 정보는 **금액의 대소로 판단하지 않고** 정보이용자의 의사결정에 영향을 미치면 중요한 정보가 되는 것이다. 예를 들어 어느 기업의 소모품비와 같은 소액의 비용을 자산으로 처리하지 않고 발생즉시 비용으로 처리하는 것은 정보이용자 관점에서 별로 중요하지 않기 때문에 당기 비용화 하는 것이다.

3. 재무제표의 기본가정

재무제표의 기본가정이란 재무제표를 작성하는데 있어서 기본 전제를 말한다.

(1) 기업실체의 가정

"기업은 주주나 경영자와는 별개로 존재하는 하나의 독립된 실체이다"라는 가정이다.

(2) 계속기업의 가능성

재무제표를 작성시 계속기업으로서의 존속가능성을 평가하여야 한다.
이러한 계속기업의 가능성은 역사적 원가주의의 근간이 된다.

(3) 기간별보고의 가정

인위적인 단위(회계기간)로 분할하여 각 기간별로 재무제표를 작성하는 것을 말한다.

제3절 재무제표

1. 재무제표의 종류

1. 재무상태표	일정 **시점**의 기업의 **재무상태**를 나타낸다.
2. 손익계산서	일정 **기간**의 기업의 **경영성과**를 나타낸다.
3. 현금흐름표	일정기간의 현금유출입 내역을 보고 → **영업활동현금흐름, 투자활동현금흐름, 재무활동현금흐름**
4. 자본변동표	자본의 크기와 그 변동에 관한 정보보고 → **소유주(주주)의 투자, 소유주에 대한 분배**
5. 주 석	주석은 일반적으로 정보이용자가 재무제표를 이해하고 다른 기업의 재무제표와 비교하는데 도움이 되는 정보**(주기는 재무제표가 아니다.)**

☞ 정태적(일정시점)보고서 : 재무상태표
　동태적(일정기간)보고서 : 손익계산서, 현금흐름표, 자본변동표

2. 재무제표의 기본요소

(1) 재무상태표의 기본 요소

① 자산 : 경제적 자원 – 미래 현금의 유입.
② 부채 : 경제적 의무 – 미래현금의 유출.
③ 자본(소유주지분, 잔여지분) : 순자산으로서 소유주의 잔여청구권이다.

(2) 손익계산서의 기본요소

① 수익 : 재화의 판매 등에 대한 대가로 발생 하는 자산의 유입이나 부채의 감소
② 비용 : 재화의 판매 등에 따라 발생 하는 자산의 유출 또는 부채의 증가
③ 포괄손익 : **소유주와의 자본거래를 제외한 모든 거래나 사건에서 인식한 자본의 변동**

포괄손익 = 당기순손익 + 기타포괄손익(매도가능증권평가손익 + 해외사업환산손익 등)

☞포괄손익계산서 : 전통적인 손익계산서의 당기손익과 기타포괄손익으로 구성된 재무제표

(3) 현금흐름표의 기본요소

① **영업활동 현금흐름** : 제품의 생산과 판매활동 등 회사의 주된 영업활동과 관련한 현금 흐름을 말한다.

② **투자활동 현금흐름** : 주로 비유동자산의 취득과 처분, 여유자금의 운용활동과 관련한 현금흐름을 말한다.

③ **재무활동 현금흐름** : 자금조달 및 운용에 관한 현금흐름이다.

(4) 자본변동표의 기본요소

① **소유주**의 투자 : 주주들의 회사에 대한 투자를 말하는 것으로서 순자산의 증가를 가져온다.

② **소유주**에 대한 분배 : 현금배당 등을 함으로서 회사의 순자산이 감소하게 되는 것을 말한다.

3. 재무제표 요소의 측정

재무상태표와 손익계산서에 기록해야할 재무제표 기본요소의 화폐금액을 결정하는 과정이다.

[자산 평가의 측정속성]

시장 ＼ 시간	과거가격	현행가격	미래가격
유입가치 (재화 유입시장)	취득원가 (역사적원가)	현행원가 (현행유입가치)	–
유출가치 (재화 유출시장)	–	현행유출가치	현재가치

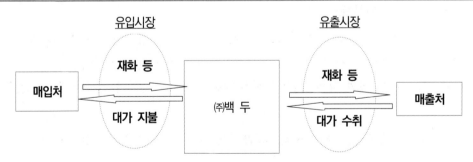

측정기준	자산	부채
1. 역사적원가	취득의 대가로 **취득당시에 지급한** 현금 등	부담하는 의무의 대가로 수취한 금액
2. 현행원가	동일하거나 또는 동등한 자산을 **현재시점에서 취득할 경우**에 그 대가	현재시점에서 그 의무를 이행하는데 필요한 현금 등
3. 실현가능가치	정상적으로 처분하는 경우 **수취할 것으로 예상되는 현금** 등	부채를 상환하기 위해 지급될 것으로 예상되는 현금 등
4. 현재가치	자산이 창출할 것으로 기대되는 미래순현금유입액의 현재할인가치로 평가	부채를 상환시 예상되는 미래순현금유출액의 현재할인가치로 평가

참고

현재가치

'일시금의 현재가치(present value : PV)'란 미래 일시에 받을 금액에서 복리를 적용한 이자를 차감해서 현시점의 가치로 환산한 금액을 말한다. 예를 들어 5%의 이자율에서 2년 후에 받을 110,250원의 현재시점의 가치는 100,000원이 된다.

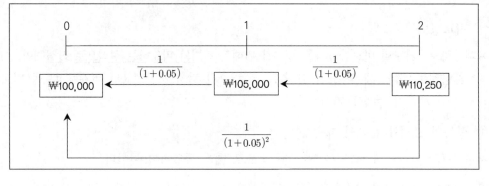

4. 재무제표 작성과 표시의 일반원칙

(1) 재무제표의 작성책임 : **경영자**

(2) 계속기업

경영자는 재무제표를 작성 시 기업의 존속가능성을 평가하고, **계속기업을 전제로 재무제표를 작성**해야 한다.

(3) 중요성과 통합표시

중요한 항목은 재무제표의 본문이나 주석에 그 내용을 가장 잘 나타낼 수 있도록 구분표시하며, **중요하지 않는 항목은** 성격이나 기능이 유사한 항목과 통합하여 표시할 수 있다. 재무제표본문에는 통합하여 표시한 항목이라 할지라도 주석에는 이를 구분하여 표시할 만큼 중요한 항목인 경우 주석으로 기재한다.

(4) 공시

① 비교정보

- 계량정보 : 기간별 비교가능성을 높이기 위해서 **전기와 비교하는 형식으로 작성**해야 한다.
- 비계량정보 : 당기 재무제표를 이해하는데 필요시 전기 재무제표의 비계량정보를 비교하여 주석에 기재한다.

② 항목의 표시와 분류의 계속성

재무제표의 항목의 표시와 분류는 원칙적으로 매기 동일하여야 한다.

③ 금액표시 : 이용자들에게 오해를 줄 염려가 없는 경우에는 금액을 천원이나 백만원 단위 등으로 표시할 수 있다.

5. 재무상태표의 작성기준

1. 구분표시의 원칙	자산 · 부채 및 자본을 종류별, 성격별로 적절히 분류하여 일정한 체계 하에 구분 · 표시한다.
2. 총액주의	**자산, 부채는 순액으로 표기하지 아니하고 총액으로 기재한다.** 다만 기업이 채권과 채무를 상계할 수 있는 법적구속력을 가지고 있는 경우에는 상계하여 표시한다.
	매출채권은 총액으로 기재한 후 **대손충당금을 차감하는 형식(총액법)** 또는 매출채권에 대한 **대손충당금을 해당 자산에서 직접 차감하는 형식(순액법)으로 표시할 수 있다.**
3. 1년 기준 (유동 · 비유동)	자산과 부채는 결산일 **현재 1년 또는 정상적인 영업주기를 기준**으로 구분, 표시
4. 유동성배열	자산 · 부채는 **환금성이 빠른 순서로 배열**한다.
5. 구분과 통합표시	1. 현금 및 현금성자산 : 별도항목으로 구분표시한다. 2. 자본금 : **보통주자본금과 우선주 자본금**으로 구분표시한다. 3. 자본잉여금 : **주식발행초과금과 기타자본잉여금으로 구분표시**한다. 4. 자본조정 : **자기주식은 별도항목으로 구분하여 표시**한다.

6. 미결산항목및 비망계정(가수금 · 가지급금 등)은 재무제표상 표시해서는 안된다.

☞비망(memorandum)계정 : 어떤 거래의 발생을 잠정적으로 기록하는 계정으로 향후 확정되면 대체된다.

6. 손익계산서의 작성기준

1. 발생기준	발생기준이란 **현금 유 · 출입시점에 관계없이 당해 거래나 사건이 발생한 기간에 수익 · 비용을 인식하는 방법**을 말한다.
2. 실현주의	수익은 **실현시기**를 기준으로 계상한다.
3. 수익비용대응의 원칙	비용은 관련수익이 인식된 기간에 인식한다.
4. 총액주의	**수익과 비용은 총액으로 기재한다.** ☞ 동일 또는 유사한 거래나 회계사건에서 발생한 차익, 차손 등은 총액으로 표시하지만 중요하지 않은 경우에는 관련 차익과 차손 등을 상계하여 표시할 수 있다.
5. 구분계산의 원칙	손익은 매출총손익, 영업손익, 법인세비용차감전순손익, 당기순손익, 주당순손익으로 구분하여 표시한다. ☞ *제조업, 판매업 및 건설업 외*의 업종에 속하는 기업은 매출총손익의 구분표시를 생략할 수 있다.

6. 환입금액표시	영업활동과 관련하여 비용이 감소함에 따라 발생하는 **퇴직급여충당부채 환입, 판매보증충당부채환입 및 대손충당금 환입 등은 판매비와 관리비의 부(−)의 금액으로 표시**한다.

7. 중간재무제표

중간재무제표란 중간기간(3개월, 6개월)을 한 회계연도로 보고 작성한 재무제표를 말한다.

(1) 종류 : 재무상태표와 손익계산서, 현금흐름표와 자본변동표 및 주석

(2) 작성기간 및 비교형식

중간기간이란 보통 3개월(분기), 6개월(반기)이 대표적이나 그 밖의 기간도 가능하다.
중간재무제표는 다음과 같이 비교하는 형식으로 작성한다.
재무상태표는 당해 중간기간말과 직전 회계연도말을 비교하는 형식으로 작성하고 손익계산서는 중간기간과 누적중간기간을 직전 회계연도의 동일 기간과 비교하는 형식으로 작성한다.

(3) 공시

연차재무제표와 동일한 양식으로 작성함을 원칙으로 하나, 다만 계정과목 등은 대폭 요약하거나 일괄 표시할 수 있다.

8. 주석

주석은 일반적으로 **정보이용자가 재무제표를 이해하고 다른 기업의 재무제표와 비교하는데 도움이 되는 정보**를 말한다. 이익잉여금처분계산서는 주석에 기재하여야 한다.
① 일반기업회계기준에 준거하여 재무제표를 작성하였다는 사실의 명기
② 재무제표 작성에 적용된 유의적인 회계정책의 요약
③ 재무제표 본문에 표시된 항목에 대한 보충정보
④ 기타 우발상황, 약정사항 등의 계량정보와 비계량정보

연/습/문/제

01. 회계정보의 질적특성 중 목적적합성과 신뢰성의 사례로 옳은 것은?

구 분	목적적합성	신 뢰 성
① 자산평가방법	시가법	원가법
② 수익인식방법	완성기준	진행기준
③ 손익인식방법	현금주의	발생주의
④ 재무제표보고시기	결산재무제표	분기, 반기재무제표

02. 다음 중 기업회계기준에서 설명하고 있는 재무제표의 특성과 한계가 아닌 것은?

① 재무제표는 추정에 의한 측정치를 허용하지 않는다.

② 재무제표는 화폐단위로 측정된 정보를 주로 제공한다.

③ 재무제표는 대부분 과거에 발생한 거래나 사건에 대한 정보를 나타낸다.

④ 재무제표는 특정 기업실체에 관한 정보를 제공하며, 산업 또는 경제 전반에 관한 정보를 제공하지는 않는다.

03. 다음 중 재무상태표에 대한 기업회계기준서의 내용으로 틀린 것은?

① 재무상태표는 일정 시점 현재 자산과 부채, 그리고 자본에 대한 정보를 제공하는 재무보고서이다.

② 재무상태표에 나타난 자산과 부채의 가액만으로 기업실체의 가치를 직접 평가할 수 있다.

③ 불확실성이나 비용 대 효익의 고려 등으로 인해 재무상태표는 모든 자산과 부채를 나타내지 않을 수 있다.

④ 재무상태표는 정보이용자들이 기업실체의 유동성, 재무적 탄력성, 수익성과 위험 등을 평가하는 데 유용한 정보를 제공하여야 한다.

04. 다음은 재무제표의 작성과 관련된 설명이다. 올바르지 못한 것은?

① 자산·부채 및 자본은 총액에 의하여 기재함을 원칙으로 하고, 자산의 항목과 부채 또는 자본의 항목을 상계함으로써 그 전부 또는 일부를 재무상태표에서 제외하여서는 아니된다.

② 모든 수익과 비용은 그것이 발생한 기간에 정당하게 배분되도록 처리하여야 한다. 다만, 수익은 실현시기를 기준으로 계상하고 미실현수익은 당기의 손익계산에 산입하지 아니함을 원칙으로 한다.

③ 이익잉여금처분계산서는 자본금과 이익잉여금의 처분사항을 명확히 보고하기 위하여 자본금과 이익잉여금의 총변동사항을 표시하여야 한다.

④ 자산과 부채는 1년을 기준으로 하여 유동자산 또는 비유동자산, 유동부채 또는 비유동부채로 구분하는 것을 원칙으로 한다.

05. 재무제표의 작성책임과 공정한 표시에 관한 설명 중 틀린 것은?

① 재무제표는 재무상태, 경영성과, 현금흐름 및 자본변동을 공정하게 표시하여야 한다.

② 기업회계기준에 따라 적정하게 작성된 재무제표는 공정하게 표시된 재무제표로 본다.

③ 재무제표가 기업회계기준에 따라 작성된 경우에는 그러한 사실을 주석으로 기재 하여야 한다.

④ 재무제표의 작성과 표시에 대한 책임은 대주주와 경영자에게 있다.

06. 역사적원가주의의 근거에 속하지 않는 것은?

① 회계정보의 적시성이 높아진다.　　　　② 미실현이익의 계상을 방지할 수 있다.

③ 보다 검증가능한 회계정보를 산출할 수 있다.　④ 객관적인 회계정보를 산출할 수 있다.

07. 소액의 소모품은 구입시점에서 자본화(자산으로처리)하지 않고 비용처리하는 것이 일반적이다. 이와 가장 관련된 회계개념은?

① 수익비용대응　　　② 객관성　　　③ 중요성　　　④ 발생주의

08. 기업회계기준서상 재무상태표 표시와 관련한 설명 중 거리가 먼 것은?

① 자본은 자본금, 자본잉여금, 이익잉여금, 자본조정의 4가지 항목으로만 구분한다.

② 자산은 유동자산과 비유동자산으로 구분하며, 비유동자산은 투자자산, 유형자산, 무형자산, 기타 비유동자산으로 구분한다.

③ 부채는 유동부채와 비유동부채로 구분한다.

④ 자산과 부채는 유동성이 높은 항목부터 배열하는 것을 원칙으로 한다.

09. 다음 중 재무회계에 관한 설명으로서 가장 적절하지 않는 것은?

① 재무제표에는 재무상태표, 손익계산서, 자본변동표, 현금흐름표 등이 있다.

② 특정시점의 재무상태를 나타내는 보고서는 재무상태표이다.

③ 기업의 내부이해관계자에게 유용한 정보를 제공하는 것을 주된 목적으로 한다.

④ 일반적으로 인정된 회계원칙의 지배를 받는다.

10. 다음 중 기업회계기준서상 재무상태표 구성요소를 잘못 구분한 것은?

① 유동자산은 당좌자산, 재고자산으로 구분한다.

② 비유동자산은 투자자산, 유형자산, 무형자산, 기타비유동자산으로 구분한다.

③ 부채는 유동부채와 고정부채로 구분한다.

④ 자본은 자본금, 자본잉여금, 자본조정, 기타포괄손익누계액 및 이익잉여금(또는 결손금)으로 구분한다.

11. 다음 중 회계상 보수주의의 예로서 가장 거리가 먼 것은?

① 광고비는 미래의 효익이 불확실하므로 무형자산으로 하지 않고 비용으로 처리

② 발생가능성이 높은 우발이익을 이익으로 인식하지 않고 주석으로 보고

③ 회계연도의 이익을 줄이기 위하여 유형자산의 내용연수를 임의단축

④ 연구비와 개발비 중 미래의 효익이 불확실한 것을 연구비(판관비)로 처리

12. 다음 중 회계정보가 갖추어야 할 질적특성에 대한 설명으로 틀린 것은?

① 예측역할이란 정보이용자가 기업실체의 미래 재무상태, 경영성과, 순현금흐름 등을 예측하는 데에 그 정보가 활용될 수 있는 능력을 의미한다.

② 확인역할이란 제공되는 회계정보가 기업실체의 재무상태, 경영성과, 순현금흐름 등에 대한 정보이용자의 당초 기대치를 확인 또는 수정되게 함으로써 의사결정에 영향을 미칠 수 있는 능력을 말한다.

③ 중립성이란 동일한 경제적 사건이나 거래에 대하여 동일한 측정방법을 적용할 경우 다수의 독립적인 측정자가 유사한 결론에 도달할 수 있어야 함을 의미한다.

④ 표현의 충실성은 재무제표상의 회계수치가 회계기간말 현재 기업실체가 보유하는 자산과 부채의 크기를 충실히 나타내야 한다는 것이다.

13. 기업회계기준상 손익계산서 작성과 거리가 먼 것은?

① 손익계산서상 매출액은 총매출액에서 매출할인, 매출환입 및 매출에누리 등을 차감한 금액이다.

② 손익계산서상 매출원가는 기초제품(상품)재고원가에서 당기제품제조원가(당기상품순매입원가)를 가산한 금액에서 기말제품(상품)재고원가를 차감한 금액이다.

③ 손익계산서상 수익과 비용은 총액에 의해 기재함을 원칙으로 한다.

④ 손익계산서상 영업손익은 매출액에서 매출원가를 차감하여 표시한다.

14. 기업회계기준상의 재무상태표와 손익계산서의 작성원칙이다. 틀린 것은?

① 자산과 부채는 1년을 기준으로 하여 유동자산 또는 비유동자산, 유동부채 또는 비유동부채로 구분하는 것을 원칙으로 한다.

② 자본거래에서 발생한 자본잉여금과 손익거래에서 발생한 이익잉여금은 혼동하여 표시하여서는 아니된다.

③ 수익과 비용은 그 발생원천에 따라 명확하게 분류하고 각 수익항목과 이에 관련되는 비용항목을 대응표시하여야 한다.

④ 수익과 비용은 순액에 의하여 기재함을 원칙으로 하며 수익항목과 비용항목을 직접 상계함으로써 그 전부 또는 일부를 손익계산서에서 제외할 수 있다.

15. 다음 중 보수주의에 대한 설명으로 잘못된 것은?

① 우발손실의 인식은 보수주의에 해당한다.

② 보수주의는 재무적 기초를 견고히 하는 관점에서 이익을 낮게 보고하는 방법을 선택하는 것을 말한다.

③ 재고자산의 평가시 저가법을 적용하는 것은 보수주의에 해당한다.

④ 보수주의는 이익조작의 가능성이 존재하지 않는다.

16. 재무제표정보의 질적특성인 신뢰성에 대한 내용이 아닌 것은?

① 재무정보가 의사결정에 반영될 수 있도록 적시에 제공되어야 한다.

② 재무정보가 특정이용자에게 치우치거나 편견을 내포해서는 안된다.

③ 거래나 사건을 사실대로 충실하게 표현하여야 한다.

④ 동일사건에 대해 다수의 서로 다른 측정자들이 동일하거나 유사한 측정치에 도달하여야 한다.

17. 다음 중 재무제표 작성과 표시에 대한 설명으로 틀린 것은?

① 자산과 부채는 유동성이 큰 항목부터 배열하는 것을 원칙으로 한다.

② 수익과 비용은 각각 총액으로 보고하는 것을 원칙으로 한다.

③ 제조업, 판매업 및 건설업에 속하는 기업은 매출총손익의 구분표시를 생략할 수 있다.

④ 자산과 부채는 원칙적으로 상계하여 표시하지 않는다.

18. 다음 중 재무회계 개념체계에 따른 재무보고의 목적에 해당하지 않는 것은?

① 기업 근로자의 근로 성과평가에 유용한 정보의 제공

② 미래 현금흐름 예측에 유용한 정보의 제공

③ 투자 및 신용의사결정에 유용한 정보의 제공

④ 경영자의 수탁책임과 평가에 유용한 정보의 제공

19. 다음 중 회계정보의 질적특성에 대한 설명으로 틀린 것은?

① 목적적합성에는 예측가치, 피드백가치, 적시성이 있다.

② 신뢰성에는 표현의 충실성, 중립성, 검증가능성이 있다.

③ 예측가치는 정보이용자의 당초 기대치를 확인 또는 수정할 수 있는 것을 말한다.

④ 중립성은 회계정보가 신뢰성을 갖기 위해서는 편의 없이 중립적이어야 함을 말한다.

연/습/문/제 답안

1	2	3	4	5	6	7	8	9	10	11	12	13	14	15
①	①	②	③	④	①	③	①	③	③	③	③	④	④	④

16	17	18	19											
①	③	①	③											

[풀이]

01.

	구 분	목적적합성	신 뢰 성
①	자산평가방법	시가법	원가법
②	수익인식방법	진행기준	완성기준
③	손익인식방법	발생주의	현금주의
④	재무제표보고시기	분기, 반기재무제표	결산재무제표

02. **재무제표는 추정에 의한 측정치를 포함**하고 있다.

03. 재무상태표에 나타난 자산과 부채의 가액만으로 기업실체의 가치를 직접 평가할 수 있는 것은 아니지만, **재무상태표는 다른 재무제표와 함께 기업가치의 평가에 유용한 정보를 제공**하여야 한다.

☞재무적 탄력성 : 갑작스런 자금수요에 대처할 수 있는 능력을 말한다.

04. 이익잉여금처분계산서는 이익잉여금의 처분사항에 대해서만 표시한다.

05. **재무제표의 작성의 작성과 표시에 대한 책임은 경영자**에게 있다

06. 역사적원가주의는 미실현이익을 계상하지 않음에 따라, **객관적이고 검증가능한 회계정보를 산출할 수 있는 장점**이 있다. 반면 **시가(공정가액)주의는 적시성이 높은 회계정보를 산출할 수 있는 장점**이 있다.

07. 소액의 비용을 당기비용으로 처리하는 회계개념은 중요성이다.

08. "기타포괄손익누계액"도 포함된다.

09. 관리회계에 관한 설명이다

10. 부채는 유동부채와 비유동부채로 구분한다.

11. **내용연수를 이익조정목적으로 단축하는 것은 회계처리의 오류에 해당**한다.

12. 이는 중립성이 아닌 검증가능성에 대한 설명이다.

13. 영업손익은 매출총이익에서 판매비와 관리비를 차감하여 표시한다.

14. 수익과 비용은 총액에 의하여 기재함을 원칙으로 하고 수익항목과 비용항목을 직접 상계함으로써 그 전부 또는 일부를 손익계산서에서 제외하여서는 아니된다.

15. **보수주의는 논리적 일관성이 결여되어 이익조작의 가능성**이 있다.

16. 적시성은 목적적합성에 대한 내용이다.

17. **제조업, 판매업 및 건설업 외의 업종에 속하는 기업은 매출총손익의 구분표시를 생략**할 수 있다.

18. 재무정보의 이용자 재무회계개념체계에 따른 재무보고의 목적에는 기업 근로자의 근로 성과평가의 유용한 정보의 제공이 해당하지 않는다.

19. 피드백가치에 대한 설명이다.

계정과목별 이해 (자산)

NCS회계 - 3 전표관리 / 자금관리 NCS세무 - 2 전표처리

자산은

① **과거의 거래나 사건의 결과로서**

② **현재 기업에 의해 지배되고(통제)**

③ **미래에 경제적 효익을 창출할 것으로 기대되는 자원**이다.

자산은 원칙적으로 1년 기준에 의하여 유동자산과 비유동자산으로 구분된다.

제1절 유동자산

유동자산은 1년 이내에 현금화되는 유동성이 높은 자산이고, 그 외의 자산은 비유동자산으로 구분된다.

그러나 1년을 초과하더라도 정상적인 영업주기 내(원재료 구입부터 대금회수까지 기간)에 실현될 것으로 예상되는 매출채권 등은 유동자산으로 구분할 수 있다.

1. 당좌자산

유동자산 중 회사의 주된 영업활동과 관련하여 보유하고 있는 상품, 제품 등 재고자산을 제외한 나머지를 통틀어 당좌자산이라 한다. 즉, 판매과정을 거치지 않고 재무상태표일(보고기간말)로 부터 1년 이내에 현금화되는 모든 자산을 말한다.

(1) 현금 및 현금성 자산

현금은 기업이 소유하고 있는 자산 중에서 **가장 유동성이 높고** 경영활동에 있어 기본적인 지급 수단으로 사용되며,

현금 및 현금성자산이라는 계정으로 통합해서 별도항목으로 구분하여 표시한다.

① 현금(통화대용증권)

현금 자체가 유동적이며 자산 중에서 가장 유동성이 높은 자산이다. 현금은 통화와 통화대용증권을 포함한다.

㉠ 통화

한국은행에서 발행한 지폐나 동전인 통화

㉡ 통화대용증권

통화는 아니지만 통화와 같은 효력이 있는 것으로 언제든지 통화와 교환할 수 있는 것으로서 **타인발행당좌수표, 은행발행자기앞수표, 송금수표, 가계수표, 우편환증서, 배당금 지급 통지표, 만기가 도래한 공·사채 이자표 등**이 있다.

주의할 점은 우표나 수입인지, 수입증지는 현금처럼 유통될 수 없으므로 비용이나 선급비용으로 분류하고 차용증서(돈을 빌려 주고 받은 증서)는 대여금으로 분류한다.

☞ 수입인지 : 과세대상인 계약서를 작성시 소정의 수입인지(인지세)를 구입하여 첨부하여야 한다. 또한 행정
　　　　　기관의 인허가 관련에 따른 수수료 등에 대해서 수입인지를 구입하여야 한다.(중앙정부에서 발행)
　　수입증지 : 주민등록등 민원서류, 인허가 서류 제출시 수수료 등 행정처리 수수료이다.(지방자치단체에서 발행)

또한 **선일자수표는 매출채권 또는 미수금으로 분류**한다. 선일자수표란 실제 발행한 날 이후의 일자를 수표상의 발행일자로 하여 수표상의 발행일에 지급할 것을 약속하는 증서이다. 즉, 형식은 수표이지만 실질은 어음성격을 가지고 있다.

② 요구불예금

회사가 필요한 경우 언제든지 현금으로 인출할 수 있는 예금으로서 보통예금, 당좌예금 등이 있다.**(질권이 설정된 예금은 인출이 불가능하므로 현금성자산에서 제외된다.)**

☞질권 : 채권자가 채권의 담보로서 채무자의 물건을 수취하여 채무자가 변제할 때까지 수중에 두고,
　　　변제하지 않은 때에는 그 물건에서 우선하여 변제를 받을 수 있는 담보물권을 말한다.

③ 현금성자산

"큰 거래 비용 없이 현금으로 전환이 용이하고, 이자율의 변동에 따라 가치변동 위험이 중요하지 않은 금융상품으로서 **취득당시 만기가 3개월 이내에 도래하는 것**"을 말한다.

ⓐ 금융시장에서 매각이 쉽고, 큰 거래비용 없이 현금으로 전환되기 쉬워야한다.

ⓑ 금융상품이 **이자율 변동에 따라 가격변동이 크지 않아야 한다**.

ⓒ **취득당시 만기가 3개월 이내에 도래**하여야 한다.

※ 현금성 자산에 해당하는 금융상품과 유가증권은 다음과 같다.
 -취득 당시 만기가 3개월 이내 도래하는 채권
 -취득당시 상환일 까지 기간이 3개월 이내인 상환우선주
 -3개월 이내의 환매조건을 가진 환매채

<당좌차월>

수표나 어음의 발행은 은행의 당좌예금잔액의 한도 내에서 발행하여야 하나, 은행과 당좌차월계약(차입계약)을 맺으면 예금잔액을 초과하여 계약 한도액까지 수표나 어음을 발행할 수 있는 방법이다. 이때 당좌예금 잔액을 초과하여 수표나 어음을 발행한 금액을 당좌차월이라고 하는데, 기업의 장부에는 당좌예금계정 대변의 잔액이 된다. **결산시점에 단기차입금의 계정과목으로 하여 유동부채로 분류한다.**

(2) 현금과부족(過不足) – 임시계정

현금과부족계정은 임시계정으로서 외부에 공시하는 재무상태표에 표시되어서는 안된다.

그러므로 현금불일치를 발견하였을 때 현금과부족이라는 임시계정에 회계처리 하였다가, 추후 차이내역을 규명하여 해당 계정으로 회계처리 하여야 한다.

그러나 **결산 시까지 그 원인이 밝혀지지 않는 경우 부족액은 잡손실계정(영업외비용)으로 처리하고, 초과액은 잡이익계정(영업외수익)으로 대체 처리하여야 한다.**

(3) 단기투자자산

회사가 단기적인 투자 목적으로 **단기금융상품, 단기매매증권, 단기대여금 및 유동자산으로 분류되는 매도가능증권, 만기보유증권** 등을 보유하고 있는 경우 그 자산을 통합하여 단기투자자산으로 공시할 수 있다.

즉, 단기투자자산은 각 항목별 금액 등이 중요한 경우에는 각각 표시하지만 중요하지 않은 경우에는 통합하여 단기투자자산으로 통합하여 공시할 수 있다.

① 단기금융상품

금융기관이 취급하는 정기예금 · 정기적금 및 기타 정형화된 금융상품 등으로 기업이 단기적 자금운영목적으로 보유하거나 **보고기간말로 부터 만기가 1년 이내에 도래**하여야 한다.

회계기간 중 정기예금 · 정기적금은 각각의 계정을 설정하여 회계처리를 하지만 발생빈도가 거의 없거나 비교적 소액일 경우 단기금융상품이라는 통합계정을 사용하기도 한다.

그리고 재무상태표를 작성하여 공시할 경우 단기금융상품으로 통합하여 표시한다.

② 단기대여금(VS 단기차입금)

금전소비대차계약에 따른 자금의 대여거래로 회수기한이 1년 내에 도래하는 채권이다.

☞ 소비대차 : 당사자 일방이 금전 기타 대체물의 소유권을 상대방에게 이전할 것을 약정하고, 상대방은 그와 동종·동질
·동량의 물건을 반환할 것을 약정하는 계약

(4) 유가증권의 회계

유가증권이란 재산권 또는 재산적 이익을 받을 자격을 나타내는 증권을 말한다. 회계에서 유가증권은 주식, 사채, 국채, 공채를 말하고 어음과 수표는 제외한다. 그러나 법에서의 유가증권은 어음과 수표도 포함된다.

유가증권은 증권의 종류에 따라 지분증권(주식)과 채무증권(사채(社債), 국채, 공채)로 분류한다. 회사가 유가증권에 투자하는 이유는 회사의 여유자금을 투자하여 이익을 얻을 수 있으면서도 자금이 필요할 때는 즉시 매각하여 현금화할 수 있기 때문이다.

① 유가증권의 분류

㉠ 단기매매증권 : 단기간 내의 매매차익을 목적으로 취득한 유가증권으로서 매수와 매도가 적극적이고 빈번하게 이루어지는 것을 말한다.

㉡ 매도가능증권 : 단기매매증권 또는 만기보유증권으로 분류되지 아니한 유가증권을 말한다.

㉢ 만기보유증권 : 만기가 확정된 채무증권으로서 상환금액이 확정되거나 확정이 가능한 채무증권을 만기까지 보유할 적극적인 의도와 능력이 있는 경우를 말한다.

㉣ **지분법적용투자주식** : 주식 중 다른 회사에 **중대한(유의적인 – 의미가 있다) 영향력을 행사할 수 있는 주식**을 말하는데 다음의 하나에 해당하는 경우를 말한다.

- 투자회사가 피투자회사의 의결권있는 주식의 20%이상을 보유
- 피투자회사의 이사회 또는 의사결정기관에의 참여
- 피투자회사의 이익잉여금분배나 내부유보에 관한 의사결정과정에의 참여
- 피투자회사의 영업정책결정과정에 참여
- 투자회사와 피투자회사 간의 중요한 내부거래
- 경영진의 인사교류 또는 필수적인 기술정보의 교환

단기매매증권은 유동자산으로 분류하나, 만기보유증권, 매도가능증권, 지분법적용투자주식은 1년 내에 만기가 도래하거나 매도 등에 의하여 처분할 것이 확실할 때 유동자산으로 분류 한다.

② 취득원가 : **매입가액에 취득부대비용을 합한 금액**으로 한다.

다만 **단기매매증권의 경우에는 매입가액을 취득가액**으로 하고, **매입시 매입수수료등의 부대비용은 당기비용(수수료비용 – 영업외비용)으로 처리**한다.

③ 보유시 과실에 대한 회계처리

		이자 또는 배당금 수취시
㉠ 채무증권		이자수익으로 처리
㉡ 지분증권	현금배당	배당금수익
	주식배당	**회계처리는 하지 않고 수량과 단가를 새로이 계산한다.**

④ 유가증권의 기말평가

	평가액	평가손익
㉠ 단기매매증권	공정가액	영업외손익
㉡ 매도가능증권	공정가액	자본(기타포괄손익누계액)
	원가법	–
㉢ 만기보유증권	평가하지 않음 (장부가액 : 상각후원가[*1])	–
㉣ 지분법적용투자주식	지분법으로 평가[*2]	**영업외손익**

*1. **만기보유증권은 상각후원가법으로 평가한다.** 상각후 원가법이란 취득원가와 액면가액이 다른 경우 그 차액을 상환 기간동안 취득원가에 가감하여 만기일의 장부금액을 액면가액에 일치시키는 방법이다. 이때 액면가액과의 차액은 유효이자율법을 적용하여 상환기간에 걸쳐 배분한다.⇔ 사채발행시 사채의 장부가액이 투자자 입장에서는 상각후 원가가 됩니다.

*2. **취득시점 이후에 주식의 공정가액으로 평가하지 않고 지분변동액을 당해 지분법적용투자주식에 가감하여 보고하는 방법을** 말한다.

⑤ 손상차손 인식

회사는 매 회계기간말 마다 보유한 유가증권에 대하여 손상차손(회수가능가액이 취득가액보다 작은 경우) 인식할 것을 고려하여야 한다. 이러한 손상차손은 원칙적으로 개별 유가증권별로 측정하고 인식하는 것을 원칙으로 하고, 영업외비용으로 처리한다.

지분증권의 손상차손은 지분증권발행회사의 신용위험이 증가하여 공정가액의 회복이 불가능한 경우에 인식하는 것이다.

유가증권손상차손 = 장부가액 – 회수가능가액

☞ 단기매매증권은 손상차손을 인식하지 않는다. 왜냐하면 단기매매증권은 기말마다 공정가치로 평가하고, 평가손익을 당기손익으로 반영하였기 때문이다.

⑥ 유가증권의 처분

유가증권 처분시 처분가액과 처분당시 장부가액(매도가능증권의 장부가액과 기타포괄손익누계액을 가감하면 매도가능증권의 취득가액이 된다)을 비교하여 이를 당기손익에 반영한다. 또한 **처분시 발생하는 증권거래 수수료나 증권거래세 등의 부대비용은 처분가액에서 차감하여 회계처리**한다.

⑦ 유가증권의 재분류(보유목적변경)

유가증권의 보유의도와 보유능력에 변화가 있어 재분류가 필요한 경우에는 다음과 같이 처리한다.

에서		으로	비고
단기매매증권		단기매매증권	
매도가능증권		매도가능증권	**단기매매증권이 시장성상실**
만기보유증권		만기보유증권	

가능 ➡ 불가능 ┈┈▶

| <예제 2 - 1> 매도가능증권과 단기매매증권 |

㈜한강의 다음 거래를 매도가능증권, 단기매매증권인 경우 각각 분개하시오.
1. 20×1년 10월 1일 ㈜한라의 주식 100주를 주당 8,000원과 매입수수료 10,000원을 현금지급하다.
   (㈜한라의 주식은 시장성이 있고, 장기적인 투자수익을 목적으로 취득하다)
2. 20×1년 12월 31일 ㈜한라의 주식의 공정가액은 주당 9,000원이다.
3. 20×2년 3월 31일 ㈜한라로부터 주당 100원의 배당금을 현금수취하다.
4. 20×2년 7월 31일 ㈜한라의 주식 50주를 주당 7,000원에 처분하고 증권거래세 등 수수료 10,000원을 차감한 금액이 당사 보통예금 계좌에 입금되다.
5. 20×2년 8월 31일 ㈜한라로부터 무상주 10주를 지급받다.

해답

	매도가능증권			단기매매증권		
1.	(차) 매도가능증권	810,000		(차) 단기매매증권	800,000	
				수수료비용*1(영)	10,000	
	(대) 현　　금	810,000		(대) 현　　금	810,000	
2.	(차) 매도가능증권	90,000		(차) 단기매매증권	100,000	
	(대) 매도가능증권평가익*1	90,000		(대) 단기매매증권평가익*2	100,000	
	(자본 - 기타포괄손익누계액)			(영업외수익)		
	*1. 100주×9,000원(공정가액) – 100주×8,100원(장부가)					
	*2. 100주×9,000원(공정가액) – 100주×8,000원(장부가)					
3.	(차) 현　　금	10,000		좌동		
	(대) 배당금수익	10,000				
4.	(차) 보통예금	340,000		(차) 보통예금	340,000	
	매도가능증권평가익*1	45,000		단기매매증권처분손*3	110,000	
	매도가능증권처분손*2	65,000		(영업외비용)		
	(영업외비용)					
	(대) 매도가능증권	450,000		(대) 단기매매증권	450,000	
	*1. 90,000원(매도가능증권평가익)/100주×50주					
	*2. 처분가액 – 취득가액 = 340,000 – 50주×8,100원 = △65,000원					
	☞ **취득가액 = 장부가액(450,000) – 평가이익(45,000) = 405,000원**					
	*3. 처분가액 – 장부가액 = 340,000 – 50주×9,000원 = △110,000원					
5.	– 회계처리없음 –					
	단가재계산 : (기존주식수×장부단가)/(기존주식수 + 무상주식수)					
	= (50×9,000)÷60 = 7,500					

〈단기매매증권과 매도가능증권〉

	단기매매증권	매도가능증권
의 의	단기간 시세차익목적	언제 매도할지 모름
취득가액	**매입가액**	**매입가액＋취득부대비용**
기말평가	공정가액	공정가액(공정가액이 없는 경우 원가법)
	미실현보유손익 : 실현됐다고 가정 **(영업외손익－단기매증권평가손익)**	**미실현보유손익** **(자본－기타포괄손익누계액)**
처분손익	**처분가액－장부가액**	**처분가액－취득가액**

매도가능증권의 취득가액＝장부가액－평가이익＋평가손실

(5) 채권ㆍ채무회계

채권이란 기업이 영업활동을 수행하는 과정에서 재화나 용역을 외상으로 판매하고 그 대가로 나중에 현금 등을 받을 권리 또는 다른 회사나 타인에게 자금을 대여하고 그 대가로 차용증서나 어음을 수취하는 경우 등을 통칭하여 채권이라 부른다.

반대로 채무는 다른 회사나 타인에게 재화 또는 용역 또는 현금을 지급해야 할 의무를 말한다.

채권자		거　　래	채무자	
매 출 채 권	외 상 매 출 금	일반적인 상거래 발생한 채권ㆍ채무	매 입 채 무	외상매입금
	받 을 어 음			지 급 어 음
미　　수　　금		일반적인 상거래 이외에서 발생한 채권ㆍ채무	미　지　급　금	
대　　여　　금		자금거래에서 발생한 채권ㆍ채무	차　　입　　금	
선　　급　　금		재화나 용역의 완료 전에 지급하는 계약금	선　　수　　금	

① 외상매출금(VS 외상매입금) : **상거래 채권**

상품매매업에 있어서 가장 빈번하게 발생하는 거래는 상품의 매출/매입거래이다. 그리고 대부분의 상품매매거래는 신용으로 거래되는 것이 대부분이다. 이때 사용하는 회계계정과목이 외상매출금과 외상매입금이다. 즉, 회사 영업의 주목적인 일반 상거래(상품이나 제품판매)에서 발생한 채권을 외상매출금, 채무를 외상매입금이라고 한다.

② 받을어음(VS 지급어음) : **상거래 채권**

어음이란 상품을 구입한 구매자가 일정기일에 대금을 판매자에게 지급하겠다고 약속하는 증서이다.

㉠ 어음의 양도

어음의 소지인은 만기일 전에 어음상의 권리를 자유로이 타인에게 양도할 수 있다. 어음을 양도할 때 어음 뒷면에 필요사항을 기입하고 서명날인하는 것을 배서라고 한다.

㉡ 어음의 추심위임배서

어음을 추심의뢰 할 때에도 어음에 배서를 하여야 하는데 이것을 추심위임배서라 하고, 은행은 일정액의 추심수수료를 지급받게 되는데, **추심수수료는 영업상의 거래에 해당하므로 수수료비용(판매비와 관리비)로 처리한다.**

㉢ 어음의 할인

기업의 자금이 부족한 경우에는 소지하고 있는 어음을 만기일 전에 금융기관에 선이자 (할인료)와 수수료를 공제하고 대금을 받을 수 있는데 이를 어음의 할인이라고 한다. **어음을 할인한 경우(매각거래일 경우) 할인료와 수수료는 매출채권처분손실이라는 영업외비용으로 처리한다.**

〈어음의 할인 및 추심〉

	중도매각(매각거래)		추심(만기)	
	할인료		추심수수료	
성 격	영업외거래		영업거래	
회계처리	영업외비용		판매비와관리비	
	(차) 현 금 XX		(차) 현 금 XX	
	매출채권처분손실(영) XX		**수수료비용(판)** XX	
	(대) 받 을 어 음 XX		(대) 받 을 어 음 XX	

③ 미수금(VS 미지급금)

상품의 매매 등 일반적 상거래에서 발생한 채권, 채무에 대해서는 매출채권과 매입채무라는 계정을 사용하지만 **그 이외의 거래에서 발생하는 채권, 채무는 미수금이나 미지급금 계정을 사용한다. 비록 토지 등을 구입하거나 처분 시에 어음을 지급하거나 수취하더라도 지급어음이나 받을어음계정을 사용해서는 안되고 미수금, 미지급금 계정을 사용하여야 한다.**

④ 대손회계

기업이 보유한 모든 채권을 100% 회수 한다는 것은 거의 불가능하다. 채권은 채무자의 부도, 파산, 사망 등의 이유로 일정 부분 회수 불가능한 위험을 가지고 있다. 이렇게 채무자의 파산, 부도, 사망 등의 사유로 회수가 불가능하게 된 경우를 "**대손**"이라고 한다. 기업회계기준에서 대손에 관한 회계처리는 충당금설정법(보충법)으로 회계처리 하도록 규정하고 있다.

구 분	회계처리
1. 대손시	★ 대손충당금 계정잔액이 충분한 경우 (차) 대손충당금 ××× (대) 매 출 채 권 ××× ★ 대손충당금 계정잔액이 부족한 경우 (차) 대손충당금 ×××(우선상계) (대) 매 출 채 권 ××× 대손상각비 ×××
2. 대손처리한 채권회수시	★ **대손세액공제적용 채권** (차) 현 금 등 ××× (대) 대손충당금 ××× **부가세예수금** ×××[*1] *1. 회수금액 × 10/110 ★ **대손세액공제미적용 채권** (차) 현 금 등 ××× (대) 대손충당금 ×××
3. 기말설정	**기말 설정 대손상각비 = 기말매출채권잔액×대손추정율 – 설정전 대손충당금잔액** ★ 기말대손추산액 〉 설정전 대손충당금잔액 (차) 대손상각비(판) ××× (대) 대손충당금 ××× ★ 기말대손추산액 〈 설정전 대손충당금잔액 (차) 대손충당금 ××× (대) **대손충당금환입(판관비)** ×××
4. 대손상각비의 구분	<table><tr><td></td><td>설 정</td><td>환 입</td></tr><tr><td>**매출채권**</td><td>대손상각비(판관비)</td><td>**대손충당금환입(판)**</td></tr><tr><td>**기타채권**</td><td>**기타의 대손상각비(영·비)**</td><td>대손충당금환입(영·수)</td></tr></table>
5. 대손충당금 표시	**총액법(매출채권과 대손충당금을 모두 표시)으로 할 수 있으며, 순액법(매출채권에서 대손충당금을 차감)으로 표시한 경우 주석에 대손충당금을 기재한다.**

<예제 2 - 2> 대손회계

다음은 ㈜한강의 거래내역이다. 다음의 거래를 분개하고 대손충당금 T계정을 작성하시오.

20×1년 기초 외상매출금에 대한 대손충당금은 100,000원이다.

1. 3월 15일 외상매출금 중 150,000원이 대손 확정되었다.

2. 3월 31일 전기에 대손처리(대손세액공제 적용 채권임.)한 외상매출금중 88,000원이 현금 회수되었다.

3. 4월 30일 외상매출금 중 40,000원이 대손 확정되었다.

4. 12월 31일 기말 외상매출금잔액이 20,000,000원인데 대손추정율을 2%로 추산하였다.

해답

1.	(차) 대손충당금[*1] 대손상각비(판)	100,000원 50,000원	(대) 외상매출금	150,000원
	*1. 대손충당금을 우선상계하고 부족한 경우에는 대손상각비로 처리한다.			
2.	(차) 현　　금	88,000원	(대) 대손충당금 부가세예수금	80,000원 8,000원
3.	(차) 대손충당금	40,000원	(대) 외상매출금	40,000원
4.	(차) 대손상각비(판)	360,000원[*1]	(대) 대손충당금	360,000원
	*1. 기말 설정 대손상각비 = 기말외상매출금잔액(20,000,000)×대손추정율(2%) – 설정전 대손충당금(40,000) 　　　 = 360,000			

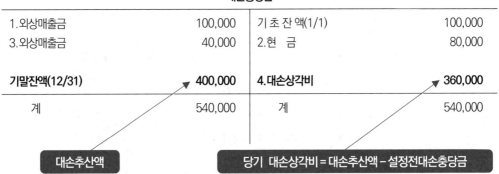

대손충당금

1.외상매출금	100,000	기 초 잔 액(1/1)	100,000
3.외상매출금	40,000	2.현　금	80,000
기말잔액(12/31)	**400,000**	**4.대손상각비**	**360,000**
계	540,000	계	540,000

대손추산액

당기 대손상각비 = 대손추산액 – 설정전대손충당금

(6) 기타의 당좌자산

① 미수수익(VS 미지급비용)

발생주의에 따라 인식한 수익의 당기 기간경과분에 대한 수익으로서 아직 현금으로 미수
취한 경우에 당기에 수익을 가산하는 동시에 **미수수익(당좌자산)**으로 계상하여야 한다.

② 선급비용(VS 선수수익)

발생주의에 따라 당기에 선 지급한 비용 중 차기비용으로서 차기 이후로 이연할 금액을
말한다. 즉, 당기에 지출한 비용 중 내년도 비용은 결산일 기준으로 자산에 해당된다.

| <예제 2 - 3> 손익의 이연/발생 |

㈜한강의 거래내역을 분개하시오.

1. x1년 10월 1일 건물 중 일부를 임대(임대기간 1년)하면서 1년분 임대료 1,200,000원을 현금으로 받
   고 선수수익으로 회계처리하다.

2. x1년 11월 1일 창고건물을 임차(임대기간 6개월)하면서 6개월치 임차료 900,000원을 현금으로 지급하
   고 선급비용으로 회계처리하다.

3. x1년 12월31일 거래은행인 국민은행에 예금된 정기예금에 대하여 당기분 경과이자를 인식하다(예금금
   액 10,000,000원, 만기 1년, 가입일 7월 1일 연이자율 10% 월할계산할 것).

4. x1년 12월 31일 거래은행인 신한은행에서 차입한 장기차입금에 대하여 당기분 경과이자를 인식하다(차
   입금액 15,000,000원, 만기 3년, 차입일 10월 1일 연이자율 10% 월할계산할 것).

5. x1년 12월 31일 임대료와 임차료에 대하여 발생기준에 따라 결산수정분개를 하다.

6. x2년 7월 1일 전년도 7월1일에 가입한 정기예금이 만기가 되어 이자와 원금이 보통예금계좌에 입금되다.

7. x2년 10월 1일 전년도 10월1일에 차입한 장기차입금에 대하여 이자를 보통예금에서 계좌이체하다.

해답

1.	(차) 현　　금	1,200,000원	(대) 선수수익	1,200,000원	

2.	(차) 선급비용	900,000원	(대) 현　　금	900,000원

3.	(차) 미수수익	500,000원	(대) 이자수익	500,000원

☞ 당기 수익발생(7.1~12.31)＝10,000,000원×10%×6개월/12개월＝500,000원

4.	(차) 이자비용	375,000원	(대) 미지급비용	375,000원

☞ 당기비용발생(10.1~12.31)＝15,000,000원×10%×3개월/12개월＝375,000원

5.	(차) 선수수익	300,000원	(대) 임대료(수입임대료)	300,000원

☞ 당기수익(10.01~12.31)＝1,200,000원×3개월/12개월＝300,000원
　선수수익(차기 1.1~9.30)＝1,200,000원×9개월/12개월＝900,000원

	(차) 임차료(지급임차료)	300,000원	(대) 선급비용	300,000원

☞ 당기비용(11.01~12.31)＝900,000원×2개월/6개월＝300,000원
　선급비용(차기 1.1~04.30)＝900,000원×4개월/6개월＝600,000원

6.	(차) 보통예금	11,000,000원	(대) 정기예금	10,000,000원
			미수수익	500,000원
			이자수익	500,000원

☞ 이자수익＝10,000,000×10%(연이자율)×6개월(1.1~6.30)/12개월＝500,000원

7.	(차) 미지급비용	375,000원	(대) 보통예금	1,500,000원
	이자비용	1,125,000원		

☞ 이자비용＝15,000,000×10%(연이자율)×9개월(1.1~9.30)/12개월＝1,125,000원

〈손익의 이연 : 수취(지급)시점에 수익 또는 비용 처리시〉

(주)한강		수취(지급)시점	결산시(손익의 이연)
수익의 이연	1,200,000 (x1.10.1~x2.9.30)	(차) 현 금 1,200,000 　(대) 임대료 1,200,000	(차) 임대료　900,000 　(대) 선수수익　900,000
비용의 이연	900,000 (x1.11.1~x2.04.30)	(차) 임차료　900,000 　(대) 현　금　900,000	(차) 선급비용 600,000 　(대) 임차료　600,000

③ 선급금(VS 선수금)

일반적 상거래에 속하는 재고자산의 구입 등을 위하여 선 지급한 계약금을 말한다.

장차 재고자산 등이 납품되면 재고자산으로 대체 정리될 잠정적인 재화나 용역에 대한 청구권을 내용으로 하는 채권계정이다.

④ 선납세금

손익계산서상의 법인세비용이란 기업의 당해 연도에 부담하여야 할 법인세와 지방소득세(법인분)를 말하는데, 선납세금은 중간 예납한 법인세와 기중에 원천징수 된 법인세 등이 처리되는 계정으로서 기말에 법인세비용으로 대체된다.

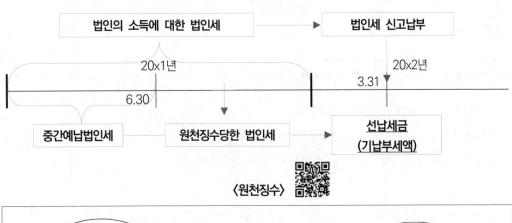

〈원천징수〉

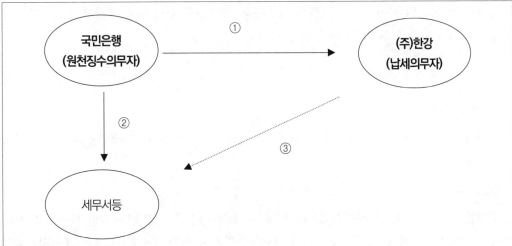

① 국민은행이 (주)한강에게 은행이자 2,000,000원을 지급시 법인세를 차감한 1,860,000원을 지급하다.

② 국민은행은 ㈜한강으로부터 예수한 법인세를 관할세무서에 납부하다.

③ 국민은행이 예수한 법인세는 실질적으로 (주)한강이 납부한 것이다.

| <예제 2 - 4> 법인세 및 선납세금 ├───────────────────

다음은 ㈜한강의 거래내역이다. 다음의 거래를 분개하시오.

(1) 3월 15일 정기예금 이자 1,000,000원에 대하여 원천징수세액(자산으로 처리하시오)을 제외한 860,000 원이 보통예금계좌로 입금되다.

(2) 8월 31일 법인세 중간예납분 1,000,000원을 강남세무서에 현금납부하다.(자산으로 처리하시오)

(3) 12월 31일 기말 결산 시 법인세를 추산한 바 2,500,000원이다.

해답

3월 15일	(차) 보통예금	860,000원	(대) 이자수익	1,000,000원
	선납세금	140,000원		
8월 31일	(차) 선납세금	1,000,000원	(대) 현 금	1,000,000원
12월 31일	(차) 법인세등	2,500,000원	(대) 선 납 세 금	1,140,000원
			미지급세금	1,360,000원

⑤ 부가세대급금(VS 부가세예수금)

부가가치세 과세대상 재화 등을 구입 시 거래징수 당한 부가가치세 매입세액을 말하는 것으로서 추후 부가가치세 신고 시 매입세액으로 공제된다.

⑥ 소모품

소모성 비품 구입에 관한 비용으로서 사무용품, 소모공구 구입비 등 **회사가 중요성에 따라 자산을 처리하는 것**을 말한다.

(7) 가지급금과 가수금

① 가지급금

회사에서 미리 지급한 금액 중 계정과목이나 금액이 미 확정시 그 내역을 파악할 때까지 일시적으로 처리해두는 계정이다.

② 가수금

회사에 입금된 금액 중 계정과목이나 금액이 미 확정시 그 내역을 파악할 때까지 일시적으로 처리해 두는 계정이다. 추후 입금된 내역이 확정시 해당 본 계정으로 회계처리하여야 한다.

재무상태표 작성기준 중 이러한 임시계정은 외부에 공시되는 재무상태표에 표시되어서는 안 된다.

 분개연습

[1] 시장성 있는 주식을 단기매매차익 목적으로 (주)제일섬유 주식 250주를 1주당 5,000원에 취득하면서 거래
수수료 15,000원을 포함하여 현금으로 결제하였다. 당사는 동주식에 대하여 단기매매증권으로 분류하였다.

[2] 단기매매증권인 (주)강철전자의 주식 500주를 주당 13,000원에 매각하고, 매각수수료 250,000원을 제외
한 매각대금을 국민은행 보통예금으로 송금 받다. (주)강철전자 주식에 대한 거래현황은 다음 자료 이외에
는 없다고 가정하며, 단가의 산정은 이동평균법에 의한다.

취득일자	주식수	취득단가	취득가액
1월 7일	300주	13,200원	3,960,000원
1월 26일	400주	12,500원	5,000,000원

[3] 운전자금 확보를 위해 주거래처인 (주)대길로부터 매출대금으로 받은 약속어음 30,000,000원을 곧바
로 세종은행에서 할인하고 할인료 500,000원을 차감한 잔액을 현금으로 수령하다. 단, 어음할인은 매
각거래로 간주한다.

[4] 매출처 신속전자에 대한 외상매출금 4,700,000원을 금일자로 연8% 이자율로 동점에 3개월간 대여하기로
하고 이를 대여금으로 대체하다.

[5] (주)대한부품에 대한 외상매입금과 (주)대한상사에 대한 받을어음이 각각 1,000,000원이 있었는데, ㈜대한
부품의 외상매입금을 (주)대한상사의 받을어음으로 배서양도하였다.

[6] 회사는 매출처인 일흥기획의 제품매출에 대한 외상매출금 잔액(5,000,000원)을 5월 5일 보통예금으로 송금 받았다. 동 대금잔액은 4월 30일에 발생한 (2/10, n/15)의 매출할인 조건부 거래에 대한 것으로서 동 결제는 동 공급에 관한 최초의 결제이다(단, 부가가치세는 고려하지 않는다).

[7] 매출처인 (주)흥국제조의 부도로 전년도 1월 31일에 대손처리했던 외상매출금 2억원 중 77,000,000원이 회수되었다. 회수는 전액 자기앞수표로 되었으며, 외상매출금의 대손처리가 이루어진 기간의 부가가치세 신고에서는 대손세액공제를 받지 않았다.

[8] 전기이전에 부도처리된 (주)우리건업에 판매한 제품대금 중 8,800,000원이 보통예금으로 입금되었다. 동금액은 전기 5월31일자로 대손처리한 외상매출금에 대한 화수액으로 전기의 확정신고시에 대손세액공제를 받은 바 있다.

[9] 당사는 전기에 삼흥상사에게 대여한 단기대여금 5,000,000원을 회수불능채권으로 보아 전기말 결산시 대손 처리하였으나, 금일 삼흥상사로부터 전액을 현금으로 회수하였다. 단, 전기 대손처리는 모두 대손충당금과 상계하였다.

[10] (주)띠아모에 상품 @10,000원(부가세별도)짜리 100개를 주문하고 대금 중 계약금 300,000원을 현금으로 지급하고 나머지 잔액은 물건을 인도 받을 날에 지급하기로 하다.

[11] 신한은행 보통예금통장에서 다음과 같이 예금이자가 입금되었다.

• 결산이자금액 : 100,000원	• 법인세 : 14,000원(법인세는 자산 처리할 것)
• 차감 지급액 : 86,000원	

[12] 국민은행에 가입한 정기예금(원금 : 10,000,000원)이 만기가 되어 이자소득에 대한 원천징수세액 140,000원을 차감한 10,860,000원을 당사의 보통예금계좌로 이체 받았다.

[13] 당사가 보유중인 매도가능증권(당기에 처분의도가 없음)을 다음과 같은 조건으로 처분하고 현금을 회수 하였으며, 전년도(20X0년) 기말 평가는 기업회계기준에 따라 처리하였다.

20X0년		양도가액	비고
취득가액	기말공정가액		
10,000,000원	15,000,000원	12,000,000원	시장성 있음

[14] 당사는 회사홍보용 우산(구입가액 6,000,000원)을 광고선전비(판관비)로 계상하였으나 결산시 미사용된 잔액 2,500,000원을 소모품(자산)으로 대체한다. 단, 회계 처리시 금액은 음수로 입력하지 아니한다.

[15] (주)로그자동차에서 차량운반구를 구입하고 미지급한 11,000,000원에 대해 국민은행 당좌수표를 발행하 여 지급하였다. 이때 당좌예금 잔액은 5,000,000원이며, 국민은행과는 당좌차월계약이 체결되어 있으 므로 당좌차월 계정과목을 사용하여 회계처리 하시오.

[16] 시장성이 있는 매도가능증권에 대한 보유내역이 다음과 같다. 기말 매도가능증권평가에 대한 회계처리를 하시오.

- 전기 취득가액 : 2,000,000원
- 당기 기말 공정가액 : 1,900,000원
- 전기 기말 공정가액 : 2,200,000원

[17] 제2기 확정신고기간의 부가가치세와 관련된 내용이 다음과 같다고 가정한다. 12월 31일 부가세예수금과 부가세대급금을 정리하는 회계처리를 하시오.(납부세액은 미지급세금으로, 경감공제세액은 잡이익으로 회 계처리할 것)

- 부가세예수금 : 33,000,000원
- 전자신고세액공제액 : 10,000원
- 부가세대급금 : 32,000,000원

[18] 제2기 확정신고기간의 부가가치세와 관련된 내용이 다음과 같다고 가정한다. 입력된 데이터는 무시하고 12월 31일 부가세예수금과 부가세대급금을 정리하는 회계처리를 하시오.(단, 납부세액(또는 환급세액)은 미지급세금(또는 미수금)으로, 경감공제세액은 잡이익으로, 가산세는 세금과공과로 회계 처리할 것)

• 부가세대급금 : 12,400,000원	• 부가세예수금 : 8,450,000원
• 전자신고세액공제 : 10,000원	• 전자세금계산서미발급가산세 : 40,000원

 객관식

01. 다음은 모두 큰 거래비용 없이 현금으로 전환이 용이하고 이자율변동에 따른 가치변동의 위험이 중요하지 않는 금융상품이다. 다음 중 현금성자산이 아닌 것은?

① 12월 10일 취득하였으나 상환일이 내년도 4월 20일인 상환우선주
② 3개월 이내의 환매조건인 환매채
③ 투자신탁의 계약기간이 3개월 이내인 초단기수익증권
④ 취득당시 만기가 3개월 이내에 도래하는 채권

02. 다음은 현금과 예금을 재무제표에 공시하는 것과 관련된 사항이다. 올바르지 않은 것은?

① 현금과 요구불예금 및 현금성자산은 현금 및 현금성자산이라는 계정과목으로 통합하여 표시한다.
② 금융기관이 취급하는 정기예금, 정기적금은 단기적 자금운용목적으로 소유하거나 기한이 1년내에 도래하는 경우 단기금융상품이라는 계정과목으로 하여 유동자산으로 분류한다.
③ 당좌차월은 일종의 차입금에 해당되므로 유동부채로 표시하여야 한다.
④ 선일자수표는 수표에 표시된 발행일이 도래하기까지 현금 및 현금성자산으로 처리하여야 한다.

03. 다음 중 기업회계기준상 당좌자산에 속하지 않는 것은?

① 일반적 상거래에서 발생한 외상매출금과 받을어음
② 회수기한이 1년내에 도래하는 대여금
③ 상품·원재료 등의 매입을 위하여 선급한 금액
④ 받은 수익 중 귀속시기가 차기 이후에 속하는 금액

04. 다음 유가증권의 분류 중에서 만기보유증권으로 분류할 수 있는 판단기준이 되는 것은 무엇인가?

① 만기까지 매매차익을 목적으로 취득한 채무증권

② 만기까지 다른 회사에 중대한 영향력을 행사하기 위한 지분증권

③ 만기까지 보유할 적극적인 의도와 능력이 있는 채무증권

④ 만기까지 배당금이나 이자수익을 얻을 목적으로 투자하는 유가증권

05. 유가증권에 대한 설명 중 옳지 않은 것은?

① 단기매매증권과 매도가능증권은 원칙적으로 공정가액으로 평가한다.

② 단기매매증권과 매도가능증권의 미실현보유손익은 당기순이익항목으로 처리한다.

③ 매도가능증권은 보유 목적에 따라 유동자산이나 투자자산으로 분류된다.

④ 단기매매증권이 시장성을 상실한 경우에는 매도가능증권으로 분류하여야 한다.

06. 다음 중 '유가증권' 양도에 따른 실현손익을 인식하기 위한 원가산정방법으로서 가장 합리적인 것은?

① 정액법   ② 이동평균법

③ 정률법   ④ 이중체감법

07. 기업회계기준상 유가증권분류에 관한 설명으로 옳지 않은 것은?

① 유가증권은 취득한 후에 만기보유증권, 단기매매증권, 그리고 매도가능증권 중의 하나로 분류한다.

② 단기매매증권과 매도가능증권은 채무증권을 포함한다.

③ 만기가 확정된 채무증권으로서 상환금액이 확정되었거나 확정이 가능한 채무증권을 만기까지 보유할 적극적인 의도와 능력이 있는 경우에는 만기보유증권으로 분류한다.

④ 단기매매증권이나 만기보유증권으로 분류되지 아니하는 유가증권은 매도가능증권으로 분류한다.

08. 다음 중 기업회계기준상 유가증권에 대한 설명으로 틀린 것은?

① 어음이나 수표는 그 자체가 매매대상이 아니므로 회계상 유가증권에서 제외된다.

② 유가증권은 주식과 같은 지분증권과 사채와 같은 채무증권이 포함된다.

③ 단기매매증권의 평가손익은 미실현보유손익이므로 자본항목으로 처리하여야 한다.

④ 유가증권(단기매매증권은 제외)의 취득원가는 유가증권 취득을 위하여 제공한 대가의 시장가격에 취득부대비용을 포함한 가액으로 한다.

09. 다음 중 기업회계기준상 유가증권의 손상차손에 대한 설명으로 틀린 것은?

① 지분증권으로부터 회수할 수 있을 것으로 추정되는 금액이 지분증권의 취득원가보다 작다는 것에 대한 객관적인 증거가 있는 경우에는 이에 대한 손상차손을 인식한다.

② 유가증권 손상차손은 원칙적으로 개별 유가증권별로 측정하고 인식하는 것을 원칙으로 한다.

③ 유가증권에 대한 손상차손 또는 손상차손의 회복은 자본조정으로 처리하여야 한다.

④ 만기보유증권의 손상차손을 인식한 이후의 이자수익은 회수가능가액을 측정할 때 미래현금흐름의 할인율로 사용한 이자율을 적용하여 산출한다.

10. 일반기업회계기준상 유가증권과 관련한 다음 설명 중 잘못된 것은?

① 예외적인 경우를 제외하고는 원칙적으로 단기매매증권과 매도가능증권은 공정가치로 평가한다.

② 손상차손 발생에 대한 객관적인 증거가 있는지 여부는 매 회계기간마다 평가해야 한다.

③ 매도가능증권은 만기보유증권으로 재분류할 수 있으나, 만기보유증권은 매도가능증권으로 재분류할 수 없다.

④ 단기매매증권이 시장성을 상실한 경우에는 매도가능증권으로 분류하여야 한다.

11. 다음 중 유가증권에 대한 설명으로 가장 틀린 것은?

① 채무증권은 취득한 후에 만기보유증권, 단기매매증권, 매도가능증권 중의 하나로 분류한다.

② 만기보유증권으로 분류되지 아니하는 채무증권은 매도가능증권으로 분류한다.

③ 매도가능증권에 대한 미실현보유손익은 기타포괄손익누계액 항목으로 처리한다.

④ 단기매매증권에 대한 미실현보유손익은 당기손익항목으로 처리한다.

주관식

01. 다음 중 기업회계기준상 "현금 및 현금성자산"의 합계액은 얼마인가?

• 현　　　금	50,000원	• 자기앞수표	100,000원
• 우편환증서	100,000원	• 정기예금(장기보유목적)	60,000원
• 외상매출금	300,000원	• 단기대여금	100,000원
• 취득당시 만기일이 3개월 이내 환매조건부 채권			500,000원
• 3월 전에 가입한 정기적금(만기일 : 가입일로부터 1년)			100,000원

02. 다음은 (주)한국산업의 대손충당금과 관련된 내용이다. 거래내용을 확인한 후 당기 대손충당금으로 설정될 금액을 구하시오.

가. 기초 수정 전 매출채권 잔액은 300,000원이고 대손충당금 잔액은 18,000원이다.
나. 당기 외상매출금 중에 15,000원이 대손 확정되었다.
다. 전기 대손 처리한 매출채권 중에 10,000원이 회수되었다.
라. 당기 말 대손충당금 잔액은 21,000원이다

03. (주)갑을은 외상매출금의 대손을 연령분석법으로 추정한다. 20×1년 12월 31일 현재의 대손추정관련 내용은 다음과 같다. 20×1년말에 재무상태표상에서 회사의 대손충당금은 얼마로 계상하여야 하는가?

기　간	금　액	대손추정율
60일 이하	10,000,000원	5%
60일 이상	5,000,000원	20%

☞ 연령분석법 : 경과기간별 미회수금액에 대해서 대손추정률을 곱하여 대손추산액을 산정하는 방법

04. 손익계산서의 당기순이익이 500,000원이었으나, 결산시 다음 사항이 누락된 것을 발견하였다. 누락사항을 반영할 경우 당기순이익은 얼마인가?

• 당기발생 미지급 자동차 보험료 : 200,000원	• 외상매출금의 보통예금 수령 : 100,000원

05. 다음 자료를 보고 당기에 인식할 처분손익을 구하시오.

- 전기 기말 매도가능증권 1,000주, 주당공정가치 7,000원
- 전기 기말 매도가능증권평가이익 2,000,000원
- 당기 7월 1일 500주를 주당 6,000원에 처분하였다.

06. 다음 자료에 의할 경우, 20x1년에 인식할 매도가능증권 처분손익을 구하시오.

- 20x0년 6월 1일 매도가능증권 120주를 주당 60,000원에 취득하였다.
- 20x0년 기말 매도가능증권평가손실 1,200,000원(주당 공정가치 50,000원)
- 20x1년 5월 1일 120주를 주당 50,000원에 처분하였다.

07. ㈜우리가 보유한 다음의 유가증권을 단기매매증권으로 분류하는 경우와 매도가능증권으로 분류하는 경우의 20x1년에 계상되는 당기손익의 차이 금액은 얼마인가?

- A회사 주식 1,000주를 주당 10,000원(공정가치)에 매입하였다.
- 기말에 A회사 주식의 주당 공정가치가 10,500원으로 평가되었다.

08. ㈜우연의 단기매매목적으로 취득한 유가증권의 취득 및 처분 내역은 다음과 같다. 20x1년 ㈜우연의 손익계산서에 보고될 유가증권의 평가손익은 얼마인가?(㈜우연의 결산일은 12월 31일이며, 시가를 공정가액으로 본다.)

- 20x1. 02. 15 : 1주당 액면금액이 4,000원인 ㈜필연의 주식 20주를 주당 150,000원에 취득함
- 20x1. 10. 20 : ㈜필연 주식 중 6주를 220,000원에 처분함
- 20x1. 12. 31 : ㈜필연의 주식의 시가는 주당 130,000원이었음

연/습/문/제 답안

🔑 분개연습

[1] (차) 단기매매증권   1,250,000   (대) 현   금   1,265,000
      수수료비용(영·비)   15,000

[2] (차) 보 통 예 금   6,250,000   (대) 단기매매증권   6,400,000[*1]
      단기매매증권처분손실   150,000
     *1. 장부가액＝(3,960,000원＋5,000,000원)×500주/700주＝6,400,000원

[3] (차) 현   금   29,500,000   (대) 받 을 어 음((주)대길) 30,000,000
      매출채권처분손실   500,000

[4] (차) 단기대여금(신속전자) 4,700,000   (대) 외상매출금(신속전자) 4,700,000

[5] (차) 외상매입금   1,000,000   (대) 받 을 어 음   1,000,000
      ((주)대한부품)   ((주)대한상사)

[6] (차) 보 통 예 금   4,900,000   (대) 외상매출금(일흥기획) 5,000,000
      매 출 할 인(제품매출) 100,000[*1]
   ☞ (2/10, n/15)는 제품인도 후 10일이내 대금결제를 하면 2%할인을 해주고, 인도 후 15일이내 대금결제 조건이다.

[7] (차) 현   금   77,000,000   (대) 대손충당금   77,000,000
                                    (외상매출금)

[8] (차) 보 통 예 금   8,800,000   (대) 대손충당금(외상)   8,000,000
                                 부가세예수금   800,000

[9] (차) 현   금   5,000,000   (대) 대손충당금(단기대여금) 5,000,000

[10] (차) 선 급 금   300,000   (대) 현   금   300,000
         ((주)띠아모)

[11] (차) 보 통 예 금   86,000   (대) 이 자 수 익   100,000
         선 납 세 금   14,000

[12] (차) 보 통 예 금   10,860,000   (대) 정 기 예 금   10,000,000
         선 납 세 금   140,000   이 자 수 익   1,000,000

[13] (차) 현   금   12,000,000   (대) 매도가능증권(투자)   15,000,000
         매도가능증권평가익   5,000,000   매도가능증권처분익   2,000,000
         (자본-기타포괄손익누계액)   (영업외수익)
     ☞ 전년도 평가시 분개
     (차) 매도가능증권   5,000,000   (대) 매도가능증권평가익   5,000,000

[14] (차) 소 모 품   2,500,000   (대) 광고선전비(판)   2,500,000
     ☞ 구입시 회계처리
     (차) 광고선전비(판)   xxx   (대) 현   금   xxx

[15] (차) 미지급금   11,000,000   (대) 당좌예금   5,000,000
         ((주)로그자동차)   당좌차월(국민은행)   6,000,000
     ☞ 기중에 당좌차월 계정을 사용할 수도 있으며, 결산시 단기차입금으로 대체하여 공시한다.
         구입시 회계처리
     (차) 차량운반구   11,000,000   (대) 미지급금   11,000,000

[16] (차) 매도가능증권평가익   200,000   (대) 매도가능증권(투자)   300,000
         매도가능증권평가손   100,000
     ☞ 전기 기말 평가시 분개
     (차) 매도가능증권   200,000   (대) 매도가능증권평가익   200,000

[17] (차) 부가세예수금   33,000,000   (대) 부가세대급금   32,000,000
              미지급세금   990,000
              잡이익   10,000

[18] (차) 부가세예수금   8,450,000   (대) 부가세대급금   12,400,000
         세금과공과(판)   40,000   잡이익   10,000
         미수금   3,920,000

객관식

1	2	3	4	5	6	7	8	9	10	11				
①	④	④	③	②	②	①	③	③	③	②				

[풀이 - 객관식]

01. 현금성자산은 큰 거래비용 없이 현금으로 전환이 용이하고 이자율 변동에 따른 가치변동의 위험이 중요하지 않은 금융상품으로서 **취득 당시 만기일(또는 상환일)이 3개월 이내인 것**을 말한다.

02. **선일자수표**는 형식은 수표이나 실질은 **어음과 성격을 가지고 있으므로 매출채권으로 분류**한다.

03. 선수수익은 유동부채에 해당한다.

04. **만기까지 보유할 적극적인 의도와 능력이 있는 유가증권**(채무증권)인 경우에 만기보유증권으로 분류할 수 있다.

05. **매도가능증권의 미실현보유손익은 자본항목**으로 처리하고, 당해 유가증권에 대한 자본항목의 누적금액은 그 유가증권을 **처분하거나 손상차손을 인식하는 시점에 일괄하여 당기손익에 반영**한다.

06. 정액법, 정률법, 이중체감법은 유형자산의 감가상각방법이다.

07. 유가증권은 단기매매증권, 매도가능증권, 만기보유증권, 지분법적용투자주식으로 분류한다.

08. 단기매매증권에 대한 미실현보유손익은 당기손익항목으로 처리한다.

09. 자본조정이 아닌 당기손익으로 한다.

10. **보유목적변경시 만기보유증권도 매도가능증권으로 재분류**가 가능하다.

11. 만기보유증권으로 분류되지 아니하는 채무증권은 단기매매증권과 매도가능증권 중의 하나로 분류한다.

주관식

01	750,000원	02	8,000원	03	1,500,000원
04	300,000원	05	처분이익 500,000원	06	처분손실 1,200,000원
07	500,000원	08	평가손실 280,000원		

[풀이 - 객관식]

01. 현금, 자기앞수표, 우편환증서, **취득당시 만기일이 3개월 이내**인 환매조건부 채권이 해당된다.

02.

대손충당금			
대 손	15,000	기 초 잔 액	18,000
		회 수	10,000
기 말 잔 액	21,000	**대손상각비(?)**	**8,000**
계	36,000	계	36,000

03. $(10,000,000원 \times 5\%) + (5,000,000원 \times 20\%) = 1,500,000원$

04.

1. 수정전 당기순이익	500,000						
① 미지급자동차보험료	-200,000	(차) 보험료	xx	(대) 미지급비용	xx		
② 외상매출금 수령	0	(차) 보통예금	xx	(대) 외상매출금	xx		
2. 수정후 당기순이익	*300,000*						

05. 처분가액 = 500주 × 6,000원 = 3,000,000원

취득가액 = 장부가액 + 평가손실 − 평가이익 = [7,000,000 − 2,000,000]/1,000주 × 500주

         = 2,500,000원

매도가능증권의 처분손익 = 처분가액(3,000,000) − 취득가액(2,500,000) = 500,000원(이익)

(차) 현 금	3,000,000	(대) 매도가능증권	3,500,000
매도가능증권평가익	1,000,000	매도가능증권처분익	500,000

06. 처분손익 = 처분가액 − 취득가액 = 120주 × (50,000원 − 60,000원) = △1,200,000원

(차) 현 금	6,000,000원	(대) 매도가능증권	6,000,000원
매도가능증권처분손실	1,200,000원	매도가능증권평가손실	1,200,000원

07. • 단기매매증권 : 1000주 × (10,500 − 10,000) = 500,000원(평가이익)

• 매도가능증권 : **매도가능증권평가이익은 기타포괄손익누계액으로 처리하므로 당기손익에는 영향 없음.** 따라서 단기매매증권으로 분류되는 경우와 매도가능증권으로 분류되는 경우의 당기손익 차이는 500,000원이 된다.

08. 평가손익(단기매매증권) = 공정가액 − 장부가액

         = (130,000 − 150,000) × (20주 − 6주) = △280,000원(평가손실)

2. 재고자산

기업이 영업활동과정에서 판매 또는 제품의 생산을 위해서 보유하고 있는 자산이다.

(1) 재고자산의 분류

① 상　품 : 정상적인 영업활동과정에서 판매를 목적으로 구입한 상품

② 제　품 : 판매목적으로 제조한 생산품

③ 반제품 : 자가제조한 중간제품과 부분품으로 판매가 가능한 것

④ 재공품 : 제품의 제조를 위하여 제조과정에 있는 것

⑤ 원재료 : 제품을 제조하고 가공할 목적으로 구입한 원료, 재료 등

⑥ 저장품 : 소모품, 수선용 부분품 및 기타 저장품 등

⑦ 미착(상)품 : 운송중에 있어서 아직 도착하지 않은 원재료(상품)를 말한다.

(2) 재고자산의 취득원가 결정

자산의 취득원가에는 그 자산을 취득하여 사용하기까지 투입되는 모든 비용을 포함한다. 따라서 재고자산의 취득원가에는 **재고자산을 취득하여 사용하기까지 소요된 모든 지출액(매입부대비용)을 포함**한다.

취득원가 = 매입가액 + 매입부대비용 − 매입환출 − 매입에누리 − 매입할인 등

---

① 매입부대비용

매입운임, 매입수수료, 매입 시 보험료, 하역비 그리고 만약 해외로부터 수입 시 수입관세 및 통관수수료 등 이렇게 매입부대비용을 매입시점에 비용으로 처리하지 않고 재고자산의 취득원가에 가산하는 것은 수익비용대응원칙에 따른 것이다.

② 매입환출과 매입에누리

구매한 재고자산에 하자(불량, 수량부족 등)가 발생하여 매입한 재고자산을 판매처에 반품하는 것을 매입환출이라 하고 상기 사유로 인하여 가격을 할인해 주는 경우를 매입에누리라 한다.

③ 매입할인

구매자가 외상매입금을 조기에 지급한 경우 판매자가 가격을 할인해 주는 것을 말한다.

■ 매출환입, 매출에누리, 매출할인

매출환입이란 판매한 재고자산에 하자가 발생하여 매입자로부터 반품을 받은 것을 말하고 매출에누리란 이러한 하자에 대하여 매입자에게 가격을 할인하여 주는 것을 말한다.

매출할인은 외상으로 판매한 매출채권을 매입자가 조기에 대금을 지불하는 경우 외상대금의 일부를 할인해 주는 것을 말한다.

(2/10, n/30)의 조건으로 계약을 체결했다면 거래일로부터 10일 이내에 대금을 회수하는 경우 대금의 2%를 할인해주고 30일 이내에 대금회수를 완료해야 한다는 조건이다.

구 분		판매자		구매자	
		총매출액	100	총매입액	100
하 자 발 생	반 품 시	(−)매 출 환 입	(5)	(−)매 입 환 출	(5)
	가 격 에 누 리	(−)매 출 에 누 리	(10)	(−)매 입 에 누 리	(10)
조 기 결 제 에 따 른 할 인		(−)매 출 할 인	(10)	(−)매 입 할 인	(10)
운임(운반비)		운 반 비	판관비	(+)부대비용(운임)	5
		순매출액	75	순매입액	80

손익계산서상
매출액

재고자산
취득가액

(3) 기말재고자산의 귀속여부(기말재고자산의 범위)

재무상태표의 기말재고자산에 포함될 항목에는 회사의 창고에 보관하고 있는 재고자산과 비록 창고에 없더라도 회사의 기말재고자산으로 포함될 항목(미착품, 위탁품, 시용품 등)이 있다.

① 미착상품(운송중인 상품)

미착상품이란 상품을 주문하였으나 운송 중에 있어 아직 도착하지 않는 상품을 말한다. 이 경우 **원재료라면 미착품이란 계정을 사용**한다.

㉠ 선적지인도조건

선적시점(또는 기적시점)에 소유권이 구매자에게 이전되는 조건이다. 따라서 미착상품은 매입자의 재고자산에 포함하여야 한다.

ⓛ 도착지인도조건

구매자가 상품을 인수하는 시점에 소유권이 구매자에게 이전되는 조건이다. 따라서 미 착상품은 판매자의 재고자산에 포함하여야 한다. 이 경우 구매자가 대금을 **선지급한 경 우 계약금에 해당되므로 도착시점까지 선급금계정으로 회계처리**하여야 한다.

② 위탁품(적송품)

회사(위탁자)의 상품을 타인(수탁자)에게 위탁해서 판매할 때 수탁자에 보관되어 있는 상품 을 말한다. 이 경우 위탁상품에 대한 소유권은 위탁자의 재고자산에 포함하여야 하고 **수탁자 가 고객에게 판매한 시점에서 위탁자는 수익을 인식**하고 재고자산에서 제외시켜야 한다.

③ 시송품(시용품)

소비자가 일정한 기간 동안 사용해보고 구매를 결정하는 상품을 시송품이라 한다. 따라서 소비자가 매입의사를 표시하기 전까지 판매회사의 소유이므로 재고자산에 포함하고 **소비자가 매입의사를 표시한 날에 회사는 수익을 인식**한다.

④ 반품률이 높은 재고자산

㉠ **합리적 추정이 가능**한 경우 : 재고자산을 판매한 것으로 보아 판매회사의 재고자산에서 제외한다.

㉡ **합리적 추정이 불가능**한 경우 : **구매자가 인수를 수락하거나 반품기간이 종료되는 시점**까 지 판매회사의 재고자산에 포함한다.

⑤ 할부판매

대금회수여부와 무관하게 **재화를 인도하는 시점에 판매한 것**으로 보아 재고자산에서 제외 한다.

(4) 재고수량의 결정방법

재고자산의 수량을 결정하는 방법에는 **계속기록법과 실지재고조사법**이 있다.

① 계속기록법

상품의 매입 또는 판매가 있을 때마다 내역(수량, 단가)을 기록함으로써 당기의 매출수량과 기말재고 수량을 결정하는 방법이다.

> **기초재고수량 + 당기매입수량 − 당기매출수량 = 기말재고수량**

② 실지재고조사법

기말 창고에 실제 남아있는 상품의 수량을 카운트해서 당기 매출수량을 파악하는 방법이다.

기초재고수량 + 당기매입수량 – 기말재고수량 = 당기매출수량

즉, 실지재고조사법을 사용하면 당기매출수량이 모두 판매된 것인지 정확하지가 않다. 만일 도난이나 파손으로 발생한 수량이 있다면 이러한 수량이 매출수량에 포함되는 단점이 있다.

③ 상호방법 비교

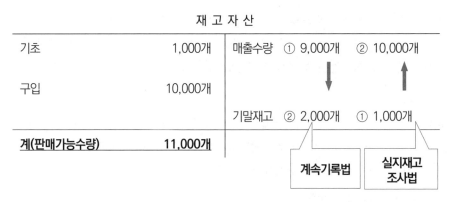

계속기록법을 적용하면 매출수량이 정확하게 계산되고, 실지재고조사법을 적용하면 기말재고자산 수량이 정확하게 계산된다.

재고감모란 재고가 분실, 도난, 마모 등으로 인해 없어진 것을 재고감모라 하며 그 수량을 재고감모수량이라 한다.

재고감모수량 = 계속기록법하의 기말재고수량 – 실지재고조사법하의 기말재고수량

따라서 **계속기록법과 재고조사법을 병행하여 사용하는 것이 일반적이며, 이 경우 매출수량과 감모수량을 정확하게 파악**할 수 있다.

④ 재고자산 감모손실(수량부족분)

정상적인 감모란 재고자산을 보관하는 중에 발생하는 증발, 훼손 등으로 불가피하게 발생하는 것이고, 비정상적인 감모란 사고, 도난 등에 의해 발생한 것으로 부주의가 없었다면 회피할 수 있는 것을 말한다.

정상적인 감모는 원가성이 있는 감모로 보아 매출원가에 가산하고, 비정상적인 감모손실은 원가성이 없다고 판단하여 영업외비용(재고자산감모손실)으로 처리한다.

(5) 원가흐름의 가정(기말재고단가의 결정)

이론적으로 재고자산에 꼬리표(가격표)를 붙여 일일이 확인하는 방법(개별법)이 가장 정확한 방법이지만 재고자산의 종류가 다양하고 구입과 판매가 빈번한 재고자산의 특성상 개별법으로 적용하기에는 시간과 비용이 많이 든다.

그래서 재고자산의 실제물량흐름과 관계없이 일정한 가정을 통하여 매출원가와 기말재고로 배분한다.

① 개별법

재고자산이 판매되는 시점마다 판매된 재고자산의 단가를 정확히 파악하여 기록하는 방법으로 **가장 정확한 원가배분방법**이다. 이 배분방법은 재고자산이 고가이거나 거래가 빈번하지 않는 경우(보석, 골동품 등) 적용되어 왔으나, 기술의 발달로 바코드에 의한 재고자산의 관리가 가능하게 되어 대기업 등에서 적용하고 있다.

② 선입선출법(FIFO－first in, first out)

실제물량흐름과 관계없이 먼저 구입한 재고자산이 먼저 판매된 것으로 가정하는 방법이다. 대부분의 기업은 먼저 구입한 재고자산을 먼저 판매하는 것이 일반적이며, 재고자산의 진부화가 빠른 기업은 선입선출법을 적용한다.

③ 후입선출법(LIFO－last in, first out)

실제물량흐름과 관계없이 나중에 구입한 재고자산이 먼저 판매된 것으로 가정하는 방법이다. 대부분의 기업에서의 실제물량흐름과 거의 불일치되고 일부 특수업종에서 볼 수 있다. 고물상, 석탄야적장 등을 예로 들 수 있다.

후입선출법은 IFRS(한국채택 국제회계기준)에서 인정되지 않는다.

④ 평균법

실제물량흐름과 관계없이 재고자산의 원가를 평균하여 그 평균단가를 기준으로 배분하는 방법이다. 평균법에는 재고자산의 출고시마다 단가를 계속 기록하는 방법(계속기록법)인 이동평균법과 기말에 재고단가를 일괄하여 계산하고 기록(실지재고조사법)하는 방법인 총평균법이 있다.

⑤ 소매재고법(매출가격환원법)

대형할인점의 경우 다양한 종류의 재고자산을 구매하고 판매량도 대량이다. 이런 경우에 재고자산의 취득단가를 각각 계산하는 것이 매우 어렵다. 따라서 기말재고의 매출가격에 원가율을 곱해서 기말재고를 추정하는 방법이 소매재고법이다. 일반적으로 **유통업에서만 인정하는 방법**이다.

⑥ 각방법의 비교

1번째 구입원가가 10원, 2번째 구입원가가 20원, 3번째 구입원가가 30원이고 2개가 개당 50원에 판매되었다고 가정하고, 각 방법에 의하여 매출원가, 매출이익, 기말재고가액, 법인세를 비교하면 다음과 같다.

물가가 상승하는 경우		선입선출법		평균법		후입선출법
구입순서 1.10원 2.20원 3.30원	매출액(2개)	100원(50×2개)		100원		100원
	매출원가(2개)	30원(10+20)	<	40원(20×2개)	<	50원(30+20)
	매출이익 (당기순이익) (법인세)	70원	>	60원	>	50원
	기말재고	30원	>	20원	>	10원

자산 ∝이익

〈크기 비교 : 물가상승시〉

언제나 중앙

	선입선출법	평균법(이동, 총)	후입선출법
기말재고, 이익, 법인세	>	>	>
매출원가	<	<	<

☞ 물가하락시 반대로 생각하시면 됩니다.

〈선입선출법과 후입선출법 비교〉

	선입선출법	후입선출법
특징	• **물량흐름과 원가흐름이 대체적으로 일치** • 기말재고자산을 현행원가로 표시 • **수익과 비용 대응이 부적절**	• **물량흐름과 원가흐름이 불일치** • 기말재고자산이 과소평가 • **수익과 비용의 적절한 대응**

(6) 재고자산의 기말평가(저가법)

재고자산은 품질저하, 진부화, 유행경과 등으로 취득원가보다 하락할 수 있다. 기업회계기준에서는 기말재고자산을 공정가액으로 평가하도록 되어 있는데, 저가법에 의하여 평가를 하여야 한다.

저가법이란 취득원가와 공정가액을 비교하여 낮은 가액으로 평가하는 방법이다.

즉, **기말에 공정가액이 취득원가보다 높은 경우에는 취득원가로 평가하고, 공정가액이 취득원가보다 낮은 경우에는 공정가액으로 평가한다.**

따라서 재고자산 가격이 하락하면 즉시 손실을 인식하지만 재고자산 가격이 당초 취득원가보다 높아진 경우에는 평가하지 아니고 이를 판매 시에 이익으로 기록한다.

① 적용방법

재고자산을 평가하는 방법에는 **종목별, 조별, 총계기준**이 있다.

종목별기준은 재고자산의 개별항목별로 평가하는 것으로 기업회계기준에서 인정하는 재고자산 평가 원칙이다.

예외적으로 **재고자산들이 서로 유사하거나 관련 있는 경우에는 조별기준으로도 적용할 수 있으나 총계기준은 인정되지 않는다.**

② 재고자산의 공정가액

㉠ 원재료 : **현행대체원가(원재료의 현행원가 : 현재 매입시 소요되는 금액)**

다만, **원재료의 경우 완성될 제품의 원가 이상으로 판매될 것으로 예상**되는 경우에는 그 생산에 투입하기 위해 보유하는 원재료에 대해서는 저가법을 적용하지 않는다.

㉡ **상품, 제품, 재공품 등 : 순실현가능가치(추정판매가액 - 추정판매비)**

③ 재고자산평가 회계처리

가격하락시 : (차) 재고자산평가손실(매출원가가산)××× (대) 재고자산평가충당금[1] ×××

가격회복시 : (차) 재고자산평가충당금 ××× (대) 재고자산평가충당금환입[2] ×××
(매출원가차감)

[1]. 재고자산의 차감적 평가계정
[2]. 당초 평가손실 인식액까지만 환입

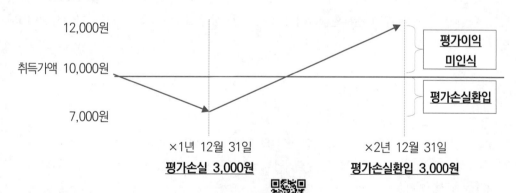

④ 재고자산감모손실과 평가손실간의 관계

사례 : 감모수량 : 20개(정상감모 : 15개, 비정상감모 : 5개)

	수량	단가
장부상	100개	1,000원
실 제	80개	800원

■ 선 감모손실 인식 후 평가손실 인식

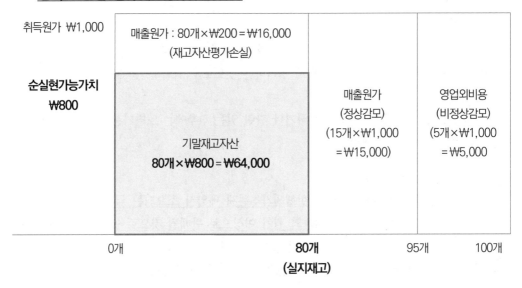

〈회계처리〉

- **비정상감모손실**

　(차) **재고자산감모손실(영·비)** 5,000원　　　　(대) 재고자산(타계정대체)　　　5,000원

(7) 관세환급금

　원재료나 상품을 해외로부터 수입시 관세를 부담한다. 그러나 원재료를 가공하여 제품을 해외로 수출하거나 상품을 재수출시 이미 부담한 관세를 환급받게 되는데 이를 관세환급금이라 한다. 따라서 세관으로부터 관세환급금이 결정시 이를 **상품 또는 제품의 매출원가에서 차감하는 형식**으로 표시한다.

| <예제 2 - 5> 관세환급금 |

㈜한강의 다음 거래를 분개하시오.

1. 3월 1일 원재료를 수입하면서 울산세관으로부터 관세 10,000원을 현금납부하다

2. 3월 15일 원재료를 가공하여 제품을 수출하면서 울산세관에 관세환급을 신청한바 금일 10,000원의 관세환급통지를 받다.

> **해답**

3월 1일	(차) 원 재 료	10,000	(대) 현 금	10,000
3월 15일	(차) 미 수 금	10,000	(대) 관세환급금(제품매출원가)	10,000

연/습/문/제

 분개연습

[1] 상품으로 구입한 것(원가 2,000,000원, 시가 3,000,000원)을 공장종업원의 업무에 사용하였다.

[2] 매입처 제일물산(주)로부터 외상으로 매입한 상품 중 품질불량으로 인해 에누리 받은 금액 이 500,000원이다. 단, 부가가치세는 고려하지 아니한다.

[3] 일본 소니사로부터 원재료를 수입하고, 당해 원재료 수입과 관련하여 발생한 다음의 경비를 현금으로 지급하다.

품 목	금 액	비 고
관 세	500,000원	납부영수증을 교부받다.
운반수수료	48,000원	간이영수증을 교부받다.

[4] 원재료 매입처 한국전선(주)의 9월 30일까지 거래분에 대한 외상매입금 잔액(3,300,000원) 중 450,000원은 사전약정에 의해 할인받고 2,000,000원은 약속어음(만기 3개월)으로, 잔액은 당사발행 당좌수표로 지급하였다.

[5] 원재료를 수입하면서 지급한 관세 435,000원의 환급을 신청한 바, 인천세관으로부터 금일 확정통지를 받았다.

[6] 보관중이던 원재료 일부(원가 : 300,000원, 시가 : 1,000,000원)를 기계장치 수리에 사용하였다(수익적지출로 처리하시오).

[7] 당사에서 구입했던 상품인 텐트 100개를 수재민을 도와주기 위해 서울시에 기부하였다. 텐트의 구입 원가는 10,000,000원이며 시가는 12,000,000원이다.

[8] (주)대웅으로부터 원재료(1,000개, 단위당 원가 20,000원)를 매입하고, 대금은 국민은행 기업구매자금대출(만기 6개월)로 지급하였다.

[9] 제품의 실사평가를 한 결과 다음과 같으며, 수량감소는 비정상적으로 발생한 것이다. 비정상감모분에 대하여 회계처리하시오.

• 장부상 수량 : 1,000개	• 실지재고 수량 : 900개
• 단위당 취득원가 : 14,000원	• 단위당 시가(공정가치) : 13,000원

[10] 결산일 현재 재고자산을 실사한 결과는 다음과 같다. 비정상감모분에 대해서만 회계처리하시오. 단, 원재료 수량감소분을 제외한 나머지 수량감소분은 모두 정상발생분이다.

구 분	장부상내역			실사내역		
	단위당 취득원가	수량	평가액	단위당 시가	수량	평가액
원재료	2,000원	500개	1,000,000원	2,000원	400개	800,000원
재공품	7,000원	800개	5,600,000원	7,000원	700개	4,900,000원
제 품	10,000원	1,000개	10,000,000원	10,000원	900개	9,000,000원

객관식

01. 재고자산에 대한 설명 중 옳지 않은 것은?

① 재고자산의 감모손실 중 정상적으로 발생한 감모손실은 매출원가에 가산한다.

② 재고자산의 비정상적으로 발생한 감모손실은 영업외비용으로 인식한다.

③ 재고자산의 시가가 장부가액 이하로 하락하여 발생한 평가손실은 재고자산의 차감계정으로 표시하고 매출원가에 가산한다.

④ 저가법으로 평가한 재고자산의 시가가 장부가액보다 상승한 경우에는 상승분 전액을 당기 수익으로 인식되어야 한다.

02. 다음은 무엇에 관한 설명인가?

> 재고자산의 시가가 취득원가보다 하락한 경우 저가법을 사용하여 결정한다.

① 재고자산 평가손실   ② 비정상적 재고자산감모손실

③ 정상적 재고자산감모손실   ④ 타계정대체

03. 재고자산에 대한 평가방법 중 후입선출법에 대한 설명으로서 알맞지 않은 것은? 단, 재고자산의 매입수량이 판매수량보다 크다고 가정한다.

① 물가가 지속적으로 상승시 선입선출법에 비해 매출원가를 크게 계상한다.

② 물가가 지속적으로 상승시 선입선출법에 비해 기말재고자산은 시가를 적정하게 표시하지 못한다.

③ 물가가 지속적으로 하락시 선입선출법보다 이익을 작게 계상한다.

④ 물가가 지속적으로 하락시 기말재고자산은 선입선출법에 비해 크게 계상된다.

04. 다음 재고자산에 대한 설명 중 (주)태성의 소유가 아닌 것은?

> 가. (주)태성은 선적지 인도조건인 운송중인 상품을 (주)황소로부터 구입하였다.
> 나. (주)태성이 (주)북부에게 판매를 위탁한 상품(적송품)이 (주)북부의 창고에 보관중이다.
> 다. (주)태성은 (주)한국에게 반품률을 합리적으로 추정가능한 상태로 상품을 판매(인도)하였다.
> 라. (주)태성은 운송중인 상품을 도착지 인도조건으로 (주)남부에 판매하였다.

① 가   ② 나   ③ 다   ④ 라

05. 다음 중 '재고자산'의 원가결정방법에 대한 설명으로 옳지 않은 것은?

① 개별법은 당기 실제 매출액에 전년도 매출원가율을 적용하여 간단하게 재고자산을 추정하는 방법이다.

② 선입선출법은 먼저 매입 또는 생산한 재고항목이 먼저 판매 또는 사용된다고 원가흐름을 가정하는 방법이다.

③ 평균법은 기초재고와 기중에 매입 생산한 재고가 구별없이 판매 또는 사용된다고 원가흐름을 가정하는 방법이다.

④ 후입선출법은 가장 최근에 매입 또는 생산한 재고항목이 가장 먼저 판매된다고 원가흐름을 가정하는 방법이다.

06. 기업회계기준서상 재고자산감모손실에 대한 설명 중 옳은 것은?

① 전액 제조원가에 반영하여야 한다.

② 감모손실이 정상적인 경우에는 매출원가에 가산한다.

③ 감모손실이 비정상적인 경우에는 판매비와관리비 항목으로 분류한다.

④ 재고자산 감모손실은 시가가 장부가액보다 하락한 경우에 발생한다.

07. 재고자산에 대한 설명 중 틀린 것은?

① 선입선출법에 의해 원가배분을 할 경우 기말재고는 최근에 구입한 상품의 원가로 구성된다.

② 재고자산의 가격이 계속 상승하는 경우 재고자산을 가장 낮게 보수적으로 평가하는 방법은 후입선출법이다.

③ 총평균법에 비해 이동평균법은 현행원가의 변동을 단가에 민감하게 반영시키지 못한다.

④ 재고자산을 저가법으로 평가하는 경우 제품, 상품 및 재공품의 시가는 순실현가능가액을 적용한다.

08. 재고자산에 대한 평가방법 중 재고자산이 존재하는 상황에서 후입선출법에 대한 설명으로서 알맞지 않은 것은? 단, 기말재고자산이 기초재고자산보다 증가하는 상황이라고 가정한다.

① 물가가 지속적으로 상승시 선입선출법에 비해 매출원가를 크게 계상한다.

② 물가가 지속적으로 상승시 선입선출법에 비해 기말재고자산은 시가를 적정하게 표시하지 못한다.

③ 물가가 지속적으로 하락시 선입선출법보다 이익을 작게 계상한다.

④ 물가가 지속적으로 하락시 기말재고자산은 선입선출법에 비해 크게 계상된다.

09. 다음 중 재고자산에 포함되지 아니하는 것은?

① 상품 인도 후 고객이 구매의사를 표시하지 아니한 시용판매 상품

② 상품권은 발행되었으나, 상품권이 결산시까지 회수되지 아니한 상품

③ 위탁판매를 위하여 발송한 후 수탁자가 창고에 보관중인 적송품

④ 도착지 인도기준에 의하여 구매계약 완료후 결산일 현재 운송중인 상품

10. 다음은 일반기업회계기준상 재고자산에 대한 설명이다. 괄호 안에 들어갈 내용으로 옳은 것은?

> 재고자산은 이를 판매하여 수익을 인식한 기간에 (㉠)(으)로 인식한다. 재고자산의 시가가 장부금액 이하로 하락하여 발생한 평가손실은 재고자산의 차감계정으로 표시하고 (㉡)에 가산한다. 재고자산의 장부상 수량과 실제 수량과의 차이에서 발생하는 감모손실의 경우 정상적으로 발생한 감모손실은 (㉢)에 가산하고 비정상적으로 발생한 감모손실은 (㉣)(으)로 분류한다.

	㉠	㉡	㉢	㉣
①	매출원가	영업외비용	영업외비용	매출원가
②	매출원가	매출원가	매출원가	영업외비용
③	영업외비용	매출원가	매출원가	영업외비용
④	영업외비용	영업외비용	영업외비용	매출원가

11. 다음은 재고자산에 대한 설명이다. 가장 옳지 않은 것은?

① 할부판매상품의 경우 대금이 모두 회수되지 않더라도 상품의 판매시점에서 판매자의 재고자산에서 제외한다.

② 재고자산의 매입원가는 매입금액에 매입운임, 하역료 및 보험료 등 취득과정에서 정상적으로 발생한 부대원가를 가산한 금액이다.

③ 선적지 인도조건인 경우 판매되어 운송중인 상품은 판매자의 재고자산에 포함된다.

④ 재고자산의 장부상 수량과 실제 수량과의 차이에서 발생하는 감모손실의 경우 정상적으로 발생한 감모손실은 매출원가에 가산한다.

주관식

01. (주)선화는 재고자산에 대하여 선입선출법을 적용한다. 다음 자료를 이용한 경우에 기말의 재고액은 얼마인가?

날 짜	내 용	수 량	단 가	금 액
01월 01일	기초재고	100개	10원	1,000원
03월 10일	매 입	50개	12원	600원
05월 15일	매 출	70개		
12월 31일	기말재고	80개	?	?

02. 다음 자료에 근거하여 손익계산서에 반영되는 당기순매입액을 계산하시오.

- 당기에 상품 1,000,000원을 외상으로 매입하였다.
- 위 상품을 매입하면서 매입운임으로 80,000원을 지급하였다.
- 위 외상으로 매입한 상품 중 100,000원을 불량품으로 반품하였다.
- 외상매입금을 조기에 지급하여 30,000원의 매입할인을 받았다.

03. (주)납세물산의 20×1년도 손익계산서상 매출총이익이 2,600,000원일 경우, 아래 자료를 보고 20×1년도 매출액을 추정하면? 단, (주)납세물산은 상품도매업만 영위하고 있으며, 아래 이외의 자료는 없는 것으로 가정한다.

- 기초 상품재고액 3,000,000원
- 상품 타계정대체액 1,000,000원(※기업업무추진목적 거래처 증정)
- 당기 상품매입액 2,500,000원
- 기말 상품재고액 2,000,000원

04. 다음은 (주)성일상사의 20×1년 재고자산(상품)관련 자료이다. 20×1년도 손익계산서상 매출원가는 얼마인가?

- 기초재고액   150,000원
- 매입환출액   50,000원
- 타계정대체액   20,000원 (기업업무추진목적의 거래처 증정분)
- 당기매입액   270,000원
- 매입할인   30,000원
- 기말재고액   30,000원

05. 다음 자료를 기초로 하여 매출원가를 계산하면 얼마인가?

항 목	금 액	비 고
기초재고액	100,000원	–
당기매입액	500,000원	도착지 인도조건의 미착상품 30,000원 포함
기말재고액	50,000원	창고보유분
시 송 품	30,000원	고객이 매입의사를 표시한 금액 10,000원
적 송 품	100,000원	60% 판매완료

06. (주)세무는 홍수로 인해 재고자산이 유실되었다. 다음 중 유실된 재고자산은 얼마인가?

- 기초재고자산 : 80,000원
- 당기중 매입액 : 1,020,000원
- 당기중 매출액 : 800,000원
- 매출총이익율 : 20%
- 기말재고 실사금액 : 100,000원

연/습/문/제 답안

🔑 분개연습

[1] (차) 소모품비(제) 2,000,000 (대) 상 품 2,000,000
또는 사무용품비(제) (타계정으로 대체)

[2] (차) 외상매입금 500,000 (대) 매입환출및에누리 500,000
(제일물산(주)) (상품차감)

[3] (차) 원 재 료 548,000 (대) 현 금 548,000

[4] (차) 외상매입금 3,300,000 (대) 매입할인(원재료) 450,000
(한국전선(주)) 지 급 어 음 2,000,000
(한국전선(주))
당 좌 예 금 850,000

[5] (차) 미 수 금 435,000 (대) 관세환급금 435,000
(인천세관) (제품매출원가차감)

[6] (차) 수 선 비(제) 300,000 (대) 원 재 료 300,000
(타계정으로 대체)

[7] (차) 기 부 금 10,000,000 (대) 상 품 10,000,000
(타계정으로 대체)

[8] (차) 원재료 20,000,000 (대) 단기차입금(국민은행) 20,000,000

☞ 기업구매자금대출 : 기업간 상거래시 현금결제를 확대하도록 하기 위하여 구매기업이 거래은행으로부터 자금을 융자받아 납품업체에 현금으로 결제하는 금융결제시스템이다.
즉, 구매기업이 대출받아 결제하는 대출상품을 말한다.

[9] (차) 재고자산감모손실   1,400,000   (대) 제   품   1,400,000

(타계정으로 대체)

  ☞ 비정상감모손실＝단위당 취득가액×감모수량＝14,000원×100개

    기말재고자산은 900개×13,000원＝11,700,000원을 자동결산으로 입력하면 된다.

[10] (차) 재고자산감모손실   200,000   (대) 원 재 료   200,000

(타계정으로 대체)

  ☞ 비정상감모손실＝단위당 취득가액×감모수량＝2,000원×100개

❶ 객관식

1	2	3	4	5	6	7	8	9	10	11			
④	①	③	③	①	②	③	③	④	②	③			

[풀이 - 객관식]

01. 시가가 장부가액보다 상승한 경우에는 **최초의 장부가액을 초과하지 않는 범위 내에서 평가손실을 환입하고 매출원가에서 차감**한다.

02. 재고자산의 금액이 하락 경우에만 재고자산평가손실을 인식한다.

03. 후입선출법 하에서 물가가 지속적으로 하락시 선입선출법보다 이익을 크게 계상한다.

물가상승시				물가하락시			
구입순서		선입선출	후입선출	구입순서		선입선출	후입선출
1. 10 2. 20 3. 30	매출원가	30	50	1. 30 2. 20 3. 10	매출원가	50	30
	기말재고	30	10		기말재고	10	30

    ☞시험에서는 물가하락시 물가상승시와 반대로 생각하시면 됩니다.

04. **반품률을 합리적으로 추정 가능한 상태로 판매**하는 경우에는 **판매자의 재고자산에서 제외**하고 구매자의 재고자산에 포함한다.

05. 개별법은 재고자산 각각의 구입가격을 기록하였다가 해당 재고자산이 판매되었을 때 그 구입가격을 매출원가로 기록하는 방법으로서 원가흐름과 실물재고 자산의 흐름이 일치한다.

06. **정상감모의 경우에는 매출원가에 가산**하고, **비정상감모의 경우에는 영업외비용으로 처리**한다.

07. 이동평균법은 **재고자산의 입출고시 마다 단가를 기록**하기 때문에 **현행원가의 변동을 단가에 민감하게 반영**시킨다.

08. 문제3번 해답참조(후입선출법 하에서 물가가 지속적으로 하락시 선입선출법보다 이익을 크게 계상한다.)

09. 도착지 인도기준에 의한 매매의 경우 소유권의 이전은 상품이 도착한 때에 이루어진다.

11. 선적지 인도조건인 경우에는 상품이 선적된 시점에 소유권이 매입자에게 이전되기 때문에 미착상품은 매입자의 재고자산에 포함된다.

주관식

01	900원	02	950,000원	03	5,100,000원
04	290,000원	05	460,000원	06	360,000원

[풀이 - 주관식]

01. (기초재고)30개×(단가)10원+(당기매입)50개×(단가)12원=900원

02. 당기순매입액=매입가액+매입부대비용-매입환출, 매입할인
= 1,000,000+80,000-100,000-30,000=950,000원

03.

상 품

기초재고	3,000,000	매출원가	**2,500,000**
매입액	2,500,000	타계정대체	1,000,000
		기말재고	2,000,000
계	5,500,000	계	5,500,000

2,600,000(매출총이익)=X(매출액)-2,500,000(매출원가)
X(매출액)=5,100,000

04.

상 품

기초재고	150,000	매출원가	**290,000**
매 입 액	270,000	타계정대체	20,000
매입환출액, 매입할인액	(80,000)	기말재고	30,000
계	340,000	계	340,000

05. 도착지 인도조건의 미착상품은 구매자의 재고자산이 아니다.

기말재고=창고보유분+시송품(매입의사 미표시)+적송품(미판매분)
= 50,000+(30,000-10,000)+100,000×40%=110,000원

재고자산

기초재고	100,000	*매출원가*	*460,000*
총매입액	500,000	기말재고	110,000
미착상품	(30,000)		
계	570,000	계	570,000

06. **매출원가율+매출총이익율(0.2)=1**

매출원가 = 매출액×매출원가율 = 800,000원×0.8 = 640,000원

재고자산(장부상)			
기초재고	80,000	매출원가	640,000
순매입액	1,020,000	**기말재고**	**460,000**
계	1,100,000	계	1,100,000

유실된 재고자산 = 기말재고실사금액(100,000) - 장부상 기말재고(460,000) = - 360,000원

비유동자산

1년 이내에 현금화되는 자산을 유동자산이라 하는데, 유동자산 외의 자산을 비유동자산으로 구분한다.

1. 투자자산

기업이 정상적인 영업활동과는 관계없이 투자를 목적(시세차익)으로 보유하는 자산을 투자자산이라 한다.

① 장기금융상품 : 정기예적금 등 재무상태표일(결산일)로부터 만기가 1년 이내에 도래하지 않는 것. 장기금융상품중 **사용이 제한되어 있는 예금(예 : 당좌개설보증금)은 특정현금과 예금이라는 계정과목**을 사용한다.

② 유가증권(매도가능증권, 만기보유증권) : 재무상태표일로 부터 만기가 1년 이내에 도래하는 것은 유동자산으로 분류하고, 만기가 1년 이후에 도래하는 것은 투자자산으로 분류한다.

③ **투자부동산 : 투자목적 또는 비영업용으로 소유하는 토지나 건물**을 말한다.

④ 장기대여금 : 대여금 중 만기가 1년 이내에 도래하지 않는 것

2. 유형자산

유형자산이란 재화나 용역의 생산이나 제공 또는 판매·관리 활동에 사용할 목적으로 보유하는 물리적 실체가 있는 비화폐성 자산이다.

(1) 종류

① 토지

영업활동에 사용하고 있는 대지, 임야, 전·답을 말한다.

또한 토지는 일반적으로 가치가 하락하지 않으므로 **감가상각대상자산이 아니다.**

② 건물

사옥이나 공장, 창고 등 회사의 영업목적으로 보유하고 있는 자산을 말한다.

③ 구축물

건물이외 구조물을 말하며, 교량, 갱도, 정원설비 등이 포함된다.

④ 기계장치

제조업의 경우 가장 기본적인 자산으로서 제품을 생산하기 위한 각종 기계설비 등을 말한다.

⑤ 차량운반구

영업활동을 위해 사용하는 승용차, 트럭, 버스 등을 말한다.

⑥ 건설중인 자산

유형자산을 건설하기 위하여 발생된 원가를 집계하는 임시계정으로서 유형자산이 완성되어 영업에 사용될 때 건설중인 자산의 금액을 해당 유형자산 계정과목으로 대체한다. 건설중인 자산은 미완성상태의 자산으로서 **아직 사용하지 않으므로 감가상각대상자산이 아니다.**

⑦ 비품

사무용 비품으로 책상, 의자, 복사기, 컴퓨터 등을 말한다.

(2) 유형자산의 취득원가

유형자산을 취득하여 회사가 영업목적으로 사용하기 전까지 소요되는 모든 부대비용을 포함한다. 당연히 매입 시 할인 받은 경우(매입할인)는 차감한다.

① 외부구입

구입대금에 유형자산이 본래의 기능을 수행하기까지 발생한 모든 부대비용을 포함한다. 부대비용에는 설치장소 준비를 위한 지출, 운송비, 설치비, 설계와 관련하여 전문가에게 지급하는 수수료, 시운전비, 취득세 등 유형자산의 취득과 직접 관련되는 제세공과금 등이 포함된다.

 - 국공채 등을 불가피하게 매입하는 경우 채권의 매입가액과 현재가치와의 차액

② 일괄취득

여러 종류의 유형자산을 동시에 구입하고 대금을 일괄 지급한 경우를 말한다. 이 경우 자산의 취득원가는 **개별자산들의 상대적 공정가치에 비례하여 안분한 금액**으로 한다.

예를 들어 토지와 건물을 일괄 취득한 경우 토지와 건물의 상대적 공정가치에 비례하여 매입가액을 안분하여 취득원가로 계산한다.

그러나 토지만 사용할 목적으로 토지와 건물을 일괄하여 취득 후 철거한 경우 토지만을 사용할 목적으로 취득하였기 때문에 **일괄 취득가액과 철거비용은 토지의 취득원가**로 회계처리하여야 한다.

〈철거비용〉

	타인건물구입후 즉시 철거	사용중인 건물철거
목 적	**토지 사용목적으로 취득**	**타용도 사용**
회계처리	**토지의 취득원가**	**당기비용(유형자산처분손실)**
폐자재매각수입	토지 또는 유형자산처분손실에서 차감한다.	

| 〈예제 2 - 6〉 철거비용 |

㈜한강의 다음 거래를 분개하시오. 다음의 자산은 영업목적으로 취득하였다.

1. 10월 1일 토지와 건물(취득가액 100,000원)을 현금 취득하여, 건물을 철거하고 철거비용 10,000원을 현금지급하다.
2. 10월 3일 새로운 건물을 신축하기 위하여 사용 중이던 건물(취득가액 100,000원, 감가상각누계액 50,000원)을 철거하고 철거비용 10,000원을 현금지급하다

해답

1.	(차) 토　　　　지	110,000	(대) 현　　　　금	110,000
2.	(차) 감가상각누계액	50,000	(대) 건　　　물	100,000
	유형자산처분손실	60,000	현　　　금	10,000

③ 자가건설

기업이 영업활동에 사용하기 위하여 유형자산을 자체적으로 제작·건설하는 경우가 있다. 이때 취득원가는 유형자산의 제작에 투입된 재료비·노무비·경비 등의 지출액을 건설중인자산으로 처리하였다가 완성시 해당 유형자산의 본계정으로 대체한다.

④ 무상취득

유형자산을 주주나 국가 등으로부터 무상으로 취득한 경우에는 취득한 자산의 공정가치를 취득원가로 하고 이를 자산수증익(영업외수익)으로 처리한다.

⑤ 현물출자

현물출자란 기업이 유형자산을 취득하면서 그 대가로 회사의 주식을 발행하여 지급하는 경우를 말한다. **유형자산의 취득원가는 취득한 자산의 공정가치로** 한다. 다만 유형자산의 공정가치를 신뢰성있게 측정할 수 없다면 발행하는 주식의 공정가치를 취득원가로 한다.

⑥ 교환취득

㉠ 동종자산간 교환(장부가액법)

교환으로 받은 자산의 취득원가는 교환시 제공한 자산의 장부가액으로 한다. 따라서 **교환손익(유형자산처분손익)이 발생하지 않는다.**

또한 동종자산의 구분기준은 물리적·기능적 유사성과 금액의 유사성을 동시에 충족해야한다. **만약 물리적으로 유사한 자산이라도 공정가치의 차이(대개 현금으로 수수)가 유의적(중요)인 경우에는 이종자산과의 교환으로 본다.**

㉡ 이종자산간 교환(공정가액법)

다른 종류의 자산과 교환하여 새로운 유형자산을 취득하는 경우 유형자산의 취득원가는 교환을 위하여 **제공한 자산의 공정가치**로 하고, 이때 **교환손익(장부가액과 공정가치의 차액)은** 유형자산처분손익으로 인식한다.

〈교환취득〉

	동종자산	이종자산
회계처리	장부가액법	공정가액법
취득원가	제공한 자산의 장부가액	제공한 자산의 공정가액[*1]
교환손익	인식하지 않음	인식(유형자산처분손익)

*1. 불확실시 교환으로 취득한 자산의 공정가치로 할 수 있다. 또한 자산의 교환에 현금수수시 현금수수액을 반영하여 취득원가를 결정한다.

이종자산 간의 교환시 신자산의 가액＝제공한 자산의 공정가액＋현금지급액－현금수취액

〈이종자산 교환거래 – 유형자산, 수익〉

	유형자산 취득원가	수익인식
원칙	제공한 자산의 공정가치	제공받은 재화의 공정가치
예외(원칙이 불확실시)	취득한 자산의 공정가치	제공한 재화의 공정가치

| <예제 2 - 7> 교환취득 |

㈜한강의 다음 거래를 분개하시오. 다음의 자산은 영업목적으로 취득하였다.

1. 10월 1일 사용 중이던 기계A(취득가액 100,000원, 감가상각누계액 40,000원)를 토지와 교환하였다.
   교환시 기계A의 공정가치는 110,000원이다.
2. 10월 3일 사용 중이던 기계B(취득가액 200,000원, 감가상각누계액 40,000원)와 같은 종류의 C기계와
   교환하였다. 교환시 기계B의 공정가치는 110,000원이다.
3. 10월 5일 사용 중이던 비품(취득가액 100,000원, 감가상각누계액 40,000원)과 차량운반구를 교환하
   면서 현금 20,000원을 지급하였다. 교환시 비품의 공정가치는 모르나, 차량운반구의 공정가치는
   120,000원이다.

해답

1. (이종자산) (1+2)	(차) 감가상각누계액 토　　지	40,000 110,000	(대) 기계장치(A) 유형자산처분이익	100,000 50,000
	〈1.공정가치(110,000원)로 처분〉			
	(차) 감가상각누계액 현　　금	40,000 110,000	(대) 기계장치(A) 유형자산처분이익	100,000 50,000
	〈2.유형자산 취득〉			
	(차) 토　　지	110,000	(대) 현　　금	110,000
2. (동종자산)	(차) 감가상각누계액 기계장치(C)	40,000 160,000	(대) 기계장치(B)	200,000
3. (이종자산) (1+2)	(차) 감가상각누계액 차량운반구	40,000 120,000	(대) 비　　품 현　　금 유형자산처분이익	100,000 20,000 40,000
	〈1.유형자산 취득〉			
	(차) 차량운반구	120,000	(대) 현　　금	120,000
	〈2.공정가치(100,000원)로 처분〉			
	(차) 감가상각누계액 현　　금	40,000 100,000	(대) 비　　품 유형자산처분이익	100,000 40,000

⑦ 장기연불구입

자산의 매매에 있어서 당사자간의 개별약관에 의하여 그 대금을 2회 이상 분할하여 월부·연부 등에 따라 결제하는 조건으로 성립되는 거래형태를 말하는데, **미래현금 유출액의 현재가치를 취득원가**로 한다.

⑧ 정부보조금(국고보조금)

자산 취득시 국가로부터 보조금(상환의무가 없는 경우)을 수령한 경우 자산의 취득원가에서 차감하여 표시한다. 그리고 **그 자산의 내용년수에 걸쳐 감가상각액과 상계하며, 해당 유형자산을 처분시에는 정부보조금잔액을 처분손익에 반영**한다.

|<예제 2 - 8> 정부보조에 의한 취득├─────────────────

㈜한강의 다음 거래를 분개하고 부분재무상태표를 작성하시오.

1. 7월 1일 정부로부터 정부보조금(상환의무가 없고, 추후 기계장치 취득에 사용될 예정이다) 10,000원을 보통예금으로 수령하였다.

2. 7월 3일 기계장치를 100,000원에 취득하고 보통예금계좌에서 이체하였다.

3. 12월 31일 내용년수 5년, 잔존가치 없는 것으로 가정하고 감가상각비(정액법)를 계상하다.

해답

7월 1일	(차) 보 통 예 금	10,000	(대) 정부보조금	10,000
			(보통예금차감)	
7월 3일	(차) 기 계 장 치	100,000	(대) 보 통 예 금	100,000
	정부보조금	10,000	정부보조금	10,000
	(보통예금차감)		(기계장치차감)	
12월 31일	(차) 감가상각비	10,000*1	(대) 감가상각누계액	10,000
	정부보조금(기계장치)	1,000*2	감가상각비	1,000

*1 감가상각비 : 100,000원/5년×6개월/12개월＝10,000원
*2 정부보조금 : 10,000원/5년×6개월/12개월＝1,000원
결국 정부보조금은 해당 자산의 효익 제공기간(내용년수) 동안 비용을 차감한다.

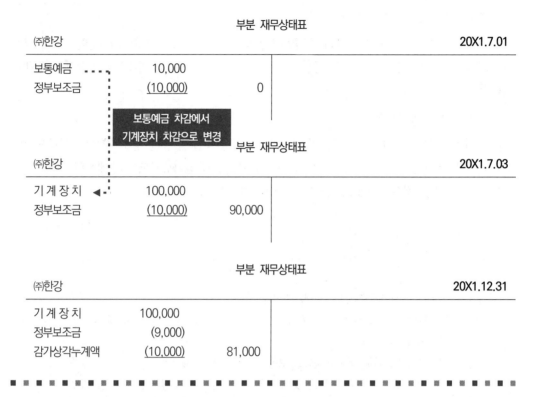

⑨ 차입원가(금융비용 자본화)

차입원가란 유형자산 등의 건설에 필요한 자금의 원천이 외부로부터의 차입금으로 이루어 질 때, 차입과 관련하여 발생하는 이자 등을 말한다.

차입원가는 기간비용(이자비용)으로 처리함을 원칙으로 한다. 다만 유형자산, 무형자산 및 투자부동산과 제조·매입·건설 또는 개발이 개시된 날로부터 의도된 용도로 사용하거나 판매할 수 있는 상태가 되기까지 1년 이상이 소요되는 재고자산(이들을 적격자산이라고 함)의 취득을 위한 자금에 차입금이 포함된다면 이러한 차입금에 대한 차입원가는 취득에 소요되는 원가로 회계처리할 수 있다.

차입원가는 다음과 같은 항목을 포함한다.

- **차입금과 사채에 대한 이자**
- **사채발행차금상각액 또는 환입액**
- **현재가치할인차금[1]상각액**
- **외화차입에 대한 환율변동손익**
- **차입과 직접적으로 관련하여 발생한 수수료 등**

[1]. 장기성 채권(채무)의 미래에 수취(지급)할 명목가액을 유효이자율로 할인한 현재가치와의 차액을 말한다.
현재가치할인차금＝채권(채무)의 명목가액－채권(채무)의 현재가치

(3) 유형자산 취득 이후의 지출

	자본적지출	수익적지출
정 의	① 미래의 경제적 효익을 증가시키거나 ② 내용연수를 연장시키는 지출	자본적지출 이외
회계처리	해당 자산가액	수선비등 비용처리

(4) 유형자산의 감가상각

감가란 자산의 가치감소를 뜻하는 것이며, 유형자산의 감가상각이란 해당 유형자산의 **취득원가를 효익을 제공받은 기간(추정내용연수) 동안 체계적 · 합리적으로 비용 배분하는 것**을 의미한다.

① 감가상각의 3요소

ㄱ **취득원가** : 유형자산의 취득원가는 매입가액과 그 부대비용을 말한다.
여기에 자본적 지출액이 있으면 포함한다.

ㄴ **잔존가액** : 유형자산의 경제적 효익이 끝나는 기간에 자산을 폐기하거나 처분할 때 획득될 것으로 추정되는 금액을 말한다. 여기에서 (취득원가 - 잔존가치)를 감가상각대상금액이라고 한다.
그리고 **잔존가치가 유의적인 경우 매보고기간말에 재검토한다.**

ㄷ **추정내용연수**

유형자산이 영업활동에 사용될 것으로 기대되는 기간을 의미한다.

여기서 내용연수란 유형자산의 물리적 사용연수를 의미하는 것이 아니라, 기업이 수익획득과정에서 사용될 것으로 기대되는 기간으로 경제적 내용연수를 의미한다.

② 감가상각방법

ㄱ 정액법

> **감가상각비 = (취득가액 - 잔존가치)/내용연수**

ㄴ 정률법

정률법은 취득 초기에 감가상각비를 많이 계상하고 후기에는 감가상각비를 적게 계상함으로써 수익 · 비용대응원칙에 부합된 방법이다.

> **감가상각비 = 장부가액(취득가액 - 감가상각누계액) × 상각율**

ⓒ 연수합계법

정률법과 마찬가지로 상각비가 체감하는 방법이며 아래와 같이 감가상각비를 계산한다.

> **감가상각비 = (취득가액 – 잔존가치) × 잔여내용연수/내용연수의 합계**

ⓓ 이중체감법

기초장부가액에 상각율(= 2/내용년수)을 곱하여 감가상각비를 구하는 방법이다.

> **감가상각비 = (취득가액 – 기초감가상각누계액) × 2/내용연수**

ⓔ 생산량비례법

생산량이나 작업시간에 비례하여 감가상각비를 계산하는 방법으로 산림, 광산 등의 천연자원의 감가상각비 계산에 사용된다.

> **감가상각비 = (취득가액 – 잔존가치) × 당기실제생산량/예상총생산량**

〈감가상각방법〉

1. 감가상각대상금액(A) (취득가액 – 잔존가치)	정액법	A/내용연수
	연수합계법	A × 잔여내용연수/내용연수의 합계
	생산량비례법	A × 당기실제생산량/예상총생산량
2. 장부가액(B) (취득가액 – 기초감가상각누계액)	정률법	B × 상각율
	이중체감법	B × (2/내용연수)
초기 감가상각비		**정률법(이중체감법)**[*1]**>내용연수합계법>정액법**
초기 장부가액		정액법>내용연수합계법>정률법(이중체감법)

*1. 정률법의 상각율과 이중체감법의 2/내용연수에 따라 달라질수 있다.

③ 유형자산의 회계처리와 재무상태표 표시(간접상각법)

당기의 감가상각비를 차변에 감가상각비로 처리하고 대변에는 감가상각누계액 계정으로 처리한다. 감가상각누계액은 유형자산의 차감항목으로 나타낸다.

(5) 유형자산의 손상

유형자산의 중대한 손상으로 인하여 **본질가치가 하락한 경우**에는 유형자산의 장부금액을 감액하고 이를 **손상차손으로 즉시 인식**해야 한다.

① 손상가능성의 판단기준

- 유형자산의 **시장가치가 현저하게 하락**한 경우
- 유형자산의 **사용강도나 사용방법에 현저한 변화가 있거나**, 심각한 물리적 변형이 초래된 경우
- 해당 유형자산으로부터 영업손실이나 순현금유출이 발생하고, 이 상태가 미래에도 지속될 것이라고 판단되는 경우 등

② 손상차손의 인식기준

- 유형자산의 손상차손 = 회수가능가액 – 손상전 장부금액
- **회수가능가액 = MAX[ⓐ순매각가치, ⓑ사용가치]**
  ⓐ **순매각가치 = 예상처분가액 – 예상처분비용**
  ⓑ **사용가치 = 해당 자산의 사용으로부터 예상되는 미래 현금흐름의 현재가치**

③ 손상차손의 회계처리

(차) 유형자산손상차손(영·비)　　×××　　　　(대) **손상차손누계액(해당 자산 차감)** ×××

(6) 유형자산 인식시점 이후의 측정(재평가모형)

유형자산의 인식시점 이후에는 **원가모형(기존의 방법)이나 재평가모형 중 하나를 회계정책으로 선택하여 유형자산 분류별로 동일하게 적용**한다.

　재평가모형이란 공정가치를 신뢰성있게 측정할 수 있는 유형자산에 대해서 재평가일에 **공정가치에서 감가상각누계액과 손상차손누계액을 차감한 재평가금액을 장부금액으로 한다.**

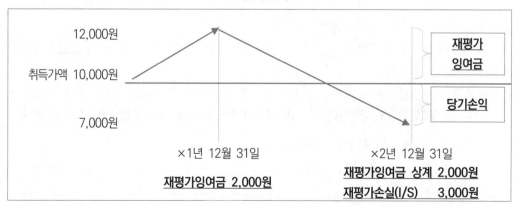

[재평가모형]

99

1. 재평가증	(차) 유 형 자 산　　　　×××　　(대) 재평가손실(I/S)*1　　　××× 　　　　　　　　　　　　　　　　　　　　　　**재평가잉여금**　　　　　××× 　　　　　　　　　　　　　　　　　　　　　　**(자본 – 기타포괄손익누계액)**
	*1. 당기이전에 재평가손실액이 있는 경우 우선 상계한다.
2. 재평가감	(차) **재평가잉여금**^{*2}　　　×××　　(대) 유 형 자 산　　　　××× 　　　　**재평가손실(I/S)**　　××
	*2. 재평가잉여금 잔액이 있는 경우 우선 상계한다.

(7) 유형자산의 처분

처분가액 〉 장부가액	**유형자산처분이익**
처분가액 〈 장부가액	유형자산처분손실

3. 무형자산

　무형자산이란 재화의 생산이나 용역의 제공, 타인에 대한 임대 또는 관리에 사용할 목적으로 기업이 보유하고 있으며, 물리적 형체가 없지만 식별가능하고 기업이 통제하고 있으며 미래 경제적 효익이 있는 비화폐성자산을 말한다.

(1) 종류

① 영업권

　영업권이란 기업의 우수한 종업원, 고도의 경영능력, 영업상 또는 제조상의 비법, 양호한 노사관계, 우수한 인재나 자원의 확보 등으로 미래에 그 기업에 경제적 이익으로 공헌하리라고 기대되는 초과 수익력이 있는 경우 그 미래의 초과수익력을 말한다.

　영업권이 자산으로 인식되기 위해서는 **외부구입영업권이어야 하고, 내부창설 영업권의 자산 계상은 인정하지 않는다.**

　따라서 다른 기업을 취득 · 인수 · 합병할 경우에 취득한 순자산의 공정가액을 초과하는 경우 그 차액을 외부구입영업권이라 하는데 **기업회계기준에서는 외부구입영업권만 인정**한다.

② 내부적으로 창출된 무형자산(개발비)

　개발비란 신제품, 신기술 등의 개발과 관련하여 발생한 비용(소프트웨어의 자체 개발과 관련된 비용을 포함)으로 개별적으로 식별가능하고 미래의 경제적 효익을 기대할 수 있는 것을 말한다.

개발비는 연구개발활동에 투입된 지출 중에서 무형자산의 인식요건에 부합하면 자산으로 계상한다는 의미이며, 법률상의 권리는 아니다. 또한 개발비와 유사한 지출로서 연구비가 있는데, 연구비란 새로운 과학적 지식을 얻고자하는 활동, 제품 등에 대한 여러 가지 대체안을 탐색하는 활동에 지출하는 비용을 말한다.

이러한 연구비는 미래 경제적 효익이 불투명하기 때문에 발생 즉시 판매비와 관리비로 당기 비용 처리한다.

기업의 내부개발프로젝트를 연구 · 개발단계, 생산단계로 구분하여 회계처리를 보면 다음과 같다.

〈연구 · 개발 및 생산단계〉

연구단계		개발단계		생산단계	
발생시점 비용처리 (판매비와 관리비)	➡	무형자산 인식조건을 충족시 개발비로 무형자산 계상	➡	**무형자산상각비**	
		요건을 미충족시 경상연구개발비의 과목으로 발생시점에 비용처리 (판매비와 관리비)		**제조관련**	제조경비
				제조와미관련	판관비

③ 산업재산권

일정기간 독점적 · 배타적으로 이용할 수 있는 권리로서 특허권 · 실용신안권 · 상표권 등을 말한다.

☞ • 특허권 : 새로 발명한 것(창작물)을 일정기간 독점적으로 소유 또는 이용할 수 있는 권리
   • 실용신안권 : 산업상 이용할 수 있는 물품 등에 대한 고안으로서 법에 따라 출원하여 부여받은 권리
   • 상표권 : 타 상품과 식별하기 사용하는 기호등을 상표라 하는데 이를 독점적으로 사용할 수 있는 권리

④ 라이선스

특허권자가 자신의 권리를 사용하고자 하는 특허사용자와 계약하여 권리실시를 허용하는 계약을 말한다.

⑤ 소프트웨어

컴퓨터 프로그램과 그와 관련된 문서들을 총칭하며, 자산인식요건을 충족하는 소프트웨어를 구입하여 사용하는 경우의 구입대가를 말한다.

그러나 컴퓨터를 구입시 부수되는 OS는 별도의 소프트웨어라는 무형자산으로 인식하는 것이 아니라, 컴퓨터의 취득부대비용으로 인식하여 유형자산으로 회계처리한다.

⑥ 프랜차이즈

체인점본사와 가맹점간의 계약에 의하여 특정상표, 상호의 상품이나 용역을 독점적으로 판매할 수 있는 권리를 말한다. 회사가 맥도날드나 던킨도너츠에 가입비를 지급한 경우에 프랜차이즈란 무형자산으로 계상할 수 있다.

⑦ 이외에 저작권, 광업권, 어업권, 임차권리금 등이 있다.

☞ 임차권리금 : 임차인이 상가를 다른 세입자에게 매도함으로써 포기해야 하는 시설비와 영업권을 말한다.

(2) 무형자산의 취득원가

매입가액에 취득 부대비용을 가산하여 무형자산의 취득원가로 하고, 일반적으로 유형자산의 취득원가와 동일하다.

그러나 내부적으로 창출된 무형자산의 취득원가는 그 자산의 창출, 제조, 사용 준비에 직접 관련된 지출과 **합리적이고 일관성있게 배부된 간접 지출을 모두 포함**한다.
- 무형자산의 창출에 직접 종사한 인원에 대한 인건비와 직접 사용된 재료비, 용역비
- 무형자산의 창출에 직접 사용된 유형자산의 감가상각비와 무형자산의 상각비
- 법적권리를 등록하기 위한 수수료 등 무형자산을 창출하는데 직접적으로 관련있는 지출
- 무형자산의 창출에 필요하며 합리적이고 일관된 방법으로 배분할 수 있는 간접비용(연구관리직원의 인건비, 임차료, 보험료 등)
- 차입원가 중 자본화를 선택한 비용

(3) 무형자산의 상각

① 상각대상금액

무형자산의 잔존가치는 원칙적으로 "0"로 한다.

② 내용연수

무형자산의 내용연수(상각기간)는 **독점적·배타적인 권리를 부여하고 있는 관계법령이나 계약에 정해진 경우를 제외하고는 20년을 초과할 수 없다. 이때 법률상 유효기간과 경제적 내용연수가 모두 존재한다면 둘 중 짧은 기간 동안 상각한다.** 또한, 상각시점은 무형자산이 **사용가능한 시점**부터 상각하도록 하고 있다.

내용연수가 비한정인 무형자산(내용연수를 추정하는 시점에서 내용연수를 결정하지 못하는 무형자산)은 상각하지 아니한다.

③ 상각방법

유형자산과 마찬가지로 정액법, 정률법, 생산량비례법 등 기업회계기준이 정하는 방법 중에서 기업이 합리적인 방법을 선택하여 상각한다.

그러나 **합리적인 상각방법을 정할 수 없는 경우에는 정액법을 사용하도록 하고 있다. 다만, 영업권의 경우에 정액법만 허용된다.**

④ 무형자산상각비

> 무형자산상각비 = [취득가액 – 0(잔존가치는 원칙적으로 "0")]/내용연수
> = 미상각잔액(장부가액)/잔여내용연수

⑤ 재무제표 표시

유형자산과 달리 상각누계액 계정을 별도로 설정하지 않고 직접 차감하는 방법(직접상각법)을 사용할 수 있다.

<예제 2 - 9> 무형자산

㈜백두의 다음 거래를 분개하시오.

1. 20×1년 10월 1일 고려대학에 의뢰한 신제품개발에 따른 용역비 10,000,000원을 보통예금에세 이체하여 지급하다. 본 용역은 자산요건을 충족한다.
2. 20×1년 12월 31일 현재 영업권 미상각잔액이 4,500,000원이 있다. 영업권은 2년간 상각하였고, 회사는 영업권 상각에 대해서 사용가능시점부터 5년간 직접 상각한다.

해답

1.	(차) 개 발 비	10,000,000원	(대) 보통예금	10,000,000원
2.	(차) 무형자산상각비	1,500,000원[*1]	(대) 영 업 권	1,500,000원

*1. 당기 상각비 = 미상각잔액/잔여내용연수 = 4,500,000/3년 = 1,500,000원

〈유형자산 VS 무형자산〉

	유형자산	무형자산
취득가액	매입가액 + 부대비용	좌동(간접지출도 포함)
잔존가액	처분시 예상되는 순현금유입액	**원칙적으로 "0"**
내용년수	경제적 내용연수	좌동 **원칙 : 20년 초과 불가**
상각방법	정액법, 정률법, 내용연수합계법, 생산량비례법등	좌동 **다만 합리적인 상각방법이 없는 경우 "정액법"**
재무제표 표시	간접상각법	**직접상각법, 간접상각법 가능**

4. 기타비유동자산

비유동자산 중 투자자산 및 유형자산, 무형자산에 속하지 않는 자산을 의미한다.

(1) 임차보증금

타인소유의 부동산이나 동산을 사용하기 위하여 임대차계약을 체결하는 경우에 월세 등을 지급하는 조건으로 임차인이 임대인에게 지급하는 보증금을 말한다.

(2) 전세권

전세금을 지급하고 타인의 부동산을 그 용도에 따라 사용, 수익하는 권리이다.

(3) 장기매출채권

유동자산에 속하지 아니하는 일반적 상거래에서 발생한 장기의 외상매출금 및 받을어음을 말한다.

(4) 부도어음과수표

어음소지인이 어음대금 청구시 어음금액의 지급을 거절당한 경우 어음의 부도라 하고, 지급이 거절된 어음을 부도어음이라 한다. 어음이 부도되면 어음소지인은 어음발행자에게 어음금액을 청구할 수 있으며, 이때 어음소지인은 어음금액과 법정이자, 공증인에 의한 지급거절증서 작성 비용 등을 청구한다.

☞ 공증인 : 당사자의 촉탁에 따라 법률행위나 그 밖의 개인적인 권리에 관한 사실에 대한 공정증서의 작성 등의 사무를 처리하는 자를 말하는데, 변호사 등 일정 자격을 가진 자 중 법무부장관이 임명한다.

회사는 관리목적상 정상적인 어음과 구분하기 위하여 부도어음과수표계정(청구비용 등 포함)을 사용하고, 추후 회수가능성을 판단하여 대손처리한다.

(5) 기타 이외에 이연법인세자산, 장기미수금 등이 있다.

연/습/문/제

 분개연습

[1] 당좌거래개설보증금 1,700,000원을 현금으로 예치하여 우리은행 당좌거래를 개설하였다.

[2] 혜리상사에게 투자부동산 전부(장부가액 190,000,000원)를 250,000,000원에 매각하면서 대금은 약속어음(만기 1년 이내)을 받았다.

[3] 대표이사 최민철로부터 시가 100,000,000원의 건물을 증여받았다. 당일 소유권이전비용으로 취득세 5,000,000원을 현금으로 지출하였다.

[4] 회사는 공장 벽면이 노후되어 새로이 도색작업을 하고 이에 대한 비용 1,000,000원을 (주)금강에 500,000원은 현금으로 결제하고 잔액은 외상으로 하였다(※ 증빙서류는 영수증을 수취하였다).

[5] 공장을 건설하기 위하여 소요되는 자금을 조달하기 위하여 신한은행에서 차입한 차입금에 대한 이자 2,500,000원이 발생하여 신한은행 보통예금계좌에서 이체하였다. 당기 차입금에 대한 이자는 기업회계기준상 차입원가요건을 충족하였고 공장은 현재 건설중이다.

[6] 제조설비를 취득하는 조건으로 상환의무가 없는 국고보조금 30,000,000원을 보통예금으로 수령하였다.

[7] 새로운 공장을 짓기 위하여 건물이 있는 부지를 구입하고 동시에 건물을 철거하였다. 건물이 있는 부지의 구입비로 100,000,000원을 보통예금계좌에서 이체하고, 철거비용 5,000,000원은 당좌수표로 지불하였다.

[8] 당사는 사옥으로 사용할 목적으로 (주)남방건설로부터 건물과 토지를 300,000,000원에 일괄 취득하였고, 대금은 약속어음(만기 : 3개월)을 발행하였다. 단, 취득당시 건물의 공정가액은 160,000,000원, 토지의 공정가액은 80,000,000원이었으며, 건물과 토지의 취득원가는 상대적 시장가치에 따라 안분(소숫점 이하 첫째자리 반올림)하며, 부가가치세는 고려하지 않기로 한다.

[9] 사용중인 공장건물을 새로 신축하기 위하여 기존건물을 철거하였다. 철거당시의 기존건물의 취득가액 및 감가상각누계액의 자료는 다음과 같다.

> 1. 건물의 취득가액 : 100,000,000원
> 2. 철거당시 감가상각누계액 : 80,000,000원(철거시점까지 감가상각누계액 가정)
> 3. 건물철거비용 : 3,000,000원을 현금지급함.(간이과세자로부터 영수증 수취함, 가산세는 고려하지 말 것)

[10] 보유중인 사업용 토지 일부분을 (주)부천전자산업에 40,000,000원(장부가액 23,000,000원)에 매각하고 대금은 (주)부천전자산업의 전기이월 외상매입금 15,000,000원과 상계처리 하고 잔액은 보통예금에 입금하였다.

[11] 제품을 보관하기 위한 창고용 건물(취득가액 : 10,000,000원, 감가상각누계액 : 3,000,000원)이 금일 화재로 완전히 소실되었다. 다행히 창고에 보관하던 제품은 없었으며, 동 건물은 손해보험에 가입하지 않았다. 단, 회계처리시 당기초부터 금일까지의 감가상각은 고려하지 않는다.

[12] 전년도말로 내용연수가 경과하여 운행이 불가능한 승용차(취득가액 8,500,000원, 감가상각누계액 8,499,000원)를 폐차대행업체를 통해 폐차시키고, 당해 폐차대행업체로부터 고철비 명목으로 10,000원을 현금으로 받다. 단, 부가가치세는 고려하지 않는다.

[13] 새한전기로부터 받은 약속어음(발행인 : (주)하이테크) 중 30,000,000원을 만기일에 발행인의 거래은행에 지급제시를 하였으나 부도로 확인되었다. 당사는 거절증서작성비용 등 150,000원을 현금으로 별도 지급하고 새한전기에 함께 청구하였다.

[14] 당사의 최대주주로부터 업무용 토지를 기증 받았다. 본 토지에 대한 취득세로 1,500,000원이 현금으로 은행에 납부되었다. 최대주주가 실제 취득한 토지의 가액은 20,000,000원이었으며, 수증일 현재의 공정가액은 30,000,000원이다.

[15] 공장용 주차장부지(토지)를 취득하고, 이와 관련하여 아래와 같은 지출이 발생하였다. 단, 토지구입과 관련해서 전월에 계약금(선급금으로 회계처리)으로 5,000,000원을 지급한 사실이 있다.

항 목	지출액(원)	비 고
잔금지급액	25,700,000	전액 보통예금에서 이체
중개수수료	78,000	원천징수세액(기타소득세 및 지방소득세) 22,000원을 차감한 금액으로서, 전액 현금지급

[16] 업무용 차량 구입시 법령에 의하여 액면가액 1,000,000원의 공채를 액면가액에 현금으로 매입하였다. 다만, 공채의 매입당시 공정가액은 750,000원으로 평가되며 단기매매증권으로 분류한다.

[17] 당사는 재평가모형에 따라 유형자산을 인식하고 있으며, 20x1년 12월 31일자로 보유하고 있던 토지에 대한 감정평가를 시행한 결과 다음과 같이 평가액이 산출되어 유형자산재평가익(손)으로 처리하였다.

> • 20x1년 토지 취득가액   : 455,000,000원
> • 20x1년 12월 31일자 토지 감정평가액 : 600,000,000원

[18] 당사는 매년 유형자산을 재평가모형에 따라 인식하고 있으며 20x1년 12월 31일에 보유하고 있던 토지를 감정평가한 결과 아래와 같이 평가액이 산정되었다. 유형자산 재평가손익을 반영하시오.

> • 20x1년 1월 20일 토지 취득가액   : 700,000,000원
> • 20x1년 12월 31일 토지 감정평가액 : 600,000,000원

[19] 당사의 기계장치(취득원가 30,000,000원, 감가상각누계액 5,500,000원)를 직원의 중대한 실수로 인하여 더이상 사용할 수 없게 되었다. (단, 순공정가치와 사용가치는 모두 0원이며 당기 감가상각비는 고려하지 않는다.)

객관식

01. 다음은 일반기업회계기준상 유형자산의 교환에 대한 내용이다. 틀린 것은?

① 이종자산간 교환하는 경우에는 교환으로 취득한 유형자산의 취득가액은 취득자산의 공정가치로 측정한다.

② 자산의 교환에 있어 현금수수액이 있는 경우에는 그 현금수수액을 반영하여 취득원가를 결정한다.

③ 동종자산의 교환인 경우에는 제공한 자산의 장부가액을 취득한 자산의 취득가액으로 할 수 있다.

④ 동종자산과의 교환시에 교환에 포함된 현금 등의 금액이 유의적이라면 동종자산의 교환으로 보지 않는다.

02. 다음은 일반기업회계기준에 의한 유형자산 손상에 대한 회계처리에 대한 설명이다. 이중 가장 옳지 않은 것은?

① 유형자산의 사용강도나 사용방법의 현저한 변화가 있거나, 심각한 물리적 변형이 오면 손상차손을 검토하여야 한다.

② 유형자산의 사용 및 처분으로부터 기대되는 미래의 현금흐름 총액의 추정액 및 순공정가치가 장부가액에 미달할 경우에는 손상차손을 인식한다.

③ 유형자산의 회수가능가액은 순매각가액과 사용가치 중 큰 금액을 말한다.

④ 손상차손누계액은 재무상태표의 부채로 표시한다.

03. 기업회계기준상 유형자산의 감가상각에 관한 내용이다. 옳지 않은 것은?

① 사용하지 않는 자산도 진부화나 마모 등이 있는 경우 내용연수를 결정하여야 한다.

② 기업의 자산관리정책에 따라 일정기간이 경과되거나 경제적 효익의 일정부분이 소멸되어 처분될 경우는 유사한 자산에 대한 기업의 경험에 비추어 해당 유형자산의 내용연수를 추정하여야 한다.

③ 유형자산의 감가상각방법에는 정액법, 체감잔액법(예를 들면, 정률법 등), 연수합계법, 생산량비례법 등이 있다.

④ 감가상각방법의 선택은 현금흐름과 절세 등 각종 지표를 고려하여 선택하여야 한다.

04. 다음은 유형자산의 취득원가를 구성하는 항목들이다. 가장 옳지 않은 것은?

① 유형자산의 설계와 관련한 설계비용

② 재산세 등 유형자산의 사용과 직접 관련된 제세공과금

③ 차입원가

④ 유형자산의 설치비용

05. 다음 중 기업회계기준상 감가상각대상인 것을 모두 골라내면?

| 가. 사옥으로 사용중인 건물 | 나. 업무용으로 사용중인 오토바이 |
| 다. 매매목적으로 보관중인 토지 | 라. 폐기예정으로 보관중인 기계장치 |

① 가, 나   ② 가, 나, 다

③ 나, 다   ④ 나, 다, 라

06. 유형자산의 취득원가에 관한 내용 중 가장 잘못된 것은?

① 유형자산의 취득원가는 공정가액으로 한다.

② 새로운 건물을 신축하기 위하여 사용중인 기존건물을 철거하는 경우에 기존건물의 장부가액은 새로운 건물의 취득원가에 가산한다.

③ 유형자산의 취득에 관한 운송비와 설치비용은 취득원가에 가산한다.

④ 유형자산의 취득과 관련하여 국·공채를 불가피하게 매입하는 경우에는 동 국공채의 매입가액과 기업회계기준에 따라 평가한 현재가치와의 차액을 유형자산의 취득원가에 가산한다.

07. 다음은 유형자산과 관련한 설명이다. 가장 옳지 않은 것은?

① 영업활동을 위한 토지도 유형자산에 해당된다.

② 유형자산의 취득원가를 경제적 내용연수동안 비용화시키는 절차를 감가상각이라 한다.

③ 유형자산 보유기간동안에 발생한 모든 지출은 이를 지출시 당기비용으로 회계처리한다.

④ 유형자산의 취득원가에는 그 자산을 본래의 의도대로 사용할 수 있을 때까지 발생한 모든 지출을 포함한다.

08. 다음은 일반기업회계기준에 따른 유형자산의 취득원가에 대한 설명이다. 가장 잘못된 것은?

① 유형자산의 취득에 사용된 차입금에 대하여 당해 자산의 취득완료시점까지 발생한 이자비용은 자산의 취득원가에 가산함을 원칙으로 한다.

② 유형자산이 정상적으로 작동되는지 여부를 시험하는 과정에서 발생하는 원가는 취득부대비용으로 보아 취득원가에 가산한다.

③ 현물출자, 증여, 기타 무상으로 취득한 자산은 공정가치를 취득원가로 한다.

④ 국고보조금 등에 의해 유형자산을 공정가액보다 낮은 대가로 취득한 경우에도 그 유형자산의 취득원가는 취득일의 공정가액으로 한다.

09. 다음 중 일반기업회계기준상 무형자산에 관한 설명으로 옳지 않은 것은?

① 무형자산으로 인식하기 위한 요건으로 식별가능성, 기업의 통제, 미래의 경제적 효익의 발생으로 분류한다.

② 무형자산의 내용연수가 독점적·배타적 권리를 부여하고 있는 관계 법령에 따라 20년을 초과하는 경우에도 상각기간은 20년을 초과할 수 없다.

③ 무형자산의 잔존가치는 없는 것을 원칙으로 한다.

④ 내부적으로 창출한 브랜드, 고객목록 및 이와 유사한 항목에 대한 지출은 무형자산으로 인식하지 않는다.

10. 다음 중 '유형자산'과 관련한 용어의 설명으로 옳지 않은 것은?

① "유형자산"은 재화의 생산 등에 사용할 목적으로 보유하는 물리적 형체가 있는 자산으로서, 1년을 초과하여 사용할 것이 예상되는 자산을 말한다.

② "감가상각"은 감가상각대상금액을 그 자산의 내용연수 동안 체계적인 방법으로 각 회계기간에 배분하는 것을 말한다.

③ "감가상각대상금액"은 취득원가에서 잔존가액을 차감한 금액을 말한다.

④ "내용연수"는 실제 사용시간 또는 생산량의 단위를 말한다.

11. 다음 중 기업회계기준상 유형자산의 감가상각에 대한 설명으로 틀린 것은?

① 감가상각비는 다른 자산의 제조와 관련된 경우에는 관련 자산의 제조원가로, 그 밖의 경우에는 판매비와 관리비로 계상한다.

② 유형자산의 잔존가액이 중요할 것으로 예상되는 경우에는 자산의 취득시점에서 잔존가액을 추정한 후 물가변동에 따라 이를 수정하여야 한다.

③ 감가상각방법은 매기 계속하여 적용하고, 정당한 사유 없이 변경하지 않아야 한다.

④ 내용연수란 자산의 예상 사용기간 또는 자산으로부터 획득할 수 있는 생산량이나 이와 유사한 단위를 말한다.

12. 상품도매업을 영위하는 (주)전라도산업은 유형자산에 대한 보유기간 중의 수익적 지출을 자본적 지출로 잘못 회계처리하여 재무제표를 작성하였다. 이 경우 그 잘못된 회계처리가 재무제표에 미치는 효과로 가장 옳은 것은?   (전산세무2급 39회)

① 재무상태표상 자산이 실제보다 과소계상 된다.

② 재무상태표상 부채가 실제보다 과대계상 된다.

③ 손익계산서상 당기순이익이 실제보다 과대계상 된다.

④ 손익계산서상 매출총이익이 실제보다 과소계상 된다.

13. 다음의 무형자산에 관한 내용 중 옳지 않은 것은?

① 개발비는 개별적으로 식별이 가능하고 미래의 경제적 효익을 기대할 수 있어야 한다.

② 연구비는 개발비와 달리 모두 비용으로 처리해야 한다.

③ 개발비상각액은 판매비와관리비로 처리해야 한다.

④ 개발비는 정액법 또는 생산량비례법 등에 의해 관련 제품 등의 판매 또는 사용가능한 시점부터 20년 이내의 합리적 기간 동안 상각한다.

14. 무형자산에 대한 설명 중 옳지 않은 것은?

① 무형자산이란 업무용도로 보유하는 비화폐성자산으로써 일반적으로 미래 경제적 효익이 있는 물리적 형체가 없는 자산을 말한다.

② 무형자산의 취득원가는 그 자산의 창출, 제조, 사용준비에 사용된 직접비 뿐만 아니라 간접비도 포함한다.

③ 무형자산의 인식기준을 충족하지 못하면 그 지출은 발생한 기간의 비용으로 인식한다.

④ 무형자산의 상각은 항상 판매비와 관리비로 처리한다.

15. 다음 중 영업권에 대한 설명으로 옳지 않은 것은?

① 내부적으로 창출된 영업권도 신뢰성 있게 측정하였다면 자산으로 인식할 수 있다.

② 매수기업결합으로 취득한 무형자산의 취득원가는 매수일의 공정가액으로 한다.

③ 영업권의 상각은 관계 법령이나 계약에 정해진 경우를 제외하고는 20년을 초과할 수 없다.

④ 영업권의 잔존가액은 없는 것을 원칙으로 한다.

16. 기업회계기준에서는 '내부적으로 창출된 무형자산'의 취득원가는 그 자산의 창출, 제조, 사용준비에 직접 관련된 지출과 합리적이고 일관성있게 배분된 간접 지출을 모두 포함하도록 규정하고 있다. 다음 중 '내부적으로 창출된 무형자산'의 취득원가에 포함될 수 없는 것은?

① 무형자산의 창출에 사용된 재료비, 용역비 등

② 무형자산을 운용하는 직원의 훈련과 관련된 지출

③ 무형자산의 창출에 직접 사용된 유형자산의 감가상각비

④ 차입원가

17. 다음 중 기업회계기준상 무형자산에 대한 설명으로 틀린 것은?

① 무형자산으로 정의되기 위한 세 가지 조건은 식별가능성, 자원에 대한 통제 및 미래 경제적 효익의 존재이다.

② 무형자산의 상각시 잔존가액은 없는 것을 원칙으로 한다.

③ 무형자산의 상각은 자산이 사용가능한 때부터 시작한다.

④ 무형자산의 합리적인 상각방법을 정할 수 없는 경우에는 정률법을 사용한다.

18. 일반기업회계기준상 무형자산에 대한 설명으로 올바른 것은?

① 무형자산의 상각은 당해 자산을 취득한 시점부터 시작한다.

② 사용을 중지하고 처분을 위해 보유하는 무형자산은 사용을 중지한 시점의 장부가액으로 표시한다.

③ 무형자산의 공정가치 또는 회수가능액이 증가하면 상각은 증감된 가액에 기초한다.

④ 무형자산은 상각기간이 종료되는 시점에 거래시장에서 결정되는 가격으로 잔존가치를 인식하는 것이 원칙이다.

19. 기업회계기준상 무형자산 상각과 관련한 설명으로 옳은 것은?

① 무형자산의 상각방법에는 정액법, 유효이자율법, 연수합계법, 생산량비례법 등이 있다.

② 무형자산 상각시 잔존가액은 어떠한 경우라도 없는 것으로 한다.

③ 무형자산의 상각기간은 독점적·배타적인 권리를 부여하고 있는 관계 법령이나 계약에 정해진 경우를 제외하고는 20년으로 한다.

④ 무형자산의 상각은 당해 자산이 사용가능한 때부터 시작한다.

20. 유형자산의 감가상각방법 중 정액법, 정률법 및 연수합계법 각각에 의한 3차년도 말 감가상각비가 큰 금액부터 나열한 것은?

• 기계장치 취득원가 : 1,000,000원(1월 1일 취득)   • 내용연수 : 5년
• 잔존가치 : 취득원가의 10%   • 정률법 상각률 : 0.4

① 정률법＞정액법＝연수합계법   ② 정률법＞연수합계법＞정액법

③ 연수합계법＞정률법＞정액법   ④ 연수합계법＝정액법＞정률법

주관식

01. 다음 중 유형자산의 취득원가에 포함되는 요소를 모두 고르시오.

> ① 설계와 관련하여 전문가에게 지급하는 수수료   ② 매입관련 운송비
> ③ 설치장소 준비를 위한 지출   ④ 취득세
> ⑤ 재산세

02. 모든 감가상각방법이 선택가능하다면 일반적으로 첫 해에 회사의 이익을 가장 많이 계상할 수 있는 상각방법(생산량비례법 제외)을 적으시오.

연/습/문/제 답안

🔑 분개연습

[1] (차) 특정현금과예금 1,700,000 (대) 현　　금 1,700,000

[2] (차) 미 수 금 250,000,000 (대) 투자부동산 190,000,000
　　　(혜리상사) 　　　　 투자자산처분이익 60,000,000

[3] (차) 건　　물 105,000,000 (대) 현　　금 5,000,000
　　　　　　　　　　　　　　 자산수증익 100,000,000

[4] (차) 수 선 비(제) 1,000,000 (대) 현　　금 500,000
　　　　　　　　　　　　　　 미 지 급 금((주)금강) 500,000

[5] (차) 건설중인자산 2,500,000 (대) 보 통 예 금 2,500,000

[6] (차) 보 통 예 금 30,000,000 (대) 국고보조금 30,000,000
　　　　　　　　　　　　　　 (보통예금차감)

[7] (차) 토　　지 105,000,000 (대) 보 통 예 금 100,000,000
　　　　　　　　　　　　　　 당 좌 예 금 5,000,000

[8] (차) 건　　물 200,000,000 (대) 미 지 급 금 300,000,000
　　　　토　　지 100,000,000 　　　((주)남방건설)
　　☞ 건물 : 300,000,000×(160,000,000/240,000,000)=200,000,000
　　☞ 토지 : 300,000,000×(80,000,000/240,000,000)=100,000,000

[9] (차) 감가상각누계액 80,000,000 (대) 건　　물 100,000,000
　　　유형자산처분손실 23,000,000 　　 현　　금 3,000,000

114

[10] (차) 보통예금   25,000,000   (대) 토   지   23,000,000

[10] (차) 보통예금	25,000,000	(대) 토　　지　23,000,000
외상매입금	15,000,000	유형자산처분이익　17,000,000
((주)부천전자산업)		

[11] (차) 감가상각누계액(건물)	3,000,000	(대) 건　　물　10,000,000
재 해 손 실	7,000,000	

[12] (차) 현　　　금	10,000	(대) 차량운반구　8,500,000
감가상각누계액	8,499,000	유형자산처분이익　9,000

[13] (차) 부도어음과수표	30,150,000	(대) 받 을 어 음(새한전기)　30,000,000
(새한전기)		현　　　금　150,000

[14] (차) 토　　지	31,500,000	(대) 자 산 수 증 이 익　30,000,000
		현　　　금　1,500,000

[15] (차) 토　　지	30,800,000	(대) 보 통 예 금　25,700,000
		선 급 금　5,000,000
		현　　　금　78,000
		예 수 금　22,000

[16] (차) 차량운반구	250,000	(대) 현　　　금　1,000,000
단기매매증권	750,000	

☞ 불가피하게 국공채등을 매입하는 경우 채권의 매입가액과 국공채의 현재가치와의 차액은 유형자산의 취득가액을 구성한다.

[17] (차) 토지	145,000,000	(대) 재평가차익　145,000,000
		(기타포괄손익누계액)

☞ 재평가차익은 자본의 기타포괄손익누계액의 재평가잉여금에 해당한다.

[18] (차) 재평가손실(영·비)	100,000,000	(대) 토　　지　100,000,000

☞ 재평가손실(영업외비용)이 발생시 재평가잉여금(기타포괄손익누계액)을 우선 상계 후 당기 손실을 인식한다.

[19] (차) 감가상각누계액(기계)	5,500,000	(대) 기계장치　30,000,000
유형자산손상차손	24,500,000	

☞ 손상차손＝회수가능가액(0)－장부가액(30,000,000－5,500,000)＝24,500,000원

◑━ 객관식

1	2	3	4	5	6	7	8	9	10	11	12	13	14	15
①	④	④	②	①	②	③	①	②	①	②	③	③	④	①

16	17	18	19	20										
②	④	②	④	④										

[풀이 - 객관식]

01. 이종자산간의 교환시에 **취득자산의 원가는 제공한 자산의 공정가치로 측정**한다.

02. **손상차손누계액은 유형자산의 취득가액에서 차감하는 형태로 표시**한다.

03. 유형자산의 감가상각방법은 **자산의 경제적 효익이 소멸되는 행태를 반영한 합리적인 방법**이어야 한다. 절세 등을 고려한 현금흐름은 감가상각방법의 선택기준이 될 수 없다.

04. 사용과 관련된 비용은 당기비용으로 처리한다.

③,④와 같이 사용개시전의 비용은 자산으로 처리되어 취득원가를 구성한다.

05. 매매목적으로 보관중인 토지는 유형자산이 아니고, **폐기예정인 유형자산은 감가상각을 하지 않는다.**

06. 새로운 건물을 신축하기 위하여 기존건물을 철거하는 경우에 기존건물의 장부가액은 제거하여 처분 손실로하고, 철거비용은 당기비용처리한다.

07. 보유기간중에 발생한 지출은 자본적지출과 수익적지출로 나누어 회계처리한다.

08. **차입원가는 기간비용 처리함을 원칙**으로 한다. 자본화대상자산에 해당될 경우 취득원가에 산입할 수 있다.

09. **독점적 · 배타적 권리를 부여하고 있는 관계 법령에 정해진 경우에는 20년을 초과할 수 있다.**

10. 실제의 사용시간 → 예상사용시간

11. 물가변동이 있는 경우에는 **잔존가액은 수정하지 아니하나, 잔존가치가 유의적인 경우 매보고기간말 에 재검토**한다.

12. 수익적 지출(비용)을 자본적지출(자산)로 처리한 경우

자산과대 → 이익과대 → 자본과대(자산∝이익→자산은 이익과 비례 관계이다.)

13. 개발비상각액은 **제조와 관련 있는 경우에는 관련 제품의 제조원가에 포함**시키고, 기타의 경우에는 판매비와관리비로 처리한다.

14. 제조와 관련된 경우에는 제조원가로 그 밖의 경우에는 판매비와 관리비로 처리한다.

15. **내부적으로 창출된 영업권**은 취득원가를 신뢰성 있게 측정할 수 없을 뿐만 아니라 기업이 통제하고 있는 식별가능한 자원도 아니기 때문에 **자산으로 인식하지 않는다.**

16. 무형자산 취득이후에 발생되는 운용관련 비용은 당기 비용으로 처리한다.

17. **합리적인 상각방법을 정할 수 없는 경우에는 정액법을 사용**한다.

18. ① 무형자산의 상각은 자산이 **사용가능한 때부터 시작**한다.

③ 무형자산의 공정가치 또는 회수가능액이 증가하더라도 상각은 원가에 기초한다.

④ 무형자산의 **잔존가치는 없는 것을 원칙**으로 한다.

19. 유효이자율법은 사채의 상각방법이고, 무형자산의 잔존가액은 원칙적으로 "0"이다. 또한 무형자산의 상각기간은 원칙적으로 20년을 초과할 수 없다.

20. 1차년도말 감가상각비 정률법 : $1,000,000 \times 0.4 = 400,000$원

2차년도말 감가상각비 정률법 : $(1,000,000원 - 400,000원) \times 0.4 = 240,000$원

3차년도말 감가상각비 정률법 : $(1,000,000원 - 400,000원 - 240,000원) \times 0.4 = \underline{144,000원}$

3차년도말 감가상각비 연수합계법 : $(1,000,000원 - 100,000원) \times 3/15 = \underline{180,000원}$

3차년도말 감가상각비 정액법 : $(1,000,000원 - 100,000원) \times 1/5 = \underline{180,000원}$

🔑 주관식

01	① ② ③ ④	02	정액법

01. 유형자산의 취득원가는 매입원가 또는 제작원가와 자산을 사용할 수 있도록 준비하는데 **직접적으로 관련된 지출 등으로 구성**이 된다. 재산세는 취득과 관련되어 발생한 지출이 아니라 보유와 관련된 지출이므로 기간비용으로 처리한다.

02. **정률법과 이중체감법, 연수합계법은 모두 가속상각법**으로 초기에 비용을 많이 계상하므로 이익이 정액법보다 적게 계상된다.

Chapter 3

계정과목별 이해 (부채)

NCS회계 - 3 전표관리 / 자금관리   NCS세무 - 2 전표처리

부채는
① 과거 거래나 사건의 결과로서
② 현재 기업이 부담하고
③ 그 이행에 대하여 회사의 경제적 가치의 유출이 예상되는 의무이다.
부채는 원칙적으로 1년 기준에 의하여 유동부채와 비유동부채로 구분된다.

제1절 유동부채

재무상태표일로 부터 만기가 1년 이내에 도래하는 부채를 유동부채라 하고, 그 이외는 비유동부채라 한다.

1. 매입채무(VS 매출채권)

2. 미지급금(VS 미수금)

3. 단기차입금(VS 단기대여금)

4. 미지급비용(VS 미수수익)

5. 선수수익(VS 선급비용)

6. 선수금(VS 선급금)

7. 예수금

8. 부가세예수금(VS 부가세대급금)

9. 미지급세금

10. 유동성장기부채(유동성장기차입금)

비유동부채 중 결산일 현재 1년 이내에 상환하여야 할 금액

11. 미지급배당금

잉여금처분 결의시 현금배당액의 미지급된 금액을 말한다.

12. 가수금(VS 가지급금)

현금 등을 수취하였으나 계정과목이나 금액이 미확정 되었을 경우 임시적으로 처리하는 계정과목이다.

제2절 비유동부채

1. 장기차입금

실질적으로 이자를 부담하는 차입금으로서 만기가 재무상태표일 로부터 1년 이후에 도래하는 것을 말한다. 또한 장기차입금 중 만기가 재무상태표일로 부터 1년 이내에 도래시 유동성장기부채라는 계정과목으로 하여 유동성 대체를 하여야 한다.

2. 충당부채와 우발부채

확정부채는 ① 지출시기와 ② 지출금액이 확정된 것을 말하나, 충당부채나 우발부채는 **① 또는 ②가 불확실한 부채**를 말한다.

충당부채는 다음의 3가지 요건을 충족 시 충당부채로 인식하고, 미 충족 시 우발부채로 분류한다.

① 과거사건이나 거래의 결과로 인하여 현재 의무(법적의무)가 존재
② 당해 의무를 이행하기 위하여 자원이 유출될 가능성이 매우 높다.
③ 그 의무의 이행에 소요되는 금액을 신뢰성 있게 추정할 수 있어야 한다.

충당부채의 명목가액과 현재가치의 차이가 중요한 경우에는 현재가치로 평가한다.

〈충당부채와 우발부채 비교〉

가능성 \ 금액추정	신뢰성 있게 추정가능	신뢰성 있게 추정불가능
매우 높음	**충당부채로 인식**	우발부채-주석공시
어느 정도 있음	우발부채-주석공시	
거의 없음	공시하지 않음	

〈충당부채〉

1. 측정	① 충당부채로 인식하는 금액은 현재의무의 이행에 소요되는 지출에 대한 보고기간말 현재 **최선의 추정치**이어야 한다. ② 충당부채의 명목가액 과 현재가치의 차이가 중요한 경우 **현재가치로 평가**한다.
2. 변동	보고기간마다 잔액을 검토하고, 보고기간말 현재 **최선의 추정치**를 반영하여 증감조정한다.
3. 사용	최초의 인식시점에서 **의도한 목적과 용도에만 사용**하여야 한다.

3. 퇴직급여충당부채

퇴직금은 종업원이 입사시 부터 퇴직 시 까지 근로를 제공한 대가로 퇴직할 때 일시에 지급받는 급여를 말한다.

근로자퇴직급여보장법에 의하면 기업은 계속 근로기간 1년에 대하여 30일분 이상의 평균임금을 퇴직금으로 지급하여야 한다.

즉 퇴직금은 평균임금 × 근속년수의 계산구조를 가진다.

또한 발생주의에 따라 퇴직금을 지급시 전액 비용으로 처리하면 안되고 근로를 제공한 각 회계연도의 비용으로 처리하여야 한다.

퇴직급여추계액이란 결산일 현재 전 임직원이 퇴사할 경우 지급하여야 할 퇴직금 예상액을 말하는데 회사는 퇴직급여추계액 전액을 부채로 인식하여야 한다.

> **당기 퇴직급여 = 퇴직급여추계액 − 설정 전 퇴직급여충당부채 잔액**
> **= 퇴직급여추계액 − (퇴직급여충당부채기초잔액 − 당기 퇴직금지급액)**

회계처리는 대손충당금설정처럼 보고기간말 마다 퇴직급여추계액을 부채로 인식하여야 하고 부족분은 보충법으로 비용처리하면 된다.

4. 퇴직연금

퇴직연금이란 기업이 사외의 금융기관에 퇴직금의 일정액을 적립하고, 종업원은 퇴직한 뒤 연금 또는 일시금으로 수령하는 제도로서 종업원의 퇴직금을 보장해 주는 것을 말한다. 퇴직연금은 **확정급여형과 확정기여형**으로 구분된다.

운용책임	확정기여형(종업원)	확정급여형(회사)
설정	–	(차) 퇴직급여 ××× 　(대) 퇴직급여충당부채 ×××
납부시	(차) 퇴직급여 ××× 　(대) 현　　금 ×××	(차) **퇴직연금운용자산**[1] ××× **(퇴직급여충당부채 차감)** 수수료비용(판/제) ××× 　(대) 현　　금 ×××
운용 수익	회계처리없음	(차) 퇴직연금운용자산 ××× 　(대) 이자수익(운용수익) ×××

운용책임	확정기여형(종업원)	확정급여형(회사)
퇴직시	회계처리없음	(차) 퇴직급여충당부채　　××× 　　퇴 직 급 여　　　××× 　(대) 퇴직연금운용자산　　　××× 　　현　　금　　　　×××

*1. 퇴직연금운용자산이 퇴직급여충당부채와 퇴직연금미지급금의 합계액을 초과하는 경우에는 **초과액을 투자자산의 과목으로 표시한다.**

5. 사채(VS 만기보유증권,매도가능증권,단기매매증권)

사채란 기업이 회사의 의무를 나타내는 유가증권을 발행해주고 일반투자자들로 부터 거액의 자금을 조달하는 방법이다.

기업이 일반인들에게 자금을 조달하는 방법에는 주식을 발행하는 방법과 사채를 발행하는 방법이 있다.

(1) 사채가격 결정요인

① 액면가액 : 만기일에 상환하기로 기재한 금액

② 액면이자율(표시이자율) : 발행회사에서 사채의 액면가액에 대해 지급하기로 약정한 이자율

③ 이자지급일 및 만기일

이러한 것이 결정되면 사채를 발행한 회사는 사채투자자에게 미래에 지급할 현금의무(상환의무)가 확정된다.

예를 들어 20×1년 액면가액 1,000,000원, 액면이자율 8%, 만기 3년, 이자지급일이 매년 12월 31일인 경우 다음과 같이 현금을 지급할 의무가 사채발행회사에게 있다.

	20x1	20x2	20x3
액면이자	80,000	80,000	80,000
액면금액			1,000,000
자금조달	?		

위와 같이 사채발행회사가 지급해야 할 현금의무를 나타내고 일반 대중으로부터 거액의 장기 자금을 조달하는 것이다.

사채가 시장에서 거래되는 이자율을 시장이자율(≒유효이자율)이라 하고 신용도가 높은 회사는 낮은 이자율만 부담해도 투자자들이 사채를 구입할 것이고 신용도가 낮은 회사는 높은 이자율을 부담해야만 사람들이 사채를 구입할 것이다.

시장이자율=무위험이자율[1]+신용가산이자율(risk_premium)

---

*1. 위험이 전혀 내포되지 않은 순수한 투자의 기대수익율로서 국채 등의 이자율로 보시면 된다.

즉 시장이자율과 회사의 신용도는 반비례관계를 갖는다.

(2) 사채의 발행

① 액면발행

② 할인발행 : 사채의 발행가액이 액면가액 보다 적은 경우를 말한다.

(차) 현   금   900,000   (대) **사   채(액면가액)   1,000,000**
    사채할인발행차금   100,000

그리고 이를 사채 발행시점의 재무상태표를 보면 다음과 같다.

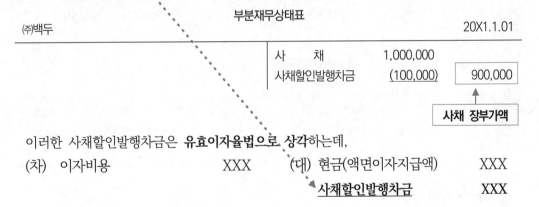

부분재무상태표

㈜백두   20X1.1.01

사 채	1,000,000	
사채할인발행차금	(100,000)	900,000

사채 장부가액

이러한 사채할인발행차금은 **유효이자율법으로 상각**하는데,

(차) 이자비용   XXX   (대) 현금(액면이자지급액)   XXX
                                    사채할인발행차금   XXX

사채발행기간동안 **이자비용을 증가시키는 역할**을 한다.

③ 할증발행 : 사채의 발행가액이 액면가액보다 큰 경우를 말한다.

| (차) 현　　　　금 | 1,100,000 | (대) **사　　채(액면가액)** | **1,000,000** |
| | | **사채할증발행차금** | 100,000 |

그리고 이를 사채 발행시점의 재무상태표를 보면 다음과 같다.

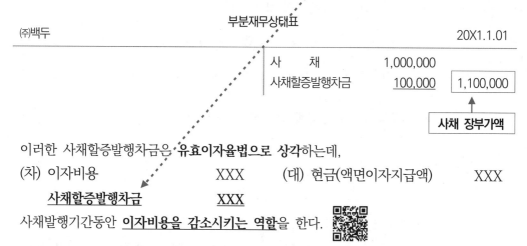

부분재무상태표

㈜백두　　　　　　　　　　　　　　　　　　　　　　　　　　20X1.1.01

| 사　　　　채 | 1,000,000 | |
| 사채할증발행차금 | 100,000 | 1,100,000 |

사채 장부가액

이러한 사채할증발행차금은 **유효이자율법으로 상각**하는데,

| (차) 이자비용 | XXX | (대) 현금(액면이자지급액) | XXX |
| **사채할증발행차금** | **XXX** | | |

사채발행기간동안 **이자비용을 감소시키는 역할**을 한다.

발　　행	액면발행	액면가액 = 발행가액	액면이자율 = 시장이자율
	할인발행	액면가액 > 발행가액	액면이자율 < 시장이자율
	할증발행	액면가액 < 발행가액	액면이자율 > 시장이자율
회계처리	할인발행	(차) 예 금 등　　　×××　(대) 사　　채　　××× 　　 사채할인발행차금　××× 　　 (선급이자성격)	
	할증발행	(차) 예 금 등　　　×××　(대) 사　　채　　××× 　　　　　　　　　　　　　 사채할증발행차금　××× 　　　　　　　　　　　　　 (선수이자성격)	

(3) 사채발행비

사채발행비란 사채발행과 관련하여 직접 발생한 사채발행수수료 등(인쇄비, 제세공과금 등)을 말하는데 **사채발행가액에서 직접 차감**한다.

(4) 상각

기업회계기준에서는 **사채할인발행차금과 사채할증발행차금을 유효이자율법에 따라 상각한다.** 이러한 발행차금은 사채발행기간 동안 이자비용을 증가시키거나 감소시킨다. 그러나 **상각액은 할인발행이나 할증발행에 관계없이 사채발행기간 동안 매년 증가한다.**

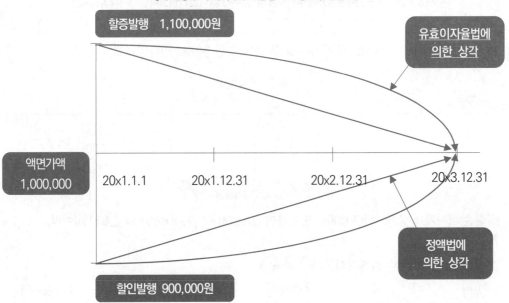

[사채장부가액과 사채발행차금상각(환입)액]

발행유형	사채장부가액*1	사채발행차금상각	총사채이자(I/S이자비용)*2
액면발행(1,000,000)	동일	0	액면이자
할인발행(900,000)	매년증가	**매년증가**	매년증가(액면이자 + 할인차금)
할증발행(1,100,000)	매년감소		매년감소(액면이자 − 할증차금)

사채할인(할증)발행차금은 **유효이자율법으로 상각(환입)**하고 그 금액을 사채이자에 가감한다. 이 경우 **사채할인(할증)발행차금 상각액은 할인발행이건 할증발행이건 매년 증가한다.**

☞ 투자자 입장에서는 *1.만기보유증권의 장부가액, *2.이자수익이 된다.

(5) 조기상환

사채의 만기이전에 유통중인 사채를 매입하여 상환하는 것을 조기상환이라 한다.

조기상환시 사채의 상환가액에서 사채의 장부가액을 차감한 후 잔여금액을 사채상환손실(이익)으로 회계처리한다.

> **사채상환손익 = 순수사채상환가액 − 사채의 장부가액(액면가액 ± 미상각사채발행차금)**

다음 재무상태표의 사채를 조기에 40%를 현금상환(3,000원)하였다고 가정하자.

부분 재무상태표

㈜백두

사 채	10,000	
사채할인발행차금	(1,500)	
사채의 장부가액 →	**8,500**	

상환손익(사채) = 상환가액(3,000) − 장부가액[(10,000 − 1,500) × 40%] = △400원(이익)

그러면 다음과 같이 회계처리한다.

(차) 사   채   4,000원   (대) 사채할인발행차금   600원
                                              현   금   3,000원
                                              사채상환이익   400원

사채할인(할증)발행차금을 상환비율(40%)만큼 제거하여야 하고 잔여금액을 사채상환이익(손실)로 회계처리한다.

부분 재무상태표(조기 상환 후)

㈜백두

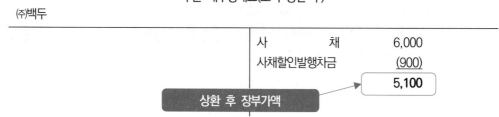

사 채	6,000	
사채할인발행차금	(900)	
상환 후 장부가액 →	**5,100**	

〈자산 · 부채의 차감 및 가산항목〉

	자산	부채
차감항목	대손충당금(채권) 재고자산평가충당금(재고자산) 감가상각누계액(유형자산) 현재가치할인차금[*1](자산) 정부보조금(유무형자산)	사채할인발행차금(사채) 퇴직연금운용자산(퇴직급여충당부채) － 현재가치할인차금[*1](부채) －
가산항목	－	사채할증발행차금(사채)

*1. 장기성 채권(채무)의 미래에 수취(지급)할 명목가액을 유효이자율로 할인한 현재가치와의 차액을 말한다.
현재가치할인차금＝채권(채무)의 명목가액－채권(채무)의 현재가치

연/습/문/제

 분개연습

[1] 당사는 제품을 교환할 수 있는 상품권(1장당 10,000원) 300장을 시중에 판매하고 현금 3,000,000원을 획득하였다.

[2] 당사는 (주)우주상사에 제품을 공급하기로 계약을 맺고, 계약금 11,000,000원을 보통예금계좌로 이체 받았다.

[3] 상품 매입처인 경일산업이 당사에 외상매입금 16,000,000원에 대한 상환을 요구하면서 이 중 50%를 면제하여 주다. 당사는 외상매입금을 보통예금으로 지급하다.

[4] 경리직원의 개정세법 교육을 위하여 외부강사를 초빙하여 수강후 강의료를 국민은행 보통예금 계좌로 송금함과 동시에 다음의 기타소득에 관한 원천징수영수증을 교부하였다.

> • 강의료지급총액 500,000원   • 필요경비 400,000원
> • 소득금액   100,000원   • 소득세원천수세액 20,000원(지방소득세 별도)

[5] 퇴직연금 자산에 이자 300,000원이 입금되다. 당사는 전임직원의 퇴직금 지급 보장을 위하여 (주)미래설계증권에 확정급여형(DB) 퇴직연금에 가입되어 있다.

[6] 확정기여형퇴직연금제도를 설정하고 있는 (주)대한상사는 퇴직연금의 부담금(기여금) 1,500,000원(제조 1,000,000원, 관리 500,000원)을 은행에 현금납부하였다.

[7] 사무직원 홍길동씨가 퇴사하여 퇴직금을 우리은행 보통예금 통장에서 지급하였다. 퇴직급여명세서의 내용은 다음과 같다.

내 역	금 액
퇴직급여	12,000,000원
퇴직소득세, 지방소득세	400,000원
차감지급액	11,600,000원

* 홍길동씨의 퇴사 직전 회사의 퇴직급여충당부채 잔액은 2,000,000원 있었고, 퇴직보험 및 퇴직연금에 가입한 내역은 없다.

[8] 사채 1,000,000원을 발행하면서 발행금액 1,200,000원은 보통예금 통장으로 입금되다. 사채발행 관련 법무사수수료 300,000원이 현금으로 지급되다.

[9] 액면가액 50,000,000원인 사채 중 액면가액 20,000,000원을 20,330,000원에 보통예금계좌에서 이체하여 조기에 상환하였다. 당사의 다른 사채 및 사채할인발행차금 등 사채 관련 계정금액은 없었다.

[10] 영업관리직 사원에 대한 퇴직연금상품(확정급여형)에 가입하고 4,500,000원을 보통예금 계좌에서 이체하다.

[11] 전기에 유동성장기부채로 대체한 대한은행의 장기차입금 50,000,000원의 상환기간을 2년 연장하기로 하였다.

객관식

01. 다음 중 기업회계기준상 사채에 대한 설명으로 옳지 않은 것은?

① 사채발행가액은 사채발행수수료 등의 비용을 차감한 후의 가액을 말한다.
② 1좌당 액면가액이 10,000원인 사채를 15,000원에 발행한 경우 '할증발행' 하였다고 한다.
③ 사채할인발행차금은 사채의 액면가액에서 차감하는 형식으로 기재한다.
④ 사채할인발행차금 및 사채할증발행차금은 액면이자율을 적용하여 상각 또는 환입한다.

02. 다음의 거래에 대한 회계적인 설명으로서 적당하지 않은 것은?

> (주)강서상사는 사채를 6억원에 발행하고 발행금액은 사채발행비용을 제외한 599,000,000원을 보통예금으로 입금받았다. 사채의 액면가액은 5억원이고, 만기는 2년 액면이자율은 10%이다.

① 사채는 할증발행 되었다.
② 액면이자율이 시장이자율보다 높다.
③ 액면금액과 발행금액의 차이를 '사채할증발행차금' 계정으로 사용한다.
④ 사채발행비용은 영업외비용으로 처리한다.

03. 다음 중 사채와 관련된 설명으로 가장 잘못된 것은?

① 사채의 발행가액은 사채의 미래현금흐름을 발행당시의 해당 사채의 시장이자율(유효이자율)로 할인한 가치인 현재가치로 결정된다.
② 사채가 할인(할증)발행되어도 매년 인식하는 이자비용은 동일하다.
③ 사채의 액면이자율이 시장이자율보다 낮은 경우에는 사채는 할인발행된다.
④ 사채발행차금은 유효이자율법에 의하여 상각 또는 환입하도록 되어 있다.

04. 사채에 관한 설명 중 가장 잘못된 것은?

① 사채할인발행차금은 사채의 발행가액에서 차감하는 형식으로 표시한다.
② 「액면이자율 〈 시장이자율」인 경우에는 할인발행 된다.
③ 유효이자율법 하에서 사채할인발행차금 상각액은 매년 증가한다.
④ 사채할인발행차금은 선급이자의 성격으로 볼 수 있다.

05. 다음 중 기업회계기준상 사채의 회계처리로 옳은 것은?

① 사채발행가액과 액면가액간의 차액은 사채할인발행차금 또는 사채할증발행차금으로 하여 당기 손익으로 표시한다.

② 사채발행가액은 사채발행수수료와 사채발행과 관련하여 직접 발생한 기타비용을 차감한 금액으로 한다.

③ 사채는 재무상태표상 자본조정으로 구분한다.

④ 사채할인발행차금은 정액법으로 상각한다.

06. 사채가 할인발행되고 유효이자율법이 적용되는 경우 다음의 설명 중 틀린 것은?

① 사채할인발행차금 상각액은 매기 감소한다.

② 매기간 계상되는 총사채 이자비용은 초기에는 적고 기간이 지날수록 금액이 커진다.

③ 사채의 장부가액은 초기에는 적고 기간이 지날수록 금액이 커진다.

④ 사채발행시점에 발생한 사채발행비는 즉시 비용으로 처리하지 않고, 사채의 만기 동안의 기간에 걸쳐 유효이자율법을 적용하여 비용화한다.

07. (주)세원은 3년 만기의 사채를 할증발행하였으며, 사채이자는 매년 기말시점에 현금으로 지급하기로 하였다. 유효이자율법을 적용할 경우 이에 대한 내용으로 옳지 않은 것은?

① 사채의 액면이자율이 시장이자율보다 크다.

② 투자자의 입장에서 인식되는 이자수익은 매년 증가한다.

③ 사채발행자의 입장에서 사채할증발행차금 상각액은 매년 증가한다.

④ 투자자에게 현금으로 지급되는 이자비용은 매년 동일하다.

08. 다음 중 일반기업회계기준상 사채의 회계처리에 대한 내용으로 옳은 것은?

① 사채는 재무상태표상 자본조정으로 구분한다.

② 사채가 할증발행되고 유효이자율법이 적용되는 경우 사채의 장부금액은 매기 감소한다.

③ 사채가 할인발행되고 유효이자율법이 적용되는 경우 사채할인발행차금 상각액은 매기 감소한다.

④ 액면이자율보다 시장이자율이 클 경우 할증발행한다.

09. 다음 중 충당부채로 인식할 수 있는 요건이 아닌 것은?

① 과거사건의 결과로 현재 법적의무 또는 의제의무가 존재 한다.

② 당해 의무를 이행하기 위하여 경제적효익이 내재된 자원이 유출될 가능성이 매우높다.

③ 지출의 시기 및 금액을 확실히 추정할 수 있다.

④ 당해 의무의 이행에 소요되는 금액을 신뢰성 있게 추정할 수 있다.

10. 다음 중 사채에 대한 설명으로 틀린 것은?

① 사채발행비용은 사채의 발행가액에서 차감한다.

② 유효이자율법 적용시 사채할증발행차금 상각액은 매년 증가한다.

③ 유효이자율법 적용시 사채할인발행차금 상각액은 매년 감소한다.

④ 사채할인발행차금은 당해 사채의 액면가액에서 차감하는 형식으로 기재한다.

11. 다음 중 충당부채, 우발부채 및 우발자산에 대한 설명으로 틀린 것은?

① 우발부채는 부채로 인식하지 않으나 우발자산은 자산으로 인식한다.

② 우발부채는 자원 유출 가능성이 아주 낮지 않는 한, 주석에 기재한다.

③ 충당부채는 자원의 유출가능성이 매우 높은 부채이다.

④ 충당부채는 그 의무 이행에 소요되는 금액을 신뢰성 있게 추정할 수 있다.

12. 다음은 충당부채 및 우발부채에 관한 설명이다. 잘못된 것은?

① 충당부채로 인식하기 위해서는 현재의무가 존재하여야 할 뿐만 아니라, 그 의무의 이행을 위한 자원의 유출 가능성이 매우 높아야 한다.

② 충당부채의 명목금액과 현재가치의 차이가 중요한 경우에는 의무를 이행하기 위하여 예상되는 지출액의 현재가치로 평가한다.

③ 우발부채는 부채로 인식하여야 한다.

④ 현재의무를 이행하기 위하여 소요되는 지출 금액에 영향을 미치는 미래사건이 발생할 것이라는 충분하고 객관적인 증거가 있는 경우에는, 그러한 미래사건을 감안하여 충당부채 금액을 추정한다.

13. 다음 중 사채와 관련된 설명으로 잘못된 것은?

① 사채의 발행가액은 사채의 미래현금흐름을 발행 당시 해당 사채의 시장이자율(유효이자율)로 할인한 가치인 현재가치로 결정된다.

② 사채발행차금은 유효이자율법에 의하여 상각(또는 환입)하도록 되어 있다.

③ 사채가 할인발행되면 매년 인식하는 이자비용은 감소한다

④ 사채가 할증발행되면 매년 인식하는 이자비용은 감소한다.

연/습/문/제 답안

🔑 분개연습

[1] (차) 현　　　금　　　　3,000,000　　(대) 선 수 금　　　　　　　3,000,000

[2] (차) 보 통 예 금　　　11,000,000　　(대) 선 수 금((주)우주상사)　11,000,000

[3] (차) 외상매입금　　　16,000,000　　(대) 보 통 예 금　　　　　8,000,000
　　　 (경일산업)　　　　　　　　　　　　채무면제이익　　　　　8,000,000

[4] (차) 교육훈련비(판)　　　500,000　　(대) 예 수 금　　　　　　　 22,000
　　　　　　　　　　　　　　　　　　　　 보 통 예 금　　　　　478,000

[5] (차) 퇴직연금운용자산　 300,000　　(대) (퇴직연금)이 자 수 익　 300,000
　　　 ((주)미래설계증권)

[6] (차) 퇴 직 급 여(제)　1,000,000　　(대) 현　　　금　　　　1,500,000
　　　 퇴 직 급 여(판)　　500,000

[7] (차) 퇴직급여충당부채　2,000,000　　(대) 보 통 예 금　　　11,600,000
　　　 퇴 직 급 여(판)　10,000,000　　　 예 수 금　　　　　400,000

[8] (차) 보 통 예 금　　　1,200,000　　(대) 사　　　채　　　　1,000,000
　　　 사채할인발행차금　　100,000　　　 현　　　금　　　　　300,000

[9] (차) 사　　　채　　　20,000,000　　(대) 보 통 예 금　　　20,330,000
　　　 사채상환손실　　　　330,000

[10] (차) 퇴직연금운용자산　4,500,000　　(대) 보 통 예 금　　　4,500,000

　☞ 퇴직연금운용자산도 채권이다. 문제에서 거래처가 주어지면 반드시 거래처를 입력해야 한다.

[11] (차) 유동성장기부채(대한은행)　　50,000,000　　(대) 장기차입금(대한은행)　　　　　　50,000,000
　☞ **보고기간말(12/31)마다 유동, 비유동을 구분하여야 한다.**

🔑 객관식

1	2	3	4	5	6	7	8	9	10	11	12	13		
④	④	②	①	②	①	②	②	③	③	①	③	③		

[풀이 - 객관식]

01. 사채할인발행차금 및 사채할증발행차금은 사채발행시부터 최종상환시까지의 기간에 **유효이자율법을 적용하여 상각 또는 환입**하고 동 **상각 또는 환입액은 사채이자에 가감**한다.

02. 사채 할증발행시 **사채발행비는 사채할증발행금액을 감액**시킨다.

03. 사채가 액면발행인 경우에 매년 인식하는 이자비용은 동일하며 **할인발행되면 매년 인식하는 이자비용은 증가**하고 **할증발행되면 매년 인식하는 이자비용은 감소**한다.

04. 사채할인발행차금은 사채의 액면가액에서 차감하는 형식으로 표시한다.

05. 사채할인발행차금 또는 사채할증발행차금은 사채의 금액을 증가시키는 역할을 하고, 이러한 발행차금은 유효이자율법에 따라 상각한다.

06. **유효이자율법에 의해 계산된 사채할인발행차금 상각액은 매기 증가**한다.

07. 투자자의 입장에서 할증발행의 경우 투자시점에 액면가액보다 높게 구입하는 것이기 때문에 높게 구입된 금액만큼 매년 이자수익에서 분할하여 차감한다. 따라서 인식하는 이자수익은 매년 감소한다.

08. ① 사채는 비유동부채로 구분한다.
　③ **사채가 할인발행이건 할증발행이건 상각액은 매기 증가**한다.
　④ **사채발행시 회사의 신용도와 시장이자율은 반비례관계**이다. 따라서 시장이자율이 클 경우 할인발행한다.

09. 충당부채란 자원의 **유출될 가능성이 매우 높아야 하고, 지출의 시기 및 금액이 불확실한 경우**를 말한다.

10. 유효이자율법 적용시 사채할증발행차금 상각액과 사채할인발행차금 상각액 모두 매년 증가한다.

11. 우발자산은 자산으로 인식하지 않는다.

12. **우발부채는 부채로 인식하지 아니한다.** 의무를 이행하기 위하여 자원이 유출될 가능성이 아주 낮지 않는 한, **우발부채를 주석에 기재**한다.

13. **사채가 할인발행되면 매년 인식하는 이자비용은 증가**한다.

계정과목별 이해 (자본)

NCS회계 - 3 　전표관리 / 자금관리 　　NCS세무 - 2 　전표처리

제1절　자본의 분류

1. 자본금	기업이 발행한 총발행주식수에 주식 1주당 액면가액을 곱하여 계산하고, **보통주 자본금과 우선주자본금은 구분표시한다.**			
2. 자본잉여금	영업활동 이외 자본거래(주주와의 자본거래)에서 발생한 잉여금으로서 **주식발행초과금과 기타자본잉여금으로 구분표시한다.**			
	주식발행초과금	감자차익	자기주식처분익	–
3. 자본조정	자본거래 중 자본금, 자본잉여금에 포함되지 않지만 자본항목에 가산되거나 차감되는 임시적인 항목으로서, **자기주식은 별도항목으로 구분하여 표시한다.**			
	주식할인발행차금	감자차손	자기주식처분손	자기주식
4. 기타포괄손익누계액	손익거래 중 손익계산서에 포함되지 않는 손익으로 **미실현손익**			
5. 이익잉여금	영업활동에 의해 발생한 순이익 중 주주에게 배당하지 않고 회사 내에 유보시킨 부분			
	(1) 기처분이익잉여금	㉠ **법정적립금**		㉡ **임의적립금**
	(2) 미처분이익잉여금			

제2절 자본금

주식회사의 자본금은 상법의 규정에 따라 발행주식총수에 주당액면금액을 곱한 금액으로 법정자본금이라 한다.

자본금 = 발행주식총수 × 주당액면금액

자본금은 보통주 자본금과 우선주 자본금으로 나뉘는데 이익배당의 보장여부와 의결권의 존재여부에 따라 구분한다.

보통주란 이익 및 잔여재산분배 등에 있어서 표준이 되는 주식을 말한다.

보통주는 지분비율에 비례하는 의결권을 행사할 수 있고, 또한 이익배당을 받을 권리가 있다.

우선주는 보통주에 비하여 이익배당 등 특정사항에 대해 보통주보다 우선권이 주어지는 주식으로서 일반적으로 주주총회에서의 의결권은 없다.

1. 주식의 발행(자본금의 증가)

회사 설립 후에 사업 확장 또는 부채의 상환을 위하여 자금이 필요할 때 주식을 추가로 발행하여 자금을 조달하는데, 이것을 신주발행 또는 유상증자라 한다.

이 경우 자본금이 증가하는 동시에 자산도 증가하게 되므로 이를 실질적 증자라고 한다.

주식발행은 주식의 액면가액과 발행가액의 차이에 따라 액면발행, 할인발행, 할증발행으로 나누어진다.

여기서 **발행가액은 주식대금납입액에서 신주발행비 등을 차감한 후의 금액**으로 계산된다.

신주발행비란 주식 발행 시 각종 발행 수수료 및 제세공과금, 인쇄비 등을 말한다.

(1) 액면발행 : 발행가액과 액면가액이 일치하는 것

(2) 할증발행 : 주식발행가액이 액면가액보다 초과하여 주식을 발행하는 것을 말하고 이때 초과금액은 주식발행초과금(자본잉여금)으로 회계처리한다.

(3) 할인발행 : 주식발행가액이 액면가액보다 미달하게 주식을 발행하는 것을 말하고, 이때 미달금액은 주식할인발행차금(자본조정)으로 회계처리한다.

2. 무상증자

　무상증자란 자본잉여금이나 이익잉여금 중 배당이 불가능한 법정적립금을 자본에 전입함에 따라 자본금을 증가시키는 것을 말한다. 이러한 무상증자는 자본잉여금 또는 이익잉여금을 자본금계정으로 대체하는 것에 불과하므로 회사의 자본구성만 변경될 뿐 기업의 순자산에는 아무런 변동이 없다. 따라서 투자자인 주주는 아무런 지분율 변동이 없고 소유주식수만 증가한다. (∴ 주주가 무상주 수령시 아무런 회계처리를 하지 않는다.)

3. 자본금의 감소

(1) 유상감자(실질적 감자)

　회사의 사업규모 축소 등으로 인하여 자본금이 과잉된 때 이미 발행한 주식을 매입하고, 주식대금을 주주에게 지급함으로써 실질적으로 회사의 자산이 감소하는 것을 말한다.

(2) 무상감자(형식적 감자)

　회사의 결손금이 누적되어 있고 향후 영업실적이 호전될 기미가 없는 경우 회사의 자본금을 감소시켜 누적된 결손금을 보전하는 것을 말한다.

　형식적 감자의 경우 자본금만 감소할 뿐 회사의 순자산에는 아무런 변동이 없다.

〈감자〉

		주식수	자본금	순자산(자본)
실질적감자 (유상)	(차) 자본금 XX 　　(대) 현금 등　XX	감소	감소	감소
형식적감자 (무상)	(차) 자본금 XX 　　(대) 결손금　XX	감소	감소	변동없음

제3절　자본잉여금

　자본잉여금은 주식의 발행 등 회사의 영업활동 이외의 자본거래(주주와의 자본거래)로 인하여 발생한 잉여금을 말하고, 자본금으로의 전입(무상증자)이나 이월결손금의 보전에 사용할 수 있다.

1. 주식발행초과금

2. 감자차익

3. 자기주식처분익

자기주식이란 자기가 발행한 주식을 회사가 소유하게 되는 경우 그 해당 주식을 말한다.

상법에서는 회사의 명의와 계산으로 ①거래소에서 시세가 있는 주식의 경우에는 거래소에서 취득하는 방법, ②주식수에 따라 균등한 조건으로 취득하는 방법으로서 배당가능익의 범위내에서 자기주식을 취득할 수 있다. 또한 상법에서는 특정목적에 의한 자기주식을 취득할 수 있다.

자기주식을 취득할 경우 그 취득원가를 자본조정항목으로 하여 분류하고, 자본에서 차감하는 형식으로 보고한다.

자기주식을 일시 보유목적으로 취득하고, 매각할 경우 매각이익이 발생하였다면 자기주식처분이익으로 하여 손익계산서에 반영하지 않고 자본잉여금으로 분류한다.

반대로 매각손실이 발생하였다면, **자기주식처분이익계정 잔액을 먼저 상계하고, 남은 금액은 자본조정항목인 자기주식처분손실로 분류**한다.

| <예제 4 - 1> 자기주식 ├─────────────────────

㈜한강의 다음 거래를 분개하시오.

1. 3월 1일 자기주식 100주(액면가 10,000원)를 주당 12,000원에 현금매입하다.
2. 3월 15일 위의 자기주식 중 10주를 주당 15,000원에 현금처분하다.
2. 3월 31일 위의 자기주식 중 20주를 주당 8,000원에 현금처분하다.

해답

1.	(차) 자기주식(자본조정) 1,200,000	(대) 현 금 1,200,000
2.	(차) 현 금 150,000	(대) 자기주식(자본조정) 120,000 자기주식처분이익(자본잉여금) 30,000
3.	(차) 현 금 160,000 자기주식처분이익[1] 30,000 자기주식처분손실(자본조정) 50,000	(대) 자기주식 240,000
	*1. **자기주식처분이익과 처분손실은 먼저 상계하여 회계처리한다.**	

자본조정

자본조정은 자본거래에 해당하지만 자본금, 자본잉여금 이외의 항목으로서 **임시적 성격의 항목**이라고 할 수 있다.

1. 주식할인발행차금

주식할인발행차금은 주식발행초과금과 우선상계하고 잔액이 남을 경우 주식발행연도부터 3년 이내의 기간에 매기 균등액을 이익잉여금의 처분을 통하여 상각한다.

2. 감자차손

감자차손은 발생시점에 이미 계상되어 있는 감자차익과 우선 상계하고 남은 잔액은 감자차손으로 처리한다. 그리고 감자차손은 이익잉여금의 처분과정에서 미처분이익잉여금과 상계한다.

3. 자기주식, 자기주식처분손실

자기주식처분손실의 잔액이 발생하면 이익잉여금의 처분과정에서 미처분이익잉여금과 상계한다.

4. 미교부주식배당금

이익잉여금처분계산서의 주식배당액을 말하며, 주식교부시에 자본금으로 대체된다.

〈자본잉여금과 자본조정〉

	자본잉여금	자본조정
신주발행	주식발행초과금	주식할인발행차금
자본금감소(감자)	감자차익	감자차손
자기주식	자기주식처분익 –	자기주식처분손 자기주식

자본잉여금은 발생시점에 이미 계상되어 있는 자본조정을 우선 상계하고, 남은 잔액은 자본잉여금으로 계상한다. 또한 반대의 경우도 마찬가지로 회계처리한다. 즉 순액을 재무상태표 자본에 표시한다.

| <예제 4 - 2> 주식발행 |

㈜한강의 다음거래를 분개하시오.

1. 3월 1일 유상증자를 실시하고(액면가액 5,000원, 발행가액 8,000원 발행주식수 5,000주) 보통예금계
    좌로 입금하다. 또한 신주발행비 5,000,000원은 현금지급하다.

2. 7월 1일 유상증자를 실시하고(액면가액 5,000원, 발행가액 3,000원 발행주식수 10,000주) 보통예금계
    좌로 입금하다. 또한 신주발행비 7,000,000원은 현금지급하다.

해답

1.	(차) 보 통 예 금	40,000,000	(대) 자 본 금	25,000,000
			현 금	5,000,000
			주식발행초과금	10,000,000
2.	(차) 보 통 예 금	30,000,000	(대) 자 본 금	50,000,000
	주식발행초과금[*1]	10,000,000	현 금	7,000,000
	주식할인발행차금	17,000,000		

*1. 주식발행초과금과 주식할인발행차금은 먼저 상계하여 회계처리한다.

제5절   기타포괄손익누계액

포괄손익이란 주주와의 자본거래를 제외한 모든 거래나 사건에서 인식한 자본의 변동을 말
한다.

기타포괄손익은 순자산의 증감을 가져오는 거래 가운데 **미실현손익(잠재적 손익)으로 분류**
되어 **손익계산서에 계상되지 못하는 항목으로 언젠가 이익잉여금으로 흘러갈 요소**이다.

여기서 당기발생 미실현손익(기타포괄손익)은 포괄손익계산서에 반영되고 그 누계액(기타
포괄손익누계액)은 재무상태표에 계상된다.

즉 기타포괄손익누계액이란 손익거래 중 손익계산서에 포함되지 않는 손익의 잔액으로서
매도가능증권평가손익, 해외사업환산손익, 현금흐름위험회피 파생상품 평가손익, 재평가잉여금
(재평가차익) 등이 있다.

기타포괄손익누계액은 미실현손익으로서 **기타포괄손익이 실현될 때(<u>매도가능평가손익의 경</u>**
<u>우 매도가능증권의 처분시)</u> 당기순손익에 포함되게 된다.

> ### 제6절 이익잉여금

이익잉여금은 회사의 영업활동의 결과로 벌어들인 이익 중 사외에 유출되지 않고 사내에 남아 있는 부분을 원천으로 하는 잉여금을 말한다.

이익잉여금을 증가시키는 것은 이익창출 활동결과인 당기순이익이며 이익잉여금을 감소시키는 것은 이익창출 활동결과인 당기순손실과 주주들에 배당금을 지급하는 경우이다.

1. 법정적립금

상법이나 그 외의 법률규정에 따라 이익잉여금 중에서 일정금액을 적립하는 것을 말하는 것으로 강제적 성격을 가지고 있어 법적요건을 갖추게 되면, 무조건 적립하여야 한다.

(1) 이익준비금

대표적인 법정적립금으로서 주식회사는 상법의 규정에 따라 **"회사는 자본금의 1/2에 달할 때까지 매기 결산시 금전에 의한 이익배당액의 1/10 이상의 금액을 이익준비금으로 적립하여야 한다."**라고 규정하고 있다.

이러한 이익준비금은 결손금을 보전하거나 자본금으로 전입(무상증자)할 수 있다.

참고

법정준비금

상법에서는 법정준비금을 그 재원에 따라 **이익준비금과 자본준비금으로 구분하는데 자본거래에서 발생한 잉여금(기업회계기준상 자본잉여금을 의미한다.)**을 자본준비금으로 적립하여야 한다. 또한 회사는 적립된 자본준비금 및 이익준비금의 총액이 자본금의 1.5배를 초과하는 경우에는 주주총회의 결의에 따라 준비금을 배당 등의 용도로 사용할 수 있게 하였다.

---

(2) 기타법정적립금

상법이외 법령에 따라 이익금의 일부를 적립하여야 되는 경우가 있다.

이 적립금 역시 결손보전과 자본금으로의 전입 목적으로만 사용가능하다.

2. 임의적립금

회사의 정관이나 주주총회의 결의에 의해 임의로 적립된 금액으로서 기업이 자발적으로 적립한 적립금으로서 법정적립금과 성격은 다르지만 이 역시 **현금배당을 간접적으로 제한함으로써 기업의 재무구조를 개선하거나 미래투자자금을 확보**한다는 점은 동일하다.

임의적립금은 기업이 해당 목적을 실현한 후에 다시 주주들에게 현금배당할 수 있다. 예를 들면 사업확장적립금, 감채기금적립금 등이 있다.

3. 미처분이익잉여금(미처리결손금)

기업이 벌어들인 이익 중 배당이나 다른 잉여금으로 처분되지 않고 남아 있는 이익잉여금을 말한다. 미처분이익잉여금은 주주총회시 결의에 의해 처분이 이루어지는데 주주총회는 결산일이 지난 뒤(3개월 이내)에 열리기 때문에 이익잉여금 처분전의 잔액이 당기 재무상태표에 표시된다.

결손금이란 수익보다 비용이 많은 경우로서 당기순손실을 의미한다. 이러한 결손금은 기존의 잉여금으로 보전된다.

제7절 이익잉여금의 처분

1. 이익잉여금 처분계산서(결손금처리계산서)

이익잉여금처분계산서는 이익잉여금의 변동내용을 보고하는 양식으로서 정기주주총회에서 이익잉여금 처분에 대하여 주주들로부터 승인을 받아야 한다.

정기주주총회는 회계연도가 끝난 뒤(3개월 이내) 다음 해 초에 개최되고, 이때 재무제표가 확정된다.

따라서, 회계연도말 재무상태표에는 처분하기전의 이익잉여금으로 표시된다.

2. 배당금

(1) 현금배당 : 회사의 순자산은 감소하고 자본도 감소하게 된다.

(2) 주식배당 : 주식배당은 기업 자금의 외부유출을 막고 동시에 이익배당의 효과도 갖는다. 또한 현금배당과는 반대로 회사의 자산과 자본에는 아무런 변화가 없다.

	현금배당	주식배당
배당선언일	(차) 이월이익잉여금 ××× 　　(미처분이익잉여금) (대) 미지급배당금 ××× 　　(유동부채)	(차) 이월이익잉여금 ××× 　　(미처분이익잉여금) (대) 미교부주식배당금 ××× 　　(자본조정)
	(투자자) (차) 미　수　금 ××× (대) 배당금수익 ×××	(투자자) 　－ 회계처리없음 －
배당지급일	(차) 미지급배당금 ××× (대) 현　　금 ×××	(차) 미교부주식배당금 ××× (대) 자　본　금 ×××
재 무 상 태	－주식발행회사의 최종분개	
	(차) 이월이익잉여금(자본) ××× (대) 현　　금(자산) ×××	(차) 이월이익잉여금(자본) ××× (대) 자　본　금(자본) ×××
	순자산의 유출	재무상태에 아무런 변화가 없다

[주식배당, 무상증자, 주식분할, 주식병합]

	주식배당	무상증자	주식분할	주식병합
주식수	증가	증가	증가	감소
액면금액	불변	불변	감소	증가
자본금	증가	증가	불변	불변
자　본	불변	불변	불변	불변

☞주식분할 : 1주를 2주로 또는 2주를 3주로 나누는 것을 말한다.
　주식병합 : 주식분할의 반대 개념으로 수개의 주식을 합치는 것을 말한다.

<예제 4 - 3> 이익잉여금의 처분

㈜한강(피투자회사)과 ㈜청계(투자회사)의 다음 거래를 분개하시오. ㈜한강은 ㈜청계가 100% 투자한 회사라 가정한다.

1. 3월 1일 주주총회에서 다음 내용으로 미처분이익잉여금의 이입과 처분을 결의하다.

– 이입액 :	사업확장적립금	1,500,000원
– 처분액 :	현금배당	1,000,000원
	주식배당	2,000,000원
	이익준비금	100,000원

2. 3월 10일 현금배당금 1,000,000원을 현금 지급하다.
3. 3월 15일 주주총회에서 결의한 주식배당에 대해서 주식을 발행하여 지급하다.

해답

		차변		대변	
1.	㈜한강	(차) 사업확장적립금	1,500,000	(대) 이월이익잉여금 　　　(미처분이익잉여금)	1,500,000
		(차) 이월이익잉여금 　　　(미처분이익잉여금)	3,100,000	(대) 이익준비금 　　　미지급배당금 　　　미교부주식배당금	100,000 1,000,000 2,000,000
	㈜청계	(차) 미　수　금	1,000,000	(대) 배당금수익	1,000,000
		☞ 현금배당만 회계처리하고, 주식배당은 회계처리하지 않는다.			
2.	㈜한강	(차) 미지급배당금	1,000,000	(대) 현　　　금	1,000,000
	㈜청계	(차) 현　　　금	1,000,000	(대) 미　수　금	1,000,000
3.	㈜한강	(차) 미교부주식배당금	2,000,000	(대) 자　본　금	2,000,000
	㈜청계	☞ 주식배당은 회계처리하지 않는다.			

연/습/문/제

 분개연습

[1] 주주총회에서 전기분 이익잉여금처분계산서(안) 대로 처분이 확정되었다. 이익잉여금 처분에 관한 회계처리를 하시오.

> 전기 이익잉여금 처분계산서 처분내역
> • 이익준비금 : 1,000,000원   • 현금배당 : 10,000,000원   • 주식배당 : 5,000,000원

[2] 전기분 이익잉여금처분계산서대로 주주총회에서 확정(배당결의일 2월 20일)된 배당액을 지급하였다. 원천징수세액 1,540,000원을 제외한 8,460,000원을 현금으로 지급하였고, 주식배당 5,000,000원은 주식을 발행(액면발행)하여 교부하였다.

[3] 유상증자를 위하여 신주 1,000주(액면 @10,000원)을 1주당 12,000원에 발행하고 대금은 전액 당좌예입하였으며, 주식발행과 관련한 법무사수수료 200,000원은 현금으로 지급되었다.

[4] 보유중인 자기주식(취득원가 : 300,000원)을 240,000원에 현금처분하였다. 회사의 재무상태표에는 전기이월된 자기주식처분이익 50,000원이 계상되어 있다.

[5] 자본감소(주식소각)를 위해 당사의 기발행주식 중 10,000주(액면가 @500원)를 1주당 400원으로 매입하여 소각하고, 매입대금은 당사 보통예금계좌에서 지급하였다.

[6] 당사는 이사회의 결의로 신주 100,000주(액면가액 @500원)를 1주당 510원에 발행하고, 전액 보통예금 계좌로 납입받았으며, 신주발행비용 1,500,000원은 현금으로 지급하였다.

[7] 자기주식 3,000,000원을 5,000,000원에 판매하고 대금은 전액 (주)서해상사 발행 약속어음으로 수령하였다.

[8] 당사는 주식 3,000주(액면 @5,000원)를 1주당 4,000원으로 매입소각하고 대금은 보통예금계좌에서 이체하여 지급하였다.

[9] 당사는 유상증자를 위해 보통주 10,000주(1주당 액면가액 10,000원)를 1주당 8,000원으로 발행하였고, 주금은 금일 보통예금으로 입금받았다. 단, 이와 관련한 주식발행비용(제세공과금 등) 2,000,000원은 즉시 보통예금에서 지급되었고, 증자일 현재 주식발행초과금계정 잔액은 20,000,000원이었다.

 객관식

01. 다음 중 재무상태표 자본의 구성항목에 대한 설명 중 틀린 것은?
① 자본금은 법정자본금으로서 주당 액면가액에 발행주식수를 곱한 금액이다.
② 자본잉여금은 증자나 감자 등 주주와의 거래에서 발생하여 자본을 증가시키는 잉여금이다
③ 매도가능증권평가손익은 자본조정 항목이다.
④ 이익잉여금도 자본을 구성하는 항목이다.

02. 주주총회에서 이익배당을 의결하고 곧 주주에게 배당금을 현금으로 지급할 경우에 자산, 부채, 자본에 미치는 영향은?
① 자산의 증가, 자본의 증가
② 부채의 감소, 자산의 감소
③ 자본의 감소, 부채의 증가
④ 자본의 감소, 자산의 감소

03. 다음 중 주식할인발행차금에 대한 설명으로 옳지 않은 것은?

① 주식발행가액이 액면가액에 미달하는 경우 그 미달하는 금액으로 한다.

② 자본조정에 해당한다.

③ 주식발행연도부터 또는 증자연도부터 5년 이내의 기간에 매기 균등액을 상각하여야 한다.

④ 이익잉여금이 부족한 경우에는 차기 이후 연도에 이월하여 상각할 수 있다.

04. 다음 중 자본잉여금의 감소가 가능한 항목은?

① 주식배당   ② 무상증자

③ 주식분할   ④ 주식병합

05. 다음 중 자본항목에 관한 설명으로 가장 옳은 것은?

① 결손보전을 위해 상계하는 잉여금은 임의적립금, 이익준비금, 기타법정적립금 및 자본잉여금의 순서로 처리한다.

② 주식발행의 경우 발생하는 등록비, 법률 및 회계자문 수수료는 당기비용으로 계상하지 아니하고 주식발행초과금에서 차감하거나 주식할인발행차금에 가산한다.

③ 주식할인발행차금은 주식발행연도 또는 증자연도부터 3년 이내의 기간에 정률법에 의해 이익잉여금의 처분으로 상각한다.

④ 이익준비금은 매 결산기에 현금배당액 및 주식배당액의 10분의 1 이상을 자본금의 2분의1에 달할 때까지 적립한다.

06. 다음 중 자본이 실질적으로 감소하는 경우로 가장 적합한 것은 무엇인가?

가. 주주총회의 결과에 근거하여 주식배당을 실시하다.
나. 중간결산을 하여 중간배당을 현금배당으로 실시하다.
다. 이익준비금을 자본금에 전입하다.
라. 당기의 결산결과 당기순손실이 발생하다.

① 가, 나   ② 가, 다

③ 다, 라   ④ 나, 라

07. 주식발행회사의 입장에서 주식배당으로 인한 효과로 가장 적절한 것은?

① 자본총액이 주식배당액만큼 감소하며, 회사의 자산도 동액만큼 감소한다.

② 미지급배당금만큼 부채가 증가한다.

③ 자본금은 증가하지만 이익잉여금은 감소한다.

④ 주식배당은 배당으로 인한 회계처리가 불필요하므로 자본항목간의 변동도 없다.

08. 다음의 거래 중에서 실질적으로 자본이 증가되는 경우가 아닌 것은?

① 액면가액 100만원 주식을 10만원에 유상증자하였다.

② 100만원으로 인식된 자기주식을 30만원에 처분하였다.

③ 감자를 위하여 액면가액 100만원 주식을 10만원에 취득 후에 소각하였다.

④ 10만원 상당한 특허권을 취득하고 그 대가로 액면가액 100만원의 주식을 새로이 발행하여 지급하였다.

09. 다음 중 자본거래에 관한 설명으로 가장 틀린 것은?

① 자기주식은 취득원가를 자기주식의 과목으로 하여 자본조정으로 회계처리한다.

② 자기주식을 처분하는 경우 처분금액이 장부금액보다 크다면 그 차액을 자기주식처분이익으로 하여 자본조정으로 회계처리한다.

③ 처분금액이 장부금액보다 작다면 그 차액을 자기주식처분이익의 범위내에서 상계처리하고, 미상계된 잔액이 있는 경우에는 자본조정의 자기주식처분손실로 회계처리한다.

④ 이익잉여금(결손금) 처분(처리)로 상각되지 않은 자기주식처분손실은 향후 발생하는 자기주식처분이익과 우선적으로 상계한다.

10. 다음 중 자본에 관한 내용으로 틀린 것은?

① 미교부주식배당금은 주식배당을 받는 주주들에게 주식을 교부해야하므로 부채로 계상한다.

② 자본잉여금은 증사나 감사 등 주주와의 거래에서 발생하여 자본을 증가시키는 잉여금이다.

③ 주식할인발행차금은 주식발행초과금의 범위 내에서 상계처리한다.

④ 자기주식은 자본에서 차감되는 항목이며, 자기주식처분이익은 자본에 가산되는 항목이다.

주관식

01. (주)한실적 회사는 주주총회를 통해 회사의 이익잉여금을 다음과 같이 배분하기로 결정하였다. 이 경우 이익잉여금 처분에 따른 (주)한실적의 자본의 증감액은 얼마인가?

- 이익잉여금 총 액 : 100,000,000원
- 이익잉여금 처분액 : 20,000,000원 (현금배당액 : 15,000,000원, 주식배당액 : 5,000,000원)
  주) 상기 외의 다른 사항은 고려하지 않기로 한다.

02. 다음의 자료에서 자본잉여금에 해당하는 항목의 금액은 얼마인가?

• 주식발행초과금	100,000원	• 주식할인발행차금	100,000원
• 감자차익	100,000원	• 감자차손	100,000원
• 자기주식처분이익	100,000원	• 자기주식처분손실	100,000원
• 이익준비금	100,000원	• 매도가능증권평가이익	100,000원
• 기업합리화적립금	100,000원	(예시된 항목의 상계는 고려하지 말 것)	

03. (주)거성의 20x1년 1월 1일 자본금은 40,000,000원(주식수 40,000주, 액면가액 1,000원)이다. 20x1년 8월 1일 주당 900원에 10,000주를 유상증자하였다. 20x1년 기말 자본금은 얼마인가?

04. 다음 중 자본의 실질적인 감소를 초래하는 것을 모두 고르시오.

가. 결손금 보전을 위해 이익준비금을 자본에 전입하다.
나. 현금배당을 실시하다.
다. 주식배당을 실시하다.
라. 10,000주를 무상증자하다.
마. 액면가액 5,000원인 자기주식을 4,000원에 취득 후 바로 소각하다.

연/습/문/제 답안

🔑 분개연습

[1] (차) 미처분이익잉여금   16,000,000   (대) 이익준비금   1,000,000
       (이월이익잉여금)   미지급배당금   10,000,000
                                           미교부주식배당금   5,000,000
    ☞ 회계프로그램에서는 이월이익잉여금이라는 계정을 사용한다.

[2] (차) 미지급배당금   10,000,000   (대) 현   금   8,460,000
       미교부주식배당금   5,000,000   예 수 금   1,540,000
                                           자 본 금   5,000,000

[3] (차) 당 좌 예 금   12,000,000   (대) 자 본 금   10,000,000
                                           현   금   200,000
                                           주식발행초과금   1,800,000

[4] (차) 현   금   240,000   (대) 자 기 주 식   300,000
       자기주식처분이익   50,000
       자기주식처분손실   10,000
    ☞ 자기주식처분손실이 발생시 기발생된 자기주식처분이익(50,000원)을 우선 상계한다.

[5] (차) 자 본 금   5,000,000   (대) 보 통 예 금   4,000,000
                                           감 자 차 익   1,000,000

[6] (차) 보 통 예 금   51,000,000   (대) 자 본 금   50,000,000
       주식할인발행차금   500,000   현   금   1,500,000
    ☞ 신주발행비는 발행가액에서 차감한다. 즉 주식할인발행차금이 되나, 주식발행초과금이 있을 경우 주식발행
       초과금을 우선 상계한다.

[7] (차) 미 수 금   5,000,000   (대) 자 기 주 식   3,000,000
       ((주)서해상사)   자기주식처분이익   2,000,000

[8] (차) 자 본 금　　　　　　15,000,000　　(대) 보 통 예 금　　　　　　12,000,000

　　　　　　　　　　　　　　　　　　　　　　　　감 자 차 익　　　　　　　3,000,000

[9] (차) 보 통 예 금　　　　　　78,000,000　　(대) 자 본 금　　　　　　100,000,000

　　　주식발행초과금　　　　20,000,000

　　　주식할인발행차금　　　 2,000,000

　☞ 할인발행시 주식발행초과금을 우선 상계하고, 잔액을 주식할인발행차금으로 계상한다.

🔑 객관식

1	2	3	4	5	6	7	8	9	10				
③	④	③	②	②	④	③	③	②	①				

[풀이 - 객관식]

01. 매도가능증권평가손익은 기타포괄손익누계액의 항목이다.

02. 이익의 현금배당시 현금자산의 감소와 동시에 이익잉여금이 감소된다.

03. 주식할인발행차금은 주식발행연도부터 또는 증자연도부터 3년 이내의 기간에 매기 균등액을 상각하고 동 상각액은 이익잉여금처분으로 한다. 다만, 처분할 이익잉여금이 부족하거나 결손이 있는 경우에는 차기 이후 연도에 이월하여 상각할 수 있다.

04. 자본잉여금을 자본에 전입함으로써 무상증자를 할 수 있다.

05. ① **결손보전시 잉여금의 전입순서는 없다.**

　　③ 매기 균등액을 이익잉여금의 처분으로 상각한다.

　　④ **이익준비금은 현금배당액의 10% 이상을 자본금의 2분에 1에 달할 때**까지 적립한다.

06. 현금배당은 실질자본의 감소를 가져오지만 주식배당은 외부로의 자본유출이 없는 자본간 대체이므로 실질자본이 불변이다. 또한 이익준비금의 자본전입도 자본항목간 대체이므로 실질자본이 불변이다. **당기순손실의 인식은 자본의 감소를 가져온다.**

07. 주식배당의 경우 배당결의일에

　　(차) 처분전이익잉여금　×××　(대) 자본금　×××의 회계처리를 수행한다. 따라서 자본금은 증가하고 이익잉여금은 감소하며 자본총액은 동일하다.

08.	① 유상증자 → 자본증가	(차) 현　　　　금 　　주식할인발행차금	100,000 900,000	(대) 자 본 금	1,000,000
	② 자기주식처분 → 자본증가	(차) 현　　　　금 　　자기주식처분손	300,000 700,000	(대) 자기주식	1,000,000
	③ 유상감자 → 자본감소	(차) 자 본 금	1,000,000	(대) 현　　　　금 　　감자차익	100,000 900,000
	④ 현물출자 → 자본증가	(차) 특 허 권 　　주식할인발행차금	100,000 900,000	(대) 자 본 금	1,000,000

09. 자기주식을 처분하는 경우 처분금액이 장부금액보다 크다면 그 차액을 자기주식처분이익으로 하여 자본잉여금으로 회계처리한다.

10. **미교부주식배당금은 자본(자본조정)**으로 계상한다.

🔑 주관식

01	15,000,000원 감소	02	300,000원	03	50,000,000원
04	나,마				

[풀이 - 객관식]

01. (차) 미처분이익잉여금　　　　　　 20,000,000원　　 (대) 미지급배당금　　　　　　 15,000,000원
　　　　　　　　　　　　　　　　　　　　　　　　　　　　미교부주식배당금　　　 5,000,000원

　　미처분이익잉여금 감소(- 20,000,000) + 미교부주식배당금 증가(+ 5,000,000) = - 15,000,000

02. 자본잉여금 항목은 주식발행초과금, 감자차익, 자기주식처분이익이다.

03. 기말자본금 = 액면가액(1,000) × 발행주식수(50,000주) = 50,000,000원

04. 가. (차) 이익준비금　　　　　 XX　　　 (대) 결손금　　　　 XX ← 자본변동없음.

　　 나. (차) 이월이익잉여금　　　 XX　　　 (대) 현　금　　　 XX → 자본(이월이익잉여금) 감소

　　 다. (차) 이월이익잉여금　　　 XX　　　 (대) 자본금　　　 XX ← 자본변동없음.

　　 라. (차) 자본(이익)잉여금　　 XX　　　 (대) 자본금　　　 XX ← 자본변동없음.

　　 마. (차) 자본금　　　　 5,000원　　　 (대) 현　금　　 4,000원
　　　　　　　　　　　　　　　　　　　　　　　　감자차익　 1,000원 → 자본 4,000원 감소

계정과목별 이해 (수익 · 비용)

5

NCS회계 - 3 　전표관리 / 자금관리　　NCS세무 - 2 　전표처리

제1절　수익 및 비용의 의의

1. 수익의 의의

(1) 수익

회사의 주된 영업활동과 관련하여 발생하는 것으로 기업회계기준서는 매출액으로 표현하고 있다. 매출액은 회사의 업종에 따라 차이가 발생한다.

(2) 차익

회사의 주된 영업활동 이외의 부수적인 거래나 사건으로 발생한 순자산의 증가로서 기업회계기준에서는 유형자산처분이익, 단기매매증권처분이익 등이 있는데 이를 총괄하여 영업외수익으로 표현한다.

2. 비용의 의의

(1) 비용

회사의 주된 영업활동과 관련하여 발생하는 것으로 기업회계기준서는 매출원가와 판매비와 관리비가 있다.

(2) 차손

회사의 주된 영업활동 이외의 부수적인 거래나 사건으로 발생한 순자산의 감소로서 기업회계기준에서는 유형자산처분손실 등이 있는데 이를 총괄하여 영업외비용으로 표현한다.

제2절 수익인식기준

수익과 비용은 원칙적으로 발생기준에 따라 인식한다.

수익은 발생기준보다는 수익인식요건을 구체적으로 설정하여 아래의 요건이 충족되는 시점에 수익으로 인식하는데 이를 **실현주의**라 한다.

1. 수익의 인식시점

대부분의 기업은 **판매시점 또는 인도시점**에 수익을 인식하는 것이 일반적이다.

재화의 판매로 인한 수익은 다음 조건이 모두 충족될 때 인식한다.

> 1. 재화의 소유에 따른 <u>유의적인 위험과 보상이 구매자에게 이전</u>된다.
> 2. 판매자는 판매한 재화에 대하여 소유권이 있을 때 통상적으로 행사하는 정도의 <u>관리나 효과적인 통제</u>를 할 수 없다.
> 3. 수익금액을 신뢰성있게 측정할 수 있고, 경제적 효익의 유입 가능성이 매우 높다.
> 4. 거래와 관련하여 <u>발생했거나 발생할 원가를 신뢰성있게 측정</u>할 수 있다.
>   만약 이러한 비용을 신뢰성 있게 측정할 수 없다면 수익으로 인식하지 못하고 **부채(선수금)로 인식**한다.

2. 진행기준(생산기준)

수익을 용역제공기간(생산기간)중에 인식하는 것으로서 **작업진행율**[1](보통 원가 투입비율)에 따라 기간별로 수익을 나누어 인식한다.

[1]. 작업진행률$=\dfrac{\text{당해 사업연도말까지 발생한 총공사비 누적액}}{\text{총공사예정비}}$

진행기준에 따라 수익을 인식하는 경우로는 **용역의 제공 계약, 건설형 공사계약** 등이 있다.

〈거래형태별 수익인식 요약〉

위 탁 판 매	수탁자가 제 3자에게 판매한 시점
시 용 판 매	고객이 구매의사를 표시한 시점
상 품 권	**재화(용역)을 인도하고 상품권을 회수한 시점**
정 기 간 행 물	구독기간에 걸쳐 정액법으로 인식
할부판매(장 · 단기)	재화의 인도시점
반 품 조 건 부 판 매	**반품가능성을 신뢰성있게 추정시 수익인식가능**
설 치 용 역 수 수 료	진행기준
공 연 수 익 (입 장 료)	**행사가 개최되는 시점**
광 고 관 련 수 익	방송사 : 광고를 대중에게 전달하는 시점 광고제작사 : 진행기준
수 강 료	강의기간동안 발생기준
재화나 용역의 교환	동종	수익으로 인식하지 않는다.
	이종	판매기준(수익은 교환으로 취득한 재화나 용역의 공정가치로 측정하되, 불확실시 제공한 재화나 용역의 공정가치로 측정한다.)

제3절   비용인식기준

비용도 수익과 마찬가지로 기업의 경영활동 전 과정을 통해서 발생하므로 회사의 순자산이 감소할 때마다 인식해야 한다.

비용은 수익 · 비용 대응원칙에 따라 수익을 인식한 회계기간에 대응해서 인식한다.

1. 직응	비용이 관련 수익과 직접적인 인과관계를 파악할 수 있는 것(매출원가)	
2. 간접대응	① 체계적 합리적 배분	특정한 수익과 직접 관련은 없지만 일정기간 동안 수익창출과정에 사용된 자산으로 수익창출기간 동안 배분하는 것 (감가상각비)
	② 기간비용	수익과 직접 관련이 없고 해당 비용이 미래 경제적 효익의 가능성이 불확실한 경우에 발생즉시 비용으로 인식하는 것(광고선전비)

1. 매출액

　기업의 주요 영업활동과 관련하여 재화나 용역을 제공함에 따라 발생하는 대표적인 수익이다. 손익계산서에는 이러한 순매출액이 기재된다.

> **(순)매출액＝총매출액－매출환입 및 에누리－매출할인**

2. 매출원가

　상품, 제품 등의 매출액에 직접 대응되는 원가로서 일정기간 중에 판매된 상품이나 제품 등에 배분된 매입원가 또는 제조원가를 매출원가라 한다.

판 매 업		제 조 업	
Ⅰ. 매　출　액	×××	Ⅰ. 매　출　액	×××
Ⅱ. 매 출 원 가(1＋2－3)	×××	Ⅱ. 매 출 원 가(1＋2－3)	×××
1. 기초상품재고액　×××		1. 기초제품재고액　×××	
2. 당기상품매입액　×××		2. 당기제품제조원가　×××	
3. 기말상품재고액　(×××)		3. 기말제품재고액　(×××)	
Ⅲ. 매출총이익(Ⅰ－Ⅱ)	×××	Ⅲ. 매출총이익(Ⅰ－Ⅱ)	×××

> **당기상품매입액＝총매입액－매입에누리와 환출－매입할인**
>
> **당기제품제조원가＝기초재공품원가＋당기총제조원가－기말재공품원가**

　판매비와 관리비란 상품, 제품과 용역의 판매활동 또는 기업의 관리와 유지활동에서 발생하는 비용으로서 매출원가에 속하지 아니하는 모든 영업비용을 말한다.

　판매비와 관리비는 당해 비용을 표시하는 적절한 항목으로 구분하여 표시하거나 일괄하여 표시할 수 있다.

　또한 비용이 제품 제조와 관련되어 있는 경우에는 제조경비로 처리한다.

제6절	영업외손익

회사의 주된 영업활동 이외의 보조적 또는 부수적인 활동에서 발생하는 수익(영업외수익)과 비용(영업외비용)을 말한다.

1. 이자수익(VS 이자비용)

2. 배당금수익

3. 임대료

4. 단기매매증권평가이익(VS 단기매매증권평가손실)

5. 단기매매증권처분이익(VS 단기매매증권처분손실)

6. 외환차익(VS 외환차손) : <u>외환거래시마다</u> 발생한다.

7. 외화환산이익(VS 외화환산손실) : <u>기말 외화자산 · 부채 평가시</u> 발생한다.

| <예제 5 - 1> 외환차손익과 외화환산손익

㈜한강의 다음 거래를 분개하시오.
1. 20×1년 10월 1일 미국 ABC은행으로 부터 $10,000(환율 1,100원/$,이자율 10%,만기 6개월)를 현금차입하다.
2. 20×1년 12월 31일 미국 ABC은행으로부터 차입한 $10,000에 대하여 기간 경과분 이자($250)를 계상하다. 또한 단기차입금에 대하여 기말환율(1,200원/$)로 평가하다.
3. 20×2년 3월 31일 미국 ABC은행의 차입금 $10,000와 이자 $500를 보통예금 계좌에서 송금하다(환율 1,150원/$).

해답

1.	(차) 현 금	11,000,000	(대) 단기차입금	11,000,000
2.	(차) 이자비용	300,000	(대) 미지급비용	300,000
	(차) 외화환산손실	1,000,000	(대) 단기차입금	1,000,000
3.	(차) 단기차입금	12,000,000	(대) 보통예금	12,075,000*1
	미지급비용	300,000	외환차익	512,500
	이자비용	287,500*2		

*1 : $10,500×1,150/\$ *2 : $250×1,150/\$

☞ 외환차손익(부채) = 상환가액($10,250×1,150) − 장부가액($10,250×1,200) = △512,500원(이익)

---

8. 유형자산처분이익(VS 유형자산처분손실)

9. 자산수증이익

10. 채무면제이익

11. 잡이익(VS 잡손실)

12. 기타의 대손상각비(VS 대손충당금 환입)

13. 재고자산감모손실(비정상감모분)

14. 기부금

15. 재해손실(VS 보험차익)

　재해손실이란 천재지변 또는 돌발적인 사건(도난 등)으로 재고자산이나 유형자산이 입은 손실액을 말하는데 회사는 이러한 재해를 대비하여 보험에 가입하기도 한다.

　이 경우 화재시와 보험금 수령을 별개의 사건으로 회계처리한다. 즉 **화재시 재해손실로 보험금 수령시 보험차익(보험수익)으로 회계처리한다.(총액주의)**

| <예제 5 - 2> 재해손실 및 보험차익 |

다음은 ㈜한강의 거래내역이다. 다음의 거래를 분개하시오.

1. 3월 15일 공장건물(취득가액 10,000,000원, 감가상각누계액 3,000,000원)이 화재로 소실되어 (주)한국화재에 보험료를 청구하다(당기의 감가상각비는 고려하지 않는다).

2. 3월 31일 공장건물 화재에 대하여 (주)한국화재에서 보험금액 8,000,000원을 지급하겠다는 통보를 받았다.

해답

3월 15일	(차) 감가상각누계액	3,000,000원	(대) 건　　　물	10,000,000원
	재 해 손 실	7,000,000원		
3월 31일	(차) 미수금(한국화재)	8,000,000원	(대) 보 험 차 익*	8,000,000원
	* 손상차손과 보상금은 별개의 회계사건으로 본다.			

16. 전기오류수정이익(VS 전기오류수정손실)

오류로 인하여 전기 이전의 손익이 잘못되었을 경우에 전기오류수정이익(전기오류수정손실)이라는 계정과목으로 하여 당기 영업외손익으로 처리하도록 규정하고 있다. 그러나 오류가 전기 재무제표의 신뢰성을 심각하게 손상시킬 수 있는 중대한 오류의 경우에는 오류로 인한 영향을 미처분이익잉여금에 반영하고 전기재무제표를 수정하여야 한다.

제7절　법인세비용

회사는 회계기간에 발생한 이익, 즉 법인의 소득에 대하여 세금을 납부해야 하는데 이에 대한 세금을 법인세라 한다. 법인세비용은 회사의 영업활동의 결과인 회계기간에 벌어들인 소득에 대하여 부과되는 세금이므로 동일한 회계기간에 기간비용으로 인식하여야 한다.

법인세의 회계처리는 결산일 현재 소득에 대하여 법인세 비용을 산출하고, 기 원천징수 또는 중간예납분(선납세금)을 대체하고 차액분만 미지급세금으로 회계처리하고 익년도 3월말까지 관할 세무서에 신고 납부한다.

연/습/문/제

 분개연습

[1] 뉴욕은행으로부터 차입한 외화장기차입금 $10,000(외화장기차입금 계정)와 이자 $200에 대해 거래은행에서 원화현금을 달러로 환전하여 상환하였다. 단, 하나의 전표로 회계처리 하시오.

> • 장부상 회계처리 적용환율 : $1당 1,000원   • 상환시 환전한 적용환율 : $1당 1,100원

[2] 회사는 보유중인 다음의 유가증권(보통주 10,000주/ 액면가액 : 1주당 500원/ 장부가액 : 1주당 1,000원)에 대하여 현금배당액(1주당 80원)과 주식배당액을 당일 수령하였다.

구　　분	수 령 액	공정가치(1주당)	발행가액(1주당)
현금배당	현금 800,000원		
주식배당	보통주 1,000주	900원	600원

[3] 수출영업부에서 무역협회(법정단체임) 일반회비로 200,000원을 현금으로 지불하였다.

[4] 영업부서의 난방용 유류대 350,000원과 공장 작업실의 난방용 유류대 740,000원을 보통예금 이체로 결제하였다.

[5] KBC 방송국에 납품입찰을 들어가기 위하여 보증보험에 가입하면서 보험료 900,000원(보험기간 : 8.27 ~ 9.27.)을 현금으로 지급하였다.

[6] 미국 뉴욕은행으로부터 금년 1월 10일 차입한 단기차입금 $10,000(차입시 환율 1,300원/$)에 대해 원화를 외화($)로 환전하여 현금상환하였다. 상환당시 환율은 1$당 1,200원이었다. 환전수수료 등 기타 부대비용은 없다고 가정한다.

[7] 회사는 대표이사의 주소가 변경됨으로 인해서, 법인등기부등본을 변경등기하고 이에 대한 등록세로 120,000을 현금지출하고, 등록관련 수수료로 100,000을 현금으로 지급하였다.

[8] 당사는 20x0년 8월 9일에 일본에 소재한 야마다 상사로부터 원재료 ¥1,000,000을 구매하면서 이를 외상매입금으로 처리하였고, 20x1년 5월 27일 동 외상매입금 전액을 현금으로 상환하였다. 단, 전기말 외화자산부채와 관련해서는 적절하게 평가하였다. 상환시 회계처리하세요.

일　자	환　율
20x0. 08. 09	1,000원/100¥
20x0. 12. 31	900원/100¥
20x1. 05. 27	950원/100¥

[9] 본사의 이전과 관련한 변경등기로 등록세 100,000원 및 법무사수수료 100,000원에 대한 200,000원을 현금으로 지급하다.

[10] 전기에 직원 회식비로 현금 지출한 500,000원을 50,000원으로 잘못 분개한 내용이 당기 3월 11일 확인되어 적절한 분개를 하였다. 전기에 현금과부족에 대해서는 임직원등단기채권으로 처리하였다. 단, 오류의 내용이 중대하지는 않은 것으로 간주한다.

[11] 미국에 있는 다저스사에 외화장기차입금 $100,000(장부가액 110,000,000원)가 있으며, 보고기간 종료일(회계연도 말일) 현재의 환율은 $1당 1,200원이다.

[12] 기말 현재 제품에 대한 실지재고조사 결과는 다음과 같다. 감모된 수량 중 30개는 정상적인 것이며, 나머지는 모두 비정상적인 것이다. 비정상 재고자산감모손실과 관련된 회계처리만 하시오.

• 장부 재고수량 : 300개	• 실제 재고수량 : 230개	• 단위당 취득원가 : 10,000원

객관식

01. 다음 중 기업회계기준에서 재화의 판매로 인한 수익을 인식하기 위하여 충족되어야 하는 조건이 아닌 것은?

① 재화의 소유에 따른 위험과 효익의 대부분이 구매자에게 이전된다.

② 판매자는 판매한 재화에 대하여 소유권이 있을 때 통상적으로 행사하는 정도의 관리나 효과적인 통제를 할 수 없다.

③ 수익금액을 신뢰성 있게 측정할 수 있으며, 수익금액이 판매자에게 이전되어야 한다.

④ 경제적 효익의 유입 가능성이 매우 높다.

02. 재무회계에서 당기에 입금된 수입금액 중 차기에 확정되는 금액을 차기로 이연하여 인식하는 것과 가장 관련이 있는 이론은?

① 신뢰성   ② 수익비용대응

③ 실현주의   ④ 중요성

03. 기업회계기준상의 재화의 판매로 인한 수익을 인식하기 위한 조건으로 올바르지 못한 것은?

① 재화의 소유에 따른 위험과 효익의 대부분이 구매자에게 이전된다.

② 수익금액을 신뢰성 있게 측정할 수 있다.

③ 수익금액을 판매일로부터 1개월 내에 획득할 수 있어야 한다.

④ 거래와 관련하여 발생했거나 발생할 거래원가와 관련 비용을 신뢰성 있게 측정할 수 있다.

04. 다음 중 일반기업회계기준상 용역제공에 따른 수익을 진행기준으로 인식하기 위한 요건으로 옳지 않은 것은?

① 재화의 소유에 따른 유의적인 위험과 보상이 구매자에게 이전될 것

② 경제적 효익의 유입 가능성이 매우 높을 것

③ 진행률을 신뢰성 있게 측정할 수 있을 것

④ 이미 발생한 원가 및 거래의 완료를 위하여 투입하여야 할 원가를 신뢰성 있게 측정할 수 있을 것

05. 다음 중 진행기준을 적용하여 수익을 인식하는 것이 적합한 판매형태는?

① 위탁매출   ② 시용매출

③ 용역매출   ④ 할부매출

06. 기업회계기준서상 용역제공 수익인식기준과 관련하여 옳은 것은?

① 광고제작사 등의 광고제작용역수익은 관련 용역이 모두 완료되는 시점에 수익으로 인식한다.

② 수강료는 현금주의에 따라 수익으로 인식한다.

③ 주문개발하는 소프트웨어의 대가로 수취하는 수수료는 진행기준에 따라 수익을 인식한다.

④ 예술공연 등의 행사에서 발생하는 입장료 수익은 입장권을 발매하는 시점에 수익으로 인식한다.

07. 다음 중 기업회계기준서상 재화의 판매로 인한 수익인식 조건에 해당되지 않는 것은?

① 재화의 소유에 따른 위험과 효익의 대부분이 구매자에게 이전될 것

② 회수기일이 도래하였을 것

③ 수익금액을 신뢰성 있게 측정할 수 있을 것

④ 거래와 관련하여 발생했거나 발생할 거래원가와 관련 비용을 신뢰성 있게 측정할 수 있을 것

08. 다음 중 손익계산서상 당기순이익에 영향을 미치는 항목이 아닌 것은?

① 건물 감가상각비　　　　　　　　② 기계장치 처분손실

③ 자기주식 처분손실　　　　　　　　④ 인건비

09. 다음 중 기업회계기준상 수익의 인식 및 측정에 대한 설명으로 틀린 것은?

① 용역제공거래에서 발생된 원가와 추가로 발생할 것으로 추정되는 원가의 합계액이 총수익을 초과하는 경우에는 그 초과액과 이미 인식한 이익의 합계액을 전액 당기손실로 인식한다.

② 판매대가가 재화의 판매 또는 용역의 제공이후 장기간에 걸쳐 유입되는 경우에 공정가액은 미래에 받을 현금의 합계액의 현재가치로 측정한다.

③ 상품권의 발행과 관련된 수익은 상품권을 회수한 시점 즉, 재화를 인도하거나 판매한 시점에 인식하고, 상품권을 판매한 때에는 선수금으로 처리한다.

④ 용역의 제공으로 인한 수익을 진행기준에 따라 인식하는 경우 진행률은 총 공사대금에 대한 선수금의 비율로 계산할 수 있다.

10. 수익인식에 대한 내용으로 옳지 않은 것은?

① 경제적 효익의 유입 가능성이 매우 높은 경우에만 인식한다.

② 수익금액을 신뢰성 있게 측정할 수 있는 시점에 인식한다.

③ 거래 이후에 판매자가 관련 재화의 소유에 따른 유의적인 위험을 부담하는 경우 수익을 인식하지 않는다.

④ 관련된 비용을 신뢰성 있게 측정할 수 없어도 수익을 인식할 수 있다.

11. 일반기업회계기준상 수익인식에 대한 설명으로 틀린 것은?

① 용역의 제공으로 인한 수익은 용역제공거래의 성과를 신뢰성 있게 추정할 수 있을 때 완성기준에 따라 인식한다.

② 이자수익은 원칙적으로 유효이자율을 적용하여 발생기준에 따라 인식한다.

③ 배당금수익은 배당금을 받을 권리와 금액이 확정되는 시점에 인식한다.

④ 매출에누리와 할인 및 환입은 수익에서 차감한다.

 주관식

01. 손익계산서상의 영업이익은 얼마인가?

매출액	20,000,000원	매출원가	15,000,000원	급여	1,000,000원
감가상각비	500,000원	매출채권관련대손상각비	100,000원	이자수익	100,000원
기부금	1,000,000원	유형자산처분이익	200,000원	법인세비용	300,000원
기업업무추진비	500,000원	외화환산손실	200,000원	재해손실	1,500,000원

02. 다음 자료를 이용하여 영업이익을 구하시오.

- 매출액 : 30,000,000원
- 매출원가 : 20,000,000원
- 임원급여 : 2,000,000원
- 직원급여 : 2,000,000원
- 감가상각비 : 800,000원
- 기업업무추진비 : 500,000원
- 세금과공과 : 200,000원
- 이자수익 : 100,000원
- 이자비용 : 300,000원

연/습/문/제 답안

🔑 분개연습

[1] (차) 외화장기차입금(뉴욕은행)   10,000,000   (대) 현   금   11,220,000
     이 자 비 용   220,000
     외 환 차 손   1,000,000

☞ 이자비용과 현금은 상환시 환율, 외화장기차입금은 장부상 환율을 적용하고, 나머지는 외환차손, 외환차익으로 인식한다.
     외화장기차입금 : $10,000×1,000원(장부상환율)
     이자비용 : $200×1,100원(상환시환율)
     현금 : $10,200×1,100원(상환시환율)
     외환차손익(부채) = 상환가액($10,000×1,100) - 장부가액($10,000×1,000) = 1,000,000원(손실)

[2] (차) 현   금   800,000   (대) 배당금수익   800,000

[3] (차) 세금과공과(판)   200,000   (대) 현   금   200,000

[4] (차) 수도광열비(판)   350,000   (대) 보 통 예 금   1,090,000
     가스수도료(제)   740,000

[5] (차) 보 험 료(판)   900,000   (대) 현   금   900,000

[6] (차) 단기차입금   13,000,000   (대) 현   금   12,000,000
     (뉴욕은행)   외 환 차 익   1,000,000

☞ 외환차손익(부채) = 상환가액($10,000×1,200) - 장부가액($10,000×1,300) = △1,000,000원(이익)

[7] (차) 세금과공과(판)   120,000   (대) 현   금   220,000
     수수료비용(판)   100,000

[8] (차) 외상매입금(야마다상사) 9,000,000 (대) 현   금 9,500,000

      외 환 차 손 500,000

 ☞ 외환차손익(부채)＝상환가액(¥1,000,000×9.5)－장부가액(¥1,000,000×9)＝500,000원(손실)

[9] (차) 세금과공과(판) 100,000 (대) 현   금 200,000

      수수료비용(판) 100,000

[10] (차) 전기오류수정손실 450,000 (대) 임직원등단기채권 450,000

      (영업외비용)

 ☞ **전년도 오류회계처리**

   (차) 임직원등단기채권 450,000 (대) 현   금 450,000

   전년도 올바른 회계처리

   (차) 복리후생비 450,000 (대) 현   금 450,000

 * 중대하지 않은 오류이므로, 당기비용(영업외비용)으로 회계처리한다.

[11] (차) 외화환산손실 10,000,000 (대) 외화장기차입금 10,000,000

 ☞ 환산손익＝$100,000×(1,100원－1,200원)＝△10,000,000(환산손실)

[12] (차) 재고자산감모손실 400,000 (대) 제품(타계정대체) 400,000

 ☞ 비정상감모손실액＝(300－230－30)×10,000＝400,000원

○━ 객관식

1	2	3	4	5	6	7	8	9	10	11				
③	③	③	①	③	③	②	③	④	④	①				

[풀이 - 객관식]

01. 수익금액을 신뢰성 있게 측정할 수 있으면 되고, 수익금액이 판매자에게 이전되어야 하는 것은 아니다.

02. 수익의 인식은 실현주의에 의하며, 비용의 인식은 수익비용대응에 의한다.

03. 경제적 효익의 유입 가능성이 매우 높으면 되고, 단기간내에 획득할 것을 전제로 하지는 않는다.

04. ①은 인도기준에 대한 설명이다

05. **진행기준**으로 사용하는 판매형태는 **예약판매, 용역매출** 등이 있다.

06. ① 광고제작사 등의 **광고제작용역수익은 진행기준**에 따라 수익으로 인식한다.

② **수강료는 강의시간 동안 발생기준**에 따라 수익으로 인식한다.

④ 예술공연 등의 행사에서 발생하는 입장료 수익은 **행사가 개최되는 시점**에 인식한다.

08. 자기주식처분손실은 자본조정항목으로써 당기순이익에는 영향을 미치지 않는다.

09. 중도금 또는 선수금에 기초하여 계산한 진행률은 작업진행정도를 반영하지 않을 수 있으므로 **적절한 진행률로 보지 아니한다.**

10. 수익과 관련 비용은 대응하여 인식한다. 즉, 특정 거래와 관련하여 발생한 수익과 비용은 동일한 회계기간에 인식한다. 일반적으로 재화의 인도 이후 예상되는 품질보증비나 기타 비용은 수익인식시점에 신뢰성 있게 측정할 수 있다. 그러나 **관련된 비용을 신뢰성 있게 측정할 수 없다면 수익을 인식할 수 없다.** 이 경우에 재화 판매의 대가로 이미 받은 금액은 부채로 인식한다.

11. 용역제공 수익인식은 진행기준으로 인식한다.

주관식

01	2,900,000원	**02**	4,500,000원

[풀이 - 주관식]

01. 영업이익 = 매출액 – 매출원가 – 판관비(급여, 감가상각비, 기업업무추진비, 매출관련대손상각비)

= 2,900,000원

02. 영업이익 = 매출액 – 매출원가 – 판매관리비(급여 + 감가상각비 + 기업업무추진비 + 세금과공과)

결산 및 재무제표작성 6

NCS회계 - 4 　결산관리　　NCS세무 - 2 　결산관리

제1절　　결산의 절차

결산이란 회계연도 종료 후에 해당연도의 회계처리를 마감하여, 그 결과인 재무제표를 작성하는 일련의 절차를 말한다.

1. 예비절차	1. 수정전시산표의 작성 2. 결산수정분개 3. 수정후시산표의 작성
2. 본 절차	4. 계정의 마감
3. 결산보고서	5. 재무제표의 작성 **(제조원가명세서, 손익계산서, 이익잉여금처분계산서, 재무상태표순)**

제2절　결산수정분개

유　형	수　정　분　개　내　용	
1. 매출원가의 계산	재고자산실사 → 재고자산의 평가 → 매출원가의 계산 순으로 한다.	
2. 손익의 결산정리	이연	선급비용, 선수수익
	발생	미수수익, 미지급비용
3. 자산·부채의 평가	유가증권의 평가	유가증권의 장부가액을 결산일 공정가액으로 평가
	대손충당금 설정	채권에 대해서 회수가능가액으로 평가
	재고자산의 평가	감모와 재고자산의 가격하락을 반영
	퇴직급여충당부채 설정	당기 퇴직급여 비용 인식
	외화자산·부채의 평가	외화자산·부채에 대하여 기말 환율로 평가
4. 자산원가의 배분	유·무형자산의 취득원가를 합리적인 기간 동안 나누어 비용으로 인식하는 절차	
5. 유동성대체	비유동자산(비유동부채)의 만기가 1년 이내에 도래하는 경우 유동자산(유동부채)로 분류 변경하는 것	
6. 법인세비용	결산일에 당기의 법인세 비용을 정확하게 산출하여 비용으로 계상	
7. 기타	가지급금·가수금, 전도금 등의 미결산항목정리 등	

제3절　장부마감

　회계장부의 작성을 완료하기 위해서는 당해 연도에 기록된 총계정원장상의 모든 계정과목에 대해 차변금액과 대변금액을 일치시켜 장부를 마감한다.

　손익계산서의 손익계정(수익과 비용)은 최종적으로 재무상태표의 이익잉여금계정에 그 결과를 대체하고 소멸하는 임시계정이므로 회계연도가 끝나면 잔액을 "0"으로 만든다. 반면에 재무상태표계정(자산, 부채, 자본)은 회계연도가 끝나더라도 계정잔액이 소멸하지 않고, 다음 회계기간에 이월되는 영구적 계정이다.

연/습/문/제

 분개연습

[1] 가지급금 정산내역명세서에 다음과 같은 금액이 있으나 기말 현재 아직까지 반영되지 아니하였다. 관련 증빙은 적정하게 구비되어 있음이 확인되었으며, 정산 후 잔액은 현금으로 회수하다.

가지급금 정산내역서	
■ 가지급금 수령액 : 565,000원	■ 가지급금 사용내역 •인사부 회식대금 : 200,000원 •제조공장 3라인 직장체육비 : 350,000원
■ 정산 후 잔액 : 15,000원	

※ 관련증빙을 첨부하오니 확인바랍니다.

20X1. 12. 31.

재무팀 담당 귀하

[2] 회사가 보유하고 있는 단기매매증권의 내역은 다음과 같으며 기말 평가는 기업회계기준에 따라 처리하기로 한다.

취득가액	시 가	
	전기말	당기말
50,000,000원	47,000,000원	51,000,000원

[3] 3월 1일 영업부건물 화재보험에 가입하고 1년분 보험료 1,380,000원을 납부하였다. 보험료 납부당시 회사는 전액 보험료로 회계처리하였다. 미경과 보험료는 월할 계산하기로 한다.

[4] 기중 현금시재가 부족하여 현금과부족으로 계상하였던 금액 5,000원에 대하여 결산일 현재에도 그 원인을 알 수 없어 당기 비용(영업외비용)으로 처리하다.

[5] 당기말 현재까지 경과된 기간에 대해 미지급된 비용 내역은 다음과 같다.

- 제조공장 생산직 급여 미지급분(매월 말일이 급여지급일자임) : 3,000,000원
- 기간경과 이자비용 미지급분(제조원가 아님) : 2,000,000원
- 기간경과 영업부서 자동차 보험료 미지급분 : 1,000,000원

[6] 결산일 현재 현금과부족(1,000,000원)의 원인이 공장에서 사용하는 차량의 보험료(당기분 500,000원, 차기분 500,000원)납부액을 누락시켰기 때문인 것으로 확인되었다. 누락사항을 결산일에 수정분개 하시오.

[7] 무형자산으로 계상되어 있는 특허권(장부가액 5,000,000원)은 더 이상 사용을 할 수 없어 사용을 중지하고 처분을 위해 보유하고 있는데 당기말 기업회계기준에 의한 회수가능가액은 3,000,000원이다.

[8] 10월 11일 취득한 상장법인 한강(주) 주식의 12월 31일 결산일 현재 1주당 시가가 120,000원으로 평가된다. 취득당시 주식 100주를 10,000,000원에 취득하였고, 주식이 매도가능증권으로 분류되는 경우 결산일의 회계처리를 하시오.

[9] 단기차입금으로 계상된 외화차입금 잔액은 미국의 소로스사에서 차입한 금액($10,000)으로 차입일 현재 환율은 1달러당 1,000원이었으나 기말 현재 환율은 1달러당 1,100원이다.

[10] 기말의 장기차입금(신한은행) 내역은 다음과 같다.

항 목	금 액(원)	상환예정시기	비 고
장기차입금(합계)	100,000,000		2018년초에 차입
장기차입금A 상환	60,000,000	내년도 6.30	전액 상환예정
장기차입금B 상환	40,000,000	2년후 상환예정	전액 상환예정

[11] 제품 생산을 위해 1월 10일에 구입한 기계장치(밀링머신)를 기업회계기준에 따라 정액법으로 감가상각비를 계상하였다(내용연수5년, 잔존가액없음). 구입 시의 회계처리는 다음과 같다.

(차) 기계장치	10,000,000	(대) 보통예금	10,000,000
국고보조금	5,000,000	국고보조금	5,000,000
(보통예금차감)		(기계장치차감)	

[12] 회사는 기말 현재 결산항목 반영 전에 재무상태표상 개발비 미상각 잔액이 4,800,000원이 있다. 개발비는 전기 초에 설정되어 전기 초부터 사용하였고 모든 무형자산은 사용가능한 시점부터 5년간 상각한다.

[13] 법인세(지방소득세 포함)가 46,200,000원이다. 선납세금계정을 조회하니 10,000,000원이다. 법인세에 대한 회계처리를 하시오. 단, 지방소득세를 포함하여 회계처리 할 것.

[14] 외화장기차입금(국민은행)이 기말현재 150,000,000원(미화 $100,000) 계상되어 있으며, 결산일 현재 환율은 1,300원/$ 이다.

[15] 퇴직급여추계액은 다음과 같다. 퇴직급여충당부채는 퇴직급여추계액의 100%를 설정한다.

구 분	퇴직급여추계액	기설정된 퇴직급여충당부채
제조부문	25,000,000원	19,000,000원
영업부문	48,000,000원	13,500,000원

[16] 기말재고자산의 내역은 다음과 같다. 비정상감모분에 대하여만 회계 처리하시오.

재고자산 내역	실사한 금액(원)	장부상 금액(원)	금액 차이 원인
원재료	8,500,000원	9,300,000원	비정상감모
재공품	3,000,000원	3,000,000원	–
제 품	12,000,000원	12,500,000원	정상감모

연/습/문/제 답안

◎➔ 분개연습

[1] (차) 복리후생비(판)   200,000   (대) 가 지 급 금   565,000
      복리후생비(제)   350,000
      현   금   15,000

[2] (차) 단기매매증권   4,000,000   (대) 단기매매증권평가이익   4,000,000
     ☞ 전기말회계처리 (차) 단기매매증권평가손 3,000,000   (대) 단기매매증권 3,000,000
      당가평가이익 : 51,000,000−47,000,000＝4,000,000원

[3] (차) 선 급 비 용   230,000   (대) 보 험 료(판)   230,000
     ☞ 2개월분은 차기 보험료이므로 1,380,000×2/12＝230,000

[4] (차) 잡 손 실   5,000   (대) 현금과부족   5,000

[5] (차) 임   금(제조)   3,000,000   (대) 미 지 급 금   3,000,000
      이 자 비 용   2,000,000   미지급비용   3,000,000
      보 험 료(판)   1,000,000
     ☞ 급여미지급분은 확정채무(12/31)로서 미지급금으로 회계처리한다.

[6] (차) 보 험 료(제조)   500,000   (대) 현금과부족   1,000,000
      선 급 비 용   500,000

[7] (차) 무형자산손상차손   2,000,000   (대) 특 허 권   2,000,000

[8] (차) 매도가능증권(투자)   2,000,000   (대) 매도가능증권평가익   2,000,000
                                     (기타포괄손익누계액)

[9] (차) 외화환산손실   1,000,000   (대) 단기차입금(소로스)   1,000,000
     ☞환산손익(부채)＝공정가액($10,000×1,100) − 장부가액($10,000×1,000)＝1,000,000원(손실)

[10] (차) 장기차입금　　　　　　　60,000,000　　　(대) 유동성장기부채　　　　　60,000,000
　　　　(신한은행)　　　　　　　　　　　　　　　　　　(신한은행)

[11] (차) 감가상각비(제)　　　　　　1,000,000　　　(대) 감가상각누계액　　　　　2,000,000
　　　　국고보조금(기계)　　　　　1,000,000　　　　　(기계장치)
　　☞ 감가상각비 : 10,000,000원/5년＝2,000,000원(정액법－1년상각)
　　　국고보조금 : 5,000,000원/5년＝1,000,000원
　　　(차) 감가상각비　　　　　　　2,000,000원　　　(대) 감가상각누계액　　2,000,000원
　　　(차) 국고보조금　　　　　　　1,000,000원　　　(대) 감가상각비　　　　1,000,000원
　　　따라서 감가상각비는 순액으로 처리하였기 때문에 답안처럼으로 나타납니다.

[12] (차) 무형자산상각비(판)　　　1,200,000　　　(대) 개　발　비　　　　　　　1,200,000
　　☞ 무형자산상각비＝취득가액/내용연수＝미상각잔액/잔여내용연수＝4,800,000/4년＝1,200,000원

[13] (차) 법 인 세 등　　　　　　　46,200,000　　(대) 선 납 세 금　　　　　　　10,000,000
　　　　　　　　　　　　　　　　　　　　　　　　　　미지급세금　　　　　　　　36,200,000

[14] (차) 외화장기차입금　　　　　20,000,000　　(대) 외화환산이익　　　　　　20,000,000
　　　　(국민은행)
　　☞ 외화환산이익 : $100,000×1,300원－150,000,000원

[15] (차) 퇴 직 급 여(제)　　　　　6,000,000　　　(대) 퇴직급여충당부채　　　　40,500,000
　　　　퇴 직 급 여(판)　　　　　34,500,000

[16] (차) 재고자산감모손실　　　　800,000　　　(대) 원　재　료　　　　　　　　800,000
　　　　　　　　　　　　　　　　　　　　　　　　　(타계정으로 대체)

회계변경 및 오류수정외

NCS회계 - 4   결산관리

| 제1절 | 회계변경의 의의 |

인정된 회계기준 ⇨ 인정된 회계기준으로 변경

회계변경이란 기업의 경제적 환경변화에 따라 과거에 채택하였던 **회계정책이나 회계적 추정치를 변경**하는 것을 말한다.

이러한 회계변경으로 인하여 회계정보의 **기간별비교가능성(일관성)을 훼손**할 수 있으므로 회계변경으로 인한 영향을 정보이용자들에게 충분히 공시할 필요가 있다.

따라서 회계변경을 하는 **기업은 반드시 정당성을 입증하여야 한다.** 즉 회사에게 책임을 지운 것은 회계변경의 남용을 방지하기 위함이다.

그러나 회계기준의 변경으로 인하여 회계변경시에는 기업이 변경의 정당성을 입증할 필요가 없으나, **세법의 개정으로 세법규정을 적용하여 회계변경시에는 이를 정당한 회계변경으로 보지 않는다.** 또한 이러한 회계변경과 오류수정사항은 주석에 공시하여야 한다.

〈정당한 사유〉

	정당한 사유	입증책임
비자발적	기업회계기준의 변경 **(세법의 변경은 정당한 사유가 아니다)**	–
자발적	1. 기업환경의 중대한 변화(예 : 합병) 2. 업계의 합리적인 관행 수요	회사

제2절 회계변경의 유형

1. 회계정책의 변경

정책의 변경이란 재무보고에 적용하던 회계정책을 다른 회계정책으로 바꾸는 것을 말한다. 즉 일반적으로 **인정된 회계기준(원칙)에서 다른 인정된 회계기준(원칙)으로 변경**하는 것을 말한다.

이는 여러 대체적 방법(기업회계기준에서 인정된)이 있을 때의 문제를 말한다.

> 1. **재고자산의 평가방법의 변경(예 : 선입선출법에서 평균법으로 변경외)**
> 2. **유가증권의 취득단가 산정방법(예 : 총평균법에서 이동평균법으로 변경외)**
> 3. **표시통화의 변경**
> 4. **유형자산의 평가모형(예 : 원가법에서 재평가모형으로 변경)**

2. 회계추정의 변경

추정의 변경이란 기업환경의 변화, 새로운 정보의 획득 또는 경험의 축적에 따라 지금까지 사용해오던 **회계적 추정치의 근거와 방법을 바꾸는 것**을 말한다.

회계추정은 발생주의 회계에 필연적으로 수반되는 과제이다. 추정은 불확실하고 불완전한 정보 하에서 이루어지고 또한 주관적 판단이 개입된다.

> 1. **유형자산의 내용연수/잔존가치 변경 또는 감가상각방법 변경**
> 2. **채권의 대손설정률 변경**
> 3. **제품보증충당부채의 추정치 변경**
> 4. **재고자산의 순실현가능가액**

3. 회계변경으로 보지 않는 사례

> 1. **중요성의 판단에 따라 일반기업회계기준과 다르게 회계처리하던 항목들의 중요성이 커지게 되어 일반기업회계기준을 적용하는 경우(품질보증비용 : 지출시점비용에서 충당부채설정법을 적용시)**
> 2. 과거에는 발생한 경우가 없는 새로운 사건이나 거래에 대하여 회계정책을 선택/회계추정을 하는 경우

제3절 회계변경의 회계처리

회계변경을 처리하는 방법으로는 이론적으로 **소급법, 당기일괄처리법, 전진법**이 있다.

1. 소급법

소급법이란 변경연도 기초시점에서 자산과 부채에 미친 **회계변경의 누적효과**를 계산하여 기초이익잉여금을 수정하고, 이와 관련된 자산과 부채를 소급적으로 수정하는 방법을 말한다.

여기서 **회계변경의 누적효과란 관련 자산·부채에 대하여 새로운 방법(변경된 방법)을 처음부터 적용했다고 가정할 경우 변경연도의 기초시점까지 계상될 장부금액과 종전방법에 의해 실제 장부금액과의 차액**을 말한다.

정액법(취득가액 50,000원, 기초감가상각누계액 10,000원)으로 감가상각을 하던 중 정률법(취득가액 50,000원, 기초감가상각누계액 15,000원)으로 회계추정의 변경시 누적효과는 유형자산의 장부가액 차이인 5,000원을 말한다.

소급법에서는 비교재무제표를 재작성해야 하므로 기간별 비교가능성을 확보할 수 있다.

〈누적효과〉

〈B/S(기초) – 정액법〉		〈B/S(기초) – 정률법〉	
기계 50,000		기계 50,000	
누계액 (10,000)		누계액 (15,000)	
40,000		**35,000**	

정률법으로
감가상각방법 변경

누적효과 : △5,000원(35,000 – 40,000)

누적효과＝변경 후 방법에 의한 기초 이익잉여금－변경 전 방법에 의한 기초이익잉여금

---

2. 당기일괄처리법

당기일괄처리법은 변경연도의 기초시점에서 자산과 부채에 미친 누적효과를 계산하여 이를 **변경한 연도의 손익으로 보고 일괄적으로 관련 자산·부채를 수정하는 방법**이다. 이 방법은 비교재무제표를 작성할 필요가 없으므로 기간별 비교가능성을 저해한다.

3. 전진법

전진법은 **회계변경 누적효과를 계산하지 않고,** 또한 반영하지 않으며 과거연도의 재무제표도 재작성하지 않고, **회계변경 효과를 당기 및 그 후속기간에만 영향을 미치게 하는 방법**이다.

이러한 전진법은 과거 재무제표에 대한 신뢰성을 확보할 수 있으며 실무적으로 간편하다는 장점이 있다.

위의 예에서 각 방법에 의하여 회계처리를 해보면 다음과 같다.

	회계처리(누적효과에 대한 처리)				
소급법	(차) 이익잉여금 (회계변경누적효과)	5,000원	(대) 감가상각누계액	5,000원	
당기일괄처리법	(차) 회계변경누적효과 (영·비)	5,000원	(대) 감가상각누계액	5,000원	
전진법			-		

〈회계처리방법 요약〉

처리방법	소급법	당기일괄처리법	전진법
시제	과거	현재	미래
누적효과	**계산**		**계산안함**
	이월이익잉여금	**당기손익**	
전기재무제표	재작성	작성안함(주석공시)	해당없음
강조	비교가능성	-	신뢰성

4. 기업회계기준상 회계처리

1. 정책의 변경	원칙	**소급법**	
	예외	전진법(누적효과를 계산할 수 없는 경우)	
2. 추정의 변경	**전진법**		
3. 동시발생	1. 누적효과를 구분할 수 있는 경우	정책의 변경에 대하여 소급법 적용 후 추정의 변경에 대해서 전진법 적용	
	2. 구분할 수 없는 경우	전체에 대하여 전진법 적용	

> ## 제4절 오류수정

> **잘못된 회계기준 ⇨ 인정된 회계기준으로 변경**

---

1. 오류의 의의

오류란 경제적 사건이나 거래를 인식 또는 측정하는 과정에서 사실을 잘못 적용한 것을 말한다. 오류는 계산상의 착오, 회계기준의 잘못된 적용, 사실판단의 잘못이나 부정·과실 또는 사실의 누락 등으로 인해 발생한다.

2. 오류의 유형

(1) 당기순이익에 영향을 미치지 않는 오류

이는 계정과목 분류상의 오류로 재무상태표 또는 손익계산서에만 영향을 주는 오류로 분류할 수 있고, 이러한 오류는 수정분개를 통하여 올바른 계정으로 대체하면 된다.

(2) 당기순이익에 영향을 미치는 오류

① 자동조정오류

전기에 발생한 오류를 수정하지 않더라도, 오류의 반대작용으로 인하여 당기에 자동적으로 수정되는 오류를 말한다.

x1년 기말재고를 80,000원으로 오류로 계상한 경우 x2년 기말 재고자산을 정확하게 계상하면 매출원가는 x1년에 20,000원 과대되나, x2년에는 20,000원 과소되어 2개년에 걸쳐 오류로 인한 손익의 효과가 두 회계기간에 걸쳐 서로 상쇄되는 오류이다.

	정당		오류	
	x1년	x2년	x1년	x2년
기초재고	50,000	100,000	50,000	80,000
당기매입액	500,000	600,000	500,000	600,000
기말재고	100,000(정당)	150,000	80,000(오류)	150,000
매출원가	450,000	550,000	470,000	530,000
	1,000,000		1,000,000	

- 손익의 결산정리사항(선급비용, 선수수익, 미수수익, 미지급비용)
- 재고자산의 과대, 과소 계상
- 매출액과 매입액의 기간 구분 오류

② 비자동조정오류

비자동적오류란 2개의 회계연도가 지나도 자동적으로 조정되지 않은 오류이다. 이러한 오류는 재무상태표의 자산가액을 적정한 가액으로 수정하고 오류발견시까지의 손익의 차이를 손익계산서나 재무상태표에 반영하여야 한다.
- 자본적지출과 수익적지출의 구분 오류
- 감가상각비 과소(대) 계상

3. 오류의 회계처리

오류수정은 당기 손익계산서에 영업외손익(전기오류수정손익)으로 보고하는 데, 다만 **중대한 오류는 소급법으로 처리**한다.

여기서 중대한 오류라 함은 재무제표의 **신뢰성을 심각하게 손상할 수 있는 매우 중요한 오류**를 말한다.

	중대한 오류	중대하지 아니한 오류
회계처리	**소급법** (이월이익잉여금 – 전기오류수정손익)	**당기일괄처리법** (영업외손익 – 전기오류수정손익)
비교재무제표	재작성(주석공시)	해당없음(주석공시)

연/습/문/제

 객관식

01. 다음은 기업회계기준상 회계변경의 사례들이다. 성격이 다른 하나는?

① 재고자산의 평가방법을 선입선출법에서 총평균법으로 변경하였다.

② 매출채권에 대한 대손설정비율을 1%에서 2%로 변경하기로 하였다.

③ 정액법으로 감가상각하던 기계장치의 내용연수를 5년에서 8년으로 변경하였다.

④ 감가상각자산의 잔존가액을 100,000원에서 50,000원으로 변경하였다.

02. 다음 중 기업회계기준서상 정당한 회계변경(회계정책 또는 회계추정)의 사례로 적합한 것은?

① 정확한 세무신고를 위해 세법규정을 따를 필요가 있는 경우

② 기존의 기업회계기준에 대한 새로운 해석이 있는 경우

③ 회사의 상호 또는 대표이사를 변경하는 경우

④ 주식회사의 외부감사에 관한 법률에 의하여 최초로 회계감사를 받는 경우

03. 다음 중 정당한 회계변경으로 볼 수 없는 경우는?

① 동종산업에 속한 대부분의 기업이 채택한 회계정책 또는 추정방법으로 변경함에 있어서 새로운 회계정책 또는 추정방법이 종전보다 더 합리적이라고 판단되는 경우

② 기업회계기준의 제정, 개정 또는 기존의 기업회계기준에 대한 새로운 해석에 따라 회계변경을 하는 경우

③ 합병, 사업부 신설 등 기업환경의 중대한 변화에 의하여 총자산이나 매출액, 제품의 구성 등이 현저히 변동됨으로써 종전의 회계정책을 적용할 경우 재무제표가 왜곡되는 경우

④ 세법의 규정이 변경되어 회계처리를 변경해야 하는 경우

04. 다음 중 '회계추정의 변경'에 관한 설명 중 가장 옳지 않은 것은?

① 회계추정의 변경은 전진적으로 회계처리한다.

② 회계추정 변경 전, 후의 손익계산서 항목은 동일한 항목으로 처리한다.

③ 회계추정 변경의 효과는 당해 변경이 발생한 회계연도의 다음 회계연도부터 적용한다.

④ 회계추정에는 대손의 추정, 감가상각자산의 내용연수 추정 등이 있다.

05. 회계변경의 처리방법에는 소급법, 전진법, 당기일괄처리법이 있다.
다음 중 소급법에 관한 설명으로 옳은 것은?

① 과거재무제표에 대한 신뢰성이 유지된다.

② 전기재무제표가 당기와 동일한 회계처리방법에 의하므로 기간별비교가능성이 향상된다.

③ 회계변경의 누적효과를 당기손익에 반영하므로 당기손익이 적정하게 된다.

④ 회계변경의 효과를 미래에 영향을 미치게 하는 방법이므로, 기업회계기준에서는 회계추정의 변경에 사용하도록 하고 있다.

06. 다음 중 오류수정에 의한 회계처리 대상이 아닌 것은?

① 전기말 기말재고자산의 누락

② 전기 미지급비용의 과소계상

③ 전기 감가상각누계액의 과대계상

④ 선입선출법에서 후입선출법으로 재고자산 평가방법의 변경

07. 다음 중 회계변경의 회계처리 방법 중 당기일괄처리법에 대한 설명으로 가장 옳은 것은?

① 과거와 당기의 재무제표가 동일한 회계방법에 따라 작성되어 공시되므로 재무제표의 기간별비교가능성이 향상된다.

② 과거 재무제표에 대한 신뢰성이 유지되고, 포괄주의에 충실하다.

③ 모든 누적효과를 당기에 일괄하여 처리하므로, 당기손익을 적정하게 표시할 수 있다.

④ 회계변경의 누적효과를 전기이전 재무제표에 반영하지 아니하므로 그 효과를 전혀 알 수 없다.

08. 다음 중에서 회계정책의 변경과 회계추정의 변경에 대한 설명으로 가장 잘못된 것은?

① 회계추정의 변경은 전진적으로 처리하여 그 효과를 당기와 당기이후의 기간에 반영한다.

② 회계정책의 변경과 회계추정의 변경이 동시에 이루어지는 경우에는 회계정책의 변경에 의한 누적효과를 먼저 계산하여 소급적용한 후, 회계추정의 변경효과를 전진적으로 적용한다.

③ 변경된 새로운 회계정책은 소급하여 적용하고 전기 또는 그 이전의 재무제표를 비교목적으로 공시하는 경우 소급적용에 따른 수정사항을 반영하여 재작성 한다.

④ 회계변경의 속성상 그 효과를 회계정책의 변경효과와 회계추정의 변경효과로 구분하기가 불가능한 경우 이를 회계정책의 변경으로 본다.

09. 다음 중 회계정책, 회계추정의 변경 및 오류에 대한 설명으로 틀린 것은?

① 회계추정 변경의 효과는 당해 회계연도 개시일부터 적용한다.

② 변경된 새로운 회계정책은 원칙적으로 전진적으로 적용한다.

③ 매기 동일한 회계추정을 사용하면 비교가능성이 증대되어 재무제표의 유용성이 향상된다.

④ 매기 동일한 회계정책을 사용하면 비교가능성이 증대되어 재무제표의 유용성이 향상된다.

10. 다음 중 회계변경에 관한 설명으로 옳지 않은 것은?

① 일반기업회계기준에서 회계정책의 변경을 요구하는 경우 회계정책을 변경할 수 있다.

② 회계정책의 변경을 반영한 재무제표가 더 신뢰성 있고 목적적합한 정보를 제공하는 경우 회계정책을 변경할 수 있다.

③ 회계추정의 변경은 소급하여 적용하며, 전기 또는 그 이전의 재무제표를 비교 목적으로 공시할 경우 소급적용에 따른 수정사항을 반영하여 재작성한다.

④ 회계변경의 속성상 그 효과를 회계정책의 변경효과와 회계추정의 변경효과로 구분하기 불가능한 경우 이를 회계추정의 변경으로 본다.

11. 다음 중 회계변경과 오류수정에 대한 설명으로 옳지 않은 것은?

① 원칙적으로 변경된 새로운 회계정책은 소급하여 적용한다.

② 회계추정의 변경은 전진법으로 처리하여 그 효과를 당기와 당기 이후의 기간에 반영한다.

③ 전기 이전기간에 발생한 중대한 오류의 수정은 당기 영업외손익 중 전기오류수정손익으로 보고한다.

④ 회계정책의 변경효과와 회계추정의 변경효과로 구분하기가 불가능한 경우 회계추정의 변경으로 본다.

MEMO

연/습/문/제 답안

🔑 객관식

1	2	3	4	5	6	7	8	9	10	11				
①	②	④	③	②	④	②	④	②	③	③				

[풀이 - 객관식]

01. ①은 회계정책의 변경이고 나머지는 회계추정의 변경이다.

03. **단순히 세법의 규정을 따르기 위한 회계변경은 정당한 회계변경으로 보지 아니한다.**

04. 회계추정 변경의 효과는 **당해 회계연도 개시일 부터 적용**한다.

05. 소급법은 회계변경의 누적효과를 전기손익수정항목으로하여 당기 초 이익잉여금을 수정하는 방법이며, 비교목적으로 공시되는 전기재무제표는 변경된 방법으로 소급하여 재작성 한다. 따라서 전기와 당기재무제표의 회계처리방법이 동일하므로 **기간별비교가능성이 향상**되는 반면 **전기재무제표의 신뢰성은 감소**된다. ④번은 전진법에 관한 설명임.

06. **재고자산평가방법의 변경은 회계정책의 변경**이다.

07. ① 소급법은 기간간 비교가능성이 향상된다.

② 포괄주의란 손익계산서에 그 회계기간 내 계산된 모든 손익항목을 포괄적으로 표시한다는 것을 의미한다.

③ 모든 누적효과를 당기에 일괄처리시에는 누적효과가 당기에 반영되기 때문에 당기손익이 적절하게 표시되지 않는다.

④ **누적효과를 전혀 알 수 없는 것은 전진법**이다.

08. 회계변경의 속성상 그 효과를 회계정책의 변경효과와 회계추정의 변경효과로 **구분하기가 불가능한 경우 이를 회계추정의 변경**으로 본다.

09. **변경된 새로운 회계정책은 소급하여 적용(소급법)**한다.

10. 회계추정의 변경은 전진적으로 처리하여 그 효과를 당기와 당기이후의 기간에 반영한다.

11. 전기 이전기간에 발생한 **중대한 오류의 수정은 자산, 부채 및 자본의 기초금액(이익잉여금)에 반영**한다.

Part II

원가회계

원가의 기초개념

제1절　원가회계의 의의

1. 기본개념

　제조기업 등이 제품에 대한 원가정보를 얻기 위하여 제품 또는 용역의 생산에 소비한 원가자료를 인식·측정하여 기록, 계산, 집계하는 회계 시스템의 한 분야이다.

　원가회계는, 제조 기업, 매매업, 금융업, 보험업, 창고업, 운송업 기타 서비스업 등 모든 업종에 적용할 수 있다.

　즉, 원가회계란 외부보고를 위한 ① **재무제표의 작성(재무 회계측면)** 및 ② 경제적 실체의 내부정보이용자인 경영자에게 제품원가계산 및 관리적 의사결정에 **유용한 각종 원가정보를 제공**하기 위하여 기업실체의 생산활동 및 영업활동에 관련된 원가정보를 확인하고 집계하며 분류하여 전달하는 서비스 활동이다.

2. 원가회계의 목적

　① 재무제표 작성에 필요한 원가정보의 제공
　② 원가관리에 필요한 원가정보의 제공
　③ 의사결정에 필요한 원가정보의 제공

3. 원가회계의 특징

① 재무제표의 작성에 필요한 원가를 집계하고 반영한다.

   즉 손익계산서의 제품매출원가를 결정하기 위하여 제품생산에 소비된 원가를 집계하고, 재무상태표에 표시되는 재공품과 제품 등 재고자산의 가액을 결정한다.

② 회사의 각 부문별 책임자(영업, 생산, 재무)들에게 원가관리에 필요한 원가자료를 제공한다.

③ 회사의 경영계획 및 통제, 의사결정에 필요한 원가 자료를 제공한다.

④ **원가회계에서는 여러 가지 목적에 다양한 원가가 사용된다.**

제2절   원가의 개념과 분류

1. 원가의 개념

   원가란 재화나 용역을 얻기 위하여 희생된 경제적 가치의 소비액을 의미한다.

   즉, 제조기업이 제품 및 용역을 생산하기 위하여 사용한 모든 원재료, 노동력, 생산설비, 각종 비용 등의 소비액을 말한다.

2. 원가의 분류

(1) 발생형태에 따른 분류(재료비, 노무비, 경비)

원가 중 가장 기본적인 것으로서 제조원가의 3요소라고도 한다.

① 재료비

제품제조를 위해 소비된 주요재료비, 보조재료비, 부분품 및 각종 소모품비를 모두 포함한다.

② 노무비

제품제조에 관련된 종업원의 임금, 급료, 각종 제수당 및 퇴직금 등 일체의 인건비를 포함한다.

③ 경비

위 ①, ② 이외에 제품제조와 관련하여 발생한 비용을 총칭하는 개념으로 감가상각비, 공장임차료, 전력비, 수도광열비 등이 있다.

(2) 제품과의 관련성에 따른 분류(추적 가능성에 따른 분류)

① 직접비

특정제품의 제조에만 소비되어 특정제품에 직접 추적하여 부과할 수 있는 명확한 인과관계(원인과 결과)가 있는 원가로 **직접재료비, 직접노무비, 직접경비**가 있다.

② 간접비

여러 제품의 제조를 위하여 공통적으로 소비되어 특정제품과의 인과관계를 파악할 수 없는 원가로서 **간접재료비, 간접노무비, 간접경비**가 있다.

원가는 추적을 하면 제품과의 인과관계를 파악할 수 있는 게 대부분이나, 시간과 경제성을 고려하여 직접재료비와 직접노무비를 제외한 모든 원가를 간접비로 분류한다.

(3) 원가행태(모양)에 따른 분류(고정비 VS 변동비)

원가행태란 조업도수준이 변화함에 따라 총원가발생액이 일정한 형태로 변화할 때 그 변화 형태를 말한다.

여기서 조업도란 기업의 경영활동수준을 말하며, 상황에 따라 생산량·판매량·직접노동시간·기계작업시간 등과 같은 여러 가지 지표에 의하여 측정될 수 있다.

① 변동비 (variable costs)

㉠ 순수변동비

변동비라 하면 순수변동비를 말하는데 순수변동비란 제품 제조수량 증감(조업도 등의 증감)에 따라 원가발생 총액이 비례적 일정하게 나타난다. 변동비에는 직접재료비 등이 있다.

단, **단위당 변동비는 생산량의 증감에 관계없이 일정**하다.

여기서 **단위당 변동비는 1개당 변동비(총변동비/조업도)**를 의미한다.

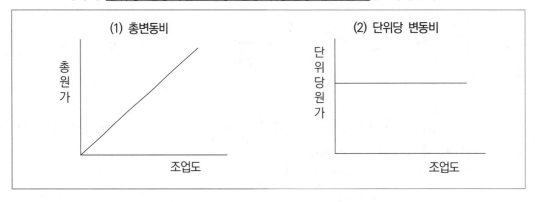

ⓛ 준변동비(혼합원가)

변동비와 고정비가 혼합된 원가를 말하는 것으로서 조업도의 변화와 관계없이 일정액의 고정비와 단위당 일정비율로 증가하는 변동비 두 부분으로 구성된 원가를 말한다. 준변동비에는 기본요금과 단위당 요금으로 산출되는 전기료, 전화요금 등이 있다.

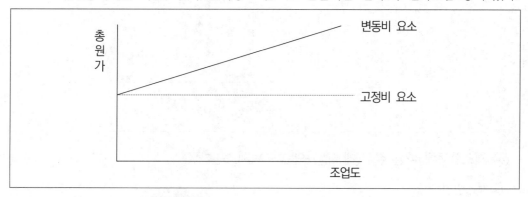

② 고정비(fixed costs)

㉠ 순수고정비

고정비라 하면 순수고정비를 말하는데, 제품 제조수량의 증감(조업도 등의 증감)에 관계없이 그 총액이 항상 일정하게 발생 하는 원가를 말한다.

고정비에는 감가상각비, 보험료, 임차료 등이 있다.

단, **단위당 고정비는 생산량의 증감에 반비례하여 감소한다.**

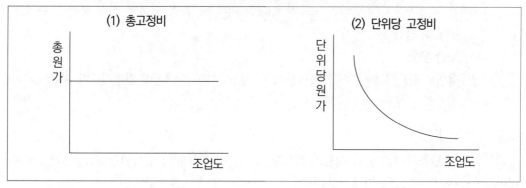

ⓛ 준고정원가(계단원가)

특정 범위의 조업도 구간(관련범위)에서는 원가 발생액이 변동 없이 일정한 금액으로 고정되어 있으나, 조업도 수준이 그 관련범위를 벗어나면 일정액만큼 증가 또는 감소하는 원가를 말한다.

계단형의 원가형태를 지니므로 계단원가라고도 말한다.

예를 들면 생산량을 증가시키기 위하여 추가 구입한 생산설비, 택시요금, 4G휴대폰요금 등이 있다.

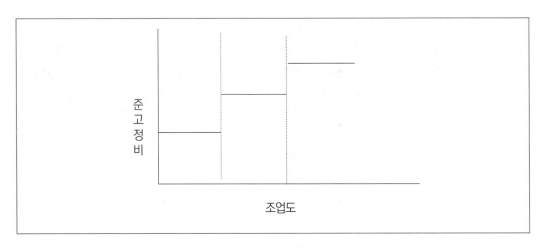

(4) 제조활동에 따른 분류(제조원가와 VS 비제조원가)

① 제조원가

제품의 제조활동과정에서 발생하는 원가를 제조원가라고 하는데, **직접재료비, 직접노무비, 제조간접비를 제조원가 3요소**라고 한다.

　㉠ 직접재료비

　　원재료의 원가로서 특정제품에 직접적으로 쉽게 추적하여 부과할 수 있는 재료비를 말한다.

　㉡ 직접노무비

　　제품 제조과정에서 투입된 노동력에 대한 대가 중 특정 제품에 직접 추적할 수 있는 노무비를 말한다.

　㉢ 제조간접비

　　직접재료비와 직접노무비를 제외한 모든 제조원가를 말하는데 간접재료비, 간접노무비, 간접경비를 포함한다.

② 비제조원가

기업의 제조활동과 관계없이 제품의 판매활동과 관리 활동에서 발생되는 모든 원가로서 판매비와 관리비가 비제조원가에 해당한다.

〈원가의 분류〉

	발생형태에 따른 분류	추적가능성에 따른 분류	제조원가 3요소	원가행태에 따른 분류	제품이 김밥일 경우
제조원가	재 료 비	직접재료비	**직접재료비**	변동제조원가	김, 밥, 단무지 등
		간접재료비	–		깨소금, 참기름 등
	노 무 비	직접노무비	**직접노무비**	변동제조원가	주방장 인건비
		간접노무비	–		주방보조 인건비
	제조경비	직 접 경 비		변동제조원가	임차료, 전기요금,
		간 접 경 비	제조간접비	고정제조원가	가스요금 등
비제조원가	판매비와 관리비				

*1. 직접경비는 일반적으로 제조간접비에서 제외되는 것이 원칙이다.

■ 기본원가와 가공원가

제조원가 중 직접재료비와 직접노무비를 기초원가(기본원가)라 하고 직접노무비와 제조간접비를 가공원가라고 한다.

기초원가 (기본원가)	제조원가 3요소	
	직접재료비	
	직접노무비	가공원가(전환원가)
	제조간접비	

☞ 직접경비는 가공원가에 포함된다.

(5) 자산화 여부에 따른 분류(제품원가 VS 기간원가)

① 제품원가(재고가능원가)

제품을 생산할 때 재고자산에 배부되는 모든 원가를 제품원가라 한다.

제품원가는 일단 재고자산(제품)으로 계상되었다가 제품이 판매될 때 제품매출원가라는 비용계정으로 대체된다.

② 기간원가(재고불능원가)

제품생산과 관련 없는 원가를 기간원가라 하고, 기간원가는 항상 발생된 기간에 비용으로 처리한다. 판매비와 관리비가 기간원가에 속한다.

(6) 의사결정에 따른 분류

① 관련원가와 비관련원가

관련원가란 의사결정에 미치는 원가로서 여러 대안 사이에 차이가 나는 미래원가를 말한다. 이와 반대로 비관련원가는 의사결정에 영향을 미치지 않는 원가로서 여러 대안사이에 차이가 없는 원가를 말한다.

② 매몰원가

과거의 의사결정의 결과로 **이미 발생된 원가**로서 현재의 의사결정에는 아무런 영향을 미치지 못하는 원가로서, 비관련원가에 해당한다.

③ 기회비용

여러 가지 대안 중 의사결정시 어느 한 대안을 선택하면 다른 대안은 포기할 수밖에 없다면, 이 때 **포기해야 하는 대안에서 얻을 수 있는 순현금유입액이 기회비용**이다.

<예제 1 - 1> 매몰원가 및 기회비용

㈜한강은 기계장치(취득가액 10,000,000원 감가상각누계액 2,000,000원)를 처분 하려고 한다. 이 기계는 바로 5,000,000원에 외부에 판매할 수 있으나, 3,000,000원의 재작업 후 판매하면 10,000,000원을 받을 수 있다.

1. 의사결정에 영향을 미치지 못하는 매몰원가는 얼마인가?
2. 재작업 후 판매시 기회비용은 얼마인가?

해답

1. 매몰원가 : 8,000,000원

   기계를 취득 후 감가상각한 현재의 장부가액 8,000,000원은 현재의 의사결정에 영향을 미칠 수 없기 때문이다.

2. 재작업 후 판매 시 기회비용 : 5,000,000원

   대안A(즉시 판매) : 5,000,000원

   대안B(재작업 후 판매) : 7,000,000원(= 10,000,000 − 3,000,000)

   그러므로 재작업 후 판매시 기회비용은 대안A를 포기해야 하므로 순현금유입액 5,000,000원이 상실되기 때문이다.

| 제3절 | 원가의 흐름 |

1. 제조기업의 원가흐름

제조기업은 원재료, 노동력, 생산설비 및 기타 용역 등 생산요소를 외부에서 구입한 후 이를 투입하여 제품을 생산(제조활동)하고, 생산된 제품을 판매하여 이익을 창출하므로 제조 활동은 제조기업의 주요 활동이 된다.

제조원가란 제품을 제조하는 과정에서 발생하는 모든 원가를 의미하며, 직접재료원가, 직접노무비, 제조간접비로 구성되는데, 이는 재공품 계정에 집계되며 제품이 완성시 완성된 제품의 제조원가는 제품계정으로 대체된다.

〈제조원가의 흐름〉

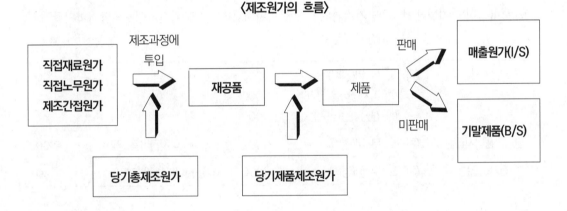

2. 당기총제조원가

당기 중에 발생된 모든 제조원가를 의미하는데, **직접재료비, 직접노무비, 제조간접비**를 말한다.

(1) 원재료계정

제품을 생산하기 위하여 투입된 재료의 원가를 재료비라고 하며, 추적가능성에 따라 직접재료비와 간접재료비로 구분된다.

원재료의 사용액 중 직접재료비는 재공품계정 차변으로 대체되고, 간접재료비는 제조간접비계정 차변으로 대체된다.

원재료			
기초재고	XXX	사용(투입,소비)	
		– 직접재료비	XXX
		– 간접재료비	XXX
구입	XXX	기말재고	XXX
합계	XXX	합계	XXX

⇨ 재공품계정 차변으로 대체
⇨ 제조간접비계정 차변으로 대체
⇨ B/S상 원재료

(2) 노무비계정

제품을 생산하기 위하여 투입된 노동력의 대가를 노무비라고 하며, 추적가능성에 따라 직접노무비와 간접노무비로 구분된다.

직접노무비는 재공품계정 차변으로 대체되고, 간접노무비는 제조간접비계정 차변으로 대체된다.

노무비

당기발생액	XXX	직접노무비	XXX	⇨ 재공품계정 차변으로 대체
합계	XXX	간접노무비	XXX	⇨ 제조간접비계정 차변으로 대체
합계	XXX	합계	XXX	

노무비(경비)당기발생액=①당기지급액 － ②전기미지급액 － ③당기선급액＋④당기미지급액＋ ⑤전기선급액

① **당기지급액**	(차) 노 무 비(경비)	XXX	(대) 현 금	XXX
	② 미지급비용(전기)	XXX		
	③ 선급비용(당기)	XXX		
당기발생미지급분	(차) 노 무 비(경비)	XXX	(대) ④ 미지급비용(당기)	XXX
전기선급분	(차) 노 무 비(경비)	XXX	(대) ⑤ 선급비용(전기)	XXX

(3) 제조간접비계정

직접재료비, 직접노무비 이외에 제품제조에 소비된 원가를 제조간접비라고 하는데, 간접재료비, 간접노무비, 간접경비가 제조간접비 계정에 집계된 후 기말에 재공품 계정 차변으로 대체된다.

제조간접비

간접재료비	XXX	배 부 액	XXX	⇨ 재공품계정 차변으로 대체
간접노무비	XXX			
간접경비	XXX			
합 계	XXX	합 계	XXX	

3. 재공품

재공품이란 제조과정이 완료되지 않고 아직 공정에 있는 상태의 재고자산을 말한다.

당기총제조원가가 재공품계정 차변에 투입되고 당기에 제품이 완성되었을 때에는 완성된 제품의 원가(당기제품제조원가)를 재공품계정의 대변에서 제품계정으로 대체된다.

당기총제조원가 = 직접재료비 + 직접노무비 + 제조간접비

재공품

기초재공품	XXX	당기제품제조원가	XXX	⇨ 제품계정 차변으로 대체
직접재료비	XXX			
직접노무비	XXX			
제조간접비	XXX	기말재공품	XXX	⇨ B/S상의 재공품
합 계	XXX	합 계	XXX	

당기제품제조원가 = 기초재공품원가 + 당기총제조원가 - 기말재공품원가

---

4. 제품

제품계정은 완성된 제품을 처리하는 계정이다.

제품이 완성되면 재공품계정의 당기제품제조원가를 제품계정 차변에 대체시키고, 제품이 판매되면 판매된 제품의 원가(매출원가)를 제품계정의 대변에서 매출원가계정의 차변으로 대체된다.

제   품

기초제품	XXX	매출원가	XXX	⇨ 매출원가계정 차변으로 대체
당기제품제조원가	XXX	기말제품	XXX	⇨ B/S상의 제품
합 계	XXX	합 계	XXX	

매출원가 = 기초제품재고액 + 당기제품제조원가 - 기말제품재고액

---

5. 제조기업의 원가흐름 요약

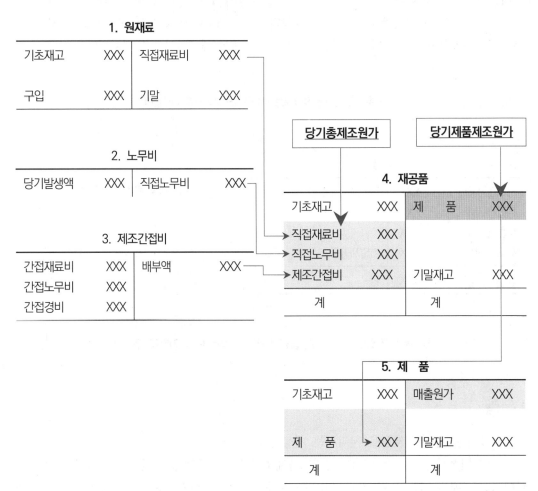

6. 제조원가명세서

　제조원가명세서는 제조기업의 당기제품제조원가 계산을 나타내는 명세서로서 **원재료계정과 재공품계정 변동사항**이 모두 표시되어 있다.

　그러나 **제품계정의 변동사항은 손익계산서에 표시**된다.

제조원가명세서		손익계산서	
Ⅰ. 직접재료비	XXX	Ⅰ. 매출액	XXX
1. 기초원재료 재고액 XXX		Ⅱ. 매출원가	XXX
2. 당기원재료 매입액 XXX		1. 기초제품재고액 XXX	
3. 기말원재료 재고액 (XXX)		2. **당기제품제조원가** **XXX**	
Ⅱ. 직접노무비	XXX	3. 기말제품재고액 (XXX)	
Ⅲ. 제조간접비	XXX	Ⅲ. 매출총이익	XXX
Ⅳ. 당기총제조원가	XXX	Ⅳ. 판매비와관리비	XXX
Ⅴ. 기초재공품재고액	XXX	Ⅴ. 영업이익	XXX
Ⅵ. 합계	XXX	.	.
Ⅶ. 기말재공품재고액	(XXX)	.	.
Ⅷ. **당기제품제조원가**	**XXX**	Ⅵ. 당기순이익	XXX

<예제 1 - 2> 원가의 흐름

㈜ 한강의 20×1년 회계자료가 다음과 같을 때 물음에 답하시오.

	기초재고	기말재고
원재료	100,000	150,000
재공품	150,000	100,000
제 품	100,000	120,000
원재료구입액	800,000	
직접노무비	350,000	
제조간접비	400,000	

1. 직접원가

2. 기초원가

3. 가공원가

4. 당기총제조원가

5. 당기제품제조원가

6. 매출원가를 구하시오.

해답

1. 직접원가 = 직접재료비 + 직접노무비 = 750,000 + 350,000 = 1,100,000

2. 기초원가 = 직접재료비 + 직접노무비 = 1,100,000

3. 가공원가 = 직접노무비 + 제조간접비 = 350,000 + 400,000 = 750,000

4. 당기총제조원가 = 직접재료비 + 직접노무비 + 제조간접비 = 1,500,000

원재료

기초	100,000	**직접재료비**	**750,000**
구입	800,000	기말	150,000
계	900,000	계	900,000

재공품

기초재고	150,000	5.당기제품제조원가	1,550,000
직접재료비	**750,000**		
직접노무비	350,000		
제조간접비	400,000	기말재고	100,000
계	1,650,000	계	1,650,000

제 품

기초재고	100,000	6.매출원가	1,530,000
당기제품제조원가	1,550,000	기말재고	120,000
계	1,650,000	계	1,650,000

연/습/문/제

 객관식

01. 다음 표에 보이는 원가행태와 관련한 설명으로 잘못된 것은?

조업도(시간)	10	20	30
총원가(원)	100,000	100,000	100,000

① 조업도 수준에 관계없이 관련범위 내에서 원가총액은 항상 일정하다.
② 생산량이 증가할수록 단위당 원가부담액은 감소한다.
③ 상기와 같은 원가행태에 속하는 예로는 전력비나 임차료가 있다.
④ 제품 제조과정에서 가공비로 분류된다.

02. 다음은 관련범위 내의 조업도에 따른 원가이다. 원가행태에 따른 분류로 알맞은 것은?

생 산 량	200개	400개	600개
총 원 가	900,000원	900,000원	900,000원
단위원가	4,500원	2,250원	1,500원

① 변동비   ② 고정비   ③ 준변동비   ④ 준고정비

03. 다음 중 제조원가를 구성하는 원가의 일부가 아닌 것은?

① 생산직 직원에게 제공된 식사물
② 제조부서에서 발생된 건물임차료
③ 제품 매출대금에서 발생된 대손금
④ 원재료를 제공받는 거래처에게 제공한 선물대

04. 원가의 개념에 대한 다음 설명 중 틀린 것은?

① 매몰원가란 특정의사결정과 직접적으로 관련있는 원가를 말한다.

② 고정원가란 관련범위 내에서 조업도 수준과 관계없이 총원가가 일정한 원가형태를 말한다.

③ 직접원가란 특정 원가 집적대상에 추적이 가능하거나 식별 가능한 원가이다.

④ 기간원가란 제품생산과 관련없이 발생된 원가로써 발생된 기간에 비용으로 처리되는 원가를 말한다.

05. 제조원가명세서로부터 확인 가능한 사항이 아닌 것은?

① 기말 직접재료재고액

② 당기 매출원가

③ 기말 재공품재고액

④ 당기 제품제조원가

06. 다음 중 원가계산에 관련된 설명 중 타당하지 않은 것은?

① 원가회계는 일반적으로 회사내부 정보이용자에게도 유용한 정보를 제공한다.

② 제조원가명세서가 작성되었더라도 제품매출원가를 알 수 있는 것은 아니다.

③ 제조과정에 있는 모든 제조기업의 원가계산은 기업회계기준에서 정한 동일한 원가계산방식에 의해서 하여야 한다.

④ 제조원가에 해당하는 금액을 발생즉시 비용처리하였다면 당기총제조원가를 과소계상하게 된다.

07. 다음 중 제조원가명세서의 당기제품제조원가에 영향을 미치지 않는 회계거래는?

① 당기에 투입된 원재료를 과소계상 하였다.

② 당기의 기말재공품원가를 과소계상 하였다.

③ 공장 직원의 복리후생비를 과대계상 하였다.

④ 기초의 제품원가를 과대계상 하였다.

08. 다음 중 의류제조업체인 (주)강북상사의 제조원가명세서에 영향을 미치지 않는 것은?

① 공장의 기계장치에 대한 수선을 하고 수선비 100,000원을 미지급하였다.

② 공장건물에 대한 1년분(20×1.7.1 - 20×2.6.30) 화재보험료로 1,000,000원을 지급하였다.

③ 공장직원들의 사내체육대회행사에 식사를 제공하였다.

④ 공장에 있는 제품 10,000,000원이 진부화로 인해 폐기처분되었다.

09. 원가행태에 따른 분류 중에서 일정한 범위의 조업도내에서는 총원가가 일정하지만 조업도 구간이 달라지면 총액(총원가)이 달라지는 원가를 무엇이라 하는가?

① 변동비   ② 고정비

③ 준변동비   ④ 준고정비

10. 기초재공품액이 기말재공품액 보다 더 큰 경우 다음 중 가장 적절한 설명은?

① 기초재공품액에 당기총제조원가를 더한 금액이 당기제품제조원가가 된다.

② 당기총제조원가가 당기제품제조원가보다 더 크다.

③ 당기제품제조원가가 매출원가보다 더 크다.

④ 당기제품제조원가가 당기총제조원가보다 크다.

11. 다음 중 원가회계의 목적과 거리가 먼 것은?

① 내부경영의사결정에 필요한 원가정보제공

② 원가통제에 필요한 원가정보제공

③ 손익계산서상 제품원가에 대한 원가정보제공

④ 이익잉여금처분계산서상 이익처분정보제공

12. 과자를 만들 때 과자 10개당 포장지 한 개가 소요된다고 한다면 포장지 재료비의 원가행태를 그래프로 가장 적절하게 표현한 것은? (x : 과자생산량, y : 포장지 재료원가)

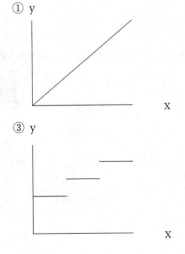

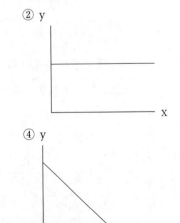

13. 다음 중 고정비와 변동비에 대한 설명 중 옳지 않은 것은?

① 일반적으로 고정비는 조업도와 제품의 단위당 원가가 반비례한다.

② 공장건물의 임차료는 고정비의 대표적인 사례이다.

③ 변동비는 조업도의 증감에 관계없이 원가총액이 일정하게 나타나는 특징이 있다.

④ 일반적으로 변동비는 조업도와 제품의 단위당 원가가 일정하게 나타난다.

14. 제조원가명세서와 손익계산서 및 재무상태표와의 관계에 대한 설명이다. 다음 중 설명이 틀린 것은?

① 제조원가명세서의 기말원재료재고액은 재무상태표의 원재료계정에 계상된다.

② 제조원가명세서의 기말재공품의 원가는 재무상태표의 재공품계정으로 계상된다.

③ 제조원가명세서의 당기제품제조원가는 손익계산서의 매출원가에 계상된다.

④ 손익계산서의 기말제품재고액은 재무상태표의 제품계정금액과 같다.

 주관식

01. 다음 자료를 보고 당기에 투입된 원재료원가를 계산하면 얼마인가?

• 당기 원재료 매입액	10억원	• 기초대비 당기말 원재료재고 증가액	3억원
• 당기 총 제조원가	13억원		

02. 20×1년 원가 및 재고자산에 관련된 자료가 다음과 같을 때, 20×1년의 제품제조원가는 얼마인가?

	20×1. 1. 1 재고	20×1년 매입	20×1. 12. 31 재고
원 재 료	38,000원	320,000원	45,000원
재 공 품	150,000원		180,000원
직접 노무비 발생		150,000원	
제조 간접비 발생		270,000원	
제 품	200,000원		310,000원

03. 다음 자료에 의하여 제품매출원가를 구하면?

• 기초재공품원가	50,000원	• 기말재공품원가	70,000원
• 당기제품제조원가	300,000원	• 기초제품원가	100,000원
• 기말제품원가	50,000원		

04. 삼일(주)는 악기를 제조하고 있는 회사이다. 당 회사의 20×1년 원가는 다음과 같다. 다음 자료를 참고하여 20×1년말 제품재고액을 구하라.

(1) 재무상태표상 금액

	20×0년말	20×1년말
원재료	?	?
재공품	12,000	15,000
제 품	26,000	?

(2) 제조원가명세서와 손익계산서상의 금액

• 직접노무비	21,000	• 제조간접비	8,000
• 직접재료비	26,000	• 제품매출원가	60,000

05. 다음 자료에 의하여 11월말 매출제품의 제조원가를 계산하면 얼마인가?

- 11월 1일 : 기초재공품 이월액 30,000원, 기초제품 이월액 20,000원
- 11월 30일 : 기말재공품 이월액 20,000원, 기말제품 이월액 30,000원
- 11월 중 제품 제조를 위한 총제조비용은 120,000원이다.

06. 다음 자료를 토대로 제조간접비를 계산하시오.

• 매 출 액 :	1,100,000원	• 직접재료비 :	300,000원
• 직접노무비 :	200,000원	• 직접경비 :	150,000원

- 기말원재료비는 없고 기말재공품은 100,000원 이다.
- 기초재고액은 없으며, 기초제품과 기말제품의 재고액은 동일하다.
- 매출액은 원가에 10%의 이익을 가산하여 결정한다.

연/습/문/제 답안

🔑 객관식

1	2	3	4	5	6	7	8	9	10	11	12	13	14	
③	②	③	①	②	③	④	④	④	④	④	③	③	③	

[풀이 - 객관식]

01. 전력비는 변동비와 고정비의 성격을 동시에 지니고 있어 상기(고정비)의 내용과는 거리가 멀다.

02. 관련범위 내에서 총원가가 항상 일정한 원가를 고정비라 한다.

03. 제품 매출대금에서 발생된 대손금은 판매관리비로 처리한다.

04. ①의 경우는 관련원가의 의미이다. **매몰원가란 이미 발생된 원가로 현재의 의사결정에는 아무런 영향을 미치지 못하는 원가**를 말한다.

05. 당기 매출원가는 손익계산서에 표시된다.

07. **기초의 제품원가 계상 오류**는 손익계산서의 제품매출원가에 영향을 미치나 **당기제품제조원가에는 영향을 미치지 않는다.**

08. 제품의 폐기는 제조원가명세서에 영향을 미치지 않는다.

10.

재공품

기초재고	①100	**당기제품제조원가**	②100
당기총제조원가	② 0	기말재고	① 0
계		계	

따라서, 기초재공품액 〉 기말재공품액 = 당기제품제조원가 〉 당기총제조원가

14. 제조원가명세서의 당기제품제조원가는 손익계산서의 당기제품제조원가에 계상된다.

🔑 주관식

01	7억원	02	703,000원	03	350,000원
04	18,000원	05	120,000원	06	450,000원

[풀이 - 주관식]

01.

원재료

기초	0	직접재료비(?)	7억
구입	10억	기 말	3억
계	10억	계	10억

02.

재고자산(원재료+재공품)

기초재고(원재료+재공품)	38,000+150,000	당기제품제조원가(?)	703,000
원재료구입	320,000		
직접노무비	150,000		
제조간접비	270,000	기말재고(원재료+재공품)	45,000+180,000
합　계	928,000	합　계	928,000

03.

제 품

기초제품	100,0000	제품매출원가(?)	350,000
당기제품제조원가	300,000	기말제품	50,000
합　계	400,000	합　계	400,0000

04. 재공품, 제품계정은 다음과 같다.

재공품

기 초 재 고	12,000	당기제품제조원가	52,000
직접재료비	26,000		
직접노무비	21,000		
제조간접비	8,000	기말재고	15,000

제 품

기초재고	26,000	제품매출원가	60,000
당기제품제조원가	52,000	기말재고(?)	18,000

05.

재고자산(재공품＋제품)

기초재고(재공품＋제품)	30,000＋20,000	*매출원가(?)*	*120,000*
당기총제조비용	120,000	기말재고(재공품＋제품)	20,000＋30,000
합 계	170,000	합 계	170,000

06. 매출원가 : 1,100,000/1.1 = 1,000,000원

재고자산(재공품＋제품)

기초재고(재공품＋제품)	0	**매출원가**	**1,000,000**
당기총제조비용	1,100,000	기말재고(재공품＋제품)	100,000
합 계	1,100,000	합 계	1,100,000

당기총제조비용 = 직접재료비 + 직접노무비 + 직접경비 + 제조간접비

1,100,000 = 300,000 + 200,000 + 150,000 + 제조간접비 ∴ *제조간접비 = 450,000*

원가계산

NCS회계 - 4 원가계산

제1절 원가계산의 절차와 종류

1. 원가계산의 절차

원가계산이란 제품생산에 투입된 가치를 제품 단위당 배부, 계산, 집계하는 절차를 말한다.

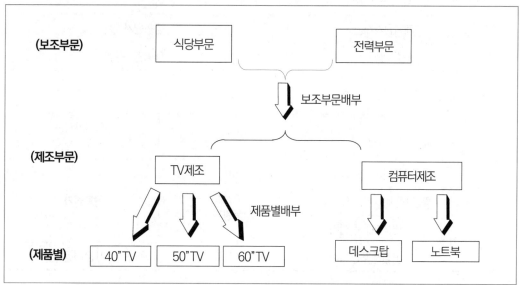

제조기업에서 제품제조원가는 최종적으로 제품별 원가(40"TV, 50"TV 등)을 산출하는 것이 목표이고, 공장 내에서 발생되는 모든 원가를 최종적으로 제품별로 집계하는 것이 원가계산이다.

즉 원가계산의 절차는 다음과 같다.

1단계 : 요소별 원가계산(전술한 바와 같이 직접재료비, 직접노무비, 제조간접비의 개별 계산을 의미한다)

2단계 : 부문별 원가계산

3단계 : 제품별 원가계산

2. 원가계산의 종류

① 원가측정에 따른 분류

제품원가계산시 실제 발생액으로 원가계산을 하느냐, 추정에 의한 원가계산을 하느냐에 따라 실제원가, 정상원가, 표준원가로 나뉜다.

	실제원가계산	정상(예정)원가계산	표준원가계산
직접재료비	실제원가	실제원가	표준원가
직접노무비	실제원가	실제원가	표준원가
제조간접비	**실제원가**	**예정배부액**	표준배부액

② 생산형태에 따른 분류

개별원가계산	종합원가계산
주문생산	대량연속생산

③ 원가계산범위에 따른 분류

		전부원가계산	변동원가계산 (직접원가계산)
직접재료비			
직접노무비			**제품원가**
제조간접비	**변동제조간접비**	**제품원가**	
	고정제조간접비		기간비용

| 제2절 | 원가배분과 부문별원가계산 |

1. 원가부문과 원가배부

(1) 원가부문

일반적으로 원가부문은 원가요소를 분류 · 집계하는 계산상의 구분으로서 일반적으로 제조부문과 보조부문으로 구분한다.

① 제조부문 : 제품의 제조활동을 직접 수행하는 부문을 말한다.

② 보조부문 : 제조부문에 대하여 간접적으로 지원하는 부문을 말한다.

(2) 원가추적

직접원가를 특정원가 대상(제품, 제조부문, 보조부문 등)에 직접 부과하는 것을 말하고 만약 직접 부과하지 못하는 간접원가는 배부기준에 따라 부문별로 배분한다.

(3) 원가배부(원가배분)

원가집합(직접추적할 수 없는 간접원가들이 집계된 것)의 간접원가를 합리적인 배부기준에 따라 원가대상에 대응시키는 과정으로서 다음과 같은 배부기준이 있다.

① **인과관계기준**

원가발생이라는 결과를 야기시킨 원인에 따라 원가를 배분하는 것으로서 **가장 합리적인 배분방법**이다.

② 부담능력기준

발생된 간접비를 부담할 수 있는 능력(예 : 매출이나 이익이 많이 나는 부문)에 따라 원가를 배분하는 방법이다.

③ 수혜기준

원가대상이 경제적 효익을 받은 경우 제공받은 효익의 크기에 비례하여 원가를 배분하는 방법이다.

④ 기타

공정성과 형평성기준이 있으나 매우 포괄적이고 애매모호한 기준이다.

2. 부문별 원가계산

(1) 절차

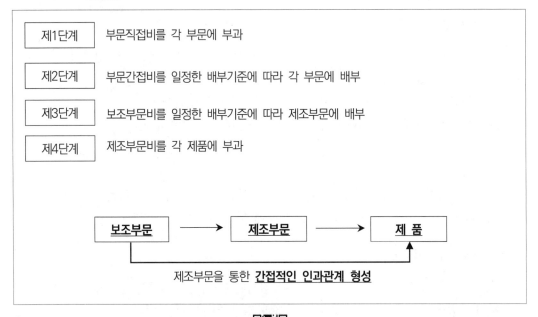

제1단계	부문직접비를 각 부문에 부과
제2단계	부문간접비를 일정한 배부기준에 따라 각 부문에 배부
제3단계	보조부문비를 일정한 배부기준에 따라 제조부문에 배부
제4단계	제조부문비를 각 제품에 부과

보조부문 ⟶ 제조부문 ⟶ 제 품

제조부문을 통한 **간접적인 인과관계 형성**

(2) 부문간접비(공통원가)의 배부기준

부문간접비는 여러 부문 또는 공장전체에 공통적으로 발생하기 때문에 합리적인 배부기준(인과관계)에 의하여 배부하여야 한다.

부문공통비	배부기준
건물감가상각비	점유면적
전력비	전력사용량
임차료, 재산세, 건물보험료	점유면적
수선유지비	수선작업시간

(3) 보조부문원가를 제조부문에 배분

부문간접비를 보조부문과 제조부문에 배부한 후에는 보조부문원가를 제조부문에 배부해야한다.

① 보조부문원가의 배부기준 : 인과관계에 따라 제조부문에 배부

보조부문원가	배부기준
공장인사관리부문	종업원수
전력부문	전력사용량
용수부문	용수 소비량
식당부문	종업원수
구매부문	주문횟수/주문금액

② 보조부문원가의 배부방법(보조부문간 용역수수관계 고려)

보조부문간에 용역을 서로 주고 받은 경우에는 보조부문원가의 배부가 복잡해진다.

이러한 경우 보조부문간의 용역수수관계를 어느 정도 고려하냐에 따라 직접배부법, 단계배부법, 상호배부법으로 나눈다.

다만, **어느 방법에 의하든 배부 전·후의 제조간접비 총액은 항상 일정하다.**

㉠ 직접배부법

  보조부문간의 용역수수관계를 전혀 고려하지 않고 제조부문에 직접 배부하는 방법이다.

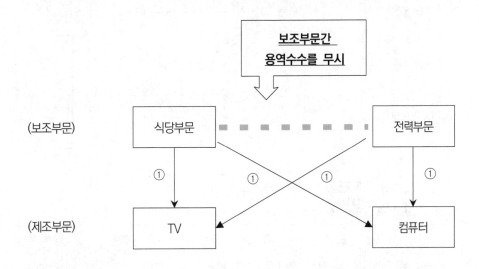

㉡ 단계배부법

  보조부문간의 **배부순서를 정하고** 단계적으로 다른 보조부문과 제조부문에 배부하는 방법이다.

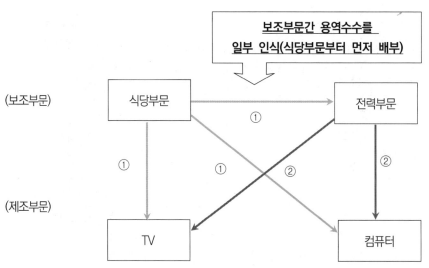

ⓒ 상호배부법

보조부문간의 **용역수수관계를 완전하게 고려하는 방법**으로 가장 정확한 방법이나 가장 복잡하다. 또한 용역수수관계를 전부 인식하므로 배부순서는 고려하지 않는다.

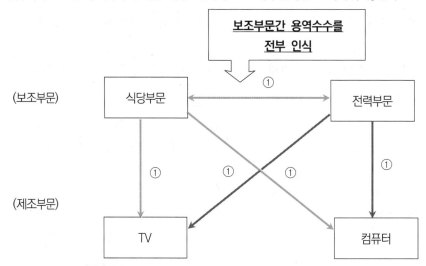

ⓓ **각 방법 비교**

구분	직접배부법	단계배부법	상호배부법
보조부문간 용역수수관계	전혀 인식하지 않음	일부만 인식	전부인식
장점	간편	–	정확
단점	부정확	–	복잡

<예제 2 - 1> 직접배부법 및 단계배분법

보조부문의 제조간접비를 다음 배부방법에 의한 배부하시오.

1. 직접배부법
2. 단계배분법(수선부문부터 먼저 배분)

사용부문	보조부문		제조부문	
제공부문	수선부문	동력부문	조립부문	절단부문
수선부문		50%	20%	30%
동력부문	20%		40%	40%
제조간접비	100,000	150,000	200,000	250,000

해답

1. 직접배부법

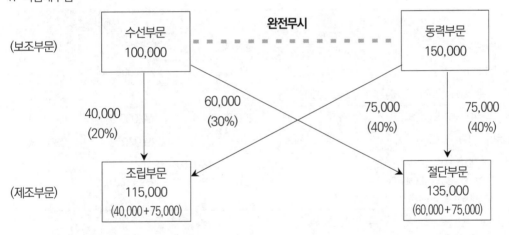

사용부문	보조부문		제조부문	
제공부문	수선부문	동력부문	조립부문	절단부문
배부전원가	100,000	150,000	200,000	250,000
수선부문(0 : 20% : 30%)	(100,000)	–	40,000[*1]	60,000[*2]
동력부문(0 : 40% : 40%)	–	(150,000)	75,000[*3]	75,000[*4]
배부후 원가	**–**	**–**	**315,000**	**385,000**

*1. 100,000 × 20%/[20% + 30%] = 40,000   *2. 100,000 − 40,000 = 60,000
*3. 150,000 × 40%/[40% + 40%] = 75,000   *4. 150,000 − 75,000 = 75,000

2. 단계배분법(수선부문부터 배분)

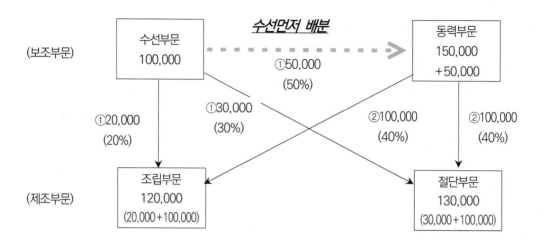

사용부문	보조부문		제조부문	
제공부문	수선부문	동력부문	조립부문	절단부문
배부전원가	100,000	150,000	200,000	250,000
수선부문(50% : 20% : 30%)	(100,000)	50,000*1	20,000*2	30,000*3
동력부문(0 : 40% : 40%)	–	(200,000)	100,000*4	100,000*5
배부후 원가	**–**	**–**	**320,000**	**380,000**

*1. 100,000×50%/100% = 50,000

*3. 100,000×30%/100% = 30,000

*4. 200,000×40%/[40%+40%] = 100,000

*2. 100,000×20%/100% = 20,000

*4. 200,000×40%/[40%+40%] = 100,000

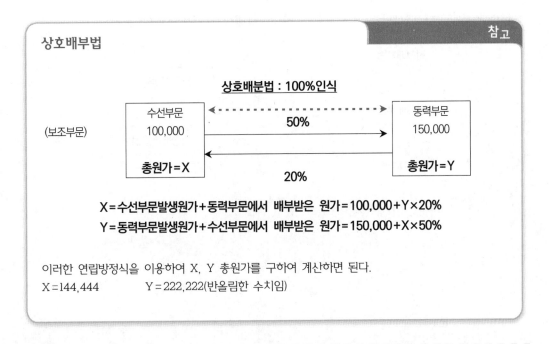

참고

상호배부법

상호배분법 : 100%인식

수선부문		동력부문
100,000	50%	150,000
총원가＝X	20%	총원가＝Y

(보조부문)

X＝수선부문발생원가＋동력부문에서 배부받은 원가＝100,000＋Y×20%

Y＝동력부문발생원가＋수선부문에서 배부받은 원가＝150,000＋X×50%

이러한 연립방정식을 이용하여 X, Y 총원가를 구하여 계산하면 된다.

X＝144,444   Y＝222,222(반올림한 수치임)

③ 보조부문원가의 배부방법(보조부문원가의 행태별 배부)

보조부문의 원가를 변동비와 고정비로 구분하여 배부하는가의 여부에 따라 단일배부율법과 이중배부율법으로 나눌 수 있다.

　㉠ 단일배부율법

　　보조부문원가를 변동비와 고정비로 구분하지 않고 하나의 배부기준을 적용하여 배부하는 방법이다.

　㉡ 이중배부율법

　　보조부문원가를 변동비와 고정비로 구분하여 각각 다른 배부기준을 적용하는 방법이다.

• **변동비 : 실제사용량**	• **고정비 : 최대사용가능량**

보조부문의 변동비는 제조부문의 실제사용량에 비례하여 발생하는 원가이고 보조부문의 고정비(대부분 감가상각비)는 대부분 다른 부문이 최대로 용역을 사용할 경우를 대비하여 설비투자를 하므로 최대사용가능량을 기준으로 배부하는 것이 합리적이다.

④ 보조부문원가 배부방법(용역수수 고려)과 행태별 배부방법과의 관계

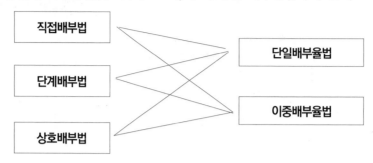

서로 결합하여 여섯 가지 방법이 있을 수 있다.

연/습/문/제

 객관식

01. 보조부문에 대한 원가를 제조부문에 배부하는 방법 중 상호배부법에 대한 설명으로서 가장 옳은 것은?

① 보조부문의 배부순서를 고려할 필요가 없다.

② 보조부문 상호간에 용역수수관계를 불완전하게 인식하게 된다.

③ 배부절차가 다른 방법에 비해 비교적 간단하다.

④ 보조부문 상호간의 용역수수관계가 중요하지 않을 경우에 적용한다.

02. 제조간접비(공통비)의 배부기준을 정할 때 고려해야 되는 요소로서 다음 중 가장 합리적이고, 우선적으로 적용되어야 하는 요소는?

① 목적적합성   ② 신뢰성

③ 인과관계   ④ 예측가능성

03. 다음 중 공장에서 사용중인 기계장치에 대한 감가상각비 배분기준으로 가장 적절한 것은?

① 재공품 비율   ② 면적 비율

③ 기계사용시간 비율   ④ 취득원가 비율

04. 다음은 무엇에 대한 설명인가?

보조부문원가를 보조부문의 배부순서를 정하여 한 번만 다른 보조부문과 제조부문에 배부한다.

① 개별배분법   ② 직접배분법

③ 단계배분법   ④ 상호배분법

05. 보조부문비를 제조부문에 배부하는 방법 중 상호배부법에 대한 설명으로서 가장 옳은 것은?

① 보조부문 상호간의 용역수수관계를 불완전하게 인식하는 방식이다.

② 보조부문의 배부순서를 고려할 필요가 없다.

③ 보조부문 상호간의 용역수수관계가 중요하지 않을 경우에 적합하다.

④ 배부절차가 다른 방법에 비해 비교적 간편하다.

06. 다음 중 부문별원가계산시 각 보조부문원가를 제조부문에 배부하는 기준으로 가장 적합한 것은?

① 식당부문비 : 매출액

② 전력부문비 : 전력사용량

③ 감가상각비 : 종업원 수

④ 창고부문비 : 기계사용시간

07. 다음 자료를 보고 부문별원가계산 절차를 순서대로 나열한 것은?

ⓐ 보조부문비를 제조부문에 배부한다.	ⓑ 부문공통비를 각 부문에 배부한다.
ⓒ 제조부문비를 각 제품에 배부한다.	ⓓ 부문개별비를 각 부문에 부과한다.

① ⓐ - ⓑ - ⓒ - ⓓ   ② ⓑ - ⓐ - ⓒ - ⓓ

③ ⓒ - ⓓ - ⓐ - ⓑ   ④ ⓓ - ⓑ - ⓐ - ⓒ

08. 다음 중 보조부문 원가를 제조부문에 배부하는 방법에 대한 설명으로 틀린 것은?

① 직접배부법을 사용하는 경우에는 특정 보조부문 원가가 다른 보조부문에 배부되지 아니한다.

② 단계배부법을 사용하는 경우 가장 먼저 배부되는 보조부문 원가는 다른 보조부문에도 배부될 수 있다.

③ 상호배부법을 사용하는 경우에는 배부순서에 따라 특정 제조부문에 대한 배부액이 달라지게 된다.

④ 직접배부법, 단계배부법, 상호배부법의 차이는 보조부문 상호간의 용역수수를 인식할 것인지 무시할 것인지의 차이라고 할 수 있다.

09. 다음은 A와 B 두 종류의 제품을 제조하는 하늘산업(주)의 원가 내역 중 일부이다. A제품은 납을 주재료로 하여 절단부문 – 성형부문 – 염색부문 – 조립부문을 거쳐 제조되는 제품이며, B제품은 동을 주재료로 하여 압축부문 – 성형부문 – 염색부문 – 건조부문을 거쳐 제조되는 제품이라면 다음 중 원가의 분류로 잘못된 것은?

① 성형부문의 플라스틱 소비액 – 재료비 – 간접비
② 절단부문 근로자의 임금액 – 노무비 – 직접비
③ 납 원재료의 소비액 – 재료비 – 직접비
④ 염색부문 근로자의 임금액 – 노무비 – 직접비

10. 다음 중 보조부문 상호간의 용역수수를 고려하여 배분하는 방법만 모두 고른 것은?

A. 상호배부법	B. 단계배부법	C. 직접배부법

① A, C
② B, C
③ A, B
④ A, B, C

 주관식

01. (주)형진의 보조부문에서 발생한 변동제조간접원가는 1,500,000원이, 고정제조간접원가는 3,000,000원이 발생하였다. 이중배분율법에 의하여 보조부문의 제조간접원가를 제조부문에 배분할 경우 절단부문에 배분할 제조간접원가는 얼마인가?

	실제기계시간	최대기계시간
절단부문	2,500시간	7,000시간
조립부문	5,000시간	8,000시간

02. 대문(주)는 직접배부법을 이용하여 보조부문 제조간접비를 제조부문에 배부하고자 한다. 각 부문별 원가발생액과 보조부문의 용역공급이 다음과 같은 경우 전력부문에서 절단부문으로 배부될 제조간접비는 얼마인가?

구 분	제조부문		보조부문	
	조립부문	절단부문	전력부문	수선부문
자기부문원가(원)	200,000	320,000	90,000	45,000
전력부문 동력공급(kw)	300	150	–	150
수선부문 수선공급(시간)	24	24	24	–

03. 당사는 단계배부법을 이용하여 보조부문 제조간접비를 제조부문에 배부하고자 한다. 각 부문별 원가발생액과 보조부문의 용역공급이 다음과 같을 경우 수선부문에서 조립부문으로 배부될 제조간접비는 얼마인가?(단, 전력부문부터 배부한다고 가정함)

구 분	제조부문		보조부문	
	조립부문	절단부문	전력부문	수선부문
자기부문 제조간접비	600,000원	500,000원	300,000원	450,000원
전력부문 동력공급(kw)	300	400	–	300
수선부문 수선공급(시간)	40	50	10	–

연/습/문/제 답안

🔑 객관식

1	2	3	4	5	6	7	8	9	10				
①	③	③	③	②	②	④	③	④	③				

[풀이 - 객관식]

01. 보조부문의 **배부순서를 고려하는 경우는 단계배부법**이다.

02. 제조간접비를 배부하는 기준을 정할 때 제조간접비와 제조부문 사이의 **인과관계를 고려하는 것**이 가장 합리적이다.

05. ① 단계배부법   ③ 직접배부법   ④ 직접배부법

08. **상호배부법은 배부순서에 영향을 받지 아니한다.**

09. 염색부문 근로자의 임금액은 A제품과 B제품의 공통원가이므로 간접비로 구분된다.

	A제품	B제품
원재료	납	동
공정	절단	압축
	성형(공통공정)	
	염색(공통공정)	
	조립	건조

성형부문과 염색부분이 공통 공정이며, 이 공정에서 발생된 간접비는 배부되어야 한다.

10. 직접배부법은 보조부문 상호간의 용역수수를 완전히 무시하고 배분하는 방법이다. 그러나 상호배분법은 보조부문 상호간 용역수수를 100%인식, **단계배분법은 일부만 인식한다.**

🔑 주관식

| 01 | 1,900,000원 | 02 | 30,000원 | 03 | 240,000원 |

[풀이 - 주관식]

01. 변동원가는 실제기계시간, 고정원가는 최대기계시간으로 배부한다.
- 변동제조간접원가 = 1,500,000원 × 2,500시간/7,500시간 = 500,000원
- 고정제조간접원가 = 3,000,000원 × 7,000시간/15,000시간 = 1,400,000원
- 합   계 = 1,900,000원

02.

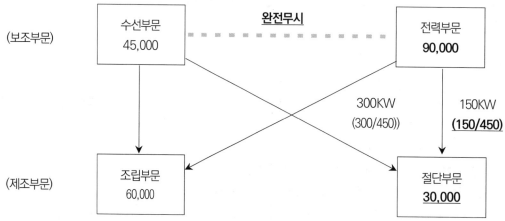

배부제조간접비(전력→절단) = 90,000원×150㎾/(300㎾+150㎾) = 30,000원

03.

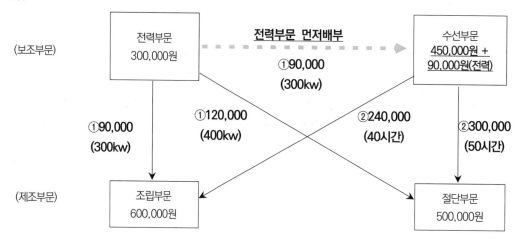

∴ 조립부문의 제조간접비배부액 = 540,000원×40시간/(40+50)시간 = 240,000원

개별원가 계산

로그인 전산세무 2급

NCS회계 - 4   원가계산

제1절   의의와 절차

1. 개별원가계산의 의의

개별원가계산이란 **고객의 주문이나 특별한 수요**에 따라 종류와 규격이 상이한 제품을 개별적으로 생산하는 형태로 조선업, 건축업, 인쇄업 등의 경영형태에서 사용된다.

또한 제품을 생산하는 제조기업뿐만 아니라 고객의 요구에 따라 작업내용을 명확히 구분할 수 있는 회계법인, 병원 등 서비스업체에서도 적용될 수 있다.

기업이 고객으로부터 주문을 받으면 제조부문은 생산현장에 고객이 요구한 제품을 생산할 것을 지시하는 제조지시서를 보내고, 이 제조지시서에 의해 개별 작업이 시작되며, 작업에 투입되는 원가가 개별작업별로 작업원가표에 집계된다.

따라서 개별원가계산에서는 **개별작업별로 원가를 집계**하므로 **제조직접비(직접재료비, 직접노무비)와 제조간접비의 구분이 중요**하다.

2. 개별원가계산의 절차

① 개별작업에 대한 제조직접비(직접노무비, 직접재료비)를 직접부과
② 개별작업에 대한 제조간접비 집계
③ 제조간접비 배부기준율 설정
④ 배부기준율(공장전체, 부문별)에 따라 제조간접비의 배분

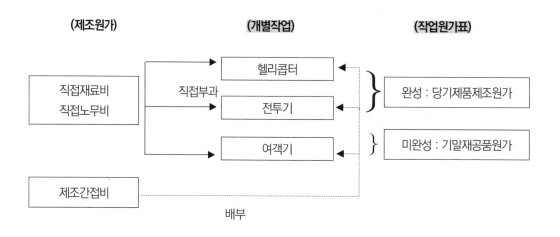

제조간접비는 원가의 특성상 제품에 직접 추적이 불가능한 원가이다. 따라서 제조간접비를 제품원가에 배부하기 위해서는 일정한 배부절차를 통해서 간접적으로 배부해야 한다.

제조부문이 여러 개 존재할 경우에는 **제조부문별로 각기 다른 배부기준을 적용**할 수도 있고 공장전체에 하나의 배부기준을 적용할 수도 있다.

1. 공장전체 제조간접비배부율

공장전체에 하나의 배부기준을 적용하는 방법이다.

> **공장전체 제조간접비 배부율＝공장전체 제조간접비/공장전체 배부기준 합계**
>
> **제조간접비 배부액＝공장전체 배부기준×배부율**

(보조부문)	(제조부문)	공장전체 제조간접비 배부율
전력부문	조립부문	
식당부문	검사부문	→ 개별제품

2. 부문별 제조간접비 배부율

부문별로 다른 배부율을 적용하여 제조간접비를 배부하는 방법이다.

> **부문별 제조간접비 배부율 = 부문별 제조간접비/부문별 배부기준 합계**
>
> **제조간접비 배부액 = 부문별 배부기준 × 부문별배부율**

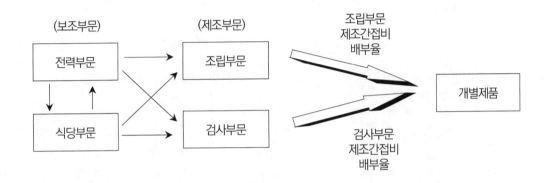

| **제3절** | 실제개별원가계산 VS 정상개별원가계산 |

	실제개별원가계산	정상개별원가계산
직접재료비	실제발생액	실제발생액
직접노무비	실제발생액	실제발생액
제조간접비	**실제발생액** **(실제조업도 × 실제배부율)**	**예정배부액** **(실제조업도 × 예정배부율)**

1. 실제개별원가계산

개별작업에 직접재료비와 직접노무비를 실제원가로 추적·부과하고 제조간접비를 실제배부율에 의하여 각 개별작업에 배부하는 원가계산방법으로 실제원가를 바탕으로 원가를 계산한다.

> ① 제조간접비 실제배부율 = 실제제조간접비 합계/실제조업도
> ② 제조간접비 배부액 = 개별작업의 실제조업도 × 제조간접비 실제배부율

실제개별원가 계산은 다음과 같은 문제가 있다.

① 실제제조간접비가 기말에 집계되므로 원가계산이 기말까지 지체되므로 **원가계산이 지연**
되고, 이로 인하여 결산도 지연된다.

② 조업도가 월별·계절별로 차이가 나면 **제품단위당 원가가 월별·계절별로 달라진다.**

이러한 문제점을 극복하기 위하여 정상개별원가가 도입되었다.

<예제 3 - 1> 실제개별원가계산

㈜한강은 #101(헬리콥터), #102(전투기), #103(여객기)가 작업 중에 있으며, 이들과 관련하여 발생된 원
가 및 자료는 다음과 같다.

	#101	#102	#103	합계
직접재료비	500,000원	600,000원	900,000원	2,000,000원
직접노무비	700,000원	600,000원	700,000원	2,000,000원
기계작업시간	100시간	200시간	200시간	500시간
직접노동시간	400시간	300시간	300시간	1,000시간

공장 전체 제조간접비 발생액은 3,000,000원 인데, 기계작업시간기준으로 각 작업에 배부되는 제조간접비
를 구하시오.

해답

1. 제조간접비 실제배부율

   – 기계작업시간 기준 : 실제제조간접비합계/실제기계작업시간합계

   　　　　　　　　=3,000,000원/500시간=6,000원/기계작업시간

2. 제조간접비 실제배부액(기계작업시간 기준)

	#101	#102	#103	합계
직접재료비	500,000원	600,000원	900,000원	2,000,000원
직접노무비	700,000원	600,000원	700,000원	2,000,000원
제조간접비	600,000원 (100시간×6,000)	1,200,000원 (200시간×6,000)	1,200,000원 (200시간×6,000)	**3,000,000원** 배부
기계작업시간	100시간	200시간	200시간	500시간

2. 정상개별원가계산

(1) 의의

정상개별원가계산은 실제개별원가계산의 문제점(①원가계산지연 ②제품단위당 원가 변동)을 극복하고자 제조간접비를 예정(추정)배부하는 원가계산이다.

연초에 연간 제조간접비 예산과 연간 예정조업도를 예측하여, 예정배부율을 구하고 기중에 실제 조업도와 예정배부율을 이용하여 제조간접비를 먼저 배부하여 제품원가 계산을 하고, 추후 실제 발생 제조간접비를 집계한다.

그러면 예정배부 제조간접비와 실제 발생 제조간접비가 차이가 발생하는데 이를 제조간접비 배부차이라고 한다.

〈정상원가 계산절차〉

---

1. 기초에 예정배부율 산출

　　제조간접비 예정배부율＝제조간접비 예산액/예정조업도(기준조업도)

2. 기중에 실제조업도에 따라 배부

　　① 제조간접비 예정배부액＝**개별작업의 실제조업도×제조간접비 예정배부율**

　　② 제조간접비 실제발생액 집계

　　③ 제조간접비 배부차이 집계

3. 기말에 제조간접비 배부차이를 조정

---

(2) 제조간접비 배부차이에 대한 회계처리

1) 제조간접비 배부차이

제조간접비 예정배부율을 이용하여 제조간접비를 예정배부하는 경우, 제조간접비 실제발생액과 예정배부액간에 차이가 발생하는데 이를 제조간접비 배부차이라고 한다.

제조간접비 배부차이＝실제발생액－예정배부액

<과대배부와 과소배부>

1. 과대배부 : 실제발생액<예정배부액 → 유리한 차이(이익증가)

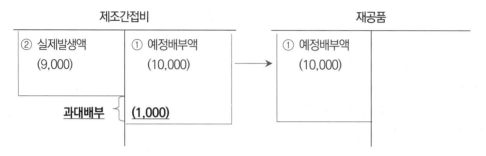

2. 과소배부 : 실제발생액>예정배부액 → 불리한 차이(이익감소)

2) 제조간접비 배부차이 처리방법

재무제표는 실제원가계산에 의하여 작성되어야 하므로 기중에 예정 배부된 제조간접비는 실제치가 아니므로 **기말에 재공품, 제품, 매출원가에 포함된 예정제조간접비를 실제발생액으로 조정하여야 한다.**

① 무배분법(재고자산에 배분하지 아니하는 방법)

㉠ **매출원가조정법**

㉡ **영업외손익조정법**

두 가지 방법은 제조간접비 배부차이를 전액 매출원가 또는 영업외손익에서 가감조정 하는 방법이다.

과소배부시 :

(차) 매출원가 또는 영업외비용 ××× (대) 제조간접비(배부차이) ×××

과대배부시 :

(차) 제조간접비(배부차이) ××× (대) 매출원가 또는 영업외수익 ×××

---

② 비례배분법(재고자산에 배분하는 방법)

    ㉠ **총원가기준 비례배분법**

    기말재공품, 기말제품, 매출원가의 총원가(기말잔액) 비율에 따라 배부차이를 배부하는 방법

    ㉡ **원가요소별(제조간접비)비례배분법**

    기말재공품, 기말제품, 매출원가에 포함된 제조간접비 비율에 따라 배부차이를 배부하는 방법. 이 경우 가장 정확한 방법으로 차이 조정 후 기말재공품, 기말제품, 매출원가의 금액은 실제원가계산에 의한 금액과 정확히 일치한다.

| <예제 3 - 2> 정상개별원가계산 |

㈜ 한강은 #101(헬리콥터), #102(전투기), #103(여객기)가 작업 중에 있으며, 이들과 관련하여 발생된 원가 및 자료는 다음과 같다.

	#101	#102	#103	합계
직접재료비	500,000원	600,000원	900,000원	2,000,000원
직접노무비	700,000원	600,000원	700,000원	2,000,000원
기계작업시간	100시간	200시간	200시간	500시간
직접노동시간	400시간	300시간	300시간	1,000시간

정상개별원가계산에 의하여 원가계산을 한다. 연초에 연간제조간접비를 3,355,000원과 연간기계시간 기준을 550시간으로 예상하였다. 이 경우 각 작업에 배부되는 예정제조간접비를 구하시오. 또한 공장 전체 제조간접비 발생액이 3,000,000원으로 집계되었는데, 배부차이에 대해서 매출원가조정법으로 회계처리하시오.

해답

1. 제조간접비 예정배부율

    기계작업시간 기준 : 예정제조간접비 합계/예정 기계작업시간합계

            =3,355,000원/550시간=6,100원/기계작업시간

2. 제조간접비 예정배부액

	#101	#102	#103	합계
직접재료비	500,000원	600,000원	900,000원	2,000,000원
직접노무비	700,000원	600,000원	700,000원	2,000,000원
제조간접비 예정배부	① 610,000원 (100시간×6,100)	① 1,220,000원 (200시간×6,100)	① 1,220,000원 (200시간×6,100)	**3,050,000원** **(예정배부액)**
	① **실제조업도×예정배부율**			
기계작업시간	100시간	200시간	200시간	500시간

3. 배부차이 : 50,000원 과대배부

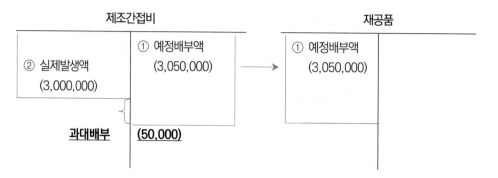

4. 배부차이에 대한 회계처리

(차) 제조간접비	50,000원	(대) 매출원가	50,000원

연/습/문/제

 객관식

01. 제조간접비에 대한 설명으로서 옳은 것은?

① 인과관계를 명확하게 파악할 수 있으므로, 배부기준 선택이 용이하다.

② 제품에 배부되는 원가를 직접 추적하기 어려운 간접원가이다.

③ 실제 인과관계에 따른 정확한 원가계산을 위해 예정원가배부법이 적용된다.

④ 실제원가배부법은 신속한 원가계산이 가능하다.

02. 다음은 제조간접비 배부에 관한 내용이다. 옳지 않은 것은?

① 제조간접비란 두 종류 이상의 제품을 제조하기 위하여 공통적으로 발생하는 원가를 말한다.

② 제조간접비는 재료비, 노무비에서 발생되는 경우도 있다.

③ 제조간접비 배부방법 중 실제배부법은 제조간접비 실제 발생총액이 집계되어야 하므로 기중에 제조원가를 계산하기 불편한 점이 있다.

④ 제조간접비 배부차이는 반드시 제조원가에 반영되도록 해야 한다.

03. 개별원가계산에 대한 설명이다. 잘못된 것은 어느 것인가?

① 평균화 과정으로 원가계산을 단순화시킬 수 있다.

② 실제배부율과 예정배부율의 구분은 제조간접비와 관련된 문제이다.

③ 부문별 제조간접비 배분율을 사용하는 것이 공장전체 제조간접비 배분율 적용보다 더 정확하다.

④ 고객의 주문에 따라 제품을 생산하는 주문생산형태에 적합한 원가계산이다.

04. 개별원가계산의 제조간접비와 관련한 설명이다. 가장 옳지 않은 것은 어느 것인가?

① 제조간접비 배부방법 중 실제배부법은 제조간접비 실제발생 총액이 집계되어야 하므로 원가계산 시점이 지연되는 단점이 있다.

② 재료비는 직접 추적 가능한 원가이므로 제조간접비 배부대상이 되지 아니한다.

③ 제조간접비 배부차이는 처리방법에 따라 영업외손익으로도 반영이 가능하다.

④ 제조간접비의 예정배부액이 실제발생액보다 큰 경우에는 과다배부로 유리한 차이를 가져온다.

05. 다음은 개별원가계산에 관한 설명이다. 가장 옳지 않은 것은?

① 작업원가표를 근거로 하여 원가계산을 한다.

② 주문생산형태에 가장 적합한 원가계산방법이다.

③ 직접비와 제조간접비의 구분이 중요하다.

④ 공정별로 제품원가를 집계한 다음, 당 공정의 생산량으로 나누어 단위당 원가를 계산한다.

06. 다음 내용은 개별원가계산의 제조간접비에 관한 내용이다. 가장 옳지 않은 것은 무엇인가?

① 제조간접비의 예정배부액이 실제 발생액보다 작은 경우가 발생할 수 있으며, 이때에는 과소배부 액이 발생한다.

② 제조간접비의 배부율은 공장전체배부율을 적용할 수도 있고, 부문별로 적용할 수도 있다.

③ 재료비는 직접원가이므로 제조간접비를 구성하지 않는다.

④ 제조간접비의 배부율은 노동시간 또는 기계시간 등 가장 합리적인 기준을 적용할 수 있다.

07. 다음 분개내용을 바르게 추정한 것은?

(차변) 제조간접비   125,000원   (대변) 제조간접비배부차이   125,000원

① 제조간접비 실제소비액이 예정배부액보다 125,000원 적다.

② 제조간접비 예정배부액이 실제소비액보다 125,000원 적다.

③ 제조간접비 실제소비액은 125,000원이다.

④ 제조간접비 예정배부액은 125,000원이다.

주관식

01. 다음은 당월 원가자료의 일부이다. 자료에 의하여 당월에 완성된 제품#413의 제조원가를 계산하면 얼마인가? 단, 당사는 제조간접비를 직접노무비법을 사용하여 예정배부하고 있다.

- 당월 제조간접비 발생총액 : 8,200,000원
- 당월 직접노무비 발생총액 : 10,250,000원
- 제조간접비 예정배부율 : 직접노무비 1원당 0.5원
- 제품#413의 직접원가 : 직접재료비 630,000원, 직접노무비 700,000원

02. 다음 자료에 의하여 제조간접비 배부액(ⓐ)과 제조원가(ⓑ)를 구하시오. 단, 제조간접비는 기계작업시간을 기준으로 예정배부한다.

• 제조간접비 총액(예정)	3,000,000원	• 실제기계작업시간	8,000시간
• 직접노무비	4,000,000원	• 예정 기계작업시간	10,000시간
• 직접재료비	1,500,000원		

03. ㈜한강의 제조간접비예정배부율은 '작업시간당 10,000원'이다. 작업시간이 500시간이고, 제조간접비배부차이가 200,000원 과소배부일 때 제조간접비 실제발생액은?

04. (주)산호드림의 제조간접비 예정배부율은 작업시간당 5,000원이다. 작업시간이 800시간이고, 제조간접비 배부차이가 500,000원 과대배부라면, 실제 제조간접비 발생액은 얼마인가?

05. 당산철공은 개별원가계산제도를 채택하고 있다. 다음 자료를 참조하여 제조지시서 No.7의 제조간접비 배부차이를 산정하면?

• 제조간접비배부기준 : 직접작업시간	• 제조간접비예산액　 : 400,000원
• 기준조업도　　　　 : 100,000시간	• 제조지시서 No.7의 예정작업시간 : 10,000시간
• 실제작업시간　　　 :　 9,000시간	• 실제제조간접비　　 : 34,000원

06. 직접재료비 30,000원, 간접재료비 10,000원, 직접노무비 20,000원, 간접노무비 5,000원, 간접경비 2,000원이 실제로 발생한 경우에 회사는 제조간접비를 예정배부하고자 한다. 다음의 조건하에서 제조간접비 예정 배부액은 얼마인가?

제조간접비의 배부차이 : 3,000원 과소배부

07. (주)세무는 직접원가를 기준으로 제조간접비를 배부한다. 다음 자료에 의해 작업지시서 No.1의 제조간접 비 배부액은 얼마인가?

	공장전체발생원가	작업지시서 No.1
직접재료비	1,000,000	300,000
직접노무비	1,500,000	400,000
기 계 시 간	150시간	15시간
제조간접비	7,500,000	(　　　　　)

08. 강남상사는 개별원가계산제도를 채택하고 있다. 5월 중 원장의 재공품계정에는 다음과 같은 사항이 기록 되어 있다. 강남상사는 직접노무비의 70%를 제조간접비로 배부하고 있다. 5월 말에 아직 가공 중에 있는 유일한 작업인 제조명령서 101호에는 직접노무비 1,000원이 발생되었다. 제조명령서 101호에 부과될 직접재료비는 얼마인가?

• 5월 1일 : 잔액 3,000원	• 5월 2일 : 직접재료비 투입 10,000원
• 5월 3일 : 직접노무비 투입 6,000원	• 5월 4일 : 제조간접비 투입 4,200원
• 5월 31일 : 제품계정으로 대체 20,000원	

연/습/문/제 답안

🔑 객관식

1	2	3	4	5	6	7							
②	④	①	②	④	③	①							

[풀이 - 객관식]

02. 제조간접비 배부차이의 조정시 회계처리 방법에는 매출원가조정법, 비례배분법, 영업외손익법이 있다. 따라서 제조간접비 배부차이를 영업외손익으로 처리가 가능하다.

03. 개별원가계산은 평균화 과정과 관련이 없음

04. 재료비 중에서 간접재료비는 제조간접비를 구성하므로 제조간접비 배부대상이 될 수 있음

05. 종합원가계산에 관한 계산방법이다.

06. 재료비 중 간접재료비는 제조간접비를 구성할 수 있다.

07. (차) 제조간접비　　　　　　　　125,000원　　(대) 제조간접비배부차이　　　　　125,000원
　　　제조간접비배부차이　　　125,000원　　　　매출원가　　　　　　　　　　125,000원
　　　이므로 과대배부이다.

🔑 주관식

01	1,680,000원	02	ⓐ 2,400,000원 ⓑ 7,900,000원	03	5,200,000원
04	3,500,000원	05	과대배부 2,000원	06	14,000원
07	2,100,000원	08	1,500원		

[풀이 - 주관식]

01. • #413 제조간접비 예정배부액 = 예정배부율(0.5원) × 실제조업도(700,000원) = 350,000원
　　 • #413 제조원가 = 630,000원 + 700,000원 + 350,000원 = 1,680,000원

02. (3,000,000원/10,000시간) = 1시간당 300원
　　 300원 × 8,000시간 = 2,400,000원(제조간접비 배부액)
　　 제조원가 = 1,500,000 + 4,000,000 + 2,400,000 = 7,900,000원

03.

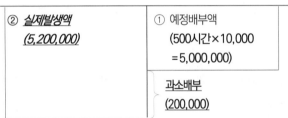

제조간접비

② *실제발생액* *(5,200,000)*	① 예정배부액 (500시간×10,000 =5,000,000)
	과소배부 (200,000)

04.

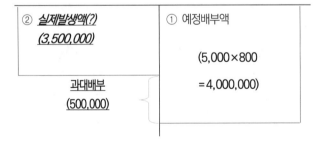

제조간접비

② *실제발생액(?)* *(3,500,000)*	① 예정배부액 (5,000×800 =4,000,000)
과대배부 (500,000)	

05. 제조간접비예정배부율 = 400,000원/100,000시간 = 4원/시간

제조간접비

② **실제발생액** **(34,000)**	① 예정배부액 **(9,000시간×4원)**
과대배부 *(2,000)*	**=36,000)**

06. 실제제조간접비 = 10,000 + 5,000 + 2,000 = 17,000원

예정배부제조간접비 = 17,000 – 3,000(과소배부) = 14,000원

07. 제조간접비 배부율 = 제조간접비/직접원가 = ₩7,500,000/2,500,000 = @₩3/직접원가

제조간접비 배부액(No.1) = ₩700,000 × @₩3 = ₩2,100,000

08.

재공품

기초재고	3,000	당기제품제조원가	20,000
직접재료비	10,000		
직접노무비	6,000		
제조간접비(직접노무비의 70%)	4,200	**기말재고(#101)**	**3,200**
계	23,200	계	23,200

#101(기말재공품) : 3,200원 = 직접재료비 + 1,000원(직접노무비) + 700원(제조간접비 : 직접노무비의
70%)

∴ 직접재료비 1,500원이다.

종합원가계산

제1절 의의와 절차

1. 종합계산의 의의

종합원가계산이란 단일 종류의 제품을 연속적으로 대량 생산하는 경우에 적용되는 원가계산형태로서, 종류와 성격이 동일한 제품을 연속적으로 대량 생산하는 경영형태(소품종 대량생산)에 적합한 원가계산방법으로서 전자제조업·화학업·제지업·철강업·정유업 등의 업종에서 주로 이용되고 있다.

종합원가계산은 공정별로 원가계산을 하는데 흐름은 다음과 같다.

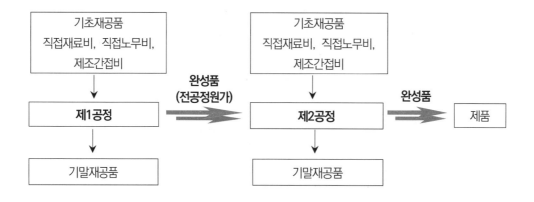

재공품(1공정)				재공품(2공정)			
기초재고	XXX	완 성 품	XXX	기초재고	XXX	제 품	XXX
직접재료비	XXX			전공정원가	XXX		
직접노무비	XXX			직접재료비	XXX		
제조간접비	XXX			직접노무비	XXX		
		기말재고	XXX	제조간접비	XXX	기말재고	XXX
계		계		계		계	

2. 종합원가계산의 종류

① 단순종합원가계산(단일공정종합원가계산)

단일제품, 단일공정을 통하여 연속적으로 생산하는 형태의 원가계산방법이다(예 : 얼음제조업).

② 공정별종합원가계산

동일 종류의 제품을 두 개 이상의 제조공정을 거쳐 연속적으로 대량생산하고 있는 경영에서 사용되는 원가계산방법이다(제지업, 제당업 등).

③ 조별종합원가계산

단일 종류가 아닌 여러 종류의 제품을 연속적으로 대량생산하는 경우에 제품의 종류마다 조를 설정하여 조별로 종합원가계산을 하는 방법이다(통조림제조, 자동차제조).

④ 등급별종합원가계산

동일한 공정에서 동일한 재료를 사용하여 계속적으로 동일한 종류의 제품을 생산하나 품질, 모양, 크기, 무게 등이 서로 다른 제품을 생산하는 기업에서 사용하는 원가계산방법이다(예 : 양조업, 제화업, 정유업).

3. 종합원가계산의 절차

〈1단계〉 물량흐름파악
〈2단계〉 완성품환산량 계산
〈3단계〉 배분할 원가 요약(원가요소별로 기초재공품원가와 당기발생원가의 파악)
〈4단계〉 완성품환산량당 단위당 원가계산
〈5단계〉 완성품원가와 기말재공품원가 계산

제2절 완성품환산량

종합원가계산에서는 완성품환산량을 기준으로 원가를 완성품과 기말재공품에 배부하게 된다. 여기서 완성품환산량이란 각 공정에서 수행한 총작업량을 완성품 기준으로 변형하는 경우에 환산되는 완성품의 수량을 의미한다. 즉 공정에서 수행한 작업량을 완성품 기준으로 변형한 가상적인 수치가 완성품 환산량이다.

완성품환산량＝수량×완성도(진척도)
완성도는 원가요소별(주로 재료비, 가공비)로 파악되어야 함

예를 들어
기초재공품이 100개 당기 투입(착수)수량이 200개 인데, 기말에 완성품이 250개 기말재공품이 50개로서 기말재공품의 완성도가 50% 가정하자.

재 공 품				완성도	완성품환산량
기초재공품	100개	완성품	250개	100%	250개(250개×100%)
당기투입	200개	기말재공품	50개	50%	25개(50개×50%)
계	300개	계	300개		275개

> ### 제3절 평균법과 선입선출법(원가흐름의 가정)

1. 평균법

기초재공품(전기의 기말재공품)의 완성도를 무시하고 당기에 착수한 것으로 가정하여 기초재공품원가와 당기투입원가를 구별하지 않고 완성품과 기말재공품에 배부하는 방법이다.

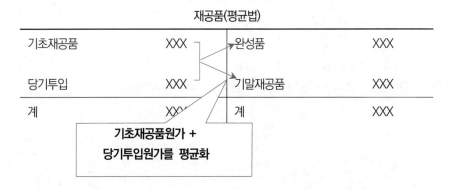

2. 선입선출법

기초재공품부터 먼저 완성시키고 난 후에 당기 투입 분을 완성시킨다는 가정 하에 원가계산하는 방법이다. 선입선출법이 실제 물량흐름에 충실한 방법이다.

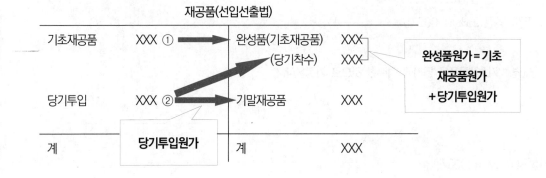

<예제 4 - 1> 평균법과 선입선출법의 완성품환산량

1. 기초재공품 : 1,000개(가공비 진척도 40%)
2. 당기투입량 : 7,000개
3. 기말재공품 : 2,000개(가공비진척도 25%)
4. **재료비는 공정초에 투입되고 가공비는 공정전반에 걸쳐 균등하게 발생한다.**

   평균법과 선입선출법에 의하여 완성품 환산량을 계산하시오.

해답

〈선입선출법과 평균법의 물량흐름〉

1. 선입선출법 : **완성품을 기초재공품과 당기투입 완성분으로 나누어 계산한다.**

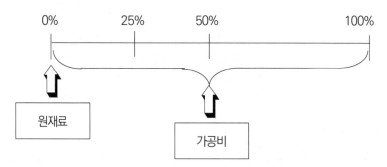

∴ 완성품
  - **기초재공품(60%)(1,000개)**
  - 당기투입완성(100%)(5,000개)
∴ 기말재공품(25%)(2,000개)

2. 평균법 : **기초재공품은 당기에 착수한 것으로 가정한다.**

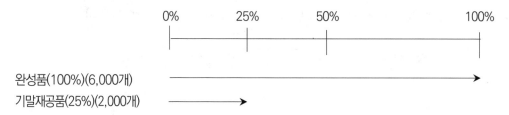

완성품(100%)(6,000개)
기말재공품(25%)(2,000개)

3. 평균법에 의한 완성품환산량

〈1단계〉물량흐름파악　　　　　　　　　　　　　〈2단계〉완성품환산량 계산

평균법				재료비	가공비
기초재공품	1,000(40%)	완성품	6,000(100%)	6,000	6,000
당기투입	7,000	기말재공품	2,000(25%)	2,000	500
계	8,000	계	8,000	8,000	6,500

4. 선입선출법에 의한 완성품환산량

〈1단계〉물량흐름파악　　　　　　　　　　　　　〈2단계〉완성품환산량 계산

선입선출법				재료비	가공비
기초재공품	**1,000(40%)**	완성품	6,000		
		기초재공품	**1,000(60%)**	0	600
		당기투입분	**5,000(100%)**	5,000	5,000
당기투입	7,000	기말재공품	2,000(25%)	2,000	500
계	8,000	계	8,000	7,000	6,100
		평균법 – 선입선출법		1,000	400

선입선출법과 평균법의 수량차이는 기초재공품의 완성품 환산량차이이다.

평균법의 완성품환산량 = 선입선출법의 완성품환산량 + 기초재공품의 완성품 환산량

기초재공품의 완성품 환산량 : 재료비 1,000×100% = 1,000개

가공비 1,000×40% = 400개

<예제 4 - 2> 종합원가계산

1. 기초재공품 : 1,000개(가공비 진척도 40%)
    ① 재료비 : 180,000원   ② 가공비 : 16,000원
2. 당기투입량 : 7,000개
    ① 재료비 : 700,000원   ② 가공비 : 244,000원
3. 기말재공품 : 2,000개(가공비진척도 25%)
4. **재료비는 공정초에 투입되고 가공비는 공정전반에 걸쳐 균등하게 발생한다.**
    평균법과 선입선출법에 의한 완성품원가와 기말재공품원가를 구하시오.

해답

1. 평균법에 의한 종합원가계산

〈1단계〉 물량흐름파악(평균법)				〈2단계〉 완성품환산량 계산	
	평균법			재료비	가공비
기초재공품	1,000(40%)	완성품	6,000(100%)	6,000	6,000
당기투입	7,000	기말재공품	2,000(25%)	2,000	500
계	8,000	계	8,000	8,000	6,500

〈3단계〉 원가요약		180,000+700,000	16,000+244,000
(기초재공품원가+당기투입원가)		880,000	=260,000
		8,000개	6,500개
〈4단계〉 완성품환산량당단위원가		=@110	=@40

〈5단계〉 완성품원가와 기말재공품원가계산
- 완성품원가=6,000개×@110원+6,000개×@40원=900,000원
- 기말재공품원가=2,000개×@110원+500개×@40원=240,000원

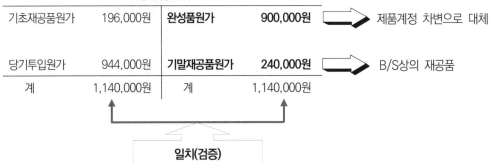

재공품(평균법)

기초재공품원가	196,000원	**완성품원가**	**900,000원**	⇒ 제품계정 차변으로 대체
당기투입원가	944,000원	**기말재공품원가**	**240,000원**	⇒ B/S상의 재공품
계	1,140,000원	계	1,140,000원	

일치(검증)

2. 선입선출법에 의한 종합원가계산

〈1단계〉 물량흐름파악(선입선출법)

〈2단계〉 완성품환산량 계산

선입선출법				재료비	가공비
기초재공품	1,000(40%)	완성품	6,000		
		－기초재공품 1,000(60%)		0	600
		－당기투입분 5,000(100%)		5,000	5,000
당기투입	7,000	기말재공품	2,000(25%)	2,000	500
계	8,000	계	8,000	**7,000**	**6,100**

〈3단계〉 원가요약(당기투입원가)

재료비: 700,000 / 7,000개 = @100

가공비: 244,000 / 6,100개 = @40

〈4단계〉 완성품환산량당 단위원가

〈5단계〉 완성품원가와 기말재공품원가계산

－완성품원가＝초재공품원가＋당기 투입 완성품원가

＝(180,000원＋6,000원)＋5,000개×@100원＋5,600개×@40원＝920,000원

－기말재공품원가＝2,000개×@100원＋500개×@40원＝220,000원

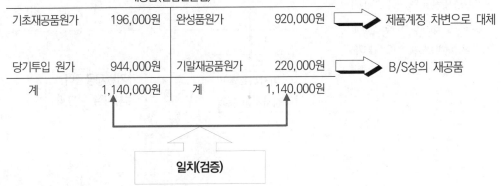

재공품(선입선출법)

기초재공품원가	196,000원	완성품원가	920,000원	⇨ 제품계정 차변으로 대체
당기투입 원가	944,000원	기말재공품원가	220,000원	⇨ B/S상의 재공품
계	1,140,000원	계	1,140,000원	

일치(검증)

제4절 공 손

1. 기본개념

지금까지 100% 생산효율을 가정하여 종합원가계산을 살펴보았으나, 일반적으로 공정 특성상 일정량의 불량품이 발생한다.

공손품은 즉 **정상품에 비하여 품질이나 규격이 미달되는 불합격품**을 말한다.

공손이 발생한 경우 공손품원가를 어떻게 처리할 것인가의 문제가 발생되는데 정확한 제품 원가계산을 위하여 공손을 인식하여 원가계산을 할 수도 있고, 정확성은 떨어지나 계산의 편의를 위하여 공손을 인식하지 않을 수도 있다.

작업폐물(SCRAP)이란 투입된 원재료로부터 발생하는 찌꺼기나 조각을 말하며, 판매가치가 상대적으로 작은 것을 말한다.

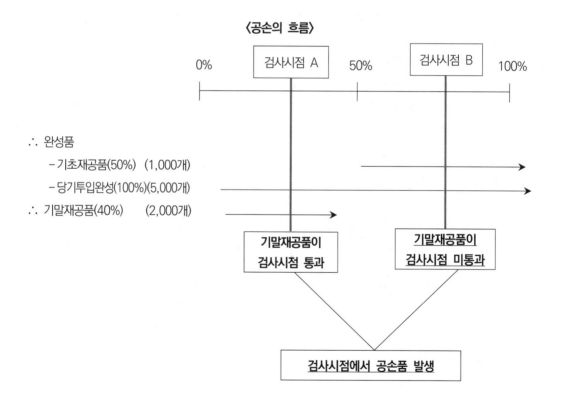

〈공손의 흐름〉

2. 정상공손과 비정상공손

① 정상공손

정상공손은 생산과정에서 어쩔 수 없이 발생하는 공손을 말하는 것으로 이것은 기업이 통제할 수 없는 공손이다.

이러한 정상공손원가는 정상품(완성품)원가와 기말재공품에 가산하여야 한다.

공정에서 정상품과 공손품의 판단은 검사시점에서 한다.

만약 하자가 발생하였다면 검사시점에서 공손품으로 분류하고, 하자가 없다고 판단하면 정상품으로 분류한다.

따라서 **정상공손원가는 기말재공품이 검사시점을 통과하였으면 완성품과 기말재공품에 배분하고 기말재공품이 검사시점을 미통과하였으면 완성품에만 배분한다.**

② 비정상공손

비정상공손은 갑작스런 정전, 기계 고장, 작업자의 부주의로 발생하는데, 제조활동을 효율적으로 수행하면 방지할 수 있는 통제가능한 공손으로서 **비정상공손원가는 영업외비용으로 처리**한다.

	재공품
기초재공품원가	완성품원가
	공손원가
	– 정상공손원가 ⇒ **정상품(완성품, 기말재공품)에 가산**
	– 비정상공손원가 ⇒ **영업외비용**
당기투입원가	기말재공품
계	계

〈공손품 회계처리〉

정상공손원가	제조원가	**기말재공품이 검사시점 통과**	**완성품과 기말재공품에 배부**
		기말재공품이 검사시점 미통과	완성품에만 배부
비정상공손원가	영업외비용		

| <예제 4 - 3> 공손품 수량계산 |

1. 기초재공품 : 1,000개
2. 당기투입량 : 9,000개
3. 완 성 품 : 8,000개
4. 기말재공품 : 1,900개(60%)
5. 정상공손은 완성품의 1%로 가정하고, 정상공손수량과 비정상공손수량은 얼마인가?

해답

재공품

기초재공품	1,000개	완성품	8,000개
		공손품 정상공손	**80개**
		(100개) 비정상공손	**20개**
당기투입	9,000개	기말재공품	1,900개
계	10,000개	계	10,000개

정상공손은 완성품(8,000개)의 1%이므로 80개이고, 비정상공손은 20개이다.

■ ■

제5절 개별원가계산과 종합원가계산의 비교

구 분	개별(작업별)원가계산	종합원가계산
적 용 생 산 형 태	주문생산(다품종소량생산)	대량연속생산(소품종대량생산)
업 종	조선업, 건축업, 항공기제조업	자동차, 전자제품, 정유업
원 가 계 산	**작업별원가계산**(제조지시서, 작업원가표)	**공정별원가계산**(제조원가보고서)
특 징	1. **정확한 원가계산** 2. 시간과 비용이 과다 　(직·간접비 구분) 3. 핵심과제 : 제조간접비 배부	1. **지나친 단순화로 정확도가 떨어진다.** 2. 시간과 비용이 절약 　(투입시점에 따라 원가구분) 3. 핵심과제 : 완성품환산량

연/습/문/제

 객관식

01. 종합원가계산방식에는 평균법과 선입선출법의 방법이 있다. 양 방법으로 제품 및 재공품의 원가를 계산하는 경우에 다음 중 그 결과치가 일치하는 경우는?

① 기초재공품이 없는 경우

② 기말재공품이 없는 경우

③ 가공비가 공정 중에 균등하게 투입되는 경우

④ 가공비가 공정 초에 전량 투입되는 경우

02. 종합원가계산에서 완성품환산량 계산시 다음의 원가항목 중 완성도가 항상 가장 높은 것은?

① 직접재료원가   ② 노무원가   ③ 전공정원가   ④ 가공비

03. 다음 중 공손에 대한 회계처리 중 틀린 것은?

① 비정상공손품은 전체 공손품에서 정상공손품을 공제한 나머지를 의미한다.

② 정상공손은 제품원가의 일부를 구성한다.

③ 기말재공품에 대하여 불량품 검사를 하였을 경우에 비정상공손원가는 기말재공품에도 배부하여야 한다.

④ 공손품과 작업폐물은 같지 않다.

04. 종합원가계산과 관련한 다음 설명 중 잘못된 것은?

① 소품종을 대량생산하는 업종의 원가계산에 적합하다.

② 종합원가계산을 위해서는 물량(수량)흐름 파악이 중요하다.

③ 작업폐물과 같은 비정상공손원가는 영업외비용으로 처리한다.

④ 전공정원가는 물량의 흐름상 완성도가 항상 100%이다.

05. 다음은 원가계산방법에 대한 설명이다. 올바르지 못한 것은?

① 개별원가계산은 제품별로 손익분석 및 계산이 용이하다.

② 개별원가계산에서 제조간접비 배부기준은 인과관계와 상관없이 최대한 쉽게 적용할 수 있어야 한다.

③ 종합원가계산에서는 제조원가를 재료비와 가공비로 분류한다.

④ 종합원가계산에서는 기말재공품을 평균법, 선입선출법, 후입선출법 등에 의해 평가한다.

06. 다음은 개별원가계산과 종합원가계산에 대한 내용이다. 틀린 것은?

① 개별원가는 제조원가보고서에 원가를 집계하나, 종합원가는 작업원가계산표에 원가를 집계하여 통제한다.

② 개별원가는 원가를 개별 작업별로 집계하나, 종합원가는 공정별로 집계한다.

③ 개별원가는 원가를 직접비와 간접비로 구분하나, 종합원가는 재료비와 가공비로 구분한다.

④ 개별원가는 이종제품을 소량으로 생산하는 기업에 적합하며, 종합원가는 동종제품을 대량으로 연속적인 제조과정에서 생산하는 기업에 적합하다.

07. 종합원가계산에서 완성품환산량을 계산할 때 일반적으로 재료비와 가공비로 구분하여 원가요소별로 계산하는 가장 올바른 이유는 무엇인가?

① 직접비와 간접비의 구분이 중요하기 때문에

② 고객의 주문에 따라 제품을 생산하는 주문생산형태에 적합한 생산방식이므로

③ 기초재공품원가와 당기발생원가를 구분해야하기 때문에

④ 일반적으로 재료비와 가공비의 투입시점이 다르기 때문에

08. 신발을 제조하는 제화업처럼 동일한 공정에서 동일한 재료를 사용하여 제품의 모양, 크기, 품질규격 등이 서로 다른 동종제품을 계속적으로 생산하는 경우에 가장 적합한 원가계산방법은?

① 공정별 종합원가계산

② 등급별 종합원가계산

③ 결합원가계산

④ 개별원가계산

09. 다음은 공손원가에 대한 설명이다. 틀린 것은?

① 공손품이란 품질검사시 표준 규격이나 품질에 미달하는 불합격품을 말한다.

② 공손품원가는 정상공손원가와 비정상공손원가로 구분되는데, 정상공손원가는 제조비용에 가산하고, 비정상공손원가는 영업외비용으로 처리한다.

③ 공손품의 발생시점(불량품 검사시점)이 기말재공품의 완성도 이후인 경우에는 정상공손품의 원가를 완성품과 기말재공품에 산입한다.

④ 작업폐물이란 원재료를 가공하는 과정에서 발생하는 매각 또는 이용가치가 있는 폐물로써 공손품과는 별개의 개념이다.

10. 공손에 대한 설명으로 틀린 것은?

① 비정상공손은 공손이 발생한 기간의 영업외비용으로 처리한다.

② 정상공손은 원가에 포함한다.

③ 공손품은 일정수준에 미달하는 불합격품을 말한다.

④ 작업폐물은 공손품으로 분류한다.

11. 개별원가계산과 종합원가계산의 비교가 옳지 않은 것은?

① 개별원가계산에서는 제조간접비의 배부과정이 필요하나, 종합원가계산에서는 꼭 필요한 것은 아니다.

② 개별원가계산은 다품종의 제품생산에 적합하나, 종합원가계산은 동일종류 제품생산에 적합하다.

③ 개별원가계산에는 완성품환산량을 적용하나, 종합원가계산에는 그러하지 않다.

④ 개별원가계산과 종합원가계산은 주로 제조업분야에서 활용되는 원가계산방식이다.

12. 공손비의 회계처리에 관한 설명 중 가장 틀린 것은?

① 개별원가계산에서 정상적인 공손비는 공손이 발생한 부문의 제조간접비로 처리할 수 있다.

② 정상적인 공손비가 특정제품에서 불가피하게 발생되는 경우에는 그 특정제조작업지시서에 배부할 수 있다.

③ 원가계산준칙에서 정상공손비는 당해 제품의 제조원가에 부과 하도록 하고 있다.

④ 원가계산준칙에서 비정상공손비는 제조간접비로 처리하도록 하고 있다.

13. 공손원가를 회계처리할 때 다른 조건이 동일하다고 가정하면, 다음 중 당기순이익을 가장 크게 계상하는 회계처리방법은? (단, 당기완성품 중 판매된 제품이 있다고 가정한다.)

① 공손원가를 재공품,매출원가,기말제품의 금액에 비례하여 배분하는 경우

② 공손원가를 재공품과 완성품의 금액에 비례하여 배분하는 경우

③ 공손원가를 재공품에만 배분하는 경우

④ 공손원가를 영업외비용으로 계상하는 경우

14. 다음은 (주)세원의 제조활동과 관련된 물량흐름이 다음과 같을 때 다음 중 잘못된 것은?

• 기초재공품	200개	• 당기완성수량	800개
• 당기착수량	800개	• 기말재공품	50개

① 공손품 물량은 150개이다.

② 정상공손품의 기준을 완성품의 10%라고 할 경우에는 비정상공손의 수량은 70개이다.

③ 정상공손원가는 완성품 또는 재공품에 배분한다.

④ 비정상공손원가는 작업폐물로 처리되므로 제조원가에 가산되면 안된다.

15. (주)한국제조는 품질검사를 통과한 정상품(양품)의 10%만을 정상공손으로 간주하며 나머지는 비정상공손이다. 다음 중 틀린 것은?

재 공 품			
기초재공품	1,000개 (완성도 30%)	당기완성품	7,000개
		공 손 품	1,000개
당기투입분	9,000개	기말재공품	2,000개 (완성도 45%)
계	10,000개	계	10,000개

① 품질검사를 공정의 50%시점에서 한다고 가정하였을 경우에 정상공손품은 700개이다.

② 품질검사를 공정의 40%시점에서 한다고 가정하였을 경우에 정상공손품은 900개이다.

③ 품질검사를 공정의 50%시점에서 한다고 가정하였을 경우에 정상공손원가는 당기 완성품원가와 기말재공품원가에 각각 배부하여야 한다.

④ 비정상공손원가는 품질검사시점과 상관없이 제조원가에 반영되어서는 안된다.

주관식

01. 완성품은 1,000개이고, 기말재공품은 500개(완성도 40%)인 경우 평균법에 의한 종합원가계산에서 재료비(ⓐ)및 가공비 완성품 환산량(ⓑ)은 몇 개인가? (재료는 공정 50%시점에 전량 투입되며, 가공비는 전공정에 균일하게 투입된다.)

02. (주)일산은 당월초부터 신제품의 생산을 시작하였으며, 당월에 2,000개를 생산에 착수하여 이 중 70%는 완성하고, 30%는 월말재고(완성도50%)로 남아있다. 원재료는 공정초기에 전량투입되며, 가공비는 전공정에 걸쳐 균등투입된다. 재료비(ⓐ)와 가공비(ⓑ)의 완성품 환산량을 계산하면?

03. 다음 자료를 보고 종합원가계산시 당기에 완성된 제품의 제조원가를 구하면? 단, 재료는 공정초기에 모두 투입되며, 평균법에 의한다.

- 기초재공품 원가 – 재료비 : 18,000원, 가공비 : 23,000원
- 당기총제조 비용 – 재료비 : 30,000원, 가공비 : 40,000원
- 기말재공품 수량 – 200개(완성도 : 50%)
- 당기완성품 수량 – 600개

04. 완성품은 500개이며, 기초재공품은 없으며 기말재공품은 200개(완성도 60%)이다. 가공비는 1,500,000원이 발생하였다. 가공비의 완성품 환산량 단위당 원가는 얼마인가? (재료는 공정초에 모두 투입되고, 가공비는 공정 전반에 걸쳐 균등하게 투입된다. 원단위 미만은 절사함)

05. (주)부산상사는 종합원가계산시스템을 사용하여 제품원가계산을 하고 있다. 당기에 36,000단위를 생산에 착수하였으며, 35,000단위를 완성하였다. 원재료와 가공비는 공정전반에 걸쳐 균등하게 발생할 경우 선입선출법을 사용하여 완성품 환산량(ⓐ재료비, ⓑ가공비)을 계산하면 각각 몇 단위인가?

	물량	재료비 완성도	가공비 완성도
기초재공품	5,000단위	100%	40%
기말재공품	6,000단위	90%	50%

06. 다음 자료를 보고 선입선출법에 의한 가공비의 완성품환산량을 계산하면 얼마인가?

> - 기초재공품 : 10,000단위 (완성도 : 60%)   - 기말재공품 : 20,000단위 (완성도 : 50%)
> - 착 수 량 : 30,000단위   - 완성품수량 : 20,000단위
> - 원재료는 공정 초에 전량 투입되고, 가공비는 공정전반에 걸쳐 균등하게 발생한다.

07. 다음 자료를 보고 종합원가계산시 평균법에 의한 기말재공품 완성도를 계산하면?

> - 당기완성품 수량 : 100개   - 기말재공품수량 : 50개
> - 기초 재공품가공비 : 50,000원   - 당기투입가공비 : 450,000원
> - 기말 재공품가공비 : 100,000원

08. 다음 자료를 보고 종합원가계산시 비정상공손 수량을 계산하면? 단, 정상공손은 완성품수량의 5%로 가정할 것.

> - 기초재공품   200개   - 당기착수량   800개
> - 기말재공품   100개   - 공손수량   80개

09. 다음 자료에 의하여 평균법에 의한 기말재공품 원가를 계산하면 얼마인가? 단, 모든 원가요소는 제조 진행정도에 따라 투입된다.

> - 기초재공품 원가 : 직접재료비 320,000원, 노무비 830,000원, 경비 280,000원
> - 당기제조원가 : 직접재료비 3,700,000원, 노무비 4,300,000원, 경비 2,540,000원
> - 완성품 수량 : 2,000개
> - 기말재공품 수량 : 200개(완성도 50%)

연/습/문/제 답안

🔑 객관식

1	2	3	4	5	6	7	8	9	10	11	12	13	14	15
①	③	③	③	②	①	④	②	③	④	③	④	③	④	③

[풀이 - 객관식]

01. **기초재공품이 없는 경우에는 평균법과 선입선출법의 결과치는 일치**한다.

03. 비정상공손품은 영업외비용으로 처리한다.

04. 작업폐물은 공손품에 해당하지 않는다.

05. 배부기준은 **인과관계를 고려하여 최대한 쉽게 적용**할 수 있어야 한다.

06. 개별원가는 작업원가계산표에 개별작업의 원가를 집계하여 통제하나, 종합원가는 공정별제조원가보고서에 공정원가를 집계하여 통제한다.

07. **재료비와 가공비의 투입시점이 다르기 때문**에 완성품환산량을 별도로 계산한다.

09. 공손품의 발생시점(불량품 검사시점)이 기말재공품의 완성도 이후인 경우에는 기말재공품은 불량품 검사를 받지 않았으므로 기말재공품에는 정상공손품원가가 배분되지 아니한다.

11. 종합원가 계산에서 완성품환산량을 적용한다.

12. 원가계산준칙에서 **비정상적인 공손비는 영업외비용으로 처리**하도록 하고 있다.

13. **모든 공손원가를 자산(재공품, 완성품)으로 계상시 이익이 가장 커진다.** 여기서 완성품 중 판매된 제품이 있다고 했으므로 완성품원가 중 일부는 매출원가로 반영되었다. 따라서 공손원가를 재공품으로 처리시 가장 이익이 크게 나타난다.

14. ① 공손품 : 기초재공품(200개)+당기착수량(800개) - 당기완성수량(800개) - 기말재공품(50개) = 150개

② 비정상공손품 : 공손품(150개) - 완성수량(800개) × 10% = 70개

④ 공손은 불량품을 말하며, 생산과정에서 부수적으로 발생하는 작업폐물은 부산물에 대한 설명이다.

15.

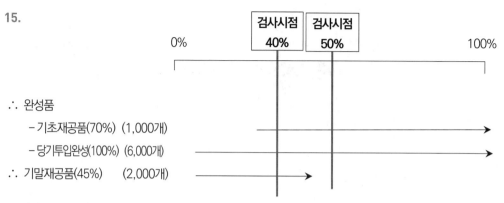

∴ 완성품
- 기초재공품(70%) (1,000개)
- 당기투입완성(100%) (6,000개)
∴ 기말재공품(45%)　(2,000개)

① 정상공손품 = (1,000개 + 6,000개) × 10% = 700개
② 정상공손품 = (1,000개 + 6,000개 + 2,000개) × 10% = 900개
③ 품질검사를 공정의 50%시점에서 한다고 가정하였을 경우에 공손품은 완성품에서만 발생되므로 기말재공품(진척도 45%)에 공손품원가를 배부할 필요가 없다.

○━ 주관식

01	ⓐ 1,000개 ⓑ 1,200개	02	ⓐ 2,000개 ⓑ 1,700개	03	90,000원
04	2,419원	05	ⓐ 35,400단위 ⓑ 36,000단위	06	24,000단위
07	50%	08	39개	09	570,000원

[풀이 - 주관식]

01.　　〈1단계〉 물량흐름파악　　　　　　〈2단계〉 완성품환산량 계산

평균법			재료비	가공비
	완 성 품	1,000	1,000	1,000
	기말재공품	500 (40%)	0	200
	계	1,500	*1,000*	*1,200*

* 기말재공품은 완성도가 50%에 도달하지 않았으므로 재료비의 완성품 환산량은 0개임.

02. *당월부터 신제품의 생산을 시작했으므로 평균법이나 선입선출법이나 같은 답이 도출된다.*

〈1단계〉 물량흐름파악 〈2단계〉 완성품환산량 계산

평균법			재료비	가공비
완 성 품	1,400		1,400	1,400
기말재공품	600 (50%)		600	300
계	2,000		*2,000*	*1,700*

03. 〈1단계〉 물량흐름파악 〈2단계〉 완성품환산량 계산

평균법			재료비	가공비
완 성 품	600		600	600
기말재공품	200 (50%)		200	100
계	800		800	700

〈3단계〉 원가요약   18,000 + 30,000   23,000 + 40,000

= 48,000   = 63,000

〈4단계〉 완성품환산량당   800개   700개

단위원가   = @60   = @90

〈5단계〉 완성품원가와 기말재공품원가계산

- 완성품원가(제품제조원가) = 600개 × @60원 + 600개 × @90원 = **90,000원**

04. 〈1단계〉 물량흐름파악 〈2단계〉 완성품환산량 계산

평균법			재료비	가공비
완 성 품	500			500
기말재공품	200 (60%)			120
계	700			620

〈3단계〉 원가요약   1,500,000

620개

〈4단계〉 완성품환산량당 단위원가   *= @2,419*

05.

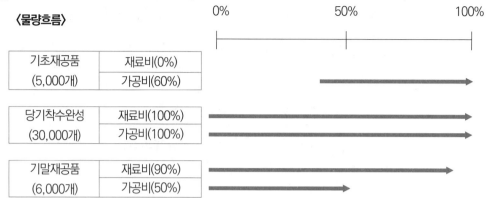

제조원가보고서(물량흐름과 완성품환산량)

선입선출법			완성품환산량	
			직접재료비	가공비
완성품	기초재공품	5,000(0, 60%)	0	5,000×(60%)=3,000
	당기착수완성	30,000(100%, 100%)	30,000	30,000
기말재공품		6,000(90%, 50%)	6,000×90%=5,400	6,000×50%=3,000
계		41,000	*35,400*	*36,000*

06. 〈1단계〉 물량흐름파악　　　　　　〈2단계〉 완성품환산량 계산

선입선출법			재료비	가공비
	완 성 품			
	– 기초재공품	10,000 (40%)	0	4,000
	– 당기투입분	10,000 (100%)	10,000	10,000
	기말재공품	20,000 (50%)	20,000	10,000
	계	40,000	**30,000**	**24,000**

260

07.

〈1단계〉 물량흐름파악			〈2단계〉 완성품환산량 계산	
평균법			재료비	가공비
	완 성 품	100		100
	기말재공품	50 (X%)		50X
	계	150		100＋50X

〈3단계〉 원가요약 $\underline{50,000＋450,000}$

〈4단계〉 완성품환산량당 단위원가   (100＋50X)개

       기말재공품원가＝(500,000)/(100＋50X)×50X＝100,000

       500,000×50X＝100,000×(100＋50X)

       25,000,000X＝10,000,000＋5,000,000X

       20,000,000X＝10,000,000   ∴ X＝0.5**_(50%)_**

08.

재공품				
기초재공품	200개	완성품		820개
		공손품	**정상공손(820×5%)**	**41개**
		(80개)	_비정상공손(?)_	_39개_
당기투입	800개	기말재공품		100개
계	1,000개	계		1,000개

09.

〈1단계〉 물량흐름파악			〈2단계〉 완성품환산량 계산
평균법			**원가** **(직접재료비＋직접노무비＋제조간접비)**
	완 성 품	2,000	2,000
	기말재공품	200 (50%)	100
	계	2,200	2,100

〈3단계〉 원가요약 $\underline{1,430,000＋10,540,000}$

                        2,100개

〈4단계〉 완성품환산량당단위원가   ＝@5,700원

       기말재공품원가＝100개×@5,700원＝**_570,000원_**

Part III

부가가치세

부가가치세의 기본개념

NCS세무 - 3   부가가치세 신고

제1절   부가가치세의 의의

1. 부가가치란?

부가가치란 재화 또는 용역이 생산되거나 유통되는 각각의 거래단계에서 새로이 창출된 가치의 증가분을 말한다. 이러한 부가가치를 과세대상으로 하는 조세를 부가가치세라 한다.

부가가치 = 매출액 − 매입액

2. 부가가치세

부가가치를 과세대상으로 하는 조세를 부가가치세라 한다.

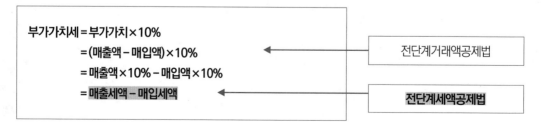

$$부가가치세 = 부가가치 \times 10\%$$
$$= (매출액 − 매입액) \times 10\% \quad \longleftarrow \quad \boxed{전단계거래액공제법}$$
$$= 매출액 \times 10\% − 매입액 \times 10\%$$
$$= 매출세액 − 매입세액 \quad \longleftarrow \quad \boxed{전단계세액공제법}$$

3. 부가가치의 흐름(전단계세액공제법)

불일치 → 간접세

	사업자(납세의무자)		≠	소비자 (담세자)
	맥주회사	주류상	호프집	
부가가치	10,000	5,000	3,000	18,000(소비)
공급가액	10,000	15,000	18,000	
매출세액(A)	1,000*	1,500*	1,800*	
매입세액(B)	0	1,000	1,500	
납부세액(A – B)	1,000	500	300	1,800(부담)

납부   납부   납부

(사업장 관할세무서장)

* 공급자가 공급받는 자로부터 거래징수하고 세금계산서를 교부

4. 현행 부가가치세의 특징

구 분	내 용
일반소비세	모든 재화, 용역의 공급에 대하여 모두 과세한다.**(특정 재화는 개별소비세)** ☞개별소비세 : 특정물품(주로 사치품)이나 특정장소(골프장 등)의 입장 및 특정장소에서의 영업행위에 대하여 부과하는 세금
소비형 부가가치세	소비지출에 해당하는 부가가치만을 과세대상으로 하고, 투자지출(자본재구입)에 해당하는 부가가치에 대해서는 과세하지 아니한다.
전단계 세액공제법	부가가치세법은 전단계세액공제법을 채택하고 있으므로 과세대상을 부가가치가 아니라 거래간의 매출과 매입의 차이에 과세하는 것으로 규정하고 있다.
간접세	납세의무자는 부가가치세법상 사업자 등이고 담세자는 최종소비자이다.
소비지국 과세원칙	현행 부가가치세법에서는 국가 간의 이중과세를 조정하기 위하여 소비지국과세원칙을 채택하고 있다(VS 생산지국 과세원칙).
면세제도 도입	세부담의 역진성을 완화하기 위하여 특정 재화 또는 용역의 공급에 대해서는 부가가치세 과세대상에서 제외시키는 면세제도를 두고 있다. ☞세부담 역진성 : 소득이 낮은 사람이 세부담을 더 많이 지는 것을 의미한다.
다단계거래세	부가가치세는 재화와 용역의 생산과정에서 소비과정에 이르는 모든 유통단계에서 각 단계마다 과세하는 다단계거래세이다.

265

> **제2절** 납세의무자

1. 납세의무자의 개요

부가가치세의 납세의무자는 사업자이고, 부가가치세의 부담은 최종소비자가 진다.

2. 사업자

(1) 사업자의 개념

부가가치세법상 납세의무자는 사업자이다. 즉 사업자란 **영리목적의 유무에 불구(국가나 지방자치단체 등도 포함)**하고 사업상 독립적으로 재화 또는 용역을 공급하는 자이다.

　㉠ **계속 반복적으로 재화나 용역을 공급**한다.
　㉡ **사업이 독립성(인적, 물적)**이 있어야 한다.

(2) 사업자의 분류

유　　형		구 분 기 준	부가가치세 계산구조	증빙발급
부가가치세법	일반 과세자	① 법인사업자	**매출세액 – 매입세액**	**세금계산서**
		② 개인사업자		
	간이 과세자	개인사업자로서 **직전 1역년의 공급대가가 1억 4백만원에 미달**하는 자	**공급대가×부가가치율 ×10%**	세금계산서[1] 또는 영수증
소득세법	면세 사업자	부가가치세법상 사업자가 아니고 소득세법(법인세법)상 사업자임.	납세의무 없음	계산서

*1. 직전연도 공급대가 합계액의 4,800만원이상의 간이과세자는 세금계산서를 발급해야 한다.

| 제3절 | 납세지(사업장별 과세원칙) |

1. 납세지의 개념

납세지란 관할세무서를 결정하는 기준이 되는 장소를 말하며, 부가가치세법상 납세지는 사업장별로 판정한다. 사업자는 각 사업장별로 다음과 같은 납세의무의 이행을 하여야 한다.

① 사업자등록

② 세금계산서의 발급 및 수취

③ 과세표준 및 세액의 계산

④ 신고 · 납부 · 환급

⑤ 결정 · 경정 및 징수

☞ 결정 : 법인이 무신고시 과세관청이 납세의무를 확정하는 것

　경정 : 법인이 신고한 금액에 오류가 있어 과세관청이 재확정하는 것

2. 사업장

(1) 사업장의 범위 : **업종별 특성을 이해하세요.**

구　　분	사　업　장
광　　　　　업	광업사무소의 소재지
제　　조　　업	**최종제품을 완성하는 장소**
건설업 · 운수업과 **부 동 산 매 매 업**	① 법인 : **당해 법인의 등기부상 소재지**
	② 개인 : **업무를 총괄하는 장소**
부 동 산 임 대 업	**당해 부동산의 등기부상의 소재지**
수 자 원 개 발 사 업	그 사업에 관한 업무를 총괄하는 장소
무 인 자 동 판 매 기를 통 한 사 업	**그 사업에 관한 업무를 총괄하는 장소**
비 거 주 자 · 외국법인	국내사업장
기　　　　　타	사업장 외의 장소도 사업자의 신청에 의하여 사업장으로 등록할 수 있다. 다만, 무인자동판매기를 통한 사업의 경우에는 그러하지 아니하다.

(2) 특수한 경우의 사업장 여부

직 매 장	사업자가 자기의 사업과 관련하여 생산 또는 취득한 재화를 직접 판매하기 위하여 특별히 판매시설을 갖춘 장소를 직매장이라 하고, **직매장은 사업장에 해당한다.**
하 치 장	재화의 보관, 관리시설만을 갖춘 장소로서 사업자가 설치신고를 한 장소를 하치장이라 하며 **이러한 하치장은 사업장에 해당하지 않음**
임시사업장	기존사업장이 있는 사업자가 그 사업장 이외에 각종 경기대회·박람회·기타 이와 유사한 행사가 개최되는 장소에서 임시로 개설한 사업장을 말한다. **기존사업장에 포함된다.**

3. 주사업장 총괄납부 및 사업자단위과세

(1) 주사업장 **총괄납부**제도의 개념

한 사업자가 2 이상의 사업장을 가지고 있는 경우 원칙적으로 각 사업장별로 납세의무가 있다.

사업자는 주사업장 총괄납부신청에 의해 **각 사업자의 납부세액 또는 환급세액을 통산하여 주된 사업장에서 납부하거나 환급받을 수 있는데**, 이를 주사업장 총괄납부라 한다.

(2) 사업자 단위의 과세제도의 개념

2 이상의 사업장이 있는 사업자가 당해 사업자의 본점 또는 주사무소에서 **총괄하여 신고·납부할** 수 있다. 이 경우 당해 사업자의 본점 또는 주사무소는 신고·납부와 관련한 부가가치세법의 적용에 있어서 각 사업장으로 간주하므로 **납부 이외에 신고도 본점 또는 주사무소에서 총괄하여 처리할 수 있다는 점이 중요한 차이점이다.**

〈주사업장총괄납부와 사업자단위 과세의 비교〉

구 분	주사업장총괄납부	사업자단위과세
주사업장 또는 사업자단위과세사업장	– 법인 : 본점 또는 지점 – 개인 : 주사무소	**– 법인 : 본점** – 개인 : 주사무소
효 력	–총괄납부	–총괄신고·납부 –사업자등록, 세금계산서발급, 결정 등
	–판매목적 타사업장 반출에 대한 공급의제 배제	
신청 및 포기	**–계속사업자의 경우 과세기간 개시 20일 전(승인사항이 아니다)**	

제4절 과세기간

1. 과세기간

부가가치세법상 과세기간은 원칙적으로 제1기(1.1~6.30), 제2기(7.1~12.31)로 나누어져 있다. 사업자는 **과세기간 종료일(폐업하는 경우에는 폐업일이 속하는 달의 말일)로부터 25일 이내에 과세기간의 과세표준과 세액을 신고·납부**를 해야 하는 데 이를 확정신고납부라고 한다.

구 분	과 세 기 간
일 반 사 업 자	(제1기) 1월 1일부터 6월 30일까지
	(제2기) 7월 1일부터 12월 31일까지
간 이 과 세 자	(제1기) 1월 1일부터 12월 31일까지
신 규 사 업 자	① 신규사업자의 경우 : 사업개시일 ~ 당해 과세기간의 종료일
	② 사업개시 전 등록의 경우 : 등록일(등록신청일) ~ 당해 과세기간의 종료일
폐 업 자	① 폐업자의 경우 : 당해 과세기간 개시일 ~ 폐업일
	② 사업개시 전에 등록한 후 사업을 미개시한 경우 : 등록일(등록신청일) ~ 사실상 그 사업을 개시하지 아니하게 되는 날

*1. 사업개시일

제조업	제조장별로 재화의 제조를 개시하는 날
광 업	사업장별로 광물의 채취·채광을 개시하는 날
기 타	재화 또는 용역의 공급을 개시하는 날

2. 예정신고기간

구 분	예정신고기간
일반사업자	(제1기) 1월 1일부터 3월 31일 까지
	(제2기) 7월 1일부터 9월 30일 까지
신규사업자	1) 신규사업자의 경우 : 사업개시일 ~ 예정신고기간 종료일
	2) 사업개시 전 등록의 경우 : 등록일(등록신청일) ~ 예정신고기간의 종료일

제5절　사업자등록

1. 사업자등록의 개념

사업자등록이란 부가가치세법상 납세의무자에 해당하는 사업자 및 그에 관련되는 사업내용을 관할세무관서의 대장에 수록하는 것을 말한다. 이는 사업자의 인적사항 등 과세자료를 파악하는데 적합한 사항을 신고하면 대장에 등재되고 사업자등록번호를 부여받게 된다.

〈사업자등록 미행시 불이익〉

1. 미등록가산세	**사업자등록신청일 전일까지의 공급가액에 대하여 1%**
2. 매입세액불공제	사업자등록 전 매입세액은 원칙적으로 공제받을 수 없다. 다만 과세기간이 끝난 후 20일 이내에 사업자 등록신청 시 해당 과세기간의 매입세액은 공제받을 수 있다. 따라서 사업자 등록 전에는 **대표자의 주민등록번호분으로 세금계산서를 발급**받아야 매입세액을 공제받을 수 있다.

☞ 사업자등록신청을 받은 세무서장은 그 신청내용을 조사한 후 **사업자등록증을 2일 이내에 신청자에게 발급**하여야 한다.

2. 사업자등록의 신청

사업자등록을 하고자 하는 자는 사업장마다 **사업개시일로부터 20일 이내**에 사업자등록신청서에 다음의 서류를 첨부하여 사업장 관할세무서장에게 등록하여야 한다.

구　분	첨부서류	예　외
법　인	법인 등기부 등본	사업개시 전 등록 : 법인설립 등기 전에 등록시 발기인의 주민등록등본
법령에 의하여 허가를 받거나 등록 또는 신고를 하여야 하는 사업의 경우	사업허가증사본·사업등록증 사본 또는 신고필사본	사업개시 전 등록 : 사업허가신청서 사본, 사업등록신청서 사본, 사업계획서
사업장을 임차한 경우	임대차계약서사본	

3. 사업자등록의 사후관리

(1) 사업자등록증의 정정신고 및 재교부

사업자가 다음에 해당하는 경우에는 지체 없이 사업자등록정정신고서에 사업자등록증 및 임차한 상가건물의 해당 부분의 도면(임대차의 목적물 또는 그 면적의 변경이 있거나 상가건물의 일부분을 임차 갱신하는 경우에 한함)을 첨부하여 관할세무서장에게 제출하며, 사업자등록의 정정신고를 받은 세무서장은 법정기한 내에 경정내용을 확인하고 사업자등록증의 기재사항을 정정하여 등록증을 재교부한다.

사업자등록 정정사유	재교부기한
∴ **상호를 변경하는 때**	**당일**
∴ 법인 또는 국세기본법에 의하여 법인으로 보는 단체 외의 단체 중 소득세법상 1 거주자로 보는 단체의 대표자를 변경하는 때	2일 이내
∴ **상속(증여는 폐업사유임)**으로 인하여 사업자의 명의가 변경되는 때	
∴ 임대인, 임대차 목적물·그 면적, 보증금, 차임 또는 임대차기간의 변경이 있거나 새로이 상가건물을 임차한 때	
∴ 사업의 종류에 변동이 있는 때	
∴ 사업장(사업자 단위 신고·납부의 경우에 종된사업장 포함)을 이전하는 때	
∴ 공동사업자의 구성원 또는 출자지분의 변경이 있는 때	
∴ 사업자 단위 신고·납부의 승인을 얻은 자가 총괄사업장을 이전 또는 변경하는 때	

(2) 휴업·폐업 등의 신고

사업자가 휴업 또는 폐업하거나 사업개시 전에 등록한 자가 사실상 사업을 개시하지 아니하게 되는 때에는 휴업(폐업)신고서에 사업자등록증과 주무관청에 폐업신고를 한 사실을 확인할 수 있는 서류의 사본을 첨부하여 관할세무서장에게 제출한다.

연/습/문/제

01. 다음 중 우리나라의 부가가치세의 특징이 아닌 것은?

① 다단계소비세
② 간접세
③ 물세(物稅)
④ 소득에 대한 과세

02. 다음 중 부가가치세법상 사업장으로 잘못된 것은?

① 부동산임대업 : 그 사업에 관한 업무를 총괄하는 장소
② 제조업 : 최종 제품을 완성하는 장소
③ 광　업 : 광업사무소 소재지
④ 사업장을 설치하지 않는 경우 : 사업자의 주소 또는 거소

03. 다음 중 부가가치세법상 사업자등록과 관련된 설명으로 적절하지 않은 것은?

① 신규사업자는 사업개시일부터 20일 이내에 사업자등록을 하여야 한다.
② 사업자등록은 반드시 사업장마다 하여야 한다.
③ 신규로 사업을 개시하려는 자는 사업개시일 전이라도 사업자등록을 할 수 있다.
④ 세무서장은 원칙적으로 사업자등록증을 법에서 정한 기한 내에 교부하여야 한다.

04. 다음 중 우리나라 부가가치세의 특징이 아닌 것은?

① 학교와 같은 비영리단체는 부가가치세의 납세의무자가 될 수 없다.
② 과세재화와 용역을 최종 소비하는 자가 부가가치세를 부담한다.
③ 사업장마다 사업자등록을 하는 것이 원칙이다.
④ 법인의 본점에서 전체지점에 대한 세금계산서를 일괄 발행하는 제도가 있다.

05. 다음 중 부가가치세법상 업종별 사업장에 대한 설명으로 틀린 것은?

① 광업에 있어서는 광업사무소의 소재지를 사업장으로 한다.

② 제조업에 있어서는 최종제품을 완성하는 장소를 사업장으로 한다. 다만, 따로 제품의 포장만을 하는 장소는 제외한다.

③ 건설업에 있어서는 사업자가 법인인 경우 각 현장사무소를 사업장으로 한다.

④ 부동산임대업에 있어서는 그 부동산의 등기부상의 소재지를 사업장으로 한다.

06. 부가가치세법상 사업자등록(개인)의 정정사유가 아닌 것은?

① 사업장을 이전하는 때

② 사업자(대표자) 명의변경

③ 새로운 사업의 종류를 추가할 때

④ 상속으로 인하여 사업자의 명의가 변경되는 때

07. 다음 중 부가가치세법상 사업자등록과 관련된 설명 중 틀린 것은?

① 사업자는 사업장마다 사업개시일 부터 20일내에 사업자등록을 하여야 한다.

② 신규로 사업을 시작하려는 자는 사업개시일 전이라도 사업자등록을 할 수 있다.

③ 사업자등록의 신청을 받은 관할세무서장은 신청일 부터 2일이내에 사업자등록증을 신청자에게 발급하는 것이 원칙이다.

④ 상속으로 인하여 사업자의 명의가 변경되는 때에는 폐업을 하고 신규로 사업자등록을 하여야 한다.

08. 다음 부가가치세법상 사업자등록에 관한 설명 중 가장 잘못된 것은?

① 사업자는 사업자등록의 신청을 사업장 관할 세무서장이 아닌 다른 세무서장에게도 할 수 있다.

② 사업장이 둘 이상인 사업자는 사업자 단위로 해당 사업자의 본점 또는 주사무소 관할 세무서장에게 등록을 신청할 수 있다.

③ 사업자등록의 신청을 받은 사업장 관할 세무서장은 신청자가 사업을 사실상 시작하지 아니할 것이라고 인정될 때에는 등록을 거부할 수 있다.

④ 사업자 단위로 사업자등록신청을 한 경우에도 사업자단위 과세가 적용되는 각각의 사업장마다 다른 사업자등록번호를 부여한다.

09. 다음은 부가가치세법상 사업자 단위 과세제도에 대한 설명이다. 가장 틀린 것은?

① 사업장이 둘 이상 있는 경우에는 사업자 단위과세제도를 신청하여 주된 사업장에서 부가가치세를 일괄하여 신고와 납부, 세금계산서 수수를 할 수 있다.

② 주된 사업장은 법인의 본점(주사무소를 포함한다) 또는 개인의 주사무소로 한다. 다만, 법인의 경우에는 지점(분사무소를 포함한다)을 주된 사업장으로 할 수 있다.

③ 주된 사업장에 한 개의 사업자등록번호를 부여한다.

④ 사업장 단위로 등록한 사업자가 사업자 단위 과세 사업자로 변경하려면 사업자 단위 과세 사업자로 적용받으려는 과세기간 개시 20일 전까지 변경등록을 신청하여야 한다.

10. 다음은 ㈜대한의 법인등기부등본상의 기재사항들이다. 부가가치세법상 사업자등록 정정사유가 아닌 것은?

① ㈜대한에서 ㈜민국으로 상호변경

② ㈜대한의 대표이사를 A에서 B로 변경

③ ㈜대한의 자본금을 1억원에서 2억원으로 증자

④ ㈜대한의 사업종류에 부동산 임대업을 추가

11. 다음 중 부가가치세법상 주사업장 총괄납부제도에 대한 설명으로 틀린 것은?

① 사업장이 둘 이상 있는 경우에는 주사업장 총괄납부를 신청하여 주된 사업장에서 부가가치세를 일괄하여 납부하거나 환급받을 수 있다.

② 주된 사업장은 법인의 본점(주사무소를 포함한다) 또는 개인의 주사무소로 한다.
다만, 법인의 경우에는 지점(분사무소를 포함한다)을 주된 사업장으로 할 수 있다.

③ 주된 사업장에 한 개의 등록번호를 부여한다.

④ 납부하려는 과세기간 개시 20일 전에 주사업장 총괄 납부 신청서를 주된 사업장의 관할 세무서장에게 제출하여야 한다.

MEMO

연/습/문/제 답안

1	2	3	4	5	6	7	8	9	10	11				
④	①	②	①	③	②	④	④	②	③	③				

[풀이]

01. 부가가치세제는 과세대상인 재화 및 용역의 거래액에 대한 과세제도이다.

02. 부동산임대업은 부동산의 등기부상 소재지

03. 사업자단위과세사업자는 당해 **사업자의 본점 또는 주사무소에서 사업자등록을 할 수 있다.**

04. **영리유무와 관계없다.**

05. 건설업을 영위하는 법인사업자의 사업장은 법인 등기부상의 소재지로 한다.

06. 개인기업의 경우 사업자(대표자)명의 변경 시에는 폐업신고를 하고 새로운 사업자가 새로운 사업자 등록을 해야 한다. 그러나 **법인의 대표자 변경은 사업자등록 정정사유**에 해당한다.

07. 상속은 사업자등록정정사유이나, 증여인 경우 수증자는 신규사업자등록신청을 해야 하고 증여자는 폐업사유에 해당한다.

08. 등록번호는 사업장마다 관할 세무서장이 부여한다. 다만, **사업자 단위로 등록 신청을** 한 경우에는 사업자 단위 과세 적용 사업장에 **한 개의 등록번호를 부여**한다.

09. **법인의 경우 본점만 주된 사업장이 가능**하다.

10. **법인의 자본금 변동사항**은 사업자등록을 정정해야할 사항은 아니고 **법인등기부등본만 변경**하면 된다.

11. 주사업장 총괄납부제도가 아닌, 사업자단위과세제도에 대한 설명이다. 사업자등록번호는 사업장마다 관할세무서장이 부여하나, **사업자 단위로 등록신청을 한 경우**에는 사업자단위 과세적용사업장에 **한 개의 등록번호를 부여**한다.

과세거래

NCS세무 - 3   부가가치세 신고

제1절   과세거래의 개념

부가가치세법상 과세대상, 즉 과세거래는 다음과 같이 규정하고 있다.

① **재화의 공급**   ② **용역의 공급**   ③ **재화의 수입**

제2절   재화의 공급

1. 재화의 개념

재화란 재산적 가치가 있는 모든 유체물과 무체물을 말한다. 다만, 유체물 중 그 자체가 소비의 대상이 되지 아니하는 수표·어음·주식·채권 등의 유가증권은 재화에 포함되지 아니한다.

구 분	구 체 적 범 위
유체물	상품, 제품, 원료, 기계, 건물과 기타 모든 유형적 물건
무체물	가스, 전기, 동력, 열, 기타 관리할 수 있는 자연력 또는 특허권, 실용신안권, 어업권 등 재산적 가치가 있는 유체물 이외의 모든 것

2. 공급의 범위

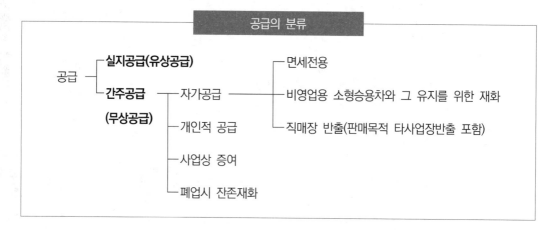

공급의 분류

공급 ─ **실지공급(유상공급)**
　　　├ **간주공급** ─┬ 자가공급 ─┬ 면세전용
　　　│ **(무상공급)** │ ├ 비영업용 소형승용차와 그 유지를 위한 재화
　　　│ ├ 개인적 공급 └ 직매장 반출(판매목적 타사업장반출 포함)
　　　│ ├ 사업상 증여
　　　│ └ 폐업시 잔존재화

(1) 재화의 실지공급

구 분	내　　　용
계약상의 원인	① 매매계약 : 현금판매 · 외상판매 · 할부판매 · 장기할부판매 · 조건부 및 기한부판매 · 위탁판매 기타 매매계약에 의하여 재화를 인도 · 양도하는 것
	② **가공계약** : 자기가 주요자재의 전부 · 일부를 부담하고 상대방으로부터 인도받은 재화에 공작을 가하여 새로운 재화를 만드는 가공계약에 의하여 재화를 인도하는 것
	③ 교환계약 : 재화의 인도대가로서 다른 재화를 인도받거나 용역을 제공받는 교환계약에 의하여 재화를 인도 · 양도하는 것
	④ 현물출자 등 : 기타 계약상의 원인에 의하여 재화를 인도 · 양도하는 것
법률상의 원인	경매 · 수용 기타 법률상 원인에 의하여 재화를 인도 · 양도하는 것 * 소정법률에 따른 공매 · 경매 및 일정한 수용은 재화의 공급으로 보지 않는다.

(2) <u>재화의 공급으로 보지 아니하는 경우</u>

① 담보제공

질권 · 저당권 또는 양도담보의 목적으로 동산 · 부동산 · 부동산상의 권리를 제공하는 것은 재화의 공급으로 보지 아니한다. 다만, 재화가 채무불이행 등의 사유로 사업용자산인 담보물이 인도되는 경우에는 재화의 공급으로 본다.

☞ 질권 : 채권자가 채무자 등으로부터 받은 물건(재산권)에 대하여 변제할 때 까지 수중에 두고 변제가 없는 경우 그 물건에서 우선하여 변제받을 수 있는 담보물권

저당권 : 채무자가 점유를 이전하지 않고 채무의 담보로 제공한 목적물(부동산)을 채무자가 변제가 없는 경우 그 목적물에 대하여 다른 채권자보다 우선변제를 받을 수 있는 담보물권

양도담보 : 채권담보의 목적으로 담보물의 소유권을 채권자에게 이전하고, 채무자가 변제하지 않으면 채권자가 그 목적물로부터 우선변제를 받게 되나, 채무자가 변제시 목적물을 그 소유자에게 반환하는 것을 말한다.

② 사업을 포괄적으로 양도하는 경우

③ 조세를 물납하는 경우

④ 신탁재산[*1]의 소유권 이전으로 다음 어느 하나에 해당시

㉠ 위탁자로부터 수탁자에게 신탁재산을 이전시

㉡ 신탁의 종료로 인하여 수탁자로부터 위탁자에게 신탁재산을 이전시

㉢ 수탁자가 변경되어 새로운 수탁자에게 신탁재산을 이전하는 경우

*1. 수탁자가 위탁자로부터 이전 받아 신탁목적에 따라 관리하고 처분할 수 있는 재산

⑤ 공매 및 강제경매 하는 경우(국세징수법 등)

☞ 강제경매 : 채권자 등이 법원에 신청하여 채무자 소유의 부동산을 압류하고 경매하여 채무변제에 충당하는 것
　공　　매 : 공기관에 의해 소유자의 의사에 반하여 강제적으로 압류한 재산이나 물건 따위를 일반인에게 공개하여 매매하는 것

⑥ 수용시 받는 대가

도시 및 주거환경정비법, 공익사업을 위한 토지 등의 취득 및 보상에 관한 법률등에 따른 수용절차에 있어서 수용대상인 재화의 소유자가 그 재화에 대한 대가를 받는 경우에는 재화의 공급으로 보지 아니한다.

☞ 수용 : 국가가 개인의 재산을 공공의 목적을 위하여 강제적으로 소유권을 취득하는 것

(3) 재화의 간주공급(무상공급)

간주 또는 의제란 본질이 다른 것을 일정한 법률적 취급에 있어 동일한 효과를 부여하는 것을 말한다. '간주한다', '의제한다', '본다'는 표현은 모두 같은 의미이다.

즉 간주공급이란 본래 재화의 공급에 해당하지 않는 일정한 사건들을 재화의 공급으로 의제하고 있다.

① 자가공급

㉠ 면세사업에 전용

과세사업과 관련하여 생산 또는 취득한 재화를 면세사업을 위하여 직접사용·소비하는 경우에는 재화의 공급으로 본다. **다만 <u>처음부터 매입세액이 공제되지 않은 것은 과세되는 재화의 공급으로 보지 않는다.</u>**

〈과세사업자와 면세사업자〉

		과세사업자	면세사업자
납부세액	매출세액	과세표준×10%	납세의무가 없으므로 "0"
	매입세액	**매입세액공제**	**매입세액불공제**
거래증빙서류 발급		세금계산서	계산서

〈면세전용〉

(주)서울고속＝과세사업(고속버스 : 우등)＋면세사업(시외버스) ➡ 겸영사업자

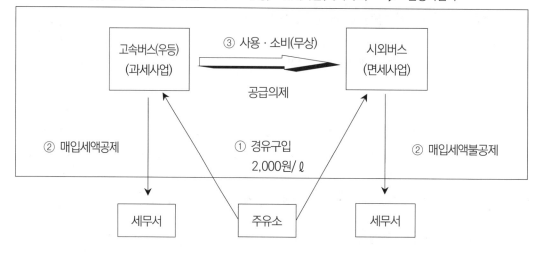

- 차량용 경유(공급가액 2,000원, 부가가치세 별도)를 매입하고 차량유지비로 비용처리 했다 가정하자.

	우등고속버스(과세사업)		시외버스(면세사업)	
회계처리	(차) 차량유지비 **부가세대급금**	2,000원 **200원**	(차) 차량유지비	2,200원
	(대) 현 금	2,200원	(대) 현 금	2,200원

즉 과세사업에서는 매입세액을 공제받았으므로, 과세사업용으로 구입한 과세재화를 면세 전용시 매입세액 공제받은 것에 대해서 부가가치세를 징수하겠다는 것이 법의 취지다.

ⓛ 비영업용 소형승용차 또는 그 유지에의 전용

과세사업과 관련하여 생산 또는 취득한 재화를 비영업용 소형승용차로 사용하거나 그 유지를 위한 재화로 사용·소비하는 것은 재화의 공급으로 본다. **다만, 당초 매입세액이 공제되지 아니한 것은 재화의 공급으로 보지 아니한다.**

구 분	소형승용차 및 그 유지를 위한 재화·용역의 구입시
영업용(택시업) 또는 판매용(자동차대리점)	매입세액공제
비영업용(일반적인 제조업)	**매입세액불공제**

〈비영업용 소형승용자동차 또는 그 유지에의 전용〉

《(주) 현대자동차》

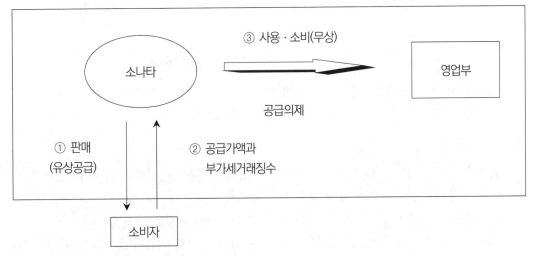

ⓒ 직매장 반출(판매목적 타 사업장에의 반출 포함)

2 이상의 사업장이 있는 사업자가 자기 사업과 관련하여 생산 또는 취득한 재화를 타인에게 직접 판매할 목적으로 자기의 다른 사업장에 반출하는 것은 재화의 공급으로 본다. **다만 주사업장총괄납부 또는 사업자단위 과세의 경우 공급의제를 배제한다.**

〈판매목적 타사업장 반출 : 사업장별과세원칙〉

《(주)엘지전자》

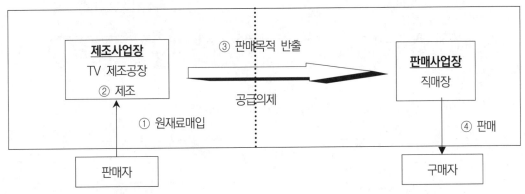

〈재화의 공급의제 배제시 : 모든 재화가 직매장에서 판매된다고 가정시〉

	TV 제조공장	직매장
매출세액	발생되지 않음	발생
매입세액	발생	발생되지 않음
납부(환급)세액	**환급세액만 발생**	**납부세액만 발생**

따라서 2 이상의 사업장을 가진 사업자가 판매목적으로 재화를 반출시 타사업자에게 공급하는 것처럼 재화의 공급으로 의제하라는 것이 법의 취지이다.

② 개인적 공급

사업자가 자기의 사업과 관련하여 생산하거나 취득한 재화를 사업과 직접 관련 없이 사용·소비하는 경우에는 이를 재화의 공급으로 본다.

다만 처음부터 매입세액이 공제되지 않은 것은 재화의 공급의제로 보지 않는다.

그리고 작업복, 작업모, 작업화, 직장문화비, 인당 연간 10만원 이하 경조사와 인당 연간 10만원 이하의 명절·기념일 등과 관련된 재화공급은 과세 제외된다.

〈개인적공급〉

〈(주)삼성전자〉

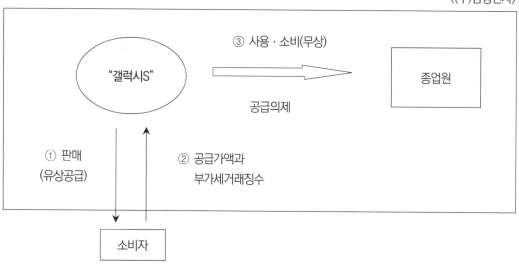

③ 사업상 증여

사업자가 자기의 사업과 관련하여 생산하거나 취득한 재화를 자기의 고객이나 불특정다수
인에게 증여하는 경우에는 재화의 공급으로 본다.

〈사업상증여〉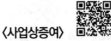

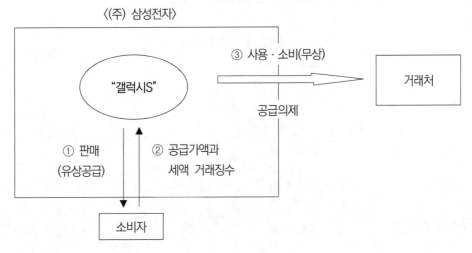

예외 : 다음에 해당하는 경우에는 사업상 증여로 보지 않는다.

① 증여하는 재화의 대가가 **주된 거래인 재화공급의 대가에 포함**되는 것(= 부수재화)

② 사업을 위하여 대가를 받지 아니하고 다른 사업자에 인도 또는 양도하는 **견본품**

③ 불특정다수인에게 **광고선전물을 배포하는 것**

④ 당초 매입세액이 공제되지 않은 것

⑤ 법에 따라 **특별재난지역에 무상공급하는 물품**

⑥ 자기 적립 마일리지 등으로만 전액을 결제 받고 공급하는 재화

④ 폐업시 잔존재화

사업자가 사업을 폐지하는 때에 잔존하는 재화는 자기에게 공급하는 것으로 본다. 또한, 사업개시 전에 등록한 경우로서 사실상 사업을 개시하지 아니하게 되는 때에도 동일하다.

다만, <u>매입시 매입세액이 공제되지 아니한 재화를 제외한다.</u>

〈폐업시 잔존재화〉

〈동대문 의류상〉

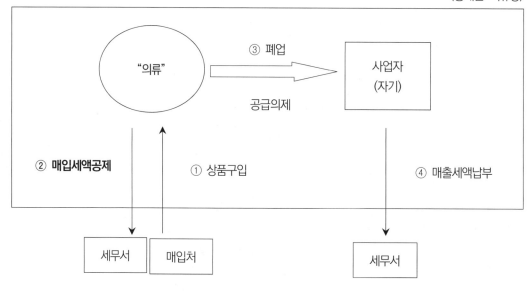

〈재화의 무상공급(간주공급)〉

구 분		공급시기	과세표준
1. 자가 공급	① 면세사업에 전용	**사용·소비되는 때**	**시가**
	② 비영업용승용자동차와 그 유지를 위한 재화		
	③ 판매목적 타사업장 반출	**반출하는 때**	**취득가액 (+가산)**
2. 개인적공급		**사용·소비되는 때**	**시가**
3. 사업상증여		**증여하는 때**	
4. 폐업시 잔존재화		**폐업하는 때**	

☞ **당초매입세액 불공제시 공급의제 배제(예외 : 직매장반출)**

제3절 용역의 공급

1. 용역의 개념

용역이란 재화 이외의 재산적 가치가 있는 모든 역무 및 그 밖의 행위를 말한다.
즉 재화는 '물건이나 권리 등'인데 반하여 용역은 '행위'인 것이다.

2. 공급의 범위

(1) 용역의 실지공급

① 역무를 제공하는 것(인적용역의 공급, 가공계약)

② 재화·시설물을 사용하게 하는 것(부동산임대)

[전·답, 과수원의 임대와 공익사업관련 지역권등 대여는 제외]

③ 권리를 사용하게 하는 것(권리의 대여 : 특허권의 대여)

〈가공계약〉

용역의 공급	재화의 공급
상대방으로부터 인도받은 재화에 대하여 **자기가 주요자재를 전혀 부담하지 않고** 단순히 가공만 하여 주는 것	**자기가 주요자재의 전부 또는 일부를 부담하고** 상대방으로부터 인도받은 재화에 공작을 가하여 새로운 재화를 만드는 것

☞ 예외(건설업) : 건설업자가 건설자재의 전부 또는 일부를 부담하는 경우에도 <u>용역의 공급</u>으로 본다.

(2) 용역의 간주공급

① 자가공급

사업자가 자기의 사업을 위하여 직접 용역을 무상 공급하여 다른 동업자와의 과세형평이 침해되는 경우로서 기획재정부령이 정하는 용역에 대하여는 자기에게 용역을 공급하는 것으로 본다. 그러나 현재 기획재정부령이 별도로 규정한 사항은 없으므로 **용역의 자가공급은 현실적으로 과세되지 않는다.**

② 무상공급

대가를 받지 않고 타인에게 용역을 공급하는 것은 용역의 공급으로 보지 않는다.
다만, **특수관계자간 부동산 무상임대용역은 과세**한다.

제4절 재화의 수입

재화의 수입이란 다음에 해당하는 물품을 우리나라에 반입하는 것(보세구역을 거치는 것은
보세구역에서 반입하는 것)을 말한다.

① 외국으로부터 우리나라에 도착된 물품(외국의 선박에 의하여 공해에서 채집되거나 잡힌
수산물을 포함한다)으로서 수입신고가 수리되기 전의 것

② 수출신고가 수리된 물품[수출신고가 수리된 물품으로서 선적되지 아니한 물품을 보세구
역에서 반입하는 경우는 제외한다]

보세구역	참 고

보세구역이란 우리나라의 영토 중 관세의 부과를 유예한 일정구역을 말한다.
따라서 외국으로부터 재화가 보세구역으로 반입된 시점에서는 수입으로 보지 아니하고, 보세구역
에서 반출된 시점에 수입으로 본다.

1. 외국 → 보세구역(A사업자)	**수입으로 보지 아니함.**
2. 보세구역(A사업자) → 보세구역(B사업자)	재화 또는 용역의 공급
3. 보세구역외(C사업자) → 보세구역(A사업자)	
4. 보세구역(B사업자) → 보세구역외(D사업자)	**재화의 수입(관세 과세분)**

재화의 수입시 세관장이 공급가액 중 관세가 과세되는 부분에 대하여는 부가가치세를 거래징수하고
수입세금계산서를 발급해야 한다.

〈보세구역〉

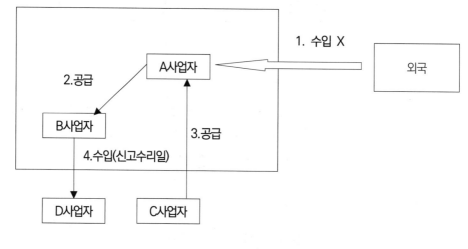

> **제5절** 거래시기(=공급시기)

기업회계기준의 수익인식시점과 부가가치세법상 공급시기는 거의 일치한다.

1. 재화의 공급시기

(1) 원칙

구　분	공급시기
① 재화의 이동이 필요한 경우	재화가 인도되는 때
② 재화의 이동이 필요하지 아니한 경우	재화가 이용가능하게 되는 때
③ 위의 규정을 적용할 수 없는 경우	재화의 공급이 확정되는 때

(2) 구체적 재화의 공급시기

① 일반적인 경우

구　분	재화의 공급시기
현금판매·외상판매 또는 할부판매	재화가 인도되거나 이용가능하게 되는 때
반환조건부·동의조건부·기타 조건부 판매	그 조건이 성취되어 판매가 확정되는 때

☞ 반환조건부(반품조건부) 판매 : 재화의 인도시점에서 일정기간 이내에 재화를 반품할 수 있는 조건을 붙여서
　　　　　　　　　　　　판매하는 것

기한부 판매	기한이 경과되어 판매가 확정되는 때
재화의 공급으로 보는 가공의 경우	**가공된 재화를 인도하는 때**
자가공급(면세전용, 비영업용소형승용차 유지등) 개인적공급	**재화가 사용·소비되는 때**
자가공급(판매목적 타사업장 반출)	**재화를 반출하는 때**
사업상증여	재화를 증여하는 때
폐업시 잔존재화	**폐업하는 때(폐업신고일 ×)**
무인판매기에 의한 공급	**무인판매기에서 현금을 인취하는 때**
사업자가 보세구역 내에서 보세구역 외의 국내에 재화를 공급하는 경우	당해 재화가 수입재화에 해당하는 때에는 수입신고수리일

구　분		재화의 공급시기
수출재화	**내국물품의 국외반출 · 중계무역방식의 수출**	**수출재화의 선적일(또는 기적일)**
	원양어업 · 위탁판매수출	수출재화의 공급가액이 확정되는 때
	위탁가공무역방식의 수출 · 외국인도수출	외국에서 당해 재화가 인도되는 때

☞ 중계무역방식수출 : 외국으로부터 수입한 물품을 보세구역 이외의 국내에 반입하는 것을 금지하고 수출하는 것(수입신고가 수리되기 전의 물품으로서 보세구역에 보관하는 물품을 외국으로 반출하는 것도 포함)

위탁판매수출 : 물품을 무환(무상)수출하여 해당 물품이 판매된 범위 안에서 대금을 결제하는 계약에 의한 수출

위탁가공무역(임가공무역)방식수출 : 원료의 전부 또는 일부를 외국에 수출하거나 외국에서 조달하여 이를 가공한 후 가공물품을 수입하거나 제 3국에 수출하는 무역형태

외국인도수출 : 수출대금은 국내에서 영수하지만 국내에서 통관되지 아니한 수출물품을 외국으로 인도하는 수출

② 기타의 경우

구　분	요　건	재화의 공급시기
장기할부판매	• 인도 후 2회 이상 분할하여 대가를 받고 • 당해 재화의 인도일의 다음날부터 최종 부불금 지급기일까지의 기간이 1년 이상인 것	**대가의 각 부분을 받기로 한 때**
완성도기준지급	재화의 제작기간이 장기간을 요하는 경우에 그 진행도 또는 완성도를 확인하여 그 비율만큼 대가를 지급하는 것	
중간지급조건부	재화가 인도되기 전 또는 이용가능하게 되기 전에 **계약금 이외의 대가를 분할하여 지급하고, 계약금 지급일로부터 잔금지급일까지의 기간이 6개월 이상**인 경우	
계속적 공급	전력 기타 공급단위의 구획할 수 없는 재화의 계속적 공급하는 경우	

☞ 완성도기준지급 및 중간지급조건부의 경우 재화인도일, 용역완료일 이후에 받는 대가는 재화의 인도시점, 용역제공의 완료시점이 공급시기이다.

2. 용역의 공급시기

(1) 원칙

용역의 공급시기는 역무가 제공되거나 재화·시설물 또는 권리가 사용되는 때로 한다.

(2) 거래형태별 용역의 공급시기

구 분		공급시기
일반적	① 통상적인 공급의 경우(할부판매 포함)	역무의 제공이 완료되는 때
	② 완성도기준지급·중간지급조건부·장기할부 또는 기타 조건부 용역공급, 공급단위를 구획할 수 없는 용역의 계속적 공급의 경우	대가의 각 부분을 받기로 한 때
	③ 위의 규정을 적용할 수 없는 경우	역무제공이 완료되고 그 공급가액이 확정되는 때
특수	① **부동산임대보증금에 대한 간주임대료**	**예정신고기간 종료일 또는 과세기간 종료일**
	② 2 과세기간 이상에 걸쳐 부동산임대용역을 공급하고 그 대가를 선불 또는 후불로 받는 경우에 월수에 따라 안분 계산한 임대료	

☞ 간주임대료(부동산임대공급가액명세서)
　부동산 또는 그 부동산상의 권리 등을 대여하고 보증금 등의 금액을 받은 경우에 일정한 이율(정기예금이자율) 곱하여 계산한 금액을 말하는데, 월정임대료만을 수령시 부가가치세가 과세되는데 보증금만 수령하는 자는 부가가치세가 과세되지 않는 것을 감안하여 보증금에 대해서 부가가치세를 과세하여 세부담을 공평하게 하고자 하는 제도이다.

구 분	A안	B안
보증금	1억	0
월세	0	500,000/월
공급가액(년)	0	6,000,000원/년
부가가치세	0	600,000원/년

은행에 정기예금 했다고 가정한다.

➡ 1년 공급가액 = 보증금 × 정기예금이자율
= 100,000,000 × 2.5% = 2,500,000원/년

3. 공급시기의 특례

구 분	공 급 시 기
폐업시	폐업 전에 공급한 재화 또는 용역의 공급시기가 폐업일 이후에 도래하는 경우에는 그 **폐업일**을 공급시기로 한다.
세금계산서 선발급시	**재화 또는 용역의 공급시기가 되기 전**에 재화 또는 용역에 대한 **대가의 전부 또는 일부를 받고, 그 받은 대가에 대하여 세금계산서 또는 영수증을 발급하면 그 세금계산서 등을 발급하는 때**를 각각 그 재화 또는 용역의 공급시기로 본다.
	공급시기가 도래하기 전에 대가를 받지 않고 세금계산서 또는 영수증을 발급하는 경우에도 그 발급하는 때를 재화 또는 용역의 공급시기로 본다. ① 장기할부판매 ② 전력 기타 공급단위를 구획할 수 없는 재화 또는 용역을 계속적으로 공급하는 경우

제6절 거래 장소(재화 또는 용역의 공급장소)

거래장소는 우리나라의 과세권이 미치는 거래인가의 여부에 관한 판정기준이다.
따라서 국외거래에 대해서는 원칙적으로 우리나라의 과세권이 미치지 않는다.

구 분		공급장소
재화의 공급장소	① 재화의 이동이 필요한 경우	재화의 이동이 개시되는 장소
	② 재화의 이동이 필요하지 아니한 경우	재화의 공급시기에 재화가 소재하는 장소
용역의 공급장소	① 원칙	역무가 제공되거나 재화·시설물 또는 권리가 사용되는 장소
	② 국내외에 걸쳐 용역이 제공되는 국제운송의 경우에 사업자가 비거주자 또는 외국법인일 때	여객이 탑승하거나 화물이 적재되는 장소
	③ 전자적 용역[1]	용역을 공급받는 자의 사업장 소재지·주소지·거소지

*1. 이동통신단말장치 또는 컴퓨터 등에 저장되어 구동되거나, 저장되지 아니하고 실시간으로 사용할 수 있는 것(게임, 동영상파일, 소프트웨어 등 저작물 등으로 전자적 방식으로 처리하여 음향 및 영상 등의 형태로 제작된 것)

연/습/문/제

01. 다음 중 부가가치세법상 재화의 공급의제에 해당하는 것은?
(모두 매입세액 공제를 적용받은 것으로 가정함)

① 생산직 근로자에게 작업복과 작업화를 지급하는 경우
② 택시회사가 영업용 택시로 취득한 승용차(3천cc, 5인승)를 업무용으로 사용하는 경우
③ 다른 사업장에서 원료나 자재 등으로 사용 또는 소비하기 위하여 반출하는 경우
④ 광고 선전을 위한 상품진열 목적으로 자기의 다른 사업장으로 반출하는 경우

02. 다음 중 부가가치세법상 과세대상인 재화의 공급이 아닌 것은?

① 특허권의 공급   ② 기계장치의 공급
③ 광업권의 공급   ④ 상품권의 공급

03. 사업자의 다음 거래 중 부가가치세 과세대상에 해당하는 것은?

① 세금계산서 발급 없이 사업장별로 그 사업에 관한 모든 권리 의무를 포괄적으로 승계시키는 것
② 양도담보의 목적으로 부동산을 제공하는 것
③ 특수관계자 간 부동산 무상임대용역
④ 민사집행법에 의한 경매에 따라 재화를 양도하는 것

04. 다음 중 부가가치세법상 용역의 공급에 해당하지 않는 것은?

① 건설업의 건설용역   ② 부동산임대업의 임대용역
③ 특허권의 대여   ④ 전기의 공급

05. 다음은 갑회사의 거래내역이다. 부가가치세법상의 재화·용역의 공급시기는?

갑회사는 을회사와 제품공급계약(수량 1개, 공급가액 1억원)을 맺고, 다음과 같이 이행하기로 하였다.
- 대금지급방법 : 계좌이체
- 대금지급일
  ⓐ 계약금 (10,000,000원) : 20×1.08.01
  ⓑ 중도금 (40,000,000원) : 20×1.12.01
  ⓒ 잔 금 (50,000,000원) : 20×2.04.01
- 제품인도일 : 20×2.04.01

① 20×1.08.01
② 20×1.12.01
③ 20×2.04.01
④ 20×1.08.01, 20×1.12.01, 20×2.04.01 모두

06. 다음 중 부가가치세가 과세되지 않는 거래는?

① 부동산임대업을 하는 사업자가 상가건물을 사무실로 임대한 경우
② 주택임대사업자가 부수 토지를 제외한 주택을 임대하고 있는 경우
③ 냉장고 제조회사에서 제품인 냉장고를 직원에게 생일선물로 선물하는 경우
④ 건설회사가 상가건물을 분양하는 경우

07. 다음 중 부가가치세법상 과세거래에 해당하는 것은?

① 재화를 질권, 저당권 또는 양도담보의 목적으로 동산 등의 권리를 제공하는 경우
② 본점과 지점의 주사업장총괄납부 사업자가 본사에서 지점으로 재화를 공급하고 세금계산서를 발급한 경우
③ 사업을 사업장별로 그 사업에 관한 모든 권리와 의무를 포괄적으로 승계시키는 것
④ 상속세 및 증여세법 또는 지방세법에 따라 조세를 물납하는 것

08. 다음 중 부가가치세법상 과세거래에 해당하는 것은?

① 상속세를 토지로 물납하는 경우
② 고용관계에 의하여 근로를 제공하는 경우
③ 재화를 담보목적으로 제공하는 경우
④ 재화의 대가를 받지 않고 무상으로 공급하는 경우

09. 다음 중 부가가치세법상 거래시기에 대한 설명으로 틀린 것은?

① 장기할부판매의 경우에는 대가의 각 부분을 받기로 한 때
② 사업자가 보세구역 내에서 보세구역 이외의 국내에 재화를 공급하는 경우에 당해 재화가 수입재화에 해당하는 때에는 수입신고수리일
③ 위탁매매 또는 대리인에 의한 매매의 경우에는 수탁자 또는 대리인의 거래시기
④ 임대보증금 등에 대한 간주임대료의 경우에는 그 대가의 각 부분을 받기로 한 때

10. 부가가치세법상 재화공급시기가 잘못된 것은?

① 반환조건부등 기타조건부판매의 경우 : 조건이 성취되는 때
② 완성도기준지급에 의한 경우 : 대가의 각 부분을 받기로 한 때
③ 보세구역 내에서 보세구역 외로 공급하는 경우 : 수입신고수리일
④ 위탁매매의 경우 : 위탁자가 수탁자에게 재화를 인도 하는 때

11. 다음 중 현행 부가가치세법상 과세대상거래와 거리가 먼 것은?

① 재화의 사업상 증여
② 토지의 무상임대(특수관계자간 거래가 아니다.)
③ 폐업시 잔존재화
④ 재화의 개인적 공급

12. 다음 중 부가가치세법상 재화의 공급에 대한 설명으로 틀린 것은?

① 과세사업을 위하여 취득한 재화를 면세사업을 위하여 사용 또는 소비하는 경우에는 자가공급으로 보아 부가가치세가 과세된다.
② 주사업장 총괄납부사업자가 총괄납부기간 중에 다른 사업장으로 반출하는 재화는 재화의 공급으로 보지 아니하는 것을 원칙으로 한다.
③ 사업을 위해 취득하여 매입세액공제를 받은 재화를 고객에게 무상으로 증여하는 것은 원칙적으로 재화의 공급에 해당하는 것으로 본다.
④ 개인사업자가 사업용 자산을 증여세 납부 시에 물납하는 경우에도 면세재화인 경우를 제외하고는 재화의 공급으로 보아 부가가치세를 과세한다.

13. 부가가치세법상 거래형태별 공급시기에 관한 설명 중 옳지 <u>않은</u> 것은?

① 할부판매의 경우 재화가 인도되거나 이용가능하게 되는 때

② 장기할부판매의 경우 대가의 각 부분을 받기로 한 때

③ 폐업시 잔존재화의 경우 실제 사용·소비되는 때

④ 사업상 증여의 경우 재화를 증여하는 때

14. 다음 중 부가가치세가 과세되는 거래는?

① 쌀가게를 운영하는 사업자인 김민국씨는 쌀을 식당에 판매하였다.

② 부동산 임대업자인 김임대씨는 사업용건물인 상가를 포괄양도(사업양도)하였다.

③ 페인트를 판매하는 김사업씨는 매입세액공제를 받고 구입한 상품인 페인트를 친구에게 무상(시가 10만원)으로 공급하였다.

④ 휴대폰 판매사업을 하고 있는 김판매씨는 거래처로부터 판매장려금 100만원을 금전으로 수령하였다.

15. 부가가치세법상 재화의 공급시기에 관한 설명이다. <u>틀린</u> 것은?

① 재화의 이동이 필요하지 않은 경우 : 재화의 공급이 확정되는 때

② 상품권 등을 현금 또는 외상으로 판매하고 그 후 그 상품권 등이 현물과 교환되는 경우 : 재화가 실제로 인도되는 때

③ 사업자가 자기의 과세사업과 관련하여 생산하거나 취득한 재화로서 자기의 고객에게 증여하는 경우 : 재화를 증여하는 때

④ 2회 이상으로 분할하여 대가를 받고 해당 재화의 인도일의 다음 날부터 최종 할부금 지급기일까지의 기간이 1년 이상인 장기할부판매의 경우 : 대가의 각 부분을 받기로 한 때

16. 다음 중 부가가치세법상 과세대상인 재화의 공급으로 보는 것은?

① 공장건물, 기계장치가 국세징수법에 따라 공매된 경우

② 택시운수업을 운영하는 사업자가 구입 시 매입세액공제를 받은 개별소비세과세대상 소형승용차를 업무목적인 회사 출퇴근용으로 사용하는 경우

③ 컴퓨터를 제조하는 사업자가 원재료로 사용하기 위해 취득한 부품을 동 회사의 기계장치 수리에 대체하여 사용하는 경우

④ 회사가 종업원에게 사업을 위해 착용하는 작업복을 제공하는 경우

MEMO

연/습/문/제 답안

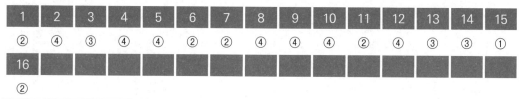

1	2	3	4	5	6	7	8	9	10	11	12	13	14	15
②	④	③	④	④	②	②	④	④	④	②	④	③	③	①

16														
②														

[풀이]

01. **영업용택시(운수업)**에서 **업무용(비영업용)으로 사용하는 것은 재화의 자가공급**에 해당한다.

02. 유가증권(상품권)은 과세대상인 재화에 해당되지 않는다.

03. **특수관계자간 부동산임대용역은 과세**한다

04. **전기의 공급은 재산적 가치가 있는 무체물에 해당**하여 재화의 공급에 해당한다.

05. **중간지급조건부 거래형태의 공급시기는 각 대가를 받기로 할 때**이다.

06. 주택과 주택의 부수토지의 임대는 부가가치세법상 면세이다.

07. 주사업장총괄납부사업자가 판매목적으로 재화를 타사업장반출시 공급의제에서 배제되나, 주사업장 총괄납부사업자가 **세금계산서를 발급하는 경우에는 재화의 공급**으로 본다.

08. 재화의 무상공급은 과세거래에 해당한다.

09. 예정신고기간 또는 과세기간의 종료일

10. 수탁자가 공급한 때이다.

11. **용역의 무상공급은 과세대상에서 제외**된다. 예외적으로 **특수관계자간 부동산임대용역은 과세**한다.

12. 사업용 자산을 물납하는 것은 재화의 공급으로 보지 아니한다.

13. 폐업시 잔존재화의 경우 폐업하는 때를 공급시기로 본다.

14. ① 면세사업자가 공급하는 재화 ② 사업의 포괄적인 양도 ④ 판매장려금(현금)을 수령시 과세거래에 서 제외되나 ③ 간주공급중 개인적공급에 해당한다.

15. **재화의 이동이 필요하지 않은 경우 : 재화가 이용가능하게 되는 때**

16. 사업자가 자기의 과세사업을 위하여 자기생산·취득재화 중 개별소비세 과세대상 승용자동차를 **고 유의 사업목적(판매용, 운수업용 등)에 사용하지 않고** 비영업용 또는 업무용(출퇴근용 등)으로 사용하 는 경우는 간주공급에 해당한다.

영세율과 면세

Chapter 3

NCS세무 - 3   부가가치세 신고

제1절   영세율

1. 영세율의 개념

(1) 이중과세의 방지(**소비지국과세원칙**)

(2) 외화획득 장려

2. 영세율의 적용대상자

(1) 과세사업자

부가가치세법상 과세사업자(**간이과세자 포함**)에 한하여 영세율을 적용한다.

(2) 상호면세주의

외국에서 대한민국의 거주자 또는 내국법인에게 동일한 면세를 하는 경우에 한하여 비거주자 또는 외국법인인 사업자에게 영의 세율을 적용한다.

3. 영세율의 적용대상

(1) 수출하는 재화

직수출, 내국신용장·구매확인서에 의한 공급, 한국국제협력단[*1]에 공급하는 재화, 법정요건에 의하여 공급하는 수탁가공재화

*1. 외교부 산하기관으로 정부차원의 대외무상협력사업을 전담하는 준정부기관

① 직수출의 재화 범위

내국물품 외국 반출 : 수출업자가 자기 명의와 계산으로 내국물품을 외국으로 반출

② **내국신용장(Local L/C)·구매확인서 등에 의한 공급(간접수출 또는 국내수출)**
국내거래이기 때문에 영세율세금계산서를 발행한다.

참고

내국신용장 및 구매확인서

1. 신용장
   은행이 신용장개설의뢰인(보통 수입상)의 신용을 보증하는 증서로서 신용장 개설은행 앞으로 환어음을 인수·지급할 것을 약정하는 서류이다.

2. 내국신용장
   내국신용장이란 수출업자가 수출이행에 필요한 완제품·원자재 또는 임가공용역을 국내에서 조달 또는 공급받기 위하여 물품구입대금 등의 사전지급대신 해외로부터 받은 원신용장(Master L/C)을 담보로 국내은행(수입업자로부터 원신용장개설의 통지를 받은 은행)이 수출업자의 신청에 의해 국내의 원자재 등 공급업자를 수혜자로 하여 개설하는 신용장을 말한다.

3. 구매확인서
   구매확인서란 외국환은행의 장이 내국신용장에 준하여 발급하는 확인서로서 수출용재화 또는 용역에 관한 수출신용장 근거서류 및 그 번호, 선적기일 등이 기재된 것을 말한다.

4. 기타
   ① 개설,발급기간
      해당 사업자가 재화를 공급한 **과세기간이 지난 후 25일 이내에 개설된 내국신용장(구매확인서)**에 한하여 영세율을 적용한다.
   ② 내국신용장에 의하여 공급하는 재화는 공급된 이후 해당 재화를 **수출용도에 사용하였는지 여부에 불구하고 영세율을 적용한다.**

대행(위탁)수출

수출생산업자가 수출업자와 다음과 같이 수출대행계약을 체결하여 수출업자 명의로 수출하는 경우에 수출품 생산업자가 외국으로 반출하는 재화는 영세율을 적용한다.
① 수출품 생산업자가 직접 수출신용장을 받아 수출업자에게 양도하고 수출대행계약을 체결한 경우
② 수출업자가 수출신용장을 받고 수출품 생산업자와 수출대행계약을 체결한 경우
  이 경우 수출품 생산업자가 실제로 수출하였는지는 거래의 실질내용에 따라 판단하며, 수출을 대행하는 수출업자가 받는 **수출대행수수료는 국내에서 제공한 용역으로 보아 부가가치세를 과세한다.**

(2) 국외에서 제공하는 용역

국외에서 제공하는 용역이란 용역의 제공장소가 국외인 용역을 말한다(예 : 해외건설용역). 이 경우 영세율 적용과 관련하여 거래상대방, 대금결제 방법에 불구하고 영세율을 적용한다.

(3) 선박·항공기의 외국항행용역

국내에서 국외로, 국외에서 국내로 또는 국외에서 국외로 수송하는 것

(4) 기타 외화를 획득하는 재화 또는 용역 : 국내거래이지만 외화획득이 되는 거래

(5) 조세특례제한법상 영세율 적용대상 재화 또는 용역

4. 영세율 증명서류 및 영세율 매출명세서 제출

영세율이 적용되는 경우에는 부가가치세 예정신고서 또는 확정신고서에 영세율 적용대상임을 증명하는 서류와 영세율 매출명세서를 첨부하여 제출하여야 한다.

구 분	첨부서류
1. 수출하는 재화	수출실적명세서, 외화입금증명서, 내국신용장 사본 등
2. 국외에서 제공하는 용역	외화입금증명서 또는 국외에서 제공하는 용역에 관한 계약서
3. 선박, 항공기 외국항행용역	외화입금증명서

영세율증명서류를 제출하지 않는 경우에도 영세율 적용대상임이 확인되는 경우에는 영세율을 적용한다. 그러나 **영세율과세표준신고불성실가산세가 적용**된다.

제2절 면세

1. 면세의 개념

면세란 일정한 재화·용역의 공급에 대하여 부가가치세를 면제하는 제도를 말한다.

여기서 면세의 의미는 영세율과는 달리 부가가치세법상 과세대상거래가 아니며 당해 면세가 적용된 단계에서 부가가치에 대해 부가가치세가 없을 뿐 그 **이전 단계에서 부담한 부가가치세는 환급받지 못하므로 불완전면세제도**라고 한다.

2. 면세대상

(1) 면세대상의 범위

구 분	면 세 대 상
기초생활 필수품	㉠ 미가공 식료품 등(식용에 공하는 농산물·축산물·수산물·임산물 포함)국내외 불문 ㉡ 국내 생산된 식용에 공하지 아니하는 미가공 농·축·수·임산물 표 아래 참조 ㉢ 수돗물**(생수는 과세)** ㉣ 연탄과 무연탄**(유연탄, 갈탄, 착화탄은 과세)** ㉤ 여성용 생리처리 위생용품, 영유아용 기저귀·분유**(액상형분유 포함)** ㉥ 여객운송용역**[시내버스, 시외버스, 지하철, 마을버스, 고속버스(우등 제외)** 등] 　**(전세버스, 고속철도, 택시는 과세)** ㉦ 주택과 이에 부수되는 토지의 임대용역(겸용주택은 주택분 면적이 클 때)
국민후생 용역	㉠ 의료보건용역과 혈액(질병 치료 목적의 동물 혈액 포함, 개정세법 25) 　→ **약사가 판매하는 일반의약품은 과세, 미용목적 성형수술 과세, <u>산후조리원은 면세</u>** ㉡ **수의사가 제공하는 동물진료 용역(가축 등에 대한 진료용역, 기초생활수급자가 기르는 동물에 대한 진료용역, 기타 질병예방 목적의 동물 진료용역)** ㉢ 교육용역(허가분) ⇒ **<u>운전면허학원은 과세</u>** 　☞ 미술관, 박물관 및 과학관에서 제공하는 교육용역도 면세

	국내생산	해외수입
식용	면세	면세
비식용		과세

구 분	면 세 대 상
문화관련 재화용역	㉠ 도서[도서대여 및 실내 도서 열람용역 포함] · 신문(인터넷신문 구독료 포함) · 잡지 · 관보 · 뉴스통신**(광고는 과세)** ㉡ 예술창작품 · 예술행사 · 문화행사 · 비직업운동경기 ㉢ 도서관 · 과학관 · 박물관 · 미술관 · 동물원 · 식물원에의 입장
부가가치 구성요소	㉠ 금융 · 보험용역 ㉡ **토지의 공급(토지의 임대는 과세)** ㉢ **인적용역(변호사 · 공인회계사 · 세무사 · 관세사 등의 인적용역은 제외)**
기타	㉠ 우표 · 인지 · 증지 · 복권 · 공중전화**(수집용 우표는 과세)** ㉡ 종교 · 자선 · 학술 등 기타 공익을 목적으로 하는 단체가 공급하는 재화 · 용역 ㉢ 국가 · 지방자치단체 · 지방자치단체조합이 공급하는 재화 · 용역 (제외 : 국가 등이 운영하는 주차장 운영용역) ㉣ 국가 · 지방자치단체 · 지방자치단체조합 또는 공익단체에 **무상 공급하는 재화 · 용역**

〈부동산의 공급과 임대〉

부동산의 공급(재화의 공급)	부동산의 임대(용역의 제공)

1. 토지의 공급 : 면세
2. 건물의 공급 : ① 원칙 : 과세
             ② 예외 : 국민주택규모 이하의
               주택은 면세
	1. 원칙 : 과세
	2. 예외 : **주택 및 주택의 부수토지**
	           임대는 면세

☞ 국민주택 : 국민주택기금으로부터 자금을 지원받아 건설되는 주거전용면적이 85㎡(약 25.7평) 이하인 주택

3. 면세포기

(1) 면세포기 대상

① **영세율 적용대상이 되는 재화 · 용역**

② **학술연구단체 또는 기술연구단체가 실비 또는 무상으로 공급하는 재화용역**

(2) 면세포기 절차

면세를 포기하고자 하는 사업자는 면세포기신고서에 의하여 관할세무서장에게 신고하고 지체없이 사업자등록을 하여야 한다. **면세포기에는 시기의 제한이 없으며 언제든지 가능하다(즉 과세관청의 승인을 필요로 하지 않는다).** 신규사업자는 신규사업 등록시 **면세포기신고서를** 사업자등록신청서와 함께 제출할 수 있다.

(3) 면세포기의 효력

① 효력발생시기

면세를 포기하면 과세사업자로 전환된다. 즉 사업자등록 이후의 공급분 부터 적용된다.

② 면세의 재적용

면세포기를 한 사업자는 신고한 날로부터 3년간 부가가치세 면세를 적용받지 못한다. 3년이 경과한 후 다시 부가가치세의 면세를 적용받고자 하는 때에는 면세적용신고서와 함께 발급받은 사업자등록증을 제출하여야 한다.

4. 면세와 영세율의 차이점

구 분	내 용	
	면 세	영 세 율
기본원리	면세거래에 납세의무 면제 ① 매출세액 : 징수 없음(결국 "0") ② **매입세액 : 환급되지 않음**	일정 과세거래에 0%세율 적용 ① 매출세액 : 0 ② **매입세액 : 전액환급**
면세정도	**부분면세(불완전면세)**	**완전면세**
대상	기초생활필수품 등	수출 등 외화획득재화·용역의 공급
부가가치세법상 의무	부가가치세법상 각종 의무를 이행할 필요가 없으나 다음의 협력의무는 있다. - 매입처별세금계산서합계표 제출 등	영세율 사업자는 부가가치세법상 사업자이므로 부가가치세법상 제반의무를 이행하여야 한다.

[세금계산서 합계표제출의무]

	과세사업자(영세율)	면세사업자(면세)
매출	○	×(계산서를 발행)
매입	○	○

구 분	면 세	영 세 율
사업자 여부	**부가가치세법상 사업자가 아님**	**부가가치세법상 사업자임**
취지	**세부담의 역진성 완화**	**국제적 이중과세의 방지 수출산업의 지원**

연/습/문/제

 객관식

01. 다음 중 부가가치세법상 영세율과 면세에 대한 설명 중 틀린 것은?

① 영세율은 완전면세제도이고 면세는 불완전면세제도이다.

② 영세율은 부가가치세법상 사업자만이 적용받을 수 있고, 면세사업자인 상태에서 영세율을 적용받을 수 없다.

③ 영세율과 면세가 동시에 적용되는 경우에는 면세를 포기하고 영세율을 적용받을 수 있다.

④ 영세율과 면세의 경우 모두 부가가치세 신고의무는 면제된다.

02. 다음 중 부가가치세법상 영세율과 관련된 설명 중 가장 틀린 것은?

① 영세율 적용대상은 부가가치세법 및 조세특례제한법에서 규정하고 있다.

② 영세율 적용대상 거래는 세금계산서 발행의무가 없다.

③ 영세율이 적용되는 과세표준에 관하여 영세율 첨부 서류를 제출하지 않은 경우 가산세를 부담하여야 한다.

④ 면세사업자라 하더라도 영세율 적용대상이 되면 면세를 포기하고 영세율을 적용받을 수 있다.

03. 다음은 부가가치세법상 영세율과 면세에 대한 설명이다. 옳지 않은 것은?

① 재화의 공급이 수출에 해당하면 영의 세율을 적용한다.

② 면세사업자는 부가가치세법상 납세의무가 없다.

③ 간이과세자가 영세율을 적용 받기 위해서는 간이과세를 포기하여야 한다.

④ 토지를 매각하는 경우에는 부가가치세가 면제된다.

04. 부가가치세법상 다음의 내용 중 틀린 것은?

① 수출하는 재화, 국외에서 제공하는 용역은 영세율이 적용된다.

② 미가공 수입농산품 중 식용에 공하는 것만 면세가 적용된다.

③ 영세율과 면세가 동시에 적용되는 재화의 경우에는 면세포기가 가능하다.

④ 면세 포기한 사업자는 면세 포기한 과세기간의 다음 과세기간부터 면세적용을 받을 수 있다.

05. 다음 중 현행 부가가치세법상 특징과 거리가 먼 것은?

① 영세율을 제외한 모든 부가가치세 과세대상에 대하여 10%의 단일세율을 적용한다.

② 이익이 발생하지 않았을 경우에는 부가가치세가 발생하지 않아 납부할 필요가 없다.

③ 최종 소비하는 자가 실질적인 세 부담을 하는 소비세이다.

④ 수출을 장려하기 위한 취지에서는 면세제도 보다는 영세율제도가 더 적합하다.

06. 다음 중 부가가치세법상 면세대상에 해당하는 것은?

① 도서 대여 　　　 ② 건물 임대 　　　 ③ 비디오 대여 　　　 ④ 승용차 대여

07. 다음 중 부가가치세법상 면세에 대한 설명으로 틀린 것은?

① 가공되지 아니한 식료품 및 우리나라에서 생산된 식용에 공하지 아니하는 농산물은 부가가치세를 면세한다.

② 면세대상이 되는 재화 또는 용역만을 공급하는 경우 부가가치세법상 사업자등록의무를 부담하지 아니하여도 된다.

③ 면세대상이 되는 재화가 영세율적용의 대상이 되는 경우에는 면세포기신청서를 제출하고 승인을 얻은 경우에 한하여 면세포기가 가능하다.

④ 면세포기신고를 한 사업자는 신고한 날로부터 3년간은 부가가치세의 면세를 받지 못한다.

08. 다음 중 부가가치세법상 영세율 적용대상으로 틀린 것은?

① 사업자가 내국신용장 또는 구매확인서에 의하여 공급하는 재화

② 외국항행사업자가 자기의 승객만이 전용하는 호텔에 투숙하게 하는 행위

③ 수출대행업자가 수출품생산업자로부터 받는 수출대행수수료

④ 수출업자와 직접 도급계약에 의하여 수출재화를 임가공하는 수출재화임가공용역

　　　☞ 임가공 : 재화의 주요 자재를 전혀 부담하지 않고 타인의 의뢰한 바에 따라 재화를 단순히 가공해 주는 것

09. 다음 중 부가가치세법상 면세에 해당되지 않는 것은?

① 의사가 제공하는 용역　　　　　② 임상병리사가 제공하는 용역

③ 조산사가 제공하는 용역　　　　④ 약사가 소매하는 일반약품판매대금

　☞ 조산사 : 의료기관 등에서 산모의 임신·분만·산후 처치를 보조하고 정상 분만을 유도하며 신생아 및 산모를
　　　　　　간호하는 의료인

　　임상병리사 : 의사의 지시에 따라 질병의 예방이나 진단 치료를 돕기 위해 병원에서 환자들의 혈액·소변 등
　　　　　　을 이용하여 각종 의학적 검사를 수행한다.

10. 다음 중 부가가치세 과세대상이 되는 경우는?

① 국민주택규모 초과주택을 임대하고 받은 월세

② 국민주택규모 초과주택을 분양하고 받은 금액

③ 의사의 보건의료용역

④ 토지를 판매하고 받은 가액

11. 부가가치세법상 영세율과 면세에 관한 다음의 설명 중 가장 잘못된 것은?

① 영세율 적용대상인 재화 또는 용역을 공급하는 면세사업자도 선택에 의해 면세를 포기할 수
있다.

② 영세율 적용을 받더라도 사업자등록, 세금계산서 발급 등 납세의무자로서의 의무를 이행하지 않
으면 가산세 등 불이익이 발생한다.

③ 토지의 매매와 임대는 모두 면세대상에 해당한다.

④ 면세사업자는 재화의 매입시 부담한 매입세액을 환급받을 수 없다.

12. 다음 중 부가가치세법상 영세율 적용대상이 아닌 것은?

① 사업자가 내국신용장 또는 구매확인서에 의하여 공급하는 수출용 재화

② 수출업자와 직접 도급계약에 의한 수출재화임가공용역

③ 국외에서 공급하는 용역

④ 수출업자가 타인의 계산으로 대행위탁수출을 하고 받은 수출대행수수료

주관식

01. 다음 중 부가가치세가 면세되는 재화 또는 용역을 고르시오.

ⓐ 신문 · 잡지	ⓑ 수집용 우표	ⓒ 복권
ⓓ 토지의 임대	ⓔ 과일	ⓕ 보험용역

02. 면세사업만 영위한 사업자가 부가가치세법상 면세의 포기를 신고한 경우 신고한 날부터 몇 년간 부가가치세 면세를 적용받지 못하는가?

03. 다음 중 부가가치세가 과세되는 재화 또는 용역을 고르시오.

① 가공되지 아니한 식료품
② 시내버스에 의한 여객운송용역
③ 미용목적 성형수술을 위한 의료보건용역
④ 정부의 인허가를 받은 학원 등에서 제공하는 교육용역
⑤ 국민주택면적을 초과하는 아파트의 임대
⑥ 상가용 토지의 공급
⑦ 주차장용 토지의 임대
⑧ 국민주택면적을 초과하는 아파트의 공급
⑨ 외국에서 생산된 식용으로 제공되지 아니하는 농산물로서 미가공된 것
⑩ 시외버스(고속운행 제외)에 의한 여객운송 용역
⑪ 금융 · 보험용역으로서 자금의 대출 또는 어음의 할인
⑫ 주무관청의 허가를 받은 교습소가 제공하는 교육 용역

연/습/문/제 답안

🔑 객관식

1	2	3	4	5	6	7	8	9	10	11	12			
④	②	③	④	②	①	③	③	④	②	③	④			

[풀이]

01. 영세율의 경우에는 부가가치세 제반의무가 존재한다. **면세는 일정한 협력의무 외의 부가가치세법상의 의무사항이 없다.**

02. 영세율 적용대상은 세금계산서 발급의무가 있는 것과 없는 것으로 나누어진다.

03. **간이과세자도 기본적으로 영세율을 적용 받을 수 있으므로** 간이과세를 포기해야만 영세율을 적용 받는 것은 아니다.

04. 면세 포기한 사업자는 신고한 날로부터 **면세 포기 후 3년 이내에 면세 적용이 불가함.**

05. 부가가치세는 **이익의 발생여부에 관계없이** 납부세액이 발생하는 경우에 납부하는 것이다.

06. **도서의 대여(실내도서 열람용역 포함)는 면세에 해당**한다.

07. 면세포기는 신청이 아닌 신고에 해당하므로 **승인을 요하지 아니한다.**

08. 수출대행수수료는 영세율대상이 아니고, 수출업자와 **직접 도급계약**에 의해 **수출 재화를 임가공하는 용역**은 영세율이다.

09. **약사가 일반약품의 단순판매는 과세**이고, 의사처방에 의한 **조제용역은 면세임.**

10. **국민주택규모 초과주택을 분양하고 받은 금액은 과세**이고 국민주택은 면세이다.

11. 토지 임대(전·답·과수원의 임대와 주택의 부수토지 임대는 제외)는 과세 대상이다.

12. 수출업자가 타인의 계산으로 대행위탁수출을 하고 받은 **수출대행수수료는 국내거래로 일반세율(10%)를 적용한 세금계산서를 교부**하여야 한다.

🔑 주관식

01	ⓐⓒⓔⓕ		02	3년		03	③⑦⑧⑨

[풀이 – 주관식]

01. 토지의 공급은 면세이지만 토지의 임대는 과세임.

02. **면세의 포기를 신고한 사업자는 신고한 날부터 3년간 면세를 적용받을 수 없다.**

03. 쌍꺼풀 수술등 **미용목적의 진료용역은 면세대상 의료보건 용역에서 제외**한다.

주택(면적 불문)의 임대와 토지의 공급은 면세에 해당한다.

국민주택면적을 초과하는 아파트의 공급은 과세대상이다.

식용으로 제공되지 아니하는 농산물로서 미가공된 것은 우리나라에서 생산된 것만 면세한다

과세표준과 세금계산서

제1절   과세표준

과세표준이란 납세의무자가 납부해야할 세액산출의 기초가 되는 과세대상의 수량 또는 가액을 말하는데, 부가가치세법상 과세사업자의 과세표준은 재화 또는 용역의 공급에 대한 공급가액으로 한다. **<u>기업회계기준상의 매출액과 거의 일치한다.</u>**

1. 공급유형별 과세표준

(1) 기본원칙

부가가치세의 과세표준은 공급가액이라 하는데, 사업자는 여기에 10%의 세율을 적용하여 계산된 매출세액을 공급받는 자로부터 거래징수하여 정부에 납부하여야 한다.

대원칙(과세표준) : 시가	
① 금전으로 대가를 받는 경우	그 대가
② 금전 외의 대가를 받는 경우	***자기가 공급한 재화 또는 용역의 시가***
③ 부당하게 낮은 대가를 받는 경우 (특수관계자에게 재화·용역을 공급하는 경우)	***자기가 공급한 재화 또는 용역의 시가***

☞ 특수관계자 : 일정주주를 포함해서 회사에 영향력을 행사할 수 있는 자(예 : 친족관계, 회사와 임직원)

(2) 과세표준계산에 포함되지 않는 항목/포함하는 항목

구 분	내　　　용
과 세 표 준 에 포 함 되 지 않 는 항 목	① **매출에누리와 환입액, 매출할인** ② 구매자에게 도달하기 전에 파손·훼손·멸실된 재화의 가액 ③ 재화 또는 용역의 공급과 직접 관련되지 않는 국고보조금과 공공보조금 ④ **반환조건부 용기대금·포장비용** ⑤ 용기·포장의 회수를 보장하기 위하여 받는 보증금 등 ⑥ 대가와 구분하여 기재한 경우로서 당해 종업원에 지급한 사실이 확인되는 봉사료 ⑦ 계약 등에 의하여 확정된 대가의 지연지급으로 인해 지급받는 연체이자
과 세 표 준 에 포 함 하 는 항 목	① 할부판매의 이자상당액 ② 대가의 일부분으로 받는 운송비, 포장비, 하역비, 운송보험료, 산재보험료 등
과 세 표 준 에 서 공제하지 않는 것	① **대손금(대손세액공제사항)** ② **판매장려금(단, 현물지급시 간주공급에 해당됨)** ③ 하자보증금

2. 거래형태별 과세표준

구　　　분	과 세 표 준
외상판매 및 할부판매의 경우	공급한 재화의 총가액
장기할부판매 완성도기준지급·중간지급조건부로 재화·용역을 공급하거나 계속적인 재화·용역을 공급하는 경우	**계약에 따라 받기로 한 대가의 각 부분**

3. 대가를 외국통화 기타 외국환으로 받은 경우의 과세표준(수출실적명세서)

구　　　분		과세표준
공급시기 도래 전에 외화수령	환가	**그 환가한 금액**
	미환가	**공급시기**(선적일)의 외국환거래법에 의한 **기준환율 또는 재정환율**에 의하여 계산한 금액
공급시기 이후에 외국통화로 지급받은 경우		

☞ 기준환율 : 외국환은행이 고객과 원화와 미달러화를 매매할 때 기준이 되는 환율을 말하며 시장평균환율이라고도 한다.
　재정환율 : 기준환율을 이용하여 제 3국의 환율을 간접적으로 계산한 환율

<예제 4 - 1> 수출재화의 과세표준

㈜한강의 거래내역을 분개하시오.

1. 4월 01일 미국기업인 애플사에 제품($10,000) 수출계약을 체결하고 계약금으로 $1,000을 보통예금으로 수취하다.(환율 : 1,200원/$)
2. 4월 30일 애플사에 제품을 선적을 완료하고 나머지 잔금은 선적 후 15일이내 받기로 하다.(선적일 기준환율 : 1,300원/$, 수출신고일 기준환율 : 1,270원/$)

   4월 1일 선수금을 원화로 환가한 경우와 환가하지 아니하는 경우 **각각 부가가치세법상 과세표준으로 회계처리**하시오.

해답

1.	(차) 보 통 예 금	1,200,000원	(대) 선 수 금	1,200,000원
2. 환가	(차) 선 수 금 　　　외상매출금	1,200,000원 11,700,000원	(대) 제 품 매 출	12,900,000원[*1]

*1. 과세표준 : $1,000×1,200원(환가환율)+$9,000×1,300원=12,900,000원

〈기업회계 기준으로 회계처리시〉

인도시점에 환율로 아래처럼 수익인식하고 부가가치세법상 과세표준은 12,900,000원임.

	(차) 선 수 금 　　　외상매출금 　　　외환차손	1,200,000원 11,700,000원 100,000원	(대) 제 품 매 출	13,000,000원[*1]

*1. 제품매출 : $10,000×1,300원(선적일 환율)=13,000,000원
*2. 외상매출금 : $9,000×1,300원(선적일 환율)=11,700,000원
☞ 외환차손익(선수금)=상환가액($1,000×1,300)−장부가액($1,000×1,200)=100,000원(손실)

3. 미환가	(차) 선 수 금 　　　외상매출금 　　　외 환 차 손	1,200,000원 11,700,000원 100,000원[*2]	(대) 제 품 매 출	13,000,000원[*1]

*1. 과세표준 : $10,000×1,300원(선적일 환율)=13,000,000원
*2. 외환차손 : $1,000×(1,300원−1,200원)=100,000원

4. 재화의 수입에 대한 과세표준

세관장이 수입업자에게 수입세금계산서 발급시 과세표준은 다음과 같다.

수입재화의 경우	관세의 과세가격+관세+개별소비세, 주세, 교통·에너지·환경세+교육세, 농어촌특별세

  ☞ 관세의 과세가격 : 관세를 부과하기 위한 수입물품의 과세표준이 되는 가격을 말하는데, 수입자가 실제로 지불한 가격에 가산요소를 조정한 것을 말한다.

<예제 4 - 2> 수입재화의 과세표준

다음의 거래를 분개하시오. 미국의 GM사로부터 승용차(4,000CC) 수입시 울산세관장으로부터 수입전자세금계산서(공급가액 50,000,000원 부가가치세 5,000,000원)를 발급받고 통관수수료 300,000원과 부가가치세는 현금납부하다.

해답

(차) 차량운반구	5,300,000원	(대) 현 금	5,300,000원

  ☞ 세관장이 발행하는 수입세금계산서의 과세표준(공급가액)은 수입재화의 부가가치세를 징수하기 위한 가공의 숫자에 불과하다. 즉 차량구입가격이 아니라는 점을 유의하세요.

---

5. 과세표준 계산특례

(1) 간주공급

원 칙	당해 재화의 시가
판매목적 타사업장 반출	취득가액을 과세표준으로 하되, 당해 취득가액에 일정액을 가산하여 공급하는 경우에는 당해 공급가액으로 한다.
감가상각자산	**간주시가＝취득가액×(1－체감률×경과된 과세기간의 수)** ☞ 체감률 : 건물, 구축물인 경우 5%, 기타 25% 취득가액 : 매입세액을 공제받은 해당 재화의 가액

(2) 부동산임대용역의 과세표준[☞**부동산임대공급가액명세서**]

과세표준＝임대료＋간주임대료＋관리비

간주임대료＝해당 기간의 임대보증금×정기예금 이자율×임대일수/365일(366일)

6. 수입금액 [☞신고서상의 과세표준명세]

수입금액에 포함되는 것	수입금액에 포함되지 않는 것
소득세법상 수입금액으로 상품·제품매출액 등 **사업상증여, 개인적공급은 수입금액에 포함**	**고정자산매각, 직매장공급** 등 소득세 수입금액에서 제외되는 금액

╎ <예제 4 - 3> 과세표준 ╟────────────

다음 자료에 의하여 부가가치세 **과세표준과 수입금액**을 계산하시오. 사업자는 주사업장총괄납부/사업자단위 과세제도를 적용받지 않는다.

1. 제품공급가액 : 10,000,000원(매출할인,에누리금액 50,000원이 차감 후 금액임.)

2. 대손금(공급가액) : 6,000,000원(1.제품공급가액에 포함되어 있지 않다.)

3. 장려물품제공액 : 원가 3,000,000원(시가 3,500,000원)

4. 현금 지급 판매장려금 : 3,000,000원

5. 제품 중 대표자 개인적 사용분 : 원가 3,000,000원(시가 5,000,000원)

6. 특수관계자에 대한 매출액 : 10,000,000원(시가 15,000,000원)

7. 판매목적 타사업장 반출 : 5,000,000원

8. 기술개발을 위하여 원재료 사용 : 1,000,000원(시가 1,500,000원)

9. 대가를 받지 않고 거래처에 증여한 견본품 : 500,000원

10. 제품을 이재민구호품으로 서울시에 무상 기탁 : 5,000,000원(시가 10,000,000원)

11. 건물 처분가액 : 13,000,000원(취득가액 50,000,000원, 감가상각누계액 30,000,00원)

해답

	과세표준	수입금액	비 고
1. 제품 공급가액	10,000,000	10,000,000	**매출할인, 매출에누리, 매출환입은 과세표준에 포함되지 않는다.**
2. 대손금	6,000,000	6,000,000	**대손금은 과세표준에서 공제하지 않고 대손세액공제로 공제함.**
3. 장려물품	3,500,000	3,500,000	장려물품은 **시가**가 과세표준임
4. 판매장려금	–	–	현금지급 판매장려금은 과세표준 미공제
5. 개인적공급	5,000,000	5,000,000	개인적 공급의 과세표준은 **시가**임.
6. 특수관계자매출	15,000,000	15,000,000	특수관계자에 대한 매출은 **시가**임.
7. 직매장반출	5,000,000	–	간주공급
8. 타계정대체	–	–	**기술개발을 위한 원재료사용은 간주공급이 아님**
9. 견본품	–	–	**견본품은 간주공급에서 제외됨.**
10. 기부금	–	–	**국가 등에 무상으로 공급하는 재화·용역은 면세임**
11. 건물처분가액	**13,000,000**	–	
과세표준 계	**57,500,000**	**39,500,000**	**고정자산매각, 직매장반출은 수입금액에서 제외된다.**

☞ 주사업장총괄납부 또는 사업자단위과세 사업자는 직매장반출에 대해서는 간주공급으로 보지 않는다.

| 제2절 | 세금계산서 |

1. 세금계산서 및 영수증의 종류

구 분		발급하는 자
세금계산서	세금계산서/전자세금계산서	사업자가 공급받는 자에게 발급
	수입세금계산서	**세관장이 수입자에게 발급**
영수증	신용카드매출전표(직불카드, 선불카드 포함)	사업자가 주로 일반 소비자에게 발급
	현금영수증	
	(일반적인)영수증	**간이과세자(직전공급대가 합계액이 48백만원 미만 등) 등이 발급**

■ 계산서 : <u>면세사업자</u>가 소득세법 또는 법인세법에 의해 면세 재화와 역무를 제공하고 상호간에 거래내역을 명확히 하기 위해 작성하는 서면을 말하는데, **공급가액만 있고 부가가치세액은 없다.**

(1) 세금계산서

세금계산서는 공급하는 사업자가 2매(공급자 보관용, 공급받는자 보관용)를 발행하여 1매는 공급받는 자에게 발급하고 5년간 보관하여야 한다.

필 요 적 기재사항	① 공급하는 사업자의 등록번호와 성명 또는 명칭	② 공급받는 자의 등록번호
	③ 공급가액과 부가가치세액	④ 작성연월일

세금계산서를 발급시 필요적 기재사항이 누락되었거나 사실과 다른 경우에는 세금계산서로서의 효력이 인정되지 않는다.

(2) 전자세금계산서

① 발급의무자 : 법인사업자(무조건 발급) 및 개인사업자(일정규모이상)

〈전자세금계산서 발급의무 개인사업자〉

공급가액(과세＋면세) 기준년도	기준금액	발급의무기간
20x0년	8천만원	20x1. 7. 1~ **계속**

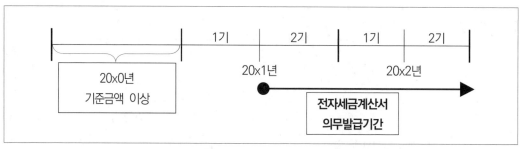

☞ 개인사업자가 사업장별 재화 등의 공급가액이 일정규모 이상인 해의 **다음해 제 2기 과세기간부터 이며, 한번 전자세금계**
산서 발급 의무 대상자가 되면 공급가액 합계액이 미달하더라도 계속하여 전자세금계산서 의무발급 개인사업자로 본다.

② 발급기한 : 다음달 10일까지 가능

③ 전 송

해당 전자세금계산서 **발급일의 다음날** 까지 세금계산서 발급명세를 국세청장에게 전송하여
야 한다.

전자세금계산서 **발급명세를 전송한 경우에는 매출·매입처별세금계산서합계표를 제출하지**
않아도 되며, 5년간 세금계산서 보존의무가 면제된다. 또한 직전연도 사업장별 공급가액 3억
원 미만인 개인사업자에 대하여 전자세금계산서 발급세액공제(발급건당 200원, 연간한도
100만원)가 적용된다.

- 매입자발행세금계산서

사업자가 재화 또는 용역을 공급하고 거래시기에 세금계산서를 발급하지 않는 경우**[거래건**
당 공급대가가 5만원 이상인 거래] 그 재화 또는 용역을 공급받은 자는 관할세무서장의 확인
을 받아 세금계산서를 발행할 수 있다. **과세기간의 종료일부터 1년 이내 발급 신청**할 수 있다.

(3) 영수증

세금계산서의 필요적 기재사항 중 공급받는 자의 등록번호와 부가가치세를 기재하지 않은
증빙서류를 영수증이라 한다. 이러한 영수증을 발급받더라도 매입세액공제를 받을 수 없으나
예외적으로 신용카드 영수증, 현금영수증에 대해서는 매입세액공제가 허용된다.

전자계산서 참고

전자계산서는 소득세법 및 법인세법 상 규정이다.
<발급의무자>
　㉠ 법인사업자　　㉡ 일정규모 이상의 개인사업자

---

2. 세금계산서의 발급시기

(1) 일반적인 발급시기

원 칙	재화 또는 용역의 **공급시기에 발급**하여야 한다. 다만, 일반적인 공급시기가 도래하기 전에 대가의 전부 또는 일부를 받고서 이에 대한 세금계산서를 발급한 때에도 인정된다.	
특 례	공급 시기 전 발급	① 재화 또는 용역의 공급시기 전에 세금계산서를 발급하고, 발급일로부터 **7일 이내에 대가를 지급받은 경우에도 인정**된다. ② 위 ①의 규정에도 불구하고 대가를 지급하는 사업자가 일정 요건을 모두 충족하는 경우에는 세금계산서를 발급받은 후 7일 경과 후 대가를 지급하더라도 그 발급받은 때를 세금계산서의 발급시기로 본다.
	공급 시기 후 발급	**월합계세금계산서**는 예외적으로 재화 또는 용역의 공급일이 속하는 달의 **다음달 10일까지 세금계산서를 발급**할 수 있다. ☞ **기한 말일이 토요일, 공휴일인 경우에는 그 다음날까지 발급할 수 있다.** ① 거래처별로 1역월의 공급가액을 합계하여 당해 월의 말일자를 발행일자로 하여 세금계산서를 발급하는 경우산서를 발급하는 경우 당해 거래일자로 하여 세금계산서를 발급하는 경우 ② 거래처별로 1역월 이내에서 사업자가 임의로 정한 기간의 공급가액을 합계하여 그 기간의 종료일자를 발행일자로 하여 세금계산서를 발급하는 경우 ③ 관계 증빙서류 등에 의하여 실제거래사실이 확인되는 경우로서 당해 거래일자로 하여 세금계산서를 발급하는 경우

☞ 월합계세금계산서 발급예

	공급시기	발행일자(작성연월일)	발급기한
	1.1~1.31	1.31	2.10
1월	1.1~1.10	1.10	2.10
	1.11~1.20	1.20	2.10
	1.21~1.31	1.31	2.10
1.11~2.10		1역월내(달력상 1달)에서만 가능하다.	

(2) 발급특례(위탁판매)

수탁자가 재화를 인도하는 때에 수탁자가 **위탁자를 공급자로 하여 세금계산서를 발급**하며, **위탁자가 재화를 직접 인도하는 경우에는 수탁자의 사업자등록번호를 부기**하여 위탁자가 세금계산서를 발급할 수 있다.

(3) 세금계산서의 수정

① 당초 공급한 재화가 환입된 경우

환입된 날을 작성일자로 하여 비고란에 당초 세금계산서 작성일자로 부기한 후 (-)표시를 하여 발급한다.

② 착오시

세금계산서를 발급한 후 그 기재사항에 관하여 착오 또는 정정사유가 발생한 경우에는 부가가치세의 과세표준과 세액을 경정하여 통지하기 전까지 세금계산서를 수정하여 발행할 수 있다.

③ 공급가액의 증감시

당초의 공급가액에 추가되는 금액 또는 차감되는 금액이 발생한 경우에는 그 **증감사유가 발생한 날에 세금계산서를 수정**하여 발행할 수 있다.

④ 계약 해제시 수정세금계산서는 **계약 해제일을 공급일자로 하여 수정발급**한다.

⑤ 세율적용이 잘못되거나 면세거래를 과세로 잘못 적용한 경우

⑥ 착오여부에 관계없이 잘못 적힌 경우 확정신고기한 다음날부터 1년까지 수정발급이 허용된다.

| <예제 4 - 4> 수정세금계산서 |

㈜한강과 ㈜청계의 거래내역을 분개하시오.
3월 15일 ㈜청계에 외상으로 판매한 제품중 파손된 제품 5개(단가 200,000원, 부가세별도)를 반품받고, 반품에 대한 전자세금계산서를 발급하였으며, 대금은 외상대금과 상계하였다. ㈜청계는 상품에 해당한다.

해답

공급자 **㈜한강**	(차) 외상매출금	△1,100,000원	(대) 제품매출	△1,000,000원
			부가세예수금	△100,000원
	다음과 같이 매출환입계정을 사용해도 된다.			
	(차) 매출환입	1,000,000원	(대) 외상매출금	1,100,000원
	부가세예수금	100,000원		
공급받는자 **㈜청계**	(차) 상 품	△1,000,000원	(대) 외상매입금	△1,100,000원
	부가세대급금	△100,000원		

3. 세금계산서 발급의무 면제

(1) 택시운송사업자, 노점, 행상, 무인판매기를 이용하여 재화·용역을 공급하는 자

(2) 전력(또는 도시가스)을 실지로 소비하는 자(사업자가 아닌 자에 한함)를 위하여 전기사업자(또는 도시가스사업자)로부터 전력(도시가스)을 공급받는 명의자가 공급하는 재화·용역

(3) 도로 및 관련 시설 운용 용역을 공급하는 자 → 공급받는 자가 요구하는 경우에 발급

(4) 소매업을 영위하는 자가 제공하는 재화·용역 → 공급받는 자가 요구하는 경우에 발급

(5) 목욕, 이발, 미용업을 영위하는 자가 공급

(6) 간주공급에 해당하는 재화의 공급(직매장반출은 발급)

(7) 부동산임대용역 중 간주임대료

(8) 영세율 적용대상 재화·용역

다만 내국신용장(구매확인서)에 의한 공급하는 재화는 영세율세금계산서를 발급하여야 한다.

(9) 기타국내사업장이 없는 비거주자 또는 외국법인에게 공급하는 재화·용역

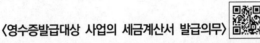

〈영수증발급대상 사업의 세금계산서 발급의무〉

영수증발급대상사업	세금계산서 발급 요구시
1. 목욕, 이발, 미용업	**세금계산서 발급금지**
2. 여객운송업(전세버스운송사업은 제외)	**(다만 감가상각자산의 경우는 예외)**
3. 입장권을 발행하여 영위하는 사업	
4. 소매업 등 영수증 발급대상사업	세금계산서를 발급하여야 함.

4. 세금계산서합계표 등의 제출

(1) 세금계산합계표의 제출

전자세금계산서를 적법발급하고 다음날 전송시 제출의무가 면제된다.

(2) 현금매출명세서의 제출

사업서비스업 중 변호사, 공인회계사, 세무사, 건축사 등의 사업을 영위하는 사업자는 현금매출명세서를 예정신고 또는 확정신고와 함께 제출하여야 한다.

(3) 부동산임대공급가액명세서의 제출

5. 신용카드 매출전표(직불카드, 기명식 선불카드, 현금영수증 포함)

(1) 신용카드 매출전표 등 발행세액공제[☞신용카드매출전표등 발행금액집계표]

- 직전연도 공급가액 10억원이하 개인사업자만 해당됨

공제액＝MIN[①신용카드매출전표발행 금액 등의 1.3%, ② 연간 1,000만원]

(2) 매입세액의 공제허용[☞신용카드매출전표수령명세서(갑)]

신용카드매출전표등 수령명세서를 제출하고, 확정신고를 한 날로부터 5년간 보관할 것

연/습/문/제

 분개연습 [매입매출전표 유형선택 : *증빙을 보시고 판단하세요!!!!*]

매출유형	증 빙		매입유형
매출과세	(전자)세금계산서	공제	매입과세
매출영세	(전자)영세율세금계산서	불공제	매입영세
매출면세	(전자)계산서		매입면세
매출건별	증빙없음/일반영수증	불공제	매입불공
매출수출	직수출	수입전자세금계산서	매입수입
매출카과	신용카드영수증(과세)		매입카과
매출카면	신용카드영수증(면세)		매입카면
매출현과	현금영수증(과세)		매입현과
매출현면	현금영수증(면세)		매입현면

[1] 원재료를 구입하면서 운반대가로 (주)하인물류에게 880,000원(부가가치세 포함)을 현금으로 지급하고 전자세금계산서를 수취하였다.

[과세유형]   [공급가액]   [세액]

[분개]

[2] 수출업자인 대상(주)에 Local L/C에 의하여 제품(100개, @ 5,000원)을 납품하고 영세율전자세금계산서를 교부하였으며, 대금은 전액 외상으로 하였다.

[과세유형]   [공급가액]   [세액]

[분개]

[3] 전년도에 (주)일성에서 매입한 상품에 하자가 있어 반품하고 수정전자세금계산서(공급가액 3,000,000원, 부가가치세 300,000원, 부[負]의 전자세금계산서)를 교부받았다. 대금은 외상매입금과 상계처리하였다.

[과세유형]   [공급가액]   [세액]

[분개]

[4] 당사는 본사 건물 일부가 노후화 되어 안전에 문제가 있어 기존 계단시설을 폐쇄하고 엘리베이터와 현관 1
층에 보안시스템을 새로 설치하였다. 공사를 담당한 (주)동양산업의 견적 내역은 다음과 같으며, 해당 금액
은 보통예금 계좌를 통해 금일 전자세금계산서 발행과 동시에 결제 완료되었다.

공사구분	금 액(원)	비 고
엘리베이터 설치	15,000,000	
1층 보안시스템 설치	11,000,000	[주]
합 계	26,000,000	부가가치세 별도

　　[주] 보안시스템은 건물의 일부로 설치되어 매월 본사 물품 도난사고가 방지될 것으로 예상되며, 건물감정평가액이 높
　　아질 것으로 기대됨

[과세유형]　　　　　　　　　　　**[공급가액]**　　　　　　　　　　　**[세액]**

[분개]

[5] 미국 동부의 SELLA.CO.LTD사에 수출할 제품($300,000)을 부산항에서 1월 12일 선적완료하였다. 당해
수출과 관련하여 당사는 이미 1월 5일 계약금으로 $20,000를 받아 원화로 환가(환가금액 24,000,000원)
하여 보통예금 계좌에 입금하였으며, 나머지 수출대금은 1월 25일 모두 받기로 하였다. 일자별 환율은 다
음과 같다(단, 부가가치세법에 따라 1월 12일자로 회계처리 하시오).

구 분	1월 5일	1월 12일	1월 25일
기준환율(1$당)	1,200원	1,300원	1,100원

[과세유형]　　　　　　　　　　　**[공급가액]**　　　　　　　　　　　**[세액]**

[분개]

[6] 당사는 공장 생산라인 직원들의 식사를 공장근처 식당인 참맛식당에서 정기적으로 배달하여 먹고 매월 말
월별 정산하여 결재한다. 6월분 공장직원 식사대 1,500,000원(부가가치세 별도)을 현금 결제하고 전자세금
계산서를 교부받다(공장직원에게 별도의 식대비를 지급하고 있지는 않다).

[과세유형]　　　　　　　　　　　**[공급가액]**　　　　　　　　　　　**[세액]**

[분개]

[7] 당사는 기술인력 부족으로 고열가공을 외주하기로 하였다. (주)상원기계에 당사의 원재료의 가공을 의뢰하
고 11,000,000원(부가가치세별도)의 전자세금계산서를 수취하였으며, 대금은 당좌수표를 발행하여 지급하
였다.

[과세유형]　　　　　　　　　　　**[공급가액]**　　　　　　　　　　　**[세액]**

[분개]

[8] 강서상사(주)로부터 원재료(공급가액 5,000,000원, 부가가치세 별도)를 매입하고 전자세금계산서를 교부받았다. 대금 중 2,000,000원은 5월 1일 계약금을 지급하였고, 나머지 금액은 제품매출대금으로 받은 미성전자(주)가 발행한 어음을 배서양도 하였다.

[과세유형]   **[공급가액]**   **[세액]**

[분개]

[9] 영업부에서 회사 제품 홍보를 위하여 (주)진주에 티슈제작을 의뢰하면서 계약금 2,200,000원(부가세 200,000원 별도 기재됨)을 현대카드(신용카드)로 결제하였다.

[과세유형]   **[공급가액]**   **[세액]**

[분개]

[10] 공장에 설치중인 전자동기계의 성능을 시험해 보기로 하였다. 시운전을 위하여 김포주유소에서 휘발유 200리터를 330,000원(1,650원/리터)에 구입하고 대금은 비씨카드로 지급하였다(신용카드 매출전표 상에 공급가액과 세액을 구분 표시하여 받음).

[과세유형]   **[공급가액]**   **[세액]**

[분개]

[11] 상품포장시 발생한 폐지를 금일자로 (주)대일재활용에 처분하고, 현금 3,300,000원(부가가치세 포함)을 받은 후 전자세금계산서를 교부하였다. 단, 폐지에 대한 원가는 없는 것으로 하며, 손익관련 계정과목은 영업외손익 중 가장 적절한 것을 적용하시오.

[과세유형]   **[공급가액]**   **[세액]**

[분개]

[12] 당사는 양평상사가 소유하고 있던 특허권을 구입하면서 전자세금계산서(공급가액 1,000,000원, 부가가치세 100,000원)를 교부받았고, 그 대가로 당사의 주식 150주(액면가액 5,000원)를 액면발행해서 교부하고, 나머지는 당좌수표로 지급하였다.

[과세유형]   **[공급가액]**   **[세액]**

[분개]

[13] 세상물산에서 상품(공급가액 : 25,000,000원)을 매입하고, 그에 대한 전자세금계산서를 교부받다. 단, 이
와 관련하여 전월에 계약금으로 지급한 2,500,000원을 제외한 잔액은 금일자로 약속어음(만기 : 12월 31
일)을 발행하여 교부하였다.

[과세유형]   **[공급가액]**   **[세액]**

[분개]

[14] 한우백화점에서 한우갈비셋트(부가가치세 면세대상임) 1,100,000원을 법인명의 신용카드(국민카드)로 구
입하고, 신용카드 매출전표를 수취하였다. 이 중 400,000원은 복리후생차원에서 당사 공장직원에게 제공
하였고, 나머지는 특정 거래처에 증정하였다.

[과세유형]   **[공급가액]**   **[세액]**

[분개]

[15] 차량운반구를 (주)세움전자에 10,000,000원(부가가치세 별도)에 매각하고 전자세금계산서를 발행하였다.
매각대금 전액을 연말에 지급받기로 하였다. 매각 직전의 차량운반구의 내역은 아래와 같다.

차량운반구취득가액 : 100,000,000원	감가상각누계액 : 30,000,000원

[과세유형]   **[공급가액]**   **[세액]**

[분개]

[16] 공장의 신축이 완료되어 (주)금상에 잔금을 회사의 보통예금통장에서 지급하고 세법에 의한 전자세금계산
서를 수취하다. (주)금상과의 공급계약은 다음과 같다(본 계약은 계약금 및 중도금지급 시 전자세금계산서
를 발행하지 않았다).

구 분	지급일자	공급대가(부가가치세포함)
계약금	3월 31일	110,000,000원
중도금	4월 21일	550,000,000원
잔 금	8월 10일	440,000,000원

계약금과 중도금은 건설중인자산으로 회계처리하였으며, 잔금지급일에 건물로의 대체분개도 포함하여 회계
처리 할 것.

[과세유형]   **[공급가액]**   **[세액]**

[분개]

[17] 한국상사에 특허권을 양도하고 전자세금계산서를 교부하였다. 특허권의 양도대가 11,000,000원(부가가치세 포함)은 보통예금통장으로 이체 받았다. 단, 특허권의 장부상 가액은 8,000,000원임.

[과세유형]   **[공급가액]**   **[세액]**

[분개]

[18] 한국상사로부터 구내식당에서 사용할 목적으로 쌀 2,000,000원을 구입하고 계산서를 교부받았다. 대금 결제중 1,500,000원은 ㈜강남에서 받은 어음을 배서하여 교부하고, 나머지는 외상으로 하였다. 쌀은 소모품 계정과목을 이용하기로 하고 의제매입세액은 무시한다.

[과세유형]   **[공급가액]**   **[세액]**

[분개]

[19] 소비자 김정민에게 제품 100개를 5,500,000원(부가가치세 포함)에 현금매출하고 소득공제용 현금영수증을 교부하였다.

[과세유형]   **[공급가액]**   **[세액]**

[분개]

[20] 금일 일본 야마다교역에 제품을 수출(선적)하였다. 수출대금은 이미 4월 6일에 일본 엔화로 송금받아 즉시 원화로 환전하여 당사의 보통예금에 입금하였다. 단, 수출과 관련된 내용은 다음과 같으며, 회계처리는 일반기업회계기준에 따른다.

•수출신고일 : 04.22	•선적일 : 04.24	•수출가격 : ￥10,000,000
•계약금회계처리 (차) 보통예금 100,000,000	(대) 선수금 100,000,000	

일 자	4월 6일	4월 22일	4월 24일
기준환율	1,000원/100￥	1,100원/100￥	1,150원/100￥

[과세유형]   **[공급가액]**   **[세액]**

[분개]

[21] ㈜해동무역과 다음의 장기연부 조건의 제품 판매계약을 체결하고 제품을 인도하였다. 제1회차 할부금액 및 부가가치세는 제품인도와 동시에 보통예금 계좌로 입금되었고, 전자세금계산서는 부가가치세법에 따라 발행되었으며 매출수익은 판매대가 전액을 명목가액으로 인식하였다.(단, 2·3회차 할부금 계정과목은 외 상매출금을 사용할 것)

구 분	계약서상 지급일	계약서상 지급액 (부가가치세 별도)
제1회차 할부금	4월 21일	200,000,000원
제2회차 할부금	2년 후 1월 2일	200,000,000원
제3회차 할부금	3년 후 1월 2일	200,000,000원
총 계		600,000,000원

[과세유형]　　　　　　　　　　**[공급가액]**　　　　　　　　　　**[세액]**

[분개]

 객관식

01. 다음 중 부가가치세법상 세금계산서 발급의무 면제에 해당하지 않는 것은?

① 내국신용장에 의하여 공급하는 수출대상재화

② 임대보증금에 대한 간주임대료

③ 항공기의 외국항행용역

④ 국외에서 제공하는 용역

02. 다음 중 부가가치세법상 세금계산서 수수와 관련한 설명으로서 옳지 않은 것은?

① 원칙적으로 세금계산서는 각 사업장별로 수취, 발급하여야 한다.

② 사업자가 재화 또는 용역의 공급시기가 도래하기 전에 세금계산서를 발급하더라도 그 세금계산 서 발급일 부터 7일 이내에 대가를 지급받는 경우에는 적법하게 세금계산서를 발급한 것으로 본다.

③ 당초 공급한 재화가 환입된 경우에는 당초 공급한 날을 작성일자에 기재하고, 당해 금액에 부의 표시를 하여 수정세금계산서를 발급하여야 한다.

④ 사업의 포괄양도에 해당되는 경우에는 세금계산서를 발급할 수 없다.

03. 다음 중 부가가치세법상 직매장반출에 대한 설명으로 옳지 않은 것은?

① 직매장반출에 대해서는 재화의 공급으로 보더라도 세금계산서의 발급의무가 면제된다.

② 직매장은 사업장에 해당되나, 하치장은 사업장에 해당되지 않는다.

③ 자기의 다른 사업장에서 원료 등으로 사용하기 위하여 반출하는 경우에는 이를 재화의 공급으로 보지 않는다.

④ 총괄납부사업자가 자기의 타사업장으로 재화를 반출하는 경우에는 이를 재화의 공급으로 보지 않는다.

04. 다음 중 부가가치세법상 세금계산서의 발급의무가 면제되는 경우가 아닌 경우는?

① 이발업

② 개인적 공급

③ 국외에서 제공하는 영세율적용 용역

④ 내국신용장에 의하여 공급하는 영세율적용 재화

05. 다음 중 부가가치세 일반과세사업자가 세금계산서를 발급할 수 있는 경우는?

① 부동산(점포)임대사업자가 임대보증금만을 받고 점포를 임대한 경우

② 사업자가 생산한 과세대상재화를 거래처에 선물로 기증한 경우

③ 사업자가 생산한 과세대상재화를 종업원의 개인용도로 사용하는 경우

④ 사업자가 구매확인서에 의하여 수출대행사에 과세대상재화를 공급하는 경우

06. 다음은 부가가치세법상 세금계산서의 발급에 관한 사항이다. 적절하게 발급하지 않은 것의 개수는?

> A. 공급시기 전에 세금계산서를 발급하고 발급일로부터 7일 이내에 대가를 지급받음.
> B. 단기할부판매에 관하여 대가의 각 부분을 받기로 한 때마다 각각 세금계산서를 발급함.
> C. 반복적 거래처에 있어서 월합계금액을 공급가액으로하고, 매월 말일자를 공급일자로하여 다음달 말일까지 세금계산서를 발급함.
> D. 이미 공급한 재화가 환입된 경우에는 환입된 날을 공급일자로 하고, 비고란에 당초세금계산서 작성일자를 부기하여 발행함.

① 1개 ② 2개

③ 3개 ④ 4개

07. 다음은 수정세금계산서 또는 수정전자세금계산서의 발급사유 및 발급절차를 설명한 것이다. 가장 틀린 것은?

① 계약의 해제로 재화나 용역이 공급되지 아니한 경우 : 계약이 해제된 때에 그 작성일은 계약해제일로 적고 비고란에 처음 세금계산서 작성일을 덧붙여 적은 후 붉은색 글씨로 쓰거나 음(陰)의 표시를 하여 발급한다.

② 면세 등 발급대상이 아닌 거래 등에 대하여 발급한 경우 : 처음에 발급한 세금계산서의 내용대로 붉은색 글씨로 쓰거나 음(陰)의 표시를 하여 발급한다.

③ 처음 공급한 재화가 환입된 경우 : 처음 세금계산서를 작성한 날을 작성일로 적고 비고란에 재화가 환입된 날을 덧붙여 적은 후 붉은색 글씨로 쓰거나 음(陰)의 표시를 하여 발급한다.

④ 착오로 전자세금계산서를 이중으로 발급한 경우 : 처음에 발급한 세금계산서의 내용대로 음(陰)의 표시를 하여 발급한다.

08. 다음 중 부가가치세법상 과세표준에 포함되는 것은?

① 국고보조금

② 공급받는 자에게 인도된 이후에 멸실된 재화의 가액

③ 에누리액

④ 환입된 재화의 가액

09. 다음에 열거한 것 중에서 부가가치세법상 세금계산서 발급의무가 면제되지 않는 것은?

① 수출대행수수료를 지급받는 경우

② 자가공급, 개인적 공급, 사업상 증여에 의한 재화의 공급

③ 국내에 주재하는 외국정부기관 등에 공급하는 재화의 공급

④ 목욕, 이발, 미용업자가 공급하는 용역의 공급

10. 전자세금계산서제도에 대한 내용이다. 다음 중 틀린 것은?

① 법인사업자는 전자세금계산서 의무발급자이다.

② 개인사업자는 일정요건에 해당하게 되면 의무발급대상자가 된다.

③ 월합계로 발급하는 전자세금계산서는 재화 및 용역의 공급일이 속하는 달의 다음달 10일까지 발급할 수 있는 경우도 있다.

④ 국세청에 전송된 전자세금계산서는 반드시 출력하여 별도 보관하여야 한다.

11. 다음 중 부가가치세법에서 정한 재화 또는 용역의 공급시기에 공급받는자가 사업자등록증을 제시하고 세금계산서 발급을 요구하는 경우에도 세금계산서를 발급할 수 없는 사업자는?

① 소매업   ② 음식점업

③ 전세버스운송사업   ④ 항공여객운송사업

12. 다음은 부가가치세법상 전자세금계산서에 대한 설명이다. 틀린 것은?

① 전자세금계산서는 원칙적으로 발급일의 다음날까지 국세청에 전송해야 한다.

② 후발급특례가 적용되는 경우 재화나 용역의 공급일이 속하는 달의 다음달 10일까지 세금계산서를 발급할 수 있다.

③ 전자세금계산서 발급대상 사업자가 적법한 발급기한 내에 전자세금계산서 대신에 종이세금계산서를 발급한 경우 공급가액의 1%의 가산세가 적용된다.

④ 당해 연도의 사업장별 재화와 용역의 공급가액(과세＋면세)의 합계액이 기준금액 이상인 개인사업자는 반드시 전자로 세금계산서를 발행하여야 한다.

13. 부가가치세법상 수정(전자)세금계산서 작성일을 적고자 한다. 다음 중 작성일을 소급하여 처음에 발급한 (전자)세금계산서의 작성일을 적어야 하는 것은?

① 계약의 해지로 공급가액에 감소되는 금액이 발생한 경우

② 처음에 공급한 재화가 환입된 경우

③ 세율을 잘못 적용한 경우

④ 계약의 해제로 재화가 공급되지 아니한 경우

주관식

01. 다음 자료에 의하여 부가가치세 과세표준을 계산하시오?

1. 제품판매액(공급가액) : 50,000,000원
2. 대손금(공급가액) : 6,000,000원(제품판매액에 포함되어 있음)
3. 장려물품제공액 : 원가 3,000,000원(시가 3,500,000원)
4. 판매할 제품 중 대표자 개인적 사용분 : 원가 3,000,000(시가 5,000,000원)

02. 다음 자료에 의해 부가가치세 과세표준을 계산하면? 단, 당해 사업자는 주사업장총괄납부/사업자단위과세 적용을 받지 않는다.

- 상품 외상판매액(공급가액) : 30,000,000원
- 자기의 타사업장으로의 판매목적 반출액 (공급가액) : 2,000,000원
- 판매처로 운송하는 도중 교통사고로 인해 파손된 상품(원가) : 1,000,000원
  ※ 단, 위 외상판매액에는 반영되어 있지 않다.
- 판매실적에 따라 거래처에 현금으로 지급한 장려금 : 3,000,000원

03. 다음 자료를 보고 거래내역에 대한 부가가치세 과세표준을 구하시오.

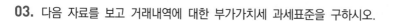

3월 15일 대만의 웬디사에 제품을 총 $20,000에 수출하기로 하고, 계약금으로 $2,000을 수령하여 동일 자로 원화로 환전하였다.
4월 15일 제품을 인천항에서 선적하고 중도금으로 $10,000을 수령하였다.
4월 30일 잔금 $8,000을 수령하고 동 금액을 원화로 환전하였다.
(3월 15일 ₩1,200/$,   4월 15일 ₩1,300/$,   4월 30일 ₩1,100/$)

연/습/문/제 답안

분개연습

[1]	유형	매입과세	공급가액	800,000	세액	80,000
(차) 원 재 료		800,000	(대) 현 금			880,000
부가세대급금		80,000				

[2]	유형	매출영세	공급가액	500,000	세액	0
(차) 외상매출금		500,000	(대) 제 품 매 출			500,000
(대상(주))						

[3]	유형	매입과세	공급가액	△3,000,000	세액	△300,000
(차) 상 품		−3,000,000	(대) 외상매입금			−3,300,000
부가세대급금		−300,000				

[4]	유형	매입과세	공급가액	26,000,000	세액	2,600,000
(차) 건 물		26,000,000	(대) 보 통 예 금			28,600,000
부가세대급금		2,600,000				

[5]	유형	매출수출	공급가액	388,000,000	세액	
(차) 선 수 금		24,000,000	(대) 제 품 매 출			388,000,000
외상매출금		364,000,000				
☞ 수출재화의 과세표준＝환가한 금액＋미환가 또는 외상거래시 선적일 환율적용한 금액						
＝24,000,000＋$280,000×1,300＝388,000,000원						

[6]	유형	매입과세	공급가액	1,500,000	세액	150,000
(차) 복리후생비(제)		1,500,000	(대) 현 금			1,650,000
부가세대급금		150,000				

[7]	유형	매입과세	공급가액	11,000,000	세액	1,100,000
	(차) 외주가공비(제)	11,000,000	(대) 당좌예금			12,100,000
	부가세대급금	1,100,000				

[8]	유형	매입과세	공급가액	5,000,000	세액	500,000
	(차) 원재료(제)	5,000,000	(대) 선급금			2,000,000
	부가세대급금	500,000	받을어음(미성전자(주))			3,500,000

[9]	유형	매입카드과세	공급가액	2,000,000	세액	200,000
	(차) 선급금	2,000,000	(대) 미지급금(현대카드)			2,200,000
	부가세대급금	200,000				

[10]	유형	매입카드과세	공급가액	300,000	세액	30,000
	(차) 기계장치	300,000	(대) 미지급금(비씨카드)			330,000
	부가세대급금	30,000				

[11]	유형	매출과세	공급가액	3,000,000	세액	300,000
	(차) 현금	3,300,000	(대) 잡이익			3,000,000
			부가세예수금			300,000

[12]	유형	매입과세	공급가액	1,000,000	세액	100,000
	(차) 특허권	1,000,000	(대) 자본금			750,000
	부가세대급금	100,000	당좌예금			350,000

[13]	유형	매입과세	공급가액	25,000,000	세액	2,500,000
	(차) 상품	25,000,000	(대) 선급금			2,500,000
	부가세대급금	2,500,000	지급어음			25,000,000

[14]	유형	매입카드면세	공급가액	1,100,000	세액	0
	(차) 복리후생비(제)	400,000	(대) 미지급금(국민카드)			1,100,000
	접대비(판)	700,000				

[15]	유형	매출과세	공급가액	10,000,000	세액	1,000,000
(차)	미 수 금		11,000,000	(대) 부가세예수금		1,000,000
	감가상각누계액		30,000,000	차량운반구		100,000,000
	유형자산처분손실		60,000,000			

☞ 처분손익＝처분가액(10,000,000)－장부가액(100,000,000－30,000,000)＝△60,000,000원(손실)

[16]	유형	매입과세	공급가액	1,000,000,000	세액	100,000,000
(차)	건 물		1,000,000,000	(대) 건설중인자산		660,000,000
	부가세대급금		100,000,000	보 통 예 금		440,000,000

[17]	유형	매출과세	공급가액	10,000,000	세액	1,000,000
(차)	보 통 예 금		11,000,000	(대) 부가세예수금		1,000,000
				특 허 권		8,000,000
				무형자산처분이익		2,000,000

☞ 처분손익＝처분가액(10,000,000)－장부가액(8,000,000)＝2,000,000원(이익)

[18]	유형	매입면세	공급가액	2,000,000	세액	0
(차)	소 모 품		2,000,000	(대) 받을어음((주)강남)		1,500,000
				미지급금(한국상사)		500,000

[19]	유형	매출현과	공급가액	5,000,000	세액	500,000
(차)	현 금		5,500,000	(대) 제품매출		5,000,000
				부가세예수금		500,000

[20]	유형	매출수출	공급가액	100,000,000	세액	0
(차)	선 수 금		100,000,000	(대) 제품 매출		115,000,000
	외 환 차 손		15,000,000			

☞ 부가세법상 과세표준 : 공급시기이전 외화수령 후 환가시 환가한 금액 : 100,000,000
  기업회계기준상 매출액 : 인도시점(선적일) 환율 적용한 금액 : ￥10,000,000×11.5원

[21]	유형	매출과세	공급가액	200,000,000	세액	20,000,000
(차) 보통예금		220,000,000	(대) 부가세예수금			20,000,000
외상매출금		400,000,000	제품매출			600,000,000

☞ 장기할부계약이므로 공급시기는 대가의 각 부분을 받기로 한 때이므로 4월 21일이 부가가치세법상 공급시기이다.

객관식

1	2	3	4	5	6	7	8	9	10	11	12	13		
①	③	①	④	④	②	③	②	①	④	④	④	③		

[풀이 - 객관식]

01. **내국신용장에 의해 수출할 물품을 영세율로 제공**하는 경우에도 국내사업자에 제공하는 경우이므로 **세금계산서를 발행**해야한다.

02. "당초 공급한 재화가 환입된 경우 : **재화가 환입된 날을 작성일자**로 기재하고 **비고란에 당초 세금계산서 작성일자를 부기**한 후 붉은색 글씨로 쓰거나 부(負)의 표시를 하여 발급한다."

03. 직매장반출이 과세거래에 해당시 세금계산서를 발급하여야 한다.

04. 내국신용장에 의하여 공급하는 영세율적용 재화는 국내거래에 해당되므로 세금계산서를 발급해야 한다.

05. **내국신용장/구매확인서에 의하 공급은 영세율세금계산서를 발급**하여야 함.

06. B : 장기할부의 경우는 **대가의 각부분을 받기로 한 날**에, 단기할부는 인도일등에 세금계산서를 발급한다.
C : 월합계세금계산서는 **다음달 10일까지 세금계산서를 발급**한다.

07. 처음 공급한 재화가 환입된 경우 : **재화가 환입된 날을 작성일로 적고** 비고란에 처음 세금계산서 작성일자을 덧붙여 적은 후 붉은색 글씨로 쓰거나 음(陰)의 표시를 하여 발급한다.

09. 무역업자가 공급하는 **수출대행 용역은 단순히 국내에서 제공하는 용역의 공급**에 불과하므로 과세세금계산서 발급의무가 있다.

10. 국세청에 전송된 전자세금계산서는 별도 출력보관의무가 없다.

11. 항공운송사업 중 **여객운송사업은 세금계산서를 발급할 수 없다.**

12. **직전 연도의 공급가액(과세＋면세)의 합**이 기준금액 이상인 개인 사업자는 전자로 세금계산서를 발행하여야 한다.

13. 세율을 잘못 적용하여 발급한 경우 : 처음에 발급한 세금계산서의 내용대로 세금계산서를 붉은색 글씨로 쓰거나 음의 표시를 하여 발급하고, 수정하여 발급하는 세금계산서는 검은색 글씨로 작성하여 발급한다.

🔑 주관식

| 01 | 58,500,000원 | 02 | 32,000,000원 | 03 | 25,800,000원 |

[풀이 - 주관식]

01. • 매출할인액과 대손금 판매장려금은 과세표준에서 공제하지 않음.

   • 장려물품(현물)과 개인적사용분은 간주공급으로 과세표준에 산입한다.

   50,000,000 + 3,500,000 + 5,000,000 = 58,500,000원

02. 타사업장에 대한 판매목적 반출분에 대하여는 재화의 공급에 해당되고, 공급받는 자에게 도달하기 전에 파손된 재화와 현금장려금은 과세표준에서 제외됨.

03. 수출재화의 과세표준 = 선수금(환가한 금액) + 외상매출금(선적일 환율)

   = ($2,000 × 1,200) + ($18,000 × 1,300) = 25,800,000원

납부세액의 계산

Chapter 5

로그인 전산세무 2급

NCS세무 - 3   부가가치세 신고

제1절   납부세액의 계산

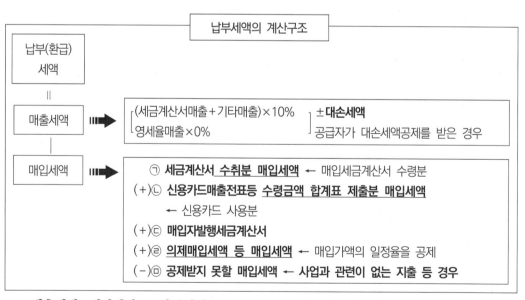

납부세액의 계산구조

납부(환급)
세액

=

매출세액 ▮▮▶ (세금계산서매출＋기타매출)×10%   ± **대손세액**
                 영세율매출×0%   공급자가 대손세액공제를 받은 경우

매입세액 ▮▮▶   ㉠ **세금계산서 수취분 매입세액** ← 매입세금계산서 수령분
            (＋)㉡ **신용카드매출전표등 수령금액 합계표 제출분 매입세액**
                    ← 신용카드 사용분
            (＋)㉢ **매입자발행세금계산서**
            (＋)㉣ **의제매입세액 등 매입세액** ← 매입가액의 일정율을 공제
            (－)㉤ **공제받지 못할 매입세액** ← 사업과 관련이 없는 지출 등 경우

■ <u>매출세액＞매입세액 → 납부세액</u>   ■ <u>매출세액＜매입세액 → 환급세액</u>

제2절 매출세액의 계산

1. 매출세액의 계산구조

구 분		금 액	세 율	세 액
과 세 (10%)	세 금 계 산 서 발 급 분		10/100	
	매 입 자 발 행 세 금 계 산 서		10/100	
	신 용 카 드 · 현 금 영 수 증		10/100	
	기 타(정규영수증외매출분)		10/100	
영세율 (0%)	세 금 계 산 서 발 급 분		0/100	
	기 타		0/100	
예 정 신 고 누 락 분				
대 손 세 액 가 감				
합 계				

2. 대손세액공제 [☞실무 : 대손세액공제신고서]

사업자가 과세재화·용역을 공급한 후 공급받는 자의 파산 등으로 인하여 부가가치세를 거래징수하지 못하는 경우에는 그 대손세액을 매출세액에서 차감할 수 있고, 이 경우 공급받은 자는 그 세액을 매입세액에서 차감한다.

만약 외상매출금 등이 대손처리되는 경우 공급자는 거래징수하지 못한 부가가치세를 납부하는 불합리한 결과를 방지하기 위함이다.

(1) 대손세액공제액

$$\text{대손세액공제액} = \text{대손금액(부가가치세 포함)} \times \frac{10}{110}$$

(2) 대손사유

① 민법 등에 따라 **소멸시효가 완성된 채권**

☞ 소멸시효 : 권리를 행사할 수 있음에도 불구하고 권리를 행사하지 않는 상태가 일정기간 계속함으로써 권리 소멸의 효과를 생기게 하는 제도.

② 소정법에 따른 회생계획인가의 결정 또는 법원의 면책결정에 따라 회수불능으로 확정된
채권

☞ 회생계획 : 기업회생절차에 따라 기업을 되살리기 위하여 채무의 일부를 탕감하는 등 재기할 수 있도록 기
회를 부여하는 제도.

③ 민사집행법의 규정에 따라 채무자의 재산에 대한 경매가 취소된 압류채권

☞ 압류 : 채권자등의 신청에 의하여 채무자의 특정한 재산이나 권리를 처분하지 못하게 국가가 개입하는 행위

④ 『서민의 금융생활지원에 관한 법률』에 따른 채무의 조정을 받아 신용회복지원협약에 따라
면책으로 확정된 채권

⑤ **부도발생일로부터 6개월 이상 지난 어음·수표 및 외상매출금(중소기업의 외상매출금으로
서 부도발생일 이전의 것에 한함)**

⑥ **중소기업의 외상매출금 및 미수금으로서 회수기일로부터 2년이 경과한 외상매출금 등
(특수관계인과의 거래는 제외)**

⑦ 채무자의 파산·강제집행·사업폐지·사망 등으로 인하여 회수할 수 없는 채권

☞ 강제집행 : 사법상의 의무를 이행하지 않는 자에 대하여 국가 권력으로 의무를 이행케 하는 절차

⑧ **회수기일이 6개월 이상 지난 채권 중 채권가액이 30만원 이하**(채무자별 채권가액의 합계
액)인 채권

⑨ 회생계획인가결정에 따라 채권을 출자전환하는 경우

(3) 대손세액공제의 범위 및 시기

재화 또는 용역의 공급일로부터 **10년이 지난 날이 속하는 과세기간에 대한 확정신고기한까
지** 대손세액공제대상이 되는 사유로 인하여 확정되는 대손세액이어야 한다.

(4) 공제신청

대손세액공제는 사업자가 **확정신고시 대손세액공제**와 대손이 발생한 사실을 증명하는 서류
를 제출(국세정보통신망에 의한 제출 포함)하는 경우에 한하여 적용한다.

(5) 대손세액의 처리방법(공급자 VS 공급받는자)

구 분	공급자	공급받는자
1. 대손확정	**대손세액(-)**	**대손처분받은세액(-)**
	매출세액에 차감	매입세액에 차감
2. 대손금 회수 또는 변제한 경우	**대손세액(+)**	**변제대손세액(+)**
	매출세액에 가산	매입세액에 가산

<예제 5 - 1> 대손세액관련

다음은 과세사업자인 ㈜한강의 매출채권에 관련된 자료이다. 이를 토대로 요구사항에 답하시오.

1. 20×1년 5월 5일에 ㈜금강에게 제품 1,000,000원(부가가치세 별도)을 외상으로 판매하고 전자세금계산서를 발급하였다.

2. 20×1년 6월 2일에 (주)천왕의 어음(2,200,000원)이 부도처리된 것을 국민은행으로 통보받았다.

3. 20×1년 12월 15일에 (주)금강의 파산으로 인하여 외상매출금 1,100,000원이 부가가치세법상 대손으로 확정되었다.(대손충당금은 충분하고 대손세액공제를 받을 예정이다.)

4. 20×1년 12월 18일(부도확인일 20×1년 6월 2일)에 (주)천왕의 어음(2,200,000원)에 대하여 대손처리하다.(대손충당금은 충분하고 대손세액공제를 받을 예정이다.)

5. 20×2년 3월 15일에 (주)금강으로부터 대손처리한 외상매출금 중 일부인 440,000원(부가가치세 포함)을 현금회수하였다.

   (1) ㈜한강의 회계처리를 하고, 대손세액공제여부를 판단하시오.

   (2) ㈜한강의 대손세액공제신고서(20×1년2기, 20×2년 1기)를 작성하시오.

2. 대손세액 계산신고 내용

대손확정 연월일	대손 금액	공제율 (10/110)	대손 세액	공급받는 자			대손 사유
				상호	성명	등록번호	

   (3) ㈜한강의 부가가치세 확정신고서(20×1년 2기, 20×2년 1기)에 반영하시오.

구 분	금 액	세 율	세 액
대 손 세 액 가 감			
합 계			

해답

1. 회계처리

1.	(차) 외상매출금	1,100,000	(대) 제 품 매 출	1,000,000
			부가세예수금	100,000
2.	(차) 부도어음과수표	2,200,000	(대) 받 을 어 음	2,200,000
	☞ 부도가 발생하였다고 대손처리하면 안된다. 추후 회수가능성을 확인하고 대손처리하고, 부도 발생시 기타비유동자산으로 처리한다. <u>부도어음과 수표는 부도발생일로부터 6월이 경과해야 대손세액공제대상이다.</u>			
3.	(차) 대손충당금	1,000,000	(대) 외상매출금	1,100,000
	부가세예수금	100,000		
	☞ 20×2년 1월 25일 부가세신고시 100,000원을 대손세액공제를 받게 된다. 부도어음과 수표는 부도발생일로부터 6월이 경과했으므로 대손세액공제대상이다.			
4.	(차) 대손충당금	2,000,000	(대) 부도어음과수표	2,200,000
	부가세예수금	200,000		
5.	(차) 현　　금	440,000	(대) 대손충당금	400,000
			부가세예수금	40,000
	☞ 회수한 대손세액 40,000원을 매출세액에서 가산하여 납부한다.			

2. 대손세액공제신고서

2. 대손세액 계산신고 내용

대손확정 연월일	대손 금액	공제율 (10/110)	대손 세액	공급받는 자			대손 사유
				상호	성명	등록번호	
(20x1년 2기)							
x1/12/15	1,100,000	10/110	100,000	㈜금강	–	–	파산
x1/12/03	2,200,000	10/110	200,000	㈜천왕	–	–	부도(6개월경과)
계			**300,000**				
(20x2년 1기)							
x1/12/15	**-440,000**	10/110	**-40,000**	㈜금강	–	–	대손회수(파산)

☞대손확정연월일을 제시하지 않은 경우 회수한 날(x2/03/15)을 기재해도 된다.

3. ㈜한강의 부가가치세 확정신고서(20×1년 2기, 20×2년 1기)에 반영하시오.

구 분	금 액	세 율	세 액
(20x1년 2기)			
대 손 세 액 가 감	매출세액에 차감 ➡		△300,000
(20x2년 1기)			
대 손 세 액 가 감	매출세액에 가산 ➡		40,000

<예제 5 - 2> 과세표준및 매출세액

다음은 제조업을 영위하는 ㈜한강의 20×1년 제2기 확정신고를 위한 자료이다.

1. 20×1. 10. 1부터 12. 31까지의 매출거래

과세	국내판매 (과세)	전자세금계산서 발행 매출액(VAT 미포함)	50,000,000원
		신용카드매출전표 발행분(VAT 포함)	33,000,000원
		일반영수증 발행(VAT 포함)	22,000,000원
	수 출 분 (영세)	내국신용장에 의한 공급분	40,000,000원
		직수출분	60,000,000원
	기 타	거래처에 제품 무상 증정(원가 1,200,000 시가 1,800,000)	
면 세		면세재화를 공급하고 계산서 발급 매출액	15,000,000원

2. 간주임대료(전세보증금 : 100,000,000원, 당해연도 총일수는 365일, 정기예금이자율은 3%로 가정한다.)를 반영하고 간주임대료 계산시 소숫점 첫째자리 이하는 절사하시오.
3. 20×1년 2기 예정신고 누락분 매출내역 : 국내매출(세금계산서 발급분, VAT 미포함) 20,000,000원
4. 대손발생내역

   20×1.10.3 거래처 파산으로 인하여 발생한 대손금액 7,700,000원(부가가치세 포함, 20×0년 매출분)

부가가치세 신고서와 과세표준명세를 작성하시오.

구 분		금 액	세 율	세 액
과 세	세 금 계 산 서 발 급 분	#1	10/100	
	매 입 자 발 행 세 금 계 산 서		10/100	
	신 용 카 드 · 현 금 영 수 증	#2	10/100	
	기 타 (정 규 영 수 증 외 매 출 분)	#3	10/100	
영 세 율	세 금 계 산 서 발 급 분	#4	0/100	
	기 타	#5	0/100	
예 정 신 고 누 락 분		#6		
대 손 세 액 가 감				#7
합 계				

과세표준 명세				
업 태	종 목	코드	금 액	
제 조 업	전 자 제 품	xxxxxx	#8	
수 입 금 액 제 외	전 자 제 품	xxxxxx	#9	
합 계				

면세수입금액				
업 태	종 목	코드	금 액	
제 조 업	X X 업	xxxxxx	#10	
수 입 금 액 제 외				
합 계				
계산서 발급 및 수 취 내 역	계산서 발급금액		#11	
	계산서 수취금액			

해답

(1) 국내판매(세금계산서) 매출액 :　　　50,000,000원　　　→ #1

(2) 국내판매(신용카드) 매출액 :　　　30,000,000원　　　→ #2

(3) 국내판매(영수증) 매출액 :　　　20,000,000원　　　→ #3

(4) 수출(내국신용장) 매출액 :　　　40,000,000원　　　→ #4

(5) 직수출 매출액 :　　　60,000,000원　　　→ #5

(6) 간주공급(시가) :　　　1,800,000원　　　→ #3

(7) 면세재화 :   15,000,000원   → #10, #11

(8) 간주임대료 :   100,000,000원×92일(10월~12월)÷365일×3% = 756,164원 → #3, #9

(9) 예정신고 누락분 매출내역 :   20,000,000원   → #6

(10) 대손세액 : △7,7000,000원×10/110 = △700,000원   → #7

[신고서]

구 분		금 액	세 율	세 액
과 세	세 금 계 산 서 발 급 분	50,000,000	10/100	5,000,000
	매 입 자 발 행 세 금 계 산 서		10/100	
	신 용 카 드 · 현 금 영 수 증	30,000,000	10/100	3,000,000
	기 타	22,556,164	10/100	2,255,616
영 세 율	세 금 계 산 서 교 부 분	40,000,000	0/100	
	기 타	60,000,000	0/100	
예 정 신 고 누 락 분		20,000,000		2,000,000
대 손 세 액 가 감				△700,000
합 계 (과 세 표 준)		222,556,164		11,555,616

[과세표준명세]

과세표준 명세			
업 태	종 목	코 드	금 액
제 조 업	전 자 제 품	xxxxxx	221,800,000
수 입 금 액 제 외 전 자 제 품		xxxxxx	756,164
합 계			222,556,164
면세수입금액			
업 태	종 목	코 드	금
제 조 업	X X 업	xxxxxx	15,000,000
수 입 금 액 제 외			
합 계			15,000,000
계 산 서 발 급 및	계산서발급금액		15,000,000
수 취 내 역	계산서 수취금액		

간주임대료[1].

신고서상의 과세표준의 금액과 일치

*1. 간주임대료는 일반적으로 소득세법상 총수입금액에 포함되지 않는다.

[신고서상 과세표준명세서의 수입금액]

65회 전산세무2급 부가가치세 신고서 과세표준명세 작성시 부터 사업상 증여금액을 제외하고 입력했으나, 이는 부가가치세 신고서 작성요령에 위배되는 작성방법이다.

〈부가세 신고서 작성요령〉

❹ 과 세 표 준 명 세				
업 태	종 목	생산요소	업 종 코 드	금 액
(27)				
(28)				
(29)				
(30) 수입금액 제외				
(31) 합 계				

❶ 과세표준 명세란

(27) ~ (31) : 과세표준 합계액(9)을 업태, 종목, 생산요소별로 적되, 생산요소는 임의적 기재사항으로 2015. 1. 1. 이후 신고분부터 적습니다. (30)수입금액제외란은 고정자산매각, 직매장공급 등 소득세수입금액에서 제외되는 금액을 적고, (31)란의 합계액이 (9)란의 금액과 일치해야 합니다.

소득세법 25조 ②항의 총수입금액을 보면 "거주자가 재고자산(在庫資産) 또는 임목을 **가사용으로 소비하거나** 종업원 또는 **타인에게 지급한 경우에도 이를 소비하거나 지급하였을 때의 가액에 해당하는 금액은** 그 소비하거나 지급한 날이 속하는 과세기간 의 사업소득금액 또는 기타소득금액을 계산할 때 **총수입금액에 산입한다.**"

즉, 개인적공급과 사업상증여에 대해서 총수입금액 산입하여야 한다고 규정하고 있다. 따라서 **사업상증여금액을 포함하여 과세표준명세 수입금액란에 입력해야 한다.**

당연히 법인세법상 수입금액과 소득세법상 수입금액이 다르다. 간주공급에 대하여 차이를 보면 다음과 같다.

	법인세법 상 수입금액	소득세법상 수입금액
1.자가공급	×	×
2.개인적공급	×	○
3.사업상 증여	×	○
4. 폐업시 잔존재화	×	×

출제회사가 법인이라 법인세법상 수입금액을 입력해서는 안된다. **필자가 국세청이 운영하는 홈택스에 법인을 입력해 보았다.**

(주) 천안경영아카데미	**법인사업자** 512-86-01323		제출여부 ▶▶▶▶ 작성중입니다.		미리보기

과세표준명세

- 업종별 과세표준명세내역을 입력하는 화면입니다.
- 매출금액을 **업종별**로 구분하여 입력하십시오.

아래 입력사항에서 입력한 금액의 합계는

이미 작성한 매출금액의 합계 ▓▓▓▓▓ 와 일치하여야 합니다.

(단위 : 원)

업종코드		업태	종목	금액
749939	코드조회	전문, 과학 및 기술서비스업	그외 기타 분류안된 전문, 과학 및 기술 서비스업	
	코드조회			
	코드조회			
	코드조회			
749939		기타금액(수입금액 제외분)		
합계				0

※ 2개 이상의 업종이 있는 경우에는 업종코드를 조회하여 추가 또는 정정 하십시오.
  기타(수익금액제외)란에는 부가가치세는 과세되나 소득세 과세 시 수입금액에서 제외되는 금액(고정자산매각, 직매장공급 등)을 기재합니다.
※ 부동산임대업자가 임차인으로부터 전기료, 수도료 등 공과금을 수취하여 납부하는 경우 그 금액은 "기타(수입금액제외)"란에 입력해야 합니다.

법인이라 하더라도 과세표준 명세서 수입금액에는 소득세법상 수입금액을 입력해야 한다.

그러나 수험생들이 가장 원하는 것은 전산세무2급 자격증 합격이 목표이기 때문에 전산세무시험에서만 사업상증여금액을 수입금액에 포함하지 말고, 추후 취업 후 부가가치신고시에는 위의 사항을 유념해서 신고하시기 바랍니다.

제3절 매입세액의 계산

1. 매입세액의 계산구조

구 분		금 액	세 율	세 액
① 세금계산서 수 취 분	일 반 매 입			
	수출기업수입분납부유예			
	고 정 자 산 매 입 *1			
예 정 신 고 누 락 분				
매 입 자 발 행 세 금 계 산 서				
그 밖 의 공 제 매 입 세 액				
합 계				
② 공 제 받 지 못 할 매 입 세 액 *2				
차 감 계				

*1. 유형, 무형자산 중 감가상각자산
*2. 불공제매입세액은 ① 세금계산서 수취분과 ② 공제받지 못할 매입세액에 동시 입력한다.

매입세액공제＝세금계산서 등에 의해 입증되는 총매입세액−불공제 매입세액

---

2. 세금계산서 수취분 매입세액

(1) 공제되는 매입세액

공제대상매입세액은 **자기의 사업을 위하여 사용되었거나 사용될** 재화·용역의 공급 또는 재화의 수입에 대한 세액이다.

(2) 매입자발행세금계산서에 의한 매입세액공제 특례

(3) 매입세액 불공제[☞실무 : 공제받지못할매입세액명세서]

사 유		상 세 내 역
협력의무 불이행	① 세금계산서 미수취·불명분 매입세액	발급받은 세금계산서의 필요적 기재사항의 전부 혹은 일부가 누락된 경우

	사 유	상 세 내 역
협력의무 불이행	② 매입처별세금계산합계표 미제출·불명분매입세액	미제출 및 필요적 기재사항이 사실과 다르게 기재된 경우 ☞ 단 공급가액이 사실과 다른 경우 실제가액과 의 차액
	③ 사업자등록 전 매입세액	**공급시기가 속하는 과세기간이 끝난 후 20일 이내에 등록을 신청한 경우 등록신청일부터 공급시기가 속하 는 과세기간 개시일(1.1 또는 7.1)까지 역산한 기간 내의 것은 제외한다**
부가가치 미창출	④ **사업과 직접 관련 없는 지출**	업무무관자산 취득 관련세액
	⑤ **비영업용소형승용차 구입· 유지·임차**	8인승 이하, 배기량 1,000cc 초과(1,000cc 이하 경차는 제외), 지프형승용차, 캠핑용자동차, 이륜자동차(125cc 초 과) 관련 세액
	⑥ **기업업무추진비 및 이와 유사한 비용의 지출에 대한 매입세액**	
	⑦ **면세사업과 관련된 매입세액**	
	⑧ **토지관련 매입세액**	토지의 취득 및 조성 등에 관련 매입세액

3. 예정신고누락분

공제받을 수 있는 매입세액을 부가가치세 예정신고시 누락하여 공제를 받지 못한 경우에는
부가가치세 확정신고시 공제를 받을 수 있다.

| <예제 5 - 3> 매입세액 |

다음은 제조업을 영위하는 ㈜한강의 20×1년 제2기 확정신고를 위한 자료이다.

1. 20×1. 10. 1부터 12. 31까지의 매입거래

원재료매입	전자세금계산서 수취분(VAT 미포함)	50,000,000원
	신용카드매출전표 발행분(VAT 포함)	33,000,000원
	일반영수증 수취분(VAT 포함)	22,000,000원
	영세율전자세금계산서	10,000,000원
접 대 비	전자세금계산서 수취분(VAT 미포함)	5,000,000원
기계구입	전자세금계산서 수취분(VAT 미포함)	40,000,000원

다음 부가가치세 신고서를 작성하시오.

구 분		금 액	세 율	세 액
세 금 계 산 서 수 취 분	일 반 매 입	#1		#5
	고 정 자 산 매 입	#2		#6
예 정 신 고 누 락 분				
매 입 자 발 행 세 금 계 산 서				
그 밖 의 공 제 매 입 세 액		#3		#7
합 계				
공 제 받 지 못 할 매 입 세 액		#4		#8
차 감 계				

해답

(1) 원재료(세금계산서) 매입분 : 50,000,0000원 → #1　　5,000,000원 → #5

(2) 원재료(신용카드) 매입분　: 30,000,0000원 → #3　　3,000,000원 → #7

(3) 영수증수취분은 매입세액공제를 받을 수 없음

(4) 원재료(영세율세금계산서)매입분 : 10,000,0000원 → #1

(5) 기업업무추진비(세금계산서) 수취분 : 5,000,000원 → #1, #4　　500,000원 → #5, #8

　　☞ 불공제매입세액은 ① 세금계산서 수취분과　② 공제받지 못할 매입세액에 동시 입력한다.

(6) 기계구입(세금계산서) : 40,000,000원 → #2　　4,000,000원 → #6

구 분		금 액	세 율	세 액
세금계산서수취분	일 반 매 입	65,000,000		5,500,000
	고 정 자 산 매 입	40,000,000		4,000,000
예 정 신 고 누 락 분				
매 입 자 발 행 세 금 계 산 서				
그 밖 의 공 제 매 입 세 액		30,000,000		3,000,000
합 계		135,000,000		12,500,000
공 제 받 지 못 할 매 입 세 액		5,000,000		500,000
차 감 계		130,000,000		12,000,000

4. 신용카드매출전표등수령명세서 제출분 매입세액[실무 : 신용카드매출전표등 수령명세서(갑)]

신용카드매출전표 등을 발행하고 수령하면 세금계산서와 동일한 과세포착효과를 가져오므로 부가가치세법에서는 예외적으로 법정요건을 갖춘 분에 대해서는 매입세액공제를 받을 수 있도록 규정하고 있다. 다음은 **신용카드매출전표(현금영수증 포함) 등을 수취하더라도 매입세액공제 대상이 되지 않는다.**

---

1. **세금계산서 발급불가 사업자 : 면세사업자**
2. **간이과세자 중 영수증 발급대상자 : 직전 공급대가 합계액이 4,800만원 미만 등**
3. **세금계산서 발급 불가업종**
   ① **목욕, 이발, 미용업**
   ② **여객운송업(전세버스운송사업자 제외)**
   ③ **입장권을 발행하여 영위하는 사업**
4. **공제받지 못할 매입세액**

<예제 5 - 4> 신용카드등 매입세액공제

다음은 10월부터 12월까지 공급가액과 부가가치세를 구분 기재한 신용카드매출전표 및 현금영수증을 교부받은 내용이다. 신용카드매출전표 등 수령명세서에 입력할 공제되는 매입세액을 구하시오. 별도언급이 없는 한 세금계산서를 수취하지 않았다.

구 분	거래처명	거래 일자	발행금액 (VAT 포함)	공급자 업종	거 래 내 용	비 고
현대카드 (법인카드)	향초	10.10	220,000원	소매업 (일반과세자)	거래처 선물구입비용	
	초원	11.03	440,000원	음식점업 (일반과세자)	직원 회식대 (복리후생비)	
	박진헤어샵	11.15	110,000원	서비스업 (일반과세자)	회사모델의 미용비	
신한카드 (종업원명의 일반카드)	장수탕	11.25	110,000원	목욕업 (일반과세자)	직원의 야근목욕비용	
	KG마트	11.30	880,000원	소매업 (일반과세자)	컴퓨터 구입	
	허욱영 변호사	12.05	770,000원	변호사 (일반과세자)	법률 자문료	세금계산서 수취
현금영수증	알파문구	12.15	165,000원	소매업 (간이과세자[*1])	사무용품구입	
	(주)동양고속	12.15	55,000원	운송업 (일반과세자)	우등고속버스 출장비	

*1. 직전연도 공급대가 합계액이 4,800만원미만 간이과세자로서 영수증 발급대상자

해답

거래처	대상여부	매입세액 공제
향초	공제받지못할매입세액(기업업무추진관련매입세액)	×
초원	사업관련매입세액	40,000원
박진헤어샵	세금계산서 발급불가 업종(미용업)	×
장수탕	세금계산서 발급불가 업종(목욕업)	×
KG마트	사업관련매입세액	80,000원
허욱영변호사	세금계산서 수취	×
알파문구	간이과세자 중 영수증 발급 대상자	×
(주)동양고속	세금계산서 발급불가 업종(여객운송업)	×
매입세액 공제 계		120,000원

5. 의제매입세액공제 [☞실무 : 의제매입세액공제신고서]

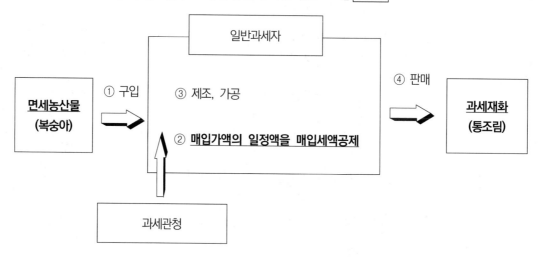

(1) 의제매입세액제도 의의

사업자가 면세농산물 등을 원재료로 하여 제조·가공한 재화 또는 창출한 용역의 공급이 과세되는 경우에는 그 면세농산물 등의 가액의 2/102 등에 상당하는 금액을 매입세액으로 공제할 수 있다.

(2) 의제매입세액의 공제요건

① 적용대상자 : **일반과세사업자**에 대해서만 적용된다.

☞ **간이과세자는 의제매입세액규정이 적용되지 않는다.**

② **면세농산물 등을 과세재화·용역의 원재료로 사용**

면세농산물 등을 원재료로 하여 제조·가공한 재화 또는 창출한 용역의 공급에 대하여 과세되는 경우(면세포기에 따라 영세율이 적용되는 경우는 제외)이어야 한다. 여기서 '면세농산물 등'이란 면세로 공급받은 농산물·축산물·수산물·임산물(1차 가공된 것, 미가공 식료품 및 소금 포함)을 말한다.

③ 증빙서류의 제출

의제매입세액공제신고서와 매입처별계산서합계표, 신용카드매출전표등수령명세서를 관할 세무서장에게 제출하여야 한다. 다만, **제조업을 영위하는 사업자가 농·어민으로부터 면세농산물 등을 직접 공급받는 경우에는 의제매입세액공제신고서만을 제출한다(즉, 농어민에게는 영수증을 수취해도 무방하다는 표현이다).**

(3) 의제매입세액의 계산

면세농산물 등의 매입가액(구입시점) × 공제율			
업 종			공제율
음식점업	과세유흥장소		2/102
	위 외 음식점업자	법인	6/106
		개인사업자	8/108[*1]
제조업	**일반**		2/102
	중소기업 및 개인사업자		4/104[*2]
위 외의 사업			2/102

*1. 과세표준 2억원 이하인 경우는 9/109
*2. 개인사업자 중 과자점업, 도정업, 제분업 등은 6/106

의제매입세액은 면세농산물 등을 **공급받은 날(=구입시점)이 속하는 과세기간의 예정 신고 시 또는 확정신고시** 공제한다.

여기서 **면세농산물 등의 매입가액은 운임·보험료 등의 부대비용을 제외한 가액을 말하며, 수입농산물등의 경우에는 관세의 과세가격을 말한다.**

(4) 한도 = 과세표준(면세농산물관련) × 한도비율 × 의제매입세액공제율

법인사업자		한도비율			
		50%			
개인	과세표준이 1억원 이하	이외	65%	음식점업	75%
	과세표준이 2억원 이하				70%
	과세표준이 2억원 초과		55%		60%

한도 계산은 확정신고시에만 적용한다.

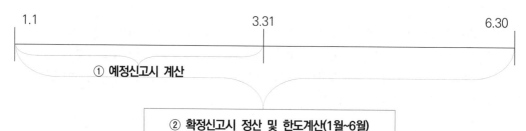

| **<예제 5 - 5>** 의제매입세액

다음 거래를 보고 20×1년 1기 확정과세기간에 대한 의제매입세액을 계산하고 의제매입세액에 대한 회계 처리(6월 30일)를 하시오. 단, (주)한강은 과세사업과 면세사업을 겸영하는 중소제조업자이며, 면세재화는 과세사업에 사용된다고 가정한다.

1. 1기 의제매입세액과 관련한 매출내역

예정신고	확정신고	계
25,000,000	35,000,000	60,000,000

2. 1기 예정신고시 의제매입세액 신고내역
   ① 의제매입세액 공제대상 면세매입금액 : 7,000,000원
   ② 의제매입세액공제액 : 269,230원

3. 1기 확정(4~6월)시 면세재화 구입내역

구 분	구입 일자	상 호 (성명)	품 명	매입가액 (원)	증 빙	비 고
사업자 매입분	4.01	한세축산	축산물	3,000,000	계산서	
	4.03	영일축산	축산물	2,200,000	영수증	
	5.12	해일수산	해산물	1,800,000	신용카드	
	5.21	우일수산	해산물	2,500,000	계산서	100,000원은 재고자산 으로 보유
	6.30	상수도	수돗물	5,000,000	계산서	
농,어민 매입분	4.12	김한세	견과류	2,700,000	영수증	운임 100,000원이 포함 되어 있다.
	5.05	이세무	견과류	4,000,000	영수증	

위의 매입한 품목들은 "원재료"계정으로 처리하였고, 법인 한도율은 50%라 가정한다.

> **해답**

(1) 대상여부 판단

구 분	상 호 (성명)	품 명	매입가액 (원)	증 빙	대 상 여 부
사업자 매입분	한세축산	축산물	3,000,000	**계산서**	
	영일축산	축산물	×	영수증	**사업자 매입분은 계산서 등을 수취 하여야 한다.**
	해일수산	해산물	1,800,000	**신용카드**	
	우일수산	해산물	2,500,000	계산서	**구입시점에서 공제**
	상수도	수돗물	×	계산서	**면세농산물등이 대상임.**
농,어민 매입분	김한세	견과류	2,600,000	**영수증**	매입가액은 순수매입가액을 의미한다.
	이세무	견과류	4,000,000	**영수증**	**제조업의 경우 농어민 매입분은 영 수증도 가능**
합 계			13,900,000		

(2) 의제매입세액계산

	예정 (1~3월)	확정 (4~6월)	계
① 공급가액(면세매입관련)	25,000,000	35,000,000	60,000,000
② 면세매입금액	7,000,000	**13,900,000**	20,900,000
③ 한도(①×50%)	–		30,000,000
④ Min[②,③]	–		**20,900,000**
공제율	4/104(중소제조업)		
⑤ 당기 의제매입세액공제액(1~6월)	④×공제율		803,846
⑥ 예정신고시 의제매입세액공제			269,230
⑦ 확정신고시 의제매입세액공제	(⑤-⑥)		**534,616**

(3) 회계처리(6월 30일)

    (차) 부가세대급금　　　　534,616원　　　　(대) 원재료(타계정대체)　　　　534,616원

6. 재활용폐자원 등에 대한 매입세액공제[☞실무 : 재활용폐자원공제신고서]

(1) 공제요건

① 적용대상자 : **과세사업자(재활용폐자원 및 중고품을 수집)**

② 국가등 부가가치세 **과세사업을 영위하지 않는 사업자(계산서 또는 영수증)와 영수증발급 대상 간이과세자(일반영수증)**로부터 구입

☞ 일반과세사업자로 구입시 대상에서 제외된다.

(2) 매입세액의 계산

구　　분	매입세액공제액
재활용폐자원 : 고철, 폐지, 폐건전지, 폐타이어등	공제대상금액의 3/103
수출용중고자동차(1년 미만인 자동차는 제외)	공제대상금액의 10/110

☞ 재활용폐자원에 대해서만 예정신고시 계산 및 확정신고시 정산

<예제 5 - 6> 재활용폐자원 매입세액공제

다음 자료를 이용하여 20x1년 1기 예정신고기간(20x1.1.1.~20x1.3.31.)의 재활용폐자원 세액공제액을 계산하시오.)

예정신고기간 거래내역은 다음과 같다.

거래일	공급자	품명	수량(kg)	취득가액(원)	증빙
1. 30	고철상사(일반과세사업자)	고철	100	3,000,000	영수증
2. 11	김길동(비사업자)	파지	300	4,000,000	영수증
3. 30	한신바이오	고철	200	5,000,000	계산서

해답

(1) 공제대상여부 판단

① 고철상사는 일반과세사업자이므로 재활용폐자원세액공제 불가

② 개인(비사업자)이므로 재활용 폐자원 매입세액공제 가능(4,000,000원)

③ 한신바이오로부터 계산서를 수취했으므로 재활용 폐자원 매입세액공제 가능(5,000,000원)

∴ 공제대상 재활용폐자원 취득가액 = 9,000,000원

(2) 재활용폐자원매입세액 계산

재활용폐자원 매입세액 = 9,000,000 × 3/103 = 262,135원

7. 겸영사업자의 공통매입세액 안분계산[☞실무 : 공제받지못할매입세액명세서]

(주)서울잡지 = 과세사업(광고사업) + 면세사업(잡지판매사업) ➡ 겸영사업자

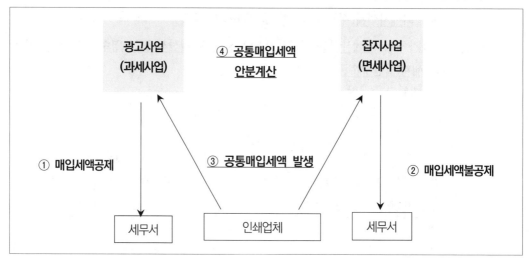

(1) 공통매입세액의 의의

겸영사업자의 매입세액 중 과세사업과 면세사업 중 어느 사업에 대한 매입세액인지의 구분이 불분명한 경우가 있는데 이를 공통매입세액이라 한다.

이러한 공통매입세액은 안분계산을 통하여 면세사업분은 매입세액불공제분으로 한다.

또한 **과세·비과세사업 겸영사업자도 공통매입세액을 안분한다.**

(2) 안분계산 계산방법

① 원칙

$$\text{매입세액불공제분} = \text{공통매입세액} \times \text{해당 과세기간의 } \frac{\text{면세공급가액}}{\text{총공급가액}} \ (=\text{면세비율})$$

1. 예정신고시 안분계산 → 2. 확정신고시 정산

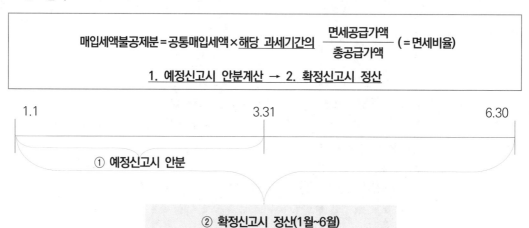

356

② 공통사용재화를 동일과세기간에 매입하고 공급시

$$\text{매입세액불공제분} = \text{공통매입세액} \times \textbf{직전 과세기간의} \ \frac{\text{면세공급가액}}{\text{총공급가액}} \ (=\text{면세공급가액비율})$$

③ 공급가액이 없는 경우

당해 과세기간중에 과세사업과 면세사업의 공급가액이 없거나 어느 한 사업의 공급가액이 없는 경우에 공통매입세액 안분계산은 다음 순서에 의한다.

㉠ 매입가액 비율 → ㉡ 예정공급가액비율 → ㉢ 예정사용면적비율

(단, 건물의 경우 ㉢, ㉠, ㉡ 순으로 안분계산한다.)

(3) 안분계산의 배제

다음의 경우에는 안분계산을 하지 않고 공통매입세액 전액을 공제받는 매입세액으로 한다.

1. 해당 과세기간의 총공급가액 중 **면세공급가액이 5% 미만인 경우의 공통매입세액**(다만, 공통매입세액이 5백만원 이상인 경우는 제외한다.)
2. 해당 과세기간의 **공통매입세액이 5만원 미만**인 경우의 매입세액
3. 재화를 공급하는 날이 속하는 과세기간에 신규로 사업을 개시하여 직전 과세기간이 없는 경우 해당 공통사용재화에 대한 매입세액

<예제 5 - 7> 공통매입세액의 안분과 정산

다음 자료를 보고 당사(과세 및 면세 겸영사업자)의 1기 예정 부가가치세 신고시 공통매입세액을 안분계산하고, 1기 확정신고시 정산하시오. 단, 아래의 매출과 매입은 모두 관련 세금계산서 또는 계산서를 적정하게 수수한 것이며, 과세분 매출과 면세분 매출은 모두 공통매입분과 관련된 것이다.

(1) 1.1~3.31 매입매출내역

구 분		공급가액	세 액	합계액
매출내역	과세분	40,000,000	4,000,000	44,000,000
	면세분	60,000,000	–	60,000,000
	합 계	100,000,000	4,000,000	104,000,000
매입내역	공통분	50,000,000	5,000,000	55,000,000

(2) 4.1~6.30 매입매출내역

구　분		공급가액	세 액	합계액
매출내역	과세분	50,000,000	5,000,000	55,000,000
	면세분	50,000,000	–	50,000,000
	합　계	100,000,000	5,000,000	105,000,000
매입내역	공통분	30,000,000	3,000,000	33,000,000

그리고 아래의 공통매입세액관련된 서식을 작성하시오.

3. 공통매입세액 안분계산 내역 ◀ 예정신고시 작성

일련 번호	과세·면세사업 공통매입		⑫ 총공급가액 등	⑬ 면세공급가액 등	⑭불공제 매입세액 [⑪×(⑬÷⑫)]
	⑩공급가액	⑪세액			
1					
2					
합계					

4. 공통매입세액의 정산 내역 ◀ 확정신고시 작성

일련 번호	⑮총공통 매입세액	⑯면세사업 확정비율	⑰불공제 매입 세액 총액(⑮×⑯)	⑱기 불공제 매입세액	⑲가산 또는 공제되는 매입세액 (⑰ – ⑱)
1					
2					
합계					

해답

(1) 공통매입세액의 안분계산(예정신고)

공통매입세액(1월~3월)×해당 과세기간(1월~3월)의 $\dfrac{\text{면세공급가액}}{\text{총공급가액}}$

$= 5{,}000{,}000 \times \dfrac{60{,}000{,}000}{100{,}000{,}000} = 3{,}000{,}000$(예정신고시불공제매입세액)

(2) 공통매입세액의 정산(확정신고)

$$총공통매입세액(1월\sim6월) \times 해당\ 과세기간(1월\sim6월)의\ \frac{면세공급가액}{총공급가액} - 예정신고시\ 불공제매입세액$$

$$= 8,000,000 \times \frac{110,000,000}{200,000,000} - 3,000,000(1월\sim3월신고시\ 불공제매입세액)$$

$$= 1,400,000(확정신신고시\ 불공제매입세액)$$

3. 공통매입세액 안분계산 내역 ◄── 예정신고시 작성

일련번호	과세·면세사업 공통매입		⑫ 총공급가액 등	⑬ 면세공급가액 등	⑭불공제 매입세액 [⑪×(⑬÷⑫)]
	⑩공급가액	⑪세액			
1	50,000,000	5,000,000	100,000,000	60,000,000	**3,000,000**
2					
합계					

4. 공통매입세액의 정산 내역 ◄── 확정신고시 작성

일련번호	⑮총공통매입세액	⑯면세사업 확정비율	⑰불공제 매입 세액 총액(⑮×⑯)	⑱기 불공제 매입세액	⑲가산 또는 공제되는 매입세액 (⑰－⑱)
1	8,000,000	**55%**	4,400,000	**3,000,000**	**1,400,000**
2					
합계					

〈1.1~6.30 매입매출 및 불공제매입세액 내역〉

구 분		과세분 (A)	면세분 (B)	면세공급가액비율 (B/[A+B])	계
매출내역	예정	40,000,000	60,000,000	**60%**	100,000,000
	확정	50,000,000	50,000,000	50%	100,000,000
	계	**90,000,000**	**110,000,000**	**55%**	200,000,000
공 통 매입세액	예정	5,000,000		▶ 면세공급가액비율 =110,000,000/200,000,000 =55%	
	확정	3,000,000			
	계	8,000,000			
불공제 매입세액	예정	3,000,000		▶ 1기 전체 불공제매입세액 =8,000,000×55% =4,400,000	
	확정	1,400,000			
	계	**4,400,000**			

8. 겸영사업자의 납부·환급세액의 재계산[☞실무 : 공제받지못할매입세액명세서]

(1) 개념

공통매입세액 안분계산에 따라 매입세액을 공제한 후 면세사업의 비중이 증가 또는 감소하는 경우에는 당초 매입세액공제가 과대 또는 과소해지는 결과가 된다. 따라서 이에 대한 조정이 필요한 바 이를 납부세액 또는 환급세액의 재계산이라고 한다.

(2) 재계산요건

① 공통으로 사용되는 자산으로서 **감가상각자산에 한정**한다.
② 당초 **매입세액공제 또는 안분계산의 대상이 되었던 매입세액에 한정**한다.
③ **면세비율의 증가 또는 감소**

해당 과세기간의 면세비율과 해당 감가상각자산의 취득일이 속하는 과세기간(그 후의 과세기간에 재계산한 때에는 그 재계산한 과세기간)의 **면세비율간의 차이가 5% 이상**이어야 한다.

(3) 재계산방법

다음 산식에 의한 금액을 납부세액에 가산 또는 공제하거나 환급세액에 가산 또는 공제한다.

> **공통매입세액×(1 – 감가율×경과된 과세기간의 수)×증감된 면세비율**

① **감가율 : 건물, 구축물의 경우에는 5%, 기타의 감가상각자산의 경우에는 25%로 한다.**
② **경과된 과세기간의 수 : 과세기간의 개시일 후에 감가상각자산을 취득하거나 재계산대상에 해당하게 된 경우에는 그 과세기간의 개시일에 해당 재화를 취득하거나 재계산대상에 해당하게 된 것으로 보고 계산한다.(초기산입 말기불산입)**
③ 증감된 면세비율

당초 적용된 비율	재계산시 적용되는 비율
면세공급가액비율	면세공급가액비율
면세사용면적비율	면세사용면적비율

해당 과세기간의 면세비율과 해당 감가상각자산의 취득일이 속하는 과세기간(그 후의 과세기간에 재계산한 때에는 그 재계산한 과세기간)의 면세비율간의 차이가 5% 이상이어야 한다.

(4) 재계산시점

부가가치세 **확정신고시에만 적용**한다.

(5) 적용배제

① 재화의 공급의제에 해당하는 경우
② 공통사용재화의 공급에 해당하여 부가가치세가 과세된 경우

<예제 5 - 8> 납부 · 환급세액의 재계산

다음의 내용을 토대로 20×1년 1기의 공통매입세액 불공제분과 차기 이후 각 과세기간의 납부세액에 가산 또는 차감될 세액을 계산하고 공제받지못할매입세액명세서(20×1년 2기 납부세액 또는 환급세액 재계산 내역)을 작성하시오.

1. 20×1년 과세사업과 면세사업에 공통으로 사용되는 자산의 구입내역

계정과목	취득일자	공급가액	부가가치세	비고
기계장치	X1. 4. 1.	10,000,000원	1,000,000원	
공장건물	X1. 6. 10.	100,000,000원	10,000,000원	
상 품	X1. 6. 20.	1,000,000원	100,000원	

2. 공급가액 내역

구 분	20X1년 제1기	20X1년 제2기	20X2년 제1기	20X2년 제2기
과세사업(A)	100,000,000	80,000,000	90,000,000	100,000,000
면세사업(B)	100,000,000	120,000,000	120,000,000	100,000,000
면세공급가액비율 [B/(A+B)]	50%	60%	57.1%	50%

3. 불공제매입세액(20×1년 2기)

5. 납부세액 또는 환급세액 재계산 내역

일련 번호	⑳해당 재화의 매입세액	㉑경감률[1-(5/100 또는 25/100×경과된 과세기간의 수)]	㉒증가 또는 감소된 면세공급가액 (사용 면적) 비율	㉓가산 또는 공제되는 매입세액 (⑳×㉑×㉒)
1				
2				
합계				

해답

1. 면세공급가액 비율 검토

	20x1년		20x2년	
	1기	2기	1기	2기
면세공급가액비율	50%	60%	57.1%	50%
전기대비 증가비율	–	10%	– 2.9%	– 10%*
재계산여부	–	O	×	O

10% 증가   **5% 미만**   **10% 감소**

* 20x2년 1기에 재계산을 하지 않았으므로 20×1년 2기와 비교하여 계산한다.

2. 재계산내역

과세 기간	면세공급가액 비율 증가	매입세액 불공제 및 재계산내용
X1년 1기	–	11,100,000원 × 50% = 5,550,000원(매입세액불공제)*상품포함 계산
X1년 2기	10%	**감가상각자산에 한정하므로 상품은 계산대상에서 제외한다.** 기계장치 : 1,000,000원×(1－25%×1)×(60%－50%) = 75,000원 건　　물 : 10,000,000원×(1－5%×1)×(60%－50%) = 950,000원 → **납부세액에 가산**
X2년 1기	－2.9%	면세공급가액 증가비율이 5% 미만이므로 재계산 생략
X2년 2기	－10%	기계장치 : 1,000,000원×(1－25%×3)×(50%－60%) = －25,000원 건　　물 : 10,000,000원×(1－5%×3)×(50%－60%) = －850,000원 → **납부세액에 차감(환급세액)**

3. 불공제매입세액(20×1년 2기)

5. 납부세액 또는 환급세액 재계산 내역

일련 번호	⑳해당 재화의 매입세액	㉑경감률[1－(5/100 또는 25/100×경과된 과세기간의 수)]	㉒증가 또는 감소된 면세공급가액(사용 면적) 비율	㉓가산 또는 공제되는 매입세액 (⑳×㉑×㉒)
1	1,000,000	75%	10%	75,000
2	10,000,000	95%	10%	950,000
합계	11,000,000			**1,025,000**

체감율 : 건물(5%), 기계장치(25%)
경과된 과세기간 수 : 1

불공제매입세액

> **제4절** 자진납부세액의 계산

1. 자진납부세액의 계산 구조

구　　　분		금　　　액	세　　율	세　　액
납부(환급)세액(매출세액 - 매입세액)				
경감 · 공제세액	그 밖 의 경 감 · 공 제 세 액			
	신용카드매출전표발행공제등			
	합　　　　　　　계			
예 정 신 고 미 환 급 세 액				
예 　 정 　 고 　 지 　 세 　 액				
가 　 산 　 세 　 액 　 계				
차 가 감 납 부 (환 급) 세 액				

2. 공제세액

(1) 전자신고에 대한 세액공제

납세자가 직접 전자신고방법에 따라 **부가가치세 확정신고**를 하는 경우에는 해당납부세액에 **1만원**을 공제하거나 환급세액에 가산한다.

(2) 신용카드매출전표 발행공제 등

- 직전년도 공급가액 10억원이하 개인사업자만 해당됨

> **공제액＝MIN[① 신용카드매출전표발행 금액 등의 1.3%, ② 연간 1,000만원]**

(3) 예정신고미환급세액

부가가치세법에서는 각 과세기간의 환급세액을 확정신고기한 경과 후 30일 이내에 환급하도록 규정하고 있다. 즉 예정신고시 환급세액이 발생하더라도 환급하여 주지 아니하고 확정신고시 공제세액의 "예정신고미환급세액"으로 하여 납부할 세액에서 공제한다.

(4) 예정고지세액

개인사업자와 영세법인사업자(직전 과세기간 과세표준 1.5억원 미만)에 대하여는 관할세무서장이 각 예정신고기간마다 직전 과세기간에 대한 납부세액의 50%에 상당하는 금액을 결정하여 예정신고기한내에 징수하도록 규정하고 있다. 따라서 예정신고기간에 납부한 세액은 확정신고시 공제세액의 "예정고지세액"으로 하여 납부할 세액에서 공제한다.

3. 가산세의 감면(국세기본법)

① 천재 등으로 인한 가산세의 감면

② 수정신고 등에 의한 가산세 감면

㉠ *수정신고에 따른 감면*

법정신고기한 경과 후 2년 이내에 수정신고를 한 경우**(과소신고가산세와 초과환급신고가산세 및 영세율과세표준신고불성실가산세만 해당됨)**에는 다음의 구분에 따른 금액을 감면한다.

〈법정신고기한이 지난 후 수정신고시 감면율〉

<ins>~1개월 이내</ins>	<ins>~3개월 이내</ins>	~6개월 이내	~1년 이내	~1년6개월 이내	~2년 이내
90%	**75%**	50%	30%	20%	10%

㉡ 기한후 신고에 따른 감면

법정신고기한 지난 후 기한후 신고를 한 경우(무신고가산세만 해당함) 다음의 구분에 따른 금액을 감면한다.

〈법정신고기한이 지난 후 기한후신고시 감면율〉

~1개월 이내	~3개월 이내	~6개월 이내
50%	30%	20%

㉢ 세법에 따른 제출·신고·가입·등록·개설의 **기한이 지난 후 1개월 이내에 해당 세법에 따른 제출 등의 의무를 이행하는 경우 해당 가산세액의 50%를 감면**한다.

4. 부가가치세법상 가산세

(1) 미등록가산세 등

① 미등록가산세 사업개시일로부터 20일 이내에 사업자등록을 신청하지 않은 경우(1%)

② 허위(위장) 등록 가산세 : 사업자가 타인명의(**배우자는 타인으로 보지 아니한다**.)로 사업자등록을 하고 사업을 영위하는 경우(2%)(개정세법 25)

(2) 세금계산서 불성실가산세

1) 부실기재(불명)의 경우 : 부실기재한 공급가액의 1%

발급한 세금계산서의 필요적 기재사항의 전부 또는 일부가 적혀있지 아니하거나 사실과 다른 경우

2) 미발급등의 경우 : 미발급(2%)·가공세금계산서(3%)·위장세금계산서(2%, 신용카드 매출전표 포함)

① 세금계산서를 확정신고기한까지 발급하지 않는 경우(미발급) 2%

　　☞ **전자세금계산서 발급대상자가 종이세금계산서 발급시 : 공급가액의 1%**

② 둘이상의 사업장을 보유한 사업자가 재화등을 공급한 사업장이 아닌 **자신의 다른 사업장 명의로 세금계산서를 발급시** : 1%

③ 가공세금계산서 등 : 3%

　　재화 등을 공급하지 아니하고 세금계산서(신용카드매출전표등 포함)등을 발급한 경우와 공급받지 아니하고 세금계산서 등을 발급받은 경우 : 3%

④ 타인명의로 세금계산서 등(위장세금계산서)을 발급하거나 수취한 경우 : 2%

⑤ 재화 등을 공급하고 세금계산서 등의 공급가액을 과다하게 기재하여 공급하거나 공급받은 경우 : 실제보다 과다하게 기재한 부분에 대한 공급가액의 2%

3) 지연발급의 경우 : 공급가액의 1%

발급시기가 지난 경우로서 **해당 과세기간의 확정신고기간내** 발급한 경우

공급시기	발급기한	지연발급(1%)	미발급(2%)
3.11	~4.10	4.11~7.25	*7.25(확정신고기한)까지 미발급*

〈공급받는자의 지연수취가산세 및 매입세액공제여부〉

	4.11~7.25	7.26~익년도 7.25	익년도 7.26 이후 수취
매입세액공제	○	○	×
지연수취가산세(0.5%)	○	○	×

4) 세금계산서 발급명세 미전송 및 지연전송

전자세금계산서를 발급한 사업자가 국세청장에 세금계산서 발급명세를 전송하지 아니한 경우

발급시기(예)	전송기한	지연전송(0.3%)	미전송(0.5%)
4.09	~4.10	4.11~7.25	7/25까지 미전송시

지연전송	전자세금계산서 전송기한이 지난 후 **확정신고 기한(7/25, 익년도 1/25)까지 전송시**	**공급가액의 0.3%**
미전송	확정신고기한(7/25, 익년도 1/25)까지 발급명세를 전송하지 않는 경우	**공급가액의 0.5%**

(3) 매출처별세금계산서 합계표 불성실가산세

① 부실기재(불명)의 경우 : 공급가액의 0.5%

거래처별 등록번호 또는 공급가액의 전부 또는 일부가 기재되지 아니하였거나 사실과 다르게 기재된 경우

② 미제출 : 공급가액의 0.5%

확정신고시 매출처별세금계산서 합계표를 제출하지 아니한 경우

☞ 제출기한이 지난 후 1개월 이내에 제출하는 경우 해당가산세의 **50%**를 감면한다.

③ 지연제출의 경우 : 지연제출한 공급가액의 0.3%

☞ 예정신고시 미제출분을 확정신고시 제출하는 경우만 지연제출에 해당한다.

(4) 매입처별세금계산서 합계표 불성실가산세

① 지연수취 : 공급가액의 0.5%

　　㉠ 재화 또는 용역의 공급시기 이후에 발급받은 세금계산서로서 해당 공급시기가 속하는 **과세기간의 확정신고 기한내**에 발급받은 경우

　　㉡ 공급시기 이후 세금계산서를 발급받았으나, 실제 공급시기가 속하는 **과세기간의 확정 신고기한 다음날부터 1년 이내에 발급받은 것**으로서 수정신고·경정청구하거나, 거래 사실을 확인하여 결정·경정

② 미제출 후 경정시 제출 : 공급가액의 0.5%

☞ 신용카드매출전표등을 미제출 후 경정시 제출함으로서 매입세액공제시도 적용

③ 과다기재 : 과다기재[1]하여 신고한 공급가액의 0.5%

*1. 신용카드매출전표등 수령명세서 추가

(5) 신고불성실가산세

① 무신고가산세

사업자가 법정신고기한 내에 세법에 따른 과세표준신고서를 제출하지 않은 경우

> **무신고가산세 = 일반무신고납부세액의 20%(부당의 경우 40%)**

부당한방법의 예시　　　　　　　　　　　　　　　　　　　　　参고

1. 이중장부의 작성 등 장부의 거짓 기록
2. 거짓증명 또는 거짓문서의 작성
3. 거짓증명 등의 수취(거짓임을 알고 수취한 경우에 한함)
4. 장부와 기록의 파기
5. 재산의 은닉이나 소득 · 수익 · 행위 · 거래의 조작 또는 은폐
6. 그 밖에 국세를 포탈하거나 환급 · 공제받기 위한 사기 그밖의 행위

---

② 과소신고가산세(초과환급신고가산세)

사업자가 법정신고기한 내에 과세표준신고서를 제출한 경우로서 신고한 과세표준이 세법에 따라 신고해야 할 과세표준(과세표준이 0보다 작은 경우에는 0으로 본다)에 미달한 경우

> ***과소신고가산세 = 일반과소신고납부세액의 10%***(부당의 경우 40%)

☞ 법정신고기한 경과 후 2년 이내에 수정신고시에는 과소신고 가산세의 **75%~10%**를 감면한다.

(6) 납부 지연가산세

사업자가 납부기한내에 부가가치세를 납부하지 아니하거나 납부한 세액이 납부하여야 할 세액에 미달한 경우와 사업자가 환급받은 세액이 세법에 따라 환급받아야 할 세액을 초과하는 경우

> **납부지연가산세 = ① + ②**
> ① ***미납세액(또는 초과환급받은 세액) × 기간[1] × (1.9~2.2)[2] / 10,000***
> ② 법정납부기한까지 미납세액 × 3%(**납부고지서에 따른 납부기한까지 완납하지 아니한 경우에 한정함**)
> ☞ *수정신고시에는 관할 관청으로부터 납부고지서가 발급 전이므로 ②가 적용되지 않으므로, ①로 납부지연가산세를 계산하면 됨*

*[1]. 납부기한의 다음날부터 납부일까지의 일수를 말한다.
*[2]. 시행령 정기개정(매년 2월경)시 결정(2025년 2.2)

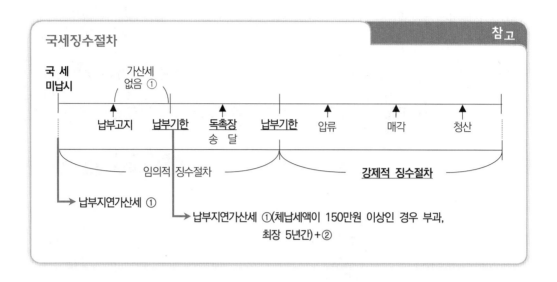

국세징수절차

참고

(7) 영세율과세표준신고불성실가산세

영세율이 적용되는 과세표준을 신고하지 아니하거나, 신고해야할 금액에 미달하게 신고한 경우 또는 영세율 첨부서류를 제출하지 않은 경우

> **영세율과세표준신고불성실가산세 = 무신고 또는 미달신고한 과세표준의 0.5%**

☞ 법정신고기한 경과 후 2년 이내에 수정신고시에는 과소신고 가산세의 90%~10%를 감면한다.

(8) 현금매출명세서 미제출가산세

변호사·공인회계사·세무사·건축사·변리사·부동산중개업을 영위하는 사업자가 현금매출명세서를 제출하지 않거나 누락된 수입금액이 있는 경우

> **미제출 또는 누락금액의 1%**

(9) 부동산임대공급가액명세서 미제출가산세

부동산임대업자가 부동산임대공급가액명세서를 제출하지 않거나 제출한 수입금액이 사실과 다르게 적혀 있는 경우

> **미제출 또는 누락금액의 1%**

<h3 style="text-align:center">〈가산세중복적용배제〉</h3>

우선 적용되는 가산세	적용배제 가산세
1. 미등록 등(1%, 2%)	세금계산서불성실(지연발급, 부실기재) 전자세금계산서 지연전송, 미전송가산세 매출처별세금계산서합계표불성실
2. 세금계산서 미발급(2%)	미등록가산세 등 **전자세금계산서 지연, 미전송가산세** 세금계산서 불성실 가산세(부실기재) **매출처별세금계산서합계표불성실가산세**
3. 세금계산서 지연발급(1%)	**전자세금계산서 지연, 미전송가산세** 세금계산서 불성실 가산세(부실기재) **매출처별세금계산서합계표불성실가산세**
4. 세금계산서 지연(0.3%), 미전송(0.5%)	**매출처별세금계산서합계표불성실가산세**
5. 세금계산서 부실기재(1%)	전자세금계산서 지연, 미전송가산세 매출처별세금계산서합계표불성실가산세
6. 세금계산서 불성실외 (2%,3%) –가공발급(3%), 허위발급 등	미등록 가산세등 매출(입)처별세금계산서합계표불성실가산세
7. 신고·납부지연 가산세 및 영세율과세표준신고불성실 가산세의 적용시 예정신고납부와 관련하여 부과되는 부분에 대하여는 확정신고납부와 관련하여 가산세를 부과하지 아니한다.	

〈가산세 계산방법 – 매출·매입세금계산서 누락〉

			확정신고(7/25, 익년도 1/25)	수정신고(확정신고 이후)
대 상			예정신고누락분을 확정신고시 제출	확정(예정)신고누락분을 수정신고시
신고기한			확정신고시(7/25, 1/25)	관할세무서장이 결정/경정전까지
신고서 작성			부가가치세확정신고서 예정신고누락분에 기재	기존 확정신고서에 수정기재 (누락분을 합산)
가산세	매출	전자 세금계산서	– 미발급 : 2%(종이세금계산서 발급시 1%) – 지연발급 : 1%	
		전자세금 계산서전송	– 지연전송 : 0.3%(~7/25, ~익년도 1/25까지 전송시) – 미전송 : 0.5% (확정신고기한까지 미전송시)	
	매입	지연수취	– 0.5%[확정신고기한의 다음날부터 1년이내까지 수취]	
		세금계산서 합계표불성실	– 부실기재 : 0.5%(과다기재액)	
	신고 불성실	*일반*	– 미달신고세액의 10%(75% 감면)	– 미달신고세액의 10%[1]
		영 세 율 과세표준	– 공급가액의 0.5%(75% 감면)	– 공급가액의 0.5%[1]
			*1. 2년 이내 수정신고시 90%, 75%, 50%, 30%, 20%, 10% 감면	
	납부지연		– 미달납부세액 × 미납일수 × 이자율(2025년은 2.2/10,000)	

☞ 전산세무2급 시험의 경우 대부분 예정신고누락분에 대한 확정 신고시 가산세 계산문제가 나옵니다.

〈매출매입신고누락분 – 전자세금계산서 적법 발급후 익일전송〉

전자세금계산서 미발급(5,500,000)

구 분				공급가액	세액
매출	과세	세금	종이	4,000,000	400,000
			전자	1,000,000	100,000
		기 타		2,000,000	200,000
	영세	세금	종이	1,500,000	–
			전자	3,500,000	–
		기 타		2,000,000	–
매입	세금계산서 등			3,000,000	300,000
미달신고(납부)					400,000

영세율과세표준신고불성실(7,000,000원)

신고, 납부지연가산세(400,000원)

|〈예제 5 - 8〉 가산세|

다음은 (주)한강의 1기에 매출 및 매입을 누락한 내용이다. 다음의 2가지 경우를 가정하여 가산세를 계산하시오.

매출누락분(VAT 미포함)	매입누락분(VAT 미포함)
ⓐ전자세금계산서 　　　　: 　700,000원 　종이세금계산서 　　　　: 　300,000원 ⓑ신용카드영수증 　　　　: 　500,000원 ⓒ현금영수증발행분 　　　: 1,500,000원 ⓓ영세율전자세금계산서 　: 2,000,000원 ⓔ직수출 　　　　　　　　: 1,000,000원	ⓕ매입전자세금계산서(비영업용승용차 구입) 　　　　　　　　　　　　: 1,000,000원 ⓖ매입전자세금계산서(원재료): 1,000,000원 ⓗ매입전자영세율세금계산서 　: 　500,000원

〈전자세금계산서 발급 내역〉

	작성일자	발급일자	전송일자	공급가액	세액
ⓐ	20x1 – 6 – 15	20x1 – 7 – 15	20x1 – 7 – 16	700,000	70,000
ⓓ	20x1 – 6 – 10	20x1 – 7 – 10	20x1 – 7 – 24	2,000,000	0

납부지연가산세 계산시 <u>1일 2/10,000로 가정한다.</u>

1. 예정신고(4월 25일)분을 누락하여 확정신고기간에(7월 25일) 포함하여 신고하였다.
2. 확정신고(7월 25일)분을 누락하여 수정신고하였다.
   ① 수정신고일 8월 4일
   ② 수정신고일 10월 2일

해답

전자세금계산서 미발급(종이 : 300,000)

〈매출매입신고누락분〉

구 분				공급가액	세액
매출	과세	세금	종이	ⓐ300,000(미발급)	30,000
			전자	ⓐ700,000(지연발급)	70,000
		기 타		ⓑ500,000+ⓒ1,500,000	200,000
	영세	세금	종이		–
			전자	ⓓ2,000,000(지연전송)	
		기 타		ⓔ1,000,000	–
매입	세금계산서 등			ⓖ1,000,000+ⓗ500,000	ⓖ100,000
미달신고(납부)					**200,000**

영세율과세표준신고불성실(3,000,000원)

신고, 납부지연(200,000원)

– 세금계산서 발급

공급시기	발급기한	**지연발급(1%)**	미발급(2%)
6.15	~7.10	**7.11~7.25**	7.25까지 미발급시

– 전자세금계산서 전송

발급시기	전송기한	**지연전송(0.3%)**	미전송(0.5%)
07.10	**~07.11**	**7.12~7.25**	7.25까지 미전송시

1. 예정신고 누락분에 대한 수정신고(확정신고 7월 25일)

1. 전자세금계산서 미발급(2%)	300,000원×**1%(종이세금계산서 발급시)**=3,000원
2. 전자세금계산서 지연발급(1%)	700,000원×**1%**=7,000원
3. 전자세금계산서 지연전송(0.3%)	2,000,000원×<u>0.3%</u>= 6,000원
4. 영세율과세표준신고 불성실	**3,000,000원**×0.5%×(1−25%)=3,750원 *** 3개월 이내 수정신고시 75% 감면**
5. 신고불성실	**200,000원**×10%×(1−25%)=5,000원 *** 3개월 이내 수정신고시 75% 감면**
6. 납부지연	**200,000원**×91일×2(가정)/10,000=3,640원 * 일수 : 4월 26일~7월 25일
계	28,390원

납부지연 표:

	4월	5월	6월	7월	계
일수	5일	31일	30일	25일	91일

2. 확정신고누락분에 대한 수정신고

(1) 수정신고일(8월 4일) ← 법정신고기한이 끝난 후 1개월 이내 수정신고

1. 전자세금계산서 미발급(2%)	3,000원−1과 동일하다.
2. 전자세금계산서 지연발급(1%)	7,000원−1과 동일하다.
3. 전자세금계산서 지연전송(0.3%)	6,000원−1과 동일하다.
4. 영세율과세표준신고 불성실	**3,000,000원**×0.5%×(1−90%)=1,500원 *** 1개월 이내 수정신고시 90% 감면**
5. 신고불성실	**200,000원**×10%×(1−90%)=2,000원 *** 1개월 이내 수정신고시 90% 감면**
6. 납부지연	**200,000원**×10일×2(가정)/10,000=400원 * 일수 : 7월 26일~8월 4일
계	19,900원

(2) 수정신고일(10월 2일) ← 법정신고기한이 끝난 후 3개월 이내 수정신고

1. 전자세금계산서 미발급(2%)	3,000원 – (1)과 동일하다.
2. 전자세금계산서 지연발급(1%)	7,000원 – (1)과 동일하다.
3. 전자세금계산서 지연전송(0.3%)	6,000원 – (1)과 동일하다.
4. 영세율과세표준신고 불성실	**3,000,000원**×0.5%×(1 – 25%)=3,750원 *** 1개월 초과 3개월 이내 수정신고시 75% 감면**
5. 신고불성실	**200,000원**×10%×(1 – 25%)=5,000원 *** 1개월 초과 3개월 이내 수정신고시 75% 감면**

6. 납부지연

200,000원×69일×2(가정)/10,000=2,760원
* 일수 : 7월 26일~10월 2일

	7월	8월	9월	10월	계
일수	6일	31일	30일	2일	69일

계	
	27,510원

| <예제 5 - 9> 부가가치세 신고서 종합 |

㈜한강은 과일을 구입하여 통조림을 제조하여 판매하는 중소기업이라 가정한다.
1기 확정신고에 대한 부가가치세 신고서를 작성하시오.

1. 1기 확정신고(4~6월) 자료

매출(VAT 미포함)		매입(VAT 미포함)	
ⓐ 전자세금계산서	: 10,000,000원	ⓕ 전자세금계산서(기업업무추진관련매입액)	
ⓑ 신용카드영수증	: 20,000,000원		: 1,000,000원
ⓒ 현금영수증발행분	: 30,000,000원	ⓖ 전자세금계산서(원재료)	: 2,000,000원
ⓓ 영세율전자세금계산서	: 40,000,000원	ⓗ 현금영수증(기계장치)	: 3,000,000원
ⓔ 직수출	: 50,000,000원	ⓘ 전자영세율세금계산서	: 4,000,000원

2. 1기 예정신고(1~3월) 누락자료(**전자세금계산서는 적법발급 후 다음날 전송하였다.**)

매출(VAT 미포함)		매입(VAT 미포함)	
ⓐ 전자세금계산서	: 100,000원	ⓔ 신용카드영수증(비품)	: 500,000원
ⓑ 현금영수증발행분	: 200,000원		
ⓒ 영세율전자세금계산서	: 300,000원		
ⓓ 간주임대료	: 400,000원		

– 예정신고누락분과 확정신고 매출금액은 의제매입세액과 관련된 매출이다.

3. 면세매입자료(4~6월 구입,계산서 및 현금영수증 수취)
- 복숭아 구입액 : 40,000,000원
  (통조림을 제조하기 위하여 구입하였고, 여기에는 운반비가 1,000,000원이 포함되어 있다.)
- 수돗물 사용액 : 15,000,000원
- 예정신고시에는 의제매입과 관련한 매출과 매입은 없었다.
- 의제매입세액공제 한도액은 50%로 가정한다.

4. ㈜한강은 홈택스에서 직접 전자신고하였다.

5. 1기 예정신고시 미환급세액은 150,000원이라 가정한다.

6. 납부지연가산세 계산시 미납일수는 91일, **1일 2/10,000로 가정한다.**

부가가치세 신고서는 아래의 양식에 직접 기재한다.

[과세표준 및 매출세액]

구분				금액	세율	세액
과세표준및매출세액	과세	세금계산서발급분	1		10/100	
		매입자발행세금계산서	2		10/100	
		신용카드·현금영수증발행분	3			
		기타(정규영수증외매출분)	4		10/100	
	영세	세금계산서발급분	5		0/100	
		기타	6		0/100	
	예정신고누락분		7			
	대손세액가감		8			
	합계		9		㉜	

– 예정신고누락분(7)

구분				금액	세율	세액
7.매출(예정신고누락분)						
예정누락분	과세	세금계산서	33		10/100	
		기타	34		10/100	
	영세	세금계산서	35		0/100	
		기타	36		0/100	
	합계		37			

[매입세액]

구분				금액	세율	세액
매입세액	세금계산서 수취분	일반매입	10			
		수출기업수입분납부유예	10			
		고정자산매입	11			
	예정신고누락분		12			
	매입자발행세금계산서		13			
	그 밖의 공제매입세액		14			
	합계(10)-(10-1)+(11)+(12)+(13)+(14)		15			
	공제받지못할매입세액		16			
	차감계 (15-16)		17		㉻	

– 예정신고누락분(12)

12.매입(예정신고누락분)						
예정누락분	세금계산서		38			
	그 밖의 공제매입세액		39			
	합계		40			
	신용카드매출 수령금액합계	일반매입				
		고정매입				
	의제매입세액					
	재활용폐자원등매입세액					
	과세사업전환매입세액					
	재고매입세액					
	변제대손세액					
	외국인관광객에대한환급//					
	합계					

-그 밖의 공제매입세액(14)

14.그 밖의 공제매입세액					
신용카드매출	일반매입	41			
수령금액합계표	고정매입	42			
의제매입세액		43		뒤쪽	
재활용폐자원등매입세액		44		뒤쪽	
과세사업전환매입세액		45			
재고매입세액		46			
변제대손세액		47			
외국인관광객에대한환급세액		48			
합계		49			

-공제받지못할매입세액(16)

16.공제받지못할매입세액				
공제받지못할 매입세액	50			
공통매입세액면세등사업분	51			
대손처분받은세액	52			
합계	53			

[자진납부세액의 계산]

경감 공제 세액	그 밖의 경감·공제세액	18		
	신용카드매출전표등 발행공제등	19		
	합계	20		㉘
소규모 개인사업자 부가가치세 감면세액		20		㉙
예정신고미환급세액		21		㉚
예정고지세액		22		㉛
사업양수자의 대리납부 기납부세액		23		㉜
매입자 납부특례 기납부세액		24		㉝
신용카드업자의 대리납부 기납부세액		25		㉞
가산세액계		26		㉟
차가감하여 납부할세액(환급받을세액)㉮-㉯-㉰-㉱-㉲-㉳-㉴-㉵+㉶		27		
총괄납부사업자가 납부할 세액(환급받을 세액)				

-그 밖의 경감공제세액(18)

18.그 밖의 경감·공제세액			
전자신고세액공제	54		
전자세금계산서발급세액공제	55		
택시운송사업자경감세액	56		
대리납부세액공제	57		
현금영수증사업자세액공제	58		
기타	59		
합계	60		

- 가산세액계(25)

25.가산세명세					
사업자미등록등		61		1/100	
세 금 계산서	지연발급 등	62		1/100	
	지연수취	63		5/1,000	
	미발급 등	64		뒤쪽참조	
전자세금 발급명세	지연전송	65		3/1,000	
	미전송	66		5/1,000	
세금계산서 합계표	제출불성실	67		5/1,000	
	지연제출	68		3/1,000	
신고 불성실	무신고(일반)	69		뒤쪽	
	무신고(부당)	70		뒤쪽	
	과소·초과환급(일반)	71		뒤쪽	
	과소·초과환급(부당)	72		뒤쪽	
납부지연		73		뒤쪽	
영세율과세표준신고불성실		74		5/1,000	
현금매출명세서불성실		75		1/100	
부동산임대공급가액명세서		76		1/100	
매입자 납부특례	거래계좌 미사용	77		뒤쪽	
	거래계좌 지연입금	78		뒤쪽	
합계		79			

해답

1. 매출세액

구분				금액	세율	세액
과 세 표 준 및 매 출 세 액	과 세	세금계산서발급분	1	10,000,000	10/100	1,000,000
		매입자발행세금계산서	2		10/100	
		신용카드·현금영수증발행분	3	50,000,000		5,000,000
		기타(정규영수증외매출분)	4		10/100	
	영 세	세금계산서발급분	5	40,000,000	0/100	
		기타	6	50,000,000	0/100	
	예정신고누락분		7	1,000,000		70,000
	대손세액가감		8			
	합계		9	151,000,000	㉑	6,070,000

- 예정신고누락분(7)

   과세(기타-33)은 현금영수증발행분(200,000)과 간주임대료(400,000)의 계를 입력한다.

7.매출(예정신고누락분)						
예 정 누 락 분	과 세	세금계산서	33	100,000	10/100	10,000
		기타	34	600,000	10/100	60,000
	영 세	세금계산서	35	300,000	0/100	
		기타	36		0/100	
합계			37	1,000,000		70,000

2. 매입세액

불공제매입세액(기업업무추진관련 공급가액 1,000,000, 세액 100,000)은 세금계산서 수취분(10)에 기재하고 동시에 공제받지못할매입세액(16)에 기재한다.

매입세액	세금계산서 수취분	일반매입	10	7,000,000	300,000
		수출기업수입분납부유예	10		
		고정자산매입	11		
	예정신고누락분		12	500,000	50,000
	매입자발행세금계산서		13		
	그 밖의 공제매입세액		14	42,000,000	1,800,000
	합계(10)-(10-1)+(11)+(12)+(13)+(14)		15	49,500,000	2,150,000
	공제받지못할매입세액		16	1,000,000	100,000
	차감계 (15-16)		17	48,500,000 ㉯	2,050,000

– 예정신고누락분(12) : 신용카드 영수증은 비품이므로 고정자산 매입분에 입력한다.

12.매입(예정신고누락분)					
예정누	세금계산서		38		
	그 밖의 공제매입세액		39	500,000	50,000
	합계		40	500,000	50,000
	신용카드매출 수령금액합계	일반매입			
		고정매입		500,000	50,000
	의제매입세액				

– 그 밖의 공제매입세액(14)

① 의제매입해당액 = 39,000,000(순수매입가액 – 농산물등만 해당)

② 의제매입세액한도(매입액) = 151,000,000(의제매입과 관련된 매출) ×50%

$$= 75,500,000 > 39,000,000 \quad \therefore \text{ 전액공제대상이다.}$$

의제매입세액(41) = 39,000,000 × 4/104(중소제조업) = 1,500,000(원)

14.그 밖의 공제매입세액					
신용카드매출 수령금액합계표	일반매입	41			
	고정매입	42	3,000,000		300,000
의제매입세액		43	39,000,000	뒤쪽	1,500,000
재활용폐자원등매입세액		44		뒤쪽	

– 공제받지못할 매입세액(16)

구분			금액	세율	세액
16.공제받지못할매입세액					
공제받지못할 매입세액		50	1,000,000		100,000
공통매입세액면세등사업분		51			

3. 자진납부세액의 계산

－그 밖의 경감공제세액(18) : 전자신고세액공제 : 10,000원

－예정신고미환급세액(21)에 150,000원을 입력한다.

－가산세 계산(**전자세금계산서 적법발급 후 다음날 전송**)

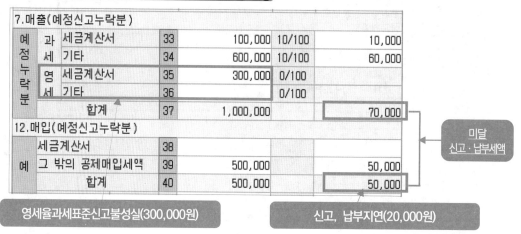

7.매출(예정신고누락분)						
예 정 누 락 분	과 세	세금계산서	33	100,000	10/100	10,000
		기타	34	600,000	10/100	60,000
	영 세	세금계산서	35	300,000	0/100	
		기타	36		0/100	
		합계	37	1,000,000		70,000
12.매입(예정신고누락분)						
예		세금계산서	38			
		그 밖의 공제매입세액	39	500,000		50,000
		합계	40	500,000		50,000

미달
신고·납부세액

영세율과세표준신고불성실(300,000원)

신고, 납부지연(20,000원)

1. 영세율과세표준신고 불성실	300,000원×0.5%×(1－75%)＝375원 * 3월 이내 수정신고시 75% 감면
2. 신고불성실	20,000원×10%×(1－75%)＝500원 * 3월 이내 수정신고시 75% 감면
3. 납부지연	20,000원×91일×2(가정)/10,000＝364원
계	1,239원

25.가산세명세

사업자미등록등		61		1/100		
세 금 계산서	지연발급 등	62		1/100		
	지연수취	63		5/1,000		
	미발급 등	64		뒤쪽참조		
전자세금 발급명세	지연전송	65		3/1,000		
	미전송	66		5/1,000		
세금계산서 합계표	제출불성실	67		5/1,000		
	지연제출	68		3/1,000		
신고 불성실	무신고(일반)	69		뒤쪽		
	무신고(부당)	70		뒤쪽		
	과소·초과환급(일반)	71	20,000	뒤쪽		500
	과소·초과환급(부당)	72		뒤쪽		
납부지연		73	20,000	뒤쪽		364
영세율과세표준신고불성실		74	300,000	5/1,000		375
현금매출명세서불성실		75		1/100		
부동산임대공급가액명세서		76		1/100		
매입자 납부특례	거래계좌 미사용	77		뒤쪽		
	거래계좌 지연입금	78		뒤쪽		
합계		79				1,239

[자진납부세액]

경감 공제 세액	그 밖의 경감 · 공제세액	18			10,000
	신용카드매출전표등 발행공제등	19			
	합계	20		㉺	10,000
소규모 개인사업자 부가가치세 감면세액		20-1		㉑	
예정신고미환급세액		21		㉺	150,000
예정고지세액		22		㉔	
사업양수자의 대리납부 기납부세액		23		㉮	
매입자 납부특례 기납부세액		24		㉯	
신용카드업자의 대리납부 기납부세액		25		㉰	
가산세액계		26		㉱	1,239
차가감하여 납부할세액(환급받을세액)㉺-㉑-㉺-㉔-㉮-㉯-㉰+㉱		27			3,861,239
총괄납부사업자가 납부할 세액(환급받을 세액)					

연/습/문/제

 객관식

01. 다음 중 부가가치세법상 의제매입세액공제와 관련된 설명 중 틀린 것은?

① 음식점에서 양념하지 않은 돼지고기를 구입해 계산서를 받은 경우 의제매입세액공제대상이다.

② 의제매입세액공제는 법인사업자에게도 적용된다.

③ 의제매입세액의 공제 시기는 면세농산물 등을 구입하여 과세사업에 사용하는 시점이다.

④ 예정신고시에도 의제매입세액공제를 적용한다.

02. 다음 중 부가가치세법상 일반과세사업자가 당해 과세기간분 부가가치세 확정 신고시 공제받을 수 있는 매입세액은?

① 면세사업용도에 사용할 재화를 구입하고 교부받은 세금계산서상 매입세액

② 거래처 선물을 목적으로 재화를 구입하고 교부받은 세금계산서상 매입세액

③ 세금계산서 대신에 교부받은 거래명세표상의 매입세액

④ 당해 과세기간 부가가치세 예정신고시 누락된 상품매입 세금계산서상의 매입세액

03. 다음 중 부가가치세법상 대손세액공제와 관련된 설명 중 틀린 것은?

① 대손세액공제는 확정 신고 시에만 가능하다.

② 어음은 부도가 발생하면 즉시 대손세액공제가 가능하다.

③ 대손세액공제액은 대손금액에 110분의 10을 곱한 금액이다.

④ 대손금액을 회수한 경우 대손세액을 회수한 날이 속하는 과세기간의 매출세액에 가산한다.

04. 다음 중 부가가치세법의 내용으로 틀린 것은?

① 부가가치세의 면제를 받아 공급받은 농산물 등을 원재료로 하여 과세재화를 생산하는 경우 의제 매입세액으로 공제한다.

② 음식점업 사업자의 신용카드매출전표 등 발행 세액공제액은 공급가액의 1.3%이다.

③ 법인이 부가가치세가 과세되는 재화를 공급하고 신용카드매출전표를 발행한 경우 신용카드매출 전표 등 발행 세액공제를 받을 수 없다.

④ 예정신고 미환급세액은 확정신고시 납부(환급)할 세액에서 공제(가산)한다.

05. 과일 도매업만을 영위하는 개인사업자 박과일씨에 대한 부가가치세법관련 설명 중 가장 옳은 것은?

① 청과물 배달용 트럭을 중고차매매상사에 유상처분할 경우, 그에 대하여 세금계산서를 교부하여 서는 아니된다.

② 신용카드매출분에 대하여는 부가가치세 신고시 과세표준에 포함하여야 한다.

③ 당해 업종이 소득세법상 면세대상이므로 종합소득세 신고의무는 없다.

④ 부가가치세 신고시 당해 사업장 임차료에 대한 매입세액은 공제받을 수 있다.

06. 다음은 부가가치세법상 의제매입세액공제에 관한 내용이다. 가장 옳은 것은?

① 의제매입세액의 공제대상이 되는 원재료의 매입가액에는 운임 등의 부대비용을 포함한 매입원가 로 한다.

② 의제매입세액은 원재료의 사용시점에 공제를 받을 수 있다.

③ 일반과세자인 음식점은 정규증빙 없이 농어민으로부터 구입시 의제매입세액공제를 받을 수 없다.

④ 의제매입세액공제는 예정신고 시에는 공제받을 수 없다.

07. 다음 중 부가가치세법상 납부세액 또는 환급세액의 재계산에 대한 설명으로서 틀린 것은?

① 감가상각자산에 대해서만 납부세액 재계산을 한다.

② 취득일 또는 그 후 재계산한 과세기간의 면세비율이 당해과세기간의 면세비율과 5% 이상 차이가 나는 경우에 한해서 납부세액 재계산을 한다.

③ 예정신고 때도 면세비율의 증감이 있으면 납부세액을 재계산하고, 확정신고시 다시 정산한다.

④ 취득 후 2년이 지난 기계장치의 경우 면세비율이 5%이상 증감하였다 하더라도 납부세액의 재계 산을 할 필요가 없다.

08. 다음 중 부가가치세법상 매입세액을 안분계산해야 되는 경우는?

① 상가를 임대하고 있는 부동산임대업자의 건물 전기료 매입세액

② 약국을 운영하면서 일반의약품매출과 조제매출이 있는 경우의 건물 임차료 매입세액

③ 세무사업만 영위하는 세무사사무실에서 구입한 컴퓨터의 매입세액

④ 쌀을 판매하는 사업자의 건물 임차료 매입세액

09. 다음 설명 중 맞는 것은?

① 부가가치세 예정신고기간에 대손요건을 갖춘 경우 예정 신고시 반드시 대손세액공제 신고를 하여야 한다.

② 비영업용 소형승용차의 구입비용은 매입세액공제가 안되지만, 사업에 직접 사용이 입증된 임차와 유지비용은 매입세액공제대상이다.

③ 사업에 직접 사용이 입증된 기업업무추진비는 매입세액공제 대상이다.

④ 토지의 조성 등을 위한 자본적 지출과 관련된 매입세액은 매입세액을 공제받지 못한다.

10. 부가가치세법상 일반과세사업자가 다음과 같이 과세사업용으로 수취한 매입세액 중 매입세액이 공제되지 않는 것은?

① 일반과세사업자로부터 컴퓨터를 구입하고 법인카드로 결제한 후 공급가액과 세액을 별도로 기재한 신용카드매출전표를 받았다.

② 직전연도 공급대가 합계액이 4,800만원 미만인 영수증 발급 간이과세자로부터 소모품을 매입하고 공급가액과 세액을 별도로 기재한 사업자지출증빙용 현금영수증을 발급받았다.

③ 원재료를 6월 30일에 구입하고 공급가액과 세액을 별도로 기재한 세금계산서(작성일자 6월 30일)를 수취하였다.

④ 공장의 사업용 기계장치를 수리하고 수리비에 대하여 공급가액과 세액을 별도로 기재한 전자세금계산서를 받았다.

11. 다음 중 부가가치세법상 의제매입세액공제에 관한 내용으로 틀린 것은?

① 중소제조업의 의제매입세액 공제율은 4/104로 한다.

② 일반과세자인 음식점은 정규증빙 없이 농어민으로부터 구입시 의제매입세액공제를 받을 수 없다.

③ 의제매입세액의 공제대상이 되는 면세농산물 등의 매입가액은 운임 등의 부대비용을 포함하지 않는다.

④ 유흥주점 외 법인음식점의 의제매입세액 공제율은 8/108로 한다.

12. 다음 중 부가가치세법상 공제되는 매입세액이 아닌 것은?

① 공급시기 이후에 발급하는 세금계산서로서 해당 공급시기가 속하는 과세기간에 대한 확정신고기한 경과 후 1년 이후 발급받은 경우 당해 매입세액

② 매입처별세금계산서합계표를 경정청구나 경정시에 제출하는 경우 당해 매입세액

③ 예정신고시 매입처별 세금계산서합계표를 제출하지 못하여 해당 예정신고기간이 속하는 과세기간의 확정신고시에 제출하는 경우 당해 매입세액

④ 발급받은 전자세금계산서로서 국세청장에게 전송되지 아니하였으나 발급한 사실이 확인되는 경우 당해 매입세액

13. 다음은 부가가치세법상 전자세금계산서에 대한 설명이다. 틀린 것은?

① 전자세금계산서 발급의무자가 전자세금계산서를 지연전송한 경우 공급가액의 0.5% 가산세가 적용된다.

② 월합계로 발급하는 세금계산서는 재화 및 용역의 공급일이 속하는 달의 다음달 10일까지 세금계산서를 발급할 수 있다.

③ 전자세금계산서를 발급한 사업자가 국세청장에게 전자세금계산서 발급명세를 전송한 경우에는 세금계산서의 보존의무가 면제된다.

④ 직전연도의 사업장별 공급가액(과세+면세)의 합이 0.8억원 이상인 개인사업자는 전자세금계산서를 발행하여야 한다.

 주관식

01. 다음 자료에 의하면 부가가치세법상 공제받을 수 있는 매입세액공제액은 얼마인가?

- 2000cc인 비영업용소형승용자동차의 렌탈요금으로 세금계산서 수령 : 공급대가 550,000원
- 종업원 사고 치료비를 병원에서 신용카드로 결제 : 결제금액 110,000원
- 국내 항공기 이용 요금을 신용카드로 결제 : 결제금액 88,000원

02. 다음 자료를 이용하여 ㈜대흥의 20x1년 1기 부가가치세확정신고시 대손세액금액을 구하시오.

---

① 당사는 20x1년 1월 5일 ㈜호연(대표자 : 황호연, 215-81-93662)에 부가가치세가 과세되는 제품을 공급하고 그 대가로 받은 약속어음 13,200,000원(부가가치세 포함)이 20x1년 5월 8일에 부도가 발생하였다. 당사는 ㈜호연의 재산에 대하여 저당권을 설정하고 있지 않다.

② 외상매출금 중 55,000,000원(부가가치세 포함)은 3년전 2월 9일 백두상사(대표자 : 홍백두, 312-81-45781)에 대한 것이다. 이 외상매출금의 회수를 위해 당사는 법률상 회수노력을 다하였으나, 결국 회수를 못하였고, 20x1년 2월 9일자로 동 외상매출금의 소멸시효가 완성되었다.

③ 전기 6월에 파산으로 대손처리했던 ㈜상생(대표자 : 이상생, 138-81-05425)에 대한 외상매출금 16,500,000원(부가가치세 포함) 중 60%에 상당하는 금액인 9,900,000원(부가가치세 포함)을 20x1년 6월 17일 현금으로 회수하였다. 당사는 동 채권액에 대하여 전기 1기 부가가치세 확정신고시 대손세액공제를 적용받았다.

④ 전기 3월 16일 당사 공장에서 사용하던 기계장치를 태안실업(대표자 : 정태안, 409-81-48122)에 7,700,000원(부가가치세 포함)에 외상으로 매각하였다. 20x1년 5월 20일 현재 태안실업의 대표자가 사망하여 기계장치 판매대금을 회수할 수 없음이 객관적으로 입증되었다.

---

03. 다음 자료를 이용하여 20x1년 제2기 부가가치세 예정신고기간(7월~9월)의 신용카드 매출전표수령 관련 매입세액(세금계산서수취분 제외)을 구하시오.

일자	내 역	공급가액	부가가치세	상 호	사업자 등록번호	증 빙
7/15	직원출장 택시요금	100,000원	10,000원	신성택시	409-21-73215	신용카드
7/31	사무실 복합기 토너 구입	150,000원	15,000원	㈜오피스	124-81-04878	현금영수증
8/12	사무실 탕비실 음료수 구입	50,000원	5,000원	이음마트	402-14-33228	신용카드
9/21	원재료구입 시 법인카드 결제(세금계산서 수취함)	8,000,000원	800,000원	㈜스마트	138-86-01157	신용카드

04. 음식업을 영위하는 법인기업이라고 가정하고, 다음의 자료를 이용하여 20X1년 1기 확정 부가가치세 과세기간의 의제매입세액을 계산하시오.

① 매입자료

공급자	사업자번호	취득일자	물품명	수량(kg)	매입가액	증빙	건수
㈜서울농산	119-81-32858	4월 5일	농산물	200	106,000,000원	계산서	1
㈜강남마트	229-81-28156	5월 6일	농산물	50	42,400,000원	신용카드	1

② 추가자료

ⓐ 1기 예정 과세표준은 180,000,000원이며, 1기 확정 과세표준은 200,000,000원이다.

ⓑ 1기 예정신고(1월 1일 ~ 3월 31일)까지는 면세품목에 대한 매입이 없어 의제매입세액공제를 받지 않았다.

ⓒ 의제매입세액 한도율은 50%로 가정한다.

05. 다음의 자료를 이용하여 1기 확정신고기간에 공제받지 못할 매입세액을 구하시오.

① 당사는 과세 및 면세사업을 영위하는 겸영사업자이고, 아래 제시된 자료만 있는 것으로 가정한다.

② 1기 예정신고시 반영된 공통매입세액 불공제분은 3,750,000원이며, 예정신고는 적법하게 신고되었다.

③ 1기 과세기간에 대한 공급가액은 다음과 같으며, 공통매입세액 안분계산은 공급가액기준으로 한다.

구분		1기 예정신고기간(1월~3월)		1기 확정신고기간(4월~6월)	
		공급가액	부가가치세	공급가액	부가가치세
공통매입세액		100,000,000원	10,000,000원	80,000,000원	8,000,000원
매출	과세	250,000,000원	25,000,000원	200,000,000원	20,000,000원
	면세	150,000,000원	–	150,000,000원	–

06. 당 회사는 과세사업과 면세사업을 영위하는 겸업사업자이다. 다음 자료를 보고 20x1년 1기 확정 부가가치세 신고기간에 대한 공제받지못할매입세액명세서 중 납부세액 또는 환급세액을 재계산하시오.

〈 20x0년 과세사업과 면세사업에 공통으로 사용되는 자산의 취득내역 〉

자산내역	취득일자	공급가액	세액
건물	20x0.02.08.	200,000,000원	20,000,000원
원재료	20x0.05.24.	3,000,000원	300,000원

〈 20x0년 1기 ~ 20x1년 1기의 공급가액 내역 〉

구분	20x0년 1기	20x0년 2기	20x1년 1기
과세사업	300,000,000원	300,000,000원	600,000,000원
면세사업	200,000,000원	300,000,000원	200,000,000원
합계액	500,000,000원	600,000,000원	800,000,000원

07. 다음의 자료를 이용하여 ㈜소망의 20x1년 제2기 부가가치세 확정신고시 차가감납부할 세액을 구하시오.

	내 역	금 액	비 고
매출 자료	• 제품매출	300,000,000원 (부가가치세 별도)	세금계산서 발급
	• 신용카드로 결제한 제품매출	55,000,000원 (부가가치세 포함)	세금계산서 미발급
	• 내국신용장에 의한 재화 공급	40,000,000원	영세율세금계산서 발급
	• 재화의 직수출액	100,000,000원	영세율 대상이며, 세금계산서 미발급
	• 대손확정된 매출채권	11,000,000원 (부가가치세 포함)	대손세액공제 요건을 충족함
매입 자료	• 원재료 매입	185,000,000원 (부가가치세 별도)	세금계산서 수취
	• 기업업무추진비 관련 선물세트 매입	15,000,000원 (부가가치세 별도)	세금계산서 수취
	• 법인카드로 구입한 원재료 매입	7,700,000원 (부가가치세 포함)	세금계산서 미수취, 공제요건은 충족함
	• 원재료 매입	9,000,000원 (부가가치세 별도)	예정신고 누락분이며 세금계산서는 정상적으로 수취함
기타	• 당사는 부가가치세 전자신고 함.		

08. 다음 자료를 이용하여 ㈜팔영산업의 20x1년 2기 확정신고기간 부가가치세 신고시 예정신고누락분에 대해서 가산세를 계산하시오.

예정신고 누락분	• 전자세금계산서 과세 매출액(공급가액 : 20,000,000원, 세액 : 2,000,000원) • 전자세금계산서 과세 매입액(공급가액 : 10,000,000원, 세액 : 1,000,000원)
기타	• 납부지연가산세 계산시 미납일수는 91일, 1일 2/10,000로 가정할 것 • 전자세금계산서의 발급 및 국세청 전송은 정상적으로 이뤄졌다.

09 20x1년 1기 예정 부가가치세 신고 시 다음의 내용이 누락되었다. 20x1년 1기 확정 부가가치세 신고시 예정신고 누락분에 대해서 가산세를 계산하시오.(부당과소신고가 아니며, 예정신고누락과 관련된 납부지연가산세 계산시 미납일수는 90일, 1일 2/10,000로 가정할 것.)

> ① 매출자료
> • 당사의 제품을 ㈜태흥무역에 매출하고 구매확인서를 정상적으로 발급받아 영세율전자세금계산서 1건(공급가액 6,000,000원, 부가가치세 0원)을 정상적으로 발급하고 전송하였다.
> • 당사에서 사용하던 트럭을 ㈜한우에게 매각하고 전자세금계산서 1건(공급가액 10,000,000원, 부가가치세 1,000,000원)을 정상적으로 발급하고 전송하였다.
> • 당사의 제품 4,400,000원(부가가치세 포함)을 비사업자에게 신용카드매출전표를 발행하고 매출하였다.
> ② 매입자료
> • ㈜정상에서 1월에 원재료를 공급받았으나 전자세금계산서 1건(공급가액 8,000,000원, 세액 800,000원)을 2월 20일에 지연수취하였다.

10 ㈜대흥은 20x1년 2기 확정신고(10월~12월)를 한 후 다음과 같은 오류를 발견하였다. 20x2년 2월 24일에 수정신고하는 경우 가산세를 계산하시오.

가정	• 납부지연 가산세 계산시 일수는 30일, 1일 2.5/10,000로 가정한다.
오류 사항	• 10월 1일 ㈜영동상사에 제품을 5,000,000원(부가가치세 별도)에 판매하고, 즉시 **전자세금계산서를 발급한 1건에 대한 국세청 전송을 누락하여 20x2년 2월 20일 국세청에 전송하였는데 부가가치세 신고서에 반영되지 않았다.** • 원재료를 소매로 3,000,000원(부가가치세 별도)에 매입하고 카드로 결제한 내역 1건을 누락하였다.(원재료 판매처는 일반과세자이다) • ㈜대박상사로부터 원재료를 1,000,000원(부가가치세 별도)에 매입하고 세금계산서 수취 1건을 누락하였다.

연/습/문/제 답안

1	2	3	4	5	6	7	8	9	10	11	12	13		
③	④	②	②	①	③	③	②	④	②	④	①	①		

[풀이 - 객관식]

01. 의제매입세액의 공제시기는 **면세농산물 등을 구입한 시점**이다.

03. 어음은 **부도발생일로부터 6개월이 지난시점**에서 대손세액공제가 가능하다

04. 음식점업 사업자는 발행금액의 1.3%를 공제한다.

05. **청과물 도/소매업은 부가가치세 면세사업**임. 따라서, 면세사업과 관련한 고정자산을 매각한 경우에는 주된 사업이 면세이므로 그 고정자산도 면세분 매출에 해당되어 부가가치세법상 세금계산서 교부대상은 아니다. 즉, **소득세법상 계산서 교부대상임에 유의**

06. ① 운임 등의 부대비용은 제외함.

　② 구입시점에 공제가 가능하다.

　④ 예정신고 또는 확정신고시에 공제 가능

07. **확정신고시만 납부세액 재계산을 한다.**

08. 조제매출은 면세이나, **일반의약품매출은 과세**이므로 매입세액을 안분계산함.

09. ① **대손세액공제**는 예정신고시 발생한 경우 **확정신고시 신고**하여 적용해야 한다.

　② 비영업용 소형승용차의 구입비용, 사업에 직접 사용이 입증된 임차와 유지비용은 매입세액공제를 받지 못한다.

　③ 사업에 직접 사용이 입증된 기업업무추진비는 매입세액공제를 받지 못한다.

10. 직전연도 공급대가의 합계액이 **4,800만원 미만인 영수증 발급 간이과세자**으로부터 매입한 물품은 **매입세액공제를 받을 수 없다.**

11. 유흥주점 외 **법인음식점의 의제매입세액 공제율은 6/106**이다.

12. 재화 또는 용역의 공급시기 이후에 발급받은 세금계산서로서 **해당 공급시기가 속하는 과세기간에 대한 확정신고기한 다음날부터 1년이내 발급받은 경우** 당해 매입세액은 공제가능하다.

13. **지연전송에 대해서 0.3% 의 가산세가 적용**된다.

🔑 주관식

01	"0"	02	4,800,000	03	20,000
04	8,400,000	05	3,450,000	06	환급세액 4,500,000
07	13,890,000	08	47,750	09	76,000
10	26,750				

[풀이 - 주관식]

01. 여객운송업(전세버스운송사업은 제외)은 공급받는 자가 요구하더라도 세금계산서를 교부하지 않는 업종으로서, 신용카드로 결제하더라도 매입세액공제를 받을 수 없다.

또한 병원은 면세사업자이다.

02. 대손세액공제신고서

① 부도발생일부터 6개월이 지나지 않아 대손세액공제를 받을 수 없다.

② 소멸시효완성일이 속하는 과세기간의 확정신고시에 5,000,000원이 대손세액공제가 가능

③ 파산의 사유로 대손세액공제 받았으므로 회수한 날이 속하는 과세기간에 대한 확정신고시에 반대로 음(-)의 부호로 900,000원을 입력한다.

④ 채무자의 사망으로 인하여 객관적으로 회수할 수 없음이 입증되는 채권으로 700,000원이 대손세액공제가 가능하다.

[참고 - 대손세액공제신고서]

대손확정일	대손금액	공제율	대손세액	거래처		대손사유
20x1 -02-09	55,000,000	10/110	5,000,000	백두상사	6	소멸시효완성
20x1 -06-17	-9,900,000	10/110	-900,000	(주)상생	7	대손채권일부회수
20x1 -05-20	7,700,000	10/110	700,000	태안실업	3	사망,실종

03. 신용카드매출전표등 수령명세서

거래처명	대상여부	매입세액공제
신성택시	세금계산서 발급불가 업종	×
㈜오피스	사업관련매입세액	15,000원
이음마트	사업관련 매입세액	5,000원
㈜스마트	세금계산서 수취	×
신용카드 수취관련 매입세액 공제 계		20,000원

[참고 - 신용카드매출전표등 수령명세서]

	월/일	구분	공급자	공급자(가맹점) 사업자등록번호	카드회원번호	그 밖의 신용카드 등 거래내역 합계		
						거래건수	공급가액	세액
1	07-31	현금	(주)오피스	124-81-04878		1	150,000	15,000
2	08-12	사업	이음마트	402-14-33228	1000-2000-3000-4000	1	50,000	5,000

3. 거래내역입력

04. 의제매입세액공제신고서

① 의제매입세액 대상여부 판단

-음식점업의 사업자 매입분에 대해서는 적격증빙(계산서, 신용카드, 현금영수증 등)이 필요하다.

구 분	상호	증 빙	구입금액	비고
사업자	(주)서울농산	**계산서**	106,000,000	
매입분	(주)강남마트	신용카드	42,400,000	
	계		148,400,000	

② 음식점업(법인)

	예정(1~3월)	확정(4~6월)	계
① 공급가액(면세매입관련)	180,000,000	200,000,000	380,000,000
② 면세매입금액	0	148,400,000	148,400,000
③ 한도(①×50%)	–		190,000,000
④ Min[②,③]	–		**148,400,000**
공제율	**6/106(음식점업 – 법인)**		
⑤ 당기 의제매입세액공제액(7~12월)	④×공제율		8,400,000
⑥ 예정신고시 의제매입세액공제	0		0
⑦ **확정신고시 의제매입세액공제**	(⑤－⑥)		**8,400,000**

[참고 - 의제매입세액공제신고서]

① ㈜서울농산

취득일자	구분	물품명	수량	매입가액	공제율	의제매입세액	건수
20X1-04-05	계산서	농산물	200	106,000,000	6/106	6,000,000	1

② ㈜강남마트

취득일자	구분	물품명	수량	매입가액	공제율	의제매입세액	건수
20X1-05-06	신용카드등	농산물	50	42,400,000	6/106	2,400,000	1

③ 한도계산

면세농산물등	제조업 면세농산물등					

가. 과세기간 과세표준 및 공제가능한 금액등　　　　　　　　　　　　불러오기

과세표준			대상액 한도계산		B.당기매입액	공제대상금액 [MIN (A,B)]
합계	예정분	확정분	한도율	A.한도액		
380,000,000	180,000,000	200,000,000	50/100	190,000,000	148,400,000	148,400,000

나. 과세기간 공제할 세액

공제대상세액		이미 공제받은 금액			공제(납부)할세액 (C-D)
공제율	C.공제대상금액	D.합계	예정신고분	월별조기분	
6/106	8,400,000				8,400,000

05. 공통매입세액 정산

$$\underline{\text{총공통매입세액(1월~6월)}} \times \text{해당 과세기간(1월~6월)의} \frac{\text{면세공급가액}}{\text{총공급가액}} - \underline{\textbf{예정신고시 불공제매입세액}}$$

$$= 18,000,000 \times \frac{300,000,000}{750,000,000} (40\%) - \underline{3,750,000(\text{1월~3월신고시 불공제매입세액})}$$

$$= 3,450,000(\text{확정신고시 불공제매입세액})$$

[참고-공통매입세액의 정산내역]

공제받지못할매입세액내역	공통매입세액안분계산내역	공통매입세액의정산내역	납부세액또는환급세액재계산

산식	구분	(15)총공통 매입세액	(16)면세 사업확정 비율			(17)불공제매입 세액총액 ((15)*(16))	(18)기불공제 매입세액	(19)가산또는 공제되는매입 세액((17)-(18))
			총공급가액	면세공급가액	면세비율			
1.당해과세기간의 공급가액기준		18,000,000	750,000,000.00	300,000,000.00	40.000000	7,200,000	3,750,000	3,450,000

06. 납부·환급세액 재계산

① 면세공급가액 비율

구 분	20x0년		20x1년
	1기	2기	1기
과세사업	300,000,000	300,000,000	600,000,000
면세사업(A)	200,000,000	300,000,000	200,000,000
계(B)	500,000,000	600,000,000	800,000,000
면세공급가액비율(A/B)	40%	50%	25%
재계산여부	-	**재계산**	**재계산**

② 환급세액 재계산(면세비율이 감소했으므로 환급세액 발생) 건물만 대상

계정과목	①재화의 매입세액	②경과된 과세기간 수	③경감률 [1-(체감율×②)]	④증감된 면세공급 가액율	⑤가산 또는 공제되는 매입세액 (①×③×④)
건물	20,000,000	2	90%	-25%	-4,500,000

[참고 - 납부세액 또는 환급세액의 재계산]

공제받지못할매입세액내역	공통매입세액안분계산내역	공통매입세액의정산내역	납부세액또는환급세액재계산

자산	(20)해당재화의 매입세액	(21)경감률[1-(체감율* 경과된 과세기간의수)]				(22)증가 또는 감소된 면세공급가액(사용면적)비율					(23)가산 또는 공제되는 매입세액 (20)*(21)*(22)
		취득년월	체감율	경과과 세기간	경감율	당기		직전		증가율	
						총공급가액	면세공급	총공급	면세공급		
1.건물,구축물	20,000,000	20x0-02	5	2	90	800,000,000.00	200,000,000.00	600,000,000.00	300,000,000.00	-25.000000	-4,500,000

07. 부가가치세 2기 확정신고서(10~12월)

구 분			공급가액	세 액	비고
매출세액(A)	과세분(10%)	세금	300,000,000	30,000,000	
		기타	50,000,000	5,000,000	
	영세분(0%)	세금	40,000,000	-	
		기타	100,000,000		
	대손세액			-1,000,000	
	합 계		490,000,000	34,000,000	
매입세액(B)	세금수취분	일반	200,000,000	20,000,000	
		고정			
	예정신고누락분		9,000,000	900,000	
	그 밖의 공제 매입세액		7,000,000	700,000	
	불공제		15,000,000	1,500,000	
	합 계		201,000,000	20,100,000	
공제세액(C)	전자신고		-	10,000	
납부세액				*13,890,000*	(A-B-C+D)

[참고 - 신고서]

	구분		정기신고금액 금액	세율	세액
과세표준및매출세액	과세 세금계산서발급분	1	300,000,000	10/100	30,000,000
	매입자발행세금계산서	2		10/100	
	신용카드·현금영수증발행분	3	50,000,000	10/100	5,000,000
	기타(정규영수증외매출분)	4			
	영세율 세금계산서발급분	5	40,000,000	0/100	
	기타	6	100,000,000	0/100	
	예정신고누락분	7			
	대손세액가감	8			-1,000,000
	합계	9	490,000,000	㉮	34,000,000
매입세액	세금계산서수취분 일반매입	10	200,000,000		20,000,000
	수출기업수입분납부유예	10			
	고정자산매입	11			
	예정신고누락분	12	9,000,000		900,000
	매입자발행세금계산서	13			
	그 밖의 공제매입세액	14	7,000,000		700,000
	합계(10)-(10-1)+(11)+(12)+(13)+(14)	15	216,000,000		21,600,000
	공제받지못할매입세액	16	15,000,000		1,500,000
	차감계 (15-16)	17	201,000,000	㉯	20,100,000
납부(환급)세액(매출세액㉮-매입세액㉯)				㉰	13,900,000
경감공제세액	그 밖의 경감·공제세액	18			10,000
	신용카드매출전표등 발행공제등	19	55,000,000		
	합계	20		㉱	10,000
예정신고미환급세액		21		㉲	
예정고지세액		22		㉳	
사업양수자의 대리납부 기납부세액		23		㉴	
매입자 납부특례 기납부세액		24		㉵	
가산세액계		25		㉶	
차감.가감하여 납부할세액(환급받을세액)(㉰-㉱-㉲-㉳-㉴-㉵+㉶)		26			13,890,000
총괄납부사업자가 납부할 세액(환급받을 세액)					

구분		금액	세율	세액
7.매출(예정신고누락분)				
예정누락분	과세 세금계산서	32		10/100	
	세 기타	33		10/100	
	영세 세금계산서	34		0/100	
	세 기타	35		0/100	
	합계	36			
12.매입(예정신고누락분)				
예정누락분	세금계산서	37	9,000,000		900,000
	그 밖의 공제매입세액	38			
	합계	39	9,000,000		900,000
	신용카드매출 일반매입				
	수령금액합계 고정매입				
	의제매입세액				
	재활용폐자원등매입세액				
	과세사업전환매입세액				
	재고매입세액				
	변제대손세액				
	외국인관광객에대한환급/				
	합계				
14.그 밖의 공제매입세액				
신용카드매출 일반매입		40	7,000,000		700,000
수령금액합계표 고정매입		41			
의제매입세액		42		뒤쪽	
재활용폐자원등매입세액		43		뒤쪽	
과세사업전환매입세액		44			
재고매입세액		45			
변제대손세액		46			
외국인관광객에대한환급세액		47			
합계		48	7,000,000		700,000

08. 예정신고누락분에 대한 가산세(확정신고)

구 분			공급가액	세액
매출	과세	세 금(전자)	20,000,000	2,000,000
		기 타		
	영세	세 금(전자)		
		기 타		
매입	세금계산서 등		10,000,000	1,000,000
미달신고(납부) ← 신고·납부지연 가산세				1,000,000

1. 신고불성실	1,000,000원×10%×(1-75%)=25,000원
	* 3개월 이내 수정신고시 75% 감면
2. 납부지연	1,000,000원×91일×2(가정)/10,000=18,200원
계	**43,200원**

09. 예정신고누락분에 대한 가산세(확정신고)

구 분			공급가액	세액
매출	과세	세 금(전자)	10,000,000	1,000,000
		기 타	4,000,000	400,000
	영세	세 금(전자)	6,000,000	
		기 타		
매입	세금계산서 등		8,000,000	800,000
미달신고(납부) ← 신고·납부지연 가산세				600,000

1. 전자세금계산서 지연수취	8,000,000원×0.5%=40,000원
2. 영세율과세표준신고 불성실	6,000,000원×0.5%×(1-75%)=7,500원 * 3개월 이내 수정신고시 75% 감면
3. 신고불성실	600,000원×10%×(1-75%)=15,000원 * 3개월 이내 수정신고시 75% 감면
4. 납부지연	600,000원×90일×2(가정)/10,000=10,800원
계	73,300원

10. 확정신고누락분에 대한 가산세(수정신고)

- 전자세금계산서 전송관련 가산세

발급시기	전송기한	*지연전송(0.3%)*	<u>미전송(0.5%)</u>
10.01	~10.02	10.03~익년도 1.25	**익년도 1.25까지 미전송**

〈매출매입신고누락분 - 미전송〉

구 분			공급가액	세액
매출	과세	세 금	5,000,000(미전송)	500,000
		기 타		
	영세	세 금		
		기 타		
매입	세금계산서 등		3,000,000+1,000,000	400,000
미달신고(납부) → 신고, 납부지연가산세(100,000)				100,000

1. 전자세금계산서 미전송(0.5%)	**5,000,000원**×0.5%=25,000원
2. 신고불성실	**100,000원**×10%×(1-90%)=1,000원 * 1개월 이내 수정신고시 90% 감면
3. 납부지연	**100,000원**×30일×2.5(가정)/10,000=750원
계	26,750원

NCS세무 - 3   부가가치세 신고

제1절   예정신고와 납부

1. 예정신고 · 납부

(1) 규정

사업자는 각 예정신고기간에 대한 과세표준과 납부세액(또는 환급세액)을 당해 예정신고기간 종료 후 25일 이내에 사업장 관할세무서장에게 신고 · 납부하여야 한다.

(2) 유의할 사항

① **예정신고시 가산세는 적용하지 않지만 신용카드매출전표 발행세액공제(개인사업자)는 적용받을 수 있다.**

② 사업자가 신청에 의해 조기환급 받은 경우 이미 신고한 부분은 예정신고대상에서 제외한다.

2. 개인사업자 등의 예정신고의무 면제

(1) 원칙 : 고지에 의한 징수

개인사업자와 **영세법인사업자(직전과세기간 과세표준 1.5억 미만)**에 대해서는 예정신고의무를 면제하고 예정신고기간의 납부세액을 사업장 관할세무서장이 결정 · 고지하여 징수한다.

다만, **징수세액이 50만원 미만인 경우에는 이를 징수하지 아니한다.**

또한 다음에 해당하는 자는 각 예정신고기간에 대한 과세표준과 납부세액(또는 환급세액)을 신고할 수 있다.

① 휴업 또는 사업부진으로 인하여 각 예정신고기간의 공급가액 또는 납부세액이 직전 과세기간 공급가액 또는 납부세액의 1/3에 미달하는 자.

② 각 예정신고기간분에 대하여 조기환급을 받고자 하는 자.

(2) 고지세액의 징수

사업장 관할 세무서장은 각 예정신고기간마다 다음 산식에 의한 금액(1천원 미만의 단수가 있을 때에는 그 단수금액은 버림)을 결정하여 납부고지서(납세고지서)를 발부하고 해당 예정신고기한 내에 징수한다.

직전 과세기간에 대한 납부세액의 50%

제2절 확정신고와 납부

1. 확정신고와 납부기한

사업자는 각 과세기간에 대한 과세표준과 납부세액(또는 환급세액)을 그 과세기간 종료 후 25일 이내에 사업장 관할세무서장에게 신고·납부(환급세액의 경우에는 신고만 하면 됨)하여야 한다.

2. 유의사항

① 부가가치세 확정신고대상은 각 과세기간에 대한 과세표준과 납부세액 또는 환급세액으로 한다. **다만, 예정신고 및 조기환급 신고시 이미 신고한 부분은 확정신고대상에서 제외한다.**

② **확정신고시는 가산세와 공제세액(신용카드매출전표 발행세액공제, 예정신고 미환급세액, 예정고지세액)이 모두 신고대상에 포함된다.**

제3절 환급

1. 일반환급

환급세액 발생시 관할 세무서장은 **각 과세기간별**로 해당 과세기간에 대한 환급세액을 그 확정신고기한 경과 후 **30일 이내에 사업자에게 환급**하여야 한다.

다만, 결정·경정에 의하여 추가로 발생한 환급세액은 지체없이 사업자에게 환급하여야 한다.

2. 조기환급

(1) 조기환급대상

① **영세율 대상이 적용되는 때**

② **사업설비(감가상각자산)를 신설, 취득, 확장 또는 증축하는 때**

③ **재무구조개선계획*을 이행중인 사업자**

　　* 법원의 인가결정을 받은 회생계획, 기업개선계획의 이행을 위한 약정

(2) 조기환급기간

예정신고기간 또는 과세기간 최종 3월 중 매월 또는 매 2월을 말한다.

조기환급기간		가능여부	신고기한	비 고
매월	1.1~1.31	O	2.25	
	2.1~2.28		3.25	
	3.1~3.31		4.25	
매2월	1.1~2.28	O	3.25	
	2.1~3.31	O	4.25	
	3.1~4.30	✕	–	**예정신고기간과 과세기간 최종3월 (확정신고)기간이 겹쳐서는 안된다.**
예정신고기간	1.1~3.31	O	4.25	
확정신고기간	4.1~6.30	O	7.25	

(3) 조기환급신고와 환급

조기환급기간 종료일부터 25일 이내에 조기환급기간에 대한 과세표준과 환급세액을 신고하여야 하고, 관할 세무서장은 **조기환급신고 기한 경과 후 15일 이내에 사업자에게 환급**하여야 한다.

(4) 조기환급신고의 간주

조기환급을 적용받는 사업자가 조기환급기간 이외의 기간에 대한 예정신고서 또는 확정신고서를 제출한 경우에는 조기환급에 관하여 신고한 것으로 본다. 다만, 사업설비를 신설·취득·확장 또는 증축한 경우에는 건물등감가상각자산취득명세서를 첨부하여 하고, 이 경우 관할세무서장은 신고기한 경과 후 15일 이내에 사업자에게 환급하여야 한다.

(5) 유의사항

조기환급세액은 **영세율이 적용되는 공급분에 관련된 매입세액/시설투자에 관련된 매입세액을 구분하지 아니하고** 사업장별로 전체 매출세액에서 매입세액을 공제하여 계산한다.

연/습/문/제

01. 다음 중 부가가치세법상 조기환급과 관련한 설명 중 틀린 것은?

① 예정신고기간에 대한 조기환급세액은 확정신고일로부터 15일내에 환급한다.

② 사업설비를 취득하였거나 과세표준에 영세율이 적용되는 경우에는 조기환급신고를 할 수 있다.

③ 조기환급기간은 예정신고기간 또는 과세기간 최종 3월중 매월 또는 매2월을 말한다.

④ 조기환급을 적용받는 사업자가 예정신고서 또는 확정신고서를 제출한 경우에는 조기환급에 관하여 신고한 것으로 본다.

02. 현행 부가가치세 과세제도의 내용 중 틀린 것은?

① 부가가치세의 납세의무자는 국가 및 지방자치단체도 포함한다.

② 사업자가 특수관계자가 아닌 타인에게 무상으로 공급하는 용역은 과세대상이 아니다.

③ 고용관계에 따라 근로를 제공하는 것은 용역의 공급으로 보지 아니한다.

④ 직전과세기간의 납부세액이 없는 일반과세인 개인사업자는 예정신고를 하여야 한다.

03. 다음 중 현행 부가가치세법에 대한 설명으로 바르지 않은 것은?

① 음식점을 영위하는 과세사업자 홍길동은 음식재료인 야채를 구입하고 받은 계산서로 의제매입세액공제를 받았다.

② 상품을 직접 수출하는 일반과세사업자 김삿갓은 부가세 환급액이 발생하여 조기환급신청을 하였다.

③ 부동산임대업을 영위하는 간이과세사업자 이현주는 확정신고기간의 임대수입이 1,000만원이어서 납부의무를 면제받았다.

④ 학원사업을 영위하는 면세사업자 박사장은 학원시설투자비에 대한 세금계산서를 수취하여 매입세액을 전액 공제받았다.

04. 부가가치세법상 조기환급과 관련한 설명 중 옳은 것은?

① 예정신고기간에 대한 조기환급세액은 예정신고일로부터 25일내에 환급한다.

② 사업설비를 취득하였거나 과세표준에 영세율이 적용되는 경우에는 조기환급신고를 할 수 있다.

③ 영세율이 적용되는 사업자의 경우에는 당해 영세율이 적용되는 공급분과 관련된 매입세액에 대해서만 조기에 환급받을 수 있다.

④ 예정신고기간 중 조기환급신고를 한 부분은 확정신고시에도 신고하여야 한다.

05. 20×1년 2월 10일에 사업을 개시하면서 대규모 시설투자를 한 경우, 시설투자로 인한 조기환급을 신고할 수 있는 가장 빠른 신고기한과 환급기한은 언제인가?

① 신고기한 : 20×1년 2월 28일, 환급기한 : 15일

② 신고기한 : 20×1년 3월 25일, 환급기한 : 15일

③ 신고기한 : 20×1년 4월 25일, 환급기한 : 15일

④ 신고기한 : 20×1년 4월 25일, 환급기한 : 30일

06. 다음 중 부가가치세법상 신고납부와 관련하여 틀린 것은?

① 법인사업자는 원칙적으로 예정신고 납부의무가 있다.(예외적으로 영세법인사업자는 고지징수)

② 직전과세기간 공급대가가 1,200만원에 미달하는 법인사업자는 부가가치세 확정신고의무는 있으나, 납부의무는 면제된다.

③ 법인사업자에게는 영세율규정은 적용되나, 간이과세규정은 적용되지 않는다.

④ 개인사업자는 원칙적으로 확정신고 의무만 있다.

07. 다음은 과세사업만을 영위하는 (주)세미의 지출내역이다. 다음 중 조기환급의 대상이 아닌 것은?

① 창업시에 재고자산을 일시적으로 대량 매입한 경우

② 사업설비를 확장하는 경우

③ 감가상각자산을 취득하는 경우

④ 영세율적용대상인 경우

08. 부가가치세법상 조기환급기간이라 함은 예정신고기간 중 또는 과세기간 최종 3개월 중 매월 또는 매2월을 말한다. 다음 중 조기환급기간으로 적절하지 않은 것은?

① 20x1년 7월   ② 20x1년 7월 ~ 20x1년 8월

③ 20x1년 9월 ~ 20x1년 10월   ④ 20x1년 11월

연/습/문/제 답안

1	2	3	4	5	6	7	8						
①	④	④	②	②	②	①	③						

[풀이]

01. 조기환급신고를 받은 세무서장은 각 조기환급기간별로 당해 **조기환급신고기한 경과 후 15일 이내**에 사업자에게 환급한다.

02. **개인사업자는 원칙적으로 예정신고의무가 없다.**

03. **면세사업자**는 세금계산서를 수취하더라도 **매입세액공제를 받을 수 없다.**

05. 조기환급신고는 매월 단위, 매 2개월 단위로 신고할 수 있다. 따라서 사업개시일(2월10일) ~ 2월 말일을 대상으로 3월 25일까지 조기환급신고할 수 있다.

06. **법인사업자는 납부의무가 면제되지 않는다.**

07. 재고자산의 일시취득은 조기환급의 사유에 해당하지 않는다.

08. 예정신고기간 또는 과세기간 최종 3개월로 구분하여 각각 매월 또는 매2월에 대하여 조기환급신고를 할 수 있으므로 **예정신고기간에 해당하는 9월과 과세기간 최종 3개월에 해당하는 10월에 대하여 함께 조기환급신고를 할 수 없다.**

간이과세자

NCS세무 - 3   부가가치세 신고

제1절   개요

1. 개요

부가가치세법에서는 연간거래금액이 일정 규모에 미달하는 개인사업자에 대해서는 세부담을 경감시키고 납세편의를 도모할 수 있는 제도를 두고 있는 데 이를 간이과세라 한다.

2. 범위

(1) 일반적인 기준

간이과세자는 직전 <u>1역년의 공급대가의 합계액이 1억 4백만원</u>(각 사업장 매출액합계액으로 판정)<u>에 미달하는 개인사업자</u>로 한다. 다만, 간이과세가 적용되지 아니하는 다른 사업장을 보유하고 있는 사업자는 그러하지 아니하다.

직전연도 공급대가 합계액이 4,800만원 이상인 과세유흥장소 및 부동산임대사업자는 간이과세자에서 배제한다.

또한 <u>법인사업자의 경우에는 어떠한 경우에도 간이과세적용을 받을 수 없다.</u>

(2) 간이과세 적용배제업종

간이과세 기준금액에 해당하는 경우에도 사업자가 간이과세가 적용되지 않는 다른 사업장을 보유하고 있거나 사업자가 다음의 사업을 영위하면 간이과세를 적용받지 못한다.

① 광업

② 제조업

③ 도매업(소매업을 겸영하는 경우를 포함) 및 상품중개업

④ 부동산매매업

⑤ 일정한 기준에 해당하는 부동산임대업 및 과세유흥장소 영위사업

⑥ 건설업

⑦ 전문·과학·기술서비스업, 사업시설관리·사업지원 및 임대 서비스업

⑧ 전문직 사업서비스업(변호사업, 공증인업, 세무사업, 공인회계사업, 건축사업, 의료업, 손해사정인업 등)

⑨ 소득세법상 복식부기의무자

⑩ 일반과세자로부터 양수한 사업

이외에도 부가가치세법에서는 간이과세배제업종을 나열하고 있다.

(3) 신규사업개시자

신규로 사업을 시작하는 개인사업자는 사업을 시작한 날이 속하는 연도의 공급대가의 합계액이 1억 4백만원에 미달될 것으로 예상되는 때에는 사업자등록신청시 간이과세 적용신고서를 사업장 관할세무서장에게 제출하여야 한다.

3. 세금계산서 발급의무

(1) 원칙 : 세금계산서 발급

(2) 예외 : 영수증 발급

① **간이과세자중 신규사업자 및 직전연도 공급대가합계액이 4,800만원 미만인 경우**

② **주로 사업자가 아닌자에게 재화 등을 공급하는 경우(소매업, 음식점업, 숙박업, 미용 및 욕탕 등)**

　다만 소매업, 음식점업, 숙박업 등은 공급받는 자가 요구하는 경우 세금계산서 발급의무

(3) 통지 : **발급 적용기간 개시 20일 전까지** 영수증 발급대상자인지 여부를 해당 사업자에게 통지(발급적용기간 개시당일까지 사업자등록증에 세금계산서 발급대상 여부를 정정하여 발급)

4. 신고 및 납부

(1) **과세기간 : 1.1 ~ 12.31(1년)**

(2) 예정부과제도

① 예정부과기간 : 1.1~6.30

② 고지징수 : 직전납부세액의 1/2을 고지징수(7/25), **50만원 미만은 소액부징수**

　　다만, 세금계산서를 발급한 간이과세자는 예정부과기간에 대하여 신고 및 납부(7/25)해야 한다.

③ 예외 : 사업부진(직전예정부과기간의 3분1에 미달하는 간이과세자등)시 신고 · 납부할 수 있다.

제2절 간이과세자의 세액계산

1. 세액계산구조

공 급 대 가	공급가액＋부가가치세
(×) 부 가 가 치 율	해당 업종의 부가가치율(15~40%)
(×) 세　　　　율	10%
납 부 세 액	
(−) 공 제 세 액	세금계산서 등을 발급받은 매입액(공급대가)×0.5% 신용카드매출전표발행세액공제, 전자세금계산서 발급세액공제등
(+) 가 　 산 　 세	세금계산서 발급 및 미수취가산세 적용
자 진 납 부 세 액	**환급세액이 없다**

2. 일반과세자와 간이과세자의 비교

구　　분	일반과세자	간이과세자
적용대상자	– 개인, 법인 불문	**– 개인사업자에 한함** **– 공급대가 1억 4백만원 미만**
납부세액	매출세액 – 매입세액	공급대가×부가가치율×10%
신고기간	1, 2기	**1기 : 1.1~12.31**
세금계산서	세금계산서 또는 영수증 발급	원칙 : 세금계산서 발급 예외 : 영수증 발급
대손세액공제	적용됨	규정없음
매입세액	매입세액으로 공제	**공급대가×0.5%(= 매입세액×5.5%)**
의제매입세액	업종제한없음	**배제**
신용카드매출 전표발행세액공제	발행금액의 1.3% (개인사업자만 해당)	발행금액의 1.3%
납부의무 면제	없음	**공급대가 4,800만원 미만**
포기제도	없음	간이과세를 포기하고 일반과세자가 될 수 있고, **다시 포기신고의 철회가 가능**
기장의무	장부비치기장의무가 있음	발급받은 세금계산서와 발급한 영수증을 보관한 때에는 장부비치기장의무를 이행한 것으로 봄
가산세	– 미등록가산세 : 공급가액의 1%	– 미등록가산세 : 공급대가의 0.5%

연/습/문/제

01. 다음 중 부가가치세법상 간이과세자에 대한 설명 중 틀린 것은?

① 간이과세자의 과세표준은 공급대가이다.

② 일반과세자인 부동산임대사업자가 신규로 음식점 사업을 하는 경우 간이과세자가 될 수 있다.

③ 간이과세자도 영세율을 적용 받을 수 있다.

④ 간이과세자의 부가가치세율은 10%이다.

02. 다음 중 현행 부가가치세법의 내용을 잘못 적용하고 있는 사례는?

① 간이과세자로 음식점업을 하고 있는 이사장씨는 직전년도 공급대가의 합계액에 4,800만원 미만으로 용역대가로 일반 영수증을 발급하였다.

② 부동산임대사업자(개인)인 김사장씨는 부가가치세 예정분에 대한 부가가치세 15만원이 고지되어 납부하였다.

③ 간이과세자인 김간이씨는 매출이 영세율에 해당되어 부가가치세 신고시 영세율로 신고한 매출액이 있다.

④ 일반과세자인 공인중개사(부동산중개업) 이강남씨는 1기 부가가치세 확정신고시 현금매출명세서를 제출하였다.

03. 다음 중 부가가치세법상 간이과세자에 대한 설명으로 틀린 것은?

① 직전 1역년의 공급대가의 합계액이 1억 4백만원에 미달하는 개인사업자로 한다.

② 간이과세의 포기는 포기하고자 하는 달의 전달 마지막 날까지 하여야 한다.

③ 해당 과세기간에 대한 공급대가가 4,800만원 미만인 경우라도 모든 가산세는 부과한다.

④ 간이과세자는 어떠한 경우라도 부가가치세 환급을 받을 수 없다.

04. 다음 중 현행 부가가치세법상 특징을 설명한 것 중 가장 틀린 것은?

① 간이과세자는 영세율을 적용받을 수 없다.

② 법인사업자는 신용카드매출이 있는 경우에도 신용카드매출세액공제를 받을 수 없다.

③ 간이과세자는 매입세액이 매출세액보다 많아도 환급이 발생하지 않는다.

④ 도매업은 간이과세자가 될 수 없다.

05. 다음 중 부가가치세의 납부방법에 대한 설명으로 옳은 것은?

① 확정신고시 납부할 세액이 1천만원을 초과하는 경우 분납할 수 있다.

② 예정신고기간에 신규로 사업을 개시한 일반과세자(법인)는 예정신고·납부를 하여야 한다.

③ 개인사업자의 경우 예정고지가 면제되는 기준금액은 10만원이다.

④ 간이과세자로서 해당 과세기간의 공급대가가 3,000만원 미만인 경우 납부의무를 면제한다.

06. 부가가치세법상 일반과세자와 간이과세자를 비교한 다음 내용 중 가장 옳지 않은 것은?

	항 목	일반과세자	간이과세자
①	납부의무면제	해당사항 없음	과세기간 공급대가가 4,800만원 미만인 경우
②	포기제도	포기제도 없음	간이과세자를 포기하고 일반과세자가 될 수 있음
③	영세율 적용	적용 가능	적용 가능
④	신용카드매출전표 등 수령에 따른 공제	매입세액 공제가능	납부세액에서 공제 불가능

07. 다음은 부가가치세법상 간이과세제도에 대한 설명이다. 틀린 것은?

① 간이과세를 포기하고 일반과세에 관한 규정을 적용받으려는 경우에는 일반과세를 적용받고자 하는 달의 전달 마지막 날까지 '간이과세포기신고서'를 제출하여야 한다.

② 당해년도 간이과세를 포기하고 일반과세자가 되더라도 언제든지 간이과세자에 관한 규정을 적용받을 수 없다.

③ 당해 과세기간 공급대가가 4,800만원에 미달하는 경우 납부의무를 면제한다.

④ 간이과세자의 경우 원칙적으로 세금계산서를 발급해야 하나, 간이과세자 중 신규사업자 및 직전 연도 공급대가 합계액이 4,800만원 미만 사업자는 영수증을 발급한다.

08. 다음 중 부가가치세법상 간이과세자가 될 수 있는 사업자는?

① 일반사업자로부터 사업에 관한 모든 권리와 의무를 포괄적으로 승계 받아 양수한 개인사업자

② 전자세금계산서 의무발급대상사업을 영위하는 개인사업자

③ 손해사정사업을 영위하는 개인사업자

④ 부동산임대업을 영위하는 개인사업자

09. 부가가치세법상 일반과세자와 간이과세자에 대한 설명으로 옳지 않은 것은?

① 간이과세자도 예정부과기간에 예정신고를 하여야 하는 경우가 있다.

② 일반과세자는 세금계산서 관련 가산세를 부담하지만, 간이과세자는 세금계산서 관련 가산세가 적용되는 경우가 없다.

③ 일반과세자는 법정요건이 충족되는 경우 면세 농산물 등에 대한 의제매입세액공제특례가 적용될 수 있으나, 간이과세자는 의제매입세액공제특례를 받을 수가 없다.

④ 일반과세자는 매입세액이 매출세액을 초과하면 환급세액이 발생하지만, 간이과세자는 매출세액이 공제세액보다 작아도 환급세액이 없다.

10. 다음 중 부가가치세법상 간이과세에 대한 설명으로 가장 틀린 것은?

① 원칙적으로 직전 연도의 공급대가의 합계액이 1억 4백만원에 미달하는 개인사업자는 간이과세를 적용받는다.

② 원칙적으로 간이과세자 중 해당 과세기간에 대한 공급대가의 합계액이 4,800만원 미만이면 납부의무를 면제한다.

③ 간이과세자가 면세농산물 등을 공급받는 경우 면세농산물 등의 가액에 업종별 공제율을 곱한 금액을 납부세액에서 공제한다.

④ 다른 사업자로부터 세금계산서 등을 발급받은 경우 공급대가의 0.5%를 납부세액에서 공제한다.

11. 다음 중 부가가치세법상 간이과세자에 대한 설명으로 옳은 것은?

① 직전 연도 재화와 용역의 공급가액의 합계액이 8,500만원에 미달하는 개인사업자를 말한다.

② 모든 간이과세자는 세금계산서 발급이 원칙이다.

③ 모든 간이과세자는 전액매입세액 공제할 수 있다.

④ 간이과세자는 과세사업과 면세사업 등을 겸영할 수 있다.

12. 다음 중 부가가치세법상 과세기간에 대한 설명으로 옳지 않은 것은?

① 일반과세자의 과세기간은 원칙상 1년에 2개가 있다.

② 신규로 사업을 개시하는 것은 과세기간 개시일의 예외가 된다.

③ 매출이 기준금액에 미달하여 일반과세자가 간이과세자로 변경되는 경우 그 변경되는 해에 간이과세자에 관한 규정이 적용되는 과세기간은 그 변경 이전 1월 1일부터 6월 30일까지이다.

④ 간이과세자가 간이과세자에 관한 규정의 적용을 포기함으로써 일반과세자로 되는 경우에는 1년에 과세기간이 3개가 될 수 있다.

MEMO

연/습/문/제 답안

1	2	3	4	5	6	7	8	9	10	11	12			
②	②	③	①	②	④	②	④	②	③	④	③			

[풀이]

01. 간이과세가 적용되지 아니하는 **다른 사업장을 보유하고 있는 사업자는 간이과세자가 될 수 없다.**

02. 개인 사업자는 **예정고지세액이 50만원 미만인 경우에는 징수하지 않는다.**

03. 납부의무면제시 가산세도 면제되나, 미등록가산세는 부과한다.

04. **간이과세자도 영세율을 적용받을 수 있다.**

05. 부가가치세는 분납제도가 없으며, 예정고지가 면제되는 기준금액은 50만원이다. 간이과세자로서 **해당 과세기간의 공급대가가 4,800만원 미만인 경우 납부의무를 면제**한다.

06. 간이과세자가 다른 사업자로부터 신용카드매출전표 등을 교부받은 경우 신용카드매출전표 등에 기재된 공급대가에 0.5%을 곱하여 계산한 금액을 납부세액에서 공제한다.

07. 간이과세를 포기하고 일반과세자 사업자로 신고한 자는 간이과세자를 **포기신고의 철회가 가능하다.**

08. 부동산임대업으로서 일정한 기준에 해당하는 것만 간이과세 배제대상이다.

　　☞ 손해사정사 : 보험사고 발생시 손해액 및 보험금의 산정업무를 전문적으로 수행하는 자

09. **간이과세자도 세금계산서를 발급하는 사업자**가 있으므로 세금계산서 관련 가산세가 있다.

10. **간이과세자에 대한 의제매입세액공제는 폐지**되었다.

11. ① 직전 연도 재화와 용역의 공급대가의 합계액이 **1억 4백만원에 미달하는 개인사업자**이다.

　　② **직전년도 공급대가의 합계액이 48,000,000원 이상 간이과세자는 세금계산서 발급이 원칙**이다.

　　③ **간이과세자는 공급대가의 0.5%에 해당하는 매입세액을 공제**할 수 있다.

12. 일반과세자가 간이과세자로 변경되는 경우 그 변경되는 해에 간이과세자에 관한 규정이 적용되는 기간은 그 **변경 이후 7월 1일부터 12월 31일까지**이다.

　　간이과세자가 간이과세를 1기 예정신고 기간에 포기(3.1)했다고 가정하면 과세기간은 다음과 같다.

과세기간	1.1.~03.31.	4.1~6.30	7.1~12.31
사업자	간이과세자	일반과세자	일반과세자

분/개/연/습

[1] 당사는 공장을 신축할 목적으로 토지를 구입하여 토지 위에 있는 건축물을 한성건설과 철거계약을 하고 즉시 철거한 후 세금계산서를 교부받았다. 철거비용은 8,000,000원 (부가가치세 별도)이 소요되었는데, 5,000,000원은 당좌수표로 지급하고 나머지는 외상으로 하였다.

[과세유형]   [공급가액]   [세액]

[분개]

[2] 영업관리부 사무실 신문구독료 50,000원을 동아일보사에 현금결제하고 지출증빙용 현금영수증을 교부받았다.

[과세유형]   [공급가액]   [세액]

[분개]

[3] 당사는 공장 원재료 매입처의 확장이전을 축하하기 위하여 일동상회에서 화환을 200,000원에 구입(신용카드전표 외의 법정정규증빙을 수취함)하여 전달하였으며, 대금은 외상으로 하였다.

[과세유형]   [공급가액]   [세액]

[분개]

[4] 당사는 제품 야적장으로 사용할 목적으로 취득한 농지를 야적장 부지에 적합하도록 부지정리작업을 하고, 동 부지정리작업을 대행한 (주)대한토목으로부터 아래와 같은 내용의 전자세금계산서를 교부받았다. 단, 대금전액은 금일자로 당사발행 약속어음(만기 : 3개월)으로 지급하였다.

작성일자	품 목	공급가액	세 액	합 계	비고
11.25	지반평탄화작업	7,000,000원	700,000원	7,700,000원	청 구

[과세유형]   [공급가액]   [세액]

[분개]

413

[5] 영업부에서 사용할 4인용 승용차(공급가액 20,000,000원 부가가치세 2,000,000원)를 (주)경기자동차로부터 구입하고 전자세금계산서를 교부받았으며 이미 지급한 계약금 2,000,000원을 제외한 나머지 금액을 서울캐피탈할부금융에서 10개월 상환약정을 하고 차입하여 지급하였다.

[과세유형]   **[공급가액]**   **[세액]**

[분개]

[6] 출판사업부에서 사용할 기계장치를 ㈜송파로부터 10,000,000원(부가가치세 별도)에 전액 외상으로 구입하고 전자세금계산서를 수취하였다. 당사에서는 출판사업부에서 발생한 매출액에 대하여 부가가치세를 면세로 신고해 오고 있다.

[과세유형]   **[공급가액]**   **[세액]**

[분개]

[7] 회사를 이전하면서 직원 식사를 위해 구입하였던 쌀 10kg을 쌀 판매점인 충남상회에 500,000원에 판매하고 국민카드로 결제 받았다. 쌀의 구입원가는 500,000원이며 구입당시 저장품으로 회계처리 하였다. 단, 쌀 판매는 ㈜제주기업의 사업과 관련된 부수재화에 해당되지 않는 것으로 가정한다.

[과세유형]   **[공급가액]**   **[세액]**

[분개]

[8] 미국 자동차회사인 GM상사로부터 영업부서에서 사용할 승용차(배기량 2,000cc, 4인승)를 인천세관을 통해 수입하고 수입전자세금계산서(공급가액 50,000,000원, 부가가치세 5,000,000원)를 교부받았다. 부가가치세 5,000,000원과 관세 1,000,000원을 국민은행 보통예금으로 지급하였다. 부가가치세와 관세에 대해서만 회계처리 하시오.

[과세유형]   **[공급가액]**   **[세액]**

[분개]

[9] (주)상호캐피탈로부터 관리업무용 중고승용차(계약일 : 4월 1일, 리스계약조건 : 운용리스, 3년약정, 650,000원/월)의 4월분 리스료에 대한 계산서를 교부받았으며, 대금은 다음달 3일 지급하기로 하였다.

[과세유형]   **[공급가액]**   **[세액]**

[분개]

[10] 제1기 부가가치세 예정신고시 적용할 원재료 매입에 대한 의제매입세액이 부가가치세법 규정에 따라 350,000원으로 계산되었다. 공제되는 의제매입세액에 대한 회계처리를 하시오.

[분개]

[11] 당사는 1기 예정부가가치세신고기간에 ㈜ 삼호자동차로부터 매입한 비영업용소형승용차와 관련한 매입세액을 1기 예정부가가치세신고/납부시 매출세액에서 공제하여 신고/납부 하였는바, 관할세무서에서는 7월 1일자로 이를 경정하여 세액 1,200,000원(매입세액 1,000,000원, 가산세 200,000원)을 고지하였다. 당사는 고지된 세금을 7월 5일 현금으로 납부하였다. 단, 가산세부분은 잡손실계정을 사용하시오.

[분개]

[12] 미납된 부가가치세 5,000,000원(전년도 제1기 확정분)과 이에 대한 가산세 24,000원을 보통예금 계좌에서 납부하였다. 단, 미납된 부가가치세는 부가세예수금 계정으로 처리되어 있고 가산세는 세금과공과금(판매관리비)으로 회계처리 하기로 한다.

[분개]

분/개/연/습 답안

[1]	유형	매입불공(토지관련)	공급가액	8,000,000	세액	800,000
	(차) 토　　지	8,800,000	(대) 당좌예금			5,000,000
			미지급금			3,800,000

[2]	유형	매입현금면세	공급가액	50,000	세액	0
	(차) 도서인쇄비(판)	50,000	(대) 현　　금			50,000

[3]	유형	매입면세	공급가액	200,000	세액	0
	(차) 기업업무추진비(제)	200,000	(대) 미지급금			200,000

[4]	유형	매입불공(토지관련)	공급가액	7,000,000	세액	700,000
	(차) 토　　지	7,700,000	(대) 미지급금(대한토목)			7,700,000

[5]	유형	매입불공	공급가액	20,000,000	세액	2,000,000
	(차) 차량운반구	22,000,000	(대) 선급금(경기자동차)			2,000,000
			단기차입금(서울캐피탈)			20,000,000

[6]	유형	매입불공(면세사업)	공급가액	10,000,000	세액	1,000,000
	(차) 기계장치	11,000,000	(대) 미지급금((주)송파)			11,000,000

[7]	유형	매출카드면세	공급가액	500,000	세액	0
	(차) 미수금(국민카드)	500,000	(대) 저장품			500,000

[8]	유형	매입불공(비영업용)	공급가액	50,000,000	세액	5,000,000
	(차) 차량운반구	6,000,000	(대) 보통예금			6,000,000

[9]	유형	매입면세	공급가액	650,000	세액	0
	(차) 임차료(판)		650,000	(대) 미 지 급 금		650,000
				((주)상호캐피탈)		

[10]	(차) 부가세대급금	350,000	(대) 원 재 료	350,000
	(또는 부가세예수금)		(적요 : 8.타계정대체)	

[11]	(차) 차량운반구	1,000,000	(대) 현 금	1,200,000
	잡 손 실	200,000		

☞ 당초 잘못된 회계처리
  (차) 차량운반구   10,000,000   (대) 현   금   11,000,000
      부가세대급금   1,000,000
  비영업용소형승용차와 관련한 부가가치세는 이를 당해 차량운반구의 취득원가에 산입한다.

[12]	(차) 부가세예수금	5,000,000	(대) 보통예금	5,024,000
	세금과공과금(판)	24,000		

Part IV

소득세

소득세 기본개념

원천징수

제1절 소득세의 의의

---

1. 소득세의 특징

소득세는 개인의 소득을 과세대상으로 하여 부과하는 조세이다.

(1) 부담 능력에 따른 과세(응능과세제도 ⇒ VS 응익과세제도)

(2) 납세자와 담세자가 동일한 직접세(VS 부가세는 간접세)

(3) 열거주의 과세방법(이자·배당·사업소득은 유형별 포괄주의)

소득이란 개인이 일정기간에 얻은 경제적 이익을 말하며, 소득세법상 소득이란 소득세법상 열거된 소득을 의미한다. 즉, 소득세법은 열거주의에 의해 과세대상소득을 규정하고 있으므로 열거되지 아니한 소득은 비록 담세력이 있더라도 과세되지 않는다.

다만, 예외적으로 **금융소득(이자·배당소득)과 사업소득은 열거되지 않은 소득이라도 유사한 소득을 포함하는 유형별 포괄주의를** 채택하고 있다.

(4) 개인단위과세제도 및 인적공제

개인별 소득을 기준으로 과세하는 개인단위 과세제도를 원칙으로 하고, 개인(납세의무자)의 담세능력에 따라 세부담능력도 다르다는 것을 고려하여 인적공제를 두고 있다.

(5) 소득세의 과세방법(종합과세, 분리과세 또는 분류과세)

① **종합과세** : 소득의 원천에 불문하고 모든 종류의 소득을 합산하여 과세하는 것(이자, 배당, 사업, 근로, 연금 및 기타소득)

② **분리과세** : **일정금액 이하(20백만원)인 금융소득, 일용근로소득, 복권당첨소득** 등에 대하여 원천징수로써 납세의무를 종결하는 것

③ **분류과세** : 간헐적으로 발생되는 퇴직소득, 양도소득을 종합소득과 구별하기 위하여 과세하는 제도

(6) 누진과세

소득세는 단계별 초과누진세율을 적용하여 소득이 많은 개인에게 상대적으로 많은 세금을 납부하게 하여 소득 재분배를 하고 있다.

(7) 원천징수

소득세의 납세의무자는 사업자가 아닌 자가 상당히 많은 비중을 차지하고 있다. 이러한 조건에서 세원의 탈루를 최소화하고 납세편의를 도모하기 위하여 소득세법은 원천징수 제도를 시행하고 있다.

2. 납세의무자

소득세의 납세의무자는 원칙적으로 자연인인 개인(거주자 및 비거주자)에 한정된다.

1. 거주자(무제한납세의무자)	국내에 주소를 두거나 **1과세기간 중 183일 이상** 거소를 둔 개인	**국내＋국외 원천소득**
2. 비거주자 (제한납세의무자)	거주자가 아닌 개인	**국내원천소득**

여기서 거소란 주소지 외의 장소 중 상당기간에 걸쳐 거주하는 장소로서 주소와 같이 밀접한 일반적 생활관계가 형성되지 않는 장소를 말한다.

3. 과세기간

소득세법상 과세기간은 1역년주의(1.1 - 12.31)이고 예외적으로 납세의무자의 사망 또는 출국 시 예외적인 과세기간을 두고 있다.

구 분	과 세 기 간	확정신고기한
원 칙	**1.1~12.31**	익년도 5.1~5.31
사망시	1.1~사망한 날	상속개시일이 속하는 달의 말일부터 6개월이 되는날
출국시	1.1~출국한 날	출국일 전일

신규사업자 또는 폐업자는 일반 거주자와 마찬가지로 1월 1일부터 12월 31일까지의 기간을 1과세기간으로 하고 있는데, 이는 신규사업 전 또는 폐업 이후에도 과세대상이 되는 다른 소득이 있을 수 있기 때문이다.

4. 납세지

거 주 자	**주소지**로 한다. 다만, 주소지가 없는 경우에는 그 거소지로 한다. 사업소득이 있는 거주자가 사업장소재지를 납세지로 신청한 때에는 "그 사업장소재지"를 납세지로 지정할 수 있다.
비거주자	주된 국내사업장의 소재지(국내사업장이 없는 경우에는 국내원천소득이 발생하는 장소)

5. 과세대상소득

*1. 수입금액이 2천만원이하의 주택임대소득만 대상

제2절 소득세의 계산구조

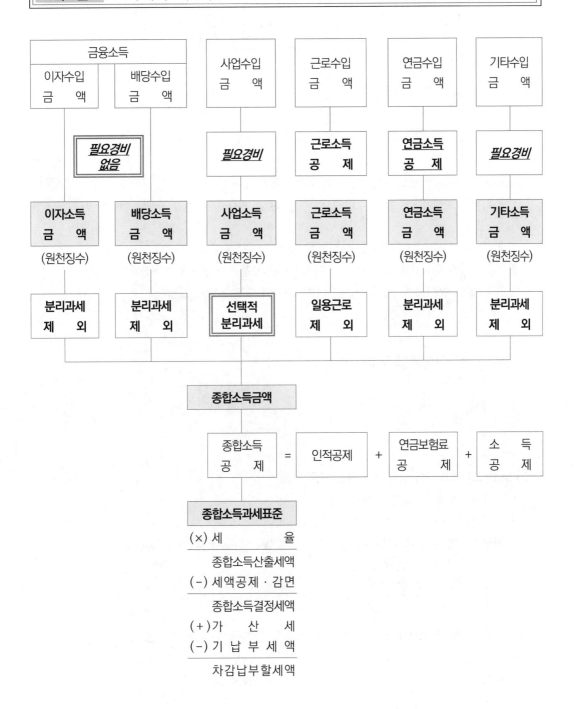

연/습/문/제

01. 다음 중 소득세법에 관한 설명으로 가장 옳은 것은?

① 소득세의 과세기간은 1/1 ~ 12/31일은 원칙으로 하나, 사업자의 선택에 의하여 이를 변경할 수 있다.

② 사업소득이 있는 거주자의 소득세 납세지는 사업장소재지로 한다.

③ 소득세법은 종합과세제도이므로 거주자의 모든 소득을 합산하여 과세한다.

④ 소득세의 과세기간은 사업개시나 폐업에 의하여 영향을 받지 않는다.

02. 우리나라 부가가치세와 소득세의 공통점이 아닌 것은?

① 국세

② 신고납세제도

③ 종가세

④ 누진세제도

03. 다음은 소득세에 관한 설명이다. 틀린 것은?

① 종합과세와 분리과세를 병행하고 있다.

② 종합과세는 누진과세제도를 취하고 있다.

③ 법인격이 없는 단체의 소득은 법인으로 보지 않는 한 소득세법이 적용된다.

④ 소득세는 응익(應益)과세제도에 속한다.

04. 다음 중 소득금액 계산시 실제 지출된 필요경비를 인정받을 수 없는 소득은?

① 양도소득

② 사업소득

③ 연금소득

④ 기타소득

05. 보기를 보고, 소득세법 및 부가가치세법 내용으로 잘못된 것은?

> 거주자인 갑은 서울 강남구 역삼동에서 ○○의류샵을 운영하고, 서울 서초구 서초동에서 ××음식점을 운영하고 있다. 갑의 주소지는 서울 서초구 서초동에 있다. 갑은 사업자단위과세제도 및 주사업장총괄납부 대상자가 아니며 역삼동과 서초동은 각각 역삼세무서와 서초세무서 관할이다.

① 갑의 부가가치세 대한 관할세무서는 ○○의류샵에 대하여는 역삼세무서이고, ×× 음식점에 대하여는 서초세무서이다.

② 갑의 소득세 신고에 대한 관할세무서는 ○○의류샵에 대하여는 역삼세무서이고, ×× 음식점에 대하여는 서초세무서이다.

③ 갑이 부가가치세 신고 시에는 ○○의류샵에서 발생한 내역과 ×× 음식점에서 발생한 내역을 별도의 신고서에 작성하여 각각 신고하여야 한다.

④ 갑이 소득세 신고 시에는 ○○의류샵에서 발생한 내역과 ×× 음식점에서 발생한 내역을 합산하여 하나의 신고서에 작성하여 신고하여야 한다.

06. 다음 중 소득세에 대한 설명으로 틀린 것은?

① 종합소득세 과세표준 계산시에는 부양가족 수, 배우자 유무 등 개인적인 인적사항이 고려되므로 조세의 분류 중 인세에 해당한다고 할 수 있다.

② 퇴직, 양도소득과 같은 분류과세소득을 제외한 모든 소득은 예외 없이 개인별로 다른 소득과 합산되어 종합과세된다.

③ 종합소득세 산출세액 계산시에는 과세표준금액에 따라 누진세율이 적용된다.

④ 이자, 배당소득 등 일부 소득을 제외하고는 원칙적으로 열거주의 과세방식을 적용한다.

07. 다음 중 소득세법에 대한 설명으로 옳지 않은 것은?

① 소득세는 종합소득과 퇴직소득 및 양도소득을 과세대상으로 하는 조세이다.

② 종합소득은 원칙적으로 종합과세되고 일부는 분리과세되는 경우도 있다.

③ 소득세법은 열거주의 과세방식이나 금융·사업소득은 유형별 포괄주의를 채택하고 있다.

④ 퇴직소득과 양도소득은 분리과세한다.

08. 다음 중 소득세법상 과세기간에 대한 설명으로 틀린 것은?

① 일반적인 소득세의 과세기간은 1월 1일부터 12월 31일까지 1년으로 한다.

② 거주자가 사망한 경우의 과세기간은 1월 1일부터 사망한 날까지로 한다.

③ 신규사업자의 사업소득의 과세기간은 사업개시일 부터 12월 31일까지로 한다.

④ 거주자가 주소 또는 거소를 국외로 이전하여 비거주자가 되는 경우의 과세기간은 1월 1일부터 출국한 날까지로 한다.

연/습/문/제 답안

1	2	3	4	5	6	7	8						
④	④	④	③	②	②	④	③						

[풀이]

01. <u>소득세의 과세기간은 1/1~12/31을 원칙</u>으로 하며, 사망이나 출국으로 비거주자가 되는 경우 등만이 예외에 해당함.

　• <u>거주자의 납세지는 주소지(없는 경우 거소지)</u>로 하며, <u>비거주자는 주된 국내사업장의 소재지</u>로 한다.

　• 소득세법은 종합·분류·분리과세제도가 병행하여 적용된다.

02. 소득세법은 누진세제도를 취하나, 부가가치세는 10% 또는 0%의 비례세제도를 취하고 있다.

　종가세 : 금액에 따라 매기는 세금(부가가치세, 소득세, 법인세 등)

　종량세 : 수량에 따라 매기는 세금(자동차세⇒배기량 CC기준)

03. 소득세는 소득이 늘어나면 세금도 누진적으로 증가하는데 이를 능력에 따른 과세제도 또는 응능과세제도라 한다.

04. 연금소득은 실제 필요경비 대신에 연금소득공제액을 수입금액에서 차감한다.

05. <u>소득세 납세지는 주소지</u>이고 <u>부가가치세의 납세지는 원칙적으로 사업장</u>이다.

06. 종합소득인 경우에도 비과세소득과 분리과세소득은 종합과세 되지 아니한다.

07. <u>퇴직소득과 양도소득은 분류과세</u>한다.

08. 소득세의 과세기간은 <u>사업개시나 폐업에 의하여 영향을 받지 않는다.</u> 따라서 원칙적으로 1.1~12.31이다.

종합소득

NCS세무 - 3   원천징수   NCS세무 - 4   종합소득세 신고

제1절   금융소득(이자 · 배당소득)

1. 이자소득

(1) 이자소득의 범위

소득세법에서는 이자소득을 열거하고 있는데 대표적인 예를 들면 다음과 같다.

① 예금이자

② 채권 또는 증권의 이자와 할인액

③ 채권 또는 증권의 환매조건부 매매차익

　　☞ 환매조건부채권 : 금융기관이 고객에게 일정기간 후에 금리를 더해 되사는 조건으로 발행하는 채권.

④ 보험기간이 10년 미만인 저축성보험의 보험차익(2003.12.31. 이전 계약 체결분 7년)

　　☞ 보장성보험에 대한 보험금은 비열거소득에 해당한다.

⑤ 비영업대금의 이익

비영업대금이라 함은 자금대여를 영업으로 하지 아니하고 일시적 · 우발적으로 금전을 대여하는 것을 말한다. 다만 사업성이 있는 경우에는 사업소득으로 과세한다.

	자금대여	성 격	소득 구분
금융업	**영업대금의 대여**	**사업적**	**사업소득**
금융업이외	**비영업대금의 대여**	**일시우발적**	**이자소득**

⑥ 직장공제회 초과반환금(1999년 1월 1일 이후 가입자에 한함)

☞ 직장공제회 : 법률에 의하여 설립된 공제회·공제조합(이와 유사한 단체를 포함)으로서 동일직장이나 직종에
종사하는 근로자들의 생활안정, 복리증진 또는 상호부조 등을 목적으로 구성된 단체를 말한다.

⑦ 위와 유사한 소득으로서 **금전사용에 따른 대가로서의 성격이 있는 것**

⑧ 이자부복합금융거래[*1]에서 발생한 이익

*1. 이자소득을 발생시키는 거래와 파생상품이 결합된 경우 해당 파생상품의 거래·행위로부터 이익

(2) 이자소득이 아닌 것

① 사업관련 소득

물품을 매입할 때 대금의 결제방법에 따라 에누리되는 금액, 매입채무 등을 약정기일 전에
지급함으로써 받는 할인액, 외상매출금이나 미수금의 지급기일을 연장하여 주고 추가로 지급
받는 금액(**소비대차전환분 제외**) 등은 이자소득으로 보지 아니한다.

☞ 소비대차 : 당사자 일방이 금전 기타 대체물의 소유권을 상대방에게 이전할 것을 약정하고, 상대방은 그와 동종·동
질·동량의 물건을 반환할 것을 약정하는 계약

② 손해배상금에 대한 법정이자

	손해배상금	법정이자
법원의 판결 또는 화해에 의하여 지급받을 경우 (**육체적·정신적·물리적 피해**)	**과세제외**	**과세제외**
계약의 위약·해약	**기타소득**	**기타소득**

(3) 비과세이자소득 : 공익신탁의 이익 등이 있다.

☞ 공익신탁 : 재산을 공익목적(종교, 자선, 학술등)에 사용하기 위하여 신탁하는 것

(4) 이자소득의 수입시기 : 권리의무확정주의

구 분		수 입 시 기
① 채권 등의 이자와 할인액	무기명	그 지급을 받는 날
	기 명	약정에 의한 지급일 ☞ 기명채권 : 채권에 투자자의 성명을 기재하는 채권으로 양도가 가능 하나 채권의 양도란에 배서하고 등록부에 양도절차를 기재해야 한다.
② 예금의 이자	보통예금· 정기예금· 적금 또는 부금의 이자	원칙 : 실제로 이자를 지급받는 날 1. 원본에 전입하는 뜻의 특약이 있는 이자는 그 특약에 의하여 "원본에 전입된 날" 2. 해약으로 인하여 지급되는 이자는 그 "해약일" 3. 계약기간을 연장하는 경우에는 그 "연장하는 날"

구 분	수 입 시 기
③ 통지예금의 이자	인출일

☞ **통지예금** : 현금을 인출할 때에 사전 통지가 요구되는 예금을 말한다. 일정일 전에 예고하고 인출하기 때문에 정기예금 다음 가는 이자율을 적용하고 있다.

구 분	수 입 시 기
④ 채권 또는 증권의 환매조건부 매매차익	약정에 따른 당해 채권 또는 증권의 환매수일 또는 환매도일. 다만, 기일 전에 환매수 또는 환매도하는 경우에는 그 환매수 또는 환매도일
⑤ 저축성보험의 보험차익	보험금 또는 환급금의 지급일. 다만, 기일 전에 해지하는 경우에는 그 해지일
⑥ 직장공제회의 초과반환금	약정에 따른 공제회 반환금의 지급일
⑦ 비영업대금의 이익	약정에 따른 이자지급일. 다만, 이자지급일의 약정이 없거나 약정에 따른 이자지급일 전에 이자를 지급하는 경우에는 그 이자지급일
⑧ 유형별 포괄주의에 따른 이자소득	약정에 의한 상환일로 함. 다만, 기일 전에 상환하는 때에는 그 상환일

2. 배당소득

(1) 배당소득의 범위

① 일반적인 이익배당

② 의제배당

③ 법인세법에 의하여 배당으로 처분된 금액(인정배당)

④ 집합투자기구의 이익

　　☞ **집합투자기구(펀드)** : 2인 이상의 투자자로부터 금전 등을 모아 일상적인 운용지시를 받지 아니하면서 재산적 가치가 있는 투자 대상자산을 운용하고 그 결과를 투자자에게 배분하여 귀속시키는 것을 의미한다.

⑤ 공동사업에서 발생하는 소득금액 중 손익분배비율에 상당하는 금액

공동사업 이익배분	공동사업자(경영참가시)	사업소득
	출자공동사업자(경영미참가시)	배당소득

⑥ 위와 유사한 소득으로서 수익분배의 성격이 있는 것

⑦ 배당부복합금융거래[1]에서 발생한 이익

*1. 배당소득을 발생시키는 거래와 파생상품이 결합된 경우 해당 파생상품의 거래 · 행위로부터 이익

(2) 비과세 배당소득

우리사주조합원이 지급받는 배당등이 있다.(조세특례제한법)

(3) 배당소득의 수입시기

일반배당	• 무기명주식의 이익배당 : 실제지급일 • 기명주식의 이익배당 : 잉여금처분결의일 　☞ 기명주식 : 주주의 이름이 주주명부와 주권에 기재된 주식
인정배당	당해 사업연도의 결산확정일
기타 유사한 소득	그 지급을 받은 날

3. 금융소득의 과세방법

과세방법	범　위	원천징수세율
1. 무조건 분리과세	– 비실명 이자·배당소득 – 직장공제회 초과반환금 – 법원보관금의 이자소득	45% 기본세율 14%
2. 무조건종합과세	– 국외에서 받은 이자·배당소득 – **출자공동사업자의 배당소득**	– 25%
3. 조건부종합과세	– 일반적인 이자소득·배당소득 – 비영업대금이익	14% 25%

① **2천만원(출자공동사업자의 배당소득제외)을 초과하는 경우** … 종합과세
② **2천만원 이하인 경우** … 분리과세(조건부 종합과세에 대해서)

제2절 사업소득

1. 사업소득의 범위

사업소득은 개인이 사업을 함에 따라 발생하는 소득을 말한다.

"사업"이라 함은 **자기의 계산과 위험 아래 영리 목적이나 대가를 받을 목적으로 독립적으로 경영하는 업무로서 계속적이고 반복적으로 행사하는 것**을 말한다.

소득세법은 열거주의에 따라 다음의 사업만을 과세대상으로 한다.

① 농업**(작물재배업 중 곡물 및 기타 식량작물 재배업 제외)** · 수렵업 · 임업 · 어업 · 광업 · 제조업 · 전기가스 및 수도사업 · 도매업 · 소매업 · 소비자용품수리업 · 숙박업 · 음식점업 · 운수업 · 창고업 · 통신업 · 금융업 · 보험업

② 건설업(주택신축판매업 포함)

③ 부동산업, 임대업 및 사업서비스업

   ▶ **부동산임대업소득의 범위**◀

   ⓐ **부동산 또는 부동산상의 권리(전세권, 부동산임차권 및 지역권과 지상권의 설정 · 대여)의 대여**로 인하여 발생하는 소득

   ☞ 전세권 : 타인의 부동산을 일정기간 그 용도에 따라 사용, 수익한 후 그 부동산을 반환시 전세금의 반환을 받는 권리
   지상권 : 타인의 토지에 건물, 공작물 등을 소유하기 위하여 그 토지를 사용할 수 있는 권리
   지역권 : 자기의 토지의 이용가치를 증가시키기 위하여 타인의 토지를 일정한 방법(통행 또는 수로)으로 이용하는 권리

   ⓑ 공장재단 또는 광업재단의 대여로 인하여 발생하는 소득

   ☞ 공장재단 : 공장에 있는 토지, 기계 등의 일부 또는 전부로써 이루어진 기업재산으로서 소유권과 저당권의 목적이 되는 것을 말한다. 기업의 담보능력이 커진다.
   광업재단 : 광업권과 광업권에 기하여 광물을 채굴 · 취득하기 위한 각종 설비 및 이에 부속하는 사업의 설비로 구성되는 일단의 기업재산으로서 법에 따라 소유권과 저당권의 목적이 되는 것을 말한다.

   ⓒ 광업권자 · 조광권자 · 덕대가 채굴에 관한 권리를 대여함으로 인하여 발생하는 소득

   ☞ 광업권 : 광구에서 등록을 받은 광물 등을 채굴할 수 있는 권리
   조광권 : 설정행위에 의하여 타인의 광구에서 광물을 채굴할 수 있는 권리(덕대와 같은 개념이다.)

④ 부동산매매업

⑤ 교육서비스업

⑥ 보건 및 사회복지사업

⑦ 사회 및 개인서비스업, 가사서비스업 등

⑧ 가구내 고용활동에서 발생하는 소득

⑨ **복식부기의무자가 차량 및 운반구 등 사업용 유형자산(감가상각자산)을 양도함으로써 발생하는 소득**

⑩ 위 소득과 유사한 소득으로서 **영리를 목적으로 자기의 계산과 책임 하에 계속적·반복적으로 행하는 활동**을 통하여 얻는 소득(유형별 포괄주의)

2. 비과세사업소득

(1) 농지대여소득

다만, 농지(전답)를 주차장 등으로 사용하게 함으로 발생하는 소득은 사업소득에 해당된다.

(2) **1개의 주택을 소유하는 자의 주택임대소득(고가주택의 임대소득은 제외)**

☞ 고가주택 : 기준시가 **12억원**을 초과하는 주택

(3) 농어가부업소득 등

① 시행령에서 정한 농어가부업규모의 축산에서 발생하는 소득은 전액 비과세
② ① 외의 소득으로서 **연간 3,000만원 이하의 소득**
③ 어업소득(어로어업·양식어업 소득) : 5천만원 이하

(4) 전통주의 제조소득(수도권지역 외의 읍·면지역) : 연 1,200만원 이하의 소득

(5) 조림기간이 5년 이상인 임목의 벌채 또는 양도로 발생하는 소득

조림기간 5년 이상인 임지의 임목의 벌채 또는 양도로 발생하는 소득으로서 필요경비를 차감한 후 연 600만원 이하의 소득금액은 비과세한다.

(6) 작물재배업에서 발생하는 소득(10억원 이하의 작물재배)

☞ 곡물 및 기타 식량작물재배업은 사업소득에서 과세제외

3. 사업소득의 과세방법

사업소득은 모두 종합소득에 합산하여 과세하는 것이 원칙이나, 예외적으로 **주택임대소득의 수입금액이 2천만원 이하**일 경우 **종합소득 확정신고시 세액계산을 종합과세방법과 분리과세방법 중 선택이 가능하다.**

그리고 대부분의 사업소득에 대하여는 원천징수를 하지 않지만, 예외적으로 원천징수되는 사업소득이 있다.

(1) 원천징수

1) 특정사업소득에 대한 원천징수

① 특정사업소득 : **수입금액의 3%를 원천징수**

    ㉠ 의료보건용역(수의사의 용역을 포함)

    ㉡ 저술가·작곡가 등이 제공하는 인적용역

② 원천징수

국내에서 거주자나 비거주자에게 특정사업소득을 지급하는 자는 원천징수하여 그 징수일이 속하는 달의 다음달 10일까지 납부하여야 한다

2) 봉사료수입금액에 대한 원천징수

부가가치세가 면제되는 접대부·댄서와 이와 유사한 용역을 제공하는 자에게 지급하는 **특정봉사료수입금액(봉사료금액이 공급가액의 20%를 초과)에 대해서는 5%를 원천징수**한다.

(2) 사업소득에 대한 연말정산

간편장부대상자인 보험모집인 또는 방문방매원등(신청한 경우에 한함)에게 모집수당 또는 판매수당 등의 사업소득을 지급하는 원천징수의무자는 해당 사업소득에 대한 소득세의 연말정산을 하여야 한다.

원천징수의무자는 다음연도 2월분 사업소득을 지급하는 때(미지급시 2월말까지) 또는 해당 사업자와 거래계약을 해지하는 달의 사업소득을 지급하는 때에 연말정산을 하여야 한다.

이처럼 연말정산된 사업소득 외의 다른 소득이 없는 경우에는 해당 소득자는 해당 과세기간에 대한 과세표준 확정신고를 하지 않아도 된다.

4. 사업소득금액의 계산

사업소득금액은 해당 과세기간의 총수입금액에서 이에 소요된 필요경비를 공제하여 계산하며 전년도에 사업소득에서 발생한 이월결손금이 있는 경우에는 이를 공제한다.

〈기업회계기준과 세법의 차이 조정〉

세법과 기업회계기준에서의 수익과 비용에 대해서 98% 이상 동일하나, 2% 미만이 차이가 난다. 이러한 차이를 조정하는 것을 세무조정이라고 한다.

	기업회계기준	세 법	
수　익(≒총 수입금액)	실현주의	권리확정	**"권리의무확정주의"**
비　용(≒ 필요경비)	수익·비용대응의 원칙	의무확정	

기업회계	세무조정		소득세법
수익	(+)총수입금액산입	(−)총수입금액불산입	**총수입금액**
−			−
비용	(+)필요경비 산입	(−)필요경비 불산입	**필요경비**
=	**+가산 : 총수입금액산입+필요경비 불산입**		=
당기순이익	**−차감 : 총수입금액불산입+필요경비산입**		사업소득금액

(1) 총수입금액

해당 과세기간에 수입하였거나 수입할 금액의 합계액으로 한다.

총수입금액산입	총수입금액불산입
ⓐ 사업수입금액 　– 매출에누리와 환입, 매출할인 제외 　– 임직원에 대한 재화·용역의 할인금액은 사업 　　수입금액에 포함(개정세법 25) ⓑ 거래상대방으로부터 받은 장려금 기타 이와 　유사한 성질의 급여 ⓒ 사업과 관련된 자산수증이익·채무면제이익 ⓓ **사업과 관련하여 생긴 보험차익(퇴직연금운용 　자산)** ⓔ 가사용으로 소비된 재고자산 ⓕ 사업용 유형자산(부동산 제외)양도가액 　(복식부기의무자) ⓖ 기타 사업과 관련된 수입금액으로서 당해 사 　업자에게 귀속되었거나 귀속될 금액	 ⓐ 소득세 등의 환급액 ⓑ 부가가치세 매출세액 ⓒ **재고자산 이외(고정자산)의 　자산의 처분이익(복식부기의무자 제외)** ⓓ 국세환급가산금[1]

*1. 국세환급금에 가산되는 법정이자 상당액

(2) 필요경비

해당 과세기간의 총수입금액에 대응하는 비용을 말한다.

필요경비산입	필요경비불산입
ⓐ 판매한 상품 등에 대한 원료의 매입가액과 그 부대비용(매입에누리, 매입할인금액 차감)	
ⓑ 종업원의 급여 　- 임직원에 대한 재화·용역 등 할인금액(개정 세법 25)	ⓐ **소득세와 지방소득세** ⓑ **벌금·과료와 과태료와 강제징수비** ⓒ **감가상각비 중 상각범위액을 초과하는 금액** ⓓ **대표자의 급여와 퇴직급여** ⓔ **재고자산 이외(고정자산)의 자산의 처분손실 (복식부기의무자 제외)**
ⓒ 사업용자산에 대한 비용 및 감가상각비	
ⓓ 사업과 관련 있는 제세공과금	
ⓔ 복식부기의무자의 사업용 유형자산양도시 장부가액	ⓕ 가사(집안일)관련경비와 초과인출금[*2]에 대한 지급이자
ⓕ 거래수량 또는 거래금액에 따라 상대편에게 지급하는 장려금 기타 이와 유사한 성질의 금액	ⓖ 한도 초과 업무용 승용차 관련비용등 (복식부기의무자)

*1 강제징수비 : 납세자가 국세를 체납시 강제징수에 관한 규정에 의한 재산의 압류와 압류한 재산의 보관과 운반 및 공매에 소요된 비용이 강제징수비이다.
*2. 초과인출금 : 부채(충당금과 준비금은 제외)의 합계액이 사업용자산의 합계액을 초과하는 것을 말한다.

> **참고**
>
> **개인사업자(복식부기의무자) 업무용 승용차**
>
> Ⅰ. 업무용 승용차의 매각가액 총수입금액 산입 및 과세대상소득
>　1. 과세대상 : 사업소득계산시 감가상각비를 필요경비로 산입한 업무용승용차
>　　　　(부가세법상 매입세액 불공제 대상 승용차)
>　2. 과세대상소득 : (매각가액 – 매각시 세무상 장부가액)×감가상각비 필요경비 반영비율
>
> Ⅱ. 업무용 승용차의 필요경비(감가상각비)
>　정액법, 내용년수 5년을 적용한 감가상각비를 필요경비로 인정

참고

사업자의 장부 기장 의무

1. 장부의 비치 · 기장

사업자는 소득금액을 계산할 수 있도록 증명서류 등을 갖춰 놓고 그 사업에 관한 모든 거래사실이 객관적으로 파악될 수 있도록 복식부기에 따라 장부를 기록 · 관리하여야 한다.

다만, 업종 · 규모 등을 고려하여 업종 일정규모 미만의 사업자는 간편장부에 관한 거래사실을 기록할 수 있음

① 복식부기의무자 : 간편장부대상자에 해당되지 않는 사업자
② 간편장부대상자
  ㉠ 당해 과세기간에 신규로 사업을 개시한 사업자
  ㉡ 직전과세기간의 수입금액 합계액이 업종별 기준금액에 미달하는 사업자
  ☞ 수입금액에 사업용 유형자산 처분에 따른 수입금액 제외

직전연도 사업소득 수입금액	장부신고자	
업 종 별	복식부기의무자	간편장부대상자
농업 · 임업 및 어업, 광업, 도매 및 소매업, 부동산매매업 등	3억원 이상	3억원 미만
제조업, 숙박 및 음식점업, 건설업, 운수업, 출판 · 영상 · 방송통신 및 정보서비스업, 금융 및 보험업 등	1.5억원 이상	1.5억원 미만
부동산임대업, 전문 · 과학 및 기술서비스업, 교육서비스업, 보건업 및 예술 · 스포츠 및 여가 관련 서비스업등	0.75억원 이상	0.75억원 미만

☞ 전문직사업자(의사, 변호사 등)은 반드시 복식장부를 기록해야 한다.

2. 장부기록시 혜택 및 미기록시 불이익

혜택	불이익
1. 결손시 인정받고 향후 10년간 결손금공제가 적용 2. 간편장부대상자가 복식부기에 의하여 장부기록시 기장세액공제 3. 고정자산에 대한 감가상각비를 계상시 비용으로 인정	1. 추계로 소득세를 신고하므로 결손시에도 불인정 2. 직전사업연도 수입금액이 4,800만원 이상이면 무기장가산세 부담

연/습/문/제

 객관식

01. 다음 중 소득세법상 이자소득으로 볼 수 없는 것은?

① 국가가 발행한 채권의 이자와 할인액

② 외국법인이 발행한 채권의 이자와 할인액

③ 비영업대금의 이익

④ 계약의 위반을 원인으로 법원의 판결에 의하여 지급받는 손해배상금에 대한 법정이자

02. 다음은 이자소득의 대상을 나열한 것이다. 이자소득으로 볼 수 없는 것은?

① 손해배상금에 대한 법정이자 　　② 국내에서 지급 받는 예금의 이자

③ 내국법인이 발행한 채권 또는 증권의 이자　④ 비영업대금의 이익

03. 다음 중 소득세법상 이자소득의 수입시기로 틀린 것은?

① 저축성보험의 보험차익 – 보험금 또는 환급금의 지급일

② 보통예금의 이자로서 계약기간을 연장하는 경우 – 그 연장하는 날

③ 직장공제회 초과반환금 – 근로계약이 종료되는 날

④ 통지예금의 이자 – 인출일

04. 다음 중 소득세법상 분리과세 이자소득이 아닌 것은?

① 직장공제회초과반환금

② 원천징수되지 않은 이자소득

③ 종합과세 기준금액 이하의 이자소득

④ 비실명이자소득

05. 다음 중 소득세법상 사업소득의 필요경비에 산입되지 않은 것은?

① 종업원의 급여

② 사업용 고정자산의 감가상각비 중 범위한도내의 금액

③ 부가가치세 신고시 공제된 일반과세자의 부가가치세 매입세액

④ 부동산매매업자의 부동산의 양도당시 장부가액

06. 다음 중 소득세법상 사업소득금액 계산시 필요경비에 산입되는 항목은? 다만 사업자는 복식부기의무자가 아니다.

① 대표자의 급여와 퇴직급여

② 사업용 고정자산의 처분손실

③ 부가가치세의 가산세

④ 거래수량에 따라 지급하는 판매장려금

07. 다음 중 소득세법상 종합소득으로 과세되지 않는 것은? 다만 사업자는 복식부기의무자가 아니다.

① 법인세법상 상여로 소득처분된 금액

② 업무용 에어콘을 중고시장에 매각함에 따른 유형자산처분이익

③ 부동산임대업에서 발생하는 임대소득

④ 부동산매매업에서 발생하는 부동산매매소득

08. 다음 중 소득세법상의 소득구분으로 옳지 않은 것은?

① 사업자의 은행이자수입 : 사업소득

② 부동산매매업과 주택신축판매업 소득 : 사업소득

③ 지역권을 설정하고 받는 금품 또는 소득 : 사업소득

④ 농업(작물재배업 중 식량작물재배업 제외) : 사업소득

09. 다음 중 소득세법상 사업소득금액 계산시 총수입금액에 산입되는 항목은?

① 사업무관자산의 자산수증이익

② 소득세의 환급액

③ 부가가치세 매출세액

④ 거래상대방으로부터 받은 판매장려금

10. 다음 중 소득세법상 총수입금액과 소득금액이 동일한 것은?

① 사업소득   ② 기타소득
③ 근로소득   ④ 이자소득

11. 소득세법상 사업소득의 수입시기 중 바르게 연결된 것은?

① 상품, 제품 또는 그 밖의 생산품의 판매 : 상대방이 구입의사를 표시한 날
② 무인 판매기에 의한 판매 : 그 상품을 수취한 날
③ 인적 용역의 제공 : 용역대가를 지급받기로 한 날 또는 용역의 제공을 완료한 날 중 빠른 날
④ 상품 등의 위탁 판매 : 그 상품 등을 수탁자에게 인도한 날

12. 다음 중 소득세법상 종합과세되는 소득이 아닌 것은?

① 1개를 소유하고 있는 주거용 아파트(기준시가 5억)를 1년간 임대하고 받은 1,200만원의 주택임대 총수입금액
② 복식부기의무자인 개인사업자가 20x1년 7월에 개별소비세 과세대상 업무용 차량을 매각하여 발생한 매각차익 300만원
③ 원천징수되지 않은 국외에서 발생한 이자소득 1,200만원
④ 제조업자가 기계장치를 제조·판매하여 받은 매매차익 1,000만원

13. 다음 중 사업소득의 총수입금액에 대한 설명으로 옳지 않은 것은?

① 소득세 또는 개인 지방소득세를 환급받았거나 환급받을 금액 중 다른 세액에 충당한 금액은 총수입금액에 산입하지 아니한다.
② 관세환급금 등 필요경비로 지출된 세액이 환입되었거나 환입될 경우 그 금액은 총수입금액에 산입한다.
③ 거래상대방으로부터 받는 장려금 및 기타 이와 유사한 성질의 금액은 총수입금액에 산입한다.
④ 사업과 관련하여 해당 사업용 자산의 손실로 취득하는 보험차익은 총수입금액에 산입하지 아니한다.

14. 다음 중 소득세법상 사업소득금액 계산시 필요경비에 산입되는 항목은?

① 면세사업자가 부담하는 부가가치세 매입세액
② 업무와 관련하여 고의 또는 중대한 과실로 타인의 권리를 침해한 경우에 지급되는 손해배상금
③ 초과인출금에 대한 지급이자
④ 선급비용

주관식

01. 다음 자료에 의하여 제조업을 영위하는 개인사업자(복식부기의무자가 아니다.) 홍길성씨의 사업소득 총수입금액을 계산하면?

• 총매출액	15,000,000원
• 매출에누리	1,000,000원
• 매출할인	500,000원
• 기계장치처분이익	3,000,000원 (기계장치는 사업용고정자산에 해당함)

02. 개인사업자 이영희는 인터넷쇼핑몰을 경영한 결과 당해 손익계산서상 당기순이익이 10,000,000원으로 확인되었다. 다음의 세무조정 사항을 반영하여 소득세법상 사업소득금액을 계산하면 얼마인가?

• 총수입금액산입 세무조정항목	: 1,000,000원
• 필요경비불산입 세무조정항목	: 9,000,000원
• 필요경비산입 세무조정항목	: 8,000,000원
• 총수입금액불산입 세무조정항목 : 6,000,000원	

03. 다음의 자료를 이용하여 소득세법상 복식부기의무자의 사업소득 총수입금액을 구하면 얼마인가?

• 매출액	300,000,000원
• 차량운반구(사업용) 양도가액	30,000,000원
• 원천징수된 은행 예금의 이자수익	500,000원
• 공장건물 양도가액	100,000,000원

연/습/문/제 답안

🔑 객관식

1	2	3	4	5	6	7	8	9	10	11	12	13	14
④	①	③	②	③	④	②	①	④	④	③	①	④	①

[풀이 - 객관식]

01. **계약위반에 따른 손해배상금과 이에 대한 법정이자 모두 기타소득에 해당**한다.

02. 손해배상금에 대한 소득세법상 과세

구　분	계약의 위약 또는 해약	그 외의 경우
손해배상금	기타소득	과세제외
손해배상금에 대한 이자		

03. **직장공제회 초과반환금 – 약정에 의한 공제회반환금의 지급일**

04. 원천징수되지 않은 이자소득(주로 해외에서 발생하는 금융소득)은 언제나 종합소득과세표준에 합산된다. 따라서 거주자의 **무조건 종합과세 금융소득일 경우 2천만원 이하인 경우에도 모두 종합소득과세표준에 합산하여 과세**한다.

05. 부가가치세 일반과세사업자의 매입세액은 필요경비에 산입하지 아니한다.

07. ① 근로소득 ③,④는 사업소득이나, 사업용 고정자산의 처분에 따른 차익은 사업소득금액계산시 불산입함.

08. 은행이자수입은 이자소득(금융소득)으로 과세되며, 사업소득으로 과세되지 않는다.

09. **거래상대방으로부터 받은 판매장려금은 총수입금액에 산입**한다.

10. 사업 · 기타소득은 필요경비 차감 후, 근로소득은 근로소득공제 후 소득금액을 산출하나, 금융소득(이자, 배당소득)은 필요경비가 없다.

11. ① 상품, 제품 또는 그 밖의 생산품의 판매 : 그 상품 등을 인도한 날

② **무인 판매기에 의한 판매** : 당해 사업자가 무인판매기에서 **현금을 인출하는 때**

④ 상품 등의 위탁 판매 : 수탁자가 그 위탁품을 판매하는 날

12. **1개의 주택을 소유**하는 자의 **주택임대소득(고가주택 제외 : 기준시가 12억 초과)은 비과세**한다.

13. 사업과 관련하여 해당 **사업용 자산의 손실로 취득하는 보험차익은 총수입금액에 산입**한다.

14. 부가가치세법상 **매입세액이 불공제된 부가가치세 매입세액은 소득세법상 필요경비에 산입함**을 원칙으로 한다.

🔑 주관식

| 01 | 13,500,000원 | 02 | 6,000,000원 | 03 | 330,000,000원 |

[풀이 - 주관식]

01. 매출에누리와 매출할인은 총수입금액에서 차감할 항목이며, **복식부기의무자가 아닌 경우에 기계처분 이익은 사업소득의 총수입금액에 열거되어 있지 않다.**

02. 당기순이익 10,000,000원 + 총수입금액산입 및 필요경비불산입 10,000,000원 – 총수입금액불산입 및 필요경비산입 14,000,000원 = 6,000,000원

03. 총수입금액 = 매출액(300,000,000) + 차량 양도가액(30,000,000) = 330,000,000원
복식부기의무자가 차량 및 운반구 등 대 유형자산(토지, 건물 제외)을 양도함으로써 발생하는 소득은 사업소득으로 한다.

근로소득

1. 근로소득의 개념

근로소득이란 근로자가 육체적·정신적 노동을 하여 보수로 얻는 소득·봉급·급료·임금·연금·상여금 따위가 있는데 이는 명칭여하를 불문한다.

① 근로의 제공으로 인하여 받는 봉급·급료·상여·수당 등의 급여
② 법인의 주주총회·사원총회 등 의결기관의 결의에 의하여 상여로 받는 소득
③ 법인세법에 의하여 상여로 처분된 금액(인정상여)
④ 퇴직함으로써 받는 소득으로서 퇴직소득에 속하지 아니하는 소득
⑤ 종업원등 또는 대학의 교직원이 지급받는 직무발명보상금(고용관계 종료 전 지급되는 보상금에 한정)
　　☞ 퇴직 후 지급받으면 기타소득으로 과세
⑥ 종업원 등에 대한 할인 금액(개정세법 25)
　　자사 및 계열사의 종업원으로 일반소비자의 시가보다 할인하여 공급받는 경우

(1) 근로소득에 포함되는 항목

① 기밀비·교제비·여비

㉠ 기밀비(판공비 포함)·교제비 등의 명목으로 받는 것으로서 업무를 위하여 사용된 것이 분명하지 아니한 급여

㉡ 여비의 명목으로 정기적으로 받는 연액 또는 월액의 급여

② 공로금·위로금·학자금

종업원이 받는 공로금·위로금·학자금·장학금(종업원의 자녀가 사용자로부터 받는 학자금·장학금 포함) 등 이와 유사한 성질의 급여

③ 각종 수당

㉠ 근로수당·가족수당·출납수당·직무수당·시간외근무수당 등

㉡ 보험회사·증권회사 등 금융기관의 내근사원이 받는 집금수당과 보험가입자의 모집·증권매매의 권유·저축의 권장으로 인한 대가·기타 이와 유사한 성질의 급여

㉢ 기술수당·보건수당·연구수당 등

④ 회사로부터 받는 경제적 이익

㉠ **출자임원이 주택을 제공받음으로써 얻는 이익. 다만, 비출자임원(소액주주임원 포함)과 종업원이 사택을 제공받음으로써 얻는 이익은 비과세근로소득으로 본다.**

ⓛ 모든 임직원이 주택자금을 저리 또는 무상으로 대여 받음으로서 얻는 이익

다만 **중소기업 종업원의 주택구입·임차자금 대여이익은 비과세 근로소득으로 본다.**

〈사택제공 및 주택자금대여〉

	사택제공이익	주택자금대여이익
출자임원	근로소득	근로소득 **(중소기업 종업원은 비과세)**
소액주주(1% 미만)임원, 비출자임원	**비과세** 근로소득	
종업원		

ⓒ 종업원이 보험계약자이거나 종업원 또는 그 배우자·가족을 보험수익자로 하는 보험과 관련하여 사용자가 부담하는 보험료

ⓔ 임원 또는 사용인이 회사로부터 주식매수선택권을 부여받아 이를 행사함으로써 얻은 이익

☞ 주식매수선택권(stock option) : 법인의 경영·기술혁신 등에 기여하였거나 기여할 능력을 갖춘 임직원등에게 낮은 가격으로 당해 법인의 신주를 매입할 수 있도록 부여한 권리

(2) 근로소득으로 보지 아니하는 것

① **경조금** : 사업자가 사용인에게 지급한 경조금 중 사회통념상 타당하다고 인정되는 금액
② 퇴직급여로 지급되기 위하여 적립되는 급여

☞ 대가의 명칭여하에 관계없이 퇴직을 원인으로 지급받는 공로금·위로금은 원칙적으로 퇴직소득으로 본다.

2. 비과세 근로소득

(1) 실비변상적 성질의 급여

① 일직료·숙직료 또는 여비로서 실비변상정도의 금액
② **자가운전보조금(월 20만원 이내)**

종업원이 소유차량(종업원 명의 임차차량 포함)을 종업원이 직접 운전하여 사용자의 업무 수행에 이용하고 시내 출장 등에 소요된 실제여비를 지급받는 대신에 그 소요경비를 해당 사업체의 규칙 등에 의하여 정하여진 지급기준에 따라 받는 금액

③ 선원이 받는 승선수당, 경찰공무원이 받는 함정근무수당·항공수당, 소방공무원이 받는 함정근무수당·항공수당·화재진화수당(월 20만원 이내)
④ 초·중등교육법에 의한 교육기관의 교원이 받는 연구보조비(월 20만원 이내)
⑤ 방송·통신·신문사 등의 기자가 받는 취재수당(월 20만원 이내)

(2) 생산직근로자의 연장근로수당 등

① 비과세요건

㉠ **공장 또는 광산에서 근로를 제공하는 생산 및 관련 종사자, 어업을 영위하는 자에게 고용**
되어 근로를 제공하는 자

㉡ **직전년도 총급여액이 3,000만원 이하로서 월정액급여*가 210만원 이하인 자**

> * 월정액급여＝급여총액－상여 등 부정기적 급여－실비변상적 성질의 급여(자가운전보조금 등)
> －연장·야간·휴일근로수당 등－복리후생성질의 급여

㉢ 통상임금에 가산하여 받는 연장근로·휴일근로·야간근로수당일 것

② 비과세금액

㉠ 광산근로자·일용근로자 : 전액 비과세

㉡ **'㉠' 외의 생산직근로자 : 연 240만원 비과세**

(3) 식사와 식사대

① **사내급식 등을 통하여 근로자가 제공받는 식사 기타 음식물 : 전액 인정**

② **식사·음식물을 제공받지 아니하는 근로자가 받는 식사대* : 월 20만원**

> * 만일 식사 기타 음식물을 제공받으면서 식사대를 지급받으면, 식사대는 전액 과세된다.

(4) 복리후생적 성질의 급여

① 사택제공이익 : 비출자임원, 소액주주임원, 종업원에게 제공

② 중소기업 종업원의 주택자금 대출로 인한 이익

③ 단체순수보장성 보험 및 단체환급부보장성 보험 중 70만원 이하의 보험료

(5) 기타의 비과세 근로소득

① 각종 법률에 의하여 받는 금액

㉠ 산업재해보상보험법에 의하여 지급받는 요양급여·휴업급여·장해급여·유족급여 및
장의비 또는 근로의 제공으로 인한 부상·질병 또는 사망과 관련하여 근로자나 그 유족
이 지급받는 배상·보상 또는 위자의 성질이 있는 급여

㉡ 고용보험법에 의하여 받는 실업급여 및 육아휴직급여와 산전후 휴가급여 등

② 본인 학자금

교육·훈련기간이 6월 이상인 경우에는 당해 교육기간을 초과하여 근무하지 않는 경우에
지급받은 금액을 반납할 것을 조건으로 한다.

③ 출산 · 양육 관련 급여

  ㉠ 출산지원금(개정세법 25)

   근로자 본인 또는 배우자의 출산과 관련하여, **출생일 이후 2년 이내**에, **공통 지급규정에 따라 지급(2회 이내)**받는 급여로서 전액 비과세(한도 없음)

  ㉡ 양육(보육)수당

   근로자 또는 그 배우자의 출산이나 **6세 이하의 자녀양육관련 급여로서 월 20만원 이내의 금액**

④ 국외근로시 받은 급여

  ㉠ 일반근로자 : **국외 등에서 근로를 제공하고 받는 보수 중 월 100만원**(외항선원, 원양어업 선원 및 해외건설 근로자는 500만원) 이내의 금액

  ㉡ 공무원 등 : 국외 등에서 근무하고 받는 수당 중 당해 근로자가 국내에서 근무할 경우에 지급받을 금액 상당액을 초과하여 받는 금액

⑤ 건강보험료 등의 사용자부담금

 국민건강보험법 · 고용보험법 · 국민연금법 · 근로자퇴직급여보장법 등에 의하여 국가 · 지방자치단체 또는 사용자가 부담하는 부담금

⑥ **직무발명보상금(고용관계 종료전 지급)으로서 7백만원 이하의 보상금**

⑦ 종업원 할인 금액(개정세법 25)

  ㉠ 비과세 금액 : MAX(시가의 20%, 연 240만원)

  ㉡ 요건 : 종업원 등이 직접 소비목적으로 구매 & 일정기간 동안 재판매 금지 & 공통 지급 기준에 따라 할인금액적용

3. 근로소득의 과세방법

(1) 근로소득자(종합과세소득)

 매월분의 급여 또는 상여지급시 **근로소득 간이세액표에 의하여 소득세를 원천징수**하고 다음 **연도 2월분 급여지급시 연말정산을** 한다.

  ☞ 간이세액표 : 월급여수준과 공제대상부양가족수별로 매월 원천징수해야 하는 세액을 정한 표

[연말정산]

	1월	2~11월	12월	계	비 고
급 여	5,000,000	…….	5,000,000	60,000,000	
원천징수 소득세등	300,000	…….	300,000	3,600,000	간이세액표에 의하여 원천징수

익년도 2월분 급여 지급시 실제 부담할 세액을 정산합니다.

총 급 여 액	60,000,000			
(-) 소 득 공 제	***	근로소득공제, 인적공제, 물적공제		
= 과 세 표 준	***	산출세액 = 과세표준 × 세율		
= 산 출 세 액	***	원천징수세액(A)(기납부세액)	3,600,000	2,400,000
(-) 세 액 공 제		결정세액(B)	3,000,000	3,000,000
= 결 정 세 액	3,000,000	환급/추가납부(B - A)	△600,000 (환급세액)	600,000 (추가납부)

(2) 일용근로자 - 분리과세소득

일용근로자란 근로를 제공한 날 또는 시간에 따라 급여를 계산하거나 근로를 제공한 날 또는 시간의 근로성과에 따라 급여를 계산하여 받는 자로서 근로계약에 따라 일정한 고용주에게 **3개월 이상(건설공사 : 1년 이상) 계속 고용되어 있지 않는 업무종사자**를 말한다.

> 원천징수세액 = [일급여액 - 150,000원] × 6% - 근로소득세액공제(산출세액 × 55%)
> = [(일급여액 - 150,000원) × 6%] × (1 - 55%)

4. 근로소득금액의 계산

(1) 계산구조

> 근로소득금액 = 근로소득 총수입금액* - 근로소득공제(*공제한도 2천만원*)

* 근로소득 총수입금액 = 근로소득 - 비과세소득 - 분리과세소득

(2) 근로소득공제

근로소득공제는 근로기간이 1년 미만인 경우에도 월할 공제하지 아니하고 전액 공제한다. 다만, 당해 연도의 총급여액이 공제액에 미달하는 경우에는 당해 연도 총급여액을 공제액으로 한다.

구　　분	공제액 한도
500만원 이하	**총급여액^{*1}×70%**
500만원 초과 1,500만원 이하	350만원＋(총급여액－ 500만원)×40%
1,500만원 초과 4,500만원 이하	750만원＋(총급여액－1,500만원)×15%
4,500만원 초과 1억원 이하	1,200만원＋(총급여액－4,500만원)×5%
1억원초과	1,475만원＋(총급여액－1억원)×2%

*1. 총급여액＝근로소득－비과세 근로소득

5. 근로소득의 수입시기

급　　　여	근로를 제공한 날
잉여금처분에 의한 상여	잉여금처분결의일
인정상여	해당 사업연도 중 근로를 제공한 날
주식매수선택권	행사한 날

| <예제 2 - 1> 근로소득금액 |

다음 자료에 의하여 생산직 근로자인 김길동씨의 근로소득금액을 계산하시오.
직전년도 총급여액이 4천만원이고, 배우자와 6세이하 자녀가 있다.

〈연간 급여 명세〉

1. 기본급(월 2,000,000원×12월)	24,000,000원
2. 상여금	10,000,000원
3. 직책수당(월 50,000원×12월)	600,000원
4. 식대보조금(월 300,000원×12월) – **별도 식사를 제공하지 않고 있음**	3,600,000원
5. 시간외근무수당	1,000,000원
6. 경조금(결혼축하금)	300,000원
7. 자가운전보조금(월 300,000원×12월)	3,600,000원
＊ 본인차량으로 회사업무에 사용하고 있으며, 별도 교통비를 청구하지 않음.	
8. 자녀양육비(월 200,000원×12월)	2,400,000원
9. 연월차수당	1,000,000원
합　　　계	46,500,000원

해답

1. 총급여액 계산

항 목	근로소득해당액	비과세	총급여액
1. 기본급	24,000,000원	–	24,000,000원
2. 상여금	10,000,000원	–	10,000,000원
3. 직책수당	600,000원	–	600,000원
4. 식대보조금	3,600,000원	2,400,000원	1,200,000원
5. 시간외근무수당*	1,000,000원	–	1,000,000원
6. 경조금	–	–	–
7. 자가운전보조금	3,600,000원	2,400,000원	1,200,000원
8. 자녀양육비	2,400,000원	2,400,000원	–
9. 연월차수당	1,000,000원	–	1,000,000원
합 계	46,200,000원	7,200,000원	39,000,000원

* <u>월정액급여가 210만원 초과이거나, 직전년도 총급여액이 3천만원 초과이므로 전액 과세한다.</u>

2. 근로소득공제 : 7,500,000원 + (39,000,000원 – 15,000,000원) × 15% = 11,100,000원

3. 근로소득금액 : 39,000,000원 – 11,100,000원 = 27,900,000원

제4절 연금소득

1. 연금소득의 범위

(1) 공적연금

① 국민연금 : 국민연금법에 의하여 지급받는 각종 연금
② 특수직 연금 등 : 공무원연금법·군인연금법·사립학교교직원연금법 등에 의하여 지급받는 각종 연금

〈국민연금과 공무원연금의 과세체계〉

구 분		~2001년 까지	2002년~
1. 연금납입시		소득공제불인정 또는 50%소득공제	**전액소득공제**
2. 수령시	① 연금수령	**과세제외**	연금소득으로 과세
	② 일시금수령		퇴직소득으로 과세

(2) 연금계좌(사적연금)

① 퇴직연금
㉠ 퇴직보험의 보험금을 연금형태로 지급받는 경우 당해 연금 또는 이와 유사한 것으로서 퇴직자가 지급받는 연금
㉡ 근로자퇴직급여보장법에 따라 지급받은 연금

② 개인연금
연금저축에 가입하고 연금형태로 지급받는 소득 등

③ 기타연금
위 '①' 내지 '②'와 유사하고 연금형태로 지급받는 것으로서 세법이 정하는 것

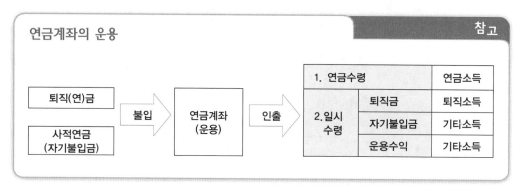

2. 비과세 연금소득

① 국민연금법에 의하여 지급받는 장애연금

② 공무원연금법·군인연금법 등에 의하여 지급받는 장해연금·상이연금

③ 산업재해보상보험법에 의하여 지급받는 각종 연금

④ 국군포로대우등에 관한 법률에 따른 국군포로가 지급받는 연금

3. 연금소득의 과세방법

(1) 공적연금 : 종합과세

원천징수의무자가 매월 공적연금소득을 지급하는 때에는 연금소득 간이세액표에 의하여 소득세를 원천징수한다. 연말정산은 다음연도 1월분 지급시 한다.

(2) 연금계좌에서 연금수령시(사적연금)

① 1,500만원 이하 : 저율·분리과세(5%~3%)

② 1,500만원 초과 : (세액계산시) 종합과세하거나 **15% 분리과세를 선택**할 수 있다.

4. 연금소득금액의 계산

연금소득금액 = 연금소득 총수입금액 – 연금소득공제

---

① 연금소득 총수입금액 = 연금소득 – 비과세소득 – 분리과세소득

② 연금소득공제 : **연금소득공제의 한도는 900만원으로 한다.**

5. 연금소득의 수입시기

① 공적연금소득 : 연금을 지급받기로 한 날

② 연금계좌에서 받는 연금소득 : 연금을 수령한 날

③ 그 밖의 연금소득 : 해당 연금을 지급받은 날

> **제5절** 기타소득

1. 기타소득의 범위

기타소득은 이자소득, 배당소득, 사업소득, 근로소득, 연금소득, 퇴직소득, 양도소득 이외의 소득으로서 다음에 열거된 소득으로 한다(열거주의).

(1) 80% 추정필요경비가 적용되는 기타소득

기타소득의 범위	필요경비
① 공익법인이 주무관청의 승인을 받아 시상하는 상금 및 부상과 다수가 순위 경쟁하는 대회에서 입상자가 받는 상금 및 부상	**MAX** **[①수입금액의 80%,** **②실제 소요경비]**
② **계약의 위약 또는 해약으로 인하여 받는 위약금과 배상금중 주택입주지체상금**	
③ 서화 · 골동품의 양도로 발생하는 소득^{*1}(개당 양도가액 6천만원 이상인 것) ☞ 사업장등 물적시설을 갖춘 경우와 서화 · 골동품을 거래하기 위한 목적으로 사업자등록을 한 경우에는 사업소득으로 과세	

*1. 양도가액이 1억원 이하 또는 보유기간이 10년 이상 경우 90% 필요경비

(2) 60% 추정필요경비가 적용되는 기타소득

기타소득의 범위	필요경비
① **인적용역을 일시적으로 제공하고 지급받는 대가** ㉠ 고용관계 없이 다수인에게 강연을 하고 강연료 등의 대가 용역 ㉡ 라디오 · 텔레비전방송 등을 통하여 해설 · 계몽 또는 연기의 심사 등을 하고 받는 보수 또는 이와 유사한 성질의 대가는 받는 용역 ㉢ 변호사 · 공인회계사 · 세무사 · 건축사 · 측량사 · 변리사 기타 전문적 지식 또는 특별한 기능을 가진 자가 당해 지식 또는 기능을 활용하여 보수 또는 기타 대가를 받고 제공하는 용역 ㉣ '㉠ 내지 ㉢' 외의 용역으로서 고용관계 없이 수당 또는 이와 유사한 성질의 대가를 받고 제공하는 용역	**MAX** **[①수입금액의 60%,** **②실제 소요경비]**
② **일시적인 문예창작소득**(문예, 학술, 미술, 음악, 사진에 속하는 창작품) ㉠ 원고료 ㉡ 저작권사용료인 인세 ㉢ 미술 · 음악 또는 사진에 속하는 창작품에 대하여 받는 대가	
③ **광업권, 어업권, 산업재산권, 산업정보, 산업상 비밀, 영업권(점포임차권 포함)**, 토사석의 채취허가에 따른 권리, 지하수의 개발 · 이용권 기타 이와 유사한 자산이나 권리를 양도 또는 대여하고 그 대가로 발생하는 소득	
④ 공익사업과 관련된 지상권 · 지역권의 설정 · 대여소득	
⑤ 통신판매중개를 통하여 물품 또는 장소를 대여(연 500만원 이하)	

(2) 실제발생경비만 필요경비가 인정되는 소득

기타소득의 범위	필요경비
① 상금, 현상금, 포상금, 보로금 또는 이에 준하는 금품	실제발생경비
② **저작자 또는 실연자 · 음반제작자 · 방송사업자 외**의 자가 저작권 또는 저작인접권의 양도 또는 사용의 대가로 받는 금품 ☞ 저작자등에게 귀속되면 사업소득임	
③ 영화필름 · 라디오 · 텔레비전방송용 테이프 또는 필름, 기타 이와 유사한 자산이나 권리의 양도 · 대여 또는 사용의 대가로 받는 금품	
④ **물품 또는 장소를 일시적으로 대여하고 사용료로서 받는 금품**	
⑤ 계약의 위약 또는 해약으로 인하여 받는 위약금과 배상금, 부당이득 반환시 지급받는 이자	
⑥ 유실물의 습득 또는 매장물의 발견으로 인하여 보상금을 받거나 새로 소유권을 취득하는 경우 그 보상금 또는 자산	
⑦ 무주물의 점유로 소유권을 취득하는 자산	
⑧ 거주자 · 비거주자 또는 법인과 특수관계가 있는 자가 그 특수관계로 인하여 당해 거주자 등으로부터 받는 경제적 이익으로 급여 · 배당 또는 증여로 보지 아니하는 금품	
⑨ **재산권에 관한 알선수수료 · 사례금**	
⑩ 법인세법에 의하여 처분된 기타소득	
⑪ 연금저축의 해지일시금 (불입계약기간 만료 후 연금 외의 형태로 지급받는 금액 포함)	
⑫ 퇴직전에 부여받은 주식매수선택권을 퇴직 후에 행사하거나 고용관계 없이 주식매수선택권을 부여받아 이를 행사함으로써 얻는 이익 종업원등 또는 대학의 교직원이 퇴직한 후에 지급받는 직무발명보상금	
⑬ **뇌물 및 알선수재 및 배임수재에 의하여 받는 금품** ☞ 알선수재 : 금품을 받고 다른 사람의 직무에 관해 잘 처리해주도록 알선한 죄 　　배임수재 : 다른 사람의 일을 처리하는 사람이 그 임무에 관하여 부정한 청탁을 받고 　　　　　　　재산상의 이익을 취함.	
⑭ 승마투표권 및 경륜 · 경정법에 의한 승자투표권의 환급금	단위투표금액 합계액

기타소득의 범위	필요경비
⑮ 슬롯머신(비디오게임 포함) 및 투전기 기타 이와 유사한 기구를 이용하는 행위에 참가하여 받는 당첨금품 등	당첨 당시 슬롯머신 등에 투입한 금액
⑯ **복권·경품권 기타 추첨권에 의하여 받는 당첨금품**	실제발생경비
⑰ 사행행위등 규제 및 처벌특례법에 규정하는 행위에 참가하여 얻은 재산상의 이익	
⑱ 종교인소득 ☞ 근로소득 신고시 인정	의제필요경비

2. 비과세 기타소득

① 국가유공자등예우및지원에관한법률에 의하여 받는 보훈급여금·학습보조비 및 귀순북한동포보호법에 의하여 받는 정착금·보로금 및 기타금품

② 국가보안법 등에 의하여 받는 상금과 보로금 등

③ **종업원 또는 대학의 교직원이 퇴직한 후에 지급받거나 대학의 학생이 받는 직무발명보상금으로서 700만원 이하의 금액**

④ 상훈법에 의한 훈장과 관련하여 받는 상금과 부상 등

⑤ 국군포로의 송환 및 대우 등에 관한 법률에 따라 받는 정착금 등

⑥ 문화재보호법에 따라 국가지정문화재로 지정된 서화·골동품의 양도로 발생하는 소득

⑦ 서화·골동품을 박물관 또는 미술관에 양도함으로써 발생하는 소득

3. 기타소득의 과세방법

(1) 무조건 분리과세

① **각종 복권당첨소득, 승마투표권·승자투표권의 환급금, 슬롯머신의 당첨금품은 20%(당첨금품등이 3억원을 초과하는 경우 당해 초과분에 대하여는 30%)** 세율로 소득세를 원천징수당함으로써 납세의무가 종결된다.

② 서화·골동품의 양도소득 : 20%

③ 연금계좌 납입시 세액공제분과 운용수익 부분 연금외 수령시 : 15%

(2) 무조건 종합과세

뇌물 및 알선수재 및 배임수재에 의하여 받는 금품

(3) 선택적 분리과세

연 300만원 이하의 기타소득금액은 분리과세 또는 종합과세를 선택에 의할 수 있다.

(4) 과세최저한

1. 원칙	기타소득금액이 건별로 **5만원 이하**인 경우 ☞ 연금계좌에서 발생하는 기타소득은 과세최저한 적용제외
2. 예외	1. 승마투표권 등의 환급금으로서 건별로 해당 권면에 표시된 금액의 합계액이 10만원 이하이고 　가. 적중한 개별 투표당 환급금이 10만원이하인 경우 　나. 단위 투표금액당 환급금이 단위 투표금액의 100배이하이면서 적중한 개별 투표당 환급금이 200만원 이하인 경우
	2. 복권당첨금, 슬롯머신 등의 당첨금품 등이 **건별로 200만원 이하**인 경우

4. 기타소득금액의 계산

> **기타소득금액 = 기타소득 총수입금액* − 필요경비**

* 기타소득 총수입금액＝기타소득금액－비과세소득－분리과세소득

5. 기타소득의 수입시기

(1) 원칙 : 지급을 받은 날로 한다(**현금주의).**

(2) 예외

① 법인세법에 의하여 처분된 기타소득에 대하여는 당해 법인의 당해 사업연도의 결산확정일로 한다.

② 광업권·어업권·산업재산권 등의 자산이나 권리를 양도하거나 대여하고 받은 기타소득은 인도일·사용수익일 중 빠른 날로 한다. 다만, 대금청산 전에 자산을 인도 또는 사용·수익하였으나 대금이 확정되지 아니한 경우 대금지급일

〈개별 소득의 특징〉

사업소득	근로소득	기타소득
계속 · 반복적(사업적)	**고용계약**	**일시 · 우발적**
[강 사 료]		
학원강사(사업자)	대학교 시간강사	정치인 특강

종교인 소득   참고

1. 기타소득 중 종교인 소득으로 명시(근로소득으로 신고가능)
2. 소득의 범위 : 종교인이 종교단체(민법 32조에 따라 설립된 비영리단체로부터)받는 소득
3. 비과세소득 : 종교활동을 위하여 통상적으로 사용할 목적으로 지급받은 금액(종교활동비),
   　　　　　　종교활동과 관련있는 학자금, 식사대(월 20만원 이하) 등
4. 필요경비 : MAX[의제필요경비, 실제 소요된 필요경비]

2천만원 이하	80%
2천만원 초과 4천만원 이하	1,600만원+2천만원 초과금액의 50%
4천만원 초과 6천만원 이하	2,600만원+4천만원 초과금액의 30%
6천만원 초과	3,200만원+6천만원 초과금액의 20%

5. 원천징수 : 종교인 소득 간이세액표에 따라 원천징수, 원천징수시 반기 납부특례적용
6. 연말정산 : 다음연도 2월분 종교인소득 지급시(2월말까지)

연/습/문/제

 객관식

01. 다음 중 소득세가 과세되지 않는 경우는?

① 학원사업으로 인하여 발생되는 순수익 1억원

② 회사에 근로를 제공한 대가로 받는 급여 1억원

③ 제조업자(복식부기의무자가 아니다)의 유형자산인 기계장치의 처분으로 발생되는 1,000만원의 매매차익

④ 복권 당첨으로 받는 5,000만원

02. 다음 중 소득세법상 근로소득 비과세 대상이 아닌 것은?

① 광산근로자가 받는 입갱수당 및 발파수당

② 근로자가 천재, 지변 기타 재해로 인하여 받는 급여

③ 공장직원에게 무상으로 지급되는 작업복

④ 출장여비 등의 실제비용을 별도로 받는 직원에 대한 자가운전보조금 월 20만원 금액

03. 소득세법상 일용근로자에 대한 설명이다. 틀린 것은?

① 일용근로자의 근로소득이 일당(日當)으로 15만원 이하인 경우에는 부담할 소득세는 없다.

② 일용근로자의 산출세액은 일반근로자와 마찬가지로 근로소득금액에 기본세율이 적용된다.

③ 일용근로자의 근로소득세액공제는 산출세액의 55%를 공제한다.

④ 일용근로자의 근로소득은 항상 분리과세한다.

04. 다음 중 비과세근로소득이 아닌 것은?

① 근로자 또는 배우자의 출산과 관련하여 받는 월 8만원의 육아수당

② 일직료·숙직료 또는 여비로서 실비변상정도의 금액

③ 회사에서 식사를 제공하는 근로자에게 별도로 지급하는 월 5만원의 식대

④ 종업원의 소유차량을 종업원이 직접 운전하여 사용자의 업무수행에 이용하고 시내출장 등에 소요된 실제여비를 받는 대신에 그 소요경비를 당해 사업체의 규칙 등에 의하여 정하여진 지급기준에 따라 받는 금액으로서 월 15만원의 자가운전보조금

05. 다음 중 소득세법상 소득의 구분이 틀린 것은?

① 공익사업과 관련된 지역권, 지상권의 대여소득 - 사업소득

② 종업원(중소기업이 아님)이 주택 구입자금을 무상으로 대여 받음으로써 얻는 이익 - 근로소득

③ 계약의 위약 또는 해약으로 인하여 받는 위약금과 배상금 - 기타소득

④ 국내에서 받는 집합투자기구의 이익 - 배당소득

06. 다음 중 소득세법상 기타소득에 해당되지 않은 것은?

① 물품 또는 장소를 일시적으로 대여하고 사용료로서 받는 금품

② 공익사업과 관련된 지역권을 설정 또는 대여하고 받는 금품

③ 저작자가 자신의 저작권의 사용의 대가로 받는 금품

④ 상금, 현상금, 포상금, 보로금

07. 다음 중 소득세법상 비과세소득이 아닌 것은?

① 근로기준법에 의한 연장근로시간으로 인해 통상임금에 가산하여 받는 연 300만원 이내의 급여 (광산근로자, 일용근로자 제외)

② 식사 기타 음식물을 제공받지 아니하는 근로자가 받는 월 20만원 이하의 식사대

③ 전답을 작물생산에 이용하게 함으로 인하여 발생하는 소득

④ 수도권지역 외의 읍면지역에서 제조함으로써 발생하는 연 1,200만원 이하의 전통주 제조소득금액의 합계액

08. 다음 중 소득세법상 소득의 구분으로 옳은 것은?

① 장소를 일시적으로 대여하고 사용료로서 받는 금품 : 사업소득(부동산임대업)

② 일시적인 금전대여로 인한 비영업대금의 이익 : 기타소득

③ 공동사업 중 출자공동사업자(경영에 참여하지 않고 출자만 하는 자)로써 얻는 이익 : 배당소득

④ 사업용 고정자산의 처분(복식부기의무자가 아님)으로 인하여 발생한 이익 : 사업소득

09. 다음 중 소득세가 과세되지 않는 경우는?

① 임대인이 임차인으로부터 건물임대차계약에 근거하여 받는 위약금

② 부동산임대업자가 건물을 임대해 주고 받는 임대료

③ 3개의 주택을 소유한 자가 그 중 2개의 주택을 임대해 주고 받는 임대료로서 총수입금액이 3천만원

④ 조림기간이 5년 이상인 임지의 임목의 벌채 또는 양도로 발생하는 소득으로서 연 600만원 이하의 금액

10. 다음 기타소득 중 소득세법상 총수입금액의 60%를 필요경비로 의제하여 주는 것은?

① 승마투표권 등의 구매자에게 지급하는 환급금

② 알선수재 및 배임수재에 의하여 받은 금품

③ 복권, 경품권 기타 추첨권에 의하여 받는 당첨금품

④ 고용관계없이 다수인에게 강연을 하고 받는 강연료

11. 다음 중 소득세법상 기타소득이 될 수 없는 소득은?

① 재산권에 대한 알선수수료　　　② 점포임대소득

③ 변호사용역　　　　　　　　　④ 강의료

12. 다음 중 소득세법상 소득의 구분 및 과세방법에 대한 설명으로 틀린 것은?

① 근로소득은 연말정산으로 모든 납세의무가 종결되고 다른 소득과 합산과세되지 않는다.

② 산업재산권의 양도로 발생하는 소득은 기타소득에 해당된다.

③ 복권당첨소득은 기타소득에 해당된다.

④ 일정한 저축성보험의 보험차익은 이자소득으로 과세한다.

13. 소득세법상 원천징수대상 기타소득에 해당하는 것은?

① 알선수재 및 배임수재에 의하여 받는 금품

② 뇌물

③ 법인세법에 따라 기타소득으로 처분된 소득

④ 계약의 위약으로 인하여 받는 위약금으로서 계약금이 위약금으로 대체된 경우

14. 다음의 근로소득 중 소득세법상 비과세 대상이 아닌 것은?

① 근로자가 제공받는 월 20만원 상당액의 현물식사

② 고용보험법에 따라 받는 실업급여, 육아휴직급여, 출산 전·후 휴가급여

③ 근로자가 6세 이하 자녀양육과 관련하여 받는 급여로서 월 20만원 이내의 금액

④ 본인차량을 소유하지 않은 임직원에게 지급된 자가운전보조금으로서 월 20만원 이내의 금액

15. 다음 중 과세대상 근로소득으로 보지 않는 것은?

① 단체순수보장성보험과 단체환급부보장성보험의 보험료 중 1인당 연 70만원 이하의 금액

② 법인의 주주총회·사원총회 또는 이에 준하는 의결기관의 결의에 따라 상여로 받는 소득

③ 종업원 또는 대학의 교직원이 퇴직 전에 지급받는 직무발명보상금 중 700만원 초과금액

④ 근로를 제공함으로써 받는 봉급·급료·보수·세비·임금·상여·수당과 이와 유사한 성질의 급여

16. 다음 중 과세되는 근로소득으로 보지 않는 것은?

① 여비의 명목으로 받은 연액 또는 월액의 급여

② 법인세법에 따라 상여로 처분된 금액

③ 사업자가 그 종업원에게 지급한 경조금 중 사회통념상 타당하다고 인정되는 범위 내의 금액

④ 중소기업이 아닌 임원·사용인이 주택(주택에 부수된 토지를 포함)의 구입·임차에 소요되는 자금을 저리 또는 무상으로 대여 받음으로써 얻는 이익

주관식

01. 일용근로자인 최세무씨의 금일 일당이 200,000원일 경우, 당해 일당 지급시 원천징수하여야 할 소득세액(지방소득세 제외)은?

02. 거주자 고우진이 교육청에서 주관한 1 : 100 퀴즈 대회에서 우승하여 그 원천징수세액이 40만원인 경우(지방세 제외) 소득세법상 기타소득총수입금액은 얼마인가?

03. ㈜제조라는 제조기업이 20x1년 4월 15일에 외부강사를 초빙하여 임직원을 위한 특강을 하고 강사료를 20x1년 4월 20일에 200만원을 지급하였다. 그 대가를 지급하면서 원천징수할 세액은 얼마인가?(단, 초빙강사의 강사료소득은 기타소득으로 보며, 지방소득세는 제외한다.)

04. 다음 자료를 이용하여 수원산업(주)의 생산직 근로자인 정희석의 5월분 급여내역을 보고 과세되는 총급여액을 구하시오.

5월 급여내역

이름	정희석	지급일	5월 31일
기본급	1,500,000원	소득세	17,180원
식대	100,000원	지방소득세	1,710원
자가운전보조금	300,000원	국민연금	85,500원
야간근로수당	200,000원	건강보험	59,280원
교육보조금	200,000원	장기요양보험	5,040원
		고용보험	12,350원
		공제합계	181,060원
급여계	2,300,000원	지급총액	2,118,940원

① 식대 : 당 회사는 현물 식사를 별도로 제공하고 있다.

② 자가운전보조금 : 당사는 본인 명의의 차량을 업무목적으로 사용한 직원에게만 자가운전보조금을 지급하고 있으며, 실제 발생된 교통비를 별도로 지급하지 않는다.

③ 야간근로수당 : 올해들어 5월부터 업무시간외 추가로 근무를 하는 경우 야근수당을 지급하고 있으며, 생산직근로자가 받는 시간외근무수당으로서 비과세 요건을 충족하고 있다.

05. 다음 자료를 이용하여 영업직 사원 조인호의 1월분 과세되는 총급여액을 구하시오.

〈자료〉
- 회사는 구내식당을 운영하지 않고 별도의 식사 제공은 하지 않는다.
- 조인호씨는 전산세무2급 국가공인 자격증을 보유하고 있어 자격수당을 지급받고 있다.
- 조인호씨는 배우자명의의 차량을 업무용으로 사용하고 실제 여비를 받는 대신 자가운전 보조금을 지급받고 있다.
- 조인호씨는 만2세, 만5세 두명의 자녀가 있으며, 자녀1인당 10만원씩 육아수당을 지급받고 있다.

20x1년 1월 급여명세서					
지급내역	기 본 급	1,800,000원	공제내역	국민연금	81,000원
	상 여	250,000원		건강보험	55,080원
	식 대	120,000원		장기요양보험	4,060원
	자가운전보조금	150,000원		고용보험	16,700원
	야간근로수당	200,000원		소득세	47,620원
	자격수당	50,000원		지방소득세	4,760원
	육아수당	200,000원		공 제 계	209,220원
	지 급 액	2,770,000원	지급총액		2,560,780원
귀하의 노고에 감사드립니다.					

연/습/문/제 답안

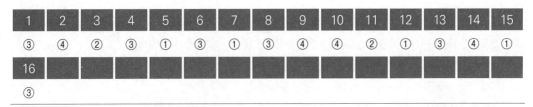

🔑 객관식

1	2	3	4	5	6	7	8	9	10	11	12	13	14	15
③	④	②	③	①	③	①	③	④	④	②	①	③	④	①

16														
③														

[풀이 - 객관식]

01. <u>고정자산의 처분이익(복식부기의무자 제외)은 미열거소득</u>으로 소득세가 과세되지 아니한다.

02. <u>출장여비 등을 별도로 지급받는 경우에는 자가운전보조금은 과세대상</u>이다.

03. <u>일용근로소득은 6% 단일세율</u>을 적용한다.

04. <u>식사를 제공하는 경우 식대는 과세</u>가 된다.

05. 지역권, 지상권의 대여소득은 사업소득이나, <u>공익사업과 관련시 기타소득</u>에 해당한다.

06. 저작자이외의 자에게 귀속되는 소득은 기타소득이지만 <u>저작자 자신에게 귀속되는 소득은 사업소득임</u>

07. 연 240만원이 비과세 된다.

08. ① 기타소득 ② 이자소득 ④ 사업용고정자산의 처분손익은 복식부기의무자에 한하여 소득세가 과세된다.

09. ① 계약의 위약으로 받은 위약금은 기타소득임 ② 사업소득(부동산임대업)
③ 사업소득(1주택자가 받는 임대료는 비과세 - 고가주택제외)

11. 점포임대소득은 사업소득(부동산임대업)이다.

12. 근로소득은 종합과세대상이다.

13. 법인세법에 따라 기타소득으로 처분된 소득에 대해서 원천징수의무가 있다.

14. <u>본인 명의(임차 포함) 차량을 소유하지 않은 임직원에게 지급된 자가운전보조금은 과세대상임</u>

15. 종업원의 사망·상해 또는 질병을 보험금의 지급사유로 하고 종업원을 피보험자와 수익자로 하는 보험으로서 만기에 납입보험료를 환급하지 아니하는 보험(이하 "단체순수보장성보험"이라 한다)과 만기에 납입보험료를 초과하지 아니하는 범위안에서 환급하는 보험(이하 "단체환급부보장성보험"이라 한다)의 보험료중 <u>연 70만원 이하의 금액은 과세대상 근로소득에서 제외</u>한다.

16. <u>사회통념상 타당하다고 인정되는 범위의 경조금</u>은 근로소득으로 보지 아니한다.

주관식

| 01 | 1,350원 | 02 | 10,000,000원 | 03 | 160,000원 |
| 04 | 1,900,000원 | 05 | 2,450,000원 |

[풀이 - 주관식]

01. [200,000원 - 150,000원]×6%×(1 - 55%) = 1,350원

02. <u>순위경쟁에서 대회에서 상금은 80% 추정필요경비를 인정</u>한다.

기타소득수입금액×(1 - 80%)×20% = 원천징수세액

기타소득수입금액×20%×20% = 400,000원 기타소득수입금액 = 10,000,000원

03. 총수입금액 2,000,000원 - 필요경비 1,200,000원(60%) = 기타소득금액 800,000원

원천징수세액 : 800,000원×20% = 160,000원(지방소득세 제외)

04. <u>식대는 현물식사를 지급하고 있으므로 과세</u>된다.

비과세 근로소득 : 자가운전보조금(200,000), 야간근로수당(200,000)

☞ 월정액 급여 = 급여총액(2,300,000) - 자가운전보조금(300,000) - 야간근로수당(200,000) = 1,800,000원

→ 야간근로수당 비과세

총급여액(과세) = 지급총액(2,300,000) - 비과세근로소득(400,000) = 1,900,000원

05. • 식대 : <u>식대는 월 20만원까지 비과세</u>됨,

• 자격수당 : 과세

• 자가운전보조금 : <u>본인 명의가 아닌 배우자명의 차량은 과세대상임.</u>

• 육아수당 : <u>자녀수에 관계없이 만 6세 이하의 양육과 관련하여 월 20만원 비과세</u>

비과세 = 식대(1200,000) + 양육수당(200,000) = 320,000원

총급여액(과세) = 지급총액(2,770,000) - 비과세근로소득(320,000) = 2,450,000원

Chapter 3

소득금액계산의 특례

로그인 전산세무 2급

NCS세무 - 4 종합소득세 신고

1. 결손금과 이월결손금의 의의

결손금이란 소득금액계산시 필요경비가 총수입금액을 초과하는 경우 동 금액을 말하며, 이월결손금이란 동 결손금이 다음 연도 이후로 이월된 경우 이를 말한다.

소득세법상 결손금과 이월결손금은 **사업소득(결손금은 양도소득에서도 발생)에서만** 발생한다.

2. 결손금 및 이월결손금의 공제

(1) 결손금 공제(수평적 통산)

사업소득의 결손금[부동산임대업(주거용건물 임대업 제외)에서 발생한 결손금은 무조건 다음 연도로 이월하여 해당 부동산임대업의 소득금액에서만 공제]은 종합소득금액계산시 다음 순서로 공제한다.

사업소득(부동산임대업) → 근로소득 → 연금소득 → 기타소득 → 이자소득 → 배당소득

465

(2) 이월결손금 공제(수직적 통산)

이월결손금은 당해 이월결손금이 **발생한 연도의 종료일부터** 일정기간 **이월하여** 과세연도의 소득금액 계산시 먼저 발생한 이월결손금부터 순차로 공제한다.

〈**결손금의 공제기간**〉

2020년 이후	2009년~2019년	2008년이전
15년	10년	5년

① 사업소득의 이월결손금

사업소득의 이월결손금은 종합소득금액계산시 다음 순서로 공제한다.

> **사업소득(부동산 임대업의 소득금액을 포함)** → **근로소득** → **연금소득** → **기타소득** → **이자소득** → **배당소득**

② 사업소득중 부동산임대업

부동산임대업(주거용 건물임대업 제외)에서 발생한 이월결손금은 당해 부동산임대업 소득금액에서만 공제한다.

(3) 이월결손금공제의 배제

소득금액을 추계신고, 결정, 경정하는 경우에는 이월결손금공제를 배제한다.

다만, 천재·지변 기타 불가항력으로 인하여 장부·기타 증빙서류가 멸실되어 추계하는 경우에는 이월결손금공제를 적용한다.

(4) 결손금소급공제

① **중소기업의 사업소득(부동산임대업의 결손금 제외)에서 발생한 결손금**
② **결손금 발생연도와 그 직전연도의 소득세를 신고기한 내에 신고한 경우**
③ **과세표준 확정신고기한 내에 소급공제환급신청을 한 경우**

직전 과세기간 해당 중소기업의 사업소득에 대한 종합소득세액을 환급받을 수 있다.

연/습/문/제

 객관식

01. 소득세법상 다른 소득에서는 공제되지 않고 다음연도로 이월하여 당해소득에서만 결손금공제가 가능한 소득은?

① 사업소득
② 사업소득중 부동산임대업
③ 배당소득
④ 근로소득

02. 다음은 소득세법상 결손금과 이월결손금에 관한 내용이다. 옳지 않은 것은?

① 소득금액의 추계시에는 원칙적으로 이월결손금의 공제를 할 수 없다.
② 2020년 이후 개시한 과세기간에 발생한 사업소득의 결손금은 5년간만 이월공제 가능하다.
③ 결손금은 소득세법상 사업소득,양도소득에 대하여 인정된다.
④ 중소기업의 경우에는 소급공제가 가능하다.

03. 소득세법상 사업소득과 관련된 다음 설명 중 적절하지 않은 것은?

① 사업용고정자산의 양도로 인해 발생한 양도차익(복식부기의무자 제외)은 총수입금액에 포함시키지 않는다.
② 사업소득에 대해서도 원천징수하는 경우가 있다.
③ 사업소득의 이월결손금은 당해 연도의 다른 종합소득에서 공제될 수 있다.
④ 사업소득에서 발생한 은행예금에 대한 이자수익은 영업외수익으로 총수입금액에 산입된다.

04. 소득세법상 종합소득금액을 계산함에 있어서 옳은 것은?

① 사업소득에서 발생한 결손금에 대해서는 다른 종합소득금액에서 공제한다.

② 사업소득(부동산임대업 - 주거용 건물임대업은 제외)에서 발생한 결손금에 대해서는 다른 종합소득금액에서 공제한다.

③ 이자소득, 배당소득, 사업소득, 근로소득, 연금소득, 기타소득은 반드시 모두 합산하여 종합소득금액으로 신고해야 한다.

④ 아버지와 아들이 공동으로 사업을 하는 경우에는 당연히 합산하여 소득금액을 계산하다.

05. 다음 중 소득세법상 종합소득금액과 관련한 설명 중 가장 옳은 것은?

① 종합소득금액은 이자소득, 배당소득, 사업소득, 근로소득, 퇴직소득, 기타소득, 연금소득을 모두 합산한 것을 말한다.

② 원천징수된 소득은 종합소득금액에 포함될 수 없다.

③ 부가가치세법상 영세율적용대상에서 발생하는 소득은 소득세법상 소득금액에서 제외한다.

④ 당해연도 사업소득에서 발생한 결손금은 당해연도 다른 종합소득금액에서 공제한다.

06. 다음 중 소득세법상 결손금과 이월결손금에 관한 내용으로 옳은 것은?

① 사업소득의 이월결손금은 과세기간의 종료일부터 일정기간 이내에 끝나는 과세기간의 소득금액을 계산할 때 최근에 발생한 과세기간의 이월결손금부터 순서대로 공제한다.

② 사업소득의 이월결손금은 사업소득 → 근로소득 → 기타소득 → 연금소득 → 이자소득 → 배당소득의 순서로 공제한다.

③ 주거용 건물 임대 외의 부동산임대업에서 발생한 이월결손금은 타소득에서는 공제할 수 없다.

④ 결손금 및 이월결손금을 공제할 때 해당 과세기간에 결손금이 발생하고 이월결손금이 있는 경우에는 이월결손금을 먼저 소득금액에서 공제한다.

07. 다음은 소득세법상 결손금과 이월결손금에 관한 설명이다. 가장 틀린 것은?

① 해당 과세기간의 소득금액에 대하여 추계신고를 하거나 추계조사 결정하는 경우에는 예외 없이 이월결손금공제규정을 적용하지 아니한다.

② 사업소득의 이월결손금은 사업소득, 근로소득, 연금소득, 기타소득, 이자소득, 배당소득의 순서로 공제한다.

③ 주거용 건물 임대 외의 부동산임대업에서 발생한 이월결손금은 타소득에서는 공제할 수 없다.

④ 결손금 및 이월결손금을 공제할 때 해당 과세기간에 결손금이 발생하고 이월결손금이 있는 경우에는 그 과세기간의 결손금을 먼저 소득금액에서 공제한다.

주관식

01. 사업소득의 결손금을 공제순서로 나열하시오.

> ① 이자소득금액　② 배당소득금액　③ 기타소득금액　④ 근로소득금액　⑤ 연금소득금액

02. 소득세법상 다음 자료에 의한 소득만 있는 거주자 김영민의 20x1년 종합소득금액을 계산하면 얼마인가?(단, 이월결손금은 전기에 부동산임대업을 제외한 사업소득금액에서 이월된 금액이다.)

> • 부동산임대 이외의 사업소득금액 : 25,000,000원　　• 근로소득금액 : 10,000,000원
> • 부동산임대 사업소득금액 : 15,000,000원　　• 이월결손금 : 40,000,000원

03. 소득세법상 다음 자료에 의한 소득만 있는 거주자의 20x1년 귀속 종합소득금액은 모두 얼마인가?

> • 사업소득금액(도소매업) : 25,000,000원
> • 사업소득금액(음식점업) : △10,000,000원
> • 사업소득금액(비주거용 부동산임대업) : △7,000,000원
> • 근로소득금액 : 13,000,000원
> • 양도소득금액 : 20,000,000원

연/습/문/제 답안

🔑 객관식

1	2	3	4	5	6	7									
②	②	④	①	④	③	①									

[풀이]

02. **사업소득의 결손금은 15년간 이월공제** 할 수 있다.

03. 은행예금이자는 이자소득으로 과세된다.

04. 사업소득(부동산임대업)의 결손금은 타소득과 통산하지 않으며, 이자소득과 배당소득은 2,000만원 초과인 경우 합산신고하고, **공동사업의 경우에도 원칙적으로 각각 소득금액을 계산**한다.

05. ① 분리과세소득과 비과세소득은 제외한다.
    ② 원천징수된 금액 중 예납적원천징수된 소득은 종합소득에 포함한다.
    ③ **영세율도 사업소득의 수입금액에 포함**한다.

06. ① **과거에 발생한 이월결손금부터 순차적으로 공제**한다.
    ② 사업 – 근로 – 연금 – 이자 – 배당소득순으로 공제한다.
    ④ **결손금을 먼저 공제**한다.

07. 해당 과세기간의 소득금액에 대하여 추계신고를 하거나 추계조사 결정하는 경우에는 이월결손금공제 규정을 적용하지 아니한다. 다만, 천재지변이나 그 밖의 불가항력으로 장부나 그 밖의 증명서류가 멸실되어 추계신고하거나 추계조사 결정을 하는 경우에는 그러하지 아니한다.

주관식

| 1. | ④ ⑤ ③ ① ② | 2. | 10,000,000원 | 3. | 28,000,000원 |

01. 사업자가 비치·기록한 장부에 의하여 해당 과세기간의 사업소득금액을 계산할 때 발생한 결손금은 그 과세기간의 종합소득과세표준을 계산할 때 근로소득금액·연금소득금액·기타소득금액·이자소득금액·배당소득금액에서 순서대로 공제한다.

02. 부동산임대업을 제외한 사업소득에서 발생한 이월결손금은 법정순서로 공제한다.

	사업소득		근로소득	계
	일반	부동산임대		
1. 종합소득금액(공제전)	25,000,000	15,000,000	10,000,000	50,000,000
2. 이월결손금 공제	(25,000,000)	(15,000,000)		(40,000,000)
3. 종합소득금액(공제후)				10,000,000

03. 종합소득금액 = 사업소득금액(25,000,000) - 사업소득결손금 결손금(10,000,000) + 근로소득금액
(13,000,000) = 28,000,000원

→ 양도소득은 분류과세되는 소득이며, **비주거용 부동산 임대업에서 발생한 결손금은 해당연도의 다른 소득금액에서 공제할 수 없다.**

종합소득 과세표준 및 세액계산

NCS세무 - 3   원천징수   NCS세무 - 4   종합소득세 신고

제1절   종합소득 과세표준의 계산구조

　　　　종합소득금액
　(－) 종합소득공제 　　소득세법과 조세특례제한법에 의한 공제
　　　　종합소득과세표준

이러한 종합소득공제는 다음과 같이 분류한다.

구　분	종　류	근거법령
1. 인적공제	1. 기본공제 2. 추가공제	소득세법
2. 물적공제	1. 공적연금 보험료공제 2. **특별소득공제(사회보험료, 주택자금)**	소득세법
	3. 신용카드소득공제 4. 기타 소득공제(개인연금저축, 주택마련저축)	조세특례제한법

인적공제란 거주자의 최저생계비 보장 및 부양가족의 상황에 따라 세부담에 차별을 두어 부담능력에 따른 과세를 실현하기 위한 제도이다.

이에 반해 물적공제란 납세의무자가 지출한 일정한 비용(보험료 등)을 과세표준계산상 공제하는 제도로서 사회보장제도를 세제측면에서 지원하기 위함이다.

제2절 종합소득 인적공제

1. 기본공제(인당 150만원)

공제대상자		요 건		비 고
		연 령	연간소득금액	
1. 본인공제	해당 거주자	–	–	
2. 배우자공제	거주자의 배우자	–	100만원 이하 (종합＋퇴직＋ 양도소득금액의 합계액) 다만 근로소득만 있는 경우 총급여 5백만원 이하	장애인은 연령제한을 받지 않는다. 그러나 소득금액의 제한을 받는다.
3. 부양가족공제	직계존속*1 (계부계모 포함*3)	60세 이상		
	직계비속*2(의붓자녀)과 입양자	20세 이하		
	형제자매	20세 이하/ 60세 이상		
	국민기초생활보호대상자	–		
	위탁아동(6개월 이상)	18세 미만*4		

*1. 직계존속 : 할아버지에서 손자로 이어지는 직계혈족에서 나를 기준으로 위의 혈족인 부, 모, 조모·조부, 외조부, 외조모등을 말한다.

*2. 직계비속 : 나를 기준으로 아래의 혈족인 자녀, 손자녀 등을 말한다.

*3. 직계존속이 재혼한 배우자를 직계존속 사후에도 부양하는 경우 포함

*4. 보호기간이 연장된 위탁아동 포함(20세 이하인 경우)

☞ 직계비속(또는 입양자)과 그 직계비속의 그 배우자가 모두 장애인에 해당하는 경우에는 그 배우자도 기본공제 대상자에 포함된다.

☞ XX소득금액과 XX소득과 다른 표현이다. XX소득금액이란 필요경비(또는 소득공제)를 공제 후 금액을 말한다.

2. 추가공제

기본공제 대상자를 전제로 하고 **추가공제는 중복하여 적용가능**하다.

1. 경로우대공제	기본공제 대상자가 **70세 이상**인 경우	**100만원/인**
2. 장애인공제	기본공제대상자가 **장애인**[1]인 경우	**200만원/인**
3. 부녀자공제	해당 과세기간의 종합소득금액이 3천만원이하인 거주자로서 1. 배우자가 없는 여성으로서 기본공제대상인 부양가족이 있는 세대주인 경우 or 2. 배우자가 있는 여성인 경우	**50만원**
4. 한부모소득공제	배우자가 없는 자로서 **기본공제대상자인 직계비속 또는 입양자가 있는 경우** ☞ **부녀자공제와 중복적용 배제**	**100만원**

*1. 국가유공자 등 예우 및 지원에 관한 법률에 의한 상이자, 항시 치료를 요하는 중증환자 등

3. 인적공제 관련사항

(1) 공제대상가족인 생계를 같이하는 자의 범위

해당 과세기간 종료일 현재 주민등록표상의 동거가족으로서 당해 거주자의 주소 또는 거소에서 현실적으로 생계를 같이하는 자이어야 한다. 다만 **다음의 경우는 동거하지 않아도 생계를 같이하는 것으로 본다.**

① 배우자 및 직계비속, 입양자(항상 생계를 같이하는 것으로 본다)
② 이외의 동거가족의 경우에는 취학, 질병의 요양, 근무상·사업상 형편 등으로 본래의 주소에서 일시 퇴거한 경우
③ 주거의 형편에 따라 별거하고 있는 직계존속(국외는 제외)

(2) 공제대상자의 판정시기

공제대상자에 해당하는지의 여부에 대한 판정은 **해당 연도의 과세기간 종료일 현재의 상황**에 따른다.

다만, **과세기간 종료일전에 사망 또는 장애가 치유된 자는 사망일 전일 또는 치유일 전일의 상황**에 따른다.

또한 **연령기준이 정해진 공제의 경우 해당 과세기간 중에 기준연령에 해당하는 날이 하루라도 있는 경우 공제대상자**가 된다.

세법상연령 = 연말정산연도 – 출생연도

즉 1965년생인 경우 당해연도(2025년)기준으로 60살이 되므로 직계존속인 경우 연령요건
이 충족된다.

〈소득요건 – 요약〉

종합＋퇴직＋양도소득금액의 합계액으로 판단			소득요건 충족여부
1. 근로소득	상용근로자	**총급여액 5,000,000원 이하자**	충족
		총급여액 5,000,000원 (근로소득금액 1,500,000원) 초과자	**미충족**
	일용근로자	**무조건 분리과세**	**충족**
2. 금융소득	국내예금이자 등 (무조건＋조건부)	2천만원 이하(분리과세)	충족
		2천만원 초과(종합과세)	미충족
3. 기타소득	**복권 등**	**무조건 분리과세**	**충족**
	뇌물 등	**무조건 종합과세(1백만원 초과)**	**미충족**
	기타소득금액	**1백만원 이하**	**충족**
		1백만원 초과~3백만원 이하	**선택적 분리과세**
		3백만원 초과자	미충족

| **<예제 4 - 1> 소득요건** |

다음 생계를 같이하는 부양가족소득에 대하여 소득요건을 충족하는지 판단하시오.

명 세	충족여부
1. 근로소득금액 1,200,000원이 있는 배우자	
2. 근로소득 총급여 4,800,000원이 있는 장인	
3. 퇴직소득금액 800,000원과 양도소득금액 750,000원이 있는 장모	
4. 복권당첨소득 200,000,000원이 있는 아버지	
5. 국내정기예금이자소득이 22,000,000원이 있는 장남	
6. 기타소득금액(일시적인 강연료) 3,200,000원이 있는 차남	
7. 일용근로소득 12,000,000원이 있는 경우	
8. 사업소득 총수입금액 35,000,000원과 필요경비 33,500,000원이 있는 형제	

해답

충 족 이 유	충족여부
1. 근로소득 금액＝총급여 − 근로소득공제(5,000,000원이하일 경우 70%) 따라서 총급여＝1,200,000/30%＝4,000,000원 총급여액 5백만원 이하자	○
2. **총급여액이 5,000,000원 이하인 경우 소득요건을 충족한다.**	○
3. 소득요건은 종합소득금액＋퇴직소득금액＋양도소득금액 합계액으로 판단한다.	×
4. 복권당첨소득은 무조건 분리과세소득에 해당한다.	○
5. 정기예금이자소득은 조건부종합과세소득으로서 20백만원 초과인 경우 종합과세되고, 20 백만원 이하인 경우 분리과세된다.	×
6. 기타소득금액이 3백만원 초과인 경우 무조건 종합과세한다.	×
7. 일용근로소득은 무조건 분리과세소득에 해당한다.	○
8. 사업소득금액＝총수입금액 − 필요경비＝1,500,000원이므로 종합소득금액이 1백만원 초과 자에 해당한다.	×

<예제 4 - 2> 인적공제

다음은 관리직 직원 김은영(여성근로자, 총급여액 3천만원)씨 부양가족내용이다. 기본공제 및 추가공제, 자녀세액공제, 출산·입양세액공제 대상여부를 판단하시오.

☞ 자녀세액공제은 8세 이상의 기본공제대상 자녀가 대상이 된다.

가족	이름	연령(만)	소득현황	비　　고
배우자	김길동	48세	총급여액 3,000,000원	
부친	김무식	75세	이자소득금액 18,000,000원	정기예금에 대한 이자금액임
모친	박정금	71세	사업소득금액 7,000,000원	
시모	이미영	63세	복권당첨소득 3억원	－
딸	김은정	22세	대학생	장애인
아들	김두민	0세		올해 출산함
자매	이두리	19세	양도소득금액 3,000,000원	장애인

해답

－인적공제 판단

가족	요　건		기본공제	추가공제 (자녀)	판　　단
	연령	소득			
본인	－	－	○	부녀자	
배우자	－	○	○	－	**총급여액이 5백만원 이하자**
부친(75)	○	○	○	경로우대	**예금이자가 20백만원 이하인 경우에는 분리과세소득임.**
모친(71)	○	×	부	－	종합소득금액 1백만원 초과자로서 추가공제는 기본공제대상자에 한함
시모(63)	○	○	○	－	**복권은 무조건 분리과세소득임.**
딸(22)	×	○	○	장애인, 자녀	**장애인은 연령요건을 따지지 않음**
아들(0)	○	○	○	출산(둘째)	자녀세액 공제는 8세 이상 대상
자매(19)	○	×	부	－	소득금액 1백만원 초과자

			참 고

인적공제 및 자녀세액공제

1.인적공제

		대상자	세법상 공제액	인적공제액
1. 기본공제		본인, 배우자, 부친, 시모, 딸, 아들	1,500,000원/인	9,000,000원
2. 추가공제				
	① 부녀자	본인	500,000원	500,000원
	② 장애인	딸	2,000,000원/인	2,000,000원
	③ 경로	부친	1,000,000원/인	1,000,000원
합 계				12,500,000원

2.자녀세액공제

① 자녀세액공제	1명(김은정)	250,000원(개정세법 25)
② 출산·입양세액공제	둘째 50만원	500,000원
합 계		750,000원

제3절 소득공제(물적공제)

1. 연금보험료공제

종합소득이 있는 거주자가 공적연금 관련법에 따른 기여금 또는 개인부담금(이하 "연금보험료"라 한다)을 납입한 경우에는 해당 과세기간의 종합소득금액에서 그 과세기간에 납입한 연금보험료를 공제한다.

① 국민연금법에 따라 부담하는 연금보험료
② 공적연금(공무원연금 등)에 의한 기여금 또는 부담금

2. 주택담보노후연금 이자비용공제

① 공제대상자 : **연금소득이 있는 거주자**가 주택담보노후연금을 받은 경우
② 공제한도 : 200만원(연금소득금액을 초과하는 경우 초과금액은 없는 것으로 한다.)

3. 특별소득공제

(1) (사회)보험료공제

근로소득이 있는 거주자(일용근로자는 제외한다)가 해당 과세기간에 「국민건강보험법」, 「고용보험법」 또는 「노인장기요양보험법」에 따라 근로자가 부담하는 보험료를 지급한 경우 그 금액을 해당 과세기간의 근로소득금액에서 공제한다.

국민건강보험료, 고용보험료, 노인장기요양보험료	전액

(2) 주택자금공제

① 대상자

특별소득공제신청을 한 **근로소득자로서 세대주인 자**가 해당 주택자금공제를 적용받을 수 있다.

② 공제대상과 금액

구 분	대 상	공 제 액
무주택 세대주(세대구성원도 요건 충족시 가능)로서 근로소득이 있는 거주자가 국민주택(주거용 오피스텔도 추가) 규모이하		
1. 주택임차자금	국민주택규모의 주택을 임차하기 위하여 차입한 차입금의 원리금(원금과 이자)을 상환하는 경우	상환액의 40%
2. 장기주택저당차입금	무주택자인 세대주가 **기준시가 6억원 이하인 주택**을 취득하기 위하여 차입한 장기주택저당차입금의 이자를 지급하는 경우(한도 600~2,000만원)	이자상환액 전액

4. 주택마련저축소득공제 : **청약저축, 주택청약종합저축, 근로자 주택마련저축**

대 상	공 제 액
근로소득자인 무주택 세대주 및 배우자(개정세법 25)가 해당 과세연도에 법에 따른 청약저축 · 주택청약저축에 납입한 금액이 있는 경우	불입액의 40%

5. 신용카드 등 사용금액에 대한 소득공제(조특법)

(1) 공제대상자

① 본인, 배우자, 직계존비속 등**(소득요건이 적용되나, 연령요건은 적용되지 않는다.)**
② **형제자매는 대상자에서 제외된다.**

(2) 신용카드 범위 : 신용카드, 현금영수증, 직불카드, 기명식선불카드, 기명식 선불전자지급

수단 또는 전자화폐 등

(3) 사용금액제외 : **해외사용분 제외**

① **사업소득과 관련된 비용 또는 법인의 비용**
② 보험료, 리스료
③ 교육비(학원비는 공제 대상임)
④ 제세공과금(국세, 지방세, 아파트관리비, 고속도로 통행료 등)
⑤ 상품권 등 유가증권구입비
⑥ 취득세 등이 부과되는 재산의 구입비용**(중고자동차의 경우 구입금액의 10% 공제)**
⑦ 전기료, 수도료, 가스료, 전화료 등
⑧ 기부금, 소득세법에 따라 세액공제를 적용받는 월세액
⑨ 국가, 지방자치단체, 지방자치단체조합에 지급하는 사용료, 수수료 등의 대가

　☞ 다만 우체국 택배, 부동산임대업, 기타 운동시설 운영, 보건소에 지급하는 비용은 신용카드 등 사용액에 포함됨.

⑩ **면세점(시내·출국장 면세점, 기내면세점 등) 사용금액**

(4) 공제율

전통시장·대중교통	도서·공연·박물관 등	직불카드, 현금영수증	신용카드
40%	30%	30%	15%

☞ **총급여액의 25%를 초과 사용해야 공제금액이 계산된다.**

(5) 특별세액공제와 중복가능

① **의료비특별세액공제**
② **교육비특별세액공제(취학전 아동의 학원비 및 체육시설수강료, 중·고등학생 교복구입비용)**

(6) 공제한도 : 300만원(7천만원 초과자는 250만원)

(7) 추가공제

① 전통시장사용분

② 대중교통비

③ 총급여 7천만원 이하자의 도서 · **신문(종이신문만 대상)** · 공연비, 박물관 · 미술관 · 영화관람료, 수영장·체력단련장 시설이용료[1](개정세법 25) 등

  *1. 2025.7.1. 이후 지출분 부터 적용

|<예제 4 - 3> 신용카드등 공제|

다음 신용카드 사용금액에 공제대상여부를 판단하시오.(모두 생계를 같이하는 부양가족에 해당한다).

명 세	공제여부
1. 본인의 자동차 보험료	
2. 모(50세, 소득없음)의 생활용품 구입	
3. 처(정기예금 이자소득금액 1천만원 – 분리과세)의 유흥비용	
4. 처(소득없음)의 성형수술비용	
5. 본인의 대학원 수업료	
6. 본인의 현금서비스	
7. 본인의 물품구입비(법인사용경비)	
8. 자녀(만 6세)의 미술학원비를 본인카드로 결제	
9. 본인의 중고자동차 구입비 20,000,000원	
10. 처제명의의 카드로 생활용품구입비	
11. 사회복지공동모금회에 신용카드로 결제하여 기부	
12. 본인 해외여행으로부터 입국시 기내 면세점 사용분	
13. 본인 생활용품을 구입하고 직불카드로 결제	
14. 본인(총급여액 7천만원 이하자)의 수영장 및 체력단련장 이용료(2025년 8월 지출분)	

해답 〈연령요건 ×, 소득요건 ○〉

명　　　세	공제여부
1. 자동차 보험료는 공제대상에서 제외된다.	X
2. 신용카드 공제는 소득요건만 충족되면 된다.	○
3. **정기예금은 20백만원까지 분리과세소득**이다. 따라서 소득요건을 충족한다.	○
4. 성형수술비용은 의료비세액공제대상에서 제외되나, 신용카드공제는 대상이다.	○
5. 본인의 대학원 수업료는 교육비세액공제대상이나, 신용카드공제는 제외된다.	X
6. 현금서비스는 신용카드공제대상에서 제외된다.	X
7. 법인사용경비와 사업소득의 경비는 신용카드공제대상에서 제외된다.	X
8. 취학전 자녀의 학원비는 **교육비세액공제와 신용카드공제가 중복적용된다.**	○
9. **중고자동차구입 구입가액의 10%는 신용카드공제대상이다.**	○
10. **형제자매**의 신용카드사용은 공제대상에서 제외된다.	X
11. 사회복지공동모금회(특례기부금)에 결제한 금액은 **신용카드공제대상에서 제외**된다.	X
12. 면세점에서 사용금액은 대상에서 제외	×
13. 직불카드 사용금액도 공제대상임	○
14. 총급여액 7천만원 이하자의 수영장 및 체력단련장 이용료도 대상(2025.7.1.이후 지출분)	○

6. 개인연금저축소득공제

대　　상(거주자 본인 명의)	공 제 액
2000.12.31 이전 가입분	불입액의 40%와 72만원 중 적은 금액

7. 소득공제 종합한도

(1) 공제한도 : 2,500만원

(2) 공제한도 소득공제

① 소득세법상 특별소득공제(건강보험료, 고용보험료 등은 제외)

② 조세특례제한법상 청약저축, 신용카드 등 사용금액, 우리사주조합출자자에 대한 소득공제 등(한도 4백만원)

제4절　종합소득세액의 계산

---

1. 종합소득세액의 계산구조

```
        종 합 소 득 과 세 표 준
(×) 세                율
        종 합 소 득 산 출 세 액
(−) 세 액 공 제 · 감 면     배당세액공제, 외국납부세액공제, 근로소득세액공제, 특별세액공제 등
        종 합 소 득 결 정 세 액
(+) 가             산        세
(−) 기 납 부 세 액     중간예납세액, 원천징수세액, 수시부과세액
        차 감 납 부 할 세 액
```

2. 기본세율

과세표준	세　　율
1,400만원 이하	**6%**
1,400만원 초과 5,000만원 이하	84만원[*1]+1,400만원을 초과하는 금액의 15%
5,000만원 초과 8,800만원 이하	624만원[*2]+5,000만원을 초과하는 금액의 24%
8,800만원 초과 1.5억 이하	1,536만원+8,800만원을 초과하는 금액의 35%
1.5억 초과 3억 이하	3,706만원+1.5억원 초과하는 금액의 **38%**
3억 초과 5억 이하	9,406만원+3억원 초과하는 금액의 **40%**
5억 초과 10억 이하	1억7천406만원+5억원 초과하는 금액의 **42%**
10억 초과	3억8천406만원+10억초과하는 금액의 **45%**

*1. 14,000,000×6%=840,000

*2. 840,000+(50,000,000−14,000,000)×15%=6,240,000

　아래 금액도 같은 구조로 계산된다.

3. 세액공제

(1) 소득세법상 세액공제

구 분	공제요건	세액공제
1. 배당세액공제	배당소득에 배당가산액을 합산한 경우	**배당가산액(10%)**
2. 기장세액공제	간편장부대상자가 복식부기에 따라 장부를 기장한 경우	– 기장사업소득에 대한산출세액의 20% – 한도액 : 1,000,000원
3. 외국납부세액공제	외국납부세액이 있는 경우	– 외국납부세액 – 한도액 : 국외원천소득분
4. 재해손실세액공제	재해상실비율이 자산총액의 20% 이상인 경우	– 산출세액(사업소득) × 재해상실비율 – 한도액 : 재해상실자산가액
5. 근로소득세액공제	근로소득이 있는 경우	– 산출세액(근로)의 55%, 30% – 한도액 : 급여구간별 한도 (일용근로자는 55%, 한도는 없다.)
6. 자녀세액공제	종합소득이 있는 거주자	**8세 이상 기본공제대상 자녀**
7. 연금계좌납입	종합소득이 있는 거주자	
8. 특별세액공제	근로소득이 있는 거주자(일용근로자 제외)	

(2) 조세특례제한법상 세액공제

구 분	공제요건	세액공제
월세 세액공제	**– 해당과세기간 총급여액이 8천만원 이하인 (종합소득금액이 7천만원 이하)인 근로자 와 기본공제 대상자** **– 준주택 중 다중생활시설(예 : 고시원)도 대상**	– 월세액의 15%,17% (공제대상 월세액 한도 1,000만원) ☞ 국민주택(전용면적 85㎡) 규모 이하 또 는 기준시가 4억원 이하 주택 임차
결혼세액공제 (개정세법 25)	– 혼인 신고를 한 거주자(생애 1회)	– 50만원(혼인신고를 한 해)
기부정치자금 세액공제	본인이 정치자금을 기부시	**– 10만원 이하 : 100/110 공제** – 10만원 초과 : 15% 공제
고향사랑 기부금	**– 주민등록상 거주지를 제외한 지방자치 단체에 기부한 경우**	**– 10만원 이하 : 100/110 공제** – 10만원 초과~2천만원(개정세법 25) 이하 : 15% 공제
성실사업자	의료비 및 교육비 세액공제	해당액의 일정률
전자신고세액	납세자가 직접 전자신고시	– 2만원

4. 자녀세액공제

(1) 기본세액공제

종합소득이 있는 거주자의 **기본공제대상자에 해당하는 자녀(입양자 및 위탁아동을 포함한다)** 및 손자녀에 대해서는 다음의 금액을 종합소득산출세액에서 공제한다. 다만 **아동수당[*1]의 지급으로 인하여 8세 이상의 자녀에 한한다.**

1명인 경우	25만원	(개정세법 25)
2명인 경우	**55만원**	
2명 초과	55만원+**40만원/초과인**	

*1. 만 7세 이하 아동에게 월 10만원씩 지급함으로써 아동의 건강한 성장환경을 조성하여 아동의 기본적 권리와 복지증진에 기여하기 위하여 도입한 제도

(2) 출산입양세액공제 : **첫째 30만원 둘째 50만원 셋째 이상 70만원**

5. 연금계좌세액공제 : 대상액의 12%, 15%

종합소득이 있는 거주자가 연금계좌에 납입한 금액(이연퇴직소득, 다른 계좌에서 이체된 금액 제외) 중 12%, 15%을 해당 과세기간의 종합소득산출세액에서 공제한다.

해당액=MIN[① MIN(연금저축, 600만원)+퇴직연금, ② 연 900만원]

6. 특별세액공제

(1) 표준세액공제 : 특별소득공제와 특별세액공제 미신청

근로소득이 있는 자	**13만원**
근로소득이 없는 거주자	7만원(성실사업자 12만원)

☞ 조특법상 기부금공제(정치자금 등)을 신청한 경우 표준세액공제가 배제됨

(2) 특별세액공제 공통적용요건

〈공통 적용요건〉

구 분	보장성보험료		의료비	교육비		기부금
	일반	장애인		일반	장애인특수	
연령요건	○(충족)	×(미충족)	×	×	×	×
소득요건	○	○	×	○	×	○
세액공제액	12%	15%	15~30%	15%		15%, 30%

☞ 근로기간 지출한 비용만 세액공제대상이(예외 : 기부금세액공제은 1년 동안 지출한 금액이 대상이 된다.)되며, 일정사유발생(혼인, 이혼, 별거, 취업등)한 날까지 지급 금액만 대상이다.

① 보장성보험료세액공제 : 대상액의 12%, 15%

① 보장성보험료[*1]	기본공제대상자를 피보험자[*4]로 하는 보장성보험료와 **주택임차보증금(보증대상 3억 이하) 반환 보증 보험료[*3]**	연100만원 한도	12%
② 장애인전용 보장성보험료[*2]	기본공제대상자 중 장애인을 피보험자 또는 수익자[*5]로 하는 보장성보험료	연100만원 한도	15%

*1. 만기에 환급되는 금액이 납입보험료를 초과하지 아니하는 보험(만기에 환급되는 금액이 납입보험료를 초과하는 보험을 저축성보험이라고 한다.)

*2. 장애인전용보장성보험의 계약자(장애인)에 대하여 보장성보험료와 장애인전용보장성보험보험료 규정이 동시에 적용되는 경우 그 중 하나만을 선택하여 적용한다.

*3. 임대인이 전세금을 반환하지 않는 경우 그 반환을 책임지는 보험

*4. 보험계약자 : 보험계약을 체결하고 보험자(보험회사)에게 보험료를 지급하는 자
피보험자(생명보험) : 사람의 생(生)과 사(死)는 보험사고발생의 객체가 되는 사람
피보험자(손해보험) : 보험사고의 대상이 되며 사고 발생시 보호를 받는 사람

*5. 수익자 : 보험사고 발생시 보험금을 받는 사람

<예제 4 - 4> 보장성 보험료 세액공제

다음 보험료 납부 자료에 대하여 세액공제대상여부를 판단하시오(생계를 같이하는 부양가족에 해당한다).

명 세	대상여부
1. 소득이 없는 배우자를 피보험자로 하여 상해보험가입	
2. 사업소득금액(500만원)이 있는 직계존속을 피보험자로 하여 차량보험가입	
3. 본인의 저축성 보험 가입	
4. 본인의 현직장 근무 전에 납부한 암 보장보험료	
5. 장남(기타소득금액 : 350만원)의 장애인 전용 보장성보험료	
6. 본인 주택임차보증금 반환 보증보험료	

해답

공 제 이 유	대상여부
1. 보험료 공제는 연령요건과 소득요건을 충족해야 함.	○
2. 소득요건 불충족 : 사업소득금액 500만원	×
3. 저축성보험은 대상에서 제외하고 보장성보험만 대상임	×
4. 보험료는 근로소득이 발생한 기간에 불입한 보험료만 대상임.	×
5. 장애인 전용 보장성보험료는 연령요건을 충족하지 않아도 되나 소득요건은 충족하여야 한다.	×
6. 주택임차보증금 반환 보증 보험료(보증대상 임차보증금 3억원이하)도 보험료세액공제 대상 추가	○

② 의료비세액공제 : 대상액의 15%~30%

㉠ 의료비의 공제대상액 계산

		세액공제율
난임시술비	**임신을 위하여 지출하는 시술비용**	30%
미숙아 등	**미숙아·선천성 이상아에 대한 의료비**	20%
특정	㉠ **본인** ㉡ **(과세기간 개시일) 6세 이하** ㉢ **(과세기간 종료일) 65세 이상인 자** ㉣ **장애인** ㉤ **중증질환자, 희귀난치성질환자 또는 결핵환자 등**	15%
일반	난임, 미숙아 등, 특정의료비 이외	

㉡ 세액공제 대상 의료비

세액공제대상 의료비	대상제외 의료비
㉠ 질병의 예방 및 치료에 지출한 의료비 ㉡ 치료, 요양을 위한 의약품(한약 포함) 구입비 ㉢ 장애인보장구 구입·임차비용 ㉣ 보청기 구입비용 ㉤ 의사 등의 처방에 따라 의료용구를 직접 구입·임차 비용 ㉥ **시력보정용안경·콘택트렌즈 구입비용(1인당 50만원 이내)** ㉦ **임신관련비용**(초음파검사, 인공수정을 위한 검사·시술비) ㉧ **출산관련분만비용**(의료법상 의료기관이어야 함) ㉨ 보철비, 임플란트와 **스케일링비** ㉩ **예방접종비, 의료기관에 지출한 식대, 건강검진비** ㉪ 라식 수술비 및 근시교정시술비 ㉫ **산후조리원에 지출한 비용(출산 1회당 2백만원 한도)**	㉠ **국외의료기관에 지출한 의료비** ㉡ **건강증진을 위한 의약품 구입비** ㉢ **미용목적 성형수술비** ㉣ **간병인에 대한 간병비용** ㉤ **실손의료보험금으로 보전받은 금액**

<예제 4 - 5> 의료비세액공제

다음 의료비 자료에 대하여 세액공제대상여부를 판단하고 특정, 난임, 미숙아, 일반의료비로 구분하시오 (모두 생계를 같이하는 부양가족에 해당한다).

명　　　　세	특정/일반/난임/미숙아
1. 부(만 67세, 사업소득금액 500만원)의 암 치료비 5백만원 (보험사로 부터 실손의료보험금 2백만원을 보전받음)	
2. 자(만 15세)의 스케일링 비용	
3. 처(장애인, 기타소득금액 1억원)의 보청기 구입비용	
4. 본인의 건강검진비	
5. 형(만 50세)의 신종플루 검사비	
6. 자(만 22세)의 콘텍트 렌즈구입비 100만원	
7. 배우자의 1회 출산시 산후조리비용 5,000,000원	
8. 부(만 60세)의 미국 병원에서 대장암치료비	
9. 처(근로소득금액 5백만원)의 장애인 보장구 구입비용	
10. 배우자의 임신을 위하여 지출한 체외수정수술비	
11. 아버지(중증질환자)의 병원 치료비	
12. 자(0세)의 미숙아 의료비	
13. 자(**과세기간 개시일 현재 6세**)의 독감 예방접종비	

해답

공제이유	특정/일반/난임/미숙아
1. 의료비세액공제는 소득요건, 연령요건의 제한을 받지 아니하나, 실손보험금 보전금액은 제외됨	특정(3백만원)
2. 스케일링 비용 및 보철비용, 임플란트도 대상임	일반
3. 보청기 구입비용 세액공제대상이고, 장애인(특정) 의료비임. **＊ 의료비공제는 소득요건, 연령요건의 제한을 받지 아니함.**	특정(장애인)
4. 예방을 위한 건강검진비도 세액공제대상임.	특정(본인)
5. **의료비세액공제는 소득요건, 연령요건의 제한을 받지 아니함.**	일반
6. **시력보정용 지출비용은 연간 1인당 50만원 한도이다.**	일반(50만원)
7. 배우자의 산후조리비용(한도 2,000,000원)	일반(200만원)
8. 국외 의료기관에 지출한 의료비는 세액대상에서 제외	×
9. **의료비세액공제는 소득요건, 연령요건의 제한을 받지 아니함.**	특정(장애인)
10. **난임부부가 임신을 위하여 지출하는 체외수정시술비는 전액공제 대상 의료비이고, 세액공제율은 30%임**	난임
11. **중증질환자, 희귀난치성질환자, 결핵환자도 특정의료비에 해당한다.**	특정(중증질환자)
12. **미숙아와 선천성 이상아에 대한 의료비는 20% 세액공제율이 적용**된다.	미숙아

공제이유	특정/일반/난임/미숙아
13. 예방접종비도 대상이고 (과세기간 개시일) 6세 이하의 의료비는 특정의료비임.	특정(6세 이하)

③ 교육비세액공제 : 대상액의 15%

㉠ 원칙

1. 본인	1) 전액**(대학원 교육비는 본인만 대상)** 2) 직무관련수강료 : 해당 거주자가 직업능력개발훈련시설에서 실시하는 직업능력개발훈련을 위하여 지급한 수강료 다만, 근로자수강지원을 받은 경우에는 이를 차감한 금액으로 한다.
2. 기본공제대상자 **(직계존속 제외)**	학교, 보육시설 등에 지급한 교육비(대학원 제외) 1) **대학생 : 900만원/인** 2) **취학전아동, 초중고등학생 : 300만원/인** ☞ 취학전 아동의 학원비도 공제대상
3. 장애인특수교육비	**한도없음(직계존속도 가능)**

㉡ 세액공제대상교육비

세액공제대상교육비	세액공제불능교육비
㉠ 수업료, 입학금, 보육비용, 수강료 및 그 밖의 공납금 ㉡ 학교, 유치원, 어린이집, 유치원, 학원 및 체육시설**(*취학전 아동의 경우만 해당*)**에 지급한 급식비 ㉢ 학교에서 구입한 교과서대금(초중고의 학생만 해당) ㉣ **중고등학생의 교복구입비용(연 50만원 한도)** ㉤ **방과후 학교나 방과후 과정 등의 수업료 및 특별활동비** 　(학교등에서 구입한 도서구입비와 학교 외에서 구입한 초중고의 방과후 학교 수업용 도서구입비) ㉥ **국외교육기관(유치원, 초중고, 대학교)에 지출한 교육** ㉦ **든든학자금 및 일반 상환학자금 대출의 원리금 상환액** 　☞대출금 상환연체로 인하여 추가 지급하는 금액과 생활비대출금액은 제외 ㉧ **초·중·고등학생 수련활동, 수학여행 등 현장체험학습비(한도 30만원)** ㉨ **대학입학 전형료, 수능응시료**	㉠ **직계존속의 교육비 지출액(**장애인특수교육비 제외**)** ㉡ **소득세 또는 증여세가 비과세되는 학자금 (=장학금)** ㉢ **학원수강료 (취학전 아동은 제외)** ㉣ **학자금 대출을 받아 지급하는 교육비**

<예제 4 - 6> 교육비 세액공제

다음 교육비 자료에 대하여 세액공제대상여부를 판단하시오(모두 생계를 같이하는 부양가족에 해당한다).

명 세	대상여부
1. 근로자 본인의 대학원 수업료	
2. 처(근로소득 총급여액 510만원)의 대학교 등록금	
3. 자(만 22세, 소득없음)의 대학원 교육비	
4. 자(만 10세)의 미술학원비	
5. 자(만 6세)의 태권도학원비	
6. 자(만 15세, 고등학생)의 학교급식비	
7. 부(만 55세)의 노인대학 등록금	
8. 부(만 55세, 장애인)의 특수교육비	
9. 자(만 18세)의 고등학교 기숙사비	
10. 동생(만 25세, 소득없음)의 대학교 등록금	
11. 자(만 15세)의 고등학교 수학여행 현장체험학습비 50만원	
12. 본인 든든학자금 원리금 상환액(대학 재학시 학자금 대출. 차입시 교육비 공제를 받지 않음)	
13. 자(만 18세)의 대학 입학전형료와 수능응시료	

해답

명 세	대상여부
1. 대학원수업료는 본인만 해당됨.	○
2. 총급여액이 5백만원 초과자이므로 세액공제 불가	×
3. 대학원수업료는 본인만 해당됨.	×
4. 학원비는 공제불가임. 다만 취학전 아동은 예외임.	×
5. 취학전아동의 학원비는 공제대상임.	○
6. 초,중,고등학생의 학교급식비도 공제대상임.	○
7. 직계존속의 교육비지출액은 공제불가임.	×
8. 직계존속의 장애인특수교육비는 공제대상임.	○
9. 학교기숙사비, 학생회비, 학교버스이용료는 제외됨.	×
10. 교육비는 연령요건을 충족하지 않아도 됨.	○

명 세	대상여부
11. 수련활동 등 현장체험학습비(**한도 30만원**)	○
12. 든든 학자금 및 일반 상환 학자금 대출의 원리금 상환액도 대상	○
13. **대학입학전형료와 수능응시료도 세액공제대상임.**	○

④ 기부금세액공제

기부금세액공제는 근로소득이 있는 거주자와 근로소득이 없는 종합소득자(사업소득자는 필요경비 공제)로서 기부금지출액을 말한다. **부양가족의 경우 소득요건을 충족해야 하나, 나이요건을 충족하지 않아도 된다.**

1천만원 이하인 경우	대상액의 15%
1천만원 초과인 경우	대상액의 30%

㉠ 기부금 종류 및 한도액

1. 특례기부금	1. 국가등에 무상으로 기증하는 금품 2. 국방헌금과 위문금품 3. 이재민구호금품(천재 · 지변) 4. 사립학교등에 지출하는 기부금 5. 사회복지공동모금회에 출연하는 금액 6. 특별재난지역을 복구하기 위하여 자원봉사한 경우 그 용역의 가액
2. 우리사주조합에 지출하는 기부금 – 우리사주조합원이 아닌 거주자에 한함	
3. 일반기부금	1. 종교단체 기부금 2. 종교단체외 　① **노동조합에 납부한 회비**, 사내근로복지기금에 지출기부금 　② 사회복지등 공익목적의 기부금 　③ **무료 · 실비 사회복지시설 기부금** 　④ 공공기관 등에 지출하는 기부금

㉡ 기부금이월공제

기부금이 한도액을 초과한 경우와 **기부금세액공제를 받지 못한 경우**(종합소득산출세액을 초과)에 10년간* 이월하여 기부금세액공제를 받을 수 있다.

* 2013.1.1. 이후 지출분부터 적용

<예제 4 - 7> 기부금 세액공제

다음 기부금자료에 대하여 세액공제대상여부를 판단하고, 기부금을 분류하시오.(모두 생계를 같이하는 부양가족에 해당한다).

명 세	특례	일반
1. 본인 명의로 사회복지시설 기부		
2. 본인 재직 중인 회사의 노동조합 회비		
3. 어머니(59세, 소득 없음) 명의로 교회 건축헌금		
4. 부인(소득 없음) 명의로 특별재난지역을 위하여 자원봉사한 경우		
5. 부인(소득 없음) 명의로 종친회 기부금		
6. 아버지(65세, 복권당첨소득 3억원) 명의로 이재민 구호금품		
7. 아들(22세, 소득없음)명의로 국방헌금 지출액		
8. 본인 명의의 정당에 기부한 정치자금		
9. 본인 명의로 사회복지공동모금회 기부금		
10. 본인(천안 거주)의 고향인 충북 옥천에 기부(10만원)		

해답

명 세	특례	일반
1. 사회복지시설에 대한 기부금은 일반기부금		○
2. 노동조합비는 일반기부금임.		○
3. 기부금은 연령요건을 충족하지 않아도 됨		○
4. 특별재난지역의 자원봉사 용역은 특례기부금임.	○	
5. 종친회 기부금은 비지정기부금임.	-	-
6. 복권당첨소득은 분리과세소득이므로 소득요건 충족	○	
7. 연령요건을 충족하지 않아도 되며, 국방헌금지출액은 특례기부금임.	○	
8. 본인 **정치기부자금은 10만원 이하 100/110 세액공제를 적용하고, 초과분은 15% 세액공제 적용**	조특법상 세액공제 (정치자금)	
9. 사회복지공동모금회는 특례기부금 단체임	○	
10. 고향사랑기부금 : **10만원이하는 100/110, 10만원 초과 20백만원 이하는 15% 세액공제대상이다.**	조특법상 세액공제 (고향사랑)	

〈특별세액공제와 신용카드공제 중복적용 여부〉

구 분			특별세액공제	신용카드 공제
보장성보험료			○	×
의료비	공제대상		○	○
	공제제외		×	○
교육비	학원비	취학전 아동	○	○
		이외	×	○
	(중·고등학생)교복구입비		△(한도 50만원)	○
기부금			○	×

〈근로소득자와 사업소득자〉

구 분		근로소득자	사업소득자
인적공제		○	○
물적소득 공제	공적연금보험료	○	○
	특별소득공제	○	×
	신용카드 소득공제	○	×
연금계좌납입세액공제		○	○
표준세액공제		13만원	7만원(성실사업자 : 12만원)
특별세액 공제	보장성보험료세액공제	○	×
	의료비세액공제	○	△[*1]
	교육비세액공제	○	△[*1]
	기부금세액공제	○	×[*2](**필요경비 산입**)
월세세액공제		○	△[*1]
결혼세액공제(개정세법 25)		○	○

[*1]. 성실사업자 등은 공제가 가능하다.
[*2]. 연말정산대상 사업소득자등은 기부금세액공제가능

참고

성실사업자(소득세 및 조세특례제한법)

	소득세법	조특법
요 건 (모두 충족)	① 신용카드가맹점 및 현금영수증가맹점으로 모두 가입한 사업자 또는 전사적 자원관리·판매시점 정보관리시스템설비를 도입한 사업자 ② 장부를 비치·기장하고 그에 따라 소득금액을 계산하여 신고할 것 ③ 사업용계좌를 신고하고, 사업용계좌를 사용하여야 할 금액의 3분의 2이상을 사용할 것	① 소득세법상 성실사업자 ② 해당과세기간 개시일 현재 2년이상 계속 사업 ③ 직전 3개 과세기간의 연평균수입금액을 50% 초과하여 신고할 것 ④ 국세의 체납사실 등을 고려하여 시행령[*1]으로 요건 지정
혜 택	표준세액공제	의료비·교육비특별세액공제+월세세액공제

*1. 시행령 : 법률에 의해 위임된 사항과 그 시행에 필요한 사항을 규정하는 것을 목적으로 제정한 법령

연/습/문/제

 객관식

01. 소득세법상 근로소득자와 사업소득자(성실사업자가 아니고 다른 소득이 없다.)에게 공통으로 적용될 수 있는 소득공제 및 세액공제 항목을 모두 나열한 것은?

가. 부녀자 공제	나. 경로우대 추가공제
다. 보장성보험료 세액공제	라. 주택자금 공제
마. 연금계좌납입세액공제	바. 기부금 세액공제

① 가 - 다 - 마
② 나 - 라 - 바
③ 가 - 나 - 라 - 마
④ 가 - 나 - 마

02. 다음 중 소득세법상 사업소득자와 근로소득자에게 모두 적용되는 소득공제 또는 특별세액공제 내역이 아닌 것은?

① 본인이 부담하는 본인 자동차보험의 보험료
② 본인의 명의로 납부한 개인연금저축
③ 본인의 한부모추가 소득공제
④ 본인이 납부한 국민연금보험료

03. 다음 중 소득세법상 사업소득금액(성실사업자가 아니다.)에서 소득공제 또는 세액공제를 할 수 있는 것은?

① 보장성보험료 세액공제
② 자녀세액공제
③ 교육비 세액공제
④ 신용카드소득공제

04. 다음 중 소득금액이 3,000만원인 김갑동씨의 소득공제 또는 특별세액공제대상이 아닌 것은?

① 5세인 소득이 없는 자녀에 대한 150만원의 기본소득공제

② 기본공제대상자인 형제자매가 교회에 기부한 일반기부금 100,000원

③ 퇴직소득(5백만원)이 있는 배우자를 피보험자로 가입하고 김갑동씨가 납부한 생명보험료 500,000원

④ 본인이 납부한 연금보험료 3,000,000원

05. 다음 중 소득세법상 근로소득이 없는 종합소득자인 경우에도 적용받을 수 있는 세액공제는 무엇인가? 단, 사업소득이 있는 경우 성실사업자가 아니라고 가정한다.

① 연금계좌납입세액공제   ② 교육비세액공제

③ 보장성보험료세액공제   ④ 의료비세액공제

06. 다음 중 금융소득 종합과세대상인 배당소득만이 있는 거주자로서, 종합소득세 확정신고시 적용받을 수 있는 세액공제는?

① 기장세액공제   ② 배당세액공제

③ 재해손실세액공제   ④ 근로소득세액공제

07. 소득세법상 근로소득자와 사업소득자(다른 종합소득이 없는 자)에게 공통으로 적용될 수 있는 공제항목을 나열한 것은?

가. 부녀자공제	나. 자녀세액공제	다. 연금계좌 세액공제
라. 기부금세액공제	마. 신용카드소득공제	

① 가, 나, 마   ② 가, 라, 마

③ 나, 다, 마   ④ 가, 나, 다

08. 다음 중 소득세법상 특별세액공제에 대한 설명으로 가장 틀린 것은?

① 의료비는 총급여액의 3%를 초과하지 않는 경우에도 의료비세액공제를 적용받을 수 있다.

② 일반보장성보험료 납입액과 장애인전용보장성보험료 납입액의 공제한도는 각각 100만원이다.

③ 장애인 특수교육비 세액공제는 제외하고, 직계존속의 대학교등록금은 교육비세액공제 대상이 아니다.

④ 근로소득이 있는 거주자가 항목별 특별소득공제 · 항목별 특별세액공제 · 월세세액공제를 신청하지 않은 경우 연 13만원의 표준세액공제를 적용한다.

주관식

01. 다음은 사원 박기술의 연말정산을 위한 자료이다. 부양가족은 제시된 자료 이외에는 소득이 없고, 박기술과 생계를 같이하고 있다. 인적공제와 자녀세액공제를 판단하시오.

〈박기술의 부양가족현황〉

관계	성명	연령(만)	비고
본인	박기술	47세	총급여 60,000,000원
배우자	김배우	45세	총급여 42,000,000원
본인의 직계존속	박직계	80세	장애인(장애인복지법)
직계비속	박일번	19세	고등학생
직계비속	박이번	9세	초등학생

02. 다음 자료를 보고 내국인이며 거주자인 사무직사원 김미소(여성)의 인적공제와 자녀세액공제를 판단하시오.

성명	관계	연령(만)	내/외국인	동거여부	비 고
김미소	본인	45세	내국인	–	연간 총급여액 2,850만원
박재민	배우자	51세	내국인	동거	사업소득금액 300만원
김성호	본인의 아버지	75세	내국인	영국 거주	소득 없음
유미영	본인의 어머니	73세	내국인	영국 거주	복권당첨소득 800만원
박예슬	딸	18세	내국인	미국 유학중	소득 없음
박호식	아들	12세	내국인	동거	소득 없음
김미정	언니	42세	내국인	동거	퇴직소득금액 100만원

※ 본인 및 부양가족의 소득은 위의 소득이 전부이다.

연/습/문/제 답안

객관식

1	2	3	4	5	6	7	8
④	①	②	③	①	②	④	①

[풀이 – 객관식]

01. **인적공제와 연금계좌납입세액공제는 공통사항**이다. 또한 사업소득만 있는 경우에 기부금(예외 : 연말정산대상 사업소득자)은 필요경비공제만 허용된다.

02. 특별세액공제인 **보장성보험료세액공제는 근로소득자에게만 적용**한다.

03. **자녀세액공제는 종합소득자에게 적용되는 세액공제 항목**이다.

04. 종합소득, 양도소득, 퇴직소득 합계가 1백만원을 초과하는 자는 보장성보험료세액공제가 되지 않는다.

05. **연금계좌납입세액공제는 종합소득이 있는 거주자**가 대상이다.

06. 금융소득발생여부와 관련없이 **기장세액공제, 재해손실세액공제는 사업소득이 있는 경우**, 근로소득세액공제는 근로소득이 있는 경우에 적용되는 것임

07. 원칙적으로 기부금세액공제의 경우 근로자만 적용받을 수 있으며, **사업소득이 있는 자는 기부금을 필요경비에 산입**할 수 있다. **신용카드소득공제는 근로자에게만 적용**된다.

08. 의료비세액공제는 **총급여액의 3%를 초과하는 의료비지출액에 한하여 적용**한다.

🔑 주관식

01. 인적공제 및 자녀세액공제(박기술)

관계	요 건		기본 공제	추가 (자녀)	판 단
	연령	소득			
본인(세대주)	–	–	○		
배우자	–	×	부		총급여액 5백만원 초과자
부(80)	○	○	○	경로, 장애	
자1(19)	○	○	○	자녀	
자2(9)	○	○	○	자녀	

02. 인적공제 및 자녀세액공제(김미소)

관계	요 건		기본 공제	추가 (자녀)	판 단
	연령	소득			
본인(여성)	–	–	○	부녀자	종합소득금액 3천만원 이하자
배우자	–	×	부	–	종합소득금액 1백만원 초과자
부(75)	–	–	부	–	해외거주 직계존속은 대상에서 제외
모(73)	–	–	부	–	
자1(18)	○	○	○	자녀	
자2(12)	○	○	○	자녀	
자매(47)	×	○	부	–	

납세절차 등

NCS세무 - 3   원천징수   NCS세무 - 4   종합소득세 신고

제1절   원천징수

1. 원천징수의 개념

원천징수란 원천징수의무자가 소득 또는 수입금액을 지급할 때 납세의무자가 내야 할 세금을 미리 징수하여 정부에 납부하는 제도이다.

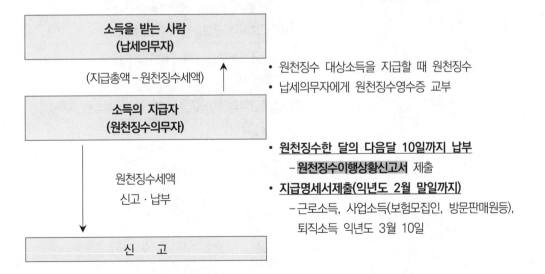

2. 원천징수의 종류

원천징수는 **원천징수로 납세의무가 종결되는지 여부**에 따라 완납적 원천징수와 예납적 원천징수로 나눌 수 있다.

〈예납적 원천징수와 완납적 원천징수의 비교〉

구 분	예납적 원천징수	완납적 원천징수
납세의무 종결	원천징수로 종결되지 않음	원천징수로 납세의무종결
확정신고 의무	**확정신고의무 있음**	**확정신고 불필요**
조세부담	확정신고시 정산하고 원천징수 세액을 기납부세액으로 공제함	원천징수세액
대상소득	**분리과세 이외의 소득**	**분리과세소득**

3. 원천징수세율

구 분			원천징수 여부	비 고
종합소득	금융소득	이 자	○	**–지급액의 14%(비실명 45%)** **–비영업대금의 이익과 출자공동사업자의 배당소득은 25%**
		배 당		
	특정사업소득		○	**–인적용역과 의료·보건용역의 3%** **–봉사료의 5%**
	근 로 소 득		○	–간이세액표에 의하여 원천징수 **–일용근로자의 근로소득에 대해서는 6%**
	연 금 소 득		○	–공적연금 : 간이세액표에 의하여 원천징수 –사적연금 : 5%, 4%, 3%
	기 타 소 득		○	**기타소득금액의 20%(3억 초과 복권당첨소득 30%)**
퇴 직 소 득			○	기본세율
양 도 소 득			×	

4. 원천징수신고납부

원천징수의무자는 다음달 10일까지 원천징수이행상황신고를 제출하여야 한다.

구 분	원천징수신고납부기한
1. 원칙	징수일이 속하는 달의 다음달 10일
2. 예외	반기별납부사업자 : **상시고용인원이 20인 이하**인 소규모 업체로서 세무서장의 승인을 얻은 경우 ① 징수일이 1월 1일 ~ 6월 30일 : 7월 10일 ② 징수일이 7월 1일 ~12월 31일 : 다음연도 1월 10일

☞ 신규사업자는 신청일이 속하는 반기의 상시 고용인원이 20명이하인 경우에도 반기별 납부를 신청할 수 있다.

5. 지급시기의제

다음의 소득을 미지급시 지급한 것으로 의제하여 원천징수를 하여야 한다.

1. 이자소득	**총수입금액의 수입시기**
2. 배당소득	**잉여금처분에 의한 배당 : 처분결의일부터 3월이 되는 날** 다만 11.1~12.31결의분은 다음연도 2월말 (예) 2월 28일 주주총회에서 현금 배당 100원 지급 결의 　　　5월 28일 결의일부터 3개월 내에 미지급 ⇒ 지급한 것으로 의제(원천징수 14원) 　　　6월 10일 원천징수이행상황신고서 신고 및 납부
3. 근로소득 및 퇴직소득	1. **1~11월분 : 12/31** 2. **12월분 : 익년도 2월말** 3. **잉여금처분상여 및 잉여금처분 퇴직소득 : 결의일로부터 3월** 　　**다만 11.1~12.31 결의분은 다음연도 2월말**

〈원천징수상황이행신고서 – 근로소득항목〉

간이세액	A01	매월 급여 지급액 및 원천징수한 내역을 기재
중도퇴사	A02	연도 중 중도퇴사자의 연말정산내역을 기재
일용근로	A03	일용근로자에게 지급한 일당 및 원천징수내역을 기재
연말정산	A04	계속근로자에게 대한 연말정산내역을 기재(익년도 3월 10일 신고)

❶ 원천징수 명세 및 납부세액

(단위 : 원)

소득자 소득구분			코드	원천징수명세					⑨ 당월 조정 환급 세액	납부 세액	
				소득지급 (과세 미달, 일부 비과세 포함)		징수세액				⑩ 소득세 등 (가산세포함)	⑪ 농어촌 특별세
				④인원	⑤총지급액	⑥소득세등	⑦농어촌 특별세	⑧가산세			
개인(거주자·비거주자)	근로소득	간이세액	A01								
		중도퇴사	A02								
		일용근로	A03								
		연말정산	A04	10	120,000,000	△2,000,000					
		가감계	A10	10	120,000,000	△2,000,000					
	퇴직소득		A20								
	사업소득	매월징수	A25								
		연말정산	A26								
		가감계	A30								
	기타소득		A40								
	연금소득	매월징수	A45								
		연말정산	A46								
		가감계	A47								
	이자소득		A50								
	배당소득		A60								
	저축해지 추징세액 등		A69								
	비거주자 양도소득		A70								
법인	내·외국법인원천		A80								
수정신고(세액)			A90								
총합계			A99								

소득세만 기재

❷ 환급세액 조정

(단위 : 원)

전월 미환급 세액의 계산			당월 발생 환급세액				⑱ 조정대상 환급세액(⑭+⑮ +⑯+⑰)	⑲ 당월조정 환급세액계	⑳ 차월이월 환급세액 (⑱−⑲)	㉑환급 신청액
⑫전월 미환급 세액	⑬기환급 신청세액	⑭차감잔액 (⑫−⑬)	⑮일반환급	⑯신탁재산 (금융 회사 등)	⑰그밖의 환급세액					
					금융 회사 등	합병 등				
			2,000,000				2,000,000		2,000,000	

차월이월환급세액은 다음달 전월환급세액으로 기재됨

\<예제 5 - 1\> 원천징수이행상황신고서

다음 5월분 급여자료 및 퇴사자료를 보고 원천징수이행상황신고서를 작성하라.

1. 정규근로자 급여지급내역

	기본급여 및 제수당(원)			
	기본급	상여	자가운전보조금	지급합계
	9,000,000	1,200,000	400,000	10,600,000
김갑동외 3명	공제액(원)			
	국민연금 등	근로소득세	지방소득세	공제합계
	620,000	72,000	7,200	699,200

- '자가운전보조금'항목은 소득세법상 비과세요건을 충족한다.

2. 중도퇴사자 연말정산내역

	급여지급내역(1월~퇴사시)			
	기본급	상여	자가운전보조금	지급합계
	10,000,000	2,700,000	500,000	13,200,000
김갑순	연말정산내역			
	근로소득세		지방소득세	합계
	△50,000		△5,000	△55,000

- 근속년수가 1년 미만자로 퇴직금은 없다.

3. 공장 일용근로자 급여지급내역

성명	급여내역(원)	공제액(원)		
		근로소득세	지방소득세	공제합계
이태백외2명	2,500,000	13,500	1,350	14,850

- 전월분 원천징수이행상황신고서상의 차월이월환급세액은 17,500원이었으며, 환급세액에 대하여는 일체의 환급신청을 하지 않았다.

해답

1. 총지급액란에는 **비과세 및 과세미달을 포함한 총지급액**을 적습니다. 다만 **비과세 자가운전보조금** 등 일부는 제외한다.

2. **소득세등에는 소득세만 입력**한다.(지방소득세는 지방자치단체에 신고납부)

3. 중도퇴사자의 연말정산은 중토퇴사(A02)에 기재한다.

4. 전월미환급세액⑫(당월조정환급세액⑲,⑨) 17,500원을 입력하고, 당월 납부세액은 징수세액(35,500원)에서 당월조정환급세액(17,500원)을 차감한 18,000원이 된다.

			①신고구분						②귀속연월	20×1년 05월	
매월	반기	수정	연말	소득처분	환급신청	☑ 원천징수이행상황신고서 ☐ 원천징수세액환급신청서			③지급연월	20×1년 05월	

1. 원천징수 명세 및 납부세액(단위 : 원)

소득자 소득구분				코드	원천징수명세					⑨당월 조정환급세액	납부 세액	
					소득지급 (과세 미달, 일부 비과세 포함)		징수세액				⑩소득세 등 (가산세 포함)	⑪농어촌특별세
					④인원	⑤총지급액	⑥소득세등	⑦농어촌특별세	⑧가산세			
개인(거주자·비거주자)	근로소득	간 이 세 액		A01	4	10,200,000	72,000					
		중 도 퇴 사		A02	1	12,700,000	△50,000					
		일 용 근 로		A03	3	2,500,000	13,500					
		연 말 정 산		A04								
		가 감 계		A10	8	25,400,000	35,500			17,500	18,000	
	퇴 직 소 득			A20								
	사업소득	매 월 징 수		A25								
		연 말 정 산		A26								
		가 감 계		A30								
	기 타 소 득			A40								
	연금소득	매 월 징 수		A45								
		연 말 정 산		A46								
		가 감 계		A47								
	이 자 소 득			A50								
	배 당 소 득			A60								
	저축해지 추징세액 등			A69								
	비 거 주 자 양 도 소 득			A70								
법인	내 · 외 국 법 인 원 천			A80								
수 정 신 고 (세 액)				A90								
총 합 계				A99	8	25,400,000	35,500			17,500	18,000	

2. 환급세액 조정(단위 : 원)

전월 미환급 세액의 계산			당월 발생 환급세액				⑱조정대상환급세액 (⑭+⑮+⑯+⑰)	⑲당월조정환급세액계	⑳차월이월환급세액 (⑱-⑲)	㉑환급신청액
⑫전월미환급세액	⑬기환급신청세액	⑭차감잔액 (⑫-⑬)	⑮일반환급	⑯신탁재산 (금융회사 등)	⑰그밖의 환급세액					
					금융회사 등	합병 등				
17,500		17,500					17,500	17,500		

제2절	연말정산(근로소득)

1. 의의

연말정산이란 근로소득을 지급하는 자가 다음해 2월분 급여를 지급하는 때에 지난 1년간의 총급여액에 대한 근로소득세액을 정확하게 계산한 후, 매월 급여지급시 간이세액표에 의하여 이미 원천징수납부한 세액과 비교하여 적게 징수한 경우에는 더 징수하고, 많이 징수한 세액은 돌려주는 절차를 말한다.

2. 연말정산의 시기

구　분	시　기	신고납부
(1) 일반	**다음해 2월분 급여 지급시**	**3월 10일까지**
(2) 중도퇴사	**퇴직한 달의 급여를 지급하는 때**	**다음달 10일까지**
(3) 반기별납부자	다음해 2월분 급여 지급시	신고 : 3월 10일까지 납부 : 7월 10일까지

| <예제 5 - 2> 연말정산 |

다음 자료는 여성근로자인 김선미의 연말정산관련 자료이다. 공제받을 수 있는 공제는 모두 공제받도록 하고 세부담이 최소화되도록 한다.

〈부양가족사항(모두 생계를 같이하고 있음)〉

이름	연령	관계	참 고 사 항
김선미	43세	본 인	총급여액 4천만원
이기동	45세	배우자	당해연도 일용근로소득 3,500,000원 외에 타소득 없음. 청각장애인임.
김선규	71세	부 친	사업소득금액 900,000원 외에 타소득 없음
박명순	61세	모 친	은행이자소득 1,200,000원 외에 타소득 없음
이철민	21세	자	국내 고등학교 졸업 후 미국의 대학교에 입학허가 받아 재학중
이선영	18세	자	고등학생(시각장애인)
이선미	5세	자	
이재식	38세	동 생	장애인으로서 근로소득(총급여액 5,200,000원) 외에 타소득 없음

〈연말정산 추가자료〉

항 목	내　　　　용	
보장성 보험료	• 본인 자동차보험료	:　　800,000원
	• 부친 보장성 상해보험료	:　　400,000원
	• 동생 장애인전용보험료	:　　500,000원(소득자본인 신용카드 사용)
의 료 비	• 부친 보약구입비	:　　　600,000원(소득자본인 신용카드 사용)
	• 부친 관절염치료비	:　　　300,000원
	• 모친 건강진단비	:　　　500,000원(소득자본인 신용카드 사용, 중증환자)
	• 본인 산후조리비용	:　3,000,000원(1회 출산)
	• 배우자 안과치료비	:　1,800,000원(배우자 신용카드 사용)
	• 아들(21)치과치료비	:　2,000,000원(미국에서 치료비)
	• 자(5) 라식수술비	:　1,000,000원
	• 동생　성형수술비	:　3,000,000원(미용목적 성형수술)
교 육 비	• 배우자 대학원 등록금	:　7,500,000원
	• 대학생 자녀 미국 대학교 등록금	:　8,200,000원
	• 고등학생 자녀 등록금	:　　1,300,000원*
	(* 방과후학교 수강료 200,000원, 도서구입비 80,000원 포함)	
기 부 금	• 본인 명의 정치자금 기부금	:　　900,000원
	• 배우자명의 사찰기부금	:　3,000,000원
	• 모친명의 국방헌금	:　　700,000원
신용카드	• 본인명의 신용카드 사용액총액	:　30,000,000원
	• 배우자명의 신용카드 사용액총액	:　10,000,000원
	• 고등학생 자녀 현금영수증 사용액	:　　1,000,000원
	• 동생의 직불카드 시용액	:　　5,000,000원
월세	• 월세지출액 7,000,000원(총급여액 40,000,000원 – 월세 세액공제 요건 충족)	

1. 인적공제여부를 판단하고, 자녀세액공제 여부를 판단하시오.

가족	이름	요 건		기본 공제	추가공제 (자녀)	판　단
		연령	소득			
본 인	김선미	–	–			
배우자	이기동	–				
부친(71)	김선규					
모친(61)	박명순					
자(21)	이철민					
자(18)	이선영					
자(5)	이선미					
동생(38)	이재식					

2. 연말정산대상금액을 입력하시오.

[소득공제]

1. 신용카드	① 신용카드 ② 현금영수증 ③ 직불카드 ④ 전통시장사용분 ⑤ 대중교통비사용액 ⑥ 도서 · 공연비, 미술관, 영화관람료, 수영장 등 이용료	

[특별세액공제]

1. 보장성 　보험료	① 일반 ② 장애인전용	
2. 의료비	① 특정의료비(본인, 장애인, 65세 이상, 6세 이하) ② 일반의료비	
3. 교육비	① 배우자 ② 대학생 ③ 취학전아동, 초중고 ④ 장애인특수교육비	
4. 기부금	① 정치자금 　－10만원 이하 　－10만원 초과 ② 특례기부금 ③ 일반기부금 ④ 종교단체 기부금	
[월세 세액 공제－조특법]		

해답

1. 인적공제 및 세액공제판단

가족	이름	요　건		기본 공제	추가공제 (자녀)	판　단
		연령	소득			
본　인	김선미	－	－	○	부녀자공제	배우자가 있는 여성근로자
배우자	이기동	－	○	○	장애인	**일용근로소득은 분리과세소득임.**
부 친(71)	김선규	○	○	○	경로우대	
모 친(61)	박명순	○	○	○	－	**20백만원 이하의 은행이자소득은 분리과세소득임.**
자(21)	이철민	×	○	부	－	
자(18)	이선영	○	○	○	장애인, 자녀	
자(5)	이선미	○	○	○		자녀세액공제는 8세 이상
동생(38)	이재식	×	×	부	－	장애인이나 총급여액 5백만원 초과자

2. 연말정산 추가자료 입력

〈연말정산 대상 판단〉

항목	요건		내　　　용	대　상
	연령	소득		
보장성 보험료	○	○	• 본인 자동차보험료 • 부친 보장성 상해보험료 • 동생 장애인전용보험료(소득요건 충족못함)	800,000원 400,000원 –
의료비	×	×	• 부친 보약구입비 : 보약은 대상에서 제외 • 부친 관절염치료비(65세 이상) • 모친 건강진단비(중증환자) • 본인 산후조리비용(한도 2,000,000원) • 배우자 안과치료비(장애인) • 국외 치료비는 대상에서 제외 • (과세기간 개시일) **6세 이하 치료비는 특정의료비** • 성형목적 수술비는 대상에서 제외	– 300,000원(특정) 500,000원(특정) 2,000,000원(특정) 1,800,000원(특정) – 1,000,000원(특정) –
교육비	×	○	• 배우자 대학원 등록금 : 본인 대학원교육비만 가능 • 대학생 자녀 미국 대학교 등록금 : 국외교육기관에 지출한 교육비도 공제대상. • 고등학생 자녀 등록금 : 방과 후 학교 수강료와 방과 후 학교 도서구입비도 포함됨.	– 8,200,000원 1,300,000원
기부금	×	○	• 본인 명의 정치자금 기부금 　－10만원 이하 : 100/110 세액공제 　－10만원 초과 : 15% 세액공제 • 배우자명의 사찰기부금 • 모친명의 국방헌금	100,000원(세액) 800,000원(15%) 3,000,000원(종교) 700,000원(특례)
신용 카드	×	○	• 신용카드사용액 : 30,000,000원(본인) + 10,000,000원 (배우자) – 500,000원(보험료) = 39,500,000원 • 현금영수증 사용액 : 1,000,000원 • 형제자매의 신용카드 사용은 대상에서 제외	39,500,000원 1,000,000원 –
월세	무주택 세대주등		• **총급여액 8천만원 이하인 무주택 세대주**(기본공제대상자 도 가능) **전용면적 85㎡ 이하 또는 기준시가 4억 이하 임차**	7,000,000원

[연말정산대상금액]

[소득공제]

| 1. 신용카드 | ① 신용카드 | 39,500,000 |
| | ② 현금영수증 | 1,000,000 |

[특별세액공제]

1. 보장성 보험료	① 일반	800,000+400,000
2. 의료비	① 특정의료비(본인, 장애인, 65세 이상, 중증질환자, 6세 이하)	300,000+500,000+1,800,000 +2,000,000+1,000,000
3. 교육비	② 대학생	8,200,000
	③ 취학전 아동, 초중고	1,300,000
4. 기부금	① 정치자금 　-10만원 이하 　-10만원 초과 ② 특례기부금 ④ 종교단체 기부금	100,000 800,000 700,000 3,000,000

| [월세 세액 공제-조특법] | 7,000,000 |

〈총급여액 4천만원일 경우 종합소득금액-Kclep프로그램으로 확인가능함.〉

21.총급여	·		40,000,000
22.근로소득공제			11,250,000
23.근로소득금액			28,750,000

제3절 소득세 신고·납부절차

1. 소득세 신고절차

구 분	내 용	신고여부	납부기한
1. 중간예납	사업소득이 있는 거주자가 상반기 (1월~6월)의 소득세를 미리 납부하는 절차	고지납부	11월 30일
2. 사업장 현황신고	**면세사업자(개인)**의 총수입금액을 파악하기 위한 제도	자진신고	**다음연도 2월 10일까지**
3. 확정신고	소득세법상 소득이 있는자가 소득세를 확정 신고납부하는 것	자진신고	다음연도 5월말까지

2. 중간예납

(1) 중간예납대상자 : 사업소득이 있는 거주자는 중간예납 의무가 있다.

다만, 다음에 해당하는 사람은 중간예납 의무가 없다.

① 신규사업자

② 사업소득 중 수시 부과하는 소득

③ 보험모집인, 방문판매인 등 연말정산대상 사업소득으로서 원천징수의무자가 직전연도에
　사업소득세의 연말정산을 한 경우

④ 납세조합이 소득세를 매월 원천징수하여 납부하는 경우

(2) 징수

고지납부가 원칙(**소액부징수 : 50만원 미만인 때에는 징수하지 않는다.**)

(3) 신고납부 : 11월 1일부터 11월 30일까지

① 임의적 신고대상자 : 사업부진으로 **중간예납기준액의 30%에 미달시 중간예납추계액을**
　　　　　　　　　　　신고 납부할 수 있음

② 강제적 신고대상자 : 중간예납기준액이 없는 거주자(복식부기의무자)가 당해 연도의 중
　　　　　　　　　　　간예납기간 중 종합소득이 있는 경우에는 중간예납세액을 신고·
　　　　　　　　　　　납부하여야 함

　　☞ 중간예납기준액 : 직전년도 종합소득에 대한 소득세로서 납부하였거나 납부하여야 할 세액

　　　 중간예납추계액(세액) : 당해년도 1.1~6.30까지 종합소득에 대한 소득세 추계액

3. 사업장현황신고 : 개인면세사업자

　개인면세사업자가 5월의 종합소득 확정신고를 하기 전에 1년간의 수입금액을 미리 신고하
는 제도를 사업장현황 신고라고 한다.

다음연도 2월 10일까지 사업장 소재지 관할세무서장에게 신고하여야 한다.

4. 지급명세서 제출의무

(1) 제출의무자 : 소득세납세의무가 있는 개인에게 소득을 국내에서 지급하는 자

(2) 제출기한

① **원칙 : 익년도 2월말일**

② **근로소득, 퇴직소득, 원천징수대상사업소득 : 익년도 3월 10일**

③ **휴업(폐업)의 경우 : 휴업(폐업)일이 속하는 달의 다음다음 달 말일**

5. 근로소득 간이지급명세서 제출의무

(1) 제출의무자 : 상용근로소득, 원천징수대상 사업소득, 인적용역관련 기타소득을 지급하는 자
(2) 제출기한 : 상용근로소득(반기 단위제출, 반기말 다음달 말일)
　　　　　　　원천징수대상 사업소득 및 인적용역 관련 기타소득(매월단위 제출, 다음달 말일)

6. 확정신고와 납부

(1) 과세표준확정신고

당해 연도의 소득금액(종합소득·퇴직소득·양도소득)이 있는 거주자는 당해 소득의 과세표준을 당해 연도의 다음 연도 5월 1일부터 5월 31일까지 납세지 관할세무서장에게 신고하여야 한다.

이러한 과세표준 확정신고는 해당 과세기간의 과세표준이 없거나 결손금액이 있는 경우에도 하여야 한다.

〈확정신고 의무 제외자〉

① **근로소득만 있는 자**
② **퇴직소득만 있는 자**
③ **연말정산대상 연금소득만 있는 자**
④ **연말정산대상 사업소득만 있는 자**
⑤ 위 ①·② 또는 ②·③ 또는 ②·④ 소득만 있는 자
⑥ 분리과세이자소득·분리과세배당소득·분리과세연금소득 및 분리과세기타소득만이 있는 자
⑦ 위 ① 내지 ⑤에 해당하는 자로서 분리과세이자소득·분리과세배당소득·분리과세연금소득 및 분리과세기타소득이 있는 자

(2) 자진납부 및 분납

거주자는 해당 연도의 과세표준에 대한 종합소득·퇴직소득·양도소득 산출세액에서 감면세액·공제세액·기납부세액을 공제한 금액을 과세표준확정신고기한까지 납세지 관할세무서에 납부하여야 한다.

또한 납부할 세액(가산세 및 감면분 추가납부세액은 제외)이 **1천만원을 초과하는 거주자는 다음의 세액을 납부기한 경과 후 2개월 이내에 분납**할 수 있다.

① 납부할 세액이 2천만원 이하인 때에는 1천만원을 초과하는 금액
② 납부할 세액이 2천만원을 초과하는 때에는 그 세액의 50% 이하의 금액

7. 소액부징수

① <u>원천징수세액이 1천원 미만</u>인 경우(이자소득과 인적용역 사업소득으로서 계속적·반복적 활동을 통해 얻는 소득은 제외)
② 납세조합의 징수세액이 1천원 미만인 경우
③ <u>중간예납세액이 50만원</u> 미만인 경우

8. 소득세법상 주요가산세

종 류	적 용 대 상	가 산 세 액
1. 지급명세서 불성실가산세	지급명세서 기한내에 미제출 또는 제출된 지급명세서의 내용이 불분명한 경우	미제출·불분명 지급금액 × 1% **(기한후 3개월 이내에 제출시에는 0.5%)**
2. **계산서 등 또는 계산서 합계표불성실가산세**	- 계산서를 미교부 부실기재한 경우 또는 합계표를 제출하지 않거나 부실기재한 경우 - 가공 및 위장계산서 등(현금영수증 포함)를 수수한 경우	- 미발급, 가공 및 위장수수×2% - 지연발급×1% - 계산서 합계표 미제출×0.5% (지연제출 0.3%)
3. 원천징수불성실 가산세	원천징수세액의 미납부·미달납부	MIN[①, ②] ① **미달납부세액×3%+미달납부세액×미납일수×이자율** ② **미달납부세액의 10%**
4. **지출증빙미수취 가산세 (증빙불비가산세)**	**사업자가 건당 3만원 초과분에 해당하는 경비 등을 지출하고 임의증빙서류를 수취한 경우**	**미수취금액 중 필요경비 인정액×2%** ☞ 소규모사업자 및 소득금액이 추계되는 자 제외
5. 영수증수취명세서제출불성실가산세	사업자가 영수증수취명세서(**3만원 초과분**)를 제출하지 아니하거나 불분명하게 제출한 경우	미제출·불분명금액×1% ☞ 소규모사업자 및 소득금액이 추계되는 자 제외
6. 무기장가산세	**사업자(소규모사업자* 제외)가 장부를 비치하지 않거나 허위로 기장하는 경우**	미기장/누락기장한 소득금액에 대한 산출세액×20%
7. 기타	사업용계좌미사용 가산세 신용카드매출전표미발급가산세 현금영수증미발급가산세 등이 있다.	

* 소규모사업자 : ① 신규사업개시자
　　　　　　　　② 직전연도 사업소득의 수입금액합계액이 **4,800만원**에 미달하는 자
　　　　　　　　③ 연말정산되는 사업소득만 있는 자

연/습/문/제

 객관식

01. 다음 소득 중 원천징수 세율이 가장 높은 것부터 순서대로 나열한 것은?

가. 비영업대금의 이익	나. 비실명 이자소득
다. 봉사료 수입금액	라. 3억원 이하의 복권 당첨소득

① 가 - 나 - 라 - 다   ② 가 - 다 - 라 - 나

③ 나 - 가 - 라 - 다   ④ 나 - 라 - 가 - 다

02. 다음 중 당해 소득세를 징수하는 것은?

① 납세조합의 징수세액이 1천원 미만인 경우

② 근로소득에 따른 원천징수세액이 1천원 미만인 경우

③ 이자소득에 따른 원천징수세액이 1천원 미만인 경우

④ 중간예납세액이 50만원 미만인 경우

03. 다음 중 소득세법상 원천징수 대상소득이 아닌 것은?

① 연금소득   ② 부동산임대용역

③ 면세인적용역   ④ 퇴직소득

04. 다음 중 소득세법상 과세표준 확정신고를 반드시 해야만 하는 경우는?

① 기타소득금액이 2,000,000원 있는 경우

② 퇴직소득이 50,000,000원 발생한 경우

③ 한 과세기간에 근로소득이 두 군데 사업장에서 발생했는데 연말정산시 합산해서 신고하지 않은 경우

④ 분리과세되는 이자소득만 있는 경우

05. 대학교수인 김태환씨가 일시적으로 공무원교육기관에서 공무원을 대상으로 강연을 하였다. 김태환씨가 공무원교육기관으로부터 지급받은 강연료 1,200,000원(원천징수전 금액)인 경우, 김태환씨의 소득세법상 소득구분과 원천징수세액(지방소득세 포함)을 바르게 연결한 것은? 단, 김태환씨는 당해연도에 이 건 외의 강연료를 지급받은 적이 없다.

① 기타소득 105,600원   ② 사업소득　52,800원

③ 기타소득 152,800원   ④ 사업소득 152,300원

06. 다음은 모두 성실히 납세의무를 이행하고 있는 개인사업자들이다. 이들 중 소득세법상 사업장현황신고를 하지 않아도 되는 사업장은?

① 소아과 병원

② 인가를 받아 운영하는 입시학원

③ 신문발행과 광고업을 같이 운영하는 신문사

④ 시내버스와 마을버스를 같이 운영하는 버스회사

07. 다음 사례에서 소득세법상 원천징수세액이 가장 큰 경우는?

① 이만복씨가 로또복권에 당첨된 1,000,000원(복권구입비는 1,000원이다)

② 세무사업을 하는 이세무씨가 일시적인 강의를 하고 받은 1,000,000원

③ 호텔종업원이 봉사료로 받은 사업소득금액 1,000,000원

④ 이금융씨가 은행에 예금을 하고 이자로 받은 1,000,000원

08. 다음의 거주자 중 종합소득세 확정신고를 하지 않아도 되는 거주자는 누구인가?(단, 제시된 소득 이외의 다른 소득은 없다)

① 복권에 당첨되어 세금을 공제하고 10억원을 수령한 이재민씨

② 과세기간 중 다니던 회사를 퇴사하고 음식점을 개업하여 소득이 발생한 오유미씨

③ 소유중인 상가에서 임대소득이 발생한 서영춘씨

④ 개인사업을 영위하여 사업소득이 발생한 송태승씨

09. 다음 중 소득세법상 종합소득과세표준에 합산대상이 아닌 것은?

① 퇴직소득이 있는 경우   ② 연간 기타소득금액의 합계액이 300만원을 초과하는 경우

③ 부동산임대업소득이 있는 경우   ④ 근로소득이 있는 경우

10. 다음에 해당하는 소득을 각각 1,000,000원씩 지급하는 경우 원천징수세액이 가장 작은 소득은?

① 비영업대금의 이익

② 부가가치세가 면세되는 인적용역 사업소득

③ 일시적인 문예창작소득에 해당하는 기타소득

④ 실지명의가 확인되지 아니하는 배당소득

11. 다음 중 소득세법상 중간예납에 대한 설명으로 틀린 것은?

① 중간예납대상자는 사업소득이나, 당해 사업연도 중 최초로 사업을 개시한 신규사업자는 중간예납 의무가 없다.

② 중간예납에 대한 고지를 받은 자는 11월 30일까지 고지된 세액을 납부하여야 한다.

③ 중간예납은 과세관청 입장에서 다음 연도 5월 31일에 징수할 세액을 조기에 확보한다는 장점이 있다.

④ 중간예납은 원칙적으로 신고 납부하여야 하지만, 전년도 수입금액이 일정금액 미만인 경우에는 관할 세무서장의 고지에 의하여 납부할 수도 있다.

12. 다음 중 소득세법상 중간예납세액 및 분납에 대한 설명으로 가장 올바르지 않은 것은?

① 신규사업자, 보험모집인과 방문판매원, 주택조합의 조합원이 영위하는 공동사업에서 발생하는 소득만 있는 자는 중간예납의무가 없다.

② 고지서에 의하여 발급할 중간예납세액이 40만원 미만인 경우에는 징수하지 않는다.

③ 납부할 세액이 2천만원을 초과하는 때에는 그 세액의 50%이하의 금액을 납부기한이 지난 후 2개월 이내에 분납할 수 있다

④ 분납에 관한 규정은 종합소득 및 퇴직소득에 대하여도 적용된다.

13. 다음 중 소득세법상 원천징수 신고납부절차에 대한 설명 중 옳지 않은 것은?

① 원천징수의무자는 원천징수한 소득세를 그 징수일이 속하는 달의 다음달 10일까지 신고 납부하여야 한다.

② 반기별 납부 승인받은 소규모사업자는 해당 반기의 마지막 달의 다음달 10일까지 원천징수한 세액을 신고 납부할 수 있다.

③ 법인세법에 따라 처분된 배당, 상여, 기타소득에 대한 원천징수세액은 반기별 납부에서 제외된다.

④ 과세미달 또는 비과세로 인하여 납부할 세액이 없는 자는 원천징수이행상황신고서에 포함하지 않는다.

14. 다음 중 소득세법상 과세표준 확정신고를 하여야 하는 경우는?

① 퇴직소득만 있는 경우

② 근로소득과 퇴직소득이 있는 경우

③ 근로소득과 보통예금이자 150만원(14% 원천징수세율 적용대상)이 있는 경우

④ 근로소득과 사업소득이 있는 경우

15. 다음 중 소득세법상 신고 및 납부에 대한 설명으로 가장 옳지 않은 것은?

① 소득세법상 중간예납은 원칙적으로 직전 과세기간의 실적을 기준으로 관할 세무서장이 납부고지 (납세고지)서를 발급하여 징수한다.

② 소득세법상 분할납부는 납부할 세액이 1천만원을 초과하는 경우 중간예납과 확정신고시 모두 적용된다.

③ 모든 사업자는 과세표준확정신고시 재무상태표, 손익계산서와 그 부속서류, 합계잔액시산표 및 조정계산서를 첨부하지 아니하면 무신고로 본다.

④ 원천징수세액(이자소득 제외)이 1천원 미만인 경우와 중간예납시 중간예납세액이 50만원 미만인 경우에는 해당 소득세를 징수하지 아니한다.

16. 다음 중 소득세법상 일반적인 지급명세서 제출시기가 다른 소득은?

① 근로소득(일용근로소득 제외)　　　　② 이자소득

③ 원천징수 대상 사업소득　　　　　　④ 퇴직소득

17. 다음 중 소득세법상 근로소득 원천징수시기의 특례에 대한 내용으로 틀린 것은?

① 법인의 이익 또는 잉여금의 처분에 따라 지급하여야 할 상여를 그 처분을 결정한 날로부터 3개월이 되는 날까지 지급하지 아니한 경우에는 그 3개월이 되는 날에 그 상여를 지급한 것으로 보아 소득세를 원천징수한다.

② 원천징수의무자가 12월분의 근로소득을 다음 연도 2월 말일까지 지급하지 아니한 경우에는 그 근로소득을 다음 연도 2월 말일에 지급한 것으로 보아 소득세를 원천징수한다.

③ 원천징수의무자가 1월부터 11월까지의 근로소득을 해당 과세기간의 12월 31일까지 지급하지 아니한 경우에는 그 근로소득을 다음 연도 1월 말일에 지급한 것으로 보아 소득세를 원천징수한다.

④ 법인의 이익 또는 잉여금의 처분이 11월 1일부터 12월 31일까지의 사이에 결정된 경우에 다음 연도 2월 말일까지 그 상여를 지급하지 아니한 경우에는 그 상여를 다음 연도 2월 말일에 지급한 것으로 보아 소득세를 원천징수한다.

18. 다음 중 소득세법상 원천징수대상 소득이 아닌 것은?

① 프리랜서 저술가 등이 제공하는 500,000원의 인적용역소득

② 일용근로자가 지급받은 200,000원의 일급여

③ 은행으로부터 지급받은 1,000,000원의 보통예금 이자소득

④ 공무원이 사업자로부터 받은 10,000,000원의 뇌물로서 국세청에 적발된 경우의 기타소득회)

 주관식

01. 보험모집인인 최영리씨에게 지급할 사업수입금액이 1,300,000원(필요경비 입증액 : 300,000원)일 경우, 당해 사업수입금액 지급 시 원천징수하여야할 소득세액(지방소득세 제외)은?

02. 다음은 박세돌(세대주)과 부양가족의 국세청 홈택스에서 수집한 연말정산 자료이다. 아래 자료를 참고하여 연말정산대상이 되는 것을   아래의 양식에 금액을 적으시오.
(단, 본인의 세부담이 최소화 되도록 적용하기로 한다.)

〈연말정산 자료(국세청 홈택스에서 수집)〉

구 분	내 용
신용카드 등 사용액	• 본인 : 신용카드 25,000,000원[자녀(박하늘) 영어학원비 2,500,000원, 자녀(박세희) 장애인전용보장성보험료 1,200,000원, 대중교통이용액 500,000원 포함됨] • 배우자 : 현금영수증 3,000,000원[자녀(박세희) 음악학원비 1,500,000원, 자녀(박세희) 한약 구입비 300,000원, 전통시장사용액 350,000원 포함됨]
보험료	• 본인 : 생명보험료 600,000원 • 자녀(박하늘,11세) : 저축성보험료 500,000원 • 자녀(박세희, 6세) : 장애인전용보장성보험료 1,200,000원
의료비	• 부친(72세) : 건강증진목적 의약품비 1,000,000원 • 본인 : 콘택트렌즈 구입비 700,000원 • 자녀(박세희) : 질병예방 의료비 1,300,000원(최미소의 현금영수증으로 지출한 한약 보약 구입비 300,000원 포함)
교육비	• 배우자 : 대학교 교육비 5,000,000원 • 자녀(박하늘) : 초등학교 수업료 3,200,000원(체험학습비 300,000원 포함), 영어학원비 2,500,000원(박세돌의 신용카드 사용액에 포함됨) • 자녀(박세희, 취학전 아동) : 음악학원비 1,500,000원(주1회, 월단위, 최미소의 현금영수증 사용액에 포함됨)
기부금	• 본인 : 사회복지공동모금회 기부금 360,000원

〈연말정산〉

[소득공제]		
1. 신용카드	① 신용카드 ② 현금영수증 ③ 전통시장 ④ 대중교통	
[특별세액공제]		
1. 보장성보험료	① 일반 ② 장애인전용	
2. 의료비	① 특정(본인) ② 특정(장애)	
3. 교육비	① 대학 ② 취학전 ③ 초중고	
4. 기부금	① 특례기부금 ② 일반기부금(종교단체 이외)	

03. 다음의 연말정산 관련자료를 보고 생산직 사원 장필주(세대주, 총급여액 55,000,000원으로 가정한다)의 연말정산대상이 되는 것을 아래의 양식에 금액을 적으시오.

〈부양가족 자료〉

관계	이름	연령(만)	비고
배우자	나모현	37세	총급여 5,000,000원
부	장국환	71세	소득없음
자1	장부천	16세	소득없음, 중학생
자2	장여천	7세	소득없음, 초등학생

〈연말정산 자료〉

지출내역		지출액	대상자	비고
보험료	자동차보험료	600,000원	배우자	직불카드로 결제
	상해보험료	200,000원	본인	
	저축성보험료	300,000원	자1	

지출내역		지출액	대상자	비고
의료비	위암수술비	4,000,000원	부	
	한약구입비	500,000원	자2	치료 목적용
	라식수술비	800,000원	본인	신용카드로 결제
	치아미백수술비	300,000원	배우자	
교육비	대학교 등록금	5,000,000원	부	
	영어학원비	1,200,000원	자1	
	교복구입비	700,000원	자1	
	태권도학원비	600,000원	자2	
기부금	사찰 기부금	200,000원	부	
	정치자금기부금	250,000원	본인	
신용카드 등 사용액	신용카드	22,000,000원	본인	라식수술비 800,000원 포함
	직불카드	6,000,000원	배우자	자동차보험료 600,000원 포함
	현금영수증	550,000원	자1	전통시장사용분 300,000원 포함
연금저축	㈜우리은행 연금저축	3,000,000원	본인	계좌번호 123 – 4567 – 89000
	㈜국민은행 연금저축	2,000,000원	배우자	계좌번호 123 – 1234 – 56789

〈연말정산〉

[소득공제]

1. 신용카드	① 신용카드 ② 현금영수증 ③ 직불카드 ④ 전통시장	

[연금계좌세액공제] | 연금저축 | |

[특별세액공제]

1. 보장성보험료	① 일반	
2. 의료비	① 특정(본인, 장애, 65세이상) ② 일반	
3. 교육비	① 초중고	
4. 기부금	① 정치자금 –10만원 이하 –10만원 초과 ② 종교단체 기부금	

연/습/문/제 답안

🔑 객관식

1	2	3	4	5	6	7	8	9	10	11	12	13	14	15
③	③	②	③	①	③	①	①	①	②	④	②	④	④	③

16	17	18												
②	③	④												

[풀이 - 객관식]

01. **비실명 이자소득(45%), 비영업대금이익(25%), 복권당첨소득(20%), 봉사료수입금액(5%)**

02. **이자소득은 소액부징수 규정이 적용되지 않는다.**

03. 사업소득 중 면세인적용역의 경우는 3%(지방소득세 별도)로 원천징수함. **사업소득 중 부동산임대업에서 발생한 것은 원천징수대상소득이 아니다.**

04. 이중 근로소득이 있는데 연말정산시 합산신고하지 않은 경우 종합소득세 확정신고를 하여야 된다.

05. 소득세차감전 지급총액 = 1,200,000원

∴ (1,200,000 − 720,000) × 20%(기타소득세율) × 1.1(지방소득세포함) = 105,600원

☞ 고용관계없이 일시우발적으로 다수인에게 강연을 하고 받는 강연료는 기타소득에 해당되며, 수입금액의 60%를 필요경비로 추정

06. **사업장현황신고는 부가가치세 신고를 하지 않는 면세사업만 하는 개인사업자**가 한다. 과세사업과 면세사업의 겸영사업자의 경우에는 사업장현황신고를 할 필요가 없다.

07. ① 복권당첨소득으로 3억원 미만인 경우의 기타소득에 대한 원천징수세율은 20%이다.

즉, (1,000,000원 − 1,000원) × 20% = 199,800원이다.

② 기타소득 : (1,000,000 − 1,000,000 × 60%) × 20% = 80,000원

③ 사업소득(봉사료) : 1,000,000 × 5% = 50,000원

④ 이자소득 : 1,000,000 × 14% = 140,000원

08. 기타소득은 원칙적으로 종합소득과세표준에 합산하여 신고한다. 그러나 **복권당첨금등 소득은 무조건 분리과세가 적용**된다. 나머지는 사업소득으로서 반드시 확정신고를 하여야 한다.

09. 퇴직소득과 양도소득은 분류과세 한다.

10. ① 25%, ② 3%, ③ 8%(필요경비 60%, 소득금액의 20%), ④ 45%

11. 중간예납은 고지 납부하는 것이 원칙이다.

12. **소액부징수 : 50만원 미만인 때에 징수하지 아니한다.**

13. 원천징수의무자는 원천징수이행상황신고서를 원천징수 관할세무서장에게 제출하여야 하며, 이때 원천징수이행상황신고서에는 원천징수하여 납부할 세액이 없는 자에 대한 것도 포함하여야 한다.

14. **사업소득이 있는 경우는 반드시 확정신고를 해야한다.**

15. 소득세법상 사업자는 사업소득이 있는 거주자로서 업종·규모 등을 기준으로 간편장부대상자와 복식부기의무자로 구분하며, 사업자 중에 복식부기의무자가 과세표준확정신고시 재무상태표, 손익계산서와 그 부속서류, 합계잔액시산표 및 조정계산서를 첨부하지 아니하면 무신고로 본다.

16. 이자소득은 다음연도 2월 말일이며, 나머지 소득은 다음연도 3월 10일이다.

17. 원천징수의무자가 1월부터 11월까지의 근로소득을 해당 과세기간의 **12월 31일까지 지급하지 아니한 경우에는 그 근로소득을 12월 31일에 지급한 것으로 보아 소득세를 원천징수**한다.(근로소득 원천징수시기의 특례)

18. 기타소득 중 뇌물 또는 알선수재 및 배임수재에 의하여 받는 금품은 원천징수소득에서 제외한다

▨— 주관식

01	39,000원	02	해설참고	03	해설참고

[풀이 - 주관식]

01. 1,300,000원×3%(사업소득세 원천징수세율)=39,000원

02. 연말정산(박세돌)

항 목	요건		내역 및 대상여부	입력
	연령	소득		
신용카드	×	○	•본인 신용카드 사용액(학원비는 대상,보험료 제외) •배우자 현금영수증(학원비, 한약구입비는 대상)	○(신용 23,300,000) ○(대중 500,000) ○(현금 2,650,000) ○(전통 350,000)
보 험 료	○ (×)	○	•본인 생명보험료 •자녀(하늘,11)의 **저축성보험료 – 제외** •자녀(세희,6)의 장애인전용보장성보험료	○(일반 600,000) × ○(장애인 1,200,000)
의 료 비	×	×	•부친(72) 건강증진목적의약품 제외 •본인 **콘텍트렌즈 구입비(50만원 한도)** •자녀(세희,장애)질병예방의료비(보약구입비 제외)	× ○(본인 500,000) ○(장애 1,000,000)

항 목	요건 연령	요건 소득	내역 및 대상여부	입력
교 육 비	×	○	•배우자 대학교 등록금 •자(하늘) 초등학교 수업료(**체험학습한도 30만원**) ☞ 학원비는 대상에서 제외 •자(세희) **취학전아동 학원비**	○(대학 5,000,000) ○(초등 3,200,000) ○(취학전 1,500,000)
기부금	×	○	•본인 사회복지공동모금회 기부금	○(특례 360,000)

[소득공제]

1. 신용카드	① 신용카드	23,300,000
	② 현금영수증	2,650,000
	③ 전통시장	350,000
	④ 대중교통	500,000

[특별세액공제]

1. 보장성보험료	① 일반	600,000
	② 장애인전용	1,200,000
2. 의료비	① 특정(본인)	500,000
	② 특정(장애 또는 6세 이하)	1,000,000
3. 교육비	① 대학(배우자)	5,000,000
	② 취학전	1,500,000
	③ 초중고	3,200,000
4. 기부금	① 특례기부금	360,000

03. 연말정산(장필주)

항 목	요건 연령	요건 소득	내역 및 대상여부	입력
보험료	○ (×)	○	• 배우자 자동차 보험료 • 본인 상해보험료 • 자1 저축성보험료	○(일반 600,000) ○(일반 200,000) ×
의료비	×	×	• 부친(71) 위암수술비 • 자2(7) **한약(치료목적) 구입비** • 본인 라식수술비 • 배우자 **치아미백수술(미용목적)**	○(65세 4,000,000) ○(일반 500,000) ○(본인 800,000) ×
교육비	×	○	• 부 대학 등록금 • 자1(16) 학원비 • 자1 중학교 **교복구입비(한도 50만원)** • 자2 초등학생 학원비	× × ○(중학 500,000) ×

항 목	요건		내역 및 대상여부	입력
	연령	소득		
기부금	×	○	• 부친 사찰 기부금 • 본인 정치자금 기부금	○(종교 200,000) ○(10만원이내 100,000 10만원 초과 150,000)
신용카드	×	○	• 본인 신용카드(의료비 포함) • 배우자 직불카드(보험료 제외) • 자1 현금영수증	○(신용 22,000,000) ○(직불 5,400,000) ○(현금 250,000 전통 300,000)
연금저축	본인		• 본인 연금저축	○(3,000,000)

[소득공제]		
1. 신용카드	① 신용카드	22,000,000
	② 현금영수증	250,000
	③ 직불카드	5,400,000
	④ 전통시장	300,000
[연금계좌세액공제]	연금저축	3,000,000
[특별세액공제]		
1. 보장성보험료	① 일반	800,000
2. 의료비	① 특정(본인, 장애, 65세 이상, 6세 이하)	4,800,000
	② 일반	500,000
3. 교육비	① 초중고	500,000
4. 기부금	① 정치자금 －10만원 이하 －10만원 초과 ② 종교단체 기부금	100,000 150,000 200,000

보론 - 지방세법

지방세 신고

전산세무 2급에서는 출제가 되지 않으나 회사 실무에 필요한 내용이므로 참고하시기 바랍니다.

Ⅰ. 지방세의 의의와 구조

1. 의의

지방세는 지역의 공공서비스를 제공하는데 필요한 재원으로 쓰기 위하여 지방자치단체별로 과세하는 세금입니다.

2. 구조

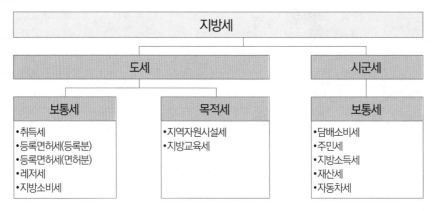

Ⅱ. 주요 지방세

1. 취득세

① 과세대상 : 부동산,선박,광업권,어업권,기계장비,입목,항공기,골프회원권 등

② 납세의무자 : 취득자

③ 과세표준 : 취득당시의 가액으로 한다.

④ 세율 : 1,000분의 10 ~ 1,000분의 40

⑤ 납부방법 : 취득일로부터 60일이내 신고납부

2. 등록면허세(등록분)

① 과세대상 : 재산권 등 그 밖의 권리의 변동사항을 공부에 등기·등록하는 행위

② 납세의무자 : 등록을 받은자

③ 과세표준 : 권리등의 등록당시의 가액이나 채권금액 또는 출자금액

④ 세율

　　㉠ 부동산등기 : 소유권보존 : 8/1,000, 소유권이전 : 유상 20/1,000, 무상 15/1,000

　　㉡ 법인등기 : 0.1~0.4% 또는 정액

4. 재산세

① 납세의무자 : 과세기준일 현재(매년6월1일) 재산을 사실상 소유하고 있는 자
② 과세표준 : 시가표준액에 부동산 시장의 동향과 지방재정 여건 등을 고려하여 산정
  ㉠ 토지 및 건축물 : 시가표준액의 100분의 50부터 100분의 90까지
  ㉡ 주택 : 시가표준액의 100분의 40부터 100분의 80까지
③ 세율 : 과세대상별로 차등적용
④ 납기

7.16~7.31	주택의 1/2	건축물	선박,항공기
9.16~9.30	주택의 1/2	토지	–

5. 주민세

	개인분주민세	사업소분 주민세	종업원분 주민세
납세 의무자	매년 7월 1일 현재 시·군내에 주소를 둔 개인	매년 7월 1일 현재 사업소를 둔 개인사업자·법인	종업원에게 급여를 지급하는 사업주
과세표준	–	과세기준일 현재의 사업소 및 그 연면적	종업원에게 지급한 그 달의 급여총액
세율	개인 : 1만원 범위 내	기본세율+연면적에 대한 세율	종업원 급여 총액의 0.5%
납기	매년 8.16 ~ 8.31	매년 8.1 ~ 8.31	매월분을 다음달 10일까지 신고납부

6. 지방소득세

① 과세대상 : 개인지방소득 및 법인지방소득
② 납세의무자 : 소득세 및 법인세 납세의무가 있는자(개인 및 법인)
③ 납기
  ㉠ 특별징수분 : 매월분을 다음달 10일까지 신고납입
  ㉡ 종합소득세/양도소득세분 : 소득세 신고기간 만료일까지(소득세와 동시징수)
  ㉢ 법인세분 : 사업년도 종료일부터 4월
④ 세율 : 독립세율

7. 자동차세

① 납세의무자 : 납기가 있는 달의 1일 현재(6.1/12.1)의 자동차 소유자
② 과세표준 : 자동차의 배기량, 승차정원, 적재정량
③ 세율 : 과세대상별로 차등적용
④ 납기

	과세기준일	납부기간
1기분(1~ 6월)	6월 1일	6.16~6.30
2기분(7~12월)	12월 1일	12.16~12.31

Part V

실무능력

〈전산세무2급 실무시험 출제내역〉

1. 일반전표 입력	15점	일반전표 입력 5문항
2. 매입매출전표 입력	15점	매입매출전표 입력 5문항
3. 부가가치세	10점	**부가가치세 신고서작성 및 전자신고** **부가가치세 수정신고서(가산세)** 신용카드매출표발행집계표 부동산임대공급가액명세서 / 의제매입세액공제신고서 대손세액공제신고서 / 매입세액불공제내역 수출실적명세서 신용카드매출전표 등 수령금액 합계표(갑) 등
4. 결산자료 입력	15점	수동결산, **자동결산**
5. 원천징수	15점	**사원등록(인적공제)** 급여자료입력 원천징수이행상황신고서 및 **전자신고** **연말정산추가자료 입력**
계	70점	

전산세무회계 프로그램 케이랩(KcLep교육형세무사랑) 설치 방법

1 http://license.kacpta.or.kr/ (한국세무사회자격시험 홈페이지)에서 설치파일을 다운로드하고 설치합니다.

2 설치가 완료되면, 바탕화면에 [아이콘] 단축아이콘을 확인할 수 있다.

3 바탕화면에서 [아이콘] 아이콘을 더블클릭하여 아래와 같이 프로그램을 실행한다.

프로그램을 처음 사용하는 수험생은 회사등록을 먼저한다.

백데이타 다운로드 및 설치

1 도서출판 어울림 홈페이지(www.aubook.co.kr)에 접속한다.

2 홈페이지에 상단에 **자료실 – 백데이타 자료실**을 클릭한다.

3 **자료실 – 백데이터 자료실 – [로그인 전산세무2급 백데이터]**를 선택하여 **다운로드**한다.

4 데이터를 다운받은 후 실행을 하면, [내컴퓨터 ➡ C:₩KcLepDB ➡ KcLep] 폴더 안에 4자리 숫자폴더 저장된다.

5 회사등록메뉴 상단 F4(회사코드재생성)을 실행하면 실습회사코드가 생성된다.

이해가 안되시면 도서출판 어울림 홈페이지에 공지사항(81번)
"로그인 케이렙 실습데이타 다운로드 및 회사코드 재생성 관련 동영상"을 참고해주십시오.

재무회계 실무능력

1

NCS회계 - 3   회계정보시스템 운용   NCS세무 - 3   세무정보시스템

제1절   기초정보관리

회계처리를 하고자 하는 회사에 대한 기본적인 등록 작업을 말한다.

재무회계 메인화면에서 [기초정보등록] – [회사등록]을 클릭하면 아래와 같은 화면이 실행된다. **프로그램을 처음 사용하시는 수험생은 프로그램실행 후 화면 중간에** 회사등록 **을 하시고 실습을 하셔야 합니다.**

① 회사등록

회사등록은 회계처리를 하고자 하는 회사를 등록하는 작업으로 가장 기본적이고 우선되어야 하는 작업이다. 회사등록은 작업할 회사의 사업자등록증을 토대로 작성하여 등록된 내용이 각종 출력물상의 회사 인적사항에 자동 표시됨은 물론 각종 계산에 영향을 주게 되므로 정확히 입력되어야 한다.

② 거래처 등록

상품, 제품을 외상거래나 기타채권, 채무에 관한 거래가 발생했을 때 외상매출금계정이나 외상매입금계정 등의 보조장부로서 거래처별 장부를 만들게 되는데, 이렇게 각 거래처별 장부를 만들기 위해서는 장부를 만들고자 하는 거래처를 등록하여야 한다.

〈반드시 거래처코드를 입력해야 하는 계정과목〉

채권계정	채무계정
외상매출금	**외상매입금**
받을어음	**지급어음**
미수금	**미지급금**
선급금	**선수금**
대여금(단기, 장기)	**차입금(단기, 장기), 유동성장기부채**
가지급금	가수금(거래처를 알고 있을 경우 입력)
선급비용/미수수익/임차보증금	선수수익/미지급비용/임대보증금

③ 계정과목 및 적요등록

회사에서 많이 사용하는 계정과목과 적요는 이미 프로그램에 입력되어 있다. 그러나 회사의 특성상 자주 사용하는 계정과목이나 적요가 필요한데, 계정과목이나 적요를 추가로 등록하거나 수정할 수 있다.

④ 업무용 승용차 등록

부가세법상 매입세액 불공제 대상 승용차에 대해서 발생한 비용에 대해서 한도가 있어서 일부 비용이 인정되지 않을 수 있다. 따라서 이러한 승용차에 대하여 차량번호등을 등록을 해야 한다.

> **제2절** 전기분 재무제표입력(초기이월)

---

① 전기분 재무상태표

전년도의 재무상태표를 입력하면 되는데, **재무상태표상의 재고자산 금액은 손익계산서 및 제조원가명세서의 재고자산금액으로 자동 반영**된다.

② 전기분 손익계산서

기말제품은 재무상태표상의 금액이 자동 반영된다.

③ 전기분원가명세서

제조기업은 원가명세서를 반드시 작성하여야 하는데 **원가명세서에서 작성된 당기제품제조원가가 손익계산서의 매출원가(당기제품제조원가)를 구성**한다.

또한 **재무상태표상의 원재료 금액은 제조원가명세서상의 기말원재료 금액**에 자동반영된다.

④ 전기분 잉여금(결손금)처분계산서

전기재무상태표상의 미처분이익잉여금(이월이익잉여금)과 이익잉여금처분계산서상의 미처분이익잉여금과 동일한 금액이다.

미처분이익잉여금의 당기순이익은 손익계산서의 당기순이익이 일치되어야 한다.

⑤ 거래처별초기이월

채권·채무 등 거래처별관리가 필요한 재무상태표 항목에 대하여 [거래처원장]에 "전기이월"로 표기하면서 거래처별 전년도 데이터를 이월받기 위한 메뉴이다.

제3절　전표입력

1. 일반전표와 매입매출전표의 구분

세금계산서(계산서, 카드영수증, 현금영수증 등 포함) 등을 주고 받았으면 매입매출전표에, 그 이외의 모든 거래는 일반전표로 입력한다.

2. 경비계정의 계정코드 선택

경비는 판매비와관리비(800번대) 계정과 제조경비(500번대)를 구분하여 입력한다.

즉, 공장에서 발생되었으면 제조경비를 본사(관리 또는 영업)에서 발생되었으면 판매비와 관리비계정을 선택한다.

① 일반전표 입력

① 입력할 전표의 월/일을 선택 입력하고, 구분(1:출금/2:입금/3:대체차변/4:대체대변/5:결산차변
/6:결산대변)을 입력한다.

> 입금/출금전표는 전표입력의 편리성으로 만들었기 때문에 **모든 거래를 대체거래로 입력해도**
> **무방합니다.**

② 계정과목 코드란에 계정과목 1글자 이상(일반적으로 2글자)을 입력하고 엔터를 치면 계정코
드도움 화면이 나타나고 해당계정과목을 선택한다.

③ 거래처코드에 거래처명 1글자 이상(일반적으로 2 글자)을 입력하고 엔터를 치면 거래처코
드도움 화면이 나타나고 해당거래처를 선택한다. **거래처코드가 입력되어야 거래처가 정상**
적으로 입력된 것이다.

④ 전표의 적요사항을 입력한다.(등록된 내용을 선택하거나 등록된 내용을 수정하여 선택할
수 있다.) **적요입력을 생략하나, 특정거래(타계정대체 등)에 대해서는 적요번호를** 선택하여
야 한다.

⑤ 차변 또는 대변에 금액을 입력한다.(금액란에 "+"키를 입력하면 "000"이 입력된다)

<예제 1 - 1> 일반전표입력

```
                            - 입력시 유의사항 -
```
• 일반적인 적요의 입력은 생략하지만, **타계정 대체거래는 적요번호를 선택하여 입력한다.**
• **채권·채무와 관련된 거래**는 별도의 요구가 없는 한 반드시 기 등록되어 있는 **거래처코드를 선택하는**
방법으로 거래처명을 입력한다.
• **제조경비는 500번대 계정코드를, 판매비와 관리비는 800번대 계정코드를 사용**한다.
• 회계처리시 계정과목은 별도제시가 없는 한 등록되어 있는 계정과목 중 가장 적절한 과목으로 한다.

☞ **타계정대체거래란?**
　제조기업에서의 원가흐름은 원재료 → 재공품 → 제품 → 제품매출원가로 이루어져 있는데, 원재료를 **제조목적 이**
외로 사용하는 경우(소모품비, 수선비 등)와 **제품을 판매 목적 이외**로 사용하는 경우(기업업무추진비, 복리후생비
등)를 **타계정대체액**이라 하고 해당 재고자산의 **적요란에 "8"(타계정으로 대체액)**을 반드시 선택하여야 한다.

다음은 ㈜한강(2001)의 거래이다. 이를 일반전표입력메뉴에 추가 입력하시오.

[1] 7월 01일   정기예금 10,000,000원이 금일 만기가 도래하여 은행으로부터 다음과 같은 내역서를 받고
              이자를 포함한 전액이 당사 보통예금계정으로 입금되었다. 이자수익을 미수수익으로 계상
              한 금액은 없다. 법인세는 자산계정으로 처리하시오.

<table>
<tr><td colspan="3" align="center">입   금   증</td></tr>
<tr><td colspan="3">•성명 : (주)한강 귀하   •계좌번호 : 12 – 1258689 – 123   •거래일자 : 20X1. 7.1</td></tr>
<tr><td>찾으신
거래내역</td><td>• 정기예금 총액 :   10,000,000원
• 법인세 등   :   92,400원</td><td>• 이자소득   :   600,000원
• 차감수령액 :   10,507,600원</td></tr>
<tr><td colspan="3" align="center">항상 저희은행을 찾아주셔서 감사합니다.
계좌번호 및 거래내역을 확인하시기 바랍니다.</td></tr>
<tr><td colspan="2">서울은행 강남 지점   (전화 :   )</td><td>취급자 :</td></tr>
</table>

[2] 7월 02일   퇴사한 생산부 직원(근속연수 5년)에 대한 퇴직금 8,000,000원 중 소득세와 지방소득세 합
              계 55,000원을 차감한 잔액을 현금으로 지급하였다.

[3] 7월 03일   회사는 부족한 운영자금문제를 해결하기 위해 보유중인 ㈜덕유상사의 받을어음 1,000,000원
              을 국민은행에 현금으로 매각하였다. 동 매출채권의 만기일은 8월 03일이며 매출채권 처
              분시 지급해야 할 은행수수료는 연 12%를 지급한다(월할계산하며, 매각거래로 회계처리
              하시오).

[4] 7월 04일   전기에 대손처리한 (주)청계에 대한 받을어음 1,100,000원이 당사 당좌예금계좌로 입금되었
              다. 전기에 부가가치세법상 대손세액공제를 적용받았다.

[5] 7월 05일   임시주주총회에서 증자를 결의하여 주식 10,000주를 발행(액면가액 : 5,000원, 발행가액
              6,000원)하고 주식발행비용 500,000원을 제외한 금액을 국민은행 보통예금으로 입금하
              였다(주식할인발행차금 잔액이 500,000원 있다고 가정한다).

[6] 7월 06일　다음의 급여내용이 보통예금에서 이체되었다.

급여 명세		
사 원	부 서	지급일
이주몽	홍보부	7월 06일
-기 본 급 : 1,000,000원 -상 여 금 : 2,000,000원	-소 득 세 : 100,000원 -국 민 연 금 : 90,000원 -고 용 보 험 : 10,000원	-지방소득세 : 10,000원 -건 강 보 험 : 54,000원 -가 지 급 금 : 200,000원
차 인 지 급 액	2,536,000원	

[7] 7월 07일　6월 30일에 열린 임시주주총회의 결의에 따라 현금배당 5,000,000원과 주식배당 10,000,000원을 실시하고 현금과 주식으로 지급하다(관련된 원천징수세액은 없는 것으로 가정한다).

[8] 7월 08일　(주)경기에게 자금을 대여해 준 바, 원천징수세액을 차감한 금액으로 이자가 보통예금계좌에 입금되었다. 그리고 다음과 같이 원천징수영수증을 교부받았다.

※관리번호		☑ 이자·배당소득 원천징수영수증 □ 이자·배당소득 지 급 명 세 서 (소득자 보관용)					소득자 구분				
							내·외국인		☑ 내국인, □ 외국인		
							거주지국		거주지국코드		
징 수 의무자	①법인명(상호)		(주)경기		②대표자 (성명)	박현웅	③사업자등록번호	* * *	- * *	- * * * * *	
	④주민(법인)등록번호				⑤소재지 또는 주소						
소득자	⑥성 명		(주)한강		⑦주민(사업자)등록번호		120-81-72054		⑦-1 생년월일		
	⑧주 소										
⑨거주구분			⑩소득자 구분코드			⑪계 좌 번 호			⑫실명구분		
☑거주자, □비거주자			211						실명		

⑬지급일자								⑲ 유가 증권 표준 코드 (사업자 등록 번호)					원 천 징 수 세 액				
연	월	일	⑭ 소득 귀속 연월	⑮ 소득 구분	⑯ 금융 상품 종류	⑰ 금융 상품 코드	⑱ 채권 이자 구분		⑳ 과세 구분	㉑ 지급액 (소득 금액)	㉒ 이자 지급 대상 기간	㉓ 세율 (%)	㉔ 소득세	㉕ 법인세	㉖ 지방 소득세	㉗ 농어촌 특별세	㉘계
(121)20X1	07	8	20X1/ 07	이자	비영업대금 의이익	YMA			150	500,000	6.1- 6.30	25		125,000	12,500		137,500
(122)																	
(123)																	

㉙세액감면 및 제한세율 근거　
㉚영 문 법 인 명 (상 호)　

위의 원천징수세액(수입금액)을 정히 영수(지급)합니다.

20X1 년   07 월   8 일

징수보고의무자　(주)경기　　　(서명 또는 인)

(주)한강　　　귀하

[9] 7월 09일 회사는 사채(액면가액 : 50,000,000원, 만기 : 3년)를 현재가치로 발행하였다. 사채의 현재가치는 48,100,000원이며 사채발행 대금은 보통예금 계좌로 입금받았다. 또한 사채발행비 100,000원을 현금지급하다.

[10] 7월 10일 단기간 매매차익목적으로 구입하였던 상장법인 (주)사성전자의 주식 100주(장부가액 1,000,000원)를 1주당 9,000원에 처분하고 처분수수료 80,000원을 차감한 잔액을 보통예금 계좌로 이체받았다.

[11] 7월 11일 원재료 매입처 대한전자의 외상매입금 350,000원을 다음과 같이 지급하다. 200,000원은 거래처인 아산전기로부터 받은 약속어음을 배서하여 주고 10,000원은 사전약정에 의해 할인을 받았으며 잔액은 현금으로 지급하다.

[12] 7월 12일 자본을 감소하기 위하여 회사의 주식 100주(액면가 10,000원)를 주당 9,000원에 매입하여 소각하고 대금은 보통예금 계좌에서 이체하여 지급하다(감자차손 잔액이 30,000원이 있다고 가정한다).

[13] 7월 13일 거래처 (주)우리의 부도로 단기대여금 10,000,000원이 회수가 불가능하게 되어 대손처리하였다.

[14] 7월 14일 영업사원의 퇴직연금(확정기여형)에 대해서 회사 부담금(기여금) 1,000,000원을 은행에 현금납부하였다.

[15] 7월 15일 수해로 인하여 제품(원가 1,000,000원 시가 2,000,000원)이 파손되었다. 동 제품에 대하여 (주)대한화재에 손해보험에 가입되어 금일자로 1,500,000원을 보상받기로 결정되었다.

[16] 7월 16일 (주)우리로부터 토지(공정가치 : 20,000,000원)를 취득하면서 보유중인 토지 10,000,000원(장부가액, 공정가치 15,000,000원)과 5,000,000원은 다음달 지급하기로 하였다(단, 현금수수가 중요한 것으로 판단한다. 이종자산교환으로 회계처리하시오).

해답

[1]　(차) 보 통 예 금　　　　10,507,600　　(대) 정기예금(유동)　　　　10,000,000
　　　　　선 납 세 금　　　　　　92,400　　　　　이 자 수 익　　　　　　600,000

[2]　(차) 퇴직급여충당부채　　5,000,000　　(대) 예 수 금　　　　　　　55,000
　　　　　퇴 직 급 여(제)　　　3,000,000　　　　　현 　 금　　　　　7,945,000
　　　☞ 합계잔액시산표(7/2) 조회 후 퇴직급여충당부채 잔액 확인(5,000,000원)후 입력

[3]　(차) 현 　 금　　　　　　　990,000　　(대) 받 을 어 음　　　　　1,000,000
　　　　　매출채권처분손실　　　10,000　　　　　((주)덕유상사)
　　　☞ 할인료＝어음의 만기가액×할인율(연이자율)×할인월수/12개월
　　　　　＝1,000,000원×12%×1개월/12개월＝10,000원

[4]　(차) 당 좌 예 금　　　　　1,100,000　　(대) 대손충당금(받을)　　1,000,000
　　　　　　　　　　　　　　　　　　　　　　　　부가세예수금　　　　　100,000
　　　☞ 이미 대손세액공제를 받았을 경우, 대손처리한 채권을 회수시 세액공제받았던 부가가치세를 납
　　　　부하여야 한다.

[5]　(차) 보 통 예 금　　　　59,500,000　　(대) 자 본 금　　　　　50,000,000
　　　　　　　　　　　　　　　　　　　　　　　　주식할인발행차금　　　500,000
　　　　　　　　　　　　　　　　　　　　　　　　주식발행초과금　　　9,000,000
　　　☞ 자본잉여금(주식발행초과금, 감자차익, 자기주식처분이익)은 자본조정과 먼저 상계하고 회계처
　　　　리한다. 마찬가지로 자본조정도 자본잉여금과 먼저 상계하고 회계처리한다.

[6]　(차) 급여/직원급여(판)　　1,000,000　　(대) 보 통 예 금　　　　2,536,000
　　　　　상 여 금(판)　　　　2,000,000　　　　　예 수 금　　　　　　264,000
　　　　　　　　　　　　　　　　　　　　　　　　가 지 급 금(이주몽)　　200,000

[7]　(차) 미지급배당금　　　　5,000,000　　(대) 현 　 금　　　　　5,000,000
　　　　　미교부주식배당금　10,000,000　　　　　자 본 금　　　　10,000,000
　　　☞ 주주총회결의시 회계처리
　　　(차) 이월이익잉여금　　　　15,000,000　　(대) 미지급배당금(유동부채)　5,000,000
　　　　　　　　　　　　　　　　　　　　　　　　미교부주식배당금(자본조정) 10,000,000

[8]　(차) 보 통 예 금　　　　　362,500　　(대) 이 자 수 익　　　　　500,000
　　　　　선 납 세 금　　　　　137,500

[9]　(차) 보 통 예 금　　　48,100,000　　(대) 사 　 채　　　　50,000,000
　　　　　사채할인발행차금　　2,000,000　　　　　현 　 금　　　　　100,000
　　　☞ 사채발행비는 발행가액에서 차감한다. 따라서 사채할인발행차금(할증발행차금)에서 가감된다.

[10]　(차) 보통예금　　　　　820,000　　(대) 단기매매증권　　　　　　1,000,000
　　　　　단기투자자산처분손실　180,000
　　　☞ 단기투자자산은 단기매매증권과 단기금융상품을 포함하는 포괄적인 계정과목이다.
　　　　　실습시 단기투자자산처분손실이 없으시면 단기매매증권처분손실을 선택하시면 된다.

[11]　(차) 외상매입금　　　　　350,000　　(대) 받을어음(아산전기))　　　　200,000
　　　　　(대한전자)　　　　　　　　　　　매입할인(원재료)　　　　　10,000
　　　　　　　　　　　　　　　　　　　　　현　　　금　　　　　　　140,000

[12]　(차) 자본금　　　　　1,000,000　　(대) 보통예금　　　　　　　　900,000
　　　　　　　　　　　　　　　　　　　　　감자차손　　　　　　　　30,000
　　　　　　　　　　　　　　　　　　　　　감자차익　　　　　　　　70,000

[13]　(차) 기타의대손상각비　10,000,000　　(대) 단기대여금((주)우리)　　10,000,000
　　　☞ 합계잔액시산표(7/13)의 단기대여금 대손충당금 잔액(0) 조회 기타의대손상각비(영업외비용)
　　　　　으로 회계처리한다.

[14]　(차) 퇴직급여(판)　　　1,000,000　　(대) 현　　　금　　　　　　1,000,000
　　　☞ 확정급여형일 경우 퇴직연금운용자산(부채차감)으로 처리한다.

[15]　(차) 재해손실　　　　　1,000,000　　(대) 제　　　품(타계정대체)　1,000,000
　　　　　미수금((주)대한화재)　1,500,000　　　보험차익(보험금수익)　　1,500,000
　　　☞ 재해와 보험금 수령은 별개의 회계사건으로 본다.(총액주의)

[16]　(차) 토　　　지　　　20,000,000　　(대) 토　　　지　　　　　10,000,000
　　　　　　　　　　　　　　　　　　　　　미지급금((주)우리)　　　5,000,000
　　　　　　　　　　　　　　　　　　　　　유형자산처분익　　　　　5,000,000
　　　☞ 토지의 취득가액＝제공한 자산의 공정가치＋추가 지급액＝15,000,000＋5,000,000

---

② 매입매출전표입력

매입매출전표입력은 **부가가치세와 관련된 거래를 입력하는 것**을 말한다.

즉 회사가 세금계산서(계산서, 신용카드, 현금영수증 등)을 수수한 경우 매입매출전표에 입력한다.

(1) 상단부입력 : 부가가치세 신고서 반영

세금계산서, 계산서, 신용카드영수증, 현금영수증 등의 내용을 입력하는 곳이다.

유형은 주고받은 증빙(세금계산서, 계산서, 신용카드영수증, 현금영수증 등)을 보고 판단해서 선택하여야 한다.

[매출]

코드	유 형	내 용
11	과세	**세금계산서(세율10%)**를 교부한 경우 선택
12	영세	**영세율세금계산서(세율 0%)**를 교부한 경우 선택(내국신용장, 구매확인서 등에 의한 국내사업자간에 수출할 물품을 공급한 경우 영세율 세금계산서 발행)
13	면세	면세재화를 공급하고 **계산서**를 교부한 경우 선택
14	건별(무증빙)	1. 과세재화를 공급하고 **일반영수증 또는 미발행**한 경우 선택 2. **간주공급 시 선택**
16	수출	**직수출** 등의 국외거래시 선택
17	카과(카드과세)	**과세재화**를 공급하고 **신용카드로** 결제받은 경우 선택
18	카면(카드면세)	**면세재화**를 공급하고 **신용카드로** 결제받은 경우 선택
22	현과(현금과세)	**과세재화**를 공급하고 **현금영수증**을 발행한 경우 선택

19.카영(카드영세)   20.면건(면세건별 – 무증빙)   21.전자   **23.현면(현금면세)**
24.현영(현금영세율)이 있다.

[매입]

코드	유 형	내 용
51	과세	**세금계산서(세율 10%)**를 교부받은 경우 선택하나, 불공제인 경우 54(불공)을 선택
52	영세	**영세율세금계산서(세율 0%)**를 교부받은 경우 선택
53	면세	**면세재화**를 공급받고 **계산서**를 교부받은 경우 선택
54	불공	세금계산서(세율 10%)를 교부받았지만, **매입세액이 불공제시**
55	수입	재화의 수입 시 세관장이 발행한 **수입세금계산서** 입력시 선택
57	카과(카드과세)	**매입세액이 공제가능한 신용카드매출전표**를 교부받은 경우선택
58	카면(카드면세)	**면세재화/용역을 구입하고 신용카드매출전표**를 교부받은 경우선택
61	현과(현금과세)	**매입세액이 공제가능한 현금영수증**을 교부받은 경우 선택

59.카영(카드영세) 60.면건(면세건별 – 무증빙), **62.현면(현금면세)**이 있다.

[공제받지 못할 매입세액의 종류 – 54불공 – 불공제사유를 선택한다.]

번호	불공제사유
	여기를 클릭하여 검색
1	①필요적 기재사항 누락 등
2	②사업과 직접 관련 없는 지출
3	③개별소비세법 제1조제2항제3호에 따른 자동차
4	④기업업무추진비 및 이와 유사한 비용 관련
5	⑤면세사업 관련
6	⑥토지의 자본적 지출 관련
7	⑦사업자등록 전 매입세액
8	⑧금.구리 스크랩 거래계좌 미사용 관련 매입세액
9	⑨공통매입세액안분계산분
10	⑩대손처분받은 세액
11	⑪납부세액재계산분

① **거래품목이 2개 이상**인 경우에는 상단의 F7(복수거래)를 클릭하면 보조화면이 표시되고 복수거래화면에 품명·수량·단가를 입력하면 된다.

② 영세율(12.영세, 16.수출등) 입력시 영세율구분을 선택하셔야 합니다.

부가세(영세율)유형	코드	영세율매출내용
12.영세, 16.수출 19.카영, 24.현영 등	**1**	**직접수출(대행수출 포함)**
	2	중계무역등의 수출
	3	**내국신용장·구매확인서에 의하여 공급하는 재화**
	6	국외에서 제공하는용역

③ 적요의 입력은 생략하나 특정거래에 대해서 적요번호를 입력하여야 한다.

타계정대체(재고자산)	8.타계정으로 대체액 손익계산서/원가명세서 반영분
의제매입세액공제	6.의제매입세액공제신고서 자동반영분
재활용폐자원매입세액공제	7.재활용폐자원매입세액공제신고서 자동반영분

④ **예정신고 누락분 전표입력**

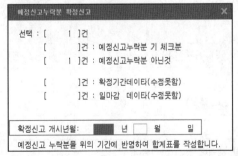

Shift + F5를 클릭하거나 상단의 F11(간편집계)을 클릭하여, SF5(예정누락분)을 선택하고, 확정신고 개시년월을 입력한다.

⑤ 수정세금계산서 발급방법

　㉠ 과세 유형을 선택하고 상단의 F11(간편집계)를 클릭하여 SF11(수정세금계산서)을 선택한다.

　㉡ 수정세금계산서 사유를 선택하고, 당초분 승인번호등을 입력한다.

수정세금계산서 사유입력 및 발행											✕
수정세금계산서 사유 [1.기재사항 착오.정정 ∨]　　　0.수정사유 입력											
구분	년	월	일	번호	유형	품목	수량	단가	공급가액	부가세	거래처	사업/주민번호

　㉢ 나머지 매입매출전표사항을 입력하면 된다.

(2) 하단부입력 : 재무제표에 반영

분개유형(1.현금, 2.외상, 3.혼합, 4.카드 등)을 선택하여 분개를 한다.

[매입매출전표 입력시 부가가치세 신고서 반영]

〈매출전표〉

구　분		금　액	세　율	세　액
과　세	세 금 계 산 서　발 급 분	11(과세)	10/100	11
	매 입 자 발 행 세 금 계 산 서		10/100	
	신 용 카 드 · 현 금 영 수 증	17(카과),22(현과)	10/100	17,22
	기　　　　　　타	14(건별)	10/100	14
영세율	세 금 계 산 서　발 급 분	12(영세)	0/100	
	기　　　　　　타	16(수출)외	0/100	

〈매입전표〉

구　분		금　액	세　율	세　액
세금계산서 수 취 분	일　반　매　입	51(과세), 52(영세), **54(불공)**, 55(수입)		51, **54**, 55
	고 정 자 산 매 입			
매 입 자 발 행 세 금 계 산 서				
그 밖 의 공 제 매 입 세 액		57(카과), 61(현과)		57, 61
합　　　　　　계				
공 제 받 지 못 할 매 입 세 액		**54(불공)**		**54**
차　　　감　　　계				

* **54(불공)**을 선택하면 세금계산서 수취분과 공제받지 못할 세액에 동시 반영된다.

<예제 1 - 2> 매입매출전표입력

(주)한강(2001)의 거래내용은 다음과 같다. 다음 자료를 이용하여 매입매출전표를 입력하시오.

- 입력시 유의사항 -

- 일반적인 적요의 입력은 생략하지만, 타계정 대체거래는 적요번호를 선택하여 입력한다.
- 별도의 요구가 없는 한 **반드시 기 등록되어 있는 거래처코드를 선택하는 방법으로 거래처명을 입력한다.**
- **제조경비는 500번대 계정코드를, 판매비와 관리비는 800번대 계정코드**를 사용한다.
- 회계처리시 계정과목은 별도제시가 없는 한 등록되어 있는 계정과목 중 가장 적절한 과목으로 한다.
- 입력화면 하단의 분개까지 처리하고, **세금계산서 및 계산서는 전자 여부를 입력하여 반영**한다.

---

[1] 8월 01일   미국 자동차회사인 GM상사로부터 영업부서에서 사용할 승용차(배기량 2,000cc, 4인승, 승인번호 : 생략)를 울산세관을 통해 수입하고 수입전자세금계산서(공급가액 50,000,000원, 부가가치세 5,000,000원)를 교부받았다. 부가가치세와 관세 1,000,000원을 국민은행 보통예금으로 지급하였다. 수입전자세금계산서의 부가가치세와 관세에 대해서만 회계처리하시오.

[2] 8월 02일   하기 휴가 때 생산부의 거래처에 선물용으로 제공하기 위해 다음과 같이 구입하고 종이계산서를 교부받았다.

(청 색)

계산서		(공급받는자 보관용)		승인번호			

공급자	등록번호	214 - 91 - 12345			공급받는자	등록번호	120 - 81 - 72054	
	상호	강화수산	성 명 (대표자)	김강화		상호	(주)한강	성 명 (대표자)	임한강
	사업장 주소	서울시 강남구 역삼로 404				사업장 주소	서울 서초구 강남대로 475	
	업태	도소매	종사업장번호			업태	제조,도 · 소매업	종사업장번호
	종목	수산물				종목	전자제품	
	E - Mail					E - Mail		

작성일자		20x1.8.02.	공급가액		9,000,000	비고		
월	일	품목명	규격	수량	단가	공급가액	비고	
8	02	굴비세트		90	100,000	9,000,000		

합계금액	현금	수표	어음	외상미수금	이 금액을	● 영수 ○ 청구	함
9,000,000	2,000,000		7,000,000				

[3] 8월 03일 당사는 임가공 용역업체로 내국신용장에 의하여 아래의 전자영세율세금계산서를 교부하였다.

(적 색)

전자영세율세금계산서				(공급자 보관용)		승인번호	20160108-41000042-55746692		
공급자	등록번호	120-81-72054			공급받는자	등록번호	125-34-12324		
	상호	(주)한강	성명(대표자)	임한강		상호	㈜세계	성명(대표자)	이세계
	사업장주소	서울 서초구 강남대로 475				사업장주소	서울 서대문구 증가로 100		
	업태	제조,도·소매업		종사업장번호		업태	제조,도·소매업		종사업장번호
	종목	전자제품				종목	전자제품		
	E-Mail	kyc@nate.com				E-Mail	kim@naver.com		

작성일자	20x1.8.03.		공급가액		11,000,000		세액		100,000	
월	일	품목명	규격	수량	단가	공급가액		세액	비고	
8	3	전자제품				11,000,000				

합계금액	현금	수표	어음	외상미수금	이 금액을	○ 영수 / ● 청구	함
11,000,000			5,000,000	6,000,000			

[4] 8월 04일   생산부에서 사용한 전화요금의 명세서를 보고 매입매출전표입력 메뉴에 입력하시오. 납부는 8월 25일에 납부할 예정이다(**해당 명세서는 전자세금계산서 기능이 있는 명세서임**).

20×1년 7월 명세서	
• 금 액 : 88,500원	• 공급자 등록번호 : 122-81-14782
• 납 기 일 : 20x1년 8월 25일	• 공급받는자 등록번호 : 120-81-72054
• 작성일자 : 20x1년 8월 04일	• 세금계산서 공급가액 : 80,455원
• 공급자명 : (주)케이티	• 부가가치세 : 8,045원

[5] 8월 05일 영업부 직원의 야식대로 피자마루에 피자를 주문하고 현금영수증(지출증빙용)을 수취하였다.

```
            ** 현금영수증 **
              (지출증빙용)
사업자등록번호 : 123-81-23421 이피자
사업자명      : 피자마루
단말기ID      : 24453232(tel : 02-229-****)
가맹점주소     : 서울시 서대문구 충정로 70
               (미근동)

현금영수증 회원번호
  120-81-72054    (주)한강
승인번호       : 45457878(PK)
거래일시       : 20x1년 8월 06일

공 급 금 액                      30,000원
부가세금액                        3,000원
총 합 계                        33,000원

휴대전화, 카드번호 등록
http://현금영수증.kr
국세청문의(126)
38036925-GCA10106-3870-U490
      《《《《《《이용해 주셔서 감사합니다.》》》》》》
```

[6] 8월 05일 본사 사옥을 신축할 목적으로 건축물이 있는 토지를 구입하고 기존 건축물 철거와 관련하여
용역비용 2,000,000원(부가가치세 별도, 전자세금계산서 수취)을 (주)영산용역에 보통
예금 계좌에서 이체하였다.

[7] 8월 10일 제품을 판매하고 발급한 전자세금계산서이다. (주)한강은 부가가치세법상 월합계전자세금계산
서를 매월 10일, 20일, 말일자를 작성일자로 하여 발행하고 있다.

(적 색)

전자세금계산서				(공급자 보관용)		승인번호	20160108-41000042-55746692		
공급자	등록번호	120-81-72054			공급받는자	등록번호	105-81-91237		
	상호	(주)한강	성 명 (대표자)	임한강		상호	㈜상선전자	성 명 (대표자)	이여수
	사업장 주소	서울 서초구 강남대로 475				사업장 주소	서울 서대문구 증가로 100		
	업태	제조,도·소매업	종사업장번호			업태	제조,도매업	종사업장번호	
	종목	전자제품				종목	전자제품		
	E-Mail	kyc@nate.com				E-Mail	lee@naver.com		

작성일자	20x1.8.10.	공급가액	3,000,000	세액	300,000

월	일	품목명	규격	수량	단가	공급가액	세액	비고
8	03	전자제품A				2,000,000	200,000	
8	09	전자제품B				1,000,000	100,000	

합계금액	현금	수표	어음	외상미수금	이 금액을	◉ 영수 함
3,300,000			1,300,000	2,000,000		○ 청구

[8] 8월 08일   중국 지맨스사에 제품을 선적(공급가액 : $10,000)완료하였다. 대금수취와 관련해서는 8월 1
일에 위 공급가액 중 계약금 명목으로 송금받은 $4,000(원화환전액 : 4,000,000원)은 동
일자로 선수금계정에 반영하였으며, 나머지는 외상으로 하였다. 단, 선적일 현재 기준환율
은 900원/1$이며, 회계처리시 수익의 인식은 부가가치세법상 공급시기에 따르며, 측정은
부가가치세법상 과세표준액으로 한다.

[9] 8월 09일   회사의 판매부 직원 홍진주의 결혼식에 사용할 축하화환을 110,000원에 아름다운꽃집에서
전자계산서를 발급받아 구입하고 외환은행 보통예금 계좌에서 이체하였다.

[10] 8월 10일   당사의 공장용 화물트럭이 원재료 운반도중 접촉사고가 발생하여 이를 수리한 뒤, 현대자동
차로 부터 아래와 같은 내용의 전자세금계산서 1매를 교부받았고, 관련 대금은 다음달 말
일에 지급할 예정이다.

(단위 : 원)

품 명	공급가액	세 액	합 계	비 고
엔진 교체	5,000,000원	500,000원	5,500,000원	자본적 지출
앞 유리 교체	300,000원	30,000원	330,000원	수익적 지출
앞 범퍼 교체	500,000원	50,000원	550,000원	〃
합 계	5,800,000원	580,000원	6,380,000원	

[11] 8월 11일   ㈜영산용역에 외상판매하였던 제품이 하자로 인하여 반품되어 전자세금계산서를 발급하
다.(수량 5개, @100,000원, 부가가치세 별도). 대금은 외상판매대금과 상계처리하기로
하다.

[12] 8월 12일   ㈜세계의 매출실적이 당초 목표를 초과하여 당사와의 약정에 따라 판매장려금을 본사의 제품
(원가 10,000,000원, 시가 13,000,000원)으로 제공하였다. 본 거래는 2기예정신고시 누
락되었다. 2기 확정신고시에 반영되도록 입력하고, 계정과목은 판매촉진비로 처리하시오.

해답

[1]	유형	공급가액	세액	공급처	전자	분개
	54(불공)-비영업용	50,000,000	5,000,000	울산세관	여	혼합
	(차) 차량운반구	6,000,000	(대) 보 통 예 금			6,000,000

☞ 수입세금계산서가 불공제일 경우 54.불공을 선택한다. 그리고 수입세금계산서의 공급가액은 세관
장이 관세와 부가가치세 등을 징수하기 위한 금액에 불과하다. 따라서 문제에서 부가가치세와 관
세에 대해서만 회계처리하라고 한 것이다.

[2]	유형	공급가액	세액	공급처	전자	분개
	53(면세)	9,000,000		강화수산	부	혼합
	(차) 기업업무추진비(제)	9,000,000	(대) 현 금			2,000,000
			미 지 급 금			7,000,000

[3]	유형	공급가액	세액	공급처	전자	분개
	12(영세-3.내국신용장등)	11,000,000		㈜세계	여	혼합
	(차) 받 을 어 음	5,000,000	(대) 제 품 매 출			11,000,000
	외상매출금	6,000,000				

[4]	유형	공급가액	세액	공급처	전자	분개
	51(과세)	80,455	8,045	㈜케이티	여	혼합
	(차) 통 신 비(제)	80,455	(대) 미 지 급 금			88,500
	부가세대급금	8,045				

[5]	유형	공급가액	세액	공급처	전자	분개
	61(현과)	30,000	3,000	피자마루	-	현금
	(차) 복리후생비(판)	30,000	(대) 현 금			33,000
	부가세대급금	3,000				

[6]	유형	공급가액	세액	공급처	전자	분개
	54(불공)-토지자본적지출	2,000,000	200,000	㈜영산용역	여	혼합
	(차) 토 지	2,200,000	(대) 보 통 예 금			2,200,000

☞ 건물 구입즉시 철거비용은 토지취득 관련 부대비용이므로 불공제처리한다.

[7]	유형	공급가액	세액	공급처	전자	분개
	11(과세)복수거래	3,000,000	300,000	㈜상선전자	여	혼합
	(차) 받 을 어 음	1,300,000	(대) 제 품 매 출			3,000,000
	외상매출금	2,000,000	부가세예수금			300,000

[8]

유형	공급가액	세액	공급처	전자	분개
16(수출-1.직접수출)	9,400,000		지맨스	-	혼합

(차) 선 수 금	4,000,000	(대) 제 품 매 출	9,400,000
외상매출금	5,400,000		

☞ 수출재화의 과세표준(부가가치세법상 수익인식시)

선수금 환가여부	과세표준(공급가액)	
1. 환가	4,000,000+$6,000×900원	=9,400,000원
2. 미환가(공급시기까지 외화 보유)	$10.000×900원	=9,000,000원
	(차) 선수금 4,000,000 (대) 제품매출 9,000,000	
	외상매출금 5,400,000 　　　외환차익 400,000	

[9]

유형	공급가액	세액	공급처	전자	분개
53(면세)	110,000		아름다운꽃집	여	혼합

(차) 복리후생비(판)	110,000	(대) 보 통 예 금	110,000

☞ 화환(꽃)은 면세이므로 계산서를 발급한 것이다. 기업업무추진관련이라서 불공제를 선택하면 안된다.

[10]

유형	공급가액	세액	공급처	전자	분개
51(과세-복수거래)	5,800,000	580,000	현대자동차	여	혼합

(차) 차량운반구	5,000,000	(대) 미 지 급 금	6,380,000
차량유지비(제)*	800,000		
부가세대급금	580,000		

☞ 차량관련 수선비도 수선비로 회계처리해도 된다.

[11]

유형	공급가액	세액	공급처	전자	분개
11.과세	-500,000	-50,000	(주)영산용역	여	외상

(차) 외상매출금	-550,000	(대) 제 품 매 출	-500,000
		부가세예수금	-50,000

[12] 예정신고누락분은 Shift + F5 를 클릭하여 확정신고 개시년월(10월)을 입력하여 확정신고에 반영한다.

유형	공급가액	세액	공급처	분개
14(건별)	13,000,000	1,300,000	(주)세계	혼합

(차) 판매촉진비(판)	11,300,000	(대) 제품(타계정으로 대체)	10,000,000
		부가세예수금	1,300,000

☞ 판매장려금의 경우 금전으로 지급하는 경우에는 재화의 공급에 해당하지 아니하며 현물로 지급하는 경우에는 사업상 증여이므로 현물의 시가를 과세표준에 포함한다.

| 제4절 | 고정자산 |

① 고정자산등록

고정자산(유·무형자산)에 대한 감가상각비를 계산하고자 한다면 고정자산등록메뉴에서 고정자산을 등록하여야 한다. 고정자산 메뉴에는 주요등록사항과 추가등록사항으로 구성되어 있다.

(1) 기본등록사항

① 고정자산계정과목

계정코드를 입력하거나 ⋯를 클릭하여 해당코드를 선택한다.

② 자산코드, 자산명을 입력하고, 취득년월일을 입력한다.

③ 방법 : 정액법/정률법중 하나를 선택한다. 건물과 구축물은 자동적으로 정액법이 반영된다.

(2) 주요등록사항

① 1.기초가액 : 자산의 **취득원가를 입력**한다. 당기에 신규 취득한 자산은 기초가액에 입력하지 않고 [4.당기중 취득 및 당기증가(+)]란에 입력하여야 한다.

기초가액은 말 그대로 전년도로 부터 이월된 금액을 입력하여야 한다.

☞ 무형자산은 직접법으로 상각하므로 기초가액에 전기말 장부가액(취득가액-상각누계액)을 입력한다.

② 2.전기말상각누계액 : 해당자산의 전기말 감가상각누계액(무형자산은 상각누계액)을 입력
한다.

③ 3.전기말장부가액은 자동반영된다(즉 기초가액 - 전기말상각누계액이다).

④ 11.내용년수 : 해당내용년수를 입력하면 상각율은 자동반영된다.

⑤ 14.경비구분 : 제조경비는 500번대, 판매비와 관리비는 800번대를 선택한다.

⑥ 20.업종을 클릭하여 해당 업종코드를 입력한다.

⑦ 13.회사계상액(일반상각비)가 자동 계산된다. **[사용자수정]을 클릭하면 회사계상상각비를
수정할 수 있다.**

(3) 고정자산의 간편등록

전표입력시 계정과목이 고정자산(유무형자산)일 경우 계정과목이 있는 라인에서 Enter를 치면 다
음과 같은 화면이 나타나는데 고정자산을 간편하게 등록을 할 수 있다.

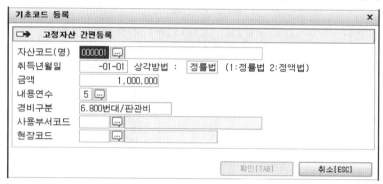

	제5절	결 산

1 결산자료 입력하기

수동결산 (12월 31일 일반전표입력)	1. **퇴직급여충당부채환입과 대손충당금 환입, 재고자산 비정상감모손실은 반드시** **수동결산으로 입력한다.** 2. **문제에서 결차, 결대로 입력하라고 제시했으면 반드시 결차, 결대를 사용하여 수** **동결산을 입력한다.**
자동결산	1. **재고자산의 기말재고액(상품, 제품, 원재료, 재공품)** 2. **유무형자산의 상각비** 3. **퇴직급여충당부채 당기 전입액** 4. **채권에 대한 대손상각비(보충법)** 5. **법인세계상(맨마지막에 입력한다.)** ☞ ② ③ ④ ⑤는 **수동결산도 가능하다.**
순서	**수동결산→ 자동결산**

(1) 자동결산입력방법

① 결산일 및 매출원가와 원가경비 선택

　㉠ [결산자료입력] 메뉴를 클릭하여 결산일자를 **1월부터 12월까지로** 선택한다.

　㉡ F4(원가설정)을 클릭하여 제품매출원가를 선택한다. 프로그램에 자동 세팅되어 있으나
　세팅되어 있지 않으면 사용여부에 "여"로 체크한다.

매출원가 및 경비선택				
사용여부	매출원가코드 및 계정과목		원가경비	화면
여	0455	제품매출원가	1 0500번대	제조
부	0452	도급공사매출원가	2 0600번대	도급
부	0457	보관매출원가	3 0650번대	보관
부	0453	분양공사매출원가	4 0700번대	분양
부	0458	운송매출원가	5 0750번대	운송

　그러면 **손익계산서양식이** 나타나는데 **자동결산항목의 금액을 해당란에 입력**하면 된다.

② 대손상각비 설정기능

　㉠ 상단의 F8(대손상각)을 클릭한다.

　㉡ 대손율을 입력하면 자동적으로 추가설정액이 계산되어진다.

　대손율 3%로 수정하고, 하단의 결산반영을 클릭하면 자동적으로 결산반영금액에 입력
　된다.

　㉢ 추가설정액에 금액을 직접 입력하여 결산반영해도 된다.

> **대손상각비를 결산에 반영 후 기중의 매출채권의 금액을 수정해서는 안된다.**
>
> 즉, 결산전표를 입력 후 전표입력에서 매출채권 및 대손충당금을 수정해서는 안된다.

③ 퇴직급여충당부채 설정방법

　㉠ 상단의 　CF8 **퇴직충당** 　을 클릭한다.

　㉡ 퇴직급여추계액을 원가귀속별(제조경비, 판관비)로 입력하면 자동적으로 추가설정액이
　　계산되어 진다. 하단의 결산반영을 클릭하면 자동적으로 결산반영금액에 입력된다.

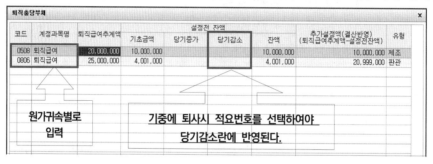

④ 감가상각비 설정방법

　㉠ 상단의 F7(감가상각)을 클릭한다.

　㉡ 고정자산 등록된 자산에 한해서 감가상각비가 자동계산 되어 진다.
　　하단의 결산반영을 클릭하면 자동적으로 결산반영금액에 입력된다.

　㉢ 추가설정액에 금액을 직접 입력하여 결산반영해도 된다.

> **대손상각비, 감가상각비, 퇴직급여충당부채는 결산반영금액에 직접 입력해도 된다.**

⑤ 법인세등 설정방법

결산전 금액이 자동으로 나옵니다. 선납세금을 결산반영금액에 입력하면 선납세금을 수동으로 법인세등으로 대체시킬 필요가 없습니다. 그리고 추가계상액을 입력하면 된다.

	8. 법인세차감전이익			-5,970,000	-9,538,800	-15,508,800
0998	9. 법인세등		3,000,000		3,000,000	3,000,000
0136	1). 선납세금			1,000,000	1,000,000	1,000,000
0998	2). 추가계상액		3,000,000		2,000,000	2,000,000

선납세금과
추가계상액 입력

⑥ 결산완료 및 수정방법

㉠ 상단의 F3(전표추가)를 클릭하여 일반전표에 결산분개를 자동으로 반영합니다.

㉡ 수정은 일반전표입력 상단의 SF5 일괄삭제및기타 클릭 후 삭제하고 다시 결산자료입력에서 입력 후 F3(전표추가)를 하면 된다.

② 재무제표 확정

재무제표는 일정한 순서 즉 **제조원가명세서, 손익계산서, 이익잉여금 처분계산서, 재무상태표** 순으로 작성해야 한다.

전산세무2급 시험에서 이익잉여금처분계산서 작성문제가 나오면 상기 순서대로 해야 에러메시지가 나오지 않습니다.

(1) 제조원가명세서

[결산/재무제표], [제조원가명세서]를 조회한 후 Esc(종료)로 종료한 후 제조원가명세서를 확정한다.

(2) 손익계산서

[결산/재무제표], [손익계산서]를 조회한 후 Esc(종료)로 종료한 후 손익계산서를 확정한다.

(3) 이익잉여금처분계산서

[결산/재무제표], [이익잉여금처분계산서]를 조회한 후 Esc(종료)로 종료한 후 이익잉여금처분계산서를 확정한다. 손익계산서를 확정하면 이익잉여금처분계산서에 당기순이익이 자동반영된다.

이익잉여금처분계산서의 **당기/전기 처분확정일(주주총회일)을 입력**하고 이익잉여금 처분액(처분예정액)을 해당란에 입력한다.

그리고 **상단의 F6(전표추가)를 클릭하면 12월 31일 일반전표에 반영**한다.

해당 라인에 커서를 위치하고 F4(칸추가)를 하면 과목을 입력할 수 있는 칸이 추가됩니다.

<예제 1 - 3> 결산자료입력

(주)영산(2002)의 거래내용은 다음과 같다. 다음 자료를 이용하여 결산전표를 입력하시오.

[1] 당기말 현재까지 사무실임차료로 미지급된 금액이 2,000,000원이 있는데 회계처리는 하지 않았다. 지급기일은 내년도 1월 31일이다.

[2] 12월분(지급기한 : 말일) 임차료에 대하여 기말현재 경과된 기간에 대한 임차료 미지급분 2,500,000원 (공장분 1,500,000원, 본사사무실분 1,000,000원)이 있다.

[3] 법인세(지방소득세 포함)가 15,200,000원이다.

[4] 기말재고자산의 내역은 다음과 같다.

내　역	실사금액(원)	장부금액(원)	금액 차이 원인
상　품	29,000,000원	29,000,000원	
원재료	8,500,000원	9,300,000원	비정상감모
재공품	3,000,000원	3,000,000원	–
제　품	12,000,000원	12,500,000원	정상감모

※ 회사는 실지재고조사법에 의하여 재고수량을 파악하고 있으며, 상기 상품 금액에는 선적지인도조건에 의해 구입하였으나 기말 현재 운송 중인 2,000,000원을 제외시켰다.

[5] 유형자산내역은 다음과 같다. 고정자산등록메뉴에 등록하고 결산정리사항에 입력하시오.

계정 과목	코드	품명	취득일	취득가액	전기말감가 상각누계액	상각 방법	내용 연수	업종 코드	용도
기계 장치	10	연마기	2020.2.20	25,000,000원	3,000,000원	정률법	8[*1]	13	생산 설비

*1.정률법 상각율 : **0.313**

[6] 퇴직급여추계액은 다음과 같다. 퇴직급여충당부채는 퇴직급여추계액의 100%를 설정한다.

구 분	인원	퇴직급여추계액	기설정된 퇴직급여충당부채
생산직	70	30,000,000원	3,000,000원
사무직	120	50,000,000원	7,000,000원

[7] 당사는 매출채권(당좌자산)은 1% 미수금은 0.5%를 보충법으로 대손충당금을 설정하기로 한다.

[8] 당기 이익잉여금에 대한 처분내역은 다음과 같다.
   (1) 당기처분예정일 : 20X2년 2월 28일, 전기처분확정일 : 20X1년 2월 28일
   (2) 임의적립금등의 이입액
      − 배당평균적립금   10,000,000원
   (3) 이익잉여금 처분액
      ① 현금배당금 : 5,000,000원   ② 주식배당금 : 3,000,000원
      ③ 이익준비금 : 현금배당액의 10%   ④ 사업확장적립금 : 300,000원

해답

결산자료입력문제는 먼저 수동결산항목, 자동결산항목을 먼저 체크하고, 수동결산항목을 먼저 입력하고, 최종적으로 자동결산항목을 입력한다.

[1] (수동결산)
   (차)   임 차 료(판)   2,000,000   (대)   미지급비용   2,000,000

[2] (수동결산)
   (차)   임 차 료(판)   1,000,000   (대)   미 지 급 금   2,500,000
          임 차 료(제조)   1,500,000

[3] (자동결산 – 법인세등입력)

	8. 법인세차감전이익		47,347,500		47,347,500
0998	9. 법인세등			15,200,000	15,200,000
0136	1). 선납세금		300,000	300,000	300,000
0998	2). 추가계상액			14,900,000	14,900,000

[또는 12월 31일자 일반전표에 입력해도 됩니다.]
   (차)   법 인 세 등   15,200,000   (대)   선 납 세 금   300,000
                                          미지급세금   14,900,000

[4] (수동결산)

| (차) | 재고자산감모손실 | 800,000 | (대) | 원재료(8.타계정대체) | 800,000 |

(자동결산)

상품　31,000,000 (운송 중인 상품 2,000,000원 포함)
원재료　8,500,000　재공품　3,000,000　제품　12,000,000

[5] (자동결산)

고정자산 등록 후 결산자료입력 메뉴에서 F7(감가상각)을 선택하면 등록된 고정자산의 감가상각비가 자동반영되고, 하단의 결산반영을 클릭하여 결산에 반영한다.

코드	계정과목명	경비구분	고정자산등록 감가상각비	감가상각비 감가상각비X(조회기간월 수/내용월수)	결산반영금액
020600	기계장치	제조	6,886,000	6,886,000	6,886,000
020800	차량운반구	판관			
	감가상각비(제조)합계		6,886,000	6,886,000	6,886,000
	감가상각비(판관)합계				

☞ 감가상각비 = 장부가액(25,000,000 - 3,000,000)×상각율(0.313) = 6,886,000원
[또는 12월 31일자 일반전표에 입력해도 됩니다.]

| (차) | 감가상각비(제) | 6,886,000 | (대) | 감가상각누계액(기계) | 6,886,000 |

[6] (자동결산) 퇴직급여

CF8 **퇴직충당** 을 선택하여 퇴직급여추계액을 입력하면 자동계산된 퇴직급여를 결산에 반영하거나, 결산반영금액에 직접 입력해도 된다.

코드	계정과목명	퇴직급여추계액	설정전 잔액				추가설정액(결산반영) (퇴직급여추계액-설정전잔액)	유형
			기초금액	당기증가	당기감소	잔액		
0508	퇴직급여	30,000,000	3,000,000			3,000,000	27,000,000	제조
0806	퇴직급여	50,000,000	7,000,000			7,000,000	43,000,000	판관

[또는 2월 31일자 일반전표에 입력해도 됩니다.]

| (차) | 퇴직급여(제) | 27,000,000 | (대) | 퇴직급여충당부채 | 70,000,000 |
| | 퇴직급여(판) | 43,000,000 | | | |

[7] (자동결산) 대손상각비입력

F8(대손상각)을 선택하여 대손율을 1%입력하면 당기대손상각비가 자동계산되어지고, 미수금은 0.5%이므로 계산하여 직접 입력한다. 결산반영금액에 직접 입력해도 된다.

대손상각							
대손율(%)	1.00						

코드	계정과목명	금액	설정전 충당금 잔액			추가설정액(결산반영) [(금액x대손율)-설정전충당금잔액]	유형
			코드	계정과목명	금액		
0108	외상매출금	182,190,000	0109	대손충당금	630,000	1,191,900	판관
0110	받을어음	112,000,000	0111	대손충당금	350,000	770,000	판관
0235	장기외상매출금	330,000	0237	대손충당금			판관
0114	단기대여금	10,000,000	0115	대손충당금			영업외
0120	미수금	5,000,000	0121	대손충당금		25,000	영업외
	대손상각비 합계					1,961,900	판관
	기타의 대손상각비					25,000	영업외

[또는 12월 31일자 일반전표에 입력해도 됩니다.]

(차)	대손상각비(판)	1,961,900	(대)	대손충당금(외상)	1,191,900
				대손충당금(받을)	770,000
	기타의대손상각비(영)	25,000		대손충당금(미수)	25,000

☞ 실습시 상기금액이 안나오더라도, <u>매출채권 잔액의 1% 미수금의 0.5%가 대손충당금으로 설정되었으면</u> 모두 정답처리 됩니다.

☞ 자동결산항목을 모두 입력하고 상단 메뉴에서 F3(전표추가)를 클릭하여 자동결산을 끝낸다.

[8] [이익잉여금처분계산서]

제조원가명세서(12월) → 손익계산서(12월) 조회후 이익잉여금처분계산서에 다음 사항을 입력후 F6(전표추가)한다.

당기처분예정일 : 20x2년 2월 28일, 전기처분확정일 : 20x1년 2월 28일

II.임의적립금 등의 이입액					10,000,000
1.배당평균적립금	0358	배당평균적립금	10,000,000		
2.					
합계					10,000,000
III.이익잉여금처분액					8,800,000
1.이익준비금	0351	이익준비금	500,000		
2.재무구조개선적립금	0354	재무구조개선적립금			
3.주식할인발행차금상각액	0381	주식할인발행차금			
4.배당금			8,000,000		
가.현금배당	0265	미지급배당금	5,000,000		
주당배당금(률)		보통주			
		우선주			
나.주식배당	0387	미교부주식배당금	3,000,000		
주당배당금(률)		보통주			
		우선주			
5.사업확장적립금	0356	사업확장적립금	300,000		
6.감채적립금	0357	감채적립금			
7.배당평균적립금	0358	배당평균적립금			

부가가치세 실무능력 2

NCS세무 - 3　세무정보시스템 운용　　NCS세무 - 3　부가가치세 신고

전산세무2급에서 출제되는 주요 서식을 보면 다음과 같다.

1. **신고서(★★★★★)** (제일 중요하고 핵심임)	**–부가가치세 예정신고, 확정신고서** **–예정신고 누락분에 대한 수정신고(가산세 계산)** **–확정신고에 대한 수정신고(가산세 계산)**
2. 신용카드매출전표발행집계표	개인사업자의 경우 신용카드매출전표 등을 발행시 **발행금액 (공급대가)**의 일정율을 세액공제
3. 부동산임대공급가액명세서	부동산임대업을 영위하는 사업자의 필수명세서
4. 의제매입세액공제신고서	**면세농산물 등을 가공 후 과세재화로 공급**시 일정액을 매입세액으로 공제해주고 있다.
5. 대손세액공제신고서 (대손변제세액신고서)	대손세액공제신고서는 대손이 확정된 과세기간의 **확정신고시에만 공제**해 준다.
6. 매입세액불공제내역	일반적인 불공제 매입세액과 겸영사업자의 매입세액을 안분계산하여 매입세액불공제내역을 작성한다.
7. 수출실적명세서	외국으로 재화를 직접 수출하여 영세율 적용시 작성한다.
8. 신용카드매출전표등 수령명세서(갑)	일반과세자로부터 신용카드매출전표 등을 수령시 매입세액으로 공제해 준다.
9. 건물등감가상각자산취득명세서	조기환급을 받고자 하는 경우에 제출하는 부속서류
10. 전자신고	**부가가치세 신고서를 국세청 홈택스로 신고**

서식을 입력하고 반드시 상단의 저장을 하고 나오셔야 합니다.

제1절 신용카드매출전표등 발행금액집계표

부가가치세가 과세되는 재화 또는 용역을 공급하고 세금계산서의 발급시기에 여신전문금융업법에 의한 신용카드매출전표 등을 발급하거나, 대통령이 정하는 전자적 결제수단에 의하여 대금을 결제받는 경우 및 현금영수증을 발행하는 경우에는 그 발행금액 또는 결제금액의 1.3%에 상당하는 금액을 납부세액을 한도로 공제한다(연간 10백만원 한도)

1. 인적사항

상호[법인명]		성명[대표자]		사업등록번호	___-__-_____
사업장소재지					

2. 신용카드매출전표 등 발행금액 현황

구 분	합 계	신용·직불·기명식 선불카드	현금영수증	직불전자지급 수단 및 기명식선불 전자지급수단
합 계				
과세 매출분		공급대가로		
면세 매출분		입력해야 함		
봉 사 료				

3. 신용카드매출전표 등 발행금액중 세금계산서 교부내역

세금계산서발급금액		계산서발급금액	

[매입매출전표]에서 17:카과 18:카면 22:현과등으로 입력된 내용이 자동으로 반영되며, 신용카드 매출 건수 및 발급금액이 집계되어 표시된다.

1. 조회기간

신고 대상기간을 입력한다.

2. 입력

조회기간을 입력한 후 F4(새로불러오기)를 클릭하면 다음과 같은 대화상자가 나타나며, 예를 선택하면 매입매출전표에 입력된 데이터를 새로 불러올 수 있고, 직접 입력도 가능하다.

기존 자료를 삭제하고 전표자료에서 새로 불러오시겠습니까?

예(Y)   아니오(N)

(1) 신용카드매출전표 등 발행금액현황

과세매출분은 **공급대가로 입력**한다. 면세매출분은 공급가액을 입력한다.

(2) 신용카드매출전표 등 발행금액 중 세금계산서(계산서) 교부내역

과세매출분 중 세금계산서를 발행한 금액(공급대가)과 면세매출분 중 계산서를 발행한 금액을 입력한다.

example 예제 따라하기 신용카드매출전표 등 발행금액집계표

㈜낙동(2003)를 선택하여 다음의 사항을 입력하시오.

1. 다음 거래를 매입매출전표에 입력하시오.
    ① 6월 23일 : 비사업자인 김기수에게 제품을 2,200,000원을 판매하고 당사가 가맹된 현금 영수증을 발행하였다.
    ② 6월 25일 : ㈜설악전기에 제품을 3,000,000원(부가가치세 별도)에 외상판매하고 전자세금 계산서를 발행하여 주었다. 그러나 하루 뒤에 ㈜설악전기의 자금부족으로 대금 전액을 비씨 카드로 결제받고 신용카드매출전표를 발행하여 주었다(6월 25일 1장의 매입매출전표로 회계 처리하시오).

2. 다음 자료를 추가 반영하여 신용카드매출전표발행집계표를 작성하고, 1기 확정부가가치세 신고 서에 반영하시오. **추가반영자료는 매입매출전표에 입력하지 마시오.**
    6월 30일 : ㈜지리전자에게 제품을 1,100,000원(공급대가)을 판매하고 대금 전액을 비씨카드에 의해 결제하고 신용카드매출전표를 발행하였다.

해답

1. 매입매출전표입력

①	일자	유형	공급가액	세액	공급처	분개
	06.23	22.현과	2,000,000	200,000	김기수	현금
	(차) 현　　금		2,200,000 (대)	제 품 매 출		2,000,000
				부가세예수금		200,000

②	일자	유형	공급가액	세액	공급처	전자	분개
	06.25	11.과세	3,000,000	300,000	(주)설악전기	1.여	**카드**

(차)	외상매출금	3,300,000 (대)	제 품 매 출	3,000,000
	(비씨카드)		부가세예수금	300,000

☞ 분개유형을 "카드"로 선택하면 신용카드매출전표발행금액집계표에 자동반영된다.

2. 신용카드매출전표발행금액집계표(4월~6월)

① 조회기간을 입력하면 자동으로 매입매출전표에 입력한 것을 불러오나, F4(새로불러오기)를 클릭하여 입력한 데이터를 새로 불러올 수도 있다.

2. 신용카드매출전표 등 발행금액 현황

구 분	합 계	신용 · 직불 · 기명식 선불카드	현금영수증	직불전자지급 수단 및 기명식선불 전자지급수단
합 계	5,500,000	3,300,000	2,200,000	
과세 매출분	5,500,000	3,300,000	2,200,000	
면세 매출분				
봉 사 료				

3. 신용카드매출전표 등 발행금액중 세금계산서 교부내역

세금계산서발급금액		계산서발급금액	

② [주]지리전자의 신용카드발행금액(공급대가) 1,100,000원을 신용.직불카드.기명식선불카드(과세매출분 3,300,000원)에 가산하여 직접 입력한다.

2. 신용카드매출전표 등 발행금액 현황

구 분	합 계	신용 · 직불 · 기명식 선불카드	현금영수증	직불전자지급 수단 및 기명식선불 전자지급수단
합 계	6,600,000	4,400,000	2,200,000	
과세 매출분	6,600,000	4,400,000	2,200,000	
면세 매출분		가산하여 직접 입력		
봉 사 료				

3. 신용카드매출전표 등 발행금액중 세금계산서 교부내역

세금계산서발급금액	3,300,000	계산서발급금액	

3. 1기 확정부가가치세 신고서(4~6월)

매입매출전표에 입력한 것은 신고서에 반영되나, 미입력분(추가반영자료)을 직접 입력(신용카드
·현금영수증 : 과세표준 1,000,000원 세액 100,000원—(주)지리전자)한다.

신용카드 매출전표등 발행공제 ⑲에 2,200,000원에서 3,300,000원으로 수정하여 직접 입력
한다.

반드시 상단의 ⑰(저장)를 클릭하여 부가가치세신고서를 저장하고 나온다.

구분				정기신고금액		
				금액	세율	세액
과세표준및매출세액	과세	세금계산서발급분	1	3,000,000	10/100	300,000
		매입자발행세금계산서	2		10/100	
		신용카드·현금영수증발행분	3	3,000,000	10/100	300,000
		기타(정규영수증외매출분)	4			
	영세	세금계산서발급분	5		0/100	
		기타	6		0/100	
	예정신고누락분		7			
	대손세액가감		8			
	합계		9	6,000,000	㉓	600,000
매입세액	세금계산서수취분	일반매입	10			
		수출기업수입분납부유예	10			
		고정자산매입	11			
	예정신고누락분		12			
	매입자발행세금계산서		13			
	그 밖의 공제매입세액		14			
	합계(10)-(10-1)+(11)+(12)+(13)+(14)		15			
	공제받지못할매입세액		16			
	차감계 (15-16)		17		㉴	
납부(환급)세액(매출세액㉓-매입세액㉴)					㉵	600,000
경감공제세액	그 밖의 경감·공제세액		18			
	신용카드매출전표등 발행공제등		19	3,300,000		
	합계		20		㉶	
예정신고미환급세액			21		㉷	
예정고지세액			22		㉸	
사업양수자의 대리납부 기납부세액			23		㉹	
매입자 납부특례 기납부세액			24		㉺	
신용카드업자의 대리납부 기납부세액			25		㉻	
가산세액계			26		㉼	
차감.가감하여 납부할세액(환급받을세액)(㉵-㉶-㉷-㉸-㉹-㉺-㉻+㉼)			27			600,000
총괄납부사업자가 납부할 세액(환급받을 세액)						

중앙 타원 안: **직접입력**

우측 말풍선: **19.신용카드매출전표등 발행공제등은 발행가액(공급대가)을 입력한다.**

☞ 신용카드매출전표 발행세액공제는 개인사업자만 대상이나 전산세무시험의 경우 법인도 입력을 요구하는 경우가 있으
므로 입력하도록 하십시오.

**부가세 신고서 작성시 상단의 CF11(작성방법 켜기)를 클릭하면
신고서 작성요령이 간략하게 나오므로 신고서 작성시 참고바란다.**

제2절 부동산임대공급가액명세서

사업자가 부동산임대용역을 공급하고 전세금 또는 임대보증금을 받는 경우에는 금전외의 대가를 받는 것으로 보아 간주임대료에 대하여 부가가치세를 부담하여야 한다.

간주임대료에 대한 부가가치세는 임대인과 임차인의 약정에 의하여 부담할 수 있으며, 이러한 **부가가치세는 부담하는 자의 세금과공과금(비용)으로 처리한다.**

코드	거래처명(임차인)	동	층	호

■➡ 등 록 사 항

1. 사업자등록번호 ___-__-_____   2. 주민등록번호 _____-_____

3. 면적(㎡) [   ] ㎡   4. 용도 [   ]

5. 임대기간에 따른 계약 내용

계약갱신일	임대기간

6.계 약 내 용	금 액	당해과세기간계
보 증 금		
월 세		
관 리 비		
7. 간주임대료		[ ]일
8. 과 세 표 준		

소 계			
월 세		관 리 비	
간주임대료		과 세 표 준	

전 체 합 계		
월세등	간주임대료	과세표준(계)

1. 임대건물 현황

① 동/층/호수 : 임대한 건물의 동, 층수(지상은 1, 2로 지하는 B1)와 호수를 입력한다.

② 상호(성명) : 임차인의 상호 또는 성명을 F2를 이용하거나 코드가 없을 경우 직접 입력한다.

2. 임대차계약내용

① 사업(주민)등록번호 : 임차인의 사업자등록번호(비사업자인 경우에는 주민등록번호)를 입력한다.

② 면적 : 임대면적을 평방미터로 입력한다.

③ 용도 : 임차인이 사용하고 있는 용도를 입력한다.

④ 임대기간 : 임대한 전체 임대기간을 입력한다. **임대기간에 따라서 과세대상기간의 일수가 자동계산되므로 정확하게 입력하여야 한다.**

⑤ 계약내용 : 보증금, 월세, 관리비의 각 해당 금액을 입력한다.
⑥ 정기예금이자율 : **상단의 F6(이자율)을 클릭하여 수정하면 된다.**

3. 임대수입금액

임차인별로 입력된 금액은 전체합계/소계에 자동 집계된다.

example
예제 **따라하기** 부동산임대공급가액명세서

(주)낙동(2003)를 선택하여 다음의 사항을 입력하시오.

1. 다음 자료에 의하여 부동산임대공급가액명세서(1기 예정)를 작성하고, 간주임대료에 대해서만
   제1기 예정부가가치세신고서에 추가 반영하시오.
   ① 월세와 관리비는 정상적으로 세금계산서가 발급되어 처리되었다고 가정한다.
   ② 부동산 임대현황(103동)

층별	호수	상호	사업자 등록번호	면적 (㎡)	용도	계약내용(월)			관리비 (원)
						임대기간	보증금(원)	월세(원)	
지하 1층	001	속리 가든	210-39 -84214	250	식당	2024.02.01~ 2026.01.31	50,000,000	200,000	100,000
1층	101	클린 청소	502-12 -84566	100	사무실	2023.02.01.~ 2025.01.31	10,000,000	200,000	100,000
						2025.02.01.~ 2027.01.31	15,000,000	200,000	100,000

   ③ **정기예금이자율은 3%로 가정**한다.

2. 간주임대료에 대한 부가가치세는 임대인이 부담하기로 하였다. 3월 31일자로 일반전표에 회계
   처리하시오.

해답

1. 정기예금이자율 확인 및 수정

—상단의 F6(이자율)을 클릭하여 **정기예금이자율 3%**인지 확인하고 상이하면 수정한다.

—상단의 [일수 확인]을 클릭하면 일수가 세팅되어 있다.(교육용은 수정불가)

2. 부동산임대공급가액명세서(1월~3월; 1기 예정) 입력

① 속리가든(F2를 이용하여 상호 입력, 층은 B1)

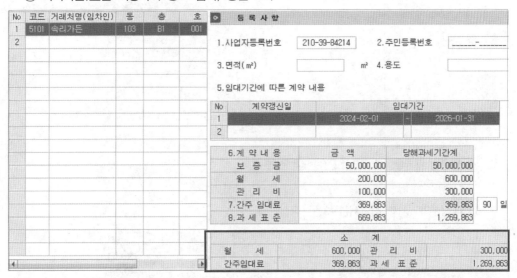

② 클린청소(상호, 사업자등록번호 직접입력)

〈계약갱신전〉

No	계약갱신일		임대기간	
1		2023-02-01	~	2025-01-31
2				

6.계 약 내 용	금 액	당해과세기간계	
보 증 금	10,000,000	10,000,000	
월 세	200,000	200,000	
관 리 비	100,000	100,000	
7.간주 임대료	25,479	25,479	31
8.과 세 표 준	325,479	325,479	

〈계약갱신후(계약갱신일 20x1.02.01)〉

No	계약갱신일		임대기간	
1		2023-02-01	~	2025-01-31
2	2025-02-01	2025-02-01	~	2027-01-31

6.계 약 내 용	금 액	당해과세기간계		
보 증 금	15,000,000	15,000,000		
월 세	200,000	400,000		
관 리 비	100,000	200,000		
7.간주 임대료	72,739	72,739	59	일
8.과 세 표 준	372,739	672,739		

③ 최종부동산임대공급가액명세서(1~3월)

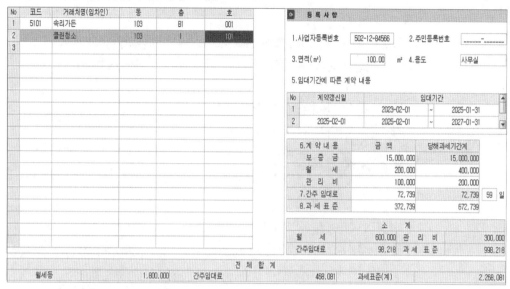

No	코드	거래처명(임차인)	동	층	호
1	5101	속리가든	103	B1	001
2		클린청소	103	1	101
3					

등록사항

1.사업자등록번호 502-12-84566   2.주민등록번호 ___-_____

3.면적(㎡) 100.00 ㎡   4.용도 사무실

5.임대기간에 따른 계약 내용

No	계약갱신일	임대기간	
1		2023-02-01 ~	2025-01-31
2	2025-02-01	2025-02-01 ~	2027-01-31

6.계약내용	금액	당해과세기간계
보증금	15,000,000	15,000,000
월세	200,000	400,000
관리비	100,000	200,000
7.간주임대료	72,739	72,739 59 일
8.과세표준	372,739	672,739

소계			
월세	600,000	관리비	300,000
간주임대료	98,218	과세표준	998,218

전체합계				
월세등	1,800,000	간주임대료	468,081	과세표준(계) 2,268,081

반드시 입력된 자료를 확인 후 [F11]저장하고 나온다.

3. 1기예정부가가치세 신고서(1~3월) 직접입력

구분				금액	세율	세액
과세표준및매출	과세	세금계산서발급분	1		10/100	
		매입자발행세금계산서	2		10/100	
		신용카드·현금영수증발행분	3		10/100	
		기타(정규영수증외매출분)	4	468,081		46,808
	영세	세금계산서발급분	5		0/100	

반드시 입력된 자료를 [F7](저장)하고 나온다.

4. 3월 31일 일반전표입력

(차) 세금과공과(판)   46,808   (대) 부가세예수금   46,808

☞ 매입매출전표입력(유형 : 건별)시 부가가치세 신고서에 자동 반영된다.

일자	유형	공급가액	세액	공급처	분개
03.31	14.건별	468,081	46,808	-	혼합
(차)	세금과공과(판)	46,808	(대)	부가세예수금	46,808

제3절　영세율첨부서류제출명세서 및 내국신용장 전자발급명세서

사업자는 영세율이 적용되는 경우 수출실적명세서 또는 수출계약서사본, 내국신용장이나 구매확인서사본, 외화입금증명서 등을 첨부하여 제출하여야 한다.

[영세율 첨부명세서]

						당기제출금액		당기신고해당분	
(10)서류명	(11)발급자	(12)발급일자	(13)선적일자	(14)통화코드	(15)환율	(16)외화	(17)원화	(18)외화	(19)원화

조회기간 : [ ]년 [ ]월 ~ [ ]년 [ ]월　　구분 : [ ]　　　　과세기간별입력

① 서류명, 발급자, 발급일자를 입력한다.

② 선적일자를 입력한다.

③ 통화코드는 F2를 이용하여 입력한다.

④ 환율은 기준환율 또는 재정환율을 입력한다.

[내국신용장, 구매확인서 전자발급명세서]

2. 내국신용장·구매확인서에 의한 공급실적 합계

구분	건수	금액(원)	비고
(9)합계(10+11)			
(10)내국신용장			
(11)구매확인서			

[참고] 내국신용장 또는 구매확인서에 의한 영세를 첨부서류 방법 변경(영 제64조 제3항 제1의3호
▶ 전자무역기반시설을 통하여 개설되거나 발급된 경우 내국신용장·구매확인서 전자발급명세서를 제출하고 이 외의 경우 내국신용장 사본를 제출함
⇒ 2011.7.1 이후 최초로 개설되거나 발급되는 내국신용장 또는 구매확인서부터 적용

3. 내국신용장·구매확인서에 의한 공급실적 명세서

(12)번호	(13)구분	(14)서류번호	(15)발급일	거래처정보		(17)금액	전표일자	(18)비고
				거래처명	(16)공급받는자의 사업자등록번호			

① 구분(내국신용장, 구매확인서)와 서류번호 등을 입력한다.

② 거래처정보와 금액을 입력한다.

제4절   수출실적명세서

사업자가 외국으로 재화를 직접 수출하는 경우 작성한다.

조회기간 : 년 ▼ 월 ~ : 년 ▼ 월 구분 :		과세기간별입력				
구분	건수	외화금액			원화금액	비고

		(13)수출신고번호	(14)선(기) 적일자	(15)통화 코드	(16)환율	금액		전표정보	
						(17)외화	(18)원화	거래처코드	거래처명

1. 수출재화

외국으로 직접 수출하는 재화의 총건수, 외화금액 합계, 원화금액의 합계로 하단에 입력한 자료가 자동집계된다.

2. 기타영세율적용

수출하는 재화 이외의 영세율적용분(국외제공용역 등)으로 세금계산서를 발급하지 않는 건에 대한 총건수, 외화금액 합계, 원화금액의 합계를 입력한다.

3. 수출신고번호 : 수출신고서의 신고번호를 입력한다.

4. 선(기)적 일자 및 통화코드

통화코드는 기능키 F2를 누르면 외국통화를 도움 받을 수 있다. 원화일 경우에도 KRW로 입력해야 한다.

5. 환율 및 외화

수출재화의 선적일자에 해당하는 기준환율 또는 재정환율을 입력한다.
다만, 선적일 전에 환가한 경우에는 환가한 날의 환율을 입력한다.

example 예제 따라하기 | **수출실적명세서**

㈜낙동(2003)를 선택하여 다음의 자료를 토대로 1기 예정신고시 수출실적명세서를 작성하시오.

[자료 1] 다음은 국외제공용역에 해당한다.

상대국	공급시기	환전일	수출액	적용환율	
				선적(공급)시 기준환율	환전시적용환율
독일	01.22	02.22	$1,000	1,250원/$	1,240원/$

[자료 2] (1) 수출신고필증

제출번호 99999-99-9999999		⑤신고번호 020-15-06-0138408-6	⑥신고일자 20x1/01/20		⑦신고구분 H	⑧C/S구분
①신 고 자 강남 관세사						
②수 출 자 ㈜낙동 **부호** 99999999 **수출자구분** (B) 위 탁 자 (주소) (대표자) (통관고유부호) ㈜낙동 1-97-1-01-9 (사업자등록번호) 120-81-23873			⑨거래구분 11		⑩종류 A	⑪결제방법 TT
			⑫목적국 JP JAPAN		⑬적재항 ICN 인천공항	
			⑭운송형태 40 ETC		⑮검사방법선택 A 검사희망일 20x1/01/20	
			⑯물품소재지			
③제 조 자 (통관고유부호) 제조장소 산업단지부호			⑰L/C번호		⑱물품상태	
			⑲사전임시개청 통보여부		⑳반송사유	
④구 매 자 (구매자부호)			㉑환급신청인(1:수출/위탁자, 2:제조자) 간이환급 ㉒환급기관			
• 품명 · 규격 (란번호/총란수 : 999/999)						
㉓품 명 ㉔거래품명			㉕상표명			
㉖모델 · 규격		㉗성분	㉘수량 1(EA)	㉙단가(USD) 10,000		㉚금액(USD) 10,000
㉛세번부호 9999.99-9999		㉜순중량	㉝수량		㉞신고가격(FOB)	$ 10,000 ₩10,000,000
㉟송품장부호		㊱수입신고번호		㊲원산지	㊳포장갯수(종류)	
㊴총중량		㊵총포장갯수		㊶총신고가격 (FOB)	$ 10,000 ₩10,000,000	
㊷운임(₩)		㊸보험료(₩)		㊹결제금액	CFR - $ 11,000	
㊺수입화물 관리번호				㊻컨테이너번호		
㊼수출요건확인 (발급서류명)						
※신고인기재란			㊽세관기재란			
㊾운송(신고)인 ㊿기간 YYYY/MM/DD부터 YYYY/MM/DD까지			⑤①신고 수리일자 20x1/01/20		⑤②적재 의무기한	20x1/02/20

(2) 추가자료

① B/L(선하증권) 상의 **선적일자는 20x1년 2월 1일**이다.

② (주)낙동은 지맨스사의 수출대금으로 미화(통화코드 USD) $11,000를 결제받기로 계약하였다.

③ 2월 01일의 기준환율은 $1당 1,150원이다.

☞ 결제금액 CFR은 판매인이 목적지까지 계약물품을 운송하는데 필요한 비용과 운임을 지급하는 조건이다.

해답 수출실적명세서(1~3월)―해당란에 직접 입력한다.

구분	건수	외화금액	원화금액	비고
⑨합계	2	12,000.00	13,900,000	
⑩수출재화[=⑫합계]	1	11,000.00	12,650,000	
⑪기타영세율적용	1	1,000.00	1,250,000	

		(13)수출신고번호	(14)선(기)적일자	(15)통화코드	(16)환율	금액		전표정보	
						(17)외화	(18)원화	거래처코드	거래처명
1	☐	020-15-06-0138408-6	20X1-02-01	USD	1,150.0000	11,000.00	12,650,000	00114	지맨스

example 예제 따라하기 | **영세율 첨부서류 제출명세서와 수출실적명세서**

(주)낙동(2003)를 선택하여 다음의 자료를 토대로 1기 확정신고시 영세율첨부서류제출명세서와 수출실적명세서를 작성하라.(매입매출전표입력은 생략한다)

【자료 1】 다음은 기타영세율에 해당한다.(모두 당기 신고해당분이다.)

서류명	발급자	발급일자	선적일자	통화코드	외화
외화입금증명서	국민은행	6.14.	6.4.	USD	$2,000
외화입금증명서	국민은행	6.25.	6.10.	JPY	¥100,000

【자료 2】 수출실적내용

수출신고번호	선적일	수출신고일	대금결제일	통화코드	외화	거래처
130-10-44-3332189-2	6. 10	6.7	6.25	USD	$2,000	지맨스

【자료 3】 기준환율

	6.4	6.7	6.10	6.14.	6.25
1USD당	1,050원	1,070원	1,050원	1,110원	1,200원
100¥당	1,100원	1,000원	1,150원	1,200원	1,180원

해답

1. 영세율첨부서류제출명세서(4월~6월)

－해당란에 직접 입력하고, 환율은 선적일 환율을 입력한다.

	(10)서류명	(11)발급자	(12)발급일자	(13)선적일자	(14)통화코드	(15)환율	당기제출금액		당기신고해당분		과세유형	영세율구분	
							(16)외화	(17)원화	(18)외화	(19)원화		코드	구분명
1	외화입금증명서	9800X 국민은행	19-06-1	9-06-04	USD	1,050.0000	2,000.00	2,100,000	2,000.00	2,100,000			
2	외화입금증명서	9800X 국민은행	19-06-2	9-06-10	JPY	11.5000	100,000.00	1,150,000	100,000.00	1,150,000			

2. 수출실적명세서(4월~6월)

－수출용은 직접 입력하고 기타영세율적용은 영세율첨부서류 제출명세서의 합계금액을 입력한다.

조회기간 :	년 04 ▼ 월 ~	년 06 ▼ 월 구분 : 1기 확정	과세기간별입력	
구분	건수	외화금액		원화금액
⑨합계	3	104,000.00		5,350,000
⑩수출재화[=⑫합계]	1	2,000.00		2,100,000
⑪기타영세율적용	2	102,000.00		3,250,000

	(13)수출신고번호	(14)선(기)적일자	(15)통화코드	(16)환율	금액		전표정보	
					(17)외화	(18)원화	거래처코드	거래처명
1	130-10-44-3332189-2	-06-10	USD	1,050.0000	2,000.00	2,100,000	00114	지맨스

제5절 영세율매출명세서

사업자는 영세율이 적용되는 경우 영세율매출명세서를 작성하여 제출하여야 한다.
매입매출전표에 영세율구분을 입력하면 자동적으로 작성되어 진다.

조회기간	년 ▼ 월 ~	년 ▼ 월	
부가가치세법 조세특례제한법			
(7)구분	(8)조문	(9)내용	(10)금액(원)
부가가치세법	제21조	직접수출(대행수출 포함)	
		중계무역·위탁판매·외국인도 또는 위탁가공무역 방식의 수출	
		내국신용장·구매확인서에 의하여 공급하는 재화	
		한국국제협력단 및 한국국제보건의료재단에 공급하는 해외반출용 재화	
		수탁가공무역 수출용으로 공급하는 재화	
	제22조	국외에서 제공하는 용역	
	제23조	선박·항공기에 의한 외국항행용역	
		국제복합운송계약에 의한 외국항행용역	
	제24조	국내에서 비거주자·외국법인에게 공급되는 재화 또는 용역	
		수출재화임가공용역	
		외국항행 선박·항공기 등에 공급하는 재화 또는 용역	
		국내 주재 외교공관, 영사기관, 국제연합과 이에 준하는 국제기구, 국제연합군 또는 미국군에게 공급하는 재화 또는 용역	
		「관광진흥법」에 따른 일반여행업자 또는 외국인전용 관광기념품 판매업자가 외국인관광객에게 공급하는 관광알선용역 또는 관광기념품	
		외국인전용판매장 또는 주한외국군인 등의 전용 유흥음식점에서 공급하는 재화 또는 용역	
		외교관 등에게 공급하는 재화 또는 용역	
		외국인환자 유치용역	
(11) 부가가치세법에 따른 영세율 적용 공급실적 합계			
(12) 조세특례제한법 및 그 밖의 법률에 따른 영세율 적용 공급실적 합계			
(13) 영세율 적용 공급실적 총 합계(11)+(12)			

㈜낙동[2003]를 선택하여 다음의 자료를 매입매출전표에 입력[분개는 생략]하고, 이를 토대로 2기 예정신고시 구매확인서전자발급명세서와 영세율매출명세서를 작성하시오.

1. 7월 10일 ㈜서울에 구매확인서에 의하여 제품 10,000,000원을 외상매출하고 영세율전자세금계산서를 발급하다.

외화획득용원료 · 기재구매확인서

※ 구매확인서번호 : PKT2019123456

(1) 구매자
- (상호) ㈜서울
- (주소) 서울시 서초구 양재천로
- (성명) 김서울
- (사업자등록번호) 130 - 02 - 31754

(2) 공급자
- (상호) ㈜낙동
- (주소) 서울시 서초구 방배로 120
- (성명) 임택근
- (사업자등록번호) 111 - 02 - 49063

1. 구매원료의 내용

(3) HS부호	(4)품명 및 규격	(5)단위수량	(6)구매일	(7)단가	(8)금액	(9)비고
6115950000	At	120 DPR	20x1 - 07 - 10	USD 900	10,000,000원	
TOTAL		120 DPR			10,000,000원	

2. 세금계산서(외화획득용 원료 · 기재를 구매한 자가 신청하는 경우에만 기재)

(10)세금계산서번호	(11)작성일자	(12)공급가액	(13)세액	(14)품목	(15)규격	(16)수량

(17) 구매원료 · 기재의 용도명세 : 원자재

위의 사항을 대외무역법 제18조에 따라 확인합니다.

확인일자	20x1년 07월 10일
확인기관	한국무역정보통신
전자서명	1208102922

제출자 : ㈜서울 (인)

---

2. 7월 20일 미국의 GM상사에 제품 $10,000을 선적하고 대금은 한달 후에 받기로 하다. [선적일 환율 1,130/$]

해답

1. 매입매출전표입력

	일자	유형	공급가액	세액	공급처	전자	분개
①	07.10	**12.영세** (3.내국신용장등)	10,000,000	–	(주)서울	여	0.분개없음

	일자	유형	공급가액	세액	공급처	분개
②	07.20	**16.수출** (1.직접수출)	11,300,000		GM상사	0.분개없음

2. 내국신용장 · 구매확인서전자발급명세서(7~9월)

2. 내국신용장 · 구매확인서에 의한 공급실적 합계

구분	건수	금액(원)	비고
(9)합계(10+11)	1	10,000,000	
(10)내국신용장			
(11)구매확인서	1	10,000,000	

[참고] 내국신용장 또는 구매확인서에 의한 영세율 첨부서류 방법 변경(영 제64조 제3항 제1의3호)
▶ 전자무역기반시설을 통하여 개설되거나 발급된 경우 내국신용장 · 구매확인서 전자발급명세서를 제출하고 이 외의 경우 내국신용장 사본을 제출함
⇒ 2011.7.1 이후 최초로 개설되거나 발급되는 내국신용장 또는 구매확인서부터 적용

3. 내국신용장 · 구매확인서에 의한 공급실적 명세서

(12)번호	(13)구분	(14)서류번호	(15)발급일	거래처명	(16)공급받는자의 사업자등록번호	(17)금액	전표일자	(18)비고
1	구매확인서	PK2019123456	20x1-07-10	(주)서울	130-02-31754	10,000,000		

3. 영세율매출명세서(7~9월)

부가가치세법	조세특례제한법

(7)구분		(8)조문	(9)내용	(10)금액(원)
부 가		제21조	직접수출(대행수출 포함)	11,300,000
			중계무역 · 위탁판매 · 외국인도 또는 위탁가공무역 방식의 수출	
			내국신용장 · 구매확인서에 의하여 공급하는 재화	10,000,000
			한국국제협력단 및 한국국제보건의료재단에 공급하는 해외반출용 재화	
			수탁가공무역 수출용으로 공급하는 재화	
		제22조	국외에서 제공하는 용역	
		제23조	선박 · 항공기에 의한 외국항행용역	
			국제복합운송계약에 의한 외국항행용역	

> ## 제6절   현금매출명세서

사업서비스업 중 변호사, 공인회계사, 세무사, 건축사 등의 사업을 영위하는 사업자는 현금매출명세서를 예정신고 또는 확정신고와 함께 제출하여야 한다.

조회기간 : ____년 Ⅲ ▾ 월 ~ ___년 03 ▾ 월			구분 : 1기 예정 수입구분 :							
공급가액	합계		현금매출		세금계산서		신용카드		현금영수증	
	건수	금액	건수	금액	건수	금액	건수	금액	건수	금액

	의뢰인		거래일자	거래금액		
	성명(또는 상호)	주민등록번호(또는 사업자등록번호)		공급대가	공급가액	부가세

조회기간을 입력하고 해당 의뢰인별로 현금매출을 입력하면 상단의 현금매출로 집계되고, 세금계산서등의 매출액은 직접 입력한다.   ☞ 시험에서 출제된 적이 없습니다.

> ## 제7절   대손세액(변제대손세액)공제신고서

사업자가 부가가치세가 과세되는 재화 또는 용역을 공급한 후 공급받는자의 파산 등으로 인하여 부가가치세를 거래징수하지 못한 경우에는 그 대손세액을 매출세액에서 차감할 수 있다.

또한 공급받는자는 매입세액공제를 받고 동 대손이 폐업 전에 확정되는 경우에는 그 확정된 날이 속하는 과세기간의 매입세액에서 대손세액을 차감한다.**(대손처분받은세액)** 그리고 대손세액을 매입세액에 차감한 후 대손금을 변제한 경우에는 변제일이 속하는 과세기간의 매입세액에 변제한 대손세액을 더한다.**(변제대손세액)** 이러한 대손세액공제신고서는 **확정신고시에만 공제된다.**

대손발생 대손변제					
조회기간 : ___년 ▾ 월 ~ ___년 ▾ 월					
대손확정일	대손금액	공제율	대손세액	거래처	대손사유

1. **대손발생(공급자) 또는 대손변제(공급받는자)**를 클릭한다.

2. 조회기간을 입력한다.

3. 대손확정일(변제확정일)

대손 확정일(부도어음과 수표는 부도확인일로부터 6개월 경과일)과 변제확정일을 입력한다. **만약 어음의 경우 부도발생일이 3월 16일 경우 대손확정일은 6개월이 경과한 9월 17일이 된다.**

4. 대손금액(변제금액)을 입력한다.

대손금액은 공급가액과 세액을 포함한 공급대가를 입력한다.

대손세액공제를 받을 경우 "+"금액으로 입력하고, 대손세액공제를 받았던 외상매출금을 다시 회수한 경우에는 "－"금액으로 입력한다.

5. 거래처

거래상대방상호는 직접입력하거나 F2를 이용하여 거래처를 입력한다.

6. 대손사유(변제사유)를 선택한다.

```
1:파산
2:강제집행
3:사망, 실종
4:정리계획
5:부도(6개월경과)
6:소멸시효완성
7:직접입력
```

(주)낙동(2003)을 선택하여 다음의 사항을 입력하시오.

다음 자료를 토대로 1기 부가가치세 확정신고시 대손세액공제신고서 및 부가가치세신고서를 작성하시오.

1. 전년도 10월 10일 ㈜주성전자에 제품 10,000,000원(부가가치세 별도)을 외상매출하고 동시발행 어음을 수령하였다. **동 어음이 1월 30일 부도발생하였다.**

2. 전년도 6월 10일 오작상회(대표자 성명 : 김오작, 사업자번호 : 104-81-35120 소재지 : 서울시 서초구 방배동 130)에 공장에서 사용하던 설비를 5,000,000원(부가가치세 별도)에 외상으로 매각하였다. 오작상회는 3월 20일 현재 대표자가 실종되어 에어콘 판매대금을 회수할 수 없음이 객관적으로 입증되었다. **설비에는 저당권 등이 설정되어 있지 아니하다.**

3. 거래처 대한전자의 파산으로 2019년도 대손처리(파산일 2019.9.10)하여 대손세액공제를 받았던 외상매출금 3,300,000원(부가가치세 포함)이 5월 4일 대한전자로부터 전액 현금 회수되었다.

해답

1. 대손세액공제대상여부체크

(주)주성전자는 부도 후 6개월 미경과로 대손세액공제 대상에서 제외됨.

2. 대손세액공제신고서(4월~6월)

－오작상회 : 거래상대방 상호는 하단에서 직접 입력

대손발생	대손변제						
조회기간: 년 04 ▼ 월 ~ 년 06 ▼ 월 1기 확정							
대손확정일	대손금액	공제율	대손세액		거래처		대손사유
-03-20	5,500,000	10/110	500,000		오작상회	3	사망,실종

성명	오작상회	사업자등록번호	104-81-35120
소재지	서초구 방배동 130	주민등록번호	-------- - -------

－대한전자 : 대손확정일에 대손회수일(20x1.05.04) 또는 당초 대손확정일(파산일 : 2019.9.10)을 입력하고, 거래상대방 상호는 F2로 선택하여 입력한다.

20X1-05-04	-3,300,000	10/110	-300,000	대한전자	1	파산

☞ 대손회수시 대손회수일 또는 당초 대손확정일을 입력한 것을 정답으로 처리한 적이 있었습니다. 부가세법 서식 작성요령에는 "⑤-⑫ : 「부가가치세법」 제45조 제1항에 따라 대손세액을 공제받으려는 경우에 작성합니다." 라고 하며 명확한 규정은 없습니다. 그러나 서식에 "대손확정연월일"로 되어 있으므로 당초 대손확정일을 입력하는게 더 타당하다고 보여지나. 최근 기출문제에서 대손회수일을 정답으로 제시하는 경우가 많습니다.

3. 1기 확정 부가가치세 신고서(4월~6월)

-부속서류에 입력하면 신고서에 자동으로 반영되나, 직접 입력도 가능하다. 대손세액은 대손세
액가감란에 "-"금액으로 입력하여야 한다.

및 매 출 세 액	영 세	세금계산서발급분	5		0/100	
		기타	6		0/100	
	예정신고누락분		7			
	대손세액가감		8			-200,000

직접입력도 가능

-대손가감란에 커서로 이동하고, F11(원시데이타켜기)를 클릭하면 작성된 부속서류(대손세액공제신
고서)의 금액을 확인할 수도 있다.

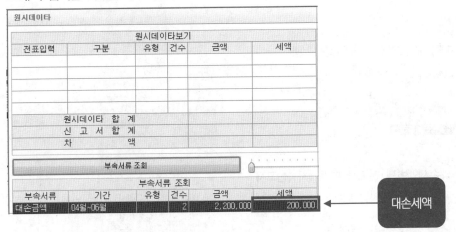

대손세액

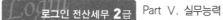

example
예제 **따라하기** 대손세액변제신고서

㈜낙동(2003)를 선택하여 2기 부가가치세 확정신고시 대손세액변제신고서 및 부가가치세 신고서에 반영하시오.

부도로 인해 20x1년 1기 부가가치세 확정신고시 공제받지 못할 매입세액(대손처분받은 세액)으로 신고하였던 대한전자에 대한 외상매입금 2,200,000원을 20x1년 10월 1일 전액 현금으로 상환하였다.

해답

1. 대손세액변제신고서(10월~12월)

	대손발생	대손변제					

조회기간: 년 10 ▼ 월 ~ 년 12 ▼ 월 2기 확정

변제확정일	변제금액	공제율	변제세액	거래처		변제사유
10-01	2,200,000	10/110	200,000	대한전자	7	대손금변제(부도)

2. 대손세액변제 신고시 부가가치세신고서

14.그밖의공제매입세액과 46.변제대손세액에 200,000원이 자동반영(직접입력도 가능하다.)된다.

매입세액	세금계산서 수취분	일반매입	10			정산누락분	신용카드매출 수령금액합계	일반매입 고정매입	40		
		수출기업수입분납부유예	10								
		고정자산매입	11				의제매입세액				
	예정신고누락분		12				재활용폐자원등매입세액				
	매입자발행세금계산서		13				과세사업전환매입세액				
	그 밖의 공제매입세액		14		200,000		재고매입세액				
	합계(10)-(10-1)+(11)+(12)+(13)+(14)		15		200,000		변제대손세액				
	공제받지못할매입세액		16				외국인관광객에대한환급/				
	차감계 (15-16)		17	ⓝ	200,000		합계				
납부(환급)세액(매출세액⑦-매입세액ⓝ)			ⓓ		-200,000						
경감 공제 세액	그 밖의 경감·공제세액		18				14.그 밖의 공제매입세액				
	신용카드매출전표등 발행공제등		19				신용카드매출	일반매입	41		
	합계		20	ⓡ			수령금액합계표	고정매입	42		
예정신고미환급세액			21	ⓥ			의제매입세액		43	뒤쪽	
예정고지세액			22	ⓦ			재활용폐자원등매입세액		44	뒤쪽	
사업양수자의 대리납부 기납부세액			23	ⓐ			과세사업전환매입세액		45		
매입자 납부특례 기납부세액			24	ⓧ			재고매입세액		46		
신용카드업자의 대리납부 기납부세액			25	ⓨ			변제대손세액		47		200,000
가산세액계			26	ⓟ			외국인관광객에대한환급세액		48		
차감.가감하여 납부할세액(환급받을세액)(ⓓ-ⓡ-ⓥ-ⓦ-ⓐ-ⓧ-ⓨ-ⓟ+ⓟ)			27		-200,000		합계		49		200,000
총괄납부사업자가 납부할 세액(환급받을 세액)											

제8절 신용카드매출전표등 수령명세서(갑)

사업자가 일반과세자로부터 재화 또는 용역을 공급받고 부가가치세액이 별도로 구분 가능한 신용카드매출전표 등을 발급받은 경우 신용카드매출전표 등 수령금액 합계표(갑)를 제출하고, 해당 신용카드매출전표 등을 보관하면 그 부가가치세액은 공제할 수 있는 매입세액으로 본다.
다음사항을 제외하고 신용카드매출전표수령금액합계표(갑)에 입력한다.

1. 세금계산서 발급불가사업자	면세사업자
2. 영수증발급 대상 간이과세자	직전연도 공급대가 합계액이 4,800만원 미만 등
3. 세금계산발급불가업종	① 목욕 · 이발 · 미용업 ② 여객운송업(전세버스운용사업은 제외) ③ 입장권을 발급하여 경영하는 사업
4. 공제받지 못할 매입세액	기업업무추진비관련 매입세액 등

조회기간 :   년 ▼ 월 ~   년 ▼ 월   구분

▷ 2. 신용카드 등 매입내역 합계

구분	거래건수	공급가액	세액

▷ 3. 거래내역입력

월/일	구분	공급자	공급자(가맹점) 사업자등록번호	카드회원번호	기타 신용카드 등 거래내역 합계		
					거래건수	공급가액	세액

1. 조회기간입력 및 새로 불러오기

매입매출전표입력에서 **57.카**과 **61.현과**로 입력된 모든 거래내용을 불러온다.

2. 카드구분

☞ **사업용신용카드** : 사업자가 사업용물품을 구입하는데 사용하는 신용카드를 국세청 현금영수증홈페이지에 등록한 신용카드

신용카드매출전표등 수령명세서(갑)

(주)낙동(2003)을 선택하여 다음의 자료를 토대로 1기 예정신고시 신용카드매출전표 등 수령명세서(갑)를 작성하고 부가가치세 신고서를 작성하시오.

1월부터 3월까지의 기간동안 재화나 용역을 공급받고 신용카드매출전표 (부가가치세 별도 기입분)를 수취한 내용이다. 카드회원번호(국세청에 등록한 신용카드)는 1234-5689-5114-8512로 동일하게 사용한 것으로 본다.

거래처명 (등록번호)	성명 (대표자)	거래 일자	발행금액 (VAT포함)	공급자 업종 (과세유형)	거래내용
두리슈퍼 (111-11-11119)	김두리	1.11	220,000원	소매업 (일반과세)	거래처 선물구입대
일동상회 (222-22-22227)	최일동	1.20	330,000원	음식점업 (일반과세)	직원회식대 (복리후생)
알파문구 (333-33-33336)	오알파	2.13	440,000원	소매업 (간이과세[*1])	사무비품 구입
왕궁호텔 (555-55-55553)	박왕궁	2.20	550,000원	숙박업 (일반과세)	지방출장 숙박비
구찌 (105-05-54017)	송승헌	3.25	660,000원	소매업 (일반과세)	세금계산서 발급

*1. <u>영수증 발급대상 간이과세자임.</u>

해답

1. 매입세액공제대상체크

- 두리슈퍼 : 기업업무추진비라서 해당안됨.
- 알파문구 : 영수증 발급대상 간이과세자라서 해당안됨.
- 구찌 : 세금계산서를 발급했으므로 해당안됨.

| 조회기간 : | 년 01 ▼ 월 ~ | 년 03 ▼ 월 | 구분 1기 예정 |

2. 신용카드 등 매입내역 합계

구분	거래건수	공급가액	세액
합 계	2	800,000	80,000
현금영수증			
화물운전자복지카드			
사업용신용카드	2	800,000	80,000
기 타 신용카드			

3. 거래내역입력

월/일	구분	공급자	공급자(가맹점)사업자등록번호	카드회원번호	기타 신용카드 등 거래내역 합계		
					거래건수	공급가액	세액
01-20	사업	일동상회	222-22-22227	1234-5689-5114-8512	1	300,000	30,000
02-20	사업	왕궁호텔	555-55-55553	1234-5689-5114-8512	1	500,000	50,000

2. 부가가치세신고서(1-3월)

매입매출전표입력를 입력하면 자동반영되나, 직접 입력해도 가능합니다.

매입세액						정누락분			
				합계	40				
세금계산서	일반매입	10				신용카드매출	일반매입		
수취분	수출기업수입분납부유예	10				수령금액합계	고정매입		
	고정자산매입	11				의제매입세액			
예정신고누락분		12				재활용폐자원등매입세액			
매입자발행세금계산서		13				과세사업전환매입세액			
그 밖의 공제매입세액		14	800,000		80,000	재고매입세액			
합계(10)-(10-1)+(11)+(12)+(13)+(14)		15	800,000		80,000	변제대손세액			
공제받지못할매입세액		16				외국인관광객에대한환급/			
차감계 (15-16)		17	800,000	ⓑ	80,000	합계			
납부(환급)세액(매출세액⑦-매입세액ⓑ)			ⓒ		-80,000	14 그 밖의 공제매입세액			
경감 그 밖의 경감·공제세액		18				신용카드매출	일반매입	41	800,000	80,000
공제 신용카드매출전표등 발행공제등		19				수령금액합계표	고정매입	42	
세액 합계		20		ⓓ					

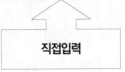

직접입력

> ### 제9절 의제매입세액공제신고서

일반과세사업자가 면세 농산물 등을 구입 후 과세재화로 제조·가공하거나 용역을 창출하는
경우에는 일정한 금액을 매입세액으로 의제하여 매출세액에서 공제한다.

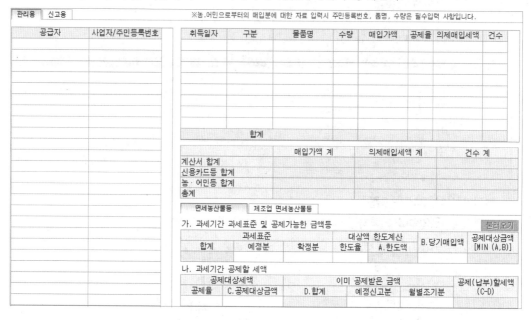

1. 관리용을 클릭하고 조회기간을 입력한다.

2. 전표데이타 새로불러오기

[일반전표입력], [매입매출전표](53.면세, 58.카면, 60.면건, 62.현면)에서 원재료 등 계정의
적요번호 6번 "의제매입세액공제신고서 자동반영분"으로 입력된 자료가 있으면 상단의 F4(불러
오기)를 클릭하면 다음과 같은 화면이 나타나는데,

예를 선택하면 본 메뉴에서 작성된 기존 데이터는 삭제되고 전표에 입력된 자료가 다시 불러
온다.

3. 신고내용

(1) 예정신고 및 확정신고

① 공급자 : 공급자의 성명 또는 상호를 입력하거나, F2로 공급처를 입력한다.

② 주민등록번호 및 사업자등록번호 : 공급자가 사업자인 경우는 사업자등록번호를 비사업자인 경우는 주민등록번호를 입력한다.

③ 취득일자 : 면세재화의 매입일자를 입력한다.

④ 구분 : **1.계산서, 2.신용카드등, 3.농·어민매입** 중 해당 유형을 선택한다.

⑤ 물품명, 수량, 매입가격을 입력한다.

⑥ 공제율

업 종			공제율
음식점업	과세유흥장소		<u>2/102</u>
	위 외 음식점업자	법인	*6/106*
		개인사업자	8/108
제조업	**일반**		<u>2/102</u>
	중소기업 및 개인사업자		4/104
	위 외의 사업		2/102

⑦ 의제매입세액 : 해당공제율을 선택하면 자동계산된다.

(2) 확정신고시 한도 계산

① 과세기간 과세표준 및 공제가능한 금액 등

　㉠ 과세표준 : 과세기간별 면세농산물 등과 관련하여 공급한 과세표준을 예정분과세표준과 확정분 과세표준을 각각 입력한다.

　㉡ 한도율 : **법인사업자는 50/100**

　㉢ 한도액은 과세표준합계에 한도율을 곱하여 자동 계산된다.

　㉣ 당기매입액은 예정신고와 확정신고 의제매입세액 해당 매입가액의 합계액을 적습니다.

　㉤ 공제대상금액이 자동계산된다.

② 과세기간 공제할 세액

　㉠ 공제대상세액이 자동 계산된다.

　㉡ 이미 공제받은 세액(예정신고분과 월별조기분)을 입력하면, 확정신고시 공제(납부)할 세액이 계산이 된다.

(주)낙동(2003)를 선택하여 다음의 사항을 입력하시오.

당사는 과세사업과 면세사업을 겸영하는 **제조업자(중소기업)이며**, 면세농산물은 과세사업에 사용된다고 가정한다. 또한 기장된 내역은 무시하시오.

1. 1기 의제매입세액과 관련한 매출내역

예정신고	확정신고	계
15,000,000	25,000,000	40,000,000

2. 1기 예정신고시 의제매입세액 신고내역

  ① 의제매입세액 공제대상 면세매입금액 : 5,000,000원

  ② 의제매입세액공제액 : 192,307원

3. 1기 확정(4~6월)시 면세재화 구입내역

구 분	일자	상호 또는 성명	사업자번호 (주민등록번호)	품 명	매입가액	증 빙	수량
사업자 매입분	4.01	(주)한세	132 – 84 – 56586	축산물	3,300,000원	전자계산서 (현금매입)	10
	4.03	(주)영일	132 – 81 – 21354	축산물	1,000,000원	일반영수증 (현금매입)	10
	5.05	(주)상일	107 – 81 – 31220	수도 요금	150,000원	계산서 (현금매입)	5
	5.07	(주)해일	132 – 84 – 56475	해산물	2,540,000원	신용카드 (국민카드)	10
농,어민 매입분	6.12	김한세	731013 – 1247017	견과류	1,160,000원	영수증 (현금매입)	10

4. **사업자매입분 거래중에서 의제매입세액 공제가 되는 거래에 대해서 매입매출전표에 입력하시오.**

5. **농어민매입분을 포함하여, 1기 확정과세기간에 대한 의제매입세액공제신고서와 부가가치세 신고서를 작성**하시오.

6. **6월 30일자로 의제매입세액공제와 관련한 적절한 회계처리를 일반전표에 입력**하시오.

해답

1. 의제매입세액공제 대상여부 체크

구 분	상호(성명)	품 명	매입가액	증 빙	대상여부
사업자 매입분	(주)한세	축산물	3,300,000원	계산서	
	(주)영일	축산물	×	일반영수증	**사업자 매입분은 적격증빙 (계산서 등)을 수취하여야 한다.**
	(주)상일	수도 요금	×	계산서	면세농산물 등이 대상이다.
	(주)해일	해산물	2,540,000원	신용카드	
농,어민 매입분	김한세	견과류	1,160,000원	영수증 (현금매입)	**제조업의 경우 농어민 매입분은 영수증도 가능**
계			7,000,000원		

2. 매입매출전표입력(의제매입세액공제대상)

	일자	유형	공급가액	세액	공급처	전자	분개
①	04.01	53.면세	3,300,000	–	(주)한세	여	현금

(차) 원 재 료　　　　3,300,000　(대) 현　　　　금　　　　3,300,000

6.의제매입세액공제신고서 자동반영분

	일자	유형	공급가액	세액	공급처	분개
②	05.07	58.카면	2,540,000		(주)해일	카드

(차) 원 재 료　　　　2,540,000　(대) 외상매입금(국민카드)　　　　2,540,000

6.의제매입세액공제신고서 자동반영분

3. 의제매입세액공제 신고서(4월~6월)

① 의제매입공제대상 입력

조회기간을 입력하면 매입매출전표에 입력된 자료가 자동으로 불러온다.

수량과 매입가격을 확인하고, **공제율은 해당 업종(중소제조업 : 4/104)에 맞게 수정 입력한다.**

공급자	사업자/주민등록번호	취득일자	구분	물품명	수량	매입가액	공제율	의제매입세액	건수
(주)해일	132-84-56475	-04-01	계산서	축산물	10	3,300,000	4/104	126,923	1
(주)한세	132-84-56586								

또한 농어민 매입분(제조업)에 대해서는 영수증에 대해서도 공제가 가능하므로 매입매출전표에 입력하지 않는 것은 신고서에 직접 입력한다.

취득일자	구분	물품명	수량	매입가액	공제율	의제매입세액	건수
-06-12	농어민매입	견과류	10	1,160,000	4/104	44,615	1

─신고서 하단에 의제매입세액이 자동집계된다.

	매입가액 계	의제매입세액 계	건수 계
계산서 합계	3,300,000	126,923	
신용카드등 합계	2,540,000	97,692	
농·어민등 합계	1,160,000	44,615	
총계	7,000,000	269,230	

② 의제매입세액 및 공제(납부)할 세액 계산

─과세표준(의제매입세액 관련)입력과 당기매입액(1기예정 : 5,000,000+확정 : 7,000,000),
예정신고시 공제받은 세액(192,307)을 입력

면세농산물등	제조업 면세농산물등		

가. 과세기간 과세표준 및 공제가능한 금액등 　　　　　　　　　　　　　　불러오기

과세표준			대상액 한도계산		B. 당기매입액	공제대상금액 [MIN (A,B)]
합계	예정분	확정분	한도율	A. 한도액		
40,000,000	15,000,000	25,000,000	50/100	20,000,000	12,000,000	12,000,000

나. 과세기간 공제할 세액

공제대상세액		이미 공제받은 금액			공제(납부)할세액 (C-D)
공제율	C.공제대상금액	D. 합계	예정신고분	월별조기분	
4/104	461,538	192,307	192,307		269,231

4. 부가가치세신고서(4~6월)

입	예정신고누락분	12			누		수령금액합계	고정매입		
세	매입자발행세금계산서	13				의제매입세액				
액	그 밖의 공제매입세액	14	7,000,000	269,231		재활용폐자원등매입세액				
	합계(10)-(10-1)+(11)+(12)+(13)+(14)	15	7,000,000	269,231	락	과세사업전환매입세액				
	공제받지못할매입세액	16				재고매입세액				
	차감계 (15-16)	17	7,000,000	⑭	269,231	분	변제대손세액			
납부(환급)세액(매출세액⑦-매입세액⑭)				⑮	-269,231		외국인관광객에대한환급/			
경감 그 밖의 경감·공제세액		18		⑱			합계		자동반영	
공제 신용카드매출전표등 발행공제등		19				14.그 밖의 공제매입세액				
세액 합계		20		⑳			신용카드매출	일반매입	41		
소규모 개인사업자 부가가치세 감면세액		20		⑳			수령금액합계표	고정매입	42		
예정신고미환급세액		21		㉑			의제매입세액		43	7,000,000 뒤쪽	269,231
예정고지세액		22		㉒							

5. 일반전표입력(6월30일)

(차) 부가세대급금　　　　　269,231　　　　(대) 원재료(8.타계정대체)　　　269,231

의제매입세액 한도계산시 1역년 단위로 계산가능　　　　　　　　　　　**참고**

① 1역년동안 계속 *제조업* 영위
② 제1기 과세기간에 공급받은 면세농산물등의 가액의 비중이 75% 이상 또는 25% 미만

참고

의제매입세액의 환경등록(16.의제류 자동설정)

1. 환경등록에서 16. 의제류 자동설정에 의제매입공제율을 입력한다.

16	의제류 자동 설정	0.없음
	의제매입공제율	2 / 102

2. 매입매출전표입력시 다음과 같은 보조화면이 나온다.

의제매입세액 또는 재활용세액 계산

의 제 류 구 분 : 1 [0:해당없음] [1:의제매입] [2:재활용] [3:구리스크랩등]

0 : 해당없음   1 : 의제매입세액

2 : 재활용매입세액 3 : 구리스크랩등(2014.1.1이후부터)

매입(취득)금액 : 3,300,000

공 제 세 율 : 2 / 102

의제(공제)세액 : 64,705

3. 분개는 부가세대급금이 자동반영된다. 또한 의제매입세액공제신고서에도 자동반영된다.

구분	계정과목	적요	거래처	차변(출금)	대변(입금)
출금	0135 부가세대급금		00701 (주)한세	64,705	(현금)
출금	0153 원재료		00701 (주)한세	3,235,295	(현금)

☞ 1기 확정신고시에 상기처럼 의제매입세액을 분개 후 한도가 60,000원이 계산되었다고 가정하면, 한도 초과분(4,705)에 대해서 6월 30일자로 다음과 같은 수정분개를 하여야 한다.

(차) 원재료   4,705   (대) 부가세대급금   4,705

제10절 재활용폐자원세액공제신고서

재활용폐자원 및 중고자동차를 수집하는 사업자(일반과세자)가 국가 등 또는 부가가치세 과세 사업을 영위하지 아니하는 자와 영수증 발급 대상 간이과세자로부터 재활용폐자원 및 중고자동차를 취득하여 제조 또는 가공하거나 이를 공급시 일정한 금액을 매입세액으로 공제받을 수 있다.

1. 새로불러오기

F6 불러오기 버튼을 클릭하면 입력된 데이터(적요번호 7번 재활용폐자원매입세액)가 있으면 자동 반영된다.

2. 신고내용입력

① 취득금액과 공제율(폐자원 3/103, 중고자동차 10/110)과 취득일자를 입력한다.
② 상단과 하단에 공제세액이 자동계산된다.
③ 재활용폐자원 매입세액공제는 확정신고시 한도계산을 한다. 의제매입세액처럼 문제에서 주어진대로 입력하면 자동적으로 계산된다.

---

example 예제 따라하기 | 재활용폐자원세액공제신고서

㈜낙동(2003)을 선택하여 다음의 사항을 입력하시오.

1. 다음 매입 거래중에서 재활용폐자원세액공제가 되는 거래에 대해서 매입매출전표(원재료)에 입력하시오.

일자	상호 또는 성명	사업자번호 (주민등록번호)	품 명	매입가액	증 빙
04.03	㈜경기	132 – 81 – 21354	고철	2,900,000원	전자계산서 (현금매입)
05.03	아산전기	132 – 81 – 21354	알루미늄	1,000,000원	전자세금계산서 (현금매입)
06.05	김기수	830208 – 2182630	고철	150,000원	영수증 (현금매입)

2. 예정신고기간 중의 재활용폐자원 거래내역은 없다.

3. 1기 과세기간 중 재활용관련 매출액과 세금계산서 매입액(사업용 고정자산 매입액은 없다.)은 다음과 같다.

구분	매출액(공급가액)	매입공급가액(세금계산서)
예정분	60,000,000원	40,000,000원
확정분	70,000,000원	55,000,000원

4. 1기 확정신고에 대한 재활용폐자원세액공제신고서를 작성하시오.

5. 그리고 6월 30일자로 재활용폐자원세액공제신고와 관련한 적절한 회계처리를 일반전표에
입력하시오.

해답

1. 재활용폐자원세액공제

아산전기는 세금계산서를 수취하였으므로 재활용폐자원세액공제대상이 아니다.

2. 매입매출전표입력(재활용폐자원세액공제)

	일자	유형	품목	공급가액	세액	공급처	전자	분개
①	04.03	53.면세	고철	2,900,000	–	㈜경기	여	현금
	(차) 원재료			2,900,000 (대) 현금				2,900,000
	7.재활용폐자원매입세액공제신고서자동반영분							

	일자	유형	품목	공급가액	세액	공급처		분개
②	06.05	60.면건	고철	150,000		김기수		현금
	(차) 원재료			150,000 (대) 현 금				150,000
	7.재활용폐자원매입세액공제신고서자동반영분							

3. 재활용폐자원세액 신고서(4월~6월)

조회기간을 입력하면 매입매출전표에 입력된 자료가 자동으로 불러온다.(불러오지 않으면 상단의
불러오기를 해준다.) [25] 구분코드 : 2.기타재활용폐자원, 수량과 매입가격을 확인하고, **공제율
[폐자원은 3/103, 중고자동차는 10/110]은 해당 업종에 맞게 수정 입력한다.**

	(24)공급자 성명 또는 상호(기관명)	거래처주민등록번호또는 사업자등록번호	거래구분	(25)구분코드	(26)건수	(27)품명	(28)수량	(29)차량번	30)차대번호	(31)취득금액	(32)공제율	(33)공제액((31)*(32))	취득일자
1	㈜경기	132-81-21354	2.계산서	2.기타재활용폐자원	1	고철				2,900,000	3/103	84,466	2021-04-03
2	김기수	830208-2182630	1.영수증	2.기타재활용폐자원	1	고철				150,000	3/103	4,368	2021-06-05

4. 한도 계산

문제에서 주어진 매출액을 입력하고 당기매입액 세금계산서 구입과 당기 재활용폐자원 대상금
액(3,050,000)을 [15]영수증 등에 입력하고, 이미 공제받은 세액이 있으면 [21].[22]란에 입력
한다.

재활용폐자원 매입세액공제 관련 신고내용(이 란은 확정신고시 작성하며, 중고자동차(10/110)의 경우에는 작성하지 않습니다.) 불러

	매출액			대상액한도계산		당기매입액			(16)공제가능한
(8)합계	(9)예정분	(10)확정분	(11)한도율	(12)한도액	(13)합계	(14)세금계산서	(15)영수증 등	금액(=(12)-(14))
130,000,000	60,000,000	70,000,000	80%	104,000,000	98,050,000	95,000,000	3,050,000	9,000,000

(17)공제대상금액(=(15)과 (16)의 금액중 적은 금액)	공제대상세액			이미 공제받은 세액			(23)공제(납부)할세액 (=(19)-(20))	[참고]10/110 공제액합계
	(18)공제율	(19)공제대상세액		(20)합계	(21)예정신고분	(22)월별조기분		
3,050,000	3/103	88,834					88,834	

5. 일반전표입력(6월30일)

[차] 부가세대급금　　88,834　　[대] 원　재　료(8.타계정 대체)　　88,834

제11절	건물 등 감가상각자산 취득명세서

사업자가 사업설비를 신설·취득·확장 또는 증축함으로써 조기환급을 받고자 하는 경우에는
건물 등 감가상각자산취득명세서를 첨부하여야 한다.

조회기간	년 ▼ 월 ~	년 ▼ 월	구분			

⇨ 취득내역				

감가상각자산종류	건수	공급가액	세 액	비 고
합 계				
건물 · 구축물				
기 계 장 치				
차 량 운 반 구				
기타감가상각자산				

			거래처별 감가상각자산 취득명세			
월/일	상호	사업자등록번호	자산구분	공급가액	세액	건수

1. 전표불러오기

F4(불러오기) 버튼을 클릭하면 아래와 같은 새로 불러오기 보조화면이 나타난다. 여기에서 각
계정별 코드와 계정과목을 선택 입력한 다음 버튼을 클릭하면 [매입매출전표]에 입력된 데이터
가 자동으로 불러온다.

전표불러오기   ✕

기간 : □ 년 1 월 ~ □ 년 3 월

구 분	코 드	계정과목명
(1)건물·건축물	0202	건물
	0204	구축물
(2)기 계 장 치	0206	기계장치
(3)차량 운반구	0208	차량운반구
(4)기타감가상각자산	0212	비품

1. 코드도움은 F2, 삭제는 F5 입니다.
2. 계정과목은 매입매출전표에서 불러옵니다.
3. 계정과목 구간은 195-230, 471-500 까지 입니다.

확인 [Tab] 취소 [Esc]

example 예제 따라하기 **건물등 감가상각자산 취득명세서**

[주]낙동(2003)를 선택하여 다음의 사항을 입력하시오.

다음 자료를 매입매출전표에 입력하고 **7월분 조기환급신고를 하고자 감가상각자산취득명세서를 작성하고 부가가치세 신고서를 작성**하시오. 부가가치세 신고일은 8월25일이다.

1. 7월 1일 비품으로 사용할 초고속칼라프린터를 대한전자로부터 50,000,000원(부가가치세 별도)에 구입하고 대금은 전액 법인카드인 국민카드로 지급하였다. 수취한 신용카드매출전표가 부가가치세 공제요건을 만족하므로 별도의 세금계산서는 수취하지 아니하였다.

2. 7월 15일 [주]설악전기와 6월 1일 30,000,000원에 당사의 업무관리 S/W개발계약을 체결하고 개발을 의뢰한 바 있으며, 당일 완성되어 인수하고 전자세금계산서(공급가액 30,000,000원 부가가치세 3,000,000원)를 교부받았다. 대금은 전액 현금으로 지급하였다.(무형자산자산으로 계상할 것)

해답

1. 매입매출전표입력

1.	일자	유형	공급가액	세액	거래처	신용카드	분개
	07.01	57.카과	50,000,000	5,000,000	대한전자	국민카드	카드
	(차) 비 품		50,000,000	(대) 미 지 급 금(국민카드)			55,000,000
	부가세대급금		5,000,000				

2.	일자	유형	공급가액	세액	거래처	전자	분개
	07.15	51.과세	30,000,000	3,000,000	(주)설악전기	1.여	현금
	(차) 소프트웨어		30,000,000	(대) 현 금			33,000,000
	부가세대급금		3,000,000				

2. 건물등 감가상각자산취득명세서

〔1〕 상단의 F4불러오기를 클릭하여 추가계정과목(소프트웨어)을 입력한다.

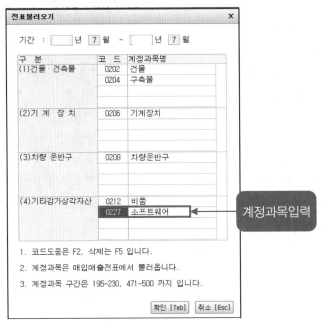

〔2〕 감가상각자산취득명세서(7월~7월)

감가상각자산종류	건수	공급가액	세액	비고
합 계	2	80,000,000	8,000,000	
건물 · 구축물				
기 계 장 치				
차 량 운 반 구				
기타감가상각자산	2	80,000,000	8,000,000	

	월/일	상호	사업자등록번호	자산구분	공급가액	세액	건수
1	07-01	대한전자	108-81-59726	기타	50,000,000	5,000,000	1
2	07-15	(주)설악전기	125-05-81909	기타	30,000,000	3,000,000	1
3							

거래처별 감가상각자산 취득명세

3. 부가가치세 조기환급신고서(7월 1일~7월 31일)

매입세액					
세금계산서	일반매입	10			
수취분	수출기업수입분납부유예	10			
	고정자산매입	11	30,000,000		3,000,000
예정신고누락분		12			
매입자발행세금계산서		13			
그 밖의 공제매입세액		14	50,000,000		5,000,000
합계(10)-(10-1)+(11)+(12)+(13)+(14)		15	80,000,000		8,000,000
공제받지못할매입세액		16			
차감계 (15-16)		17	80,000,000	⑭	8,000,000
납부(환급)세액(매출세액③-매입세액⑭)				⑭	-8,000,000
경감공제세액	그 밖의 경감·공제세액	18			
	신용카드매출전표등 발행공제등	19			
	합계	20		⑮	
예정신고미환급세액		21		⑯	

				합계	40		
정	신용카드매출	일반매입					
누	수령금액합계	고정매입					
락	의제매입세액						
분	재활용폐자원등매입세액						
	과세사업전환매입세액						
	재고매입세액						
	변제대손세액						
	외국인관광객에대한환급/						

14. 그 밖의 공제매입세액					
신용카드매출	일반매입	41			
수령금액합계표	고정매입	42	50,000,000		5,000,000
의제매입세액		43		뒤쪽	

4. 과세표준명세서 작성

— **신고구분(3.영세율등 조기환급)**과 **신고년월일(20x1년 8월 25일)**을 반드시 **입력**한다.

```
과세표준명세                                                    x
신고구분 :   3 ( 1.예정 2.확정 3.영세율 조기환급 4.기한후과세표준 )
국세환급금계좌신고            ...              은행              지점
계좌번호 :
폐업일자 : ----.--.--   폐업사유 :                        ▼
                         과세표준명세
        업태              종목           코드      금액
26 제조,도,소매       전자제품
27
28
29 수입금액제외
30      합계
                         면세사업수입금액
        업태              종목           코드      금액
76 제조,도,소매       전자제품
77
78 수입금액제외
79      합계
계산서발급 및 수취명세   80.계산서발급금액
                       81.계산서수취금액
                         세무대리인정보
성명              사업자번호 ---.--.-----  전화번호
신고년월일 '-08-25   핸드폰
e-Mail
            □ 소기환급의 경우 사용으로도 예성 또는 확성을 표시
   회사정보 불러오기    확인[TAB]
```

[신고서상의 세금계산서 수취분 중 고정자산 매입]

	세금계산서	일반매입	10			
매	수취분	고정자산매입	11	30,000,000		3,000,000
입	예정신고누락분		12			
	매입자발행세금계산서		13			

신고서상의 고정자산은 **감가상각자산을 의미**한다.

즉 매출세액보다 매입세액이 많으면 환급세액이 발생하는데, 사업자의 자금해소차원으로 조기환급 신고를 허용한다.

조기환급대상에는 영세율과 사업설비(감가상각)의 신설 등으로 규정하고 있는데, 부속서류로서 **건물등 감가상각자산 취득명세서**를 제출하여야 한다.

그러면 토지관련 매입세액(토지 구입은 당연히 면세이므로 신고서상에 반영되지 않고 과세표준 명세서에는 반영된다.)은 어디에 반영되는가? 당연히 토지관련 매입세액은 불공제매입세액이다.

57회 전산세무2급 기출문제에서 토지의 자본적 지출에 대해서 고정자산매입분에 기재하도록 제시 되어 있고, 일부 인용으로 "**토지의 자본적 지출액은 고정자산매입에 기재되어야 하지만, 프로그램 구조상 신고서의 세금계산서 수취분 일반매입에 기재됩니다. 따라서 일반매입에 500,000,000원, 고정자산매입에 0원이 기재된 것도 정답으로 인정합니다.(인용)**"으로 되어 있는데, 이것은 잘못된 해석입니다. 인용된 답안이 정답이고 제시된 정답은 잘못된 것입니다.

KcLep이나 더존Smart—A에 토지의 자본적 지출에 대해서 매입매출전표(불공)에 입력하여 보시 면 토지(감가상각자산이 아님)는 당연히 일반매입분에 반영됩니다.

필자가 직접 국세청 홈택스에 입력해 보았습니다.

1. 세금계산서 발급분 입력(공급가액 10,000,000원 　　세액 1,000,000원)

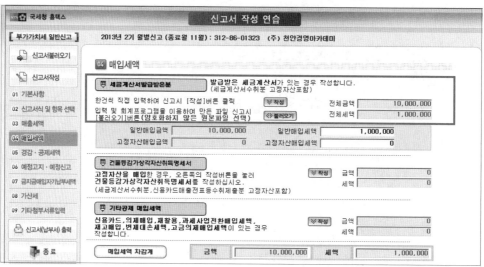

2. 건물등 감가상각자산 취득명세서(공급가액 3,000,000원　 세액 300,000원)

　　－감가상각자산 취득내역감가상각자산종류로 구분되어 있습니다. 토지의 자본적 지출액을 입력할
　　화면이 없고, 서식 이름에서 보듯이 감가상각자산을 입력합니다.

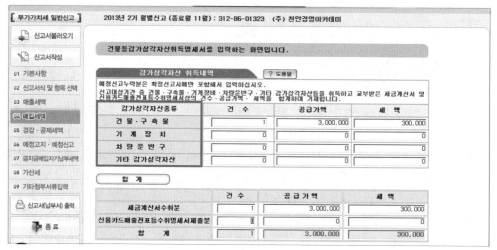

도움말을 클릭하면 명백하게 나옵니다. 감가상각자산을 입력하라고....

감가상각자산을 입력하면 일반매입금액이 7,000,000원, 고정자산매입금액이 3,000,000원으로
변합니다.

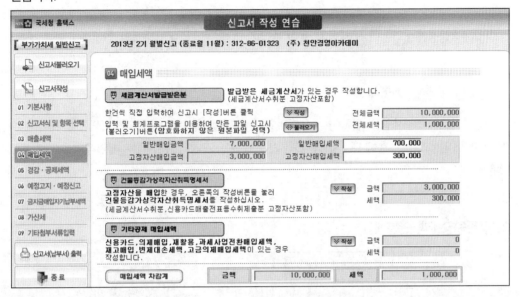

[최종 부가가치세 신고서]

매	세금계산서수취분	일 반 매 입	(10)	7,000,000		700,000
		고 정 자 산 매 입	(11)	3,000,000		300,000
입	예 정 신 고 누 락 분		(12)	0		0
	매 입 자 발 행 세 금 계 산 서		(13)	0		0
세	기 타 공 제 매 입 세 액		(14)	0		0
	합계((10)+(11)+(12)+(13)+(14))		(15)	10,000,000		1,000,000
액	공 제 받 지 못 할 매 입 세 액		(16)	0		0
	차 감 계 ((15)-(16))		(17)	10,000,000	④	1,000,000

세법은 방대하고 수시로 변합니다. 저 역시 틀릴 수가 있습니다. 그러나 최소한 수험생들의 이의
신청에 귀를 기울여서 올바른 답을 찾도록 노력하셔야 할 것입니다.

제12절　매입세액불공제내역

매입세액불공제내역은 1.공제받지 못할 매입세액과 2.공통매입세액의 안분계산으로 나눈다.

1. 공제받지 못할 매입세액

사업자가 자기의 사업을 위하여 사용되었거나 사용될 재화 또는 용역의 공급 및 재화의 수입에 대한 매입세액은 매출세액에서 공제되지만, 일정한 거래의 경우에는 매입세액을 공제해주지 않는다.

2. 공통매입세액 안분계산

해당과세기간		이후
예정신고	확정신고	확정신고
안분계산 원칙 : 공급가액 비율		
예정신고기간 면세비율 (1월~3월, 7월~9월)	확정신고기간 면세비율 (1월~6월, 7월~12월)	면세비율의 5% 이상 변동
1. 공통매입세액의 **안분** － 일　반 － 고정자산	2. 공통매입세액의 **정산** － 일　반 － 고정자산	3. 납부환급세액의 **재계산** － 안　함 － 고정자산

[1. 공제받지못할매입세액]

조회기간 : 　년 　▼월 ~ 　년 　▼월　　구분 :			
공제받지못할매입세액내역　공통매입세액안분계산내역　공통매입세액의정산내역　납부세액또는환급세액재계산			
매입세액 불공제 사유	세금계산서		
	매수	공급가액	매입세액

전표데이타 불러오기 : F4(불러오기)를 클릭하여 [매입매출전표]에 입력된 불공제 내역을 불러올 수도 있고, 직접입력도 가능하다. 자동 반영되지 않은 매입세액불공제 사유에 대해서는 **매입세금계산서의 매수, 공급가액, 매입세액은 직접 입력하여야 한다.**

[2. 공통매입세액의 안분계산 - 예정신고(1~3월, 7~9월)]

	공제받지못할매입세액내역	공통매입세액안분계산내역	공통매입세액의정산내역	납부세액또는환급세액재계산				
산식	과세·면세사업 공통매입		⑫총공급액등	⑬면세공급가액등	면세비율(⑬÷⑫)	⑭불공제매입세액[⑪*(⑬÷⑫)]
	⑩공급가액	⑪세액				

1. 상단의 공통매입세액안분계산내역을 클릭한다.

2. 아래 산식 중 선택한다.

```
1: 당해과세기간의 공급가액기준
2: 당해과세기간의 매입가액기준
3: 당해과세기간의 예정공급가액기준
4: 당해과세기간의 예정사용면적기준
```

시험문제의 대부분은 1.공급가액기준으로 안분계산한다.

3. 예정신고기간의 공통매입가액과 총공급가액, 면세공급가액을 입력하면 자동적으로 불공제 매입세액이 계산된다.

[3. 공통매입세액의 정산 - 확정신고(4~6월, 10월~12월)]

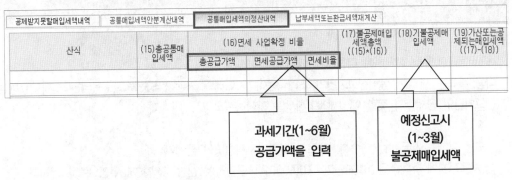

1. 상단의 공통매입세액안분계산내역을 클릭한다.

2. 아래 산식을 선택한다.

```
1: 당해과세기간의 공급가액기준
2: 당해과세기간의 매입가액기준
3: 당해과세기간의 예정공급가액기준
4: 당해과세기간의 예정사용면적기준
```

시험문제의 대부분은 공급가액기준으로(1번.예정신고시 적용한 안분계산기준)로 정산한다.

3. 총공급가액(1~6월, 7~12월)과 면세공급가액(1~6월, 7~12월)을 입력하고, 기불공제매입 세액은 예정신고시 안분계산해서 불공제된 매입세액이 자동불러오거나 직접 입력한다.

[4. 납부(환급)세액 재계산(4~6월, 10~12월)]

공제받지못할매입세액내역		공통매입세액안분계산내역		공통매입세액의정산내역		납부세액또는환급세액재계산				
자산	(20)해당재화의매입세액	(21)경감률[1-(체감율*경과된과세기간의수)]				(22)증가 또는 감소된 면세공급가액(사용면적)비율				(23)가산또는공제되는매입세액((20)*(21)*(22))
		취득년월	체감율	경과과세기간	경감율	당기		직전		
						총공급	면세공급	총공급	면세공급	증가율

1. 납부(환급)세액 재계산을 클릭한 다음, 해당란에 직접 입력한다.
2. 해당감가상각자산의 매입세액을 입력한다.
3. 해당 자산의 체감률이 자동반영된다.
4. 경과된 과세기간의 수를 입력한다.
5. 당기와 직전(납부환급세액을 재계산한 직전 과세기간을 의미한다.) 총공급가액과 면세공급가액을 입력하면, 가산(공제)되는 매입세액이 자동계산된다.

매입세액불공제내역 1(공제받지못할 매입세액 명세서)

[주]낙동[2003]을 선택하여 다음의 사항을 입력하시오.
다음 자료는 제 1기 예정신고기간의 거래내용이다. 아래의 거래내역을 보고 [주]낙동의 **제1기 예정신고기간의 공제받지 못할 매입세액명세서**를 작성하시오.

－모든 거래는 세금계산서 수취거래로서 부가가치세별도의 금액임.

1. 서울전자에 휴대폰을 10대(단가 : 400,000원) 구입하여 전량 거래처에 무상으로 제공하다.
2. 대표자의 업무용승용차(1,600cc)의 고장으로 인해 이의 수리비 1,000,000원을 대우카센터에 지출함
3. 면세사업에만 사용할 목적으로 난방기를 난방산업에서 250,000원에 구입하고 당기 소모품비로 처리함.
4. [주]백두로부터 건물을 10,000,000원에 구입하였는데, 즉시 철거하고 사옥을 신축할 예정이다.
5. 전자랜드에서 노트북을 2,000,000원에 구입하였는데, 교부받은 세금계산서에는 종업원 주민등록번호로 작성되었다.

해답

공제받지 못할 매입세액 내역(1~3월) <u>직접입력</u>

—매입매출전표에 불공으로 입력되어 있으면 상단의 F4(불러오기)를 클릭하면 불러온다.

공제받지못할매입세액내역	공통매입세액안분계산내역	공통매입세액의정산내역	납부세액또는환급세액재계산

매입세액 불공제 사유	매수	세금계산서	
		공급가액	매입세액
①필요적 기재사항 누락 등	1	2,000,000	200,000
②사업과 직접 관련 없는 지출			
③비영업용 소형승용자동차 구입·유지 및 임차	1	1,000,000	100,000
④접대비 및 이와 유사한 비용 관련	1	4,000,000	400,000
⑤면세사업 관련	1	250,000	25,000
⑥토지의 자본적 지출 관련	1	10,000,000	1,000,000
⑦사업자등록 전 매입세액			
⑧금거래계좌 미사용 관련 매입세액			

example 예제 따라하기 | 매입세액불공제내역 2(공통매입세액의 안분계산)

(주)낙동(2003)을 선택하여 다음의 사항을 입력하시오.
아래의 자료를 **제1기 예정신고기간의 공통매입세액의 안분계산 내역**을 작성하시오.

—아래의 매출과 매입(1월~3월)은 모두 관련 세금계산서 또는 계산서를 적정하게 수수한 것으로 가정하며, 과세분 매출과 면세분 매출은 모두 공통매입분과 관련된 것이다.

구 분		공급가액(원)	세액(원)	합계액(원)
매출내역	과세분	40,000,000	4,000,000	44,000,000
	면세분	60,000,000	–	60,000,000
	합 계	100,000,000	4,000,000	104,000,000
매입내역	과세분	30,000,000	3,000,000	33,000,000
	공통분	**50,000,000**	**5,000,000**	**55,000,000**
	합 계	80,000,000	8,000,000	88,000,000

해답

공통매입세액안분계산(예정신고 1~3월)

1. 당해과세기간의 공급가액기준을 선택하고, 전표에 입력되어 있으면 불러오면 된다.

공제받지못할매입세액내역	공통매입세액안분계산내역		공통매입세액의정산내역		납부세액또는환급세액재계산	
산식	과세·면세사업 공통매입		⑩총공급가액등	⑪면세공급가액등	면세비율(⑫÷⑬)	⑭불공제매입세액[⑪×(⑬÷⑫)]
	⑩공급가액	⑪세액				
1.당해과세기간의 공급가액기준	50,000,000	5,000,000	100,000,000	60,000,000	60.0000	3,000,000

[참고―부가가치세신고서[1~3월]]

구분		금액	세율	세액
16.공제받지못할매입세액				
공제받지못할 매입세액	48	17,250,000		1,725,000
공통매입세액면세사업분	49	30,000,000		3,000,000
대손처분받을세액	50			
합계	51	47,250,000		4,725,000
18.기타경감공제세액				

> 예정신고시
> 불공제매입세액

---

example 예제 따라하기 **매입세액불공제내역 3(공통매입세액의 정산)**

(주)낙동(2003)을 선택하여 다음의 사항을 입력하시오.

다음 자료는 제 1기 확정신고기간의 거래내용이다. 아래의 거래내역을 보고 (주)낙동의 **제1기 확정신고기간의 공제받지 못할 매입세액명세서(공통매입세액의 정산내역)**를 작성하시오. 기장된 자료는 무시하고 직접 입력한다.

아래의 매출과 매입(4월~6월)은 모두 관련 세금계산서 또는 계산서를 적정하게 수수한 것으로 가정하며, 과세분 매출과 면세분 매출은 모두 공통매입분과 관련된 것이다.

구 분		공급가액(원)	세액(원)	합계액(원)
매출내역	과세분	55,000,000	5,500,000	60,500,000
	면세분	45,000,000	–	45,000,000
	합 계	100,000,000	5,500,000	100,500,000
매입내역	과세분	40,000,000	4,000,000	44,000,000
	공통분	**45,000,000**	**4,500,000**	**49,500,000**
	합 계	85,000,000	8,500,000	93,500,000

해답

공통매입세액정산(확정신고 4~6월) : 1~6월 전체 금액으로 입력하여야 된다.

구 분		예정(1월~3월)	확정(4월~6월)	합계액(원)
매출내역	과세분	40,000,000	55,000,000	95,000,000
	면세분	60,000,000	45,000,000	105,000,000
	합 계	100,000,000	100,000,000	200,000,000
공통매입세액		5,000,000	4,500,000	**9,500,000**

─상단의 [공통매입세액의정산내역] 을 클릭하고, 산식 1.당해과세기간의 공급가액기준을 선택하면 "전표데이타를 불러오시겠습니까?"라는 화면이 나타나면 "예"를 선택한다.

그러면 〔18〕기불공제매입세액(1기예정신고시 공통매입세액중 불공제매입세액)이 자동입력된다.

─계산내역에 총공통매입세액(1월~6월), 총공급가액(1~6월), 면세공급가액(1~6월)을 입력하면 2기 확정신고시 불공제매입세액 1,987,500원이 자동 계산된다.

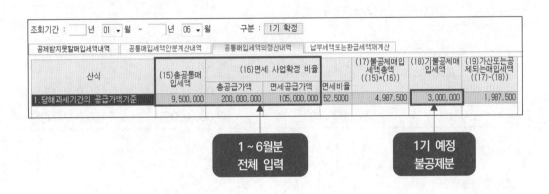

(주)낙동(2003)을 선택하여 다음의 사항을 입력하시오.

다음 자료는 제1기 확정신고기간의 거래내용이다. 아래의 거래내역을 보고 (주)낙동의 **제1기 확정신고기간의 공제받지 못할 매입세액명세서(납부·환급세액 재계산내역)**를 작성하시오. 기장된 자료는 무시하고 직접 입력한다.

－20x0년 과세사업과 면세사업에 공통으로 사용되는 자산의 구입내역

계정과목	취득일자	공급가액	부가가치세	비고
기계장치	20x0. 3. 1	10,000,000원	1,000,000원	
건　물	20x0. 4.10	100,000,000원	10,000,000원	
원재료	20x0. 6.20	1,000,000원	100,000원	

* 20x0년 제1기 부가세 확정신고시 공통매입세액에 대한 안분계산 및 정산은 정확히 신고서에 반영되었다.

－20x0년 ~ 20x1년의 공급가액 내역

구　분	20x0년		20x1년 제1기
	제1기	제2기	
과세사업	80,000,000원	62,000,000원	95,000,000원
면세사업	120,000,000원	88,000,000원	105,000,000원

해답

1. 면세비율계산 및 재계산여부

구　분	20x0년		20x1년 제1기
	제1기	제2기	
과세사업	80,000,000원	62,000,000원	95,000,000원
면세사업	120,000,000원	88,000,000원	105,000,000원
계	200,000,000원	150,000,000원	200,000,000원
면세비율	**60%**	58.67%	**52.5%**
증감된 면세비율	-	5%미만	-7.5%

☞ **20x0년 2기에는 면세비율변동이 5% 미만이므로 납부(환급)세액 재계산을 하지 않는다.**

2. 체감률 및 경과된 과세기간의 수

계정과목	취득일자	부가가치세	체감율	경과된과세기간수
기계장치	20x0. 3. 1	1,000,000원	25%	2(자동계산)
건　　물	20x0. 4.10	10,000,000원	5%	
원 재 료	감가상각자산에 한하여 납부(환급)세액 재계산			

3. 당기와 직전(**전기에 재계산을 하지 않았으므로 직직전과세기간─20x0년 1기를 입력**)과세기간의 공급가액을 입력한다.

[납부 · 환급세액 재계산 최종화면]

자산	(20)해당재화의 매입세액	(21)경감률 [1-(체감률×경과된과세기간의수)]				(22)증가 또는 감소된 면세공급가액(사용면적)비율					(23)가산또는 공제되는 매입세액 20)×(21)×(22
		취득년월	체감률	경과 과세기간	경감률	당기		직전		증가율	
						총공급	면세공급	총공급	면세공급		
1.건물,구축물	10,000,000	20x0 -03	5	2	90	200,000,000.00	105,000,000.00	200,000,000.00	120,000,000.00	-7.500000	-675,000
2.기타자산	1,000,000	20x0 -04	25	2	50	200,000,000.00	105,000,000.00	200,000,000.00	120,000,000.00	-7.500000	-37,500

20x0년 1기입력

환급세액 (712,500)

제13절 부가가치세 신고서

구분				정기신고금액		
				금액	세율	세액
과세표준및매출세액	과세	세금계산서발급분	1		10/100	
		매입자발행세금계산서	2		10/100	
		신용카드 · 현금영수증발행분	3			
		기타(정규영수증외매출분)	4		10/100	
	영세	세금계산서발급분	5		0/100	
		기타	6		0/100	
	예정신고누락분		7			
	대손세액가감		8			
	합계		9		㉮	
매입세액	세금계산서수취분	일반매입	10			
		수출기업수입분납부유예	10			
		고정자산매입	11			
	예정신고누락분		12			
	매입자발행세금계산서		13			
	그 밖의 공제매입세액		14			
	합계(10)-(10-1)+(11)+(12)+(13)+(14)		15			
	공제받지못할매입세액		16			
	차감계 (15-16)		17		㉯	
납부(환급)세액(매출세액㉮-매입세액㉯)					㉰	
경감공제세액	그 밖의 경감 · 공제세액		18			
	신용카드매출전표등 발행공제등		19			
	세액합계		20		㉱	
예정신고미환급세액			21		㉲	
예정고지세액			22		㉳	
사업양수자의 대리납부 기납부세액			23		㉴	
매입자 납부특례 기납부세액			24		㉵	
신용카드업자의 대리납부 기납부세액			25		㉶	
가산세액계			26		㉷	
차감.가감하여 납부할세액(환급받을세액)(㉰-㉱-㉲-㉳-㉴-㉵-㉶+㉷)			27			
총괄납부사업자가 납부할 세액(환급받을 세액)						

구분				금액	세율	세액
7.매출(예정신고누락분)						
예정누락분	과세	세금계산서	33		10/100	
		기타	34		10/100	
	영세	세금계산서	35		0/100	
		기타	36		0/100	
	합계		37			
12.매입(예정신고누락분)						
예정누락분	세금계산서		38			
	그 밖의 공제매입세액		39			
	합계		40			
	신용카드매출수령금액합계	일반매입				
		고정매입				
	의제매입세액					
	재활용폐자원등매입세액					
	과세사업전환매입세액					
	재고매입세액					
	변제대손세액					
	외국인관광객에대한환급/					
14.그 밖의 공제매입세액						
신용카드매출수령금액합계표	일반매입		41			
	고정매입		42			
의제매입세액			43		뒤쪽	
재활용폐자원등매입세액			44		뒤쪽	
과세사업전환매입세액			45			
재고매입세액			46			
변제대손세액			47			
외국인관광객에대한환급세액			48			
합계			49			

해당란에 커서를 위치하고 상단의 F11(원시데이타켜기)를 클릭하면,

원시데이타(매입매출전표입력, 부속서류)가 나타나 신고서 작성시 참고할 수 있다.

다시 F11(원시데이타가리기)를 하면 원시데이타 화면이 나타나지 않는다.

또한 CF11(작성방법켜기)를 클릭하면 작성요령에 대해서 보조화면이 나타난다.

구분				정기신고금액 금액	
과세표준및매출	과세	세금계산서발급분	1		
		매입자발행세금계산서	2		
		신용카드 현금영수증발행분	3		
		기타(정규영수증외매출분)	4	614,327	
	영세	세금계산서발급분	5		
		기타	6		
	예정신고누락분		7		

작성요령

(1) : 해당 신고대상기간에 부가가치세가 과세되는 사업실적 중
세금계산서를 발행한 분을 기재 합니다.

1. 과세표준 및 매출세액

구분				금액	세율	세액
과세표준및매출세액	과세	세금계산서발급분	1		10/100	
		매입자발행세금계산서	2		10/100	
		신용카드·현금영수증발행분	3		10/100	
		기타(정규영수증외매출분)	4			
	영세	세금계산서발급분	5		0/100	
		기타	6		0/100	
	예정신고누락분		7			
	대손세액가감		8			
	합계		9		㉑	

①란 과세 : 세금계산서발급분

부가가치세가 과세되는 거래 중 세금계산서를 발급하여 매출한 금액을 입력한다. [매입매출전표]에서 **11:과세**로 입력한 매출금액이 자동 반영된다.

②란 과세 : 매입자발행세금계산서

사업자가 재화 또는 용역을 공급하고 거래시기에 세금계산서를 발급하지 아니한 경우 그 재화 또는 용역을 공급받은 등록사업자는 관할세무서장의 확인을 받아 매입자발급세금계산서를 발급할 수 있다.

③란 과세 : 신용카드·현금영수증

부가가치세가 과세되는 거래 중 신용카드·현금영수증발행분·전자화폐 수취분의 공급가액을 입력한다.

[매입매출전표]에서 **17:카과 22:현과 21:전자**로 입력한 매출금액이 자동 집계되어 반영된다.

④란 과세 : 기타(정규영수증외매출분)

부가가치세가 과세되는 거래 중 세금계산서발급 의무가 없는 매출금액(간주공급 포함)을 입력한다.

[매입매출전표]에서 **14:건별**로 입력한 매출금액이 자동 집계되어 반영된다.

⑤란 영세율 : 세금계산서발급분

영세율이 적용되는 거래 중 세금계산서를 발급한 매출금액을 입력한다.

[매입매출전표]에서 **12:영세**로 입력한 매출금액이 자동 반영된다.

⑥란 영세율 : 기타

영세율이 적용되는 거래 중 세금계산서발급의무가 없는 분을 입력한다.
[매입매출전표]에서 **16:수출**로 입력한 매출금액이 자동 반영된다.

⑦란 예정신고누락분

예정신고 매출누락분(화면 우측)을 확정신고시 신고하고자 하는 경우에 각각의 해당란에 입력
한다.

7.매출(예정신고누락분)						
예	과	세금계산서	33		10/100	
정	세	기타	34		10/100	
누	영	세금계산서	35		0/100	
락	세	기타	36		0/100	
분		합계	37			

⑧란 대손세액가감

부가가치세가 과세되는 재화 또는 용역의 공급에 대한 외상매출금 등이 대손되어 대손세액을
공제받고자 하는 사업자가 입력한다.

**대손세액을 공제받는 경우에는 "(-)"하여 입력하고, 대손금액의 전부 또는 일부를 회수하여
회수금액에 관련된 대손세액을 납부하는 경우에는 해당 납부하는 세액 "(+)"을 입력한다.**

2. 매입세액

매	세금계산서	일반매입	10			
	수취분	수출기업수입분납부유예	10			
입		고정자산매입	11			
	예정신고누락분		12			
세	매입자발행세금계산서		13			
	그 밖의 공제매입세액		14			
액	합계(10)-(10-1)+(11)+(12)+(13)+(14)		15			
	공제받지못할매입세액		16			
	차감계 (15-16)		17		ⓑ	
납부(환급)세액(매출세액㉑-매입세액ⓑ)					ⓓ	

⑩란 세금계산서수취분 : 일반매입

매입 거래로 발급받은 세금계산서 중 다음 ⑪란 고정자산매입분을 제외한 금액을 입력한다.
[매입매출전표]에서 **51:과세 52:영세 54:불공 55:수입**으로 입력한 매입금액 및 세액이 자동 반
영된다. **54:불공**으로 입력한 매입가액은 ⑩란과 ⑯란에 집계되어 차감하도록 되어 있다.

⑪란 세금계산서수취분 : 고정자산매입

발급받은 세금계산서 중 고정자산매입분의 매입금액과 세액을 입력한다. [매입매출전표]에서 **51:과세 52:영세 54:불공 55:수입**으로 입력하였으되 분개시에 고정자산으로 입력된 계정의 매입금액 및 세액이 반영된다.

⑫란 예정신고누락분

예정신고누락분을 확정신고시 신고하고자 하는 경우에 입력한다.

12.매입(예정신고누락분)					
예	세금계산서		38		
	그 밖의 공제매입세액		39		
	합계		40		
정	신용카드매출 수령금액합계	일반매입			
		고정매입			
누	의제매입세액				
	재활용폐자원등매입세액				
락	과세사업전환매입세액				
	재고매입세액				
분	변제대손세액				
	외국인관광객에대한환급/				
	합계				

세금계산서를 발급받은 금액은 ㉘란에 입력하며, ㉘란 예정신고누락분 그밖의 공제매입세액에는 신용카드매출전표수령명세서제출분 등을 입력한다.

⑬란 매입자발행세금계산서

매출자가 세금계산서를 발급하지 않아 관할세무서장에게 신고하여 승인받은 매입자발행세금계산서의 금액과 세액을 입력한다.

⑭란 그밖의 공제매입세액

발급받은 신용카드매출전표상의 매입세액, 의제매입세액, 재활용폐자원 등에 대한 매입세액, 재고매입세액 또는 변제대손세액을 공제받는 사업자가 입력한다.

14.그 밖의 공제매입세액					
신용카드매출 수령금액합계표	일반매입	41			
	고정매입	42			
의제매입세액		43		뒤쪽	
재활용폐자원등매입세액		44		뒤쪽	
과세사업전환매입세액		45			
재고매입세액		46			
변제대손세액		47			
외국인관광객에대한환급세액		48			
합계		49			

㊶·㊷란 신용카드매출전표수령명세서제출분

사업과 관련한 재화나 용역을 공급받고 발급받은 [신용카드매출전표등 수령명세서(갑)]를 제출하여 매입세액을 공제받는 경우에 입력한다. [매입매출전표]에서 **57:카과**로 입력된 금액이 자동 반영된다.

㊸란 의제매입세액

농산물 등 면세 원재료를 사용하여 과세 재화 또는 용역을 제공하여 의제매입세액을 공제받는 사업자가 입력한다.

㊹란 재활용폐자원 등 매입세액

재활용폐자원 등에 대한 매입세액을 공제받고자 하는 사업자가 입력한다.

⑯란 공제받지 못할 매입세액

매입매출전표의 불공제가 자동반영된다.

16.공제받지못할매입세액				
공제받지못할 매입세액	50			
공통매입세액면세등사업분	51			
대손처분받은세액	52			
합계	53			

㊿란 공제받지 못할 매입세액

발급받은 세금계산서 중 매입세액으로 공제받지 못하는 세금계산서상의 공급가액과 세액을 입력한다. [매입매출전표]에서 54:불공으로 입력된 자료가 자동 반영된다.

51란 공통매입세액 면세사업분

겸영사업자의 공통매입세액 중 안분계산하여 면세사업 해당하는 공급가액과 세액을 입력한다.

3. 경감 · 공제세액 등

⑱란 경감 · 공제세액

18. 그 밖의 경감·공제세액		
전자신고세액공제	54	
전자세금계산서발급세액공제	55	
택시운송사업자경감세액	56	
대리납부세액공제	57	
현금영수증사업자세액공제	58	
기타	59	

⑭란 전자신고세액공제 : 10,000원

경감 공제 세액	기타경감·공제세액	18		
	신용카드매출전표등발행공제등	19		
	합계	20	㉕	
예정신고미환급세액		21	㉗	
예정고지세액		22	㉘	

⑲란 신용카드매출전표등발행공제등 : 개인사업자만 대상이나, 전산세무시험에서 입력을 요구
하기도 하므로 신용카드영수증, 현금영수증 등의 발행금액(공급가액+부가가치세액)을 입력하
도록 한다.

㉑ **예정신고시 일반환급세액이 있을 경우 환급하여 주지 않고 확정신고시 정산한다.**
따라서 예정신고시 미환급세액을 입력한다.

㉒ 해당 과세기간 중에 예정고지된 세액이 있는 경우 그 예정고지세액을 입력한다.

4. 가산세

25. 가산세명세					
사업자미등록등		61		1/100	
세 금 계산서	지연발급 등	62		1/100	
	지연수취	63		5/1,000	
	미발급 등	64		뒤쪽참조	
전자세금 발급명세	지연전송	65		3/1,000	
	미전송	66		5/1,000	
세금계산서 합계표	제출불성실	67		5/1,000	
	지연제출	68		3/1,000	
신고 불성실	무신고(일반)	69		뒤쪽	
	무신고(부당)	70		뒤쪽	
	과소·초과환급(일반)	71		뒤쪽	
	과소·초과환급(부당)	72		뒤쪽	
납부지연		73		뒤쪽	
영세율과세표준신고불성실		74		5/1,000	
현금매출명세서불성실		75		1/100	
부동산임대공급가액명세서		76		1/100	
매입자 납부특례	거래계좌 미사용	77		뒤쪽	
	거래계좌 지연입금	78		뒤쪽	
합계		79			

61란 사업자미등록

미등록(1%) 및 허위등록가산세율(2%, 개정세법 25)

62란 세금계산서지연발급등

세금계산서 발급기한 경과 후 발급시 : 1/100

64란 세금계산서 미발급등

세금계산서미교부 미발급(2%) 및 가공세금계산서 발급 및 수취(3%), 위장세금계산서 발급 및 수취(2%)

☞ 전자세금계산서 발급의무자가 종이세금계산서 발급시 전자세금계산서 미발급가산세(1%)

65, 66란 전자세금계산 지연전송 등

전자세금계산서 교부 의무 사업자가 국세청장에게 세금계산서 교부명세를 지연전송한 경우 등

지연전송	공급가액의 0.3%	미전송	공급가액의 0.5%

67란 세금계산서합계표제출불성실(미제출 및 부실기재) : 5/1,000

68란 세금계산서합계표제출불성실(지연제출) : 3/1,000

71란 신고불성실가산세(일반과소신고 및 초과환급) : 10%
* 1개월 이내 90%, 3개월 이내 수정신고시 75% 감면

73란 납부지연가산세 : 미달납부세액×(경과일수)×이자율

74란 영세율과세표준신고불성실 : 5/1,000

신고하지 아니하거나 미달하게 신고한 영세율 과세표준이 있는 경우에 적용한다.
* 1개월 이내 90%, 3개월 이내 수정신고시 75% 감면

75, 76 현금매출명세서 불성실 및 부동산임대공급가액 명세서 불성실

현금매출명세서등을 제출하여야 할 사업자가 그 명세서를 제출하지 아니하거나 사실과 다르게 적은 경우에 적용한다.

5. 과세표준명세서

부가가치세신고서 작업화면 툴바의 ⒻⒷ(과표명세)를 클릭하면 국세환급금계좌신고, 폐업신고, 과세표준명세, 면세수입금액 입력화면이 나타난다.

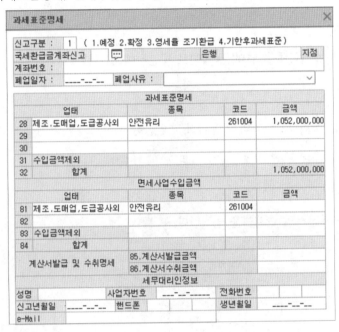

㉠ 신고구분 선택

예정·확정·영세율등 조기환급·기한후과세표준 중 유형을 선택한다.

㉡ 국세환급금계좌신고란 : 환급받을 세액이 발생한 경우 입력한다.

28 ~ 30란 과세표준

과세표준은 **도소매·제조·기타**의 업태와 종목별로 나누어 입력하며(기초정보관리에 입력한 사항이 자동반영), 코드도움은 ⒻⒷ에 의하여 입력한다.

③1란 수입금액 제외

수입금액 제외란은 고정자산매각, 직매장공급 등 소득세법상 수입금액에서 제외되는 금액을 입력한다.

⑧1~⑧2란 면세수입금액

부가가치세가 **면세되는 사업의 수입금액을 업태, 종목별**로 구분하여 입력한다.

⑧5란 계산서 발급금액

부가가치세가 과세되지 아니한 재화 또는 용역을 공급하고 발급한 계산서의 합계액을 입력한다.

⑧6란 계산서 수취금액

거래상대방으로부터 발급받은 계산서의 합계액을 입력한다.

example 예제 따라하기 | 부가가치세 신고서(예정)

(주)청천(2004)를 선택하여 다음의 자료를 토대로 1기(1/1~3/31) 부가가치세 **예정신고서(과세표준명세서 포함)**를 작성하시오. 단, 신고서작성과 관련한 전표입력사항과 구비서류작성은 생략한다.

[1] 매출사항

거래일자	거래내용	공급가액(원)	비고
1.11	제품매출	4,000,000	전자세금계산서
2.15	제품매출	23,000,000	신용카드영수증
2.25	제품매출	1,300,000	영세율전자세금계산서
2.25	직수출액	10,000,000	세금계산서 미교부
3. 1	거래처에 상품 무상증정	8,000,000	시가
3.10	면세재화판매	2,500,000	계산서 교부
3.31	간주임대료	3,000,000	소득세법상 총수입금액에 산입되지 않는다.
3.31	고정자산매각	10,000,000	전자세금계산서 교부

[2] 매입사항

거래일자	거래내용	공급가액(원)	비고
1.10	원재료매입	3,800,000	전자세금계산서
1.11	원재료매입	8,000,000	신용카드영수증
2.10	내국신용장에 의한 원재료 구매	3,500,000	영세율전자세금계산서
2.15	비영업용 소형승용차 구입	10,000,000	전자세금계산서
2.25	면세재화구입	1,500,000	계산서 수취

[3] 기타사항
- 과세사업의 업태는 제조업이고 종목은 컴퓨터, 표준소득율코드는 300100이다.
- 면세사업의 업태는 출판업이고 종목은 서적, 표준소득율코드는 221100이다.

해답

1. 매출세액계산

구 분		금 액	세 액
과 세	세금계산서 발급분	4,000,000+10,000,000	1,400,000
	매입자발행세금계산서		
	신용카드·현금영수증	23,000,000	2,300,000
	기 타	8,000,000+3,000,000	1,100,000
영세율	세금계산서 교부분	1,300,000	
	기 타	10,000,000	
예정신고누락분			
대손세액가감			
합 계		59,300,000	4,800,000

2. 매입세액계산

구 분		금 액	세 액
세금계산서 수취분	일반매입	3,800,000+3,500,000	380,000+0
	고정자산매입	10,000,000	1,000,000
예정신고누락분			
매입자발행세금계산서			
그밖의 공제매입세액 (신용카드 – 일반매입)		8,000,000	800,000
합계		25,300,000	2,180,000
공제받지못할매입세액		10,000,000	1,000,000
차감계		15,300,000	1,180,000

동시 입력

☞ **내국신용장에 의한 상품구매는 영세율이 적용됨.**

비영업용소형승용차 구입분에 대해서는 11.세금계산서 수취분(고정자산)과 동시에 50.공제받지못할매입세액에 입력함.

3. 경감공제세액

신용카드매출전표등 발행공제등은 개인사업자만 공제되나, 자격시험에서는 입력을 요구하는 경우가 있음. 발행금액(공급가액+부가가치세) 25,300,000원을 입력함.

4. 과세표준명세

과세표준명세			
업　태	종　목	코드번호	금　액
제　조	컴퓨터	300100	46,300,000
수입금액 제외	고정자산매각외	300100	13,000,000
합　계			59,300,000
면세수입금액			
업　태	종　목	코드번호	금　액
정보 통신업	서적	221100	2,500,000
수입금액 제외			
합　계			2,500,000
계산서교부 및	계산서 교부금액	2,500,000	
수취내역	계산서 수취금액	1,500,000	

☞ **수입금액제외(과세) : 10,000,000(고정자산매각)+3,000,000(간주임대료)** = 13,000,000원

5. 신고서(예정신고기간 1~3월)

－그 밖의 공제매입세액

14.그 밖의 공제매입세액					
신용카드매출	일반매입	41	8,000,000		800,000
수령금액합계표	고정매입	42			
의제매입세액		43		뒤쪽	
재활용폐자원등매입세액		44		뒤쪽	

－공제받지 못할 매입세액

구분		금액	세율	세액
16.공제받지못할매입세액				
공제받지못할 매입세액	50	10,000,000		1,000,000
공통매입세액면세등사업분	51			
대손처분받은세액	52			
합계	53	10,000,000		1,000,000

─부가가치세예정신고(1월~3월)

구분				정기신고금액		
				금액	세율	세액
과세표준및매출세액	과세	세금계산서발급분	1	14,000,000	10/100	1,400,000
		매입자발행세금계산서	2		10/100	
		신용카드 · 현금영수증발행분	3	23,000,000	10/100	2,300,000
		기타(정규영수증외매출분)	4	11,000,000		1,100,000
	영세	세금계산서발급분	5	1,300,000	0/100	
		기타	6	10,000,000	0/100	
	예정신고누락분		7			
	대손세액가감		8			
	합계		9	59,300,000	㉮	4,800,000
매입세액	세금계산서수취분	일반매입	10	7,300,000		380,000
		수출기업수입분납부유예	10			
		고정자산매입	11	10,000,000		1,000,000
	예정신고누락분		12			
	매입자발행세금계산서		13			
	그 밖의 공제매입세액		14	8,000,000		800,000
	합계(10)-(10-1)+(11)+(12)+(13)+(14)		15	25,300,000		2,180,000
	공제받지못할매입세액		16	10,000,000		1,000,000
	차감계 (15-16)		17	15,300,000	㉯	1,180,000
납부(환급)세액(매출세액㉮-매입세액㉯)					㉺	3,620,000
경감공제세액	그 밖의 경감 · 공제세액		18			
	신용카드매출전표등 발행공제등		19			
	합계		20		㉣	
예정신고미환급세액			21		㉤	
예정고지세액			22		㉥	
사업양수자의 대리납부 기납부세액			23		㉦	
매입자 납부특례 기납부세액			24		㉧	
신용카드업자의 대리납부 기납부세액			25		㉨	
가산세액계			26		㉩	
차감.가감하여 납부할세액(환급받을세액)(㉺-㉣-㉤-㉥-㉦-㉧-㉨+㉩)			27			3,620,000
총괄납부사업자가 납부할 세액(환급받을 세액)						

> 과세표준명세의 31.합계와 일치

─과세표준명세

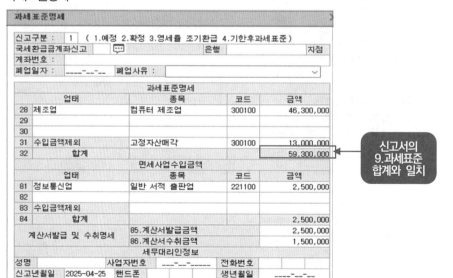

> 신고서의 9.과세표준 합계와 일치

example 예제 따라하기 **부가가치세 확정신고서(예정신고누락분)**

㈜청천(2004)을 선택하여 다음의 자료를 토대로 1기(4/1 ~ 6/30) 부가가치세 **확정신고신고서(과 세표준명세서 생략)**를 작성하시오. 단, 신고서작성과 관련한 전표입력사항과 구비서류작성은 생략한다. 가산세계산시 적용할 미납일수는 91일, 1일 2.2/10,000이고, **부당과소신고가 아니다.**

[1] 매출사항

거래일자	거래내용	공급가액(원)	비 고
4.01	제품매출	100,000,000	**전자세금계산서 발급 후 전송**
4.30	직수출액	20,000,000	세금계산서 미발급

[2] 매입사항

거래일자	거래내용	공급가액(원)	비 고
4.10	원재료	30,000,000	전자세금계산서 수취

[3] 예정신고누락분**(전자세금계산서를 적법발급 후 익일 전송했으나 예정신고서에 누락되었다.)**

거래일자		거래내용	공급가액(원)	비 고
매출	1.01	제품매출	10,000,000	전자세금계산서 발급
	1.31	제품매출	20,000,000	현금영수증교부
	2.10	내국신용장에 의한 제품매출	30,000,000	영세율전자세금계산서 발급
	2.15	대표이사가 제품을 개인적용도로 사용	3,000,000	원가 : 2,000,000원 시가 : 3,000,000원
매입	1.10	대표이사명의 신용카드로 경리과 컴퓨터 구입	5,000,000	매입세액공제요건 충족함
	2.15	원재료 구입	10,000,000	세금계산서 지연수취

[4] 부가가치세 신고는 홈택스로 전자신고하였다.

해답

1. 과세표준 및 매출세액

구분				금액	세율	세액
과세표준및매출세액	과세	세금계산서발급분	1	100,000,000	10/100	10,000,000
		매입자발행세금계산서	2		10/100	
		신용카드 · 현금영수증발행분	3		10/100	
		기타(정규영수증외매출분)	4			
	영세	세금계산서발급분	5		0/100	
		기타	6	20,000,000	0/100	
	예정신고누락분		7	63,000,000		3,300,000
	대손세액가감		8			
	합계		9	183,000,000	㉮	13,300,000

—예정신고누락분

7.매출(예정신고누락분)						
예정누락분	과세	세금계산서	33	10,000,000	10/100	1,000,000
		기타	34	23,000,000	10/100	2,300,000
	영세	세금계산서	35	30,000,000	0/100	
		기타	36		0/100	
	합계		37	63,000,000		3,300,000

2. 매입세액

매입세액	세금계산서수취분	일반매입	10	30,000,000		3,000,000
		수출기업수입분납부유예	10			
		고정자산매입	11			
	예정신고누락분		12	15,000,000		1,500,000
	매입자발행세금계산서		13			
	그 밖의 공제매입세액		14			
	합계(10)-(10-1)+(11)+(12)+(13)+(14)		15	45,000,000		4,500,000
	공제받지못할매입세액		16			
	차감계 (15-16)		17	45,000,000	㉯	4,500,000

—예정신고누락분

12.매입(예정신고누락분)					
예정	세금계산서	38	10,000,000		1,000,000
	그 밖의 공제매입세액	39	5,000,000		500,000
	합계	40	15,000,000		1,500,000
정	신용카드매출수령금액합계	일반매입			
		고정매입		5,000,000	500,000

3. 기타경감공제세액

① 전자신고세액공제 : 10,000원

② 신용카드매출전표등 발행공제에 22,000,000원(예정신고누락분 현금영수증발급액) 입력.

☞ 법인사업자는 세액공제가 안되므로, 최근 시험에서 입력하지 않아도 정답처리하고 있음.

4. 가산세 계산

〈매출매입신고누락분 – 전자세금계산서 적법발급 및 전송〉

구　　분			공급가액	세액
매출	과세	세 금	10,000,000	1,000,000
		기 타	20,000,000 + 3,000,000	2,300,000
	영세	세 금	30,000,000	
		기 타		–
매입	세금계산서 등		*10,000,000(지연수취)*	1,000,000
	신용카드 등		5,000,000	500,000
미달신고(납부)				1,800,000

영세율과세표준신고불성실(30,000,000원)

신고, 납부지연(1,800,000원)

[예정신고 누락분에 대한 가산세]

1. 매입세금계산서 지연수취	10,000,000원×0.5% = 50,000원
2. 신고불성실	1,800,000원×10%×(1 – 75%) = 45,000원 ☞ **3개월 이내 수정신고시 75% 가산세가 감면된다.**
3. 납부지연	1,800,000원×91일×2.2(가정)/10,000 = 36,036원
4. 영세율과세표준신고 불성실	30,000,000원×0.5%×(1 – 75%) = 37,500원 ☞ **3개월 이내 수정신고시 75% 가산세가 감면된다.**
계	168,536원

25.가산세명세					
사업자미등록등		61		1/100	
세 금 계산서	지연발급 등	62		1/100	
	지연수취	63	10,000,000	5/1,000	50,000
	미발급 등	64		뒤쪽참조	
전자세금 발급명세	지연전송	65		3/1,000	
	미전송	66		5/1,000	
세금계산서 합계표	제출불성실	67		5/1,000	
	지연제출	68		3/1,000	
신고 불성실	무신고(일반)	69		뒤쪽	
	무신고(부당)	70		뒤쪽	
	과소·초과환급(일반)	71	1,800,000	뒤쪽	45,000
	과소·초과환급(부당)	72		뒤쪽	
납부지연		73	1,800,000	뒤쪽	36,036
영세율과세표준신고불성실		74	30,000,000	5/1,000	37,500
현금매출명세서불성실		75		1/100	
부동산임대공급가액명세서		76		1/100	
매입자 납부특례	거래계좌 미사용	77		뒤쪽	
	거래계좌 지연입금	78		뒤쪽	
신용카드매출전표등수령명세서미제출 · 과다기재		79		5/1,000	
합계		80			168,536

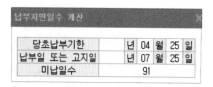

납부지연일수 계산					
당초납부기한	년	04	월	25	일
납부일 또는 고지일	년	07	월	25	일
미납일수	91				

5. 확정신고서(4~6월) ─ (예정신고누락분)

구분				정기신고금액		
				금액	세율	세액
과세표준및매출세액	과세	세금계산서발급분	1	100,000,000	10/100	10,000,000
		매입자발행세금계산서	2		10/100	
		신용카드·현금영수증발행분	3			
		기타(정규영수증외매출분)	4		10/100	
	영세	세금계산서발급분	5		0/100	
		기타	6	20,000,000	0/100	
	예정신고누락분		7	63,000,000		3,300,000
	대손세액가감		8			
	합계		9	183,000,000	㉒	13,300,000
매입세액	세금계산서 수취분	일반매입	10	30,000,000		3,000,000
		수출기업수입분납부유예	10-1			
		고정자산매입	11			
	예정신고누락분		12	15,000,000		1,500,000
	매입자발행세금계산서		13			
	그 밖의 공제매입세액		14			
	합계(10)-(10-1)+(11)+(12)+(13)+(14)		15	45,000,000		4,500,000
	공제받지못할매입세액		16			
	차감계 (15-16)		17	45,000,000	㉴	4,500,000
납부(환급)세액(매출세액㉒-매입세액㉴)					㉳	8,800,000
경감 공제 세액	그 밖의 경감·공제세액		18			10,000
	신용카드매출전표등 발행공제등		19	22,000,000		
	합계		20		㉤	10,000
소규모 개인사업자 부가가치세 감면세액			20-1		㉥	
예정신고미환급세액			21		㉦	
예정고지세액			22		㉧	
사업양수자의 대리납부 기납부세액			23		㉨	
매입자 납부특례 기납부세액			24		㉩	
신용카드업자의 대리납부 기납부세액			25		㉪	
가산세액계			26		㉫	168,536
차가감하여 납부할세액(환급받을세액)㉳-㉤-㉥-㉦-㉧-㉨-㉩-㉪+㉫			27			8,958,536
총괄납부사업자가 납부할 세액(환급받을 세액)						

㈜청천(2004)를 선택하여 다음의 자료를 토대로 2기 부가가치세 확정신고를 수정신고(과세표준 명세서 생략)하고자 한다. 수정신고일은 다음연도 2월 4일이다. 일반과소신고에 해당하고 미납일수는 10일, 1일 2.2/10,000로 한다.

[1] 누락된 사항

전자세금계산서를 적법 발급 후 익일 국세청에 전송하였으나, 신고서에 누락되었다.

거래일자		거래내용	공급가액(원)	비 고
매출	10.01	제품매출	10,000,000	전자세금계산서 발급
	10.30	수출액	20,000,000	영세율전자세금계산서발급
매입	10.15	원재료	10,000,000	전자세금계산서 수취

[2] 기타

원재료를 매입하고 받은 전자세금계산서가 이중으로 신고되어 매입세액을 과다하게 공제받은 사실을 확인하였다. (공급가액 7,000,000원, 세액 700,000원)

해답

1. 확정신고누락분(조회기간 입력 및 2.수정신고 선택)

－조회기간 및 신고구분을 "2.수정신고"를 선택하고, 신고차수는 "1"차로 한다. **수정신고는 기존에 신고서가 저장되어 있어야지 수정신고를 선택할 수 있다.**

> 누락분을 좌측 정기신고분과 합산하여 입력한다.

구분			정기신고금액				수정신고금액		
			금액	세율	세액		금액	세율	세액
과세표준및매출세액	과세	세금계산서발급분	1	100,000,000	10/100	10,000,000	1	110,000,000	10/100	11,000,000
		매입자발행세금계산서	2		10/100		2		10/100	
		신용카드·현금영수증발행분	3	70,000,000	10/100	7,000,000	3	70,000,000	10/100	7,000,000
		기타(정규영수증외매출분)	4		10/100		4			
	영세	세금계산서발급분	5	90,000,000	0/100		5	110,000,000	0/100	
		기타	6	80,000,000	0/100		6	80,000,000	0/100	
	예정신고누락분		7				7			
	대손세액가감		8				8			
	합계		9	340,000,000	㉮	17,000,000	9	370,000,000	㉮	18,000,000
매입세액	세금계산서수취분	일반매입	10	60,000,000		6,000,000	10	63,000,000		6,300,000
		수출기업수입분납부유예	10				10			
		고정자산매입	11				11			
	예정신고누락분		12				12			
	매입자발행세금계산서		13				13			
	그 밖의 공제매입세액		14	50,000,000		5,000,000	14	50,000,000		5,000,000
	합계(10)-(10-1)+(11)+(12)+(13)+(14)		15	110,000,000		11,000,000	15	113,000,000		11,300,000
	공제받지못할매입세액		16				16			
	차감계 (15-16)		17	110,000,000	㉯	11,000,000	17	113,000,000	㉯	11,300,000
납부(환급)세액(매출세액㉮-매입세액㉯)					㉰	6,000,000			㉰	6,700,000

2. 가산세 계산

〈매출매입신고누락분 – 전자세금계산서 적법발급 및 전송〉

구 분			공급가액	세액
매출	과세	세 금	10,000,000	1,000,000
		기 타		
	영세	세 금	20,000,000	–
		기 타		–
매입	세금계산서 등		10,000,000 – 7,000,000 (과다공제분)	1,000,000 – 700,000
미달신고(납부)				700,000

영세율과세표준신고불성실(20,000,000원)

신고, 납부지연(700,000원)

1. 세금계산서합계표(매입) 제출불성실 – **과다공제(0.5%)**	7,000,000원 × 0.5% = 35,000원
2. 신고불성실	700,000원 × 10% × (1 – 90%) = 7,000원 ☞ **1개월 이내 수정신고시 90% 가산세가 감면된다.**
3. 납부지연	700,000원 × 10일 × 2.2(가정)/10,000 = 1,540원
4. 영세율과세표준신고 불성실	20,000,000원 × 0.5% × (1 – 90%) = 10,000원 ☞ **1개월 이내 수정신고시 90% 가산세가 감면된다.**
계	53,540원

25.가산세명세				
사업자미등록등		61	1/100	
세금 계산서	지연발급 등	62	1/100	
	지연수취	63	5/1,000	
	미발급 등	64	뒤쪽참조	
전자세금 발급명세	지연전송	65	5/1,000	
	미전송	66	5/1,000	
세금계산서 합계표	제출불성실	67	5/1,000	
	지연제출	68	3/1,000	
신고 불성실	무신고(일반)	69	뒤쪽	
	무신고(부당)	70	뒤쪽	
	과소·초과환급(일반)	71	뒤쪽	
	과소·초과환급(부당)	72	뒤쪽	
납부지연		73	뒤쪽	
영세율과세표준신고불성실		74	5/1,000	
현금매출명세서불성실		75	1/100	
부동산임대공급가액명세서		76	1/100	
매입자 납부특례	거래계좌 미사용	77	뒤쪽	
	거래계좌 지연입금	78	뒤쪽	
합계		79		

25.가산세명세					
사업자미등록등		61		1/100	
세금 계산서	지연발급 등	62		1/100	
	지연수취	63		5/1,000	
	미발급 등	64		뒤쪽참조	
전자세금 발급명세	지연전송	65		5/1,000	
	미전송	66		5/1,000	
세금계산서 합계표	제출불성실	67	7,000,000	5/1,000	35,000
	지연제출	68		3/1,000	
신고 불성실	무신고(일반)	69		뒤쪽	
	무신고(부당)	70		뒤쪽	
	과소·초과환급(일반)	71	700,000	뒤쪽	7,000
	과소·초과환급(부당)	72		뒤쪽	
납부지연		73	700,000	뒤쪽	1,540
영세율과세표준신고불성실		74	20,000,000	5/1,000	10,000
현금매출명세서불성실		75		1/100	
부동산임대공급가액명세서		76		1/100	
매입자 납부특례	거래계좌 미사용	77		뒤쪽	
	거래계좌 지연입금	78		뒤쪽	
합계		79			53,540

납부지연일수 계산							
당초납부기한	20X2	년	1	월	25	일
납부일 또는 고지일	20X2	년	2	월	4	일
미납일수				10		

3. 확정신고(10~12월)에 대한 수정신고서

	구분		정기신고금액				수정신고금액		
			금액	세율	세액		금액	세율	세액
과세표준및매출세액	과세	세금계산서발급분	1	100,000,000	10/100	10,000,000	1	110,000,000	10/100	11,000,000
		매입자발행세금계산서	2		10/100		2		10/100	
		신용카드·현금영수증발행분	3	70,000,000		7,000,000	3	70,000,000	10/100	7,000,000
		기타(정규영수증외매출분)	4		10/100		4			
	영세	세금계산서발급분	5	90,000,000	0/100		5	110,000,000	0/100	
		기타	6	80,000,000	0/100		6	80,000,000	0/100	
	예정신고누락분		7				7			
	대손세액가감		8				8			
	합계		9	340,000,000	㉑	17,000,000	9	370,000,000	㉑	18,000,000
매입세액	세금계산서수취분	일반매입	10	60,000,000		6,000,000	10	63,000,000		6,300,000
		수출기업수입분납부유예	10				10			
		고정자산매입	11				11			
	예정신고누락분		12				12			
	매입자발행세금계산서		13				13			
	그 밖의 공제매입세액		14	50,000,000		5,000,000	14	50,000,000		5,000,000
	합계(10)-(10-1)+(11)+(12)+(13)+(14)		15	110,000,000		11,000,000	15	113,000,000		11,300,000
	공제받지못할매입세액		16				16			
	차감계 (15-16)		17	110,000,000	㉔	11,000,000	17	113,000,000	㉔	11,300,000
납부(환급)세액(매출세액㉑-매입세액㉔)				㉰	6,000,000			㉰	6,700,000
경감공제세액	그 밖의 경감·공제세액		18				18			
	신용카드매출전표등 발행공제등		19	77,000,000			19	77,000,000		
	합계		20		㉮		20		㉮	
소규모 개인사업자 부가가치세 감면세액			20		㉯		21		㉯	
예정신고미환급세액			21		㉰		21		㉰	
예정고지세액			22		㉱		22		㉱	
사업양수자의 대리납부 기납부세액			23		㉲		23		㉲	
매입자 납부특례 기납부세액			24		㉳		24		㉳	
신용카드업자의 대리납부 기납부세액			25		㉴		25		㉴	
가산세액계			26		㉵		26		㉵	53,540
차가감하여 납부할세액(환급받을세액)㉰-㉮-㉯-㉰-㉱-㉲-㉳-㉴+㉵			27		6,000,000		27			6,753,540
총괄납부사업자가 납부할 세액(환급받을 세액)									

제14절 부가가치세 전자신고

부가가치세신고서를 작성, 마감 후 국세청에 홈택스를 이용하여 **전자신고합니다.**

〈주요 전자신고 순서〉

1. 전자신고파일생성	1. 신고서 작성 및 마감
	2. 전자신고서 제작(비밀번호 입력)
	3. C드라이브에 파일(파일명 메모)이 생성
2. 홈택스 전자신고	1. 전자신고파일 불러오기
	2. 형식검증하기(비밀번호 입력) → 확인
	3. 내용검증하기 → 확인
	4. 전자파일 제출
	5. 접수증 확인

example 예제 **따라하기** 부가가치세 전자신고

(주)전재(2005)를 선택하여 1기 부가가치세 확정신고서(4~6월)를 작성, 마감하여 가상홈택스에서 부가가치세 전자신고를 수행하시오.

해답

1. 전자신고 파일생성

① 세금계산서 합계표를 조회(4~6월) 후 상단의 F7(마감)을 클릭하여 합계표를 마감한다.

매 출	매 입					

2. 매출세금계산서 총합계		매출처수	매 수	공급가액	세 액
합	계	1	1	100,000,000	10,000,000
과세기간 종료일 다음달	사업자 번호 발급분	1	1	100,000,000	10,000,000

→ **첨부서류를 작성하여야 마감시 오류가 발생하지 않는다.**

② 부가가치세신고서를 조회(4월~6월)를 하여 신고서를 불러온다.

③ 상단의 F3(마감)을 클릭하여 부가세 신고서를 마감(하단의 마감F3)한다.

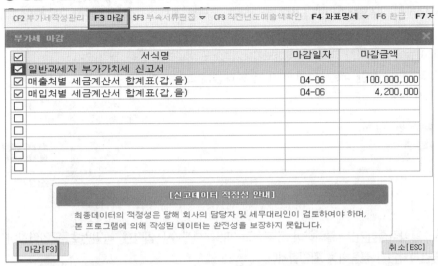

④ 부가가치 메뉴에서 부가가치 → 전자신고의 [전자신고] 메뉴를 클릭합니다.

⑤ 신고년월과 신고인(**2.납세자 자진 신고등**)구분을 선택하여 조회 후 마감된 신고서를 선택(체크) 후 상단 F4 제작을 클릭합니다.

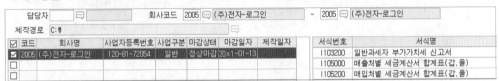

⑥ F4제작을 클릭 후 비밀번호를 입력하여 파일 제작합니다.(**비밀번호 입력 필수사항**)

 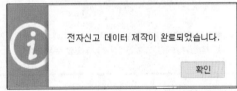

제작이 완료되면 제작일자에 현재 날짜가 표시됩니다.

⑦ 전자신고 파일 제작이 완료되면, **C드라이브에 파일이 생성**되며 전자신고 메뉴에서 상단의 F6홈택스바로가기를 클릭합니다

☞ 파일 수정한 날짜는 제작한 날짜가 표시됩니다.

2. 홈택스 전자신고(국세청 홈택스 사이트)

① 메뉴에서 상단의 <u>F6홈택스바로가기를 클릭</u>하면 국세청 홈택스 전자신고변환(교육용)이 나옵니다.

② 전자신고 메뉴에서 제작한 파일을 [찾아보기] 기능(c드라이브)을 통해 불러옵니다.

파일을 불러오면 선택한 파일내역에 전자파일명과 파일크기가 반영됩니다.

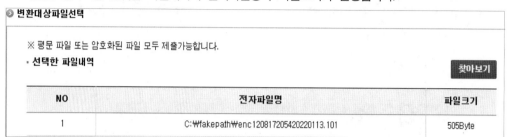

② 형식검증 : <u>형식검증하기</u>를 클릭하여 전자신고 파일 <u>제작 시 입력한 비밀번호를 입력</u>합니다. <u>형식검증결과확인</u>을 클릭하여 확인합니다.

파일이름	파일형식검증		내용검증	내용검증	정상 납세자수
	대상 납세자수	오류 납세자수	내용검증 대상 납세자수	오류 (경고/안내) 납세자수	
	라인(줄)수	오류항목 건수		오류항목건수	
enc120817205420220113.101	0	0	0	0	0
	0	0		0	

· **진행현황**

· **[형식검증하기]가 진행중입니다.** 파일크기에 따라 오랜시간이 걸릴 수 있습니다.
[형식검증결과확인]으로 진행상황을 확인할 수 있습니다.

형식검증하기 ➡ 형식검증결과확인 ➡ 내용검증하기 ➡ 내용검증결과확인 ➡ 전자파일제출

③ 내용검증 : **내용검증하기를 클릭**하여 내용검증을 진행합니다. **내용검증결과확인을 클릭**하여 검증결과를 확인합니다.

☞ 파일이 오류인 경우 오류항목건수가 표시가 되며 건수를 클릭시 결과를 조회할 수 있다. 오류가 없어야 정상적으로 제출할 수 있다.

파일이름	파일형식검증		내용검증		
	대상 납세자수	오류 납세자수	내용검증 대상 납세자수	오류 (경고/안내) 납세자수	정상 납세자 수
	라인(줄)수	오류항목 건수		오류항목건수	
enc1208172054202201113.101	1	0	1	0	1
	6	0		0	

· 진행현황

· **[내용검증하기]가 완료 되었습니다.**
[전자파일제출]버튼을 클릭하여 제출화면으로 이동하세요.

형식검증하기 ➡ 형식검증결과확인 ➡ 내용검증하기 ➡ 내용검증결과확인 ➡ 전자파일제출

④ 전자파일제출

전자파일제출을 클릭하면 **정상 변환된 제출 가능한 신고서 목록이 조회**되며, **전자파일제출하기를 클릭**하여 제출합니다.

번호	상호	사업자(주민) 등록번호	과세년월	신고서 종류	신고구분	신고유형	접수여부 (첨부서류)	과세표준	실제납부할 세액(본세)
1	(주)전…	1208172054	20×106	확정(일반)…	확정신고	정기신고	여	102,000,000	9,780,000
				1	총 0건(1/1)				

이전 전자파일 제출하기

⑤ 제출이 완료되면 접수증이 나오며 접수내용을 확인할 수 있습니다.

· 정상제출내용 (단위 : 원) 10건 ▼ 확인

과세년월	신고서종류	신고구분	신고유형	상호 (성명)	사업자(주민) 등록번호	접수번호
20×106	확정(일반) 신고서	확정신고	정기신고	(주)전자-로그인	1208172054	

Chapter

원천징수실무

3

전산세무2급에서 출제되는 주요 서식을 보면 다음과 같다.

1. 사원등록	**– 사원의 기본사항 및 인적공제사항**
2. 급여자료입력	– 수당 및 공제등록 – 매월 급여자료 입력 및 공제금액 자동계산 또는 입력
3. 연말정산추가자료 입력 (반드시 나온다고 생각하셔야 합니다.)	**– 계속근무자의 연말정산** **– 중도퇴사자의 연말정산**
4. 원천징수이행상황신고서	원천징수대상소득을 지급하고 다음달 10일까지 소득집계 내역을 제출한다.
5. 전자신고	원천징수이행상황신고서를 국세청 홈택스로 신고

제1절　사원등록

| 기본사항 | 부양가족명세 | 추가사항 |

1.입사년월일　□ 년 □ 월 □ 일
2.내/외국인　□
3.외국인국적　□ □　　　　　　체류자격　□ □
4.주민구분　□　　　　　　　　여권번호　□
5.거주구분　□　　　　　　6.거주지국코드　□ □
7.국외근로제공　□ 부　　8.단일세율적용　부　9.외국법인 파견근로자　□ 부
10.생산직등여부　□ 부　　연장근로비과세　부　전년도총급여　□
11.주소　□ □

12.국민연금보수월액　□　　국민연금납부액　□
13.건강보험보수월액　□　　건강보험산정기준　□
　건강보험료경감　□ 부　　건강보험납부액　□
　장기요양보험적용　□ 부 □　건강보험증번호　□
14.고용보험적용　□ 부　65세이상 □ 부　(대표자 여부 □ 부)
　고용보험보수월액　□　　고용보험납부액　□
15.산재보험적용　□ 부
16.퇴사년월일　□ 년 □ 월 □ 일 (이월 여부 □ 부) 사유 □

1. 기본사항

⑦ 국외근로소득유무

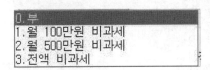

```
0. 부
1. 월 100만원 비과세
2. 월 500만원 비과세
3. 전액 비과세
```

⑧ 단일세율적용(0.부, 1.여)

외국인근로자가 국내에서 근무함으로써 받는 근로소득에 대해 19%의 단일세율을 적용한 세액으로 할 수 있다.

⑩ 생산직여부, 야간근로비과세

생산직일 경우 연장근로수당 등에 대해서 비과세되므로 반드시 구분표시한다.

⑫⑬⑭ 국민연금, 건강보험료, 고용보험료

기준소득월액(보수월액)등을 입력한다. 국민연금납부액등은 자동 계산된다.

⑮ 산재보험적용여부를 체크한다.

⑯ 퇴사년월일

사원이 퇴사한 경우 해당 연·월·일을 입력한다.

<u>**중도퇴사자인 경우 반드시 퇴사일을 입력하고 연말정산을 하여야 한다.**</u>

2. 부양가족명세

기본사항	**부양가족명세**	추가사항											

연말관계	성명	내/외국인	주민(외국인,여권)번호	나이	기본공제	부녀자	한부모	경로우대	장애인	자녀	출산입양	위탁관계

※ 연말관계 : 0.소득자 본인, 1.소득자의 직계존속, 2.배우자의 직계존속, 3.배우자, 4.직계비속(자녀+입양자)
　5.직계비속(4 제외), 6. 형제자매, 7.수급자(1~6 제외),
　8.위탁아동(만 18세 미만, 보호기간 연장 시 20세 이하/직접선택)

◆ 부양가족 공제 현황
1. 기본공제 인원　(세대주 구분 ☐ 　　　)

본인	배우자	20세 이하	60세 이상

2. 추가공제 인원

경로 우대	장 애 인	부 녀 자
한 부 모	출산입양자	

3. 자녀세액공제 인원

자녀세액공제	1

◆ 자녀세액공제는 8세 이상 20세 이하의 자녀인 경우 공제 받을 수 있습니다.

(1) 연말(정산)관계/주민등록번호

하단의 메시지를 참고하여 입력하거나 본인이외에 커서를 위치한 다음 F2 로 조회하거나 하단의 연말관계를 참고하여 선택한다.

주민등록번호를 입력하면, 자동적으로 기본공제사항에 20세 이하, 60세 이상 등은 자동 집계됩니다.

(2) 기본공제

마우스를 클릭하면 다음의 보조화면이 나타나고, 부양가족에 맞게 선택한다.

0.부는 부양가족중 기본공제대상자가 아닌 자를 선택한다.

즉 부양가족명세는 모든 부양가족을 입력하고 **기본공제대상자를 선택**하면 된다.

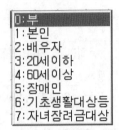

만약 기본공제대상자이고 장애인일 경우 5:장애인(주민등록번호가 입력되어 있을 경우)을 선택할 경우 기본공제인원에 20세 이하 또는 60세 이상, 추가공제에 장애인으로 자동 집계된다.

(3) 부녀자, 한부모, 경로우대(70세), 장애인 추가공제 및 자녀세액공제

기본공제대상자중 추가공제대상이 되면 1"여"을 입력하고, 기본공제대상이면서 8세 이상 자녀이면 자녀에 1"여"을 입력한다. 하단에 추가공제가 항목별로 집계된다. 자녀를 선택하면 하단에 자녀세액공제가 집계된다.

기본공제대상자가 장애인일 경우 1.장애인복지법에 따른 장애인 2.국가유공자등 근로능력이 없는 자 3.중증환자 중 선택한다. 별도 언급이 없으면 1.장애인복지법 장애인을 선택한다.

(4) 위탁관계 : 부양가족에 대해서 본인과의 관계를 F2를 이용해서 입력한다.

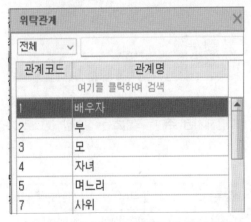

☞ 기출 확정답안에서는 위탁관계를 입력하지 않아도 정답처리하고 있으나, 이는 잘못된 것이다.

〈주요입력 항목 – 추가사항〉

중소기업취업감면여부	대상여부를 체크한다.
감면기간	**대상자가 청년(15세 이상 34세 이하)일 경우 5년 이외는 3년을 입력한다.** • 시작일 : 소득세 감면을 받은 최초 취업일 • 종료일 : 시작일부터 5년이 속하는 달의 말일
감면율	**청년의 경우 90%, 이외는 70%**를 선택한다.
감면입력	1.급여입력 2.연말입력 중 하나를 선택한다. 급여수령시 적용하면 1.급여입력을 선택한다.
소득세 적용률	근로자가 본인의 연간 세부담 수준에 맞게 세액의 80% 또는 120%로 선택할 수 있음.(미선택시 100%)

> **참고**
>
> <중소기업 취업자에 대한 소득세 감면>
>
> 1. 대상자 : 청년(15세 이상 34세 이하), 60세 이상인 사람, 장애인 및 경력단절여성
> 2. 감면기간 : 취업일로부터 3년간(청년일 경우 5년)
> 3. 감면율 : 소득세의 70%(청년의 경우 90%)
> 4. 한도 : 과세기간별로 200만원 한도
> 5. 제외업종
>   ① 전문서비스업(법무관련, 회계·세무관련 서비스업)
>   ② 보건업(병원, 의원등)
>   ③ 금융보험업
>   ④ 교육서비스업(기술 및 직업훈련 제외)

`example` 예제 따라하기　사원등록1(인적공제)

㈜청천(2004)를 선택하여 다음 자료에 의하여 사원등록을 하시오. 가족사항은 생계를 같이하는 부양가족이고 모든 소득공제를 근로자가 받기로 한다. 제시된 주민등록번호는 정확한 것으로 가정한다.

[기본사항]

사번	이름	입사일	주민등록번호	근무부서	전년도 총급여
401	박제동	2010.01.01	751111 – 1111111	경리팀 대리	40,000,000원
주소(도로명)		국민연금, 건강보험, 고용보험 보수월액		기타	
서울 서초구 방배로 104		6,000,000원		거주자, 세대주, 장애인(1)	

[부양가족]

관계	주민등록번호	참고사항
부(박기주)	631111 – 1111111	청각장애인(1), 7월 사망
처(송미숙)	791111 – 2111111	정기예금이자 소득 18,000,000원
자(박일남)	021111 – 3111111	대학생
자(박이남)	091111 – 3111111	고등학생
제(박주남)	021111 – 3111111	장애인(1)

해답

(1) 기본사항 입력

근로자는 생산직이 아니므로 생산직여부와 연장근로비과세는 0.부로 체크하도록 한다.

기본사항	부양가족명세	추가사항

1. 입사년월일   2010 년 1 월 1 일
2. 내/외국인   1 내국인
3. 외국인국적   KR 대한민국   체류자격
4. 주민구분   1 주민등록번호   주민등록번호   751111-1111111
5. 거주구분   1 거주자   6. 거주지국코드   KR 대한민국
7. 국외근로제공   0 부   8. 단일세율적용   0 부   9. 외국법인 파견근로자   0 부
10. 생산직등여부   0 부   연장근로비과세   0 부   전년도총급여   40,000,000
11. 주소   06665   서울특별시 서초구 방배로 104
     (방배동, 안혜빌딩)
12. 국민연금보수월액   6,000,000   국민연금납부액   265,500
13. 건강보험보수월액   6,000,000   건강보험산정기준   1 보수월액기준
     건강보험료경감   0 부   건강보험납부액   212,700
     장기요양보험적용   1 여   27,540   건강보험증번호
14. 고용보험적용   1 여   65세이상   0 부   (대표자 여부   0 부   )
     고용보험보수월액   6,000,000   고용보험납부액   48,000
15. 산재보험적용   1 여

(2) 인적공제 판단 및 입력

가족	요 건		기본공제	추가공제(자녀)	판 단
	연령	소득			
본인(박제동)	–	–	○	장애인(1)	
부(박기주)	○(62)	○	○	장애인(1)	**사망시 사망일 전날 상황에 따름**
처(송미숙)	–	○	○		**정기예금이자는 18백만원은 분리과세 이자소득임**
자(박일남)	×(23)	○	부	–	
자(박이남)	○(16)	○	○	자녀	<u>8세이상 자녀세액공제</u>
제(박주남)	×(23)	○	○	장애인(1)	**장애인은 연령요건을 따지지 않음**

─부양가족명세 : 주민등록번호가 입력되어 있고, 기본공제에 장애인을 선택하면

    ㉠ 기본공제인원에 자동 집계되고,

    ㉡ 추가공제에 장애인으로 집계된다.

연말관계	성명	내/외국인	주민(외국인,여권)번호	나이	기본공제	부녀자	한부모	경로우대	장애인	자녀	출산입양	위탁관계
0	박제동	내	1 751111-1111111	50	본인				1			
1	박기주	내	1 631111-1111111	62	60세이상				1			부
3	송미숙	내	1 791111-2111111	46	배우자							배우자
4	박일남	내	1 021111-3111111	23	부							자녀
4	박이남	내	1 091111-3111111	16	20세이하					○		자녀
6	박주남	내	1 021111-3111111	23	장애인				1			제

※ 연말관계 : 0.소득자 본인, 1.소득자의 직계존속, 2.배우자의 직계존속, 3.배우자, 4.직계비속(자녀+입양자)

    5.직계비속(4 제외), 6. 형제자매, 7.수급자(1~6 제외),

    8.위탁아동(만 18세 미만, 보호기간 연장 시 20세 이하/직접선택)

◆ 부양가족 공제 현황

1. 기본공제 인원　(세대주 구분 1 세대주)

본인	○	배우자	유	20세 이하	1	60세 이상	1

2. 추가공제 인원

경로 우대		장 애 인	3	부 녀 자	부
한 부 모	부	출산입양자			

3. 자녀세액공제 인원

자녀세액공제	1

◆ 자녀세액공제는 8세 이상 20세 이하의 자녀인 경우 공제 받을 수 있습니다.

예제 따라하기 사원등록2(인적공제)

(주)청천(2004)를 선택하여 403.박미화(총급여액 4천만원)의 부양가족명세를 수정하시오. 가족사항은 생계를 같이하는 부양가족이고 모든 소득공제를 근로자가 받기로 한다. 제시된 주민등록번호는 정확한 것으로 가정한다.

관계	주민등록번호	참고사항
모(김숙)	621111-2111111	기타소득금액 3,500,000원
배우자(김기리)	831111-1111111	근로소득금액 5,000,000원
자(김하나)	131111-4111111	중학생
자(김두리)	151111-3111111	초등학생
매(박미현)	061111-4111111	대학생

해답

[1] 인적공제 판단

가족	요 건		기본 공제	추가공제 (자녀)	판 단
	연령	소득			
본인(박미화)	-	-	○	부녀자	맞벌이여성(종합소득금액 3천만원이하자)
모(김숙)	○(63)	×	부	-	**기타소득금액이 3백만원 이하인 경우 선택적 분리과세이나, 3백만원 초과자는 무조건 종합과세소득임.**
배우자(김기리)	-	×	부	-	**근로소득금액 1.5백만원 초과자**
자(김하나)	○(12)	○	○	자녀	
자(김두리)	○(10)	○	○	자녀	
매(박미현)	○(19)	○	○	-	

(2) 부양가족 명세 수정

연말 관계	성명	내/외 국인	주민(외국인,여권)번호	나이	기본공제	부녀자	한부모	경로 우대	장애인	자녀	출산 입양	위탁 관계
0	박미화	내	1 861111-2111111	39	본인	○						
1	김숙	내	1 621111-2111111	63	부							모
3	김기리	내	1 831111-1111111	42	부							배우자
4	김하나	내	1 131111-4111111	12	20세이하					○		자녀
4	김두리	내	1 151111-3111111	10	20세이하					○		자녀
6	박미현	내	1 061111-4111111	19	20세이하							매

제2절 급여자료입력

급여자료를 입력은 상용근로자의 급여 등을 입력하는 메뉴이다. 그리고 급여자료를 입력하기 전에는 반드시 수당등록과 공제등록을 하여야 한다.

1. 수당 및 공제등록

1 수당등록

수당등록은 급여자료를 입력하기 전에 먼저 수행해야 할 작업으로 최초 월 급여 지급 전에 등록하고 수시로 변경할 수 있다. 화면 상단의 F4(수당공제)를 클릭하면 다음과 같은 수당등록 박스가 나타난다.

No	코드	과세구분	수당명	근로소득유형 유형	코드	한도	월정액	통상 임금	사용 여부
1	1001	과세	기본급	급여			정기	여	여
2	1002	과세	상여	상여			부정기	부	여
3	1003	과세	직책수당	급여			정기	부	여
4	1004	과세	월차수당	급여			정기	부	여
5	1005	비과세	식대	식대	P01	(월)200,000	정기	부	여
6	1006	비과세	자가운전보조금	자가운전보조금	H03	(월)200,000	부정기	부	여
7	1007	비과세	야간근로수당	야간근로수당	001	(년)2,400,000	부정기	부	여

① 수당명 : 회사에서 지급하는 각종 수당들의 항목을 입력한다. 기본적인 비과세수당은 기 등록되어 있다. **주의할 점은 기 등록되어 있는 수당항목들은 삭제할 수 없다. 만약 식대가 과세라면 기존의 식대항목은 사용여부에 "부"로 체크하고 별도로 식대를 등록하여야 한다.**

5	1005	비과세	식대	식대	P01	(월)200,000	정기	부	부
6	1006	비과세	자가운전보조금	자가운전보조금	H03	(월)200,000	부정기	부	여
7	1007	비과세	야간근로수당	야간근로수당	001	(년)2,400,000	부정기	부	여
8	2001	과세	식대과세	급여			정기	부	여

별도로 등록

② 과세구분 : 지급과목명이 소득세법상 근로소득에 해당하면 "1"을, 비과세 근로소득에 해당하면 "2"를 입력한다.

과세구분에서 2.비과세를 선택한 경우에는 비과세코드도움을 보고 항목을 선택한다.

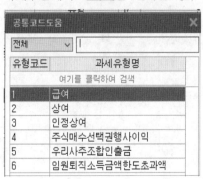

비과세코드와 한도가 다 표시되어야 비과세항목이 제대로 등록된 것이다.

과세구분에서 1.과세를 선택한 경우에는 공통코드도움을 항목을 선택한다.

③ 월정액은 자동적으로 입력되나, 1.정기(급여, 각종수당, 식대 등)를 선택하고, 2.부정기[상여, 실비변상적인 성질의 급여(자가운전보조금, 연구보조비등), 연장근로수당]를 선택하면 된다. 그리고 사용여부를 체크한다.

② 공제등록

No	코드	공제항목명	공제소득유형	사용여부
1	5001	국민연금	고정항목	여
2	5002	건강보험	고정항목	여
3	5003	장기요양보험	고정항목	여
4	5004	고용보험	고정항목	여
5	5005	학자금상환	고정항목	여

① 공제항목명을 입력한다.

② 공제소득유형은 공통코드도움을 받아 선택하거나 직접입력한다.

2. 급여자료 입력

[급여자료입력]은 상용 근로자의 각 월별 급여자료 및 상여금 입력 메뉴이다. 입력한 데이타는 [원천징수이행상황신고서]에 반영된다.

(1) 귀속년월

지급하는 급여 및 상여의 귀속 월을 입력한다. 만일 3월 급여가 4월에 지급받은 경우 귀속연월은 실제 근로를 제공한 달인 3월이 되는 것이다.

(2) 지급연월일

지급하는 급여의 지급연월을 입력한다.

(3) 급여항목 입력

급여항목을 입력하면 국민연금, 소득세등이 자동 계산된다. 자동계산되는 항목에 대해서는 교재와 다르게 표시되도 상관이 없습니다.

(4) 비과세금액

수당등록시 과세/비과세 여부를 정확하게 체크되었는지 비과세 금액을 보고 확인한다.

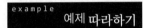

example 예제 따라하기   급여자료입력

(주)청천(2004)를 선택하여 다음 자료를 입력하여 7월부터 9월까지 원천징수할 세액을 산출하시오. 급여(상여)지급일은 매월 25일이고, 상여는 9월에 기본급의 1,000%를 지급한다.

구 분	수당항목			공제항목
	기본급	직책수당	야간근로수당	상조회비(기타)
	가족수당	자가운전보조금	식대	
박제동	4,000,000	300,000	150,000	30,000
	200,000	300,000	200,000	
박미화	2,000,000	-	350,000	10,000
	50,000	300,000	200,000	

1. 자가운전보조금은 본인 소유차량을 직접 운전하여 업무상 이용하고 매월 정액분으로 지급받는다.
2. 식대보조금은 매월 정액분으로 지급하는데, **회사로부터 중식을 제공받는다.**
3. 소득세와 지방소득세 및 4대보험의 공제는 회계프로그램의 자동계산하는 것에 따른다.
4. 모든 수당은 매월 정기적으로 지급한다.(야간근로수당과 자가운전보조금은 부정기로 체크한다.)
5. **사용하지 않는 수당은 "부"로(상여는 사용) 체크**한다.

해답

1. 수당의 과세판단 및 체크 후 수정사항

	판 단	비고
직책수당	비과세 근로소득이 아님	–
야간근로수당	**전년도 총급여액 3,000만원/월정액급여가 210만원 이하** 인 생산직 사원은 비과세임	월정액 : 부정기
가족수당	비과세 근로소득이 아님	추가입력
자가운전 보조금	**본인소유차량+업무+실제여비를 지급받지 않는 경우** 월 20만원 이내 비과세임	월정액 : 부정기
식대	**식사를 제공받으므로 과세임.**	비과세는 부로 체크하고 새로 등록

2. 수당공제등록(상조회비)의 수정부분은 수정하고 추가 입력한다.

① 수당등록

No	코드	과세구분	수당명	근로소득유형			월정액	통상임금	사용여부
				유형	코드	한도			
1	1001	과세	기본급	급여			정기	여	여
2	1002	과세	상여	상여			부정기	부	여
3	1003	과세	직책수당	급여			정기	부	여
4	1004	과세	월차수당	급여			정기	부	부
5	1005	비과세	식대	식대	P01	(월)200,000	정기	부	부
6	1006	비과세	자가운전보조금	자가운전보조금	H03	(월)200,000	부정기	부	여
7	1007	비과세	야간근로수당	야간근로수당	001	(년)2,400,000	부정기	부	여
8	2001	과세	가족수당	급여			정기	부	여
9	2002	과세	식대	급여			정기	부	여

② 공제등록

No	코드	공제항목명	공제소득유형	사용여부
1	5001	국민연금	고정항목	여
2	5002	건강보험	고정항목	여
3	5003	장기요양보험	고정항목	여
4	5004	고용보험	고정항목	여
5	5005	학자금상환	고정항목	여
6	6001	상조회비	기타	여

☞ 비과세 식대는 부로 체크하고, 과세 식대를 신규등록한다.

3. 급여자료입력

〔1〕 7월 급여 자료입력(귀속년월 : 7월, 지급년월일 : 7월 25일)

사번	사원명	감면율	급여항목	금액	공제항목	금액
401	박제동		기본급	2,000,000	국민연금	135,000
403	박미화		상여		건강보험	100,050
			직책수당		장기요양보험	10,250
			자가운전보조금	300,000	고용보험	24,300
			야간근로수당	350,000	상조회비	10,000
			가족수당	50,000	소득세(100%)	10,640
			식대	200,000	지방소득세	1,060
			과 세	2,700,000	농특세	
			비 과 세	200,000	공제 총액	291,300
총인원(퇴사자)	2(0)		지 급 총 액	2,900,000	차 인 지 급 액	2,608,700

비과세금액(자가운전보조금 200,000원)을 체크하여 수당등록의 적정성 여부를 확인하십 시오.

또한 소득세는 매년 간이세액표가 변동되고, 4대보험의 공제금액도 변경되므로 실습시 금 액이 다르더라도 무시하십시요!!!

〔2〕 8월 이후 급여 입력시 전월 데이터를 복사하시면 보다 수월하게 실습을 하실 수 있습니다.

〔3〕 9월 급여＋상여입력(박제동은 9월까지만 급여, 상여 입력－중도연말정산예정임)

상여는 기본급의 1,000%를 입력한다.

□	사번	사원명	감면율		급여항목	금액		공제항목	금액
■	401	박제동			기본급	4,000,000		국민연금	218,700
□	403	박미화			상여	40,000,000		건강보험	200,100
□					직책수당	300,000		장기요양보험	25,630
□					자가운전보조금	300,000		고용보험	404,550
□					야간근로수당	150,000		상조회비	30,000
□					가족수당	200,000		소득세(100%)	2,907,550
□					식대	200,000		지방소득세	290,750
□					과 세	44,950,000		농특세	
□					비 과 세	200,000		공 제 총 액	4,077,280
	총인원(퇴사자)	2(0)			지 급 총 액	45,150,000		차 인 지 급 액	41,072,720

제3절 원천징수이행상황신고서

원천징수이행상황신고서는 원천징수의무자가 원천징수대상소득을 지급하면서 소득세를 원천 징수한 날의 다음달 10일까지 관할세무서에 제출하여야 한다.

1. 원천징수내역 및 납부세액

(1) 귀속기간 및 지급기간을 입력하고 정기신고를 선택한다.

(2) 각종 소득에 대한 원천징수 내역을 확인할 수 있다.

(3) 징수세액은 당월 중 원천징수의무자가 소득자로부터 원천징수한 세액이 자동 반영되며 환 급세액의 경우 해당란에 "(-)"로 표시된다.

당월조정환급세액은 환급세액조정란의 당월조정조정환급액의 금액이 자동 반영된다.

(4) 납부세액(소득세등)이 자동 반영된다.

2. 환급세액조정

⑫ **전월미환급세액 : 전월에 미환급세액이 있는 경우 입력하거나 직전월의 ⑳차월이월환급세 액란의 금액이 자동반영된다.**

⑬ 기환급신청한 세액 : 원천징수 환급세액이 발생한 경우 다음 달 이후에 납부할 세액에서 조 정환급하는 것이나, 다음달 이후에도 원천징수할 세액이 없거나 원천징수하여 납부할 소득 세가 환급할 금액에 미달하여 세무서에 직접 환급 신청한 금액을 입력한다.

⑮ 일반환급

　[원천징수내역]의 징수세액 란의 금액이 (−)인 경우에 자동 반영된다.

⑲ 당월조정환급세액 계

　[원천징수내역]의 당월조정환급세액 항목에 자동반영된다.

⑳ 차월이월환급세액 : 다음달 ⑫전월미환급세액에 자동반영된다.

㉑ 환급신청액 : 당월에 환급신청할 금액을 입력한다.

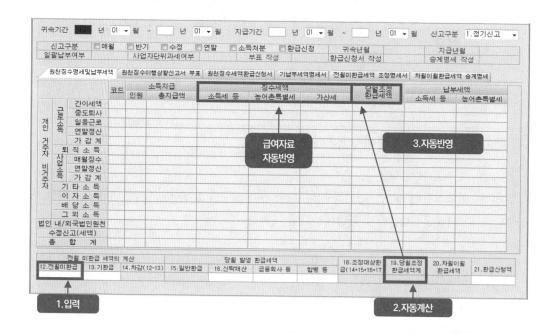

example 예제 따라하기　원천징수상황이행신고서

(주)청천(2004)를 선택하여 다음 자료를 입력하여 8월 원천징수상황이행신고서(제출기한 : 9.10)를 작성하시오. 또한 7월에 미환급세액이 100,000원이 있다고 가정한다.

해답

1. 귀속기간 : 8월~8월   지급기간 : 8월~8월   신고구분 : 1.정기신고
2. 환급세액조정 및 납부세액

   8월 미환급세액 100,000원을 ⑫ 전월미환급세액에 입력한다.

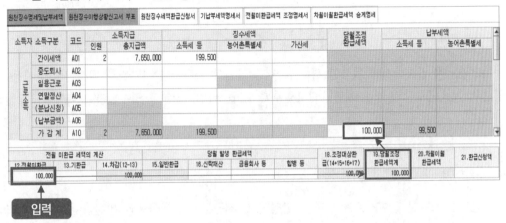

입력

제4절 연말정산 추가자료입력

동 메뉴는 근로소득자의 소득공제신고서 및 증빙자료에 의해 연말정산에 필요한 소득공제 및 세액공제사항을 입력한다.

(1) 계속 근무자의 연말정산

계속근로자 전체 사원의 연말정산 추가자료를 입력한다.

(2) 중도퇴사자의 연말정산

1. **퇴사처리(사원등록)**   2. **연말정산추가자료** 입력순으로 입력한다.

---

1. 코드 · 사원명

F3(전체사원)을 클릭하여 계속근무자를 불러와서 연말정산대상 사원을 선택한다.

2. 정산연월일

계속근무자의 연말정산은 다음해 2월 급여지급일이다.

중도퇴사자의 경우에는 퇴직한 달의 급여를 지급한 월이 표시된다.

3. 귀속기간

해당연도에 입사하거나 퇴사한 경우 [사원등록]에서 입력한 입사연월과 퇴사연월이 자동 반영된다. 계속근로자의 경우 매년 1월 1일부터 12월 31일까지이고 영수일자는 다음연도 2월말이다.

4. 소득명세

현근무지 소득은 급여자료에서 자동 반영되고, 전근무지 소득금액과 원천징수내역을 입력해야 한다.

소득명세	부양가족소득공제		연금저축 등	월세,주택임차차입	연말정산입력	
구분		합계	주(현)	납세조합	종(전) [1/1]
소득명세	9.근무처명					
	10.사업자등록번호		----------	----------	----------
	11.근무기간		------ ~ ------	------ ~ ------	------ ~ ------
	12.감면기간		------ ~ ------	------ ~ ------	전근무지
	13-1.급여(급여자료입력)				원천징수내역입력
	13-2.비과세한도초과액				
	13-3.과세대상추가(인정상여추가)				
	14.상여				
	15.인정상여				
세액명세	기납부세액	소득세			
		지방소득세			
		농어촌특별세			
	납부특례세액	소득세			
		지방소득세			
		농어촌특별세			

문제에서 전근무지 원천징수내역을 주면,

	기납부세액	*결정세액*	납부(환급)
소득세	1,000,000	800,000	-200,000
자방소득세	100,000	80,000	-20,000
합 계	1,100,000	880,000	-220,000

세액명세(기납부세액)에 전근무지의 기납부세액을 입력하면 안되고, 결정세액을 입력해야 한다.

전근무지에서 근무기간동안 원천징수세액이 기납부세액이 되고, 퇴사시 연말정산을 하여 결정세액을 계산한다. 만약 결정세액이 적다면 퇴사시 과다납부한 세액을 돌려받는다.

5. 연말정산(소득공제 및 세액공제)

구 분	입력탭		입력탭	연말정산탭
보험료	부양가족	➡	연말정산탭 **F8 부양가족탭불러오기**	• <u>최종 입력사항 확인</u> • 이외는 연말정산탭에서 입력
교육비				
신용카드	신용카드			
의료비	의료비			
기부금	기부금			
연금저축등	연금저축			
월세	월세			

〈기부금 입력 방법〉
1.기부금입력 ⇒ 2.기부금조정탭(공제금액계산 → 불러오기 → 공제금액반영)

(1) 부양가족 탭

사원등록에서 부양가족을 자동적으로 반영되고, **직접 입력도 가능**하다.
부양가족에 대한 **보험료와 교육비는 국세청신고분과 기타분을 구분하여 입력**한다.

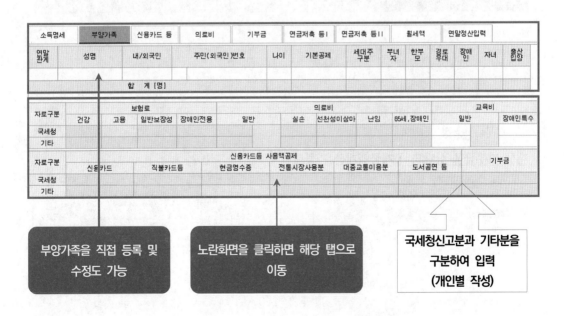

(2) 신용카드 탭

부양가족에 대한 **신용카드 등 사용분을 입력한다.**

	소득명세		부양가족		신용카드 등		의료비		기부금		연금저축 등Ⅰ		연금저축 등Ⅱ		월세액		연말정산입력		
☐	성명 생년월일	자료 구분	신용카드	직불,선불	현금영수증	도서등 신용	도서등 직불	도서등 현금	전통시장	대중교통	소비증가분	
											20x1년	20x1년
☐												

☞ 문제에서 전년도 대비 소비증가분이 있으면 입력한다. 없으면 당해연도에 자동 집계되는 금액을 "**0**"으로 하여야 한다.

(3) 의료비 탭

성명에서 F2(부양가족 코드 도움)으로 대상자를 선택 후 입력한다.

의료비 공제대상자					지급처			지급명세						14.산후 조리원
성명	내/외	5.주민등록번호	6.본인등 해당여부	9.증빙 코드	8.상호	7.사업자 등록번호	10. 건수	11.금액	11-1.실손 보험수령액	12.미숙아 선천성이상아	13.난임 여부			

(4) 기부금 탭

> **〈기부금 입력 방법〉**
> 1.기부금입력 ⇒ 2.기부금조정(공제금액계산 → 불러오기 → 공제금액 반영)

① 기부금 입력

주민등록번호에서 F2(부양가족)으로 대상자를 선택 후 입력한다.

12.기부자 인적 사항(F2)			
주민등록번호	관계코드	내 · 외국인	성명

구분		9.기부내용	노조 회비 여부	기부처			기부명세			자료 구분
7.유형	8. 코드			10.상호 (법인명)	11.사업자 번호 등	건수	13.기부금합계 금액(14+15)	14.공제대상 기부금액	15.기부장려금 신청 금액	

② 기부금 조정

대상 기부금을 상단의 공제금액계산을 클릭한다.

기부금 입력	기부금 조정							공제금액계산	
구분		기부연도	16.기부금액	17.전년도까지 공제된금액	18.공제대상 금액(16-17)	해당연도 공제금액	해당연도에 공제받지 못한 금액	
유형	코드						소멸금액	이월금액

③ 공제금액계산

불러오기⇒공제금액반영을 클릭하면 상단의 기부금에 자동 반영된다.

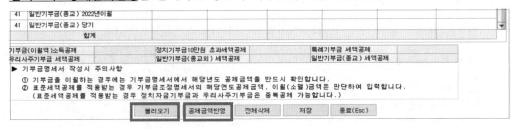

(5) 연금저축 탭

본인이 납부한 퇴직연금등을 입력한다.

1	연금계좌 세액공제	- 퇴직연금계좌(연말정산입력 탭의 58.과학기술인공제, 59.근로자퇴직연금)					크게보기
퇴직연금 구분	코드	금융회사 등	계좌번호(증권번호)	납입금액	공제대상금액	세액공제금액	
퇴직연금							
과학기술인공제회							

2	연금계좌 세액공제	- 연금저축계좌(연말정산입력 탭의 38.개인연금저축, 60.연금저축)					크게보기
연금저축구분	코드	금융회사 등	계좌번호(증권번호)	납입금액	공제대상금액	소득/세액공제액	

(6) 월세액 탭

- 총급여액이 8천만원 이하인 근로자와 기본공제대상자의 월세액을 입력한다.

1	월세액 세액공제 명세(연말정산입력 탭의 70.월세액)								크게보기
임대인명 (상호)	주민등록번호 (사업자번호)	유형	계약 면적(㎡)	임대차계약서 상 주소지	계약서상 임대차 계약기간 개시일 ~ 종료일		연간 월세액	공제대상금액	세액공제금액

(7) 연말정산입력 탭

	구분		지출액	공제금액		구분		지출액	공제대상금액	공제금액
21.총급여					49.종합소득 과세표준					
22.근로소득공제					50.산출세액					
23.근로소득금액					51. 「소득세법」	▶				
종합소득공제	기본공제	24.본인			세액감면	52. 「조세특례제한법」 (53제외)	▶			
		25.배우자								
		26.부양가족 (명)				53. 「조세특례제한법」 제30조	▶			
	추가공제	27.경로우대 (명)				54.조세조약	▶			
		28.장애인 (명)				55.세액감면 계				
		29.부녀자				56.근로소득 세액공제				
		30.한부모가족				57.자녀 ㉮자녀 (명)				
	연금보험료	31.국민연금보험료				세액공제 ㉯ 출산.입양 (명)				
		32. 공무원연금								

① **상단의 F8(부양가족탭불러오기)을 클릭하여 부양가족의 소득공제 및 의료비 등 각 탭에서 입력한 자료를 불러온다.**

② 총급여, 기본공제, 추가공제, 국민연금, 건강보험료, 고용보험료 등은 자동반영된다.

③ 소득공제

㉠ 주택자금 소득공제

주택차입원리금, 장기주택차입이자상환액을 입력한다.

구분			공제한도	불입/상환액	공제금액
①청약저축_연 납입 240만원			불입액의 40%		
②주택청약저축(무주택자)_연 납입 240만원					
③근로자주택마련저축_월 납입 15만원, 연 납입 180만원					
1.주택마련저축공제계(①~③)			연 400만원 한도		
주택임차차입금 원리금상환액	①대출기관		불입액의 40%		
	②거주자(총급여 5천만원 이하)				
2.주택차입금원리금상환액(①~②)			1+2 ≤ 연 400만원		
장기주택 저당차입금 이자상환액	2011년 이전 차입금	㉠15년 미만	1+2+㉠ ≤ 600만원		
		㉡15년~29년	1+2+㉡ ≤ 1,000만원		
		㉢30년 이상	1+2+㉢ ≤1,500만원		
	2012년 이후 차입금	㉣고정금리OR비거치상환	1+2+㉣ ≤1,500만원		
		㉤기타대출	1+2+㉤ ≤500만원		
	2015년 이후 차입금	15년 이상	㉥고정AND비거치	1+2+㉥ ≤1,800만원	
			㉦고정OR비거치	1+2+㉦ ≤1,500만원	
			㉧기타대출	1+2+㉧ ≤500만원	
		10년~15년	㉨고정OR비거치	1+2+㉨ ≤300만원	
3.장기주택저당차입금이자상환액					
합 계(1+2+3)					

㉡ 신용카드등 소득공제

신용카드탭에서 입력한 것이 자동 반영되므로 더블클릭하여 최종 확인한다.

④ 세액공제

각종 탭에서 입력한 것이 자동 반영된다.

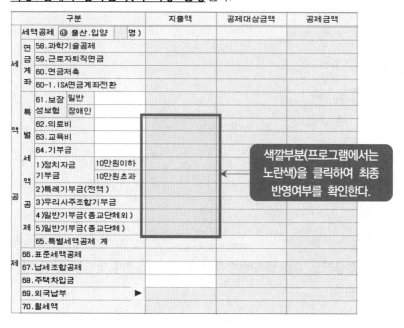

⑤ 근로소득영수일자 : 상단의 영수일자에 근로소득을 수령한 일자를 입력한다.

계속근무자의 경우 입력할 필요가 없으나(자동적으로 다음연도 2월 말), **중도퇴사자의 경우 반드시 입력하도록 한다.(퇴사시 원천징수세액의 영수 또는 지급일)**

⑥ 상단의 <kbd>CF1 작업완료 ▾</kbd>을 클릭하면 연말정산이 완료되었다는 표시가 나온다.

□	사번	사원명	완료
■	404	윤도현	○
□			

다시 수정하기 위하여서는 상단의 CF2(완료취소)를 클릭하여야 한다.

example **예제 따라하기** | **연말정산1 (중도퇴사자)**

㈜청천(2004)를 선택하여 다음의 사항을 입력하시오.
박제동대리(**총급여액 7천만원 이하자**)는 10월 31일에 퇴사하고 퇴사일에 10월분 급여를 받았다.
10월분 급여 및 퇴사하기 전까지 소득공제와 관련된 내역은 다음과 같다.

[급여내역]

급여 및 수당				공제내역
기본급	상여(특별상여)	직책수당	식대	상조회비
자가운전보조금	야간근로	가족수당		
4,000,000	4,000,000	300,000	200,000	30,000
300,000	150,000	200,000		

[소득공제 및 세액공제내역]

구 분	내 역	금 액
신용카드	본인사용분(직불카드사용액)	20,000,000원
	본인 도서 · 신문사용액	2,000,000원
	처제 사용분(일반신용카드)	3,000,000원
	☞ **소비증가분은 없다고 가정한다.**	
보 험 료	본인 자동차보험료	2,000,000원
의 료 비	배우자 라식시술비	3,000,000원
교 육 비	자2(만 16세, 소득없음) 고등학교 방과후 수업료	500,000원
퇴직연금	퇴직연금(국민은행 계좌번호 123 – 456) – 공제요건충족	600,000원
기 부 금	정치자금(한국당, 123 – 45 – 67890)공제요건충족	500,000원

* 모든 자료는 국세청 간소화 서비스에서 제공되는 자료이다.

또한 10월분 원천징수이행상황신고서를 작성하시오.

해답

중도퇴사자 연말정산

1. 퇴사 처리(사원등록)
2. 급여자료 입력(최종급여월)
3. 연말정산추가자료입력→중도퇴사자 정산
4. 원천징수이행상황신고서

1. 사원등록

퇴사연월일/지급일자에 20x1년 10월 31일 입력

| 15.산재보험적용 | 1 | 여 | 16.퇴사년월일 | 20X1 년 10 월 31 일 (이월 여부 | 0 | 부) |

2. 10월 급여자료입력(지급연월일 10월 31일)

급여항목	금액	공제항목	금액
기본급	4,000,000	국민연금	248,850
상여	4,000,000	건강보험	212,700
직책수당	300,000	장기요양보험	27,240
자가운전보조금	300,000	고용보험	80,550
야간근로수당	150,000	상조회비	30,000
가족수당	200,000	소득세(100%)	
식대	200,000	지방소득세	
		농특세	
과 세	8,950,000		
비 과 세	200,000	공 제 총 액	599,340
지 급 총 액	9,150,000	차 인 지 급 액	8,550,660

3. 연말정산 대상여부 판단

구 분	내 역	대상여부 및 입력
신용카드	본인사용분(직불카드)	○(20,000,000원)
	본인 도서·신문사용액(신용카드)	○(도서－2,000,000원)
	처제 사용분(신용카드)	×**(형제자매는 대상에서 제외)**
보 험 료	본인 자동차보험료	○(2,000,000원)
의 료 비	배우자 라식시술비	○(일반 : 3,000,000원)
교 육 비	자2(만 16세) 고등학교 방과후 수업료	○(500,000원)
퇴직연금	퇴직연금	○(600,000원)
기 부 금	정치자금(공제요건 충족)	○(10만원 이하 : 100,000원) 10만원 초과 : 400,000원)

4. 연말정산자료 입력

(1) 부양가족 : 보험료 및 교육비 입력

① 본인(박제동) 보험료

자료구분	국세청간소화	급여/기타	정산	공제대상금액
보장성보험-일반	2,000,000			2,000,000
보장성보험-장애인				

자료구분	보험료				의료비					교육비	
	건강	고용	일반보장성	장애인전용	일반	실손	선천성이상아	난임	65세,장애인	일반	장애인특수
국세청			2,000,000								
기타	912,010	574,200									

② 자2(박이남) 교육비

자료구분	보험료				의료비					교육비	
	건강	고용	일반보장성	장애인전용	일반	실손	선천성이상아	난임	65세,장애인	일반	장애인특수
국세청										500,000 2.초중고	
기타											

(2) 신용카드등(본인)

| 소득명세 | 부양가족 | 신용카드 등 | 의료비 | 기부금 | 연금저축 등I | 연금저축 등II | 월세액 | 연말정산입력 |

	성명 생년월일	자료 구분	신용카드	직불,선불	현금영수증	도서등 신용	도서등 직불	도서등 현금	전통시장	대중교통	소비증가분	
											20x0년	20x1년
□	박제동 1975-11-11	국세청 기타		20,000,000		2,000,000						

☞ **소비증가분이 없으면 당해연도에 자동집계되는 금액을 "0"으로 하여야 한다.**

(3) 의료비

	의료비 공제대상자				지급처			지급명세					14.산후조리원
	성명	내/외	5.주민등록번호	6.본인등 해당여부	9.증빙 코드	8.상호	7.사업자 등록번호	10. 건수	11.금액	11-1.실손 보험수령액	12.미숙아 선천성이상아	13.난임 여부	
□	송미숙	내	791111-2111111	3	X	1			3,000,000		X	X	X

(4) 기부금

① 기부금 입력(본인)

구분		9.기부내용	노조 회비 여부	기부처		기부명세				자료구분
7.유형	8.코드			10.상호 (법인명)	11.사업자 번호 등	건수	13.기부금합계 금액 (14+15)	14.공제대상 기부금액	15.기부장려금 신청 금액	
정치자금	20	금전	부	한국당	123-45-67890	1	500,000	500,000		국세청

② 기부금 조정

구분		기부연도	16.기부금액	17.전년도까지 공제된금액	18.공제대상 금액(16-17)	해당연도 공제금액	해당연도에 공제받지 못한 금액	
유형	코드						소멸금액	이월금액
정치자금	20	20x1	500,000		500,000		500,000	

③ 상단의 공제금액계산 클릭→불러오기→공제금액반영

코드	구분	지출액	공제대상금액	공제율1 (15%, 20%)	공제율2 (25%,30%,35%)	소득/세액공제액	공제초과이월액
20	정치자금(10만원 이하)	100,000	100,000			90,909	
20	정치자금(10만원 초과)	400,000	400,000			60,000	

④ 기부금조정(해당연도 공제 금액 반영)

구분		기부연도	16.기부금액	17.전년도까지 공제된금액	18.공제대상 금액(16-17)	해당연도 공제금액	해당연도에 공제받지 못한 금액	
유형	코드						소멸금액	이월금액
정치자금	20	20x1	500,000		500,000	500,000		

[5] 연금저축 등

1	연금계좌 세액공제	- 퇴직연금계좌(연말정산입력 탭의 58.과학기술인공제, 59.근로자퇴직연금)						크게보기
퇴직연금 구분		코드	금융회사 등	계좌번호(증권번호)		납입금액	공제대상금액	세액공제금액
1.퇴직연금		306	(주) 국민은행	123-456		600,000	600,000	72,000

5. 연말정산입력 최종 반영

상단 F8부양가족탭 불러오기 실행 후 기 입력된 화면을 불러온다.

[1] 신용카드 등 공제대상금액 확인

구분		대상금액		공제율금액
㉮신용카드	전통시장/		15%	
㉯직불/선불카드	대중교통비	20,000,000	30%	6,000,000
㉰현금영수증	제외		30%	
㉱도서공연등사용분(7천이하)		2,000,000	30%	600,000
㉲전통시장 사용분			40%	
㉳대중교통 이용분			40%	
㉴소비증가분			10%	
신용카드 등 사용액 합계(㉮~㉴)		22,000,000		6,600,000

[2] 퇴직연금 및 특별세액공제 확인

세액	금계좌	59.근로자퇴직연금		600,000	600,000	72,000
		60.연금저축				
		60-1.ISA연금계좌전환				
	특별세액	61.보장 성보험	일반	2,000,000	2,000,000	1,000,000	120,000
			장애인				
		62.의료비		3,000,000	3,000,000	1,086,000	162,900
		63.교육비		500,000	500,000	500,000	75,000
		64.기부금		500,000	500,000	500,000	150,909
		1)정치자금 기부금	10만원이하	100,000	100,000	90,909
			10만원초과	400,000	400,000	60,000

-[프로그램상에서] 노란화면을 클릭하면 상세 반영내역을 확인할 수 있다.

① 의료비세액공제 확인

구분	지출액	실손의료보험금	공제대상금액	공제금액
미숙아.선천성 이상아 치료비				
난임시술비				
본인				
65세,장애인.건강보험산정특례자				
그 밖의 공제대상자	3,000,000			

② 교육비세액공제 확인

구분	지출액	공제대상금액	공제금액
취학전아동(1인당 300만원)			
초중고(1인당 300만원)	500,000		
대학생(1인당 900만원)		500,000	75,000
본인(전액)			
장애인 특수교육비			

[소득공제]		
1. 주택자금		
2. 신용카드	① 신용카드	
	② 직불카드	20,000,000
	③ 도서공연사용분(신용카드)	2,000,000
[연금계좌세액공제] 퇴직연금		1,000,000
[특별세액공제]		
1. 보험료	① 일반	2,000,000
2. 의료비	① 일반의료비	3,000,000
3. 교육비	① 초중고	500,000
4. 기부금	① 정치자금	
	-10만원 이하	100,000
	-10만원 초과	400,000

[3] 기타

   ① 정산(지급)년월 : 20x1년 10월, 귀속기간 : 20x1년 1월1일~20x1년 10월 31일

     영수일자 : 20x1년 10월 31일

   ② 사원코드를 체크하고 상단의 작업완료를 클릭하여 연말정산을 완료한다.

   연말정산을 완료한 후 수정할 경우 완료취소를 클릭하고 수정한다.

   하단의 결정세액이나 차감징수세액이 잘못 나왔다하더라도 무시하십시오.

   연말정산자료를 정확히 입력하는 것이 중요합니다.

6. 급여자료 입력(중도퇴사자의 급여 반영)

F7(중도퇴사 연말정산)을 입력 후 하단의 급여반영을 클릭하면 급여자료에 반영된다.

☐크게보기   [퇴사월소득세반영] [연말삭제(F5)] [급여반영(Tab)] [급여 미반영(F3)] [취소(Esc)]

급여항목	금액	공제항목	금액
기본급	4,000,000	국민연금	248,850
상여	4,000,000	건강보험	212,700
직책수당	300,000	장기요양보험	27,240
자가운전보조금	300,000	고용보험	80,550
야간근로수당	150,000	상조회비	30,000
가족수당	200,000	소득세(100%)	
식대	200,000	지방소득세	
		농특세	
		중도정산소득세	-891,000
		중도정산지방소득세	-89,080
과 세	8,950,000		
비 과 세	200,000	공 제 총 액	-380,740
지 급 총 액	9,150,000	차 인 지 급 액	9,530,740

급여자료 입력 좌측 상단에 [중도정산적용함] 이 나타나면, 급여자료에 반영된 것이다.

7. 원천징수이행상황신고서 : 귀속기간 : **10월~10월,** 지급기간 : **10월~10월,** 신고구분 : **1.정기신고**

소득자 소득구분		코드	소득지급		징수세액			당월조정 환급세액	납부세액	
			인원	총지급액	소득세 등	농어촌특별세	가산세		소득세 등	농어촌특별세
개인·거주자	간이세액	A01	1	8,950,000						
	중도퇴사	A02	1	63,800,000	-891,000					
	일용근로	A03								
	연말정산	A04								
	(분납신청)	A05								
	(납부금액)	A06								
	가 감 계	A10	2	72,750,000	-891,000					

☞ **소득세등(자동계산)이 틀리더라도 개의치 마십시요!!, 작성순서가 중요합니다.**

example 예제 따라하기　　연말정산2(계속근로자)　

㈜청천(2004)를 선택하여 다음의 사항을 연말정산추가자료입력 메뉴에 입력하여 박미화의 근로소득 연말정산을 하시오

[박미화의 소득공제 및 세액공제내역 – 국세청 간소화자료]

구 분	내　　역	금 액
신용카드 (본인카드)	모의 보약구입비 중고자동차 구입 대중교통사용액 ☞ **소비증가분은 없다고 가정한다.**	2,000,000원 3,000,000원 4,000,000원
보험료	남편(근로소득금액 5백만원)을 피보험자로 하여 상해보험 가입	1,200,000원
의 료 비	본인의 성형수술비(치료목적) – 실손의료보험금 500,000원 수령 모(63세, 기타소득금액 3,500,000원)의 보약구입비	1,500,000원 2,000,000원
교 육 비	본인의 영어학원비 제(19세, 소득없음)의 대학교 등록금 자1(12세, 소득없음) 중학교 기숙사비 자2(10세, 소득없음)의 미술학원비	7,000,000원 5,000,000원 2,500,000원 1,000,000원
기 부 금	모(63세, 기타소득금액 3,500,000원)의 명의로 사찰에 기부	1,500,000원

해답

1. 연말정산 대상 여부 판단

구 분	내　　역	대상여부 및 입력
신용카드 (본인카드)	모의 보약구입비(사용카드로 판단) 중고자동차 구입(구입금액의 10%) 대중교통사용액	○(2,000,000원) ○(300,000원) ○(4,000,000원)
보 험 료	남편의 상해보험(소득요건 미충족)	×
의 료 비	본인의 성형수술비(치료목적은 가능) 모(63세, 기타소득금액 3,500,000원)의 보약구입비	○(본인 1,500,000원) ×
교 육 비	본인의 영어학원비 동생(19세, 소득없음)의 대학교 등록금 자(12세, 소득없음) 중학교 기숙사비 자(10세)의 미술학원비	× ○(대학 5,000,000원) × ×
기 부 금	모의 명의로 사찰에 기부	**×(소득요건 미충족)**

2. 연말정산자료 입력

[1] 부양가족 : 교육비(박미현) 입력

자료구분	보험료				의료비					교육비	
	건강	고용	일반보장성	장애인전용	일반	실손	선천성이상아	난임	65세,장애인	일반	장애인특수
국세청										5,000,000	3.대학생
기타											

[2] 신용카드등(본인)

□	성명 생년월일	자료 구분	신용카드	직불,선불	현금영수증	도서등 신용	도서등 직불	도서등 현금	전통시장	대중교통	소비증가분	
											20x0년	20x1년
	박미화	국세청	2,300,000							4,000,000		

[3] 의료비(본인)

	의료비 공제대상자				지급처			지급명세					14.산후 조리원
□	성명	내/외	5.주민등록번호	6.본인등 해당여부	9.증빙 코드	8.상호	7.사업자 등록번호	10. 건수	11.금액	11-1.실손 보험수령액	12.미숙아 선천성이상아	13.난임 여부	
□	박미화	내	861111-2111111	1	0	1			1,500,000	500,000	X	X	X

3. 연말정산입력 최종 반영

상단 F8부양가족탭 불러오기 실행 후 기 입력된 화면을 불러온다.

[1] 신용카드 등 소득공제 확인

소	42.신용카드 등 사용액	6,300,000

[2] 퇴직연금 및 특별세액공제 확인

액별	특	61.보장 성보험	일반			
			장애인			
		62.의료비	1,500,000	1,500,000	157,000	
		63.교육비	5,000,000	5,000,000	5,000,000	
		64.기부금				

―[프로그램상에서]노란화면을 클릭하면 상세 반영내역을 확인할 수 있다.

[소득공제]		
1. 신용카드	① 신용카드	2,300,000
	② 대중교통사용액	4,000,000
[특별세액공제]		
1. 의료비	① 본인(실손의료보험금 차감)	1,000,000
2. 교육비	① 대학생	5,000,000

(주)낙동(2003)를 선택하여 다음의 자료를 이용하여 사원코드 404번인 윤도현씨의 **연말정산을 완료**하시오. 윤도현씨가 공제받을 수 있는 공제는 모두 공제받도록하고 세부담이 최소화되도록 한다.

1. 부양가족사항(모두 생계를 같이하고 있음)

가족관계증명서					
등록기준지		서울특별시 광진구 아차산로59길 12			

구분	성 명	출생연월일	주민등록번호	성별	본
본인	윤도현	77년 11월 11일	771111-1111111	남	坡平

가족사항

구분	성 명	출생연월일	주민등록번호	성별	본
부	윤길수	1951년 11월 11일	511111-1111111	남	坡平
배우자	김미숙	1980년 11월 11일	801111-2111111	여	金海
자녀	윤하나	2010년 11월 11일	101111-3111111	남	坡平

☞ 주민등록번호는 적정한 것으로 가정한다.

배우자(김미숙)	당해연도 일용근로소득 2,400,000원이 있음
부친(윤길수)	부동산임대업 사업소득금액 10,000,000원이 있음

2. 윤도현의 전근무지 원천징수영수증

■ 소득세법 시행규칙 [별지 제24호서식(1)] <개정 2017. 3. 10.>

(8쪽 중 제1쪽)

	거주구분	거주자1/비거주자2
	거주지국	거주지국코드
	내·외국인	내국인1/외국인9
	외국인단일세율적용	여1 / 부2
	외국법인소속 파견근로자 여부	여1 / 부2
	국적	국적코드
	세대주 여부	세대주1, 세대원2
	연말정산 구분	계속근로1, 중도퇴사2

[✓]근로소득 원천징수영수증
[ ]근로소득 지급명세서

([✓]소득자 보관용 [ ]발행자 보관용 [ ]발행자 보고용)

관리
번호

징수의무자	① 법인명(상 호) ㈜로그인		② 대 표 자(성 명) 로그인
	③ 사업자등록번호 127-81-34653		④ 주 민 등 록 번 호
	③-1 사업자단위과세자 여부	여1 / 부2	③-2 종사업장 일련번호
	⑤ 소 재 지(주소) 충남 천안 봉정로 365		
소득자	⑥ 성 명 윤도현		⑦ 주 민 등 록 번 호(외국인등록번호) ******－*******
	⑧ 주 소 서울 강남 압구정로 102		

	구 분	주(현)	종(전)	종(전)	⑯-1 납세조합	합 계
I 근 무 처 별 소 득 명 세	⑨ 근 무 처 명	㈜로그인				
	⑩ 사업자등록번호	127-81-34653				
	⑪ 근무기간	1.1~3.31	~	~	~	~
	⑫ 감면기간	~	~	~	~	~
	⑬ 급 여	10,000,000				
	⑭ 상 여	5,000,000				
	⑮ 인 정 상 여					
	⑮-1 주식매수선택권 행사이익					
	⑮-2 우리사주조합인출금					
	⑮-3 임원 퇴직소득금액 한도초과액					
	⑮-4					
	⑯ 계	15,000,000				
II 비 과 세 및 감 면 소 득 명 세	⑱ 국외근로	MOX				
	⑱-1 야간근로수당	OOX	2,000,000			
	⑱-2 출산·보육수당	QOX				
	⑱-4 연구보조비	HOX				
	⑱-5					
	⑱-6					
	~					
	⑱-29					
	⑲ 수련보조수당	Y22				
	⑳ 비과세소득 계		2,000,000			
	⑳-1 감면소득 계					

	구 분	⑱ 소 득 세	⑲ 지방소득세	⑳ 농어촌특별세
III 세 액 명 세	⑫ 결 정 세 액	1,000,000	100,000	
	⑬ 종(전)근무지 사업자 (결정세액란의 등록 세액을 적습니다) 번호			
	⑭ 주(현)근무지	1,200,000	120,000	
	⑮ 납부특례세액			
	⑯ 차 감 징 수 세 액 (⑫-⑬-⑭-⑮)	-200,000	-20,000	

건강보험료 200,000원 장기요양보험료 10,000원 고용보험료 60,000원, 국민연금보험료 300,000원	위의 원천징수액(근로소득)을 정히 영수(지급)합니다.
	20x1년 03 월 31 일
징수(보고)의무자	㈜로그인 (서명 또는 인)

세 무 서 장 귀하

3. 윤도현의 국세청 간소화 자료

20x1년 귀속 세액공제증명서류 : 기본(지출처별)내역 [의료비]

■ 환자 인적사항

성 명	주 민 등 록 번 호
윤길수	511111 - 1******

■ 의료비 지출내역

사업자번호	상 호	종류	납입금액 계
0 - 2* - 55*	미***	일반	5,200,000
의료비 인별합계금액			5,200,000
안경구입비 인별합계금액			800,000
인별합계금액			**6,000,000**

- 본 증명서류는 『소득세법』 제165조 제1항에 따라 영수증 발급기관으로부터 수집한 서류로 소득·세액공제 충족 여부는 근로자가 직접 확인하여야 합니다.
- 본 증명서류에서 조회되지 않는 내역은 영수증 발급기관에서 직접 발급받으시기 바랍니다.

☞ <u>의료비에는 보험회사로부터 수령한 실손의료보험금 1,000,000원이 포함되어 있다.</u>

20x1년 귀속 소득공제증명서류 : 기본(사용처별)내역 [신용카드]

■ 사용자 인적사항

성 명	주 민 등 록 번 호
윤도현	771111 - 1******

■ 신용카드 사용내역

(단위 : 원)

사업자번호	상 호	종류	공제대상금액
213 - 86 - 15***	비씨카드주식회사	일반	20,0000,000
일반 인별합계금액			15,000,000
전통시장 인별합계금액			3,000,000
대중교통 인별합계금액			2,000,000
인별합계금액			**20,000,000**

- 본 증명서류는 『소득세법』 제165조 제1항에 따라 영수증 발급기관으로부터 수집한 서류로 소득·세액공제 충족 여부는 근로자가 직접 확인하여야 합니다.
- 본 증명서류에서 조회되지 않는 내역은 영수증 발급기관에서 직접 발급받으시기 바랍니다.

☞ <u>전년도 신용카드 사용액은 15,000,000원이다.</u>

4. 기타 참고자료

내 용	금 액	참 고 사 항
특례기부금 (국세청자료 1건)	500,000원	사회복지공동모금회(123 - 45 - 67890)에 납부한 것임

<table>
<tr><td colspan="4" align="center">월 세 납 입 영 수 증</td></tr>
<tr><td colspan="4">■ 임 대 인</td></tr>
<tr><td align="center">성명(법인명)</td><td align="center">홍길동</td><td align="center">주민등록번호
(사업자등록번호)</td><td align="center">501111 - 1111111</td></tr>
<tr><td align="center">소재지(임대차)</td><td colspan="3" align="center">서울시 강남구 압구정로 101</td></tr>
<tr><td colspan="4">■ 임 차 인</td></tr>
<tr><td align="center">성명(법인명)</td><td align="center">윤도현</td><td align="center">주민등록번호
(사업자등록번호)</td><td align="center">771111 - 1******</td></tr>
<tr><td align="center">주소(소재지)</td><td colspan="3" align="center">서울시 강남구 압구정로 102</td></tr>
<tr><td colspan="4">■ 세부내용
 - 기　　간 : 20x1년 4월 1일~20x3년 3월 31일
 - 월세금액 : 400,000원(20x1년 3,600,000원)
 - 주택유형 : 아파트, 계약면적 85㎡, 기준시가 3억원</td></tr>
</table>

해답

1. 인적공제

가족	요 건 연령	요 건 소득	기본공제	추가공제 (자녀)	판 단
본 인	-	-	○		
배우자	-	○	○		일용근로소득은 분리과세소득임.
부친(74)	○	×	부	-	종합소득금액 1백만원 초과자
자(15)	○	○	○	자녀	

연말관계	성명	내/외국인	주민(외국인, 여권)번호	나이	기본공제	부녀자	한부모	경로우대	장애인	자녀	출산입양	위탁관계
0	윤도현	내	1 771111-1111111	48	본인							
1	윤길수	내	1 511111-1111111	74	부							부
3	김미숙	내	1 801111-2111111	45	배우자							배우자
4	윤하나	내	1 101111-3111111	15	20세이하					○		자녀

2. 소득명세 입력

구분		합계	주(현)	납세조합	종(전) [1/2]
소득명세	9.근무처명		(주)낙동-로그인		(주)로그인
	10.사업자등록번호		111-02-49063	----------	127-81-34653
	11.근무기간		20X1-01-01 ~ 20X1-12-31	--------- ~ ---------	20X1-01-01 ~ 20X1-03-31
	12.감면기간		--------- ~ ---------	--------- ~ ---------	--------- ~ ---------
	13-1.급여(급여자료입력)	15,000,000	5,000,000		10,000,000
	13-2.비과세한도초과액				
	13-3.과세대상추가(인정상여추가)				
	14.상여	50,000,000	45,000,000		5,000,000
	15.인정상여				
	15-1.주식매수선택권행사이익				
	15-2.우리사주조합 인출금				
	15-3.임원퇴직소득금액한도초과액				
	16.계	65,000,000	50,000,000		15,000,000
	18.국외근로				
	18-1.야간근로(년240만원) 001	2,000,000			2,000,000
공제보험료명세	직장 건강보험료(직장)(33)	291,800	91,800		200,000
	장기요양보험료(33)	16,010	6,010		10,000
	고용보험료(33)	385,000	325,000		60,000
	국민연금보험료(31)	435,000	135,000		300,000
	공적연금 보험료 공무원 연금(32)				
	군인연금(32)				
	사립학교교직원연금(32)				
	별정우체국연금(32)				
세액명세	기납부세액 소득세	3,803,200	2,803,200		1,000,000
	지방소득세	380,320	280,320		100,000
	농어촌특별세				
	소득세				

☞ *기납부세액은 윤도현씨, 전근무지 원천징수영수증의 결정세액을 입력해야 한다.*

3. 연말정산 대상여부 판단

항 목	내 역	대상여부 및 입력
의료비	• 부친 의료비**(안경은 50만원 한도) 수령한 실손보험금은 차감**	○(65세이상 5,700,000원) (실손의료보험금 △1,000,000원)
신용카드	• 본인	○(신용 15,000,000원 전통시장 3,000,000원 대중교통 2,000,000원)
기부금	• 본인 사회복지공동모금회	○(특례 500,000원)
월세	• **세액공제요건 충족(총급여액 8천만원 이하자)** ☞ 전용면적(85㎡) 이하 또는 기준시가 4억원 이하	3,600,000원

4. 연말정산자료 입력

(1) 신용카드등(본인)

□	성명 생년월일	자료 구분	신용카드	직불,선불	현금영수증	도서등 신용	도서등 직불	도서등 현금	전통시장	대중교통	소비증가분	
											20x0년	20x1년
	윤도현	국세청	15,000,000						3,000,000	2,000,000	15,000,000	20,000,000

(2) 의료비(부친)

의료비 공제대상자					지급처		지급명세					14.산후 조리원
성명	내/외	5.주민등록번호	6.본인등 해당여부	9.증빙 코드	8.상호	7.사업자 등록번호	10. 건수	11.금액	11-1.실손 보험수령액	12.미숙아 선천성이상아	13.난임 여부	
윤길수	내	....	2	0			1	5,700,000	1,000,000	X	X	X

(3) 기부금

① 기부금(윤도현) 입력

구분		9.기부내용	노조 회비 여부	기부처		건수	기부명세			자료 구분
7.유형	8. 코드			10.상호 (법인명)	11.사업자 번호 등		13.기부금합계 금액 (14+15)	14.공제대상 기부금액	15.기부장려금 신청 금액	
특례	10	금전	부	사회복지공동모	123-45-67890	1	500,000	500,000		국세청

② 기부금 조정(상단의 공제금액계산 클릭→불러오기→공제금액반영)

구분		기부연도	16.기부금액	17.전년도까지 공제된금액	18.공제대상 금액(16-17)	해당연도 공제금액	해당연도에 공제받지 못한 금액	
유형	코드						소멸금액	이월금액
특례	10	2025	500,000		500,000	500,000		

(4) 월세액

월세액 세액공제 명세(연말정산입력 탭의 70.월세액)									원래크기(Esc)
임대인명 (상호)	주민등록번호 (사업자번호)	유형	계약 면적(㎡)	임대차계약서 상 주소지	계약서상 임대차 계약기간		연간 월세액	공제대상금액	세액공제금액
					개시일	~ 종료일			
홍길동	501111-1111111	아파트	85.00	서울 강남구 압구정로 101	2025-04-01	~ 2027-03-31	3,600,000	3,600,000	540,000

5. 연말정산입력 최종 반영

상단 F8부양가족탭 불러오기 실행 후 기 입력된 화면을 불러온다.

(1) 신용카드 등 입력 확인(소비증가분 자동계산)

구분		대상금액		공제율금액
㉮신용카드	전통시장/ 대중교통비 제외	15,000,000	15%	2,250,000
㉯직불/선불카드			30%	
㉰현금영수증			30%	
㉱도서공연등사용분(7천이하)			30%	
㉲전통시장 사용분		3,000,000	40%	1,200,000
㉳대중교통 이용분		2,000,000	40%	800,000
㉴소비증가분		4,250,000	10%	425,000
신용카드 등 사용액 합계(㉮~㉴)		24,250,000		4,675,000

☞ *소비증가분은 프로그램이 자동계산합니다.*

〔2〕 특별세액공제 및 월세 확인

구분			지출액	공제대상금액	공제금액
액 공	별 세 액 공	62.의료비	5,700,000	5,700,000	2,750,000	412,500
		63.교육비				
		64.기부금	500,000	500,000	500,000	75,000
		1)정치자금 기부금	10만원이하			
			10만원초과			
		2)고향사랑 기부금	10만원이하			
			10만원초과			
		3)특례기부금(전액)		500,000	500,000	75,000
70.월세액				3,600,000	3,600,000	540,000

[소득공제]

1. 신용카드	① 신용카드	15,000,000
	② 전통시장	3,000,000
	③ 대중교통	2,000,000

[특별세액공제]

1. 의료비	① 특정(65세 이상)의료비	4,700,000
2. 기부금	① 특례기부금	500,000
[월세세액공제]		3,600,000

┌───┐
│ **제5절** 원천징수이행상황신고서 전자신고 │
└───┘

원천징수신고서를 작성, 마감 후 홈택스를 통하여 **전자신고를 할 수 있습니다.**

〈주요 전자신고 순서〉

1. 전자신고파일생성	1. 신고서 작성 및 마감
	2. 전자신고서 제작(비밀번호 입력)
	3. C드라이브에 파일(파일명 메모)이 생성
2. 홈택스 전자신고	1. 전자신고파일 불러오기
	2. 형식검증하기(비밀번호 입력) → 확인
	3. 내용검증하기 → 확인
	4. 전자파일 제출
	5. 접수증 확인

기본적으로 부가가치세 전자신고와 동일한 순서로 작업을 하시면 됩니다.

예제 따라하기 원천징수이행상황신고서 전자신고

㈜전자(2005)를 선택하여 1월 귀속, 1월 지급의 원천징수이행상황신고서를 작성 마감하여 가상 홈택스에서 원천징수이행상황신고서 전자신고를 수행하시오.

해답

1. 전자신고 파일생성

① 원천징수이행상황신고서 귀속기간 1월, 지급기간 1월 입력하고 원천징수이행상황신고서를 불러 온다

② **상단의 F8(마감)**을 클릭하여 원천징수이행상황신고서를 **마감(하단의 F8)**한다.

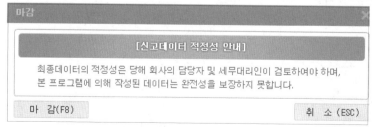

③ 원천징수메뉴에서 [전자신고] 메뉴를 클릭합니다.

원천징수이행상황제작 전자신고(**2.납세자 자진 신고등**)구분을 선택하여 조회 후

마감된 신고서를 선택(체크) 후 **상단 F4 제작**을 클릭합니다.(**파일명을 메모하세요**)

④ F4제작을 클릭 후 비밀번호를 입력하여 파일 제작합니다.

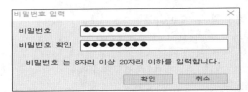 

⑤ 메뉴에서 상단의 F6홈택스바로가기를 클릭합니다

2. 홈택스 전자신고(국세청 홈택스 사이트)

① 전자신고 메뉴에서 제작한 파일을 [찾아보기] 기능을 통해 불러옵니다.

파일을 불러오면 선택한 파일내역에 전자파일명과 파일크기가 반영됩니다.

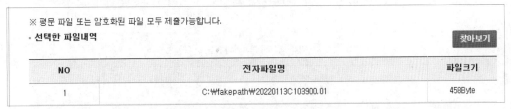

② 검증(비밀번호 입력) : **형식검증하기(비밀번호 입력)** →**결과확인**→**내용검증하기**→**결과확인**

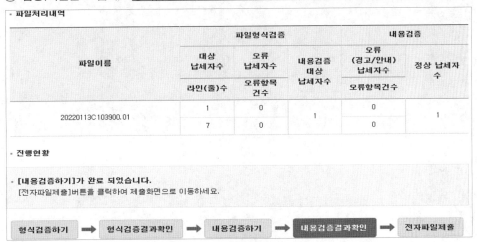

③ 전자파일제출을 클릭하면 정상 변환된 제출 가능한 신고서 목록이 조회되며,
전자파일제출하기를 클릭하여 제출합니다.

번호	상호	사업자(주민) 등록번호	과세년월	신고서 종류	신고구분	신고유형	접수여부 (첨부서류)	총지급액
1	(주)전자…	1208172054	20×101	원천징수이…	정기(확정)	정기신고	미제출(0종)	10,000,000

1   총0건(1/1)

이전 전자파일 제출하기

⑤ 제출이 완료되면 접수증이 나오며 접수내용을 확인할 수 있습니다.

▪ 접수내용

사용자ID		사용자명		접수일시	20×1-01-13 16:29:19
총 신고건수	1건	정상건수	1건	오류건수	0건

▪ 정상제출내용

(단위 : 원) 10건 ∨ 확인

과세년월	신고서종류	신고구분	신고유형	상호 (성명)	사업자(주) 등록번호
20×101	원천징수이행상황…	정기(확정)	정기신고	(주)전자-로그인	1208172054

‹   ›

1   총1건(1/1)

위와 같이 접수 되었습니다.

Part VI

모의고사

실무모의고사 1회

㈜쌍용(2011)은 전자제품 제조, 도·소매하는 기업이며, 당기 회계기간은 20×1.1.1~20×1.12.31 이다. 전산세무회계 수험용 프로그램을 이용하여 다음 물음에 답하시오.

문제 1 다음 거래를 일반전표입력 메뉴에 추가 입력하시오. (15점)

[1] 4월 08일 회사는 매출처인 ㈜서울전자의 제품매출에 대한 외상매출금 잔액을 보통예금으로 송금 받았다. 동 대금잔액은 3월 31일에 발생한 (2/10, n/30)의 매출할인 조건부 거래에 대한 것으로서 동 결제는 동 공급에 관한 최초의 결제이다(단, 부가가치세는 고려하지 않는다). (3점)

[2] 4월 10일 보유중인 자기주식(취득원가 : 1,000,000원)을 700,000원에 현금처분하였다. 회사의 재무상태표에는 자기주식처분이익이 100,000원 계상되어 있다고 가정한다. (3점)

[3] 4월 21일 공장창고의 화재가 발생하여 건물과 제품이 전소되었다. 건물의 취득가액은 5,000,000원 이고 화재시 까지 감가상각누계액은 1,700,000원이고, 창고안에 있는 제품(원가 1,300,000원, 시가 1,800,000원)도 회수가능가치가 없다. (3점)

[4] 5월 25일 생산팀(김영민)의 5월분 급여가 보통예금에서 이체되었다. (3점)

급 여 내 용	공 제 내 용	
• 기본금 : 1,000,000원 • 상여금 : 2,000,000원	• 소 득 세 : 100,000원 • 국민연금 : 90,000원 • 가 불 금 : 50,000원	• 지방소득세 : 10,000원 • 건 강 보 험 : 54,000원
차 인 지 급 액	2,696,000원	

[5] 6월 10일 5월 25일 예수하였던 소득세와 지방소득세를 관할관청에 보통예금으로 납부하였고, 국민연금과 건강보험료는 회사 부담분(50%)과 근로자부담분(50%)을 현금납부 하였다. (3점)

문제 2   다음 거래 자료를 매입매출전표입력 메뉴에 추가로 입력하시오. (15점)

[1] 8월 11일   공장 방문객을 위하여 서울렌트카로 부터 승용차(1500CC)를 3일간 임차하고 사용료 500,000원(부가가치세 별도)을 현금으로 지급하였고, 전자세금계산서를 수취하였다. (3점)

[2] 8월 12일   ㈜경기로부터 공장에서 사용할 노트북 컴퓨터를 1,100,000원(부가가치세 포함)에 구입하고 현금영수증(지출증빙용)을 교부받았다. (3점)

[3] 8월 14일   수출대행업체인 영종무역㈜에 내국신용장에 의하여 제품(LCD 10개 단가 300,000원)을 납품하고 영세율전자세금계산서를 발행하고 대금은 익월말일까지 받기로 하였다. (3점)

[4] 8월 18일   기계장치를 (주)주성전자에 10,000,000원(부가가치세 별도)에 매각하고 전자세금계산서를 발행하였다. 매각대금은 전액 당좌수표로 받았다(기계장치취득가액 : 50,000,000원, 처분전 감가상각누계액 : 10,000,000원). (3점)

[5] 8월 26일   공장직원에게 야식으로 탕정농협으로 부터 사과 10BOX(단가 30,000원)를 구입하고 전자계산서를 수취하였다. 대금은 어음을 발행하여 주었다. (3점)

[1] 20×1년 2기 예정신고시 누락된 다음의 자료를 부가가치세신고서에 반영하시오(회계처리는 생략함). (6점)
제2기 확정 부가가치세 신고일자 20×2.1.25(미납일수는 90일로 하고, **납부지연가산세율은 1일 2/10,000로 가정한다.**)

> 〈예정신고 누락분 〉
> ① 제품을 2,000,000원에 판매하고 **영세율전자세금계산서를 지연발급**한 1건
> ② 영업이사가 제품을 무상으로 업무와 관련 없이 개인적으로 사용함.
> (제품원가 1,000,000원 제품 시가 1,500,000원)
> ③ 비품을 1,000,000원(부가가치세별도)에 매입하고 **전자세금계산서를 지연 수취**한 1건
> ④ 업무용승용차(1500CC)를 구입하고 교부받은 전자세금계산서 5,000,000원(부가가치세별도) 1건

[2] 다음 자료는 과세사업과 면세사업을 겸영하는 ㈜쌍용의 20X1년 2기 확정신고기간의 거래내역이다. 제2기 확정신신고기간의 공제받지 못할 매입세액명세서를 작성하시오. (4점)

> – 모든 거래는 세금계산서를 수취한 거래로 부가가치세가 별도임
> ① 추석선물로 양주 10병(단가 500,000원)을 구입하여 거래처에 선물함
> ② 영업사원의 업무용으로 승용차(2000CC)를 렌트하여 지급한 금액 1,000,000원
> ③ 면세사업에만 사용할 목적으로 에어컨을 구입함(구입가액 500,000원)
> ④ 두정상사로 부터 원재료 매입액 1,000,000원 세금계산서 합계표상의 공급받는 자의 등록번호가 착오로 일부 오류기재됨(단 세금계산서의 필요적 기재사항 또는 임의적 기재사항으로 보아 거래 사실이 확인됨)
> ⑤ 공통매입세액 및 공급가액내역
> – 예정신고시 적정하게 공통매입세액을 안분하였다.

〈7.1~9.30 매입매출내역〉

(단위 : 원)

구 분		공급가액	세 액	합계액
매출내역	과세분	40,000,000	4,000,000	44,000,000
	면세분	60,000,000	–	60,000,000
	합 계	100,000,000	4,000,000	104,000,000
매입내역	공통분	50,000,000	5,000,000	55,000,000

〈10.1~12.31 매입매출내역〉

구 분		공급가액	세 액	합계액
매출내역	과세분	50,000,000	5,000,000	55,000,000
	면세분	50,000,000	–	50,000,000
	합 계	100,000,000	5,000,000	105,000,000
매입내역	공통분	30,000,000	3,000,000	33,000,000

문제 4 다음 결산자료를 입력하여 결산을 완료하시오. (15점)

[1] 선급된 비용의 내역은 다음과 같다. (3점)
- 차량보험료 선급액 : 500,000원(공장분)
- 임차료 선급액 : 100,000원(본사 사옥)
- 지급시 비용으로 처리하였다.

[2] 결산일 현재 재고자산을 실사 평가한 결과는 다음과 같다. (3점)
- 제품의 수량 감소는 3개는 비정상적으로 발생되고, 7개는 정상적으로 발생된 것이다.

구분	장부상내역			실사내역		
	단위당 취득원가	수량	평가액	단위당 시 가	수 량	평가액
제 품	10,000원	100개	1,000,000원	10,000원	90개	900,000원
재공품	5,000원	100개	500,000원	5,000원	100개	500,000원
원재료	1,000원	200개	200,000원	1,000원	200개	200,000원

[3] 당사가 보유중인 매도가능증권에 대하여 기말평가를 하다. 전기 기말 평가는 기업회계기준에 따라 처리하였다.

전기		공정가액 (당기 12.31)	비고
취득가액(10/1)	기말공정가액(12/31)		
10,000,000원	15,000,000원	12,000,000원	

[4] 유형자산내역은 다음과 같다. 고정자산등록메뉴에 등록하고 결산정리사항에 입력하시오. (3점)

계정 과목	품명	취득일	취득가액	기초감가상각 누 계 액	상각 방법	내용 연수	업종 코드	자산 코드
건물	본사 사옥	2020.1. 5	100,000,000원	5,000,000원	정액법	20	02	101
차량 운반구	소나타	2023.2.20	20,000,000원	3,000,000원	정률법	5	01	202

[5] 당기말 현재까지 사무실 임차료로 미지급된 금액이 3,000,000원이 있는데 회계처리는 하지 않았다. 지급기일은 익년도 1월 말일까지이다. (3점)

문제 5 20×1년 귀속 원천징수자료와 관련하여 다음의 물음에 답하시오. (15점)

[1] 다음은 생산직 사원인 김영일(106)의 20×1년도 근로소득에 대한 내역이다. (7점)

1. 아래의 자료를 참조하여 사원등록과 20×1년 1월분 소득세 원천징수의 급여자료입력을 완성하라(필요한 비과세 항목은 등록하여 사용할 것).

[가족사항]

임수빈	처	근로소득 총급여액 5,200,000원 있음
김영이	자	소득없음, 장애인(1)
김영삼	자	올해 출생, 소득없음
김일수	부	소득없음, 캐나다로 이민가서 정착함.

※ 주민등록번호는 정당한 것으로 가정한다.
• 급여, 상여의 지급일 : 매월 25일
• 급여, 상여의 지급내역 : 기본급 3,000,000원, 상여 2,000,000원
　　　　　　　　　　　　　식대보조금(비과세)　　200,000원
　　　　　　　　　　　　　자가운전보조금(과세) 300,000원
　　　　　　　　　　　　　야간근로수당(비과세) 200,000원
• 국민연금 기준소득월액과 건강보험료(고용보험료) 표준보수월액은 2,500,000원이다.

2. 위 1번 자료의 급여자료를 근거로 1월 분 원천징수이행상황신고서를 완성(전월미환급세액 50,000원)하고, 국세청으로 전자신고하시오.

[2] 다음 자료를 보고 사무직 직원 김호일(107)씨의 연말정산추가자료를 입력하라. 단, 모든 부양가족은 기본공제대상자이다. (8점)

관 계	구　　　분	금액(원)	참고사항
본인	보험료	850,000	자동차 보험료
	직업훈련수강료*1	1,000,000	업무관련
	신용카드사용액	40,000,000	해외사용분 2,000,000원 포함
	(소비증가분은 없다고 가정한다.)		
	퇴직연금불입액*2	4,000,000	
	장기주택저당차입금의 이자상환액	1,000,000	조특법상 소득공제요건 충족
			(상환기간 20년, 2010년 가입)
	월세지출액*3	1,500,000	종합소득금액이 8,000만원
	정치자금 기부금	2,000,000	
배우자	교육비	2,000,000	대학원 수업료
	신용카드 사용액	1,000,000	소득없음
장인	노인대학 등록금	1,000,000	사업소득금액 5,000,000원
	한약구입비용(보약구입)	2,000,000	71세
장남	교육비	6,000,000	대학교 수업료
	의료비(미국에서 지출)	1,000,000	
	학원수강료의 신용카드 사용	1,000,000	
처남	신용카드사용분	2,500,000	유흥비임

*1. 국가로부터 수강지원금 700,000원을 지원받았다.

*2. 하나은행, 계좌번호 : 123-456

*3. 김호일씨는 세대주이며 당해 과세기간 중 무주택자이다.

　　임대인 : 로그인 임대인주민등록번호 : 410807-1245117 주택유형 : 아파트 임대면적 : 50㎡

　　주소지 : 서울 동작구 흑석로 11, 계약기간 : 당해연도 1.1~12.31

실무모의고사 1회 답안 및 해설

문제 1 일반전표입력

[1] 3월 31일 매입매출전표 조회 후 외상매출금 잔액(2,000,000원) 확인

매출할인 = 2,000,000 × 2% = 40,000원

(차) 보 통 예 금	1,960,000원	(대) 외상매출금	2,000,000원
매 출 할 인(제품매출)	40,000원	((주)서울전자)	

[2]

(차) 현 금	700,000원	(대) 자 기 주 식	1,000,000원
자기주식처분익	100,000원		
자기주식처분손	200,000원		

[3]

(차) 감가상각누계액(건물)	1,700,000원	(대) 건 물	5,000,000원
재 해 손 실	4,600,000원	제 품(8.타계정)	1,300,000원

[4]

(차) 임 금(제)	1,000,000원	(대) 예 수 금	254,000원
상 여 금(제)	2,000,000원	가 지 급 금(김영민)	50,000원
		보 통 예 금	2,696,000원

[5]

(차) 예 수 금	254,000원	(대) 보 통 예 금	110,000원
세금과공과(제)	90,000원	현 금	288,000원
복리후생비(제)	54,000원		

문제 2 매입매출전표입력

문항	일자	유형	공급가액	부가세	거래처	전자세금
[1]	8/11	54.불공(비영업용)	500,000	50,000	서울렌트카	여
분개유형		(차) 임차료(제)		550,000 (대) 현 금		550,000
현금						

문항	일자	유형	공급가액	부가세	거래처	전자세금
[2]	8/12	61.현과	1,000,000	100,000	(주)경기	–
분개유형		(차) 비 품		1,000,000 (대) 현 금		1,100,000
현금		부가세대급금		100,000		

문항	일자	유형	공급가액	부가세	거래처	전자세금
[3]	8/14	12.영세(3)	3,000,000	0	영종무역(주)	여
분개유형		(차) 외상매출금		3,000,000 (대) 제품매출		3,000,000
외상						

문항	일자	유형	공급가액	부가세	거래처	전자세금
[4]	8/18	11.과세	10,000,000	1,000,000	(주)주성전자	여
분개유형		(차) 현 금		11,000,000	(대) 기계장치	50,000,000
혼합		감가상각누계액(기계)		10,000,000	부가세예수금	1,000,000
		유형자산처분손실		30,000,000		
문항	일자	유형	공급가액	부가세	거래처	전자세금
[5]	8/26	53.면세	300,000	0	탕정농협	여
분개유형		(차) 복리후생비(제)		300,000	(대) 미지급금	300,000
혼합						

문제 3 부가가치세

[1] 확정신고서(10~12월)

구 분				공급가액	세액
예정 신고 누락분	매출	과세	세금		
			기타	1,500,000	150,000
		영세	세금	2,000,000(지연발급)	–
	매입	과세	세금	5,000,000 + 1,000,000(지연수취)	600,000
	공제받지 못할 매입세액			5,000,000	(500,000)
	예정신고 미달신고, 납부세액				50,000

〈가산세명세〉

구 분	금 액	계산내역	세 액
전자세금계산서 지연발급	2,000,000	1%	20,000
전자세금계산서 지연수취	1,000,000	0.5%	5,000
신고불성실	50,000	10/100 × (1 – 75%)	1,250
납부지연	50,000	2(가정)/10,000 × 90일	900
영세율과세표준신고불성실	2,000,000	**0.5%** × (1 – 75%)	**2,500**
합 계			**29,650**

[2] 공제받지못할 매입세액명세서(10월~12월)

– 공제받지 못할 매입세액내역

공제받지못할매입세액내역	공통매입세액안분계산내역	공통매입세액의정산내역	납부세액또는환급세액재계산		
매입세액 불공제 사유		세금계산서			매입세액
		매수	공급가액		
①필요적 기재사항 누락 등					
②사업과 직접 관련 없는 지출					
③비영업용 소형승용자동차 구입·유지 및 임차		1	1,000,000		100,000
④접대비 및 이와 유사한 비용 관련		1	5,000,000		500,000
⑤면세사업 관련		1	500,000		50,000
⑥투자인 자본적 지출 관련					

※ 착오로 필요적 기재사항이 오류시 다른 기재사항으로 거래사실이 확인되면 매입세액 공제가 가능하다.

– 공통매입세액의 정산내역(10~12월)

공제받지못할매입세액내역	공통매입세액안분계산내역	공통매입세액의정산내역	납부세액또는환급세액재계산					
산식	(15)총공통매입세액	(16)면세 사업확정 비율			(17)불공제매입세액총액 ((15)×(16))	(18)기불공제매입세액	(19)가산또는공제되는매입세액 ((17)-(18))	
		총공급가액	면세공급가액	면세비율				
1. 당해과세기간의 공급가액기준	8,000,000	200,000,000	110,000,000	55.0000	4,400,000	3,000,000	1,400,000	

예정신고시 불공제세액
5,000,000×60,000,000/100,000,000

문제 4 결산

[1] [수동결산] – 손익결산정리

(차) 선급비용	600,000원	(대) 보 험 료(제)	500,000원
		임 차 료(판)	100,000원

[2] [수동결산]

(차) 재고자산감모손실	30,000원	(대) 제품(8.타계정 대체)	30,000원

☞ 비정상감모손실 = 3개×10,000원

[자동결산] 원재료 200,000원 재공품 500,000원 제품 900,000원 입력

[3] [수동결산]

(차) 매도가능증권평가익	3,000,000원	(대) 매도가능증권(투자)	3,000,000원

☞ 전년도 평가 회계처리

(차) 매도가능증권(투자) 5,000,000원   (대) 매도가능증권평가익 5,000,000원

따라서 전년도 평가익부터 먼저 제거한다.

[4] [자동결산]고정자산 감가상각

고정자산 등록 후 [결산자료입력] 메뉴의 감가상각비란에 입력

(사 옥) 4.판매비와 일반관리비 – 감가상각비	건 물	5,000,000
(영업용) 4.판매비와 일반관리비 – 감가상각비	차량운반구	7,667,000

[5] [수동결산]

(차) 임 차 료(판)	3,000,000원	(대) 미지급비용	3,000,000원

※ 자동결산항목을 모두 입력하고 상단의 전표추가한다.

문제 5 원천징수

[1] 사원등록 및 급여자료(김영일) 생산직 체크, 국민연금 등 보수월액 입력

이름	연령	소득	기본공제	추가공제(자녀)
부(75)	해외에 거주하는 직계존속의 경우는 주거의 형편에 따라 별거하고 있다고 볼 수 없으므로 공제대상이 될 수가 없음			
처	–	×	부	총급여액 5백만원 초과자
자(7)	○	○	○	장애인(1) → 자녀세액공제는 8세 이상 자녀만 대상
자(0)	○	○	○	출산입양(2)

(급여자료입력) – 수당등록 후 급여자료 입력

• 자가운전보조금(비과세–1006) 사용여부 : 부 체크 후 자가운전보조금(과세, 월정액 : 정기)을 새로 등록

급여	금 액	공제내역	금 액
기본급	3,000,000	국민연금	자동계산
식대	200,000(비과세)	건강보험료	
자가운전보조금	300,000(과세)	소득세	
야간근로수당	200,000(과세)[1]	지방소득세	
상여금	2,000,000		

*1. 비과세항목으로 등록했다 하더라도 월정액 급여가 2.1백만원 초과자이므로 과세로 집계된다.

(원천징수이행상황신고서) – 전월미환급세액에 50,000원 입력

〈전자신고〉

1. 전자신고파일생성	1. 원천징수이행상황신고서(1월) 마감
	2. 전자신고서 제작(비밀번호 입력)
	3. **C드라이브에 파일(파일명 메모)이 생성**
2. 홈택스 전자신고	1. 전자신고파일 불러오기
	2. 형식검증하기(비밀번호 입력) → 확인
	3. 내용검증하기 → 확인
	4. 전자파일 제출
	5. 접수증 확인

[2] 연말정산(김호일)

구 분	세부내역 및 금액	
보험료	손해보험(850,000)	보장 850,000
의료비	보약은 대상에서 제외, 국외의료비는 대상에서 제외	
교육비	본인(300,000 : 국가지원금 차감) + 장남(6,000,000) 직계존속의 교육비는 원칙적으로 제외, **대학원은 본인만 대상**임	6,300,000
기부금	정치자금 세액공제	10만원 이하(100,0000) 10만원 초과(1,900,000)
기타	퇴직연금 : 4,000,000 장기주택저당 차입금이자상환액 : 1,000,000 월세지출은 무주택자로서 총급여액이 8천만원 이하 & 종합소득금액이 7천만원 이하인 자만 대상임.	4,000,000 1,000,000 ×
신용카드 사용액	신용카드 : 본인(38,000,000) 　　　+ 배우자(1,000,000) + 장남(1,000,000) **형제자매의 신용카드 사용액은 대상에서 제외**됨	신용 40,000,000 ×

[소득공제]

1. 주택자금	장기주택저당차입금이자(2011년 이전 차입금, 20년)	1,000,000
2. 신용카드	① 신용카드	40,000,000

[연금계좌세액공제]	– 퇴직연금(하나은행, 계좌번호 : 123-456)	4,000,000

[특별세액공제]

1. 보험료	① 일반	850,000
2. 교육비	① 본 인	300,000
	② 대학교	6,000,000
3. 기부금	① 정치자금 　– 10만원 이하 　– 10만원 초과	 100,000 1,900,000

부양가족	신용카드	의료비	기부금	연말정산입력
보험료 교육비	**해당 사항을 입력 후 최종적으로 연말정산 입력 탭에서** F8**부양가족탭불러오기를 클릭하여 입력된 데이터를 불러와서 최종 확인한다.**			

〈장기주택저당 차입금이자 상환액 – 연말정산입력 탭에서 직접 입력〉

장기주택 저당차입금	2011년 이전 차입금	㉠15년 미만	1+2+㉠ ≤ 600만원		
		㉡15년~29년	1+2+㉡ ≤ 1,000만원	1,000,000	1,000,000
		㉢30년 이상	1+2+㉢ ≤1,500만원		
	2012년 이후 차입금	㉣고정금리OR비거치상환	1+2+㉣ ≤1,500만원		
		㉤기타대출	1+2+㉤ ≤500만원		

실무모의고사 2회

(주)신방전기(2012)는 제조 · 도매업을 영위하는 중소기업이며, 당기의 회계기간은 20x1.1.1.~20x1. 12.31.이다. 전산세무회계 수험용 프로그램을 이용하여 다음 물음에 답하시오.

문제 1 다음 거래를 일반전표입력 메뉴에 추가 입력하시오. (15점)

[1] 3월 10일　　정기예금이 만기가 되어 11,000,000원(원금 10,000,000원과 이자 1,000,000원) 중 이자소
　　　　　　　　득에 대한 원천징수세액(140,000원)을 제외한 잔액이 보통예금통장에 입금되었다.(3점)

[2] 4월 10일　　당사의 최대주주로부터 제품창고 용도로 사용될 토지를 기증받았다. 본 토지에 대한 이
　　　　　　　　전비용(취득세 등) 250,000원은 현금 지급되었으며, 본 토지를 최대주주가 취득한 금
　　　　　　　　액은 10,000,000원, 현재의 공정가액은 12,000,000원이다

[3] 5월 12일　　업무용 차량 구입시 법령에 의하여 액면가액 500,000원의 공채를 액면가액에 현금으로
　　　　　　　　매입하다. 다만, 공채의 매입당시 공정가액은 310,000원으로 평가되며 매도가능증권으로
　　　　　　　　분류한다.

[4] 6월 10일　　만기 3년짜리 액면 5,000,000원인 사채를 4,900,000원으로 할인발행하여 보통예금에
　　　　　　　　입금되었고 사채발행비는 50,000원 발생하여 현금으로 지급하였다.

[5] 6월 20일　　전기에 지맨스사에 대여하여 장기대여금으로 계상하였던 $10,000을 현금으로 회수하였
　　　　　　　　다. 각각의 기준환율은 다음과 같으며, 회사는 전기말에 외화자산, 부채에 대한 평가를
　　　　　　　　적절히 하였다.(3점)

(단위 : 원)

구　　　분	전기 12월 31일	당기 6월 20일
기준환율	1,350/$	1,400/$
원화평가액	13,500,000	14,000,000

문제 2 다음 거래 자료를 매입매출전표입력 메뉴에 추가로 입력하시오. (15점)

[1] 8월 11일 : 매출처 (주)청계에 제품 40,000,000원(부가가치세별도, 전자세금계산서 발급)을 매출하고 7월 25일에 수령한 선수금을 제외한 대금은 어음으로 수령하다.(3점)

[2] 8월 21일 : 회사는 아산전기에 제품을 납품하는 과정에서 다음과 같은 문제가 발생하였다.(3점)

> ① 8월 20일 회사는 아산전기에 제품 100개를 개당 1,000원에 납품주문을 받았다.(부가가치세별도)
> ② 8월 20일 주문받은 제품(100개)을 회사가 직접 운송하던 도중에 부주의로 10개가 파손된 것을 확인하고, 반품받기로 하였다.
> ③ 8월 21일 제품을 검수하는 과정에서 10개의 제품에서 하자가 발생하여 10개의 제품에 대하여 개당 200원(부가가치세 별도)씩 에누리해주기로 하고 검수를 완료하였다.
> ④ 대금은 한달 후에 받기로 하고 전자세금계산서를 발급하였다.

[3] 9월 14일 : 감가상각이 종료된 기계장치를 2,000,000원(부가가치세별도)에 처분하고 전자세금계산서를 교부하였다. 매각대금은 1개월 이내에 지급받기로 하였다.(3점)

> • 기계장치 취득가액 : 11,000,000원
> • 감가상각누계액　 : 10,999,000원
> • 공급받는 자　　 : 경기상사

[4] 9월 18일 : 당사는 천안에 전자공장을 신축할 계획으로 건축물이 있는 토지를 취득하고 즉시 그 건축물은 철거를 하였다. 동 건축물 철거작업과 관련하여 (주)현대건설로부터 10,000,000원(부가세 별도)의 전자세금계산서를 교부받았으며, 대금의 20%는 현금으로 나머지는 한달 후에 지급하기로 하였다.(3점)

[5] 9월 26일 : 제품 (원가 3,000,000원, 시가 4,000,000원)을 기업업무추진목적으로 매출거래처 대한전자에 제공하였다.

문제 3 부가가치세신고와 관련하여 다음 물음에 답하시오. (10점)

[1] 다음의 자료를 이용하여 20x1년 제2기 부가가치세 확정신고서(10월1일~12월31일)를 작성하시오.(단, 신고서작성과 관련한 전표입력사항과 구비서류작성은 생략하며 세부담 최소화되도록 작성할 것(과세표준명세는 생략한다)

1. 매출자료

내 역	금 액	비 고
• 제품매출	300,000,000원(부가가치세 별도)	세금계산서 발급
• 신용카드로 결제한 제품매출	220,000,000원(부가가치세 포함)	세금계산서 미발급
• 내국신용장에 의한 재화 공급	100,000,000원	영세율세금계산서 발급
• 재화의 직수출액	50,000,000원	영세율 대상이며, 세금계산서 미발급
• 사업상증여	3,000,000원(원가)	시가는 4,000,000원임.
• 대손확정된 매출채권	11,000,000원(부가가치세 포함)	대손세액공제 요건을 충족함

2. 매입자료

• 원재료 매입	200,000,000원(부가가치세 별도)	세금계산서 수취
• 경차(998cc) 구입액–영업용	10,000,000원(부가가치세 별도)	세금계산서 수취
• 기업업무추진비 관련 선물세트 매입	20,000,000원(부가가치세 별도)	세금계산서 수취
• 법인카드로 구입한 원재료 매입	30,000,000원(부가가치세 별도)	공제요건은 충족함
• 원재료 매입	9,000,000원(부가가치세 별도)	예정신고 누락분이며 세금계산서는 정상적으로 수취함

3. 홈택스로 전자신고함.

[2] 다음 자료를 반영하여, 2기 예정신고기간에 대한 신용카드매출전표등수령명세서(갑) 및 신용카드매출전표발행집계표를 작성하시오. 매입매출전표에 입력하지 마시고 직접 작성하시오.(4점)

– 매 출 –

① 8월 20일 거래처 ㈜왕명에 3,000,000원(공급가액)의 상품을 판매하고, 전자세금계산서를 발행하고, 대금은 국민카드로 결제를 받았다.
② 9월 15일 김수진에게 상품 2,200,000원(공급대가)을 소매로 매출하고, 국민카드결제를 받았다.

- 매 입 -

가. 7월 13일 상품 3,300,000원(공급대가)을 거래처 (주)우리로부터 매입하고, 카드결제를 하였다.

나. 7월 15일 간이문구(소매업, 간이과세자)로부터 소모품 220,000원(발행금액)을 현금매입하고, 현금영수증을 받았다. 간이과세자는 영수증 발급 대상사업자에 해당한다.

다. 9월 2일 우리주유소(일반과세자)에서 운반용 차량에 주유를 하고, 110,000원(발행금액)을 법인카드로 결제하였다.

라. 9월 5일 우리주유소에서 대표이사 승용차(3000CC)에 220,000원(발행금액)의 주유를 하고, 법인카드로 결제하였다.

마. 법인명의 카드번호는 3342 – 9222 – 4211 – 1234이다.

문제 4 다음 결산자료를 입력하여 결산을 완료하시오. (15점)

[1] 당사의 화폐성 외화자산은 다음과 같고, 당기 12월 31일 결산일의 환율은 1$당 1,000원이다. 외화환산손실과 외화환산이익을 별도로 인식한다. (3점)

계정과목	발생일	기말 환산전 장부가액
미수금($5,000)	전기 10월 22일	7,000,000원
장기차입금($20,000)	당기 06월 02일	21,000,000원

다만, 미수금과 장기차입금에 대한 거래처 코드 입력은 생략하기로 한다.

[2] 손익계산서상 금액을 검토한 결과 다음과 같은 내용이 발견되었다. (3점)

① 사무실 보험료 중에는 차기 1월 1일 ~ 차기 6월 30일 기간에 대한 지출액 250,000원이 포함되어 있다.

② 조사결과 결산일 현재 제조부의 소모품 중 미사용액은 520,000원으로 밝혀졌다. 구입시 회사는 비용으로 처리하였다.

[3] 결산일 현재 정기예금과 단기차입금에 대한 내용이다. 기업회계기준에 따라 회계처리를 하시오. 단, 이자계산은 월할계산으로 하되 1월 미만은 1월로 한다. (3점)

과목	거래처	발생일자	만기일자	금액	이자율	이자지급일
정기예금	국민은행	당기.7.1	차기.7.1	10,000,000	6%	매년 7.1
장기 차입금	신한은행	당기.10.1	차기.9.30	5,000,000	8%	매년 10.01

[4] 12월 26일부터 28일까지 3일간 제주으로 업무차 출장갔던 영업사원 이온조에 대한 출장비지급액과 정산후 반납액이 결산일 현재 각각 가지급금계정(450,000원)과 가수금계정(50,000원)에 계상되어 있다. 결산일에 정산분개를 하며, 출장비는 전액 여비교통비(판)로 처리한다. (3점)

[5] 기말 현재의 재고자산은 다음과 같다.(3점)

구 분	재고자산 장부상 금액	재고자산 실제금액
원재료	12,000,000원	10,000,000원
재공품	5,000,000원	5,000,000원
제 품	8,000,000원	8,000,000원

* 단, 원재료의 차액은 20%가 비정상적인 감모이며, 나머지는 정상감모로 인하여 발생하였다.

문제 5 **20×1년 귀속 원천징수자료와 관련하여 다음의 물음에 답하시오. (15점)**

[1] 다음 1월 급여자료를 급여자료 입력메뉴에 입력하고 근로소득세 원천징수세액을 계산하시오. 필요한 수당공제는 직접등록하거나 변경하기로 하며 4대보험이나 소득세등의 공제항목 계산은 사원등록 내용에 따라 자동계산하는 방식으로 한다.(6점)

사원명	기본급 및 제수당(원)					
	기본급	식대	자가운전보조금	직책수당	육아수당	상여
김이순	3,000,000	150,000	200,000	200,000		300,000
김삼순	2,500,000	100,000	200,000	400,000	300,000	500,000

(1) 김이순은 부양가족이 없는 부녀자이며, 김삼순은 6세 이하의 자녀만 있는 부녀자 세대주로서 모두 생산직 근로 사원이다.

(2) **식대는 비과세요건을 충족하지 못하며**, 자가운전보조금은 통상 매월 교통비 보조금으로 지급되는 금액이다.

(3) 육아수당은 출산 및 6세 이하 자녀의 보육과 관련한 사원에게 매월 지급한다.

(4) 급여지급일은 매월 말일이다.

[2] 사원 김길동(101)의 다음의 자료를 참고하여 연말정산 추가자료를 입력하시오.(9점)

(1) 연말정산관련 추가자료(김길동의 총급여액은 5천만원이고, 부양가족은 소득금액이 없다고 가정한다.)

구 분	내　　　　　　　　　　　　　　　역
보 험 료	• 본인 생명보험료 : 800,000원
교 육 비	• 본인 대학원 등록금 : 5,000,000원 • 본인 든든학자금 상환액 : 2,000,000원(대학재학시 학자금 대출) • 장남(18세) 고등학교 수학여행 체험학습비 : 600,000원 • 장남 입시학원 수강료 : 1,500,000원 • 차녀(6세,미취학)의 태권도도장 수강료(법적요건 충족함) : 1,000,000원
의료비	• 본인 건강증진용 보약 구입비 : 3,000,000원 • 배우자 산후조리비용 : 5,000,000원(1회 출산) • 부친(63세) 미국에서 진료한 치과치료비 : 10,000,000원
연금저축	• 본인명의 연금저축납입액 : 2,000,000원(국민은행, 계좌번호 : 123－456) • 부(63세) 명의의 연금저축납입액 : 1,500,000원(국민은행, 계좌번호 : 567－897)
기부금 지출액	• 본인 명의로 사회복지시설(일반기부금 단체)에 기부한 금액 : 5,000,000원 • 모(58세) 명의로 주무관청에 등록된 종교단체에 기부한 금액 : 900,000원
신용카드	• 본인 명의로 중고 자동차 구입 후 신용카드 결제 20,000,000원 • 배우자 신용카드 결제　10,000,000원(면세점 사용 1,000,000원 포함)
월세	• 본인 명의 주택(전용면적 150㎡, 기준시가 3.5억) 임차 5,000,000원 　☞월세세액공제탭에서 입력해야 하므로 대상여부만 판단한다.

(2) 전근무지에서 받은 근로소득원천징수영수증 내용은 다음과 같다.

근무처/사업자등록번호		(주)백두 / 122－81－00406	
근 무 기 간		1.1~3.31	
급　　　　　여		12,000,000원	
상　　　　　여		500,000원	
기 타 비 과 세 소 득		600,000원(야간근로수당)	
건 강 보 험 료		125,000원	
고 용 보 험 료		47,250원	
국민연금 보 험 료		235,000원	
세액명세	구　　　　분	소득세	지방소득세
	결 정 세 액	30,000원	3,000원
	기납부 세 액	45,000원	4,500원
	차감징수세액	△15,000원	△1,500원

실무모의고사 2회 답안 및 해설

문제 1 일반전표입력

[1] (차) 보통예금 10,860,000원 (대) 정기예금(당좌) 10,000,000원
　　　 선납세금 140,000원 　　　 이자수익 1,000,000원
[2] (차) 토　　　지 12,250,000원 (대) 현　　　금 250,000원
　　　　　　　　　　　　　　　　　　　 자산수증익 12,000,000원
[3] (차) 매도가능증권(투자) 310,000원 (대) 현　　　금 500,000원
　　　 차량운반구 190,000원
[4] (차) 보통예금 4,900,000원 (대) 사　　　채 5,000,000원
　　　 사채할인발행차금 150,000원 　　　 현　　　금 50,000원
[5] (차) 현　　　금 14,000,000원 (대) 장기대여금(지맨스) 13,500,000원
　　　　　　　　　　　　　　　　　　　 외환차익 500,000원

문제 2 매입매출전표입력

문항	일자	유형	공급가액	부가세	거래처	전자세금
[1]	8/11	11.과세	40,000,000	4,000,000	(주)청계	여
분개유형		(차)　선수금	4,000,000 (대)		제품매출	40,000,000
혼합		받을어음	40,000,000		부가세예수금	4,000,000
문항	일자	유형	공급가액	부가세	거래처	전자세금
[2]	8/21	11.과세	88,000	8,8000	아산전기	여
분개유형		(차)　외상매출금	96,800 (대)		제품매출	88,000
외상					부가세예수금	8,800
☞공급가액 = 100개x1,000원 − 10개x1,000원(도달전 파손된 재화) − 10x200원(매출에누리) = 88,000원						
문항	일자	유형	공급가액	부가세	거래처	전자세금
[3]	9/14	11.과세	2,000,000	200,000	경기상사	여
분개유형		(차)　감가상각누계액(기계)	10,999,000 (대)		기계장치	11,000,000
혼합		미수금	2,200,000		부가세예수금	200,000
					유형자산처분익	1,990,000
문항	일자	유형	공급가액	부가세	거래처	전자세금
[4]	9/18	54.불공(토지)	10,000,000	1,000,000	(주)현대건설	여
분개유형		(차)　토　　　지	11,000,000 (대)		현　　　금	2,200,000
혼합					미지급금	8,800,000
☞토지의 조성 등을 위한 자본적지출에 관련된 매입세액은 토지관련 매입세액으로서 매입세액이 공제되지 아니한다.						

문항	일자	유형	공급가액	부가세	거래처	전자세금
[5]	9/26	14.건별	4,000,000	400,000	대한전자	–
분개유형		(차) 기업업무추진비(판)	3,400,000 (대)		제품(적요.8)	3,000,000
혼합					부가세예수금	400,000

문제 3 부가가치세

[1] 부가가치세 2기 확정신고서(10~12월)

① 과세표준 및 매출세액

구분				정기신고금액		
				금액	세율	세액
과세표준및매출세액	과세	세금계산서발급분	1	300,000,000	10/100	30,000,000
		매입자발행세금계산서	2		10/100	
		신용카드·현금영수증발행분	3	200,000,000	10/100	20,000,000
		기타(정규영수증외매출분)	4	4,000,000		400,000
	영세	세금계산서발급분	5	100,000,000	0/100	
		기타	6	50,000,000	0/100	
	예정신고누락분		7			
	대손세액가감		8			-1,000,000
	합계		9	654,000,000	㉑	49,400,000

② 매입세액

매입세액	세금계산서 수취분	일반매입	10	220,000,000		22,000,000
		수출기업수입분납부유예	10			
		고정자산매입	11	10,000,000		1,000,000
	예정신고누락분		12	9,000,000		900,000
	매입자발행세금계산서		13			
	그 밖의 공제매입세액		14	30,000,000		3,000,000
	합계(10)-(10-1)+(11)+(12)+(13)+(14)		15	269,000,000		26,900,000
	공제받지못할매입세액		16	20,000,000		2,000,000
	차감계 (15-16)		17	249,000,000	㉯	24,900,000
납부(환급)세액(매출세액㉑-매입세액㉯)					㉰	24,500,000

③ 차가감납부세액 : 24,490,000원

　　– 전자신고세액공제 10,000원

[2] ① 신용카드매출전표등 발행금액집계표(발행금액 – 공급대가로 입력한다.)

1. 인적사항

상호[법인명]	(주)신방전기	성명[대표자]	임택근	사업등록번호	111-02-49063
사업장소재지		서울특별시 서초구 방배동100 현대빌딩 305호			

2. 신용카드매출전표 등 발행금액 현황

구 분	합 계	신용·직불·기명식 선불카드	현금영수증
합 계	5,500,000	5,500,000	
과세 매출분	5,500,000	5,500,000	
면세 매출분			
봉 사 료			

3. 신용카드매출전표 등 발행금액중 세금계산서 교부내역

세금계산서교부금액	3,300,000	계산서교부금액	

② 신용카드매출전표등 수령명세서(갑) 7월~9월

•간이문구 : 간이과세자(영수증발급 간이과세자)라서 대상에서 제외됨.

•우리주유소(대표이사 승용차) : 불공제 매입세액이라서 대상에서 제외됨.

2. 신용카드 등 매입내역 합계

구분	거래건수	공급가액	세액
합 계	2	3,100,000	310,000
현금영수증			
화물운전자복지카드			
사업용신용카드	2	3,100,000	310,000
기 타 신용카드			

3. 거래내역입력

월/일	구분	공급자	공급자(가맹점)사업자등록번호	카드회원번호	기타 신용카드 등 거래내역 합계 거래건수	공급가액	세액
07-13	사업	(주)우리	214-91-12345	3342-9222-4211-1234	1	3,000,000	300,000
09-02	사업	우리주유소	104-81-23639	3342-9222-4211-1234	1	100,000	10,000

문제 4 결산

[1] [수동결산]

(차) 외화환산손실	2,000,000	(대) 미수금	2,000,000
(차) 장기차입금	1,000,000	(대) 외화환산이익	1,000,000

☞ **외화환산손실(미수금)** =$5,000×1,000원/$ -7,000,000원= -2,000,000원

외화환산이익(차입금) =21,000,000 -$20,000×1,000원/$ = +1,000,000원

[2] [수동결산]

(차) 선급비용	250,000	(대) 보험료(판)	250,000
소모품	520,000	소모품비(제)	520,000

[3] [수동결산]

(차) 미수수익	300,000	(대) 이자수익	300,000

☞ 수익의 발생(미수수익) : **10,000,000×6%×6/12＝300,000원**

(차) 이자비용	100,000	(대) 미지급비용	100,000

☞ 비용의 발생 : **5,000,000×8%×3/12＝100,000원**

[4] [수동결산]

(차) 가수금(이온조)	50,000	(대) 가지급금(이온조)	450,000
여비교통비(판)	400,000		

[5] [수동＋자동결산]

① 수동결산 : 비정상감모손실(2,000,000원×20%)

(차) 재고자산감모손실	400,000	(대) 원재료(8.타계정대체)	400,000

② 자동결산

　　원재료 10,000,000원　　재공품 5,000,000원　　제품 8,000,000원 입력

※ 자동결산항목을 모두 입력하고 상단의 전표추가한다.

문제 5　원천징수

[1] 급여자료입력

　－식대와 자가운전보조금은 비과세 요건을 충족하지 못한다.

　－수당공제메뉴

　　식대와 자가운전보조금(비과세) : 사용안함

　　식대(정기)와 자가운전보조금(정기) : 과세로 설정

　　육아수당(비과세,Q01,정기,사용) 검색등록

1005	비과세	식대	식대	P01	(월)100,000		부정기	부
1006	비과세	자가운전보조금	자가운전보조금	H03	(월)200,000		부정기	부
1007	비과세	야간근로수당	야간근로수당	O01	(년)2,400,000		부정기	여
2001	과세	식대	급여				정기	여
2002	과세	자가운전보조금	급여				정기	여
2003	비과세	육아수당	육아수당	Q01	(월)200,000		정기	여

[급여자료(귀속연월 : 1월, 지급연월일 : 1월 31일)]

사번	사원명		급여항목	금액
1	김이순		기본급	3,000,000
2	김삼순		상여	300,000
			직책수당	200,000
			월차수당	
			야간근로수당	
			식대	150,000
			자가운전보조금	200,000
			육아수당	

☞ 소득세 등은 자동 계산되어집니다.

[2] 연말정산(김길동)

　　① 소득명세 입력(전근무지 원천징수영수증)

　　－<u>기납부세액에 결정세액(소득세 30,000원, 지방소득세 3,000원)을 입력해야 한다.</u>

　　② 연말정산 입력

항 목	요건		내역 및 대상여부	입력
	연령	소득		
보 험 료	○	○	• 본인 생명보험료	○(보장성 800,000)
교 육 비	×	○	• 본인 대학원 등록금(본인만 대상) • 본인 학자금 상환액 • 장남 고등학교 체험학습비(한도 30만원) • 장남 학원수강료는 대상에서 제외 • 차녀 태권도 수강료(취학전 아동대상)	○(5,000,000) ○(2,000,000) ○(300,000) × ○(1,000,000)
의 료 비	×	×	• 본인 건강증진비는 대상에서 제외 • 배우자 산후조리비용(한도 2백만원) • 부친 해외치료비는 대상에서 제외	× ○(일반 2,000,000) ×
연금저축	－		• 본인만 대상이다.	○(2,000,000)
기부금	×	○	• 본인 사회복지시설 기부금 • 모(58세) 종교단체 기부금 　－연령요건 미충족도 대상	○(지정 5,000,000) ○(종교 900,000)
신용카드	×	○	• 중고자동차 구입(10%)도 대상 • 배우자 사용액(면세점은 제외)	○(신용 2,000,000) ○(신용 9,000,000)
월세	본인등		• 국민주택(전용면적 85㎡)규모 이하 또는 기준 시가 4억 이하 주택임차	○(월세 5,000,000)

[소득공제]		
1. 신용카드		11,000,000
[연금계좌세액공제]	– 연금저축	2,000,000
[특별세액공제]		
1. 보장성보험료	① 일반	800,000
2. 교육비	① 본 인 ② 취학전 아동 ③ 초중고	7,000,000 1,000,000 300,000
3. 의료비	① 일반의료비(배우자 산후조리비용)	2,000,000
4. 기부금	① 일반기부금 ② 일반기부금(종교단체)	5,000,000 900,000
[월세세액공제]		5,000,000

실무모의고사 3회

(주)치악(2013)는 제조·도매업을 영위하는 중소기업이며, 당기 회계기간은 20x1.1.1.~20x1.12. 31.이다. 전산세무회계 수험용 프로그램을 이용하여 다음 물음에 답하시오.

문제 1 다음 거래를 일반전표입력 메뉴에 추가 입력하시오. (15점)

[1] 1월 10일 보통예금에 대한 1개월분 이자 100,000원(전기에 미수수익으로 계상해두었던 금액 81,000원 포함) 중 원천징수세액 14,000원을 제외한 금액이 보통예금 계좌에 입금되다. 단, 원천징수세액은 자산계정으로 처리한다. (3점)

[2] 4월 10일 4월 3일에 취득한 자기주식 (액면금액은 2,000,000원)을 전부 소각하였으며, 감자차손익은 없다고 가정한다. (3점)

[3] 5월 12일 제조공장 현장직원들의 능률향상을 위하여 강사를 초빙하여 교육을 실시하고 강의료 200,000원 중에서 사업소득 원천징수세액 6,600원을 공제한 내역으로 강사에게 사업소득원천징수영수증을 교부하였으며, 강의료는 보통예금 통장으로 계좌이체하였다.(3점)

[4] 5월 25일 회사는 근로자퇴직급여보장법에 의하여 직원등과 협의하여 확정기여형 퇴직연금에 가입하고 10,000,000원(전액 생산직 퇴직연금)과 운용회사 수수료 500,000원을 보통예금으로 이체하다.(3점)

[5] 5월 30일 회사가 보유한 신한은행의 장기차입금 30,000,000원을 출자전환하기로 하고 주식 2,000주(액면가액 5,000원)를 발행하여 교부하였으며 자본증자 등기를 마쳤다. 신주발행시 신주발행비 300,000원은 현금 지급하였고, 주식발행할인발행차금 잔액은 없다고 가정한다.(3점)

문제 2 다음 거래 자료를 매입매출전표입력 메뉴에 추가로 입력하시오. (15점)

[1] 5월 6일   미국의 apple사에 다음과 같이 제품을 직수출하였다. 수출대금총액 $12,000으로서, 4월 10일 수령한 계약금은 $4,000(환가금액 5,000,000원)이며 선적완료일은 5월 6일이다. (3점)

선적일의 환율	대고객외국환매도율 : 1,200원/1$ 대고객외국환매입율 : 1,150원/1$ 기준환율 : 1,100원/1$

수익은 기업회계기준으로 인식하시오.

[2] 5월 09일   4월 30일에 ㈜드림세상에 5,000,000원(부가세 별도) 외상으로 제품을 매출하였으나, 10일 이내에 매출대금을 회수하여 1% 매출할인을 해주었다. 이에 대하여 현행 부가가치세법에 따라 수정전자세금계산서를 발급하였다. 회계처리시 외상매출금과 제품매출에서 직접 차감한다.

[3] 5월 26일   영업임원의 업무수행을 위해 ㈜서울렌탈로부터 승용차(5인승)를 임차(렌탈)하고, 월 이용료 800,000원(부가세 별도)를 현금으로 지출한 후 전자세금계산서를 수취하였다.(3점)

[4] 6월 28일   ㈜경기에 대한 외상매입금을 전액 당좌수표 발행하여 상환하다. 외상매입금은 모두 10일내 상환시 2% 할인조건으로 6월 20일에 매입한 원재료에 대한 것이며, 이에 대해서는 (-)수정전자세금계산서를 교부받았다. 원재료와 부가세대급금에 대해서 음수로 회계처리 하세요.(3점)

[5] 6월 30일   ㈜설악전기와 6월 1일 30,000,000원에 당사의 고객관리 S/W개발계약을 체결하고 개발을 의뢰한 바 있으며, 당일 완성되어 인수하고 전자세금계산서(공급가액 30,000,000원 부가가치세 3,000,000원)를 교부받았다. 대금은 지급한 계약금을 차감하고 전액 보통예금으로 이체하였다.(무형자산으로 계상할 것) (3점)

문제 3 **부가가치세신고와 관련하여 다음 물음에 답하시오. (10점)**

[1] 제1기 부가가치세 확정신고와 관련하여 수출실적명세서를 작성하시오.(4점)

1. 거래상대방은 apple사이며, 수출대금 회수시 기준환율을 적용한다.
2. 4월 20일에 선적된 제품의 수출대금은 결제일에 현금으로 회수하였다.
3. 6월 15일에 선적된 제품의 수출대금은 원화로 환가하여 보유하고 있다.

| 수출신고번호 | 선적일자 | 수출신고일 | 대금결제일 | 통화 | 기 준 환 율 | | | 외화금액 |
					선적일	수출신고일	대금결제일	
123 – 12 – 34 – 1234561 – 2	4.20	4.18	5.20	USD	1,200원/$	1,150원/$	1,250원/$	$10,000
256 – 32 – 10 – 5215420 – 0	6.15	5.14	6.10	USD	1,053원/$	1,120원/$	1,050원/$	$6,000

[2] 기 입력된 자료는 무시하고 다음 자료에 의하여 20x1년 2기 확정 부가가치세 신고 시 공제받지 못할 매입세액명세서를 작성하시오. 자료의 매입액은 모두 부가가치세를 제외한 금액이고, 전액 세금계산서를 수취하였으며, 전표입력 및 부가가치세 신고서 작성은 생략한다. (6점)

1. 공급가액 내역

구 분	20x1년 2기 예정	20x1년 2기 확정
과세사업	227,500,000원	132,500,000원
면세사업	122,500,000원	117,500,000원
합 계	350,000,000원	250,000,000원

2. 매입세금계산서 수취 내역(10월 ~ 12월)
   • 면세사업용 원재료 매입액 : 12,000,000원(3매)
   • 과세사업과 면세사업 공통사용 원재료 매입액 : 35,000,000원(2매)
   • 승용차 매입액 : 30,000,000원(1매), (임원업무용 3,000cc 승용차 매입액)
   • 가구구입비용 : 1,500,000원(1매), (대표이사 자택 사용을 법인명의로 세금계산서 수취함)

3. 예정신고기간 내역(7월 ~ 9월)
   • 공통매입세액 4,200,000원에 대한 불공제매입세액 : 1,470,000원

문제 4 다음 결산정리사항에 대하여 결산정리분개를 하거나 입력을 하여 결산을 완료하시오.(8점)

[1] 기말현재 단기매매목적으로 보유하고 있는 단기매매증권의 공정가액은 다음과 같다. (3점)

회 사 명	평가전장부가액	기말공정가액평가액
A사 보통주	2,000,000원	4,000,000원
B사 보통주	5,000,000원	3,500,000원

[2] 다음의 자료를 이용하여 고정자산등록메뉴에서 해당 자산을 등록하고 감가상각비를 결산에 반영하시오.(3점)

구 분	코드 (자산명)	취득일	취득원가	내용연수	전기말 감가상각누계액	상각방법	업종 코드
기계 장치	101(조립기)	2023.10.1	70,000,000	6	15,000,000	정률법	13
차량 운반구	102(에쿠스)	2023.07.1	50,000,000	4	6,250,000	정액법	01

[3] 당사는 제품홍보용 물티슈를 구입하여 전액 광고선전비로 계상하였으나 결산 시 미사용된 잔액 1,500,000원을 소모품으로 대체한다.(3점)

[4] 기말 주식을 평가하시오. (3점)

구분	주식수	장부가액	공정가액	비 고
사성전자㈜	100주	50,000원/주	60,000원/주	매도가능증권평가손실이 500,000원이 있다(투자자산)
S텔레콤	100주	10,000원/주	7,000원/주	단기매매증권

[5] 장부상 현금보다 실제 현금이 부족하여 현금과부족 계정으로 처리해 두었던 금액 50,000원 중 32,000원은 생산부직원 시내교통비 누락분으로 밝혀졌으며, 잔액은 업무상 사용되었으나 결산일까지 그 내역을 알 수 없는 상황이다.

문제 5 원천징수와 관련된 다음 물음에 답하시오.(10점)

[1] 다음은 관리부 직원인 김길수(109)에 대한 관련 자료이다. 사원등록메뉴에서 부양가족명세를 수정하시오. (6점)

관 계	성 명	연령(만)	기 타 사 항
배우자	이은정	43세	일용근로자로써 일당 3만원씩 60일간의 소득있음.
장 남	김일남	18세	고등학생, 이자소득금액(정기예금이자) 22,000,000원이 있음.
장 녀	김이순	15세	중학생, 소득없음.
부 친	김호일	76세	소득없음, 주거 형편상 별거중임.
처 제	이은미	42세	소득없음, 장애인.(1)

[2] 다음 관리부 직원인 최영준(121)에 대한 연말정산관련 자료이다. 주어진 자료를 이용하여 연말정산 추가자료를 입력하시오. 자료에 주어진 부양가족은 소득이 전혀 없다고 가정한다. 근로자인 최영준이 실제로 지출한 것이다. (9점)

과 목	명 세	금 액(원)
의 료 비	모친(68세)의 위염 수술비	3,600,000
	임신을 위하여 체외수정 시술비	9.000,000
	배우자의 보약 한방비	900,000
교 육 비	최삼강(자, 5세)의 유치원교육비 납입영수증	3,900,000
	최일강(자, 20세)의 대학교육비 납입영수증	10,000,000
	최이강(자, 8세)의 태권도학원비영수증(주 3회 이상)	920,000
	부친(70세)인 최규식의 장애인특수교육비	3,000,000
보 장 성 보 험 료	근로자 본인의 차량 종합보험료 납입증명서	750,000
	암보험료 납입증명서(본인 명의로 계약하고 피보험자는 배우자임)	550,000
	장애인전용보험료(부친)	1,800,000
기 부 금	배우자 명의 교회헌금	5,000,000
	부친 명의 이재민구호금품	3,000,000
	모친 명의 사회복지공동모금회 기부	2,000,000
신용카드 사용액	본인 명의 신용카드 사용액 (현금서비스 받은 금액 2,000,000원 포함되어 있음)	17,000,000
	학원비 현금영수증(태권도 학원비)	1,500,000
	부친 명의 직불카드영수증사용액	3,800,000

실무모의고사 3회 답안 및 해설

문제 1 일반전표입력

[1]	(차) 보통예금	86,000원	(대) 미수수익	81,000원
	선납세금	14,000원	이자수익	19,000원
[2]	(차) 자 본 금	2,000,000원	(대) 자 기 주 식	3,000,000원
	감자차손	1,000,000원		
[3]	(차) 교육훈련비(제)	200,000원	(대) 예 수 금	6,600원
			보통예금	193,400원
[4]	(차) 퇴직급여(제)	10,000,000원	(대) 보통예금	10,500,000원
	수수료비용(제)	500,000원		
[5]	(차) 장기차입금(신한은행)	30,00,000원	(대) 자 본 금	10,000,000원
			현 금	300,000원
			주식발행초과금	19,700,000원

문제 2 매입매출전표입력

문항	일자	유형	공급가액	부가세	거래처	전자세금
[1]	5/6	16.수출(1)	13,800,000	0	APPLE사	–
분개유형		(차) 선수금		5,000,000 (대)	제품매출	13,200,000
혼합		외상매출금		8,800,000	외환차익	600,000

☞ 과세표준 : 5,000,000원 + $8,000 × 1,100원 = 3,800,000원
　　제품매출 : $ 12,000 × 1,100원 = 13,200,000원(인도시점 환율로 수익을 인식)

문항	일자	유형	공급가액	부가세	거래처	전자세금
[2]	5/09	11.과세	△50,000	△5,000	(주)드림세상	여
분개유형		(차) 외상매출금		△55,000 (대)	제품매출	△50,000
외상					부가세예수금	△5,000

문항	일자	유형	공급가액	부가세	거래처	전자세금
[3]	5/26	54.불공(비영업용)	800,000	80,000	(주)서울렌탈	여
분개유형		(차) 임차료(판)		880,000 (대) 현 금		880,000
현금						

문항	일자	유형	공급가액	부가세	거래처	전자세금
[4]	6/28	51.과세	△40,000	△4,000	(주)경기	여
분개유형	(차)	원재료	△40,000	(대)	당좌예금	2,156,000
혼합		부가세대급금	△4,000			
		외상매입금	2,200,000			

문항	일자	유형	공급가액	부가세	거래처	전자세금
[5]	6/30	51.과세	30,000,000	3,000,000	(주)설악전기	여
분개유형	(차)	소프트웨어	30,000,000	(대)	선급금	5,000,000
혼합		부가세대급금	3,000,000		보통예금	28,000,000

문제 3 부가가치세

[1] 수출실적명세서 작성(4월~6월)

　－공급시기 후에 외화수령시 : 선적일 환율 적용한 금액(선적일 환율 : 1,200/$)

　－공급시기 전에 외화수령 후 환가시 : 환가한 금액(대금결제일 환율 : 1,050/$)

구분	건수	외화금액	원화금액	비고
⑨합계	2	16,000.00	18,300,000	
⑩수출재화[=⑫합계]	2	16,000.00	18,300,000	
⑪기타영세율적용				

	(13)수출신고번호	(14)선(기)적일자	(15)통화코드	(16)환율	금액 (17)외화	금액 (18)원화	전표정보 거래처코드	전표정보 거래처명
1	123-12-34-1234561-2	-04-20	USD	1,200.0000	10,000.00	12,000,000	00114	apple사
2	256-32-10-5215420-0	-06-15	USD	1,050.0000	6,000.00	6,300,000	00114	apple사
3								

[2] (1) 공제받지 못할 매입세액(10월~12월)

공제받지못할매입세액내역	공통매입세액안분계산내역	공통매입세액의정산내역	납부세액또는환급세액재계산

매입세액 불공제 사유	세금계산서 매수	세금계산서 공급가액	세금계산서 매입세액
①필요적 기재사항 누락 등			
②사업과 직접 관련 없는 지출	1	1,500,000	150,000
③비영업용 소형승용자동차 구입· 유지 및 임차	1	30,000,000	3,000,000
④접대비 및 이와 유사한 비용 관련			
⑤면세사업등 관련	3	12,000,000	1,200,000
⑥토지의 자본적 지출 관련			
⑦사업자등록 전 매입세액			
⑧금거래계좌 미사용 관련 매입세액			

　(2) 공통매입세액의 정산(10월~12월)

　－공통매입세액＝3,500,000(10월~12월)＋4,200,000(7~9월)＝7,700,000원

　－기불공제매입세액(예정신고시 불공제매입세액) : 1,470,000원

공제받지못할매입세액내역	공통매입세액안분계산내역	공통매입세액의정산내역	납부세액또는환급세액재계산

산식	(15)총공통매입세액	(16)면세 사업확정 비율 총공급가액	(16)면세 사업확정 비율 면세공급가액	(16)면세 사업확정 비율 면세비율	(17)불공제매입세액총액 ((15)*(16))	(18)기불공제매입세액	(19)가산또는공제되는매입세액 ((17)-(18))
1. 당해과세기간의 공급가액기준	7,700,000	600,000,000	240,000,000	40.0000	3,080,000	1,470,000	1,610,000

문제 4 결산

[1] [수동결산]

(차) 단기매매증권	500,000	(대) 단기투자자산평가익	2,000,000
단기투자자산평가손	1,500,000		

☞ A사 평가이익＝4,000,000－2,000,000＝＋2,000,000원

B사 평가손실＝3,500,000－5,000,000＝－1,500,000원

[2] [자동결산]

① 고정자산 등록

기계장치(조립기)	차량운반구(에쿠스)

기본등록사항 추가등록사항

			기본등록사항 추가등록사항		
1.기초가액 / 성실 기초가액	70,000,000 /		1.기초가액 / 성실 기초가액	50,000,000 /	
2.전기말상각누계액(-) / 성실 전기말상각누계액	15,000,000 /		2.전기말상각누계액(-) / 성실 전기말상각누계액	6,250,000 /	
3.전기말장부가액 / 성실 전기말장부가액	55,000,000 /		3.전기말장부가액 / 성실 전기말장부가액	43,750,000 /	
4.당기중 취득 및 당기증가(+)			4.당기중 취득 및 당기증가(+)		
5.당기감소(일부양도 · 매각 · 폐기)(-)			5.당기감소(일부양도 · 매각 · 폐기)(-)		
전기말상각누계액(당기감소분)(+)			전기말상각누계액(당기감소분)(+)		
6.전기말자본적지출액누계(+)(정액법만)			6.전기말자본적지출액누계(+)(정액법만)		
7.당기자본적지출액(즉시상각분)(+)			7.당기자본적지출액(즉시상각분)(+)		
8.전기말부인누계액(+)(정률만 상각대상에 가산)			8.전기말부인누계액(+)(정률만 상각대상에 가산)		
9.전기말의제상각누계액(-)			9.전기말의제상각누계액(-)		
10.상각대상금액	55,000,000		10.상각대상금액	50,000,000	
11.내용연수/상각률(월수)	6 0.394 (12)		11.내용연수/상각률(월수)	4 0.25 (12)	
성실경과내용연수/차감연수(성실상각률)	/ ( ) 기준내용년수도표		성실경과내용연수/차감연수(성실상각률)	/ ( ) 기준내용년수도표	
12.상각범위액(한도액)(10X상각율)	21,670,000		12.상각범위액(한도액)(10X상각율)	12,500,000	
13.회사계상액(12)-(7)	21,670,000 사용자수정		13.회사계상액(12)-(7)	12,500,000 사용자수정	
14.경비구분	1.500번대/제조		14.경비구분	6.800번대/판관비	
15.당기말감가상각누계액	36,670,000		15.당기말감가상각누계액	18,750,000	
16.당기말장부가액	33,330,000		16.당기말장부가액	31,250,000	
17.당기의제상각비			17.당기의제상각비		
18.전체양도일자	--- -- --		18.전체양도일자	--- -- --	
19.전체폐기일자	--- -- --		19.전체폐기일자	--- -- --	
20.업종	13 제조업		20.업종	01 차량및운반구	

② 자동결산

－ 제조경비(기계장치) 21,670,000 　　－ 판관비(차량운반구) 12,500,000 입력

[3] [수동결산]

(차) 소모품	1,500,000원	(대) 광고선전비(판)	1,500,000원

[4] [수동결산]

(차) 매도가능증권(투자)	1,000,000원	(대) 매도가능증권평가손실	500,000원
		매도가능증권평가이익	500,000원
(차) 단기투자자산평가손	300,000원	(대) 단기매매증권	300,000원

[5] [수동결산]

(차) 여비교통비(제)	32,000원	(대) 현금과부족	50,000원
잡손실	18,000원		

※ 자동결산항목을 모두 입력하고 상단의 전표추가한다.

문제 5 | 원천징수

[1] 사원등록(김길수)

관계	요 건		기본공제	추가공제(자녀)	판 단
	연령	소득			
본 인	–	–	○		
배우자	–	○	○		일용근로소득은 분리과세소득임
장남(18)	○	×	부		금융소득이 20백만원 초과일 경우 종합과세대상으로서 소득요건 불충족
장녀(15)	○	○	○	자녀	
부(76)	○	○	○	경로	직계존속일 경우 주거형편상 별거시 인정
처제(42)	×	○	○	장애인(1)	장애인일 경우 연령요건을 충족하지 않아도 된다.

[2] 연말정산(최영준)
(1) 연말정산추가자료 입력판단

항 목	요건		내역 및 대상여부	입력
	연령	소득		
의료비	×	×	• 모친 위염수술비 • 임신을 위한 체외수정 시술비 • 보약 한방비는 대상에서 제외	○(특정 3,600,000) ○(난임 9,000,000) ×
교육비	×	○	• 최삼강 유치원 교육비 • 최일강 대학교육비 • 최이강 태권도학원비는 취학전 아동만 대상 • 장애인 특수교육비는 직계존속도 가능	○(3,900,000) ○(10,000,000) × ○(3,000,000)
보장성보험료	○ (×)	○	• 본인 차량종합보험료＋암보험료 • 장애인 전용보험료	○(보장성 1,300,000) ○(장애인 1,800,000)
기부금	×	○	• 배우자 명의 교회헌금 • 부친 명의 이재민 구호금품 • 모친 명의 사회복지공동모금회 기부	○(종교 5,000,000) ○(특례 3,000,000) ○(특례 2,000,000)
신용카드	×	○	• 본인 신용카드(현금서비스 제외) • 학원비 현금영수증 • 부친 명의 직불카드영수증	○(신용 15,000,000) ○(현금 1,500,000) ○(직불 3,800,000)

[소득공제]

1. 신용카드	① 신용카드	15,000,000
	② 현금영수증	1,500,000
	③ 직불카드	3,800,000

[특별세액공제]

1. 보장성보험료	① 일반	1,300,000
	② 장애인전용	1,800,000
2. 의료비	① 특정(65세 이상)의료비	3,600,000
	② 난임시술의료비	9,000,000
3. 교육비	① 취학전아동	3,900,000
	② 대학생	10,000,000
	③ 장애인특수교육비	3,000,000
4. 기부금	① 특례기부금	3,000,000 + 2,000,000
	② 일반기부금(종교단체)	5,000,000

부양가족	신용카드	의료비	기부금	연말정산입력
보험료 교육비	해당 사항을 입력 후 최종적으로 연말정산 입력 탭에서 F8 부양가족탭불러오기를 클릭하여 입력된 데이터를 불러와서 최종 확인한다.			

종합모의고사 1회

이 론

01. 다음 중 재무제표의 작성기준이 아닌 것은?

① 재무상태표상 자산·부채는 유동성이 높은 것부터 먼저 표시하고 유동성이 낮은 것은 나중에 표시한다.

② 현금 및 현금성자산은 별도항목으로 구분표시한다.

③ 자본변동표는 타인자본에 대하여 표시하는 것으로서, 자본금, 자본금, 기타포괄손익누계액, 이익잉여금(또는 결손금)의 변동에 대한 포괄적인 정보가 표시된다.

④ 자본잉여금은 주식발행초과금과 기타자본잉여금으로 구분표시한다.

02. ㈜대동의 매출원가와 관련된 자료이다. (주)대동의 20×1년 손익계산서에 매출원가는 얼마로 보고되어야 하는가?

• 20×0년말 재고자산	200,000
• 20×1년중 매입액	300,000
• 20×1년중 매입할인	100,000
• 20×1년 재고자산 평가손실	50,000
• 20×1년 재고자산 감모손실(비경상적)	50,000
• 20×1년말 재고자산(평가, 감모손실 차감 후)	50,000

① 300,000원

② 250,000원

③ 350,000원

④ 400,000원

03. 기업회계기준상 수익인식에 관한 설명 중 옳지 않는 것은?

① 배당금 수익은 배당금을 받을 권리와 금액이 확정되는 시점에서 인식한다.

② 상품권을 판매 시 매출로 인식하지 아니하고 상품 등을 고객에게 제공한 날 수익인식을 한다.

③ 미회수 상품권은 소멸시효가 완성되는 시점에 매출로 계상한다.

④ 시용판매에서는 매입자가 매입의사를 표시한 날 수익이 실현되는 것으로 인식한다.

04. 아래의 조세 중 전액 당기의 판매비와 관리비로 처리하여할 금액은 얼마인가?

A. 법인세	100	B. 지방소득세 법인분	100
C. 취득세	100	D. 재산세	100
E. 주민세 재산분	100	F. 지방소득세 개인분	100

① 100원　　　　　　　　　　　　② 200원
③ 300원　　　　　　　　　　　　④ 400원

05. 회계변경에 대한 설명이다. 틀린 것은?

① 기업을 최초로 공개하는 경우 공개시점이 속하는 회계기간의 직전기간에 회계변경을 하는 것은 정당한 사유에 의한 회계변경으로 본다.
② 재고자산평가방법을 선입선출법에서 개별법으로 변경하는 것은 회계정책의 변경에 해당한다.
③ 회계정책의 변경시 원칙적으로 소급법이나, 회계변경의 누적효과를 파악할 수 없는 경우에는 당기일괄처리법으로 처리한다.
④ 회계추정의 변경시 전진법으로 처리한다. 따라서 회계변경의 누적효과를 계산하지 않는다.

06. ㈜대동의 생산직 급여를 분석해보니 생산직 사원의 급여는 월 20일 기준으로 기본급이 지급되며, 월 20일 이상 근무하는 경우에는 초과근무일수에 일 200,000원이 추가지급 된다. 이 경우 생산직 직원의 원가 행태는 어느 것인가?

① 고정원가　　　　　　　　　　　② 변동원가
③ 준고정원가(계단원가)　　　　　　④ 준변동원가(혼합원가)

07. 다음은 제조간접원가 배부에 관한 내용이다. 옳지 않은 것은?

① 제조간접원가는 특정제품이나 작업에 직접대응 시킬 수 없는 간접원가이다.
② 제조간접원가는 여러 가지 원가항목으로 구성되어 있으며 그 항목들의 행태도 변동원가와 고정원가 등 다양하다.
③ 제조간접원가 배부방법 중 실제배부법은 제조간접원가 예정금액이 집계되어야 하므로 시간이 많이 걸린다.
④ 제조간접비 배부차이는 제조원가에 반영하거나 영업외손익에 반영할 수 있다.

08. 다음 중 고정비와 변동비에 대한 설명 중 옳지 않은 것은?

① 일반적으로 조업도가 증가하면 제품의 단위당 고정원가는 감소한다.

② 공장건물의 감가상각비는 고정비의 대표적인 사례이다.

③ 고정비는 조업도의 증감에 관계없이 원가총액이 일정하게 나타나는 특징이 있다.

④ 조업도의 증감에 관계없이 제품의 단위당 변동원가는 감소한다.

09. ㈜대동은 선입선출법을 이용하여 종합원가계산을 하며, 원재료는 공정 50%시점에서 투입되고, 가공비는 공정전반에 걸쳐 균등하게 발생한다. 재료비의 완성품환산량을 계산하면 얼마인가?

> • 기초재공품 : 10,000단위(완성도 : 60%)
> • 기말재공품 : 20,000단위(완성도 : 40%)
> • 착　수　량 : 30,000단위
> • 완성품수량 : 20,000단위

① 10,000단위　　　② 20,000단위　　　③ 30,000단위　　　④ 40,000단위

10. 다음은 ㈜대동의 제조활동에 관한 자료이다. 당기 중에 발생한 비정상공손의 수량을 계산하면? (단, 정상공손은 완성품의 5%이다)

> • 기초재공품 : 200개　　　　• 당기착수량 : 800개
> • 기말재공품 : 100개　　　　• 공 손 수 량 :　80개

① 40개　　　　② 41개　　　　③ 42개　　　　④ 39개

11. 부가가치세법에 대한 다음 설명 중 잘못된 것은?

① 학교와 같은 비영리단체도 부가가치세의 납세의무자가 될 수 있다.

② 현행부가가치세는 소비지국 과세원칙을 채택하고 있으므로 수출하는 재화에 대하여 영세율이 적용된다.

③ 간이과세자는 직전과세기간 공급대가 1억 4백만원 미만인 개인사업자를 말하며, 과세기간 공급대가가 3,000만원 미만인 경우 납부의무를 면제한다.

④ 법인의 본점에서 전체 사업장에 대하여 세금계산서를 일괄 발행할 수 있는 제도가 있다.

12. 다음 중 부가가치세의 과세대상이 되는 것은 몇 개인가?

ⓐ 특허권	ⓑ 주식	ⓒ 전기
ⓓ 어업권	ⓔ 회사채	ⓕ 전답의 임대

① 2개   ② 3개   ③ 4개   ④ 5개

13. 다음 중 부가가치세법상 의제매입세액 공제에 대한 설명으로 가장 잘못된 것은?

① 면세농산물등을 과세재화·용역의 원재료로 사용하는 경우 일정액을 공제한다.
② 면세농산물등을 구입시점에 제조업은 2/102(중소제조업 4/104)를 공제한다.
③ 제조업을 영위하는 사업자가 농민으로부터 면세농산물을 직접 공급받는 경우에는 의제매입세액공제 신고서만 제출한다.
④ 면세농산물등의 매입가액에는 운임 등의 부대비용을 포함한 가액으로 공제한다.

14. 다음 중 당해 소득세를 징수하는 것은?

① 납세조합의 징수세액이 1천원 미만인 경우
② 근로소득에 따른 원천징수세액이 1천원 미만인 경우
③ 이자소득에 따른 원천징수세액이 1천원 미만인 경우
④ 중간예납세액이 50만원 미만인 경우

15. 다음 중 소득세법상 기타소득이 아닌 것은?

① 복권·경품권 기타 추첨권에 따라 받는 당첨금품
② 공익사업과 관련된 지역권·지상권을 설정 또는 대여하고 받는 금품
③ 알선수재 및 배임수재에 따라 받는 금품
④ 전세권의 대여

실 무

㈜대동(2021)는 전자제품 제조, 도·소매 및 음식업을 영위하는 중소기업이며, 당기 회계기간은 20×1.1.1~20×1.12.31이다. 전산세무회계 수험용 프로그램을 이용하여 다음 물음에 답하시오.

문제 1 다음 거래를 일반전표입력 메뉴에 추가 입력하시오. (15점)

[1] 4월 05일 : 단기간 매매차익 목적으로 취득한 ㈜우리의 주식 100주를 주당 30,000원에 매각하고 증권거래세 등 50,000원을 제외한 대금은 보통예금 구좌로 입금되었다. 주식의 취득현황은 다음과 같으며 단가산정은 이동평균법을 하세요. (3점)

| 1. 3월 1일 | 100주 주당 20,000원 | 수수료 100,000원 |
| 2. 3월 15일 | 100주 주당 25,000원 | 수수료 120,000원 |

[2] 4월 15일 : 영업부의 김기수 과장이 전주에 출장비로 가져갔던 200,000원(현금 지급시에 가지급금으로 처리함)을 지출결의서(숙박비, 교통비, 식대 외 : 150,000원)를 제시하고 잔액은 현금으로 반환하였다. (3점)

[3] 4월 18일 : 미국 지맨스사로부터 20×1년 1월 10일에 차입하여 단기차입금으로 계상하였던 외화차입금 USD 10,000(차입 시 환율 1,000/$)를 차입금에 대한 이자 USD 500 함께 보통예금 계좌에서 이체하여 상환하였다. 상환 시 환율은 1,100/$이다. (3점)

[4] 5월 11일 : 국민은행에 가입한 정기예금(원금 : 10,000,000원)이 만기가 되어 이자소득에 대한 원천징수세액 140,000원을 차감한 10,860,000원을 당사의 보통예금계좌로 이체 받았다. (3점)

[5] 6월 30일 : 현대자동차로부터 매입한 소형승용차(1,500CC)를 전기에 매출세액에서 공제하여 신고하였는데, 강남세무서가 5/30일자로 이를 경정하여 세액 1,150,000원(매입세액 1,000,000원, 가산세 150,000원)을 고지하였는바 금일 현금으로 납부하였다. 단 가산세는 잡손실계정으로 처리하세요. (3점)

문제 2 다음 거래 자료를 매입매출전표입력 메뉴에 추가로 입력하시오. (15점)

[1] 10월 01일 : 수출대행업체인 (주)경기에게 내국신용장에 의하여 제품(공급가액10,000,000원)을 판매하고 전자세금계산서를 교부하였다. 판매대금 중 5,000,000원은 (주)왕명 발행 어음(만기일 : 1년)으로 받았고 나머지는 외상으로 하였다. (3점)

[2] 10월 03일 : 서울카센터(등록번호 122 – 02 – 74091)로부터 영업부 업무용으로 사용 중이던 승용차(2000CC)를 수리하고 전자세금계산서(공급가액 500,000원 세액 50,000원)를 교부받았다. 수리비는 외상으로 하였고, 수리비는 자본적 지출로 처리하며 서울카센타는 거래처를 신규 등록 하시오(거래처 코드는 2130). (3점)

[3] 10월 12일 : 당사는 영업사원의 업무용으로 사용하기 위하여 ㈜서울렌탈로 부터 2,000cc급 소나타 승용차를 임차하고, 전자세금계산서(공급가액 : 2,000,000원, 세액 : 200,000원)를 교부받았다. 렌트비용은 다음달 말일에 지급하기로 하였다. (3점)

[4] 11월 15일 : (주)드림세상에 납품한 제품이 반품되어 전자세금계산서(공급가액 △20,000,000원 부가세별도)를 교부하였으며, 대금은 외상매출금을 차감 처리하였다. (3점)

[5] 11월 25일 : 교보문고에서 신규매출처에 선물로 증정하기 위하여 도서(공급가액 300,000원)를 외상으로 구입하고 전자계산서를 교부받았다. (3점)

문제 3 | **부가가치세신고와 관련하여 다음 물음에 답하시오. (10점)**

[1] 다음의 자료를 이용하여 20x1년도 2기 확정 부가가치세신고서를 작성하시오. 부가가치세신고서 이외에 과세표준명세 등 기타 부속서류는 작성 및 전표입력을 생략한다. 제시된 자료 이외의 거래는 없는 것으로 가정한다.

1. 매출관련 자료(세금계산서를 발행한 매출액은 모두 전자세금계산서로 발급, 전송하였다.)

구분	공급가액(원)	부가가치세액(원)
세금계산서 발행 매출액(10월~12월)	100,000,000	10,000,000
신용카드 과세 매출액(10월~12월)	10,000,000	1,000,000
국외에서 제공한 용역에 대한 매출액(10월~12월)	3,000,000	–
매출거래처 담당자에게 무상으로 제공한 제품의 시가	2,000,000	200,000
예정신고시 현금영수증 매출 누락분	1,000,000	100,000

☞ 세금계산서 발행 매출액 중 공급가액 10,000,000원 1건(**공급시기 10월 25일)은 발급 시기를 경과하여 11월 20일에 전자세금계산서를 발급**하였다.

2. 매입관련 자료

구분	과세표준(원)	부가가치세(원)
세금계산서 수령한 상품 구입액	50,000,000	5,000,000
세금계산서 수령한 사무실 인테리어(고정자산) 대금	30,000,000	3,000,000
세금계산서 수령한 기업업무추진용 물품 구입액(위의 상품구입액과 별도)	1,000,000	100,000
매입세액공제가능한 법인카드 사용액(고정자산 매입)	2,000,000	200,000

3. 기타
- 20x1년도 1기 예정신고미환급 세액은 2,000,000원이다.
- 예정신고 누락과 관련된 가산세 계산시 미납일수는 92일로 하고, **_납부지연가산세는 1일 2/10,000로 가정한다._**
- 국세청에 전자신고를 하였다.

[2] 다음은 의제매입세액공제 대상이 되는 매입자료 내역이며, 당사는 음식점업을 영위하는 법인이라 가정한다. 다음 자료 중 의제매입세액공제 대상이 되는 거래에 대하여 매입매출전표를 입력하고 20×1년 제1기 예정분 의제매입세액공제신청서를 작성하시오. 또한 의제매입세액공제에 대한 회계처리를 3/31 일자로 처리하세요(모든 거래에 대한 전자(세금)계산서를 적정하게 수취하였고, 부가세는 별도이다.). (4점)

매입일자	공급자	사업자등록번호	품명	수량 (kg)	매입가액 (원)
	대표자	사업장소재지(도로명)			
20×1.2.1	동해수산	227-81-52117	어패류	100	500,000 (현금지급)
	이강원	강원 강릉 홍제로 87			
20×1.3.25	두정유통	132-81-21354	당근	100	153,700 (현금지급)
	김길동	서울 동작구 상도로 10			
20×1.3.26	㈜진경	132-84-56586	포장김치	100	100,000 (현금지급)
	홍진경	서울 서초 방배로 100			

문제 4 다음 결산자료를 입력하여 결산을 완료하시오. (12점)

[1] 결산일 현재 매출채권(당좌자산)잔액의 1%에 대하여 대손을 예상하고 대손충당금을 설정하시오. (3점)

[2] 무형자산으로 계상되어 있는 특허권(장부가액 5,000,000원)은 더 이상 사용을 할 수 없어 사용을 중지하고 처분을 위해 보유하고 있는데 당기말 기업회계기준에 의한 회수가능가액은 3,000,000원이다. (3점)

[3] 유형자산의 일부 내역은 다음과 같다. 고정자산등록메뉴에 등록하고 감가상각비를 결산에 반영하시오. (3점)

계정과목 (자산코드)	품명	취득일	취득가액	전기말감가 상각누계액	상각 방법	내용 연수	업종 코드	용도
건물 (101)	공장창고	2019.1.5	10,000,000원	5,000,000원	정액법	40	02	공장용
차량운반구 (201)	소나타	2023.2.20	20,000,000원	15,000,000원	정률법	8	01	영업용

[4] 외화장기차입금중 20,000,000원(USD 20,000, 20×1.1.5)은 서울은행으로부터 차입한 금액이다. 기말 현재의 기준환율은 1,100원/USD이다. (3점)

[5] 기말재고자산의 내역은 다음과 같다. (3점)

재고자산 내역	실사한 금액(원)	장부상 금액(원)	금액 차이 원인
원재료	8,500,000원	9,300,000원	비정상감모
재공품	3,000,000원	3,000,000원	–
제 품	12,000,000원	12,500,000원	정상감모

문제 5 **20×1년 귀속 원천징수자료와 관련하여 다음의 물음에 답하시오. (15점)**

[1] 홍길동(106)씨가 부양하고 있는 가족사항은 다음과 같다. 사원등록메뉴에서 부양가족명세를 수정하시오.(6점)

가족관계	이름	비　　　　　고
본인	홍길동	장애인(1)(연간급여총액 : 60,000,000원)
모	김희영	사업소득금액(부동산임대업) －총수입금액 : 5,000,000원 －필요경비 : 3,000,000원
처	노덕만	양도소득금액 : 2,000,000원
자	홍고도	대학생, 소득없음
처제	노미라	근로소득 총급여액 3,000,000원 사업소득금액 300,000원

☞ 주민등록번호는 정당하다고 가정한다.

[2] 사원 동대문씨의 20×1년 귀속 근로소득 연말정산에 필요한 소득공제자료는 다음과 같다. 다음 자료에 의하
여 세부담 최소화를 가정하여 근로소득연말정산(연말정산입력)을 하시오. (10점)

구 분	내　역
동대문 (본인)	주택임차보증금 반환 보증보험료 : 1,400,000원(보증대상임차보증금 3억) 자동차보험료 : 1,300,000원 건강검진비 : 600,000원 대학원수업료 : 6,000,000원 신용카드사용액 : 30,000,000원(단, 미국에서사용금액 5,000,000원이 포함됨) 재직중인 회사의 노동조합회비 : 500,000원 특별재난지역 복구를 위한 자원봉사용역의 가액 : 300,000원 종교단체기부금 : 1,500,000원
남자수 (배우자)	병원 암진료비 : 1,000,000원(건강보험산정특례자로서 중증환자임) 신용카드사용액 : 10,000,000원(전액 의류 및 식료품구입비임) 제로페이 사용액 : 2,000,000원
동일남 (장남)	콘택트렌즈 구입비 : 300,000원 대학교등록금 : 4,000,000원 신용카드사용액 : 700,000원(박물관, 미술관 입장료) 　　　　　　　　　300,000원(영화관람료)
동이남 (차남)	시력교정용 안경구입비 : 700,000원 학원비(고등학생) : 900,000원 수련활동 현장체험 학습비 : 600,000원 대학입시 전형료 : 200,000원
황장모 (장모)	신용카드사용액 : 5,000,000원(전액 중고자동차구입비)
김처제 (처제)	대학교 등록금 : 3,000,000원

※ 제시된 가족은 과세기간 종료일 현재 모두 본인과 생계를 같이하고 있으며, 기본공제대상으로 가정한다. 연말정산
　관련 증빙서류는 모두 정당하게 제출된 것으로 본다.

종합모의고사 1회 답안 및 해설

■■■■■■ 이 론

1	2	3	4	5	6	7	8	9	10	11	12	13	14	15
③	①	③	②	③	④	③	④	①	④	③	②	④	③	④

01. 자본변동표는 자기자본의 크기와 그 변동에 관한 정보를 제공하는 재무보고서이다.
타인자본이란 부채를 말한다.

02.

재고자산

기초재고	200,000	매출원가	?
총매입액	300,000	재고자산감모손실	50,000
매입할인	(100,000)	기말재고	50,000
		(평가 및 감모손실반영후)	
계	400,000	계	400,000

03. 소멸시효가 완성되는 시점에서 **영업외수익**으로 계상한다.

04. 법인세와 지방소득세 법인분은 법인세비용, 취득세는 유형자산의 취득원가, 재산세와 주민세 재산분은 판매비와 관리비, 지방소득세 개인분은 예수금으로 회계처리한다.

05. 회계변경의 누적효과를 파악할 수 없는 경우에는 전진법으로 회계처리한다.

06. 급여의 20일분은 고정원가이고 20일 초과근무시 200,000원/일은 변동원가이므로 준변동원가에 해당한다.

07. 실제배부법은 제조간접원가 실제금액이 집계되므로 시간이 많이 걸린다.

08. 단위당 변동원가는 일정하다.

09. 물량흐름

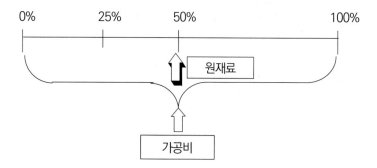

〈1단계〉 물량흐름파악			〈2단계〉 완성품환산량 계산	
선입선출법			재료비	가공비
기초재공품	10,000(60%)	완성품 20,000		
		기초재공품 10,000(40%)	0	4,000
		당기투입분 10,000(100%)	10,000	10,000
당기투입	30,000	기말재공품 20,000(40%)	0	8,000
계	40,000	계 40,000	10,000	22,000

10.

재공품

기초재공품	200개	완성품	820개
		공손품 **정상공손**	**41개**
		(80개) **비정상공손**	**39개**
당기투입	800개	기말재공품	100개
계	1,000개	계	1,000개

11. 간이과세자는 **과세기간 공급대가가 4,800만원 미만인 경우 납부의무를 면제**한다.

12. 특허권, 전기, 어업권은 과세대상이다.

13. 의제매입세액공제시 매입가액은 취득부대비용을 제외하며, 순수 구입가액만을 의미한다.

14. 이자소득은 소액부징수 규정이 적용되지 않는다. 또한 소득세의 **중간예납세액이 50만원 미만인 경우 소액부징수 규정**이 적용된다.

15. 전세권의 대여는 사업소득중 부동산임대업에서 발생하는 소득이다.

실무

문제 1 일반전표입력

[1] (차) 보 통 예 금 2,950,000원 (대) 단기매매증권[1] 2,250,000원
단기투자자산처분이익 700,000원

*1. 단기매매증권 주당 취득가액＝(100주×20,000원＋100주×25,000원)/200주
＝22,500원/주 처분시 장부가액 100주×22,500원/주

[2] (차) 여비교통비(판) 150,000원 (대) 가 지 급 금 200,000원
현 금 50,000원 (김기수)

[3] (차) 단기차입금(지맨스) 10,000,000원   (대) 보통예금   11,550,000원
　　　이자비용 550,000원   (=$10,500 × 1,100원)
　　　　　　　($500 × 1,100원)
　　　외환차손 1,000,000원

[4] (차) 보통예금 10,860,000원   (대) 정기예금(유동) 10,000,000원
　　　선납세금 140,000원   　이자수익 1,000,000원

[5] (차) 차량운반구 1,000,000원   (대) 현　　금 1,150,000원
　　　잡　손　실 150,000원
　　☞ 잘못된 회계처리
　　(차) 차량운반구 **10,000,000원**   (대) 현　　금 **11,000,000원**
　　　부가세대급금 **1,000,000원**
　　☞ 올바른 회계처리
　　(차) 차량운반구 **11,000,000원**   (대) 현　　금 **11,000,000원**

문제 2 매입매출전표입력

문항	일자	유형	공급가액	부가세	거래처	전자세금
[1]	10/01	12.영세(3)	10,000,000	0	(주)경기	여
분개유형		(차) 받을어음((주)왕명)	5,000,000	(대) 제품매출		10,000,000
혼합		외상매출금	5,000,000			
문항	일자	유형	공급가액	부가세	거래처	전자세금
[2]	10/03	54.불공(비영업용)	500,000	50,000	서울카센터 (거래처등록)	여
분개유형		(차) 차량운반구	550,000	(대) 미지급금		550,000
혼합						
문항	일자	유형	공급가액	부가세	거래처	전자세금
[3]	10/12	54.불공(비영업용)	2,000,000	200,000	(주)서울렌탈	여
분개유형		(차) 임차료(판)	2,200,000	(대) 미지급금		2,200,000
혼합						
문항	일자	유형	공급가액	부가세	거래처	전자세금
[4]	11/15	11.과세	-20,000,000	-2,000,000	(주)드림세상	여
분개유형		(차) 외상매출금	-22,000,000	(대) 제품매출		-20,000,000
외상				부가세예수금		-2,000,000

문항	일자	유형	공급가액	부가세	거래처	전자세금
[5]	11/25	53.면세	300,000	0	교보문고	여
분개유형		(차) 기업업무추진비(판)	300,000 (대) 미지급금		300,000	
혼합						

☞도서는 면세이다. 따라서 계산서를 발급하였고, 계산서는 53.면세로 처리하여야 한다.

문제 3 부가가치세

[1] 확정신고서(10~12월)

1. 과세표준 및 매출세액

		구분		금액	세율	세액
과세표준및매출세액	과세	세금계산서발급분	1	100,000,000	10/100	10,000,000
		매입자발행세금계산서	2		10/100	
		신용카드·현금영수증발행분	3	10,000,000	10/100	1,000,000
		기타(정규영수증외매출분)	4	2,000,000		200,000
	영세	세금계산서발급분	5		0/100	
		기타	6	3,000,000	0/100	
	예정신고누락분		7	1,000,000		100,000
	대손세액가감		8			
	합계		9	116,000,000	㉑	11,300,000

2. 매입세액

매입세액	세금계산서수취분	일반매입	10	51,000,000		5,100,000
		수출기업수입분납부유예	10			
		고정자산매입	11	30,000,000		3,000,000
	예정신고누락분		12			
	매입자발행세금계산서		13			
	그 밖의 공제매입세액		14	2,000,000		200,000
	합계(10)-(10-1)+(11)+(12)+(13)+(14)		15	83,000,000		8,300,000
	공제받지못할매입세액		16	1,000,000		100,000
	차감계 (15-16)		17	82,000,000	㉯	8,200,000
납부(환급)세액(매출세액㉑-매입세액㉯)					㉰	3,100,000

3. 가산세 계산

〈매출매입 예정신고누락분〉

구 분			공급가액	세액
매출	과세	세 금(전자)		
		기 타	1,000,000(현금영수증)	100,000
	영세	세 금(전자)		
		기 타		
매입	세금계산서 등			
미달신고(납부)－신고, 납부지연				100,000

1. 신고불성실(과소 – 일반)	**100,000원**×10%×(1 – 75%) = 2,500원 *** 3개월 이내 수정신고시 75% 감면**
2. 납부지연	**100,000원**×92일×2(가정)/10,000 = 1,840원
3. 전자세금계산서 지연발급	**10,000,000원**×1% = 100,000원
계	**104,340원**

4. 경감공제세액(전자신고세액공제 10,000원 및 예정신고 미환급세액 2,000,000원)

5. 차가감 납부할 세액 1,194,340원

[2] 의제매입세액신고서(1~3월)

2월 1일　유형 : 53.면세, 공급가액 500,000, 거래처 : 동해수산, 전자 : 여,　분개 : 현금

(차) 원 재 료　　　　　　　　500,000원　(대) 현　　　금　　　　　　500,000원

⇒ 6.의제매입세액공제신고서 자동반영분

3월 25일　유형 : 53.면세, 공급가액 153,700, 거래처 : 두정유통, 전자 : 여,　　분개 : 현금

(차) 원 재 료　　　　　　　　153,700원　(대) 현　　　금　　　　　　153,700원

⇒ 6.의제매입세액공제신고서 자동반영분

☞ 포장김치는 과세재화로서 의제매입세액공제 대상이 아니다.

[부가가치세] – [의제매입세액공제신청서]〈1기, 1.예정, 1~3월, 전표데이타 새로불러오기〉

공제율 : 6/106 (음식점업 – 법인) 선택 저장

3월 31일 일반전표 입력

(차) 부가세대급금　　　　　　37,001원　(대) 원재료(8. 타계정대체)　　　37,001원

문제 4　결산

[1] [수동＋자동결산]대손충당금 설정

구　분	기말매출채권	기설정대손충당금	대손충당금 당기설정액
외상매출금	160,190,000	1,630,000	△28,100
받을어음	117,000,000	350,000	820,000

[수동결산] 대손충당금 환입은 수동결산으로 입력

(차) 대손충당금(외상)　　　　28,100원　(대) 대손충당금환입(판)　　　　28,100원

[자동결산]

받을어음란에 당기대손충당금추가설정액 820,000원을 입력

[2] [수동결산]

(차) 무형자산손상차손	2,000,000	(대) 특 허 권	2,000,000

☞ **사용을 중지하고 처분을 위해 보유하는 무형자산은 사용을 중지한 시점의 장부가액으로 유지한다. 이러한 무형자산에 대해서는 매 회계연도말에 회수가능가액을 평가하고 손상차손을 인식한다.**

[3] [자동결산]고정자산 감가상각

고정자산 등록 후 [결산재무제표] – [결산자료입력] – [감가상각]메뉴의 감가상각비란에 건물(제조경비)
250,000원, 차량운반구(판관비) 1,565,000원 입력

[4] [수동결산]

(차) 외화환산손실	2,000,000원	(대) 외화장기차입금(서울은행)	2,000,000원

[5] [수동결산]

(차) 재고자산감모손실(영·비)	800,000원	(대) 원 재 료(8.타계정대체)	800,000원

[자동결산]

• 원재료 : 8,500,000원   • 재공품 : 3,000,000원   • 제 품 : 12,000,000원

※ 자동결산항목을 모두 입력하고 상단의 전표추가한다.

문제 5 원천징수

[1] 사원등록(홍길동)

관계	요 건		기본 공제	추가공제 (자녀)	판 단
	연령	소득			
본 인	–	–	○	장애인(1)	
모(75)	○	×	부		사업소득금액 2,000,000원으로 소득요건 미충족
처	–	×	부		소득금액 1백만원 초과자
자(24)	×	○	부		
처제(43)	×	×	부	–	소득금액 1백만원 초과자[1]

*1. **근로소득만 있는 경우 총급여액의 5백만원 이하일 경우 소득요건이 충족**된다.

근로소득금액＝3,000,000원×30%＝900,000원, 사업소득금액 300,000원

[2] 연말정산(동대문)

구 분	세부내역 및 금액	
보험료	주택임차보증금 보증 보험료(1,400,000)+손해보험(1,300,000)	2,700,000
의료비		2,400,000
	일반의료비 300,000+500,000 (안경구입비는 인당 500,000원이 한도임) 특정의료비 600,000(본인건강검진비) 특정의료비 1,000,000(배우자 진료비-중증환자)	
교육비	본인(6,000,000)+장남(4,000,000)+차남(500,000)+처제 (3,000,000) ☞ 대학 입시전형료도 교육비세액공제대상 　　체험학습비 한도 300,000원	13,500,000
기부금		2,300,000
	특례기부금(300,000-특별재난지역) 일반기부금(500,000-노동조합비) 종교단체기부금(1,500,000)	
신용카드사용액	본인(25,000,000-해외사용제외)+장모(500,000-중고자동차 구입액의 10%)+배우자(10,000,000)	35,500,000
	도서공연비(미술관입장료)	700,000
	영화관람료	300,000
	제로페이 사용액	2,000,000

[소득공제]

1. 신용카드	① 신용카드	35,500,000
	② 도서공연비	1,000,000
	③ 제로페이[직불카드란에 입력]	2,000,000

[특별세액공제]

1. 보장성보험료	① 일반	2,700,000
2. 의료비	① 특정의료비(본인, 중증환자)	1,600,000
	② 일반의료비	800,000
3. 교육비	① 본인	6,000,000
	② 대학생	4,000,000+3,000,000
	③ 고등학생	500,000
4. 기부금	① 특례기부금	300,000
	② 일반기부금	500,000
	③ 종교단체	1,500,000

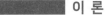 이 론

01. 사무용소모품을 구입시점에서 전액을 비용으로 처리하는 이유는 중요성 때문이다. 중요성에 대한 설명으로 틀린 것은?

① 정보의 성격자체 만으로도 중요한 정보가 될 수 있다.
② 회사의 규모와 세법의 규정에 따라 판단해야지 금액의 대소로 판단해서는 안 된다.
③ 특정정보가 정보이용자의 의사결정에 영향을 끼친다면 그 정보는 중요하다고 할 수 있다.
④ 회계항목이 정보로 제공되기 위한 최소한의 요건이다.

02. 다음 자료에 근거하여 손익계산서에 반영되는 매출액을 계산하면?

> • 제품 1,000,000원을 외상으로 판매하였다.
> • 위 제품을 판매하면서 판매운임으로 100,000원을 지급하였다.
> • 위 판매한 제품 중 100,000원이 불량품으로 반품되었다.
> • 외상매출금이 조기에 결제되어 50,000원의 매출할인을 하여 주었다.
> • 거래처와 일정기간 단위로 거래실적에 따라 100,000원을 감액해 주었다.

① 850,000원   ② 750,000원
③ 950,000원   ④ 700,000원

03. ㈜두만의 20x0년말 현재 매출채권은 10,000,000원과 대손충당금은 잔액은 200,000원이다. 20x1년 중 거래는 다음과 같을 때 20X1년도 손익계산서 판매비와 관리비에 계상될 대손상각비는?

> 1. 전기 상각 처리한 매출채권 300,000원을 현금으로 회수하였다.
> 2. 매출채권 중 400,000원이 회수불능으로 밝혀졌다.
> 3. 대여금 중 200,000원이 회수불능으로 밝혀졌다.
> 2. 20x1년말 매출채권 잔액은 20,000,000원이며, 대손추산율은 2%로 예상된다.

① 300,000원   ② 250,000원
③ 400,000원   ④ 280,000원

04. 기업회계기준서상 무형자산에 대한 다음 설명 중 잘못된 것은?

① 개발비는 미래 경제적 효익의 유입가능성이 높고 취득원가를 신뢰성 있게 측정할 수 있는 경우에 인식할 수 있다.

② 무형자산에는 산업재산권, 라이선스, 소프트웨어, 개발비, 창업비 등이 포함된다.

③ 개발비상각액은 제조와 관련이 있는 경우에는 제조원가로 그 이외에는 판매비와 관리비로 처리해야 한다.

④ 무형자산의 잔존가액은 없는 것을 원칙으로 한다.

05. 다음 중 재무상태표 자본의 구성항목에 대한 설명 중 틀린 것은?

① 자본금은 법정자본금으로서 주당 발행가액에 발행주식수를 곱한 금액이다.

② 자본잉여금은 증자나 감자 등 주주와의 거래에서 발생하여 자본을 증가시키는 잉여금이다.

③ 이익잉여금에는 법정적립금, 기타법정적립금, 임의적립금, 미처분이익잉여금으로 구성된다.

④ 자본조정에는 자본의 차감항목과 가산항목으로 구성되는데, 차감항목의 대표적인 것으로 주식할인발행차금, 감자차손, 자기주식, 자기주식처분손실, 배당건설이자 등이 있다.

06. 다음 자료를 보고 종합원가 계산시 평균법에 의한 재료비 완성품 환산량은?(재료비는 공정 40%에 투입하고 가공비는 전공정에 균일하게 발생한다. 또한 검사시점은 공정의 20% 시점이다)

• 당기완성품수량 : 100개	• 기말재공품수량 : 50개(30%)
• 기초재공품수량 : 100개(30%)	• 당기투입량 : 300개

① 100개 　　　　　　　　　　② 150개
③ 200개 　　　　　　　　　　④ 250개

07. 다음 중 종합원가계산에 관한 설명으로 틀린 것은?

① 선입선출법에 의한 원가계산시 기초재공품의 완성도를 감안하여야 한다.

② 기초재공품이 없는 경우 선입선출법이 평균법보다 완성품환산량이 크거나 같다.

③ 평균법 또는 선입선출법에 의한 원가계산시 기말재공품의 완성도는 반드시 필요한 자료이다.

④ 선입선출법에 의한 완성품환산량은 평균법을 적용한 경우와 비교하여 항상 작거나 같다.

08. (주)두만은 직접노무비를 기준으로 제조간접비를 배부한다. 다음 자료에 의해 작업지시서 No.1의 가공비는 얼마인가?

	공장전체발생원가	작업지시서 No.1
직접재료비	1,000,000원	200,000원
직접노무비	1,000,000원	400,000원
기계시간	150시간	15시간
제조간접비	1,000,000원	( )

① 700,000원　　　② 800,000원　　　③ 600,000원　　　④ 200,000원

09. 공손에 대한 설명 중 틀린 것은?

① 공손은 품질 및 규격이 표준에 미달하는 불합격품을 말한다.
② 정상공손은 제조원가에 배부하고 비정상공손은 영업외비용으로 처리한다.
③ 기말재공품이 검사시점을 통과한 경우 정상공손원가는 완성품 또는 기말재공품에 배분한다.
④ 기말재공품이 검사시점을 미통과시 정상공손원가는 기말재공품에만 배분한다.

10. (주)두만은 제조간접비를 기계시간에 따라 예정배부한다. 연간 기계시간과 제조간접비 예산이 다음과 같을 때 연간제조간접비 배부차이는 얼마인가?

구　분	예　산	실　제
기계시간	100시간	90시간
제조간접비 총액	1,000,000원	900,000원

① 10,000원 과소배부　　　　　　② 10,000원 과대배부
③ 0　　　　　　　　　　　　　④ 20,000원 과대배부

11. 부가가치세법상 조기환급과 관련한 설명 중 틀린 것은?

① 예정신고기간에 대한 조기환급세액은 예정신고일로부터 15일 내에 환급한다.
② 사업설비를 취득하였거나 과세표준에 영세율이 적용되는 경우에는 조기환급신고를 할 수 있다.
③ 영세율이 적용되는 사업자의 경우에는 당해 영세율이 적용되는 공급분과 관련된 매입세액에 대해서만 조기에 환급받을 수 있다.
④ 일반환급은 확정 신고기한 경과 후 30일 이내 환급한다. 예정신고의 환급세액은 확정신고시 납부세액에서 차감한다.

12. 다음 중 현행부가가치세법상 신고납부절차 중 가장 틀린 내용은?

① 외국법인도 내국법인과 마찬가지로 예정신고종료일로부터 25일 이내에 예정신고를 하여야 한다.

② 조기환급을 받고자 하는 개인은 예정신고를 할 수 있다.

③ 개인사업자 중 간이과세자에서 일반과세자로 변경된 자는 예정신고를 하지 않아도 된다.

④ 개인사업자의 경우 예정고지금액이 30만원미만일 경우 납부면제한다.

13. 다음 중 소득세가 과세되는 경우는?

① 채권의 매매차익   ② 농업소득 중 작물재배업

③ 상장협회등록주식의 양도차익(대주주는 제외) ④ 계약의 위약, 해약으로 인한 손해배상금

14. 학원세법 전문강사인 홍길동씨에 지급할 강사료가 1,000,000원 일 경우 당해 강사료 지급 시 원천징수하여야 할 소득세액(지방소득세는 제외)은 얼마인가?

① 30,000원   ② 50,000원   ③ 100,000원   ④ 200,000원

15. 다음은 기타소득금액이다. 무조건 분리과세 기타소득이 아닌 것은?

① 로또복권 당첨소득   ② 승마투표권의 환급금

③ 알선수재 및 배임수재에 의하여 받는 금품 ④ 슬롯머신의 당첨금품

실 무

㈜두만(2022)는 전자제품 제조, 도·소매를 영위하는 중소기업이며, 당기 회계기간은 20×1.1.1~20×1.12.31이다. 전산세무회계 수험용 프로그램을 이용하여 다음 물음에 답하시오.

문제 1 다음 거래를 일반전표입력 메뉴에 추가 입력하시오. (15점)

[1] 5월 03일 : 영종무역㈜로부터 매입하였던 원재료에 대한 외상매입대금 10,000,000원 중 품질불량으로 인하여 에누리 받은 100,000원을 제외한 잔액을 보통예금계좌에서 이체하였다(부가가치세는 고려하지 마세요). (3점)

[2] 5월 06일 : 영업직원 어학 향상을 위하여 강사를 초빙하여 교육을 실시하고 강사료 300,000원 중에서 사업소득 소득세와 지방소득세를 원천징수하고 차액을 현금으로 지급하였다. (3점)

[3] 5월 15일 : 퇴직연금 자산에서 운용수익 300,000원이 입금되다. 당사는 전임직원의 퇴직금 지급 보장을 위하여 (주)미래증권에 확정급여형(DB) 퇴직연금에 가입되어 있다. 수익에 대하여는 퇴직연금운용수익으로 회계처리하시오. (3점)

[4] 6월 10일 : 자본을 감소하기 위하여 주식 1,000주(액면가액 : 5,000원)를 1주당 4,000원으로 주주에게 현금 매입함과 동시에 소각(감자)하였다. 감자차손은 없다고 가정하고 자본금 감소를 위한 회계처리를 하시오. (3점)

[5] 6월 22일 : 타인 소유의 건물을 매수하여 새로운 공장건물을 짓고자 한다. 건물 철거비용은 5,000,000원 이며 타인 소유 건물 매수가액은 1억원이며 철거비용과 건물매각대금은 당좌수표를 발행하여 주었다. 또한 건물 철거시 폐자재 매각대금 1,000,000원을 현금으로 수취하였다. (3점)

문제 2 다음 거래 자료를 매입매출전표입력 메뉴에 추가로 입력하시오. (15점)

[1] 9월 01일 : 공장직원의 품질교육관련 서적을 10권(권당 50,000원)을 교보문고에서 구입하고, 대금은 국민카드로 결제하였다. (3점)

[2] 9월 10일 : 미국의 산요사에 제품 US $10,000를 직수출하면서 8월 3일 선수금 $5,000를 수취하면서 바로 원화로 환가하였고 잔금은 9월30일에 수령할 예정이다. 선하증권(B/L)상의 제품 선적일(ON BOARD)은 9월 10일이다. 8월 3일 선수금은 적절하게 회계처리 하였다고 가정하고, 매출은 부가가치세법상 과세표준으로 처리한다. (3점)

구 분	8월 3일	9월 10일	9월 30일
1 US $당 기준환율	1,000원	1,100원	1,200원

[3] 9월 15일 : 회사의 업무를 위하여 마티즈(배기량 800cc)를 ㈜왕명으로 부터 임차하고 대금 1,000,000원(부가가치세 100,000원)을 다음달에 결제하기로 하고 전자세금계산서를 수취하였다. (3점)

[4] 10월 10일 : 생산한 자사제품(원가 5,000,000원 시가 10,000,000원)을 거래처인 ㈜경기에 선물로 제공하였다. (3점)

[5] 10월 23일 : 회사는 LOCAL L/C에 의하여 ㈜케이티에 제품을 납품하고 영세율전자세금계산서를 교부 하였다. 공급가액은 1억원이며 대금은 전액 현금으로 받았다. (3점)

<u>문제 3</u> **부가가치세신고와 관련하여 다음 물음에 답하시오. (10점)**

[1] 다음은 제1기 부가가치세 확정신고에서 누락된 항목이다. 다음의 내용을 반영하여 8월 24일에 부가가치 세 수정신고서를 작성하여 신고·납부하려고 한다. 신고불성실가산세율은 일반 과소신고에 의한 가산세율 10%를 적용하고, 미납일수는 30일이며, *납부지연가산세는 1일 2/10,000로 가정한다.* 부가가치세 신고 서를 작성하시오(단, 회계처리는 생략하고 수정신고서의 적색기입은 생략한다). (6점)

> 〈거래내역〉
> **전자세금계산서를 적법발급하였고 다음날 국세청에 전송하였으나, 확정신고서에 누락되었다.**
> 1) 5월 5일 : 판매목적 타사업장 반출(공급가액 1,000,000원 부가세별도)에 대하여 전자세금계산서 교부한 것을 신고 누락하였다.
> 2) 5월 20일 : 기업업무추진목적으로 자가 제조 제품을 제공하였다.
>   (원가 500,000원 시가 1,000,000원)
> 3) 5월 31일 : 원재료 매입액 1,000,000원(부가가치세별도 – 전자세금계산서 수취)을 두 번 중복 입 력하였다.
> 4) 6월 30일 : ㈜경일상사에 대한 제품매출전자세금계산서 1매를 신고 누락하였다.
>   (공급가액 5,000,000원 부가세별도)

[2] 다음 자료에 의하여 대손세액공제 신청서를 작성하고 20×1년 2기 확정부가가치세 신고서의 해당란에 반영하시오. (4점)

거래처명	성명 (대표자)	대손확정일	대손금액	대손사유
㈜세계	이세계	20×1. 7.20	1,430,000	채무자의 파산
㈜상선전자	이여수	20×1.12.20	1,320,000	채권소멸시효완성
㈜덕유상사	김상우	부도발생일20×1.04.20	2,200,000	부도어음

문제 4 다음 결산자료를 입력하여 결산을 완료하시오. (15점)

[1] 장부상 개발비(미상각잔액 3,600,000원)는 당사의 신제품개발에 따른 자산인식조건을 충족하여 장부에 계상하여 전기 초부터 상각하여 왔다. 당사는 개발비의 내용연수를 사용시점부터 5년간 정액법으로 상각한다. 개발비 상각은 제조와 관련이 없다고 가정한다.(3점)

[2] 현재 보유중인 유가증권(매도가능증권)에 대하여 기업회계기준에 따라 회계처리한다. 전기에 적정하게 회계처리되었다고 가정한다.(3점)

전기 취득원가	전기 보고기간말 공정가액	당기 보고기간말 공정가액
5,000,000원	4,800,000원	5,100,000원

[3] 퇴직급여추계액이 다음과 같을 때 퇴직급여충당부채를 설정하시오. 회사는 퇴직급여추계액의 100%를 퇴직급여충당부채로 설정하고 있다. (3점)

구 분	퇴직금추계액	설정전 퇴직급여충당부채잔액(가정)
생산직 사원	20,000,000원	17,000,000원
사무직 사원	30,000,000원	15,000,000원

[4] 결산분개전 소모품금액은 10,000,000원이라 가정한다. 기말 소모품 미사용액은 2,000,000원으로 판매부문 사용액은 5,000,000원이며, 나머지는 제조부문이 사용하였다.

[5] 재고자산의 실지조사된 기말재고액 현황은 아래와 같다. (3점)

자 산 명	기말재고액
원 재 료	2,000,000원
재 공 품	3,000,000원
제 품	4,000,000원

※ 단, 원재료에는 선적지인도기준에 의해 운송중인 원재료 500,000원이 포함되어 있다.

문제 5 **20×1년 귀속 원천징수자료와 관련하여 다음의 물음에 답하시오. (15점)**

[1] 사원 김길동(106)의 부양가족명세이다. 사원등록메뉴에서 부양가족명세를 수정하시오.(6점)

가족	이름	연령	소득현황	비 고
본인	김길동			
부친	김무식	71세	소득없음	12월 25일 사망
모친	박정금	58세	양도소득금액 2,000,000원	
배우자	이은영	45세	근로소득금액 1,300,000원	
딸	김은정	22세	대학생	장애인 복지법에 따른 장애인

[2] 다음은 공장의 생산직 직원인 김기수(107, **총급여액 5천만원**)에 대한 연말정산 관련 자료이다. 주어진 자료를 이용하여 연말정산 추가자료를 입력하시오. 자료에 주어진 부양가족은 기본공제대상자에 해당한다. (9점)

구 분	항 목	금 액(원)	비 고
보장성 보험료	본인 차량종합보험료	1,200,000	
	본인 암보험료(보장성)	500,000	
교육비	본인의 대학원등록금	6,000,000	
	장남(19세)의 고등학교 수업료	3,000,000	
	차녀(10세 초등학생)의 미술학원비	2,300,000	
	3녀(6세, 취학전아동)의 태권도 학원비	1,500,000	
의료비	부친(64세)의 의료비 ☞보험회사로부터 실손의료보험금 2,000,000원 보전	5,200,000	
	본인의 안경구입비	1,100,000	
	배우자 임신을 위한 체외수정수술비	6,000,000	
	배우자 산후조리비용(1회 출산)	5,000,000	
	삼녀(과세기간 개시일 6세)의 질병치료비	500,000	

구 분	항 목	금 액(원)	비 고
기부금	천재지변으로 인한 이재민 구호금품	4,700,000	
	종친회 기부금	1,000,000	
	본인 노동조합비 납부	300,000	
	본인의 모교인 고등학교에 장학금명목으로 기부	500,000	
카드사용	배우자 및 본인의 가사용품구입비	15,000,000	
	본인 보험료 (보장성 보험료)	500,000	
	아파트 관리비	1,000,000	
	국외사용분	1,000,000	
	상품권구입	2,000,000	
	제주도 여행비	1,000,000	
	신문구독료(종이신문) 및 도서구입대금	500,000	
	박물관, 미술관 입장료	700,000	

☞ 신용카드사용의 당해연도 소비증가는 없다고 가정한다.

종합모의고사 2회 답안 및 해설

■■■■■■ 이 론

1	2	3	4	5	6	7	8	9	10	11	12	13	14	15
②	②	①	②	①	①	②	②	④	③	③	④	④	①	③

01. 중요성은 세법의 규정으로 판단해서는 안된다.

02. 순매출액 = 총매출액(1,000,000) – 매출환입(100,000) – 매출할인(50,000) – 매출에누리(100,000) = 750,000원

03.

대손충당금(20x1)

매출채권	400,000	기초잔액	200,000
		회 수	300,000
기말잔액(20,000,000×2%)	**400,000**	**대손상각비(?)**	**300,000**
계	800,000	계	800,000

04. 창업비는 당기 비용으로 처리한다.

05. 법정자본금은 액면가액에 발행주식수를 곱한 금액이다.

06. 〈물량흐름〉

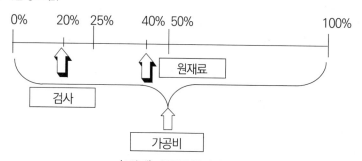

		평균법			재료비	가공비
기초재공품	100	완성품		100	100	100
		공손품	250(20%)		0	50
당기투입	300	기말재공품	50(30%)		0	150
계	400	계		400	**100**	300

07. 기초재공품이 없는 경우 완성품환산량은 선입선출법이나 평균법은 동일하다.

08. 제조간접비 = 1,000,000원 × 400,000원 / 1,000,000원 = 400,000원

가공비 = 직접노무비 + 제조간접비 = 400,000원 + 400,000원 = 800,000원

09. **기말재공품이 검사시점을 미통과시 정상공손원가는 완성품에만 배분**한다.

10. 제조간접비예정배부율 = 예산제조간접비/예정조업도 = 1,000,000원/100시간 = 10,000원/시간

예정배부액 = 실제조업도 × 예정배부율 = 90시간 × 10,000원/시간 = 900,000원

실제발생액 = 예정배부액   ∴ 배부차이 = 0

11. 조기환급세액은 영세율에 관련된 매입세액 및 시설투자에 관련된 매입세액, 국내공급분에 대한 일반 매입세액을 구분하지 않고, 사업장별 전체로 매출세액에서 매입세액을 공제하여 계산한다.

12. 외국법인의 부가가치세 신고기한이 과세기간(예정신고기간)종료일로부터 25일 이내로 내국법인과 같다. **개인사업자의 예정고지금액이 50만원 미만일 경우 납부면제**된다.

13. 손해배상금은 원칙적으로 과세제외이나, 계약의 위약, 해약으로 인한 손해배상금은 기타소득으로 과세된다.

14. 사업적으로 하는 강사의 소득은 사업소득에 해당되고, 원천징수세율은 3%임.

15. **알선수재 및 배임수재에 의하여 받는 금품과 뇌물은 무조건 종합과세소득**임.

실 무

문제 1 **일반전표입력**

[1] (차) 외상매입금　　　　　　　10,000,000원　　(대) 보 통 예 금　　　　　　　9,900,000원
　　　　(영종무역(주))　　　　　　　　　　　　　　　매입에누리(원재료)　　　　100,000원

[2] (차) 교육훈련비(판)　　　　　　300,000원　　(대) 예 수 금　　　　　　　　　9,900원
　　　　　　　　　　　　　　　　　　　　　　　　　현　　　　금　　　　　　　290,100원

[3] (차) 퇴직연금운용자산(㈜미래증권)　300,000원　(대) 퇴직연금운용수익　　　　300,000원
　　　☞**퇴직연금운용자산도 채권이다. 채권에 대해서는 원칙적으로 거래처를 입력해야 한다.**

[4] (차) 자 본 금　　　　　　　　5,000,000원　　(대) 현　　　　금　　　　　　4,000,000원
　　　　　　　　　　　　　　　　　　　　　　　　　감자차익　　　　　　　　1,000,000원

[5] (차) 토　　　　지　　　　　104,000,000원　　(대) 당 좌 예 금　　　　　105,000,000원
　　　　현　　　　금　　　　　　1,000,000원

문제 2 매입매출전표입력

문항	일자	유형	공급가액	부가세	거래처	전자세금
[1]	9/01	58.카면	500,000	0	교보문고	–
분개유형		(차) 도서인쇄비(제)		500,000 (대) 미지급금(국민카드)		500,000
혼합						

문항	일자	유형	공급가액	부가세	거래처	전자세금
[2]	9/10	16.수출(1)	10,500,000	0	산요사	–
분개유형		(차) 선수금		5,000,000 (대) 제품매출		10,500,000
혼합		외상매출금		5,500,000		

☞과세표준 : 5,000,000원＋$5,000×1,100원＝10,500,000원

문항	일자	유형	공급가액	부가세	거래처	전자세금
[3]	9/15	51.과세	1,000,000	100,000	(주)왕명	여
분개유형		(차) 임차료(판)		1,000,000 (대) 미지급금		1,100,000
혼합		부가세대급금		100,000		

문항	일자	유형	공급가액	부가세	거래처	전자세금
[4]	10/10	14.건별	10,000,000	1,000,000	(주)경기	–
분개유형		(차) 기업업무추진비(판)		6,000,000 (대) 제품(적요.8)		5,000,000
혼합				부가세예수금		1,000,000

☞간주공급의 과세표준은 시가이고, 사업상증여는 세금계산서 교부 면제이므로 14.건별을 선택한다.

문항	일자	유형	공급가액	부가세	거래처	전자세금
[5]	10/23	12.영세(3)	100,000,000	0	(주)케이티	여
분개유형		(차) 현 금		100,000,000 (대) 제품매출		100,000,000
현금						

문제 3 부가가치세

[1] 확정신고서(4－6월)와 신고구분을 수정신고로 선택하여 차수 "1" 수정신고금액에 다음의 금액을 가산하여 입력한다.)

─전자세금계산서 적법발급 후 다음날 전송 및 확정신고 누락

구 분			공급가액	세 액
매출	과세	세금(전자)	6,000,000	600,000
		기타	1,000,000	100,000
	영세	세금		–
		기타		
매입	과세	세금	－1,000,000	－100,000
확정신고미달신고(납부)→신고, 납부지연가산세				800,000

730

〈가산세명세〉

구 분	금 액	계산내역	세 액
세금계산서합계표제출불성실(매입 – 부실기재)	1,000,000	0.5%	5,000
신고불성실(1개월이내 수정신고 – 90%감면)	800,000	10/100×(1 – 90%)	8,000
납부지연	800,000	2(가정)/10,000×30일	4,800
합 계			17,800

[2] 대손세액공제신청서(10~12월)

- 모든 대손사유가 대손공제 대상임. 대손공제 신청서 입력 후 대손세액 : 450,000원 확인

대손확정일	대손금액	공제율	대손세액	거래처		대손사유
20x1-07-20	1,430,000	10/110	130,000	(주)세계	1	파산
20x1-12-20	1,320,000	10/110	120,000	(주)상선전자	6	소멸시효완성
20x1-10-21	2,200,000	10/110	200,000	(주)덕유상사	5	부도(6개월경과)

☞ *부도발생일인 4월 20일로부터 6개월이 된 날은 10월 20일이고, 6개월이 경과한 날(대손확정일)은 10월 21일이다.*

- 2기 확정신고서 조회 후 대손세액가감 란에 – 450,000원이 반영여부를 확인 후 신고서를 반드시 저장하여야 함.

문제 4　결산

[1] [수동결산 또는 자동결산]

(차) 무형고정자산상각비(판)　　900,000원　　(대) 개 발 비　　　　900,000원

　☞ 상각비＝미상각잔액/잔여내용년수＝3,600,000/4년

[2] [수동결산] 유가증권평가

(차) 매도가능증권(투자)　　300,000원　　(대) 매도가능증권평가손　　200,000원
　　　　　　　　　　　　　　　　　　　　　　　매도가능증권평가익　　100,000원

[3] [자동결산] 퇴직금 계상

- 제조원가(생산직) : 3,000,000원
- 판 관 비(사무직) : 15,000,000원

[4] [수동결산] 소모품

(차) 소 모 품 비(판)　　5,000,000원　　(대) 소 모 품　　8,000,000원
　　　소 모 품 비(제)　　3,000,000원

[5] [자동결산] 기말재고액을 입력

- 원재료 : 2,000,000원(선적지 인도조건의 경우 구매자의 재고자산에 해당됨)
- 재공품 : 3,000,000원 • 제 품 : 4,000,000원

※ 자동결산항목을 모두 입력하고 상단의 전표추가한다.

문제 5 원천징수

[1] 사원등록(김길동)

관계	요 건		기본공제	추가공제 (자녀)	판 단
	연령	소득			
본 인	–	–	○		
부(71)	○	○	○	경로	사망일 전일로 판단
모(58)	×	×	부		소득금액 1백만원 초과자
배우자	–	○	○		근로소득금액 1.5백만원이하자
자1(22)	×	○	○	장애(1),자녀	장애인은 연령요건을 따지지 않는다.

[2] 연말정산(김기수)

구 분	세부내역 및 금액	
보험료	손해보험(1,200,000)+생명보험(500,000)	1,700,000
교육비	본인(6,000,000)+장남(3,000,000)+삼녀(1,500,000) * 학원비는 교육비에서 제외됨(다만 취학전 아동의 학원비는 공제 가능함.)	10,500,000
의료비	일반의료비 3,200,000(실손보험금은 차감) 특정(본인)의료비(500,000) * 안경구입비는 인당 500,000원 한도임 난임시술의료비 – 체외수정시술비(6,000,000) 산후조리비용(일반) – 한도(2,000,000) 3녀(과세기간 개시일 6세)의 질병치료비(500,000) – 특정의료비	12,200,000

구 분	세부내역 및 금액	
기부금		5,500,000
	특례 : 4,700,000 + 500,000(고등학교 장학금 기부) 일반 : 300,000(노동조합비) *** 종친회 기부금은 비지정기부금임.**	
신용카드	본인(15,000,000) + 제주도여행비(1,000,000)	16,000,000
	도서 · 신문 · 공연비(500,000) + 박물관(700,000)	1,200,000

[소득공제]

1. 신용카드	① 신용카드	16,000,000
	② 도서 · 공연등	1,200,000

[특별세액공제]

1. 보험료	① 일반	1,700,000
2. 의료비	① 특정(본인, 6세 이하)의료비	1,000,000
	② 난임시술의료비	6,000,000
	③ 일반의료비	5,200,000
3. 교육비	① 본인	6,000,000
	② 취학전아동	1,500,000
	③ 초중고	3,000,000
4. 기부금	① 특례	5,200,000
	② 일반	300,000

종합모의고사 3회

■ 이 론

01. 다음 중 회계정보가 갖추어야 할 질적 특성에 대한 설명으로 틀린 것은?

① 예측역할이란 정보이용자가 기업실체의 미래 재무상태, 경영성과 등을 예측하는데 그 정보가 활용될 수 있는지를 여부를 말한다.

② 보수주의란 불확실한 상황에서 추정이 필요한 경우 자산이나 수익이 과소평가하지 않도록 상당한 정도의 주의를 기울이는 것을 말한다.

③ 적시성이란 필요한 정보는 제때에 제공되어야 한다.

④ 중립성이란 회계정보가 신뢰성을 갖기 위해서는 한쪽에 치우침 없이 중립적이어야 한다는 것을 의미한다.

02. 다음 중 재고자산의 평가에 대한 설명으로 틀린 것은?

① 재고자산 평가방법 중 선입선출법은 먼저 매입 또는 생산한 재고항목이 먼저 판매 또는 사용된다고 원가흐름을 가정하는 방법이다.

② 평가손실을 초래했던 상황이 해소되어 시가가 장부가액보다 상승하여 평가손실을 환입한 경우에는 수정된 장부가액이 최초의 취득가액을 초과할 수 없다.

③ 재고자산의 시가가 취득원가보다 하락한 경우에는 저가법을 사용하여 재고자산의 재무상태표가액을 결정한다.

④ 재고자산의 평가는 원칙적으로 종목별로 적용하지만 재고자산 항목들이 유사하거나 관련되어 있는 경우에는 조별 또는 총계기준으로 적용할 수 있다.

03. 기업회계기준서상 유가증권에 대한 설명으로 틀린 것은?

① 다른 회사에 유의적인 영향력을 행사할 수 있는 주식을 지분법적용투자주식이라고 한다.

② 의결권 있는 주식의 20%이상을 보유한 경우 명백한 반증이 없는 경우 유의적인 영향력을 행사한다고 본다.

③ 매도가능증권의 처분손익은 처분가액에서 장부가액을 차감한 금액이다.

④ 매도가능증권(공정가액이 있는 경우) 중 지분증권은 기말에 공정가액으로 평가한다. 다만 공정가액이 없는 경우에는 원가로 평가한다.

04. 매출에누리를 영업외비용으로 회계 처리한 경우 나타나는 현상으로 틀린 것은?

① 매출총이익이 과대계상된다.　　　　　② 영업이익이 과대계상된다.
③ 법인세차감전순이익이 과대계상된다.　④ 매출액이 과대계상된다.

05. 다음 중 기업회계기준상 무형자산에 대한 설명으로 틀린 것은?

① 영업권은 미래 초과수익력을 의미한다. 기업회계기준상 외부구입영업권만 인정되고 자가창설영업권은 인정되지 않는다.
② 회사 내부에서 개발된 소프트웨어가 자산인식조건을 충족시킬 경우 무형자산인 소프트웨어 과목으로 회계 처리한다.
③ 무형자산의 상각기간은 원칙적으로 20년을 초과할 수 없다.
④ 무형자산의 상각은 제조와 관련이 있는 경우에는 제조원가로 기타 제조와 관련이 없는 경우에는 판매비와 관리비로 회계 처리한다.

06. 생산량, 직접노동시간, 직접작업시간 등으로 표시되는 생산 활동의 이용정도를 나타내는 말은 무엇인가?

① 배부차이　　　② 가공도　　　③ 조업도　　　④ 생산도

07. ㈜금강의 제조간접비 예정배부율은 기계시간당 1,000원이다. 실제기계시간이 100시간이고 제조간접비가 실제 발생액이 150,000원일 경우 알맞은 설명은? (회사는 기계시간으로 예정배부하고 있다.)

① 50,000원 과대배부　　　　　② 50,000원 과소배부
③ 배부차이없다.　　　　　　　④ 10,000원 과대배부

08. 원가계산에서 제품 계정으로 대체되는 재공품계정의 금액은 무엇을 의미하나?

① 당기에 투입된 모든 작업의 원가　　② 당기에 발생된 모든 작업의 원가
③ 당기에 완성된 모든 작업의 원가　　④ 당기에 지급된 모든 작업의 원가

09. 다음 중 관리회계의 성격과 거리가 먼 것은?

① 내부경영의사결정에 필요한 관리정보제공
② 정보는 미래지향적이고 작성자의 주관적인 특성을 갖는다.
③ 보고서의 형식은 별도 없다.
④ 일반적으로 기업회계기준에 준거하여 작성한다.

10. 완성품은 1,000개이고, 기말재공품은 500개(완성도 30%)인 경우 평균법에 의한 종합원가계산에서 재료비 및 가공비 완성품 환산량은 몇 개인가? (재료는 공정 초기에 전량 투입되며, 가공비는 50%시점부터 균일하게 투입된다.)

	재료비	가공비		재료비	가공비
①	1,000개	1,500개	②	1,000개	1,500개
③	1,500개	1,000개	④	1,500개	1,500개

11. 다음 중 의제매입세액에 대한 설명 중 틀린 것은?

① 면세농산물을 과세재화의 원재료로 사용 시 인정된다.
② 세액을 계산하는 매입가액의 계산은 운임 등의 부대비용을 포함한 가액으로 한다.
③ 의제매입세액을 공제 받은 후 면세농산물을 그대로 양도한 경우 의제매입세액을 추징당한다.
④ 제조업의 경우 농어민으로부터 직접 공급받는 경우에는 농어민이 발행한 영수증으로도 공제가 가능하다.

12. 재화의 간주공급에 대한 설명이다. 잘못된 설명은?

① 간주공급의 과세표준은 원칙적으로 시가에 의해 계산한다. 예외적으로 직매장반출은 취득가액으로 할 수 있다.
② 재화의 간주공급에는 자가공급, 개인적공급, 사업상증여, 폐업시 잔존재화가 있다.
③ 사업을 위하여 무상으로 제공하는 견본품, 광고선전물은 사업상증여에 해당하지 않는다.
④ 간주공급에 대하여 원칙적으로 세금계산서 교부의무가 없으나 직매장반출의 경우 모든 사업자는 세금계산서를 발행해야 한다.

13. 다음 중 소득세법상 소득의 구분으로 틀린 것은?

① 지역권, 지상권을 대여하고 사용료로서 받는 금품 : 사업소득
② 일시적인 금전대여로 인한 비영업대금의 이익 : 이자소득
③ 출자공동사업자(경영에 참여하지 않고 출자만 하는 자)로써 얻는 이익 : 사업소득
④ 직장공제회 초과반환금 : 이자소득

14. 다음 기타소득 중 80%추정 필요경비를 인정하는 소득은?

① 일시적인 문예창작소득
② 공익사업과 관련된 지상권의 대여소득
③ 위약금과 배상금중 주택입주 지체상금
④ 일시적인 강사료

15. 다음은 원천징수에 대한 설명이다. 틀린 내용은?

① 원천징수의무자는 원천징수 세액을 그 징수일이 속하는 다음 달 10일까지 납부하여야 한다.

② 상시 고용인원이 20인 이하의 사업자인 경우 관할 세무서장의 승인을 얻어 반기별로 납부할 수 있다(은행, 보험업 제외).

③ 일용근로자는 일급여액에 100,000원을 차감 후 6%를 세율을 곱하여 산출세액을 계산하고, 그리고 산출세액의 55%를 세액공제하고 원천징수한다.

④ 예납적 원천징수란 원천징수로 납세의무가 종결되지 않는 것으로서 확정 신고시 원천징수세액을 기납부세액으로 공제한다.

■ 실 무

㈜금강(2023)은 전자제품 제조, 도·소매를 영위하는 중소기업이며, 당기 회계기간은 20×1.1.1~20×1.12.31이다. 전산세무회계 수험용 프로그램을 이용하여 다음 물음에 답하시오.

문제 1   다음 거래를 일반전표입력 메뉴에 추가 입력하시오. (15점)

[1] 4월 05일 : 신제품 개발을 위하여 TFT를 구성하였다. 신제품 개발시 투입 비용은 인건비 15,000,000원 재료비 5,000,000원, 기타 무형자산의 창출에 필요하며 합리적이고 일관된 방법으로 배분할 수 있는 간접비 3,000,000원을 현금지급하였다. 동 비용을 무형자산으로 처리하세요. (3점)

[2] 4월 15일 : 금년 3월 31일에 열린 주주총회의 결의에 따라 현금배당 5,000,000원과 주식배당 10,000,000원을 실시하고 현금과 주식으로 지급하다(현금배당 관련하여 원천징수세액은 100,000원으로 가정한다). (3점)

[3] 4월 18일 : 영업부서의 김길동이 퇴사하여 퇴직금 5,000,000원을 지급하였다. 퇴직소득세 100,000원, 지방소득세 10,000원을 차감한 금액을 현금으로 지급하였다. 퇴직급여충당부채는 충분하다고 가정한다.(3점)

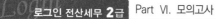

[4] 5월 5일 : 새로운 공장을 짓기 위하여 사용중인 공장건물을 철거하였다. 부가가치세는 고려하지 마세요. (3점)

> • 건물의 취득가액 : 100,000,000원
> • 철거당시감가상각누계액 : 45,000,000원
> • 건물철거비용 : 10,000,000원(현금지급)
> • 건물 철거시 골조 매각 수입금액 : 5,000,000원(보통예금입금)

[5] 5월 10일 :   원재료를 수입하면서 지급한 관세 100,000원의 환급신청을 하였는데, 인천세관으로부터 금일 확정통지를 받았다. (3점)

문제 2 **다음 거래 자료를 매입매출전표입력 메뉴에 추가로 입력하시오. (15점)**

[1] 8월 03일 :   경기상사에 제품 4,000,000원(VAT 별도)을 판매하고 전자세금계산서를 교부하였다. 공급가액 4,000,000원 중 동사에 관한 선수금 잔액을 차감한 금액을 약속어음으로 받았다. (3점)

[2] 8월 10일 :   영업 거래처인 경기상사의 영업소 개설을 축하하기 위하여 ㈜두정상사로 부터 선물세트를 구입하고 전자세금계산서를 수취하였다. (3점)

수량	단가(원)	공급가액(원)	세액(원)	결제방법
100	100,000	10,000,000	1,000,000	• 현 금 : 1,000,000원 • 외 상 : 4,000,000원 • 어음발행 : 6,000,000원(만기 : 3개월)

[3] 8월 14일 :   공장건물에 대한 냉난방설비공사를 새한전기에 의뢰한 후 전자세금계산서를 교부받았다. 공사대금 22,000,000원(공급대가) 중 10,000,000원은 현금으로 지급하고 잔액은 말일에 지급하기로 하였다. 자본적지출로 처리하세요. (3점)

[4] 9월 14일 : 일본 소니사로부터 수입한 원재료(¥10,000,000)와 관련하여, 울산세관으로부터 금일자를 작성일자로 하는 수입전자세금계산서(공급가액 100,000,000원 부가가치세액 10,000,000원)를 교부 받았고, 부가가치세와 통관수수료 1,000,000원을 보통예금에서 인출하여 지급하였다(수입전자세금계산서와 통관수수료에 대해서만 회계처리하세요). (3점)

[5] 9월 15일 : 기계장치를 ㈜강남기계로부터 구입하고 전자세금계산서를 교부받았다(거래처코드 1123으로 등록하세요). (3점)

공급자	사업자등록번호	211 - 81 - 12347
	상 호	㈜강남기계
	대 표 자	김길수
	사업장 주소	서울 동작 상도로 10
	업태/종목	제조/기계제작
공급내역	공급가액	10,000,000원(부가세별도)
	결제내역	• 어 음 : 5,000,000원(만기 1년 이내) • 외상미수금 : 6,000,000원

문제 3 **부가가치세신고와 관련하여 다음 물음에 답하시오. (10점)**

[1] 다음은 20×1년 제2기 확정기간(10월 1일 ~ 12월 31일)에 대한 부가가치세 신고관련 자료이다. 아래 자료를 추가 반영하여 20×1년 제2기 확정분 부가가치세 신고서를 작성하라. 단, 신고서 작성 시 과세표준명세, 기타 부속서류, 전표입력은 생략한다. (7점)

> ① 회사 제품(장부가액 5,000,000원)을 종업원들에게 창립기념 선물로 제공함(시가 10,000,000원)
> ② 대손이 확정된 외상매출금 2,200,000원에 대해 대손세액공제 적용함.
> ③ 2022년도 대손세액공제 받았던 받을어음 1,100,000원을 전액 현금으로 회수
> ④ 간주임대료(전세보증금 : 50,000,000원, 이자율 2.5%로 가정, 대상기간일수 : 90일, 당해연도 총일수 : 365일)를 반영함. 단, 간주임대료 계산시 소수점 첫째자리 이하는 절사한다.
> ⑤ 거래처 선물용 스마트폰을 구입하고, 전자세금계산서를 수취 (공급가액 : 1,000,000원)
> ⑥ 내국신용장에 의해 원재료를 구매하고, 영세율 전자세금계산서 수취(공급가액 : 15,000,000원)
> ⑦ 컴퓨터(비품)를 구입하고 현금영수증을 수취(공급가액 1,500,000원)
> ⑧ 면세재화를 구입하고 과세재화의 원재료 사용 (의제매입세액공제조건 충족, 공급가액 10,400,000원, 중소제조기업이다.)
> ⑨ 회사는 홈텍스로 확정신고를 하였다.

[2] 다음은 제1기 부가가치세 확정신고(20X1. 4. 1 ~ 6. 30)에서 누락된 항목이다. 다음의 내용을 반영하여 9월 23일에 부가가치세 수정신고서를 작성하여, 신고·납부하려고 한다. 신고불성실가산세율은 일반 과소신고에 의한 가산세율 10%를 적용하여 부가가치세 신고서를 작성하시오. 미납일수는 60일이며, *납부지연가산세는 1일 2/10,000로 가정한다.* (단, 회계처리와 과세표준명세는 생략한다). (6점)

> ① 4월 10일 : 판매목적 타사업장에 제품(1,000,000원, 부가가치세별도)에 대하여 전자세금계산서 교부한 것을 신고 누락하였다. **전자세금계산서는 4월 10일 발급하였으나, 확정신고기한(7/25)까지 전송하지 못하였다.**
> ② 4월 15일 : 영업거래처(강남광고)에 기업업무추진할 목적으로 자가제조 제품 증정(시가 : 500,000원, 원가 : 300,000원)
> ③ 5월 15일 : 원재료(공급가액 3,000,000, 부가가치세별도)를 구입하고 **지연수취한** 전자세금계산서
> ④ 6월 30일 미국 지맨스사에 직수출한 10,000,000원을 누락

문제 4 **다음 결산자료를 입력하여 결산을 완료하시오. (15점)**

[1] 기말현재 장부상의 외상매입금 중 일본의 산요사에 대한 것은 1,000,000엔이며, 기말현재의 엔화에 대한 기준환율은 1엔당 12.5원이다. (3점)

[2] 기말퇴직급여 추계액은 50,000,000원이다. 퇴직급여충당부채를 설정하시오(30%는 본사직원이고 70%는 공장직원이고 기설정퇴직급여충당부채는 "0"라고 가정한다). (3점)

[3] 기말 대여금에 대하여 대손충당금(보충법)을 설정하다. 단, 대손추산율은 1%로 한다. (3점)

[4] 기말재고자산(공장)은 다음과 같다. (3점)

소모품	원재료	재공품	제 품
100,000원	15,000,000원	10,000,000원	13,500,000l원

[5] 당기 이익잉여금에 대한 처분내역은 다음과 같다. (3점)
  (1) 당기처분예정일 : 20×2년 2월 28일   (2) 현금배당액 : 5,000,000원
  (3) 주식배당액 : 10,000,000원   (3) 이익준비금 : 현금배당액의 10%
  (4) 사업확장적립금 : 300,000원

문제 5 **20×1년 귀속 원천징수자료와 관련하여 다음의 물음에 답하시오. (15점)**

[1] 다음은 생산직사원인 김기수(사원코드 : 107)씨와 생계를 같이하는 부양가족의 사항이다. 원천징수와 연말정산을 위한 인적공제(소득공제 및 자녀세액공제)내역을 수정하시오. 가족전체의 세부담 최소화를 기준으로 하여 판단하며, 김기수씨의 한계세율은 30%로 가정한다. (6점)

성 명	관 계	연 령	비 고
김상수	부친	71세	일시적 강연료 수입인 기타소득금액 2,500,000원이 있다 (또한 분리과세 선택이 가능하다).
이덕만	장모	80세	소득없음. 장애인복지법에 따른 장애인
이미자	배우자	29세	소득없음
김한삼	아들	0세	올해 입양
김한일	동생	31세	항시 치료를 요하는 중증환자

[2] 다음은 공장의 생산직 직원인 이창민(**총급여액 1억원**)에 대한 연말정산 관련 자료이다. 주어진 자료를 이용하여 연말정산 추가 자료를 입력하시오. 자료에 주어진 부양가족은 이창민씨의 기본공제대상자에 해당한다. (7점)

구 분	금 액(원)	참고사항
보장성 보험료	900,000	본인 생명보험료
	1,200,000	차남(장애인)전용보장성보험료
교육비	5,300,000	배우자 대학원 수업료
	5,000,000	처남 대학교 수업료
	1,000,000	3녀(취학전 아동)의 학원비
의료비	1,200,000	본인 질병 치료비
	1,300,000	모친(만63세) 질병 치료비
	1,300,000	배우자 성형수술비(미용목적)
	500,000	장녀 질병치료비(장애인)
기부금	2,000,000	본인 종교단체 기부금
	3,000,000	부친의 국방헌금

구 분	금 액(원)	참고사항
신용카드 사용액	10,500,000	본인 신용카드 총사용액(대중교통비 2,000,000원 포함)
	3,000,000	본인 직불카드(도서 · 신문 · 공연사용분)
	7,000,000	배우자 신용카드 총사용액 (3녀의 학원비 결제액 900,000원이 포함됨)
월세	• 임대인 : 이소영 • 주민등록번호 : 770811 – 2105948 • 주택유형 : 단독주택 • 주택계약면적 : 85.00㎡ • 임대차계약서상 주소지 : 서울시 강서구 화곡동 한일하이빌 • 임대차 계약기간 : 20x1.01.01~20x1.12.31 • 매월 월세액 : 500,000원(20x1년 총 지급액 6,000,000원)	
종전근무지	• 종전근무처 : ㈜종로상사 • 사업자등록번호 : 220 – 81 – 17609 • 급여총액 : 20,000,000원 • 결정세액(소득세) : 100,000원 • 결정세액(지방소득세) : 10,000원 • 건강보험료징수액 : 200,000원	

[3] 다음은 생산직 직원인 김다식(사원코드 103)에 20×1년 1월 급여자료이다. 급여일은 1월 31일이다. 급여자료를 입력하여 1월분 원천징수세액을 산출하시오. (2점)

기본급	식 대	자가운전보조금	야간근로수당
1,500,000원	200,000원	350,000원	1,000,000원

→ 식대는 사내식당에서 식사를 제공하고 있으며, 식대는 별도로 보조하고 있다.

→ 자가운전보조금은 **본인 명의 임차차량을 직접운전**하면서 업무에 이용하고 매월 고정적으로 지급하고 있다(대신에 별도 시내교통비를 지급하지 아니한다).

종합모의고사 3회 답안 및 해설

이 론

1	2	3	4	5	6	7	8	9	10	11	12	13	14	15
②	④	③	③	②	③	②	③	④	③	②	④	③	③	③

01. **보수주의란 자산이나 수익이 과대평가하지 않도록 상당한 정도의 주의를 기울이는 것**을 말한다.

02. 예외적으로 조별기준은 허용하나, 총계기준은 허용되지 않는다.

03. **매도가능증권의 처분손익은 처분가액에서 취득원가를 차감한 금액**이나, 단기매매증권의 처분손익은 처분가액에서 장부가액을 차감한 금액으로 계산된다.

04. 법인세차감전순이익과 당기순이익은 불변이다.

05. **회사 내부에서 개발한 소프트웨어는 개발비과목으로 회계처리**한다.

07.

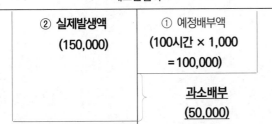

제조간접비

② **실제발생액** (150,000)	① 예정배부액 (100시간 × 1,000 = 100,000)
	과소배부 (50,000)

09. 재무회계는 기업회계기준에 의하여 작성하나, 관리회계는 기업회계기준에 의하여 작성되지 않아도 된다.

10. 〈물량흐름〉

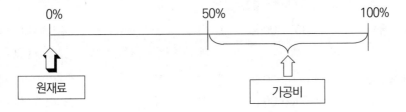

〈1단계〉 물량흐름파악		〈2단계〉 완성품환산량 계산	
평균법		재료비	가공비
완 성 품	1,000	1,000	1,000
기말재공품	500(30%)	**500**	0
계	1,500	**1,500**	1,000

11. 의제매입세액 계산시 면세농산물 등의 매입가액은 **운임·보험료 등의 부대비용을 제외한 가액을 말하며**, 수입농산물 등의 경우에는 **관세의 과세가격**을 말한다.

12. 주사업장총괄납부사업자와 사업자단위과세 사업자는 **직매장반출의 경우 재화의 공급으로 의제하지 않는다.**

13. **출자공동사업자중 경영에 참가하면 사업소득으로 과세**하고, 경영에 참가하지 않고 배당을 받은 경우 배당소득으로 과세한다.

14. ③을 제외한 기타소득은 필요경비 60% 추정 기타소득이다.

15. 일용근로자의 근로소득공제 금액은 150,000원이다.
    일용근로자의 원천징수세액(일) = (일급여액 – 150,000)×6%×45%

■■■■■■ **실 무**

문제 1 일반전표입력

[1] (차) 개 발 비 23,000,000원 (대) 현　　금 23,000,000원

[2] (차) 미지급배당금 5,000,000원 (대) 현　　금 4,900,000원
　　　 미교부주식배당금 10,000,000원 　예 수 금 100,000원
　　　 자 본 금 10,000,000원

[3] (차) 퇴직급여충당부채 5,000,000원 (대) 현　　금 4,890,000원
　　　　　　　　　　　　　　　　　　　　　 예 수 금 110,000원

[4] (차) 감가상각누계액(건물) 45,000,000원 (대) 건　　물 100,000,000원
　　　 보 통 예 금 5,000,000원 　현　　금 10,000,000원
　　　 유형자산처분손실 60,000,000원

[5] (차) 미 수 금(인천세관) 100,000원 (대) 관세환급금(제품) 100,000원

문제 2   매입매출전표입력

문항	일자	유형	공급가액	부가세	거래처	전자세금
[1]	8/03	11.과세	4,000,000	400,000	경기상사	여

분개유형	(차)	선수금	1,500,000	(대)	제품매출	4,000,000
혼합		받을어음	2,900,000		부가세예수금	400,000

☞거래처원장(선수금) 조회

문항	일자	유형	공급가액	부가세	거래처	전자세금
[2]	8/10	54.불공 (기업업무추진)	10,000,000	1,000,000	(주)두정상사	여

분개유형	(차)	기업업무추진비(판)	11,000,000	(대)	현 금	1,000,000
혼합					미지급금	10,000,000

문항	일자	유형	공급가액	부가세	거래처	전자세금
[3]	8/14	51.과세	20,000,000	2,000,000	새한전기	여

분개유형	(차)	건 물	20,000,000	(대)	현 금	10,000,000
혼합		부가세대급금	2,000,000		미지급금	12,000,000

문항	일자	유형	공급가액	부가세	거래처	전자세금
[4]	9/14	55.수입	100,000,000	10,000,000	울산세관	여

분개유형	(차)	원재료	1,000,000	(대)	보통예금	11,000,000
혼합		부가세대급금	10,000,000			

문항	일자	유형	공급가액	부가세	거래처	전자세금
[5]	9/15	51.과세	10,000,000	1,000,000	(주)강남기계 (신규등록 : 1123)	여

분개유형	(차)	기계장치	10,000,000	(대)	미지급금	11,000,000
혼합		부가세대급금	1,000,000			

[1] 확정신고서(10 - 12월)

1. 매출세액

① 자가공급(개인적공급)의 과세표준은 시가(10,000,000원)이다.

② 대손세액가감 : 대손세액 + 회수한 대손세액 = - 100,000

③ 간주임대료 과세표준 : 50,000,000 × 2.5% × 90일/365일 = 308,219

구 분		금 액	세 율	세 액
과 세	세 금 계 산 서 발 급 분		10/100	
	신 용 카 드 · 현 금 영 수 증		10/100	
	기 타	10,308,219	10/100	1,030,821
영 세 율	세 금 계 산 서 교 부 분		0/100	
	기 타		0/100	
예 정 신 고 누 락 분				
대 손 세 액 가 감				- 100,000
합 계		10,308,219		930,821

2. 매입세액

구 분		금 액	세 율	세 액
세 금 계 산 서 수 취 분	일 반 매 입	16,000,000		100,000
	고 정 자 산 매 입			
예 정 신 고 누 락 분				
그 밖 의 공 제 매 입 세 액		11,900,000		550,000
공 제 받 지 못 할 매 입 세 액		1,000,000		100,000
차 감 계		26,900,000		550,000

3. 경감공제세액외 : 전자신고세액공제 10,000원

구 분		금 액	세 율	세 액
경 감 · 공제세액	기 타 경 감 · 공 제 세 액 (전 자 신 고 세 액 공 제)			10,000
	신용카드매출전표발행공제등			
	합 계			0
차 가 감 납 부 (환 급) 세 액				370,821

[2] 확정신고누락분에 다음의 금액을 가산(수정신고, 신고차수 : 1차)

구 분			공급가액	세액
매출	과세	세금	1,000,000(미전송)	100,000
		기타	500,000	50,000
	영세	세금		
		기타	10,000,000	-
매입	과세	세금	3,000,000(지연수취)	300,000
미달신고, 납부세액				- 150,000

〈가산세명세〉

– 전자세금계산서 전송관련 가산세

발급시기	전송기한	**지연전송(0.3%)**	미전송(0.5%)
4.10	~4.11	**4.12~7.25**	7.25까지 미전송시

구 분	금 액	세 율	세 액
전자세금계산서 미전송	1,000,000	0.5%	5,000
전자세금계산서 지연수취	3,000,000	0.5%	15,000
신고불성실	- 150,000	미달신고/미달납부세액이 없음	
납부지연	- 150,000	(음수일 경우 계산불필요)	
영세율과세표준신고불성실 (3개월 이내 수정신고)	10,000,000	**0.5% ×(1 - 75%)**	**12,500**
합 계			**32,500**

문제 4 결산

[1] [수동결산] 거래처원장 조회 : 외상매입금(산요사) : 10,000,000원

　　(차) 외화환산손실　　　　　　2,500,000원　　(대) 외상매입금(산요사)　　　　2,500,000원

[2] [자동결산]퇴직금 계상

　　• 제조원가(생산직) : 35,000,000원　　• 판매비와 관리비(사무직) : 15,000,000원

[3] [자동결산]대손충당금

　　• 단기대여금 : 10,000,000원의 1% 100,000원

[4] [수동＋자동결산] 기말재고액

•시산표에서 소모품잔액(0원) 조회, 소모품일반전표 12/31입력(수동)

(차) 소 모 품   100,000원   (대) 소모품비(제)   100,000원

• 원재료 : 15,000,000   • 재공품 : 10,000,000   • 제 품 : 13,500,000

※ 자동결산항목을 모두 입력하고 상단의 전표추가한다.

[5] 제조원가명세서조회 → 손익계산서조회 → 이익잉여금처분계산서 작성 : 처분예정일 입력

• 현금배당액 : 5,000,000원   • 주식배당액 : 10,000,000원

• 이익준비금 : 500,000원   • 사업확장적립금 : 300,000원을 입력 후

※ 상단의 전표추가 키를 클릭하여 전표추가를 한다.

문제 5 **원천징수**

[1] 사원등록(김기수)

한계세율이란 초과수익에 대해 세금으로 지불해야 할 비율을 말한다.

즉 한계세율＝세액증가/소득금액증가로 나타낼 수 있다. 위 문제에서 김기수씨의 한계세율이 30%이라 하는데 이는 김기수의 소득이 1,000원 증가하면 300원의 세금부담증가로 이어진다는 표현이다.

따라서 부친의 기타소득금액에 대해서 선택적분리과세가 가능한바, 부친의 기타소득금액은 분리과세(세액 500,000원 부담)하고, 김기수씨에게 기본공제(1,500,000원)와 경로우대공제(1,000,000원)을 받으면 750,000원(2,500,000원 × 30%)의 세액절감되므로 전체적으로 250,000원의 세금절감효과가 있으므로 부친의 기타소득금액은 분리과세선택한다.

관계	요 건		기본 공제	추가공제 (자녀)	판 단
	연령	소득			
부(71)	○	○	○	경로	분리과세 선택
장모(80)	○	○	○	경로, 장애(1)	
배우자	-	-	○		
자(0)	○	○	○	출산입양(1)	
동생(31)		○	○	장애(3)	장애인은 연령요건을 따지지 않는다.

[2] 연말정산(이창민)

- 종전근무지입력(소득명세)
- 근로소득연말정산

구 분	세부내역 및 금액	
보험료	생명보험(900,000) + 장애인 보험(1,200,000)	2,100,000
교육비	처남(5,000,000) + 삼녀(1,000,000) ☞ **대학원은 본인만 대상이다.**	6,000,000
의료비	일반의료비 1,300,000(모친) 특정의료비 1,200,000(본인) + 500,000(장애인) ☞ **미용목적 성형수술은 제외**	3,000,000
기부금	특례기부금 : 3,000,000(부친) 종교단체 기부금 : 2,000,000	5,000,000
신용카드사용액	- 신용카드 : 본인(8,500,000) + 배우자(7,000,000) - 직불카드 : 본인(3,000,000) - 대중교통비 : 본인(2,000,000)	20,500,000
월세	**총급여액 8천만원 초과자는 대상에서 제외**	×

[소득공제]		
1. 신용카드	① 신용카드	15,500,000
	② 직불카드(도서공연등 - **총급여액 7천만원 초과자는** **해당 직불카드란에 입력**)	3,000,000
	③ 대중교통비사용액	2,000,000

[특별세액공제]		
1. 보장성보험료	① 일반	900,000
	② 장애인전용	1,200,000
2. 의료비	① 특정(본인, 장애인)의료비	1,700,000
	② 일반의료비	1,300,000
3. 교육비	① 취학전아동	1,000,000
	② 대학교	5,000,000
4. 기부금	① 특례기부금	3,000,000
	② 종교단체 기부금	2,000,000

[3] 김다식 1월 급여자료입력 1월 31일 입력

- 수당등록 식대(비과세 - 코드1005)분을 사용여부 : 부
- 수당등록 식대(과세)분을 신규등록하고 사용여부 : 여로 체크
- 수당등록 **본인 명의 임차차량도 자가운전보조금 비과세대상**

Part VII

기출문제

2025년 주요 개정세법 (전산세무2급 관련)

Ⅰ. 부가가치세법

1. 질병 치료 목적의 **동물혈액 부가가치세 면제**
2. 명의 위장 사업자 가산세 강화

| 현행 | 일반과세자 1%, 간이과세자 0.5% | 개정 | 일반과세자 2%, 간이과세자 1% |

Ⅱ. 소득세법

1. 임직원 할인금액에 대한 과세 합리화(사업수입금액 및 필요경비)

   신설
   - 사업자의 임직원에 대한 재화 등 할인금액은 사업수입금액
   - 사업자의 임직원에 대한 재화 등 할인금액은 필요경비

2. 종업원할인 금액에 대한 근로소득 규정과 비과세 기준

   신설
   - 자사 및 계열사의 종업원으로 일반소비자의 시가보다 할인하여 공급받는 경우 근로소득으로 규정
   - (대상금액) 재화 등을 시가보다 할인하여 공급받은 경우 할인받은 금액
   - (비과세 금액) MAX(시가의 20%, 연 240만원)

3. 기업의 출산지원금 비과세

   신설
   - 전액 비과세(한도 없음)
   - 근로자 본인 또는 배우자의 출산과 관련하여 출생일 이후 2년 이내에, 공통지급규정에 따라 사용자로부터 지급(2회 이내)받는 급여

4. 총급여액 7천만원 이하자의 추가 소득공제(조특법)

   신설 수영장·체력단련장 시설 이용료(2025.7.1. 이후 지출분)

5. 결혼세액공제(조특법)

   신설 (적용대상) 혼인신고를 한 거주자   (적용연도) 혼인 신고를 한해(생애 1회)
   (공제금액) 50만원

6. 자녀세액공제 확대

| 현행 | (1인) 15만원, (2인) 35만원, (2인 초과) 30만원/인 | 개정 | **(1인) 25만원, (2인) 55만원, (2인 초과) 40만원/인** |

20**년 **월 **일 시행
제***회 전산세무회계자격시험

2교시 | A형

종목 및 등급 : **전산세무2급**   - 제한시간 : 90분

(12:30 ~ 14:00)   - 페이지수 : 13p

▶시험시작 전 문제를 풀지 말것◀

① USB 수령	·감독관으로부터 시험에 필요한 응시종목별 기초백데이타 설치용 USB를 수령한다. ·USB 꼬리표가 본인의 응시종목과 일치하는지 확인하고, 꼬리표 뒷면에 수험정보를 정확히 기재한다.
② USB 설치	·USB를 컴퓨터의 USB 포트에 삽입하여 인식된 해당 USB 드라이브로 이동한다. ·USB드라이브에서 기초백데이타설치프로그램인 'Tax.exe' 파일을 실행한다. [주의] USB는 처음 설치이후, 시험 중 수험자 임의로 절대 재설치(초기화)하지 말 것.
③ 수험정보입력	·[수험번호(8자리)]와 [성명]을 정확히 입력한 후 [설치]버튼을 클릭한다. ※ 입력한 수험정보는 이후 절대 수정이 불가하니 정확히 입력할 것.
④ 시험지 수령	·시험지와 본인의 응시종목(급수) 일치 여부 및 문제유형(A 또는 B)을 확인한다. ·문제유형(A 또는 B)을 프로그램에 입력한다. ·시험지의 총 페이지수를 확인한다. ※응시종목 및 급수와 파본 여부를 확인하지 않은 것에 대한 책임은 수험자에게 있음.
⑤ 시 험 시 작	·감독관이 불러주는 '감독관확인번호'를 정확히 입력하고, 시험에 응시한다.
(시험을 마치면) ⑥ USB 저장	·이론문제의 답은 메인화면에서 〔이론문제 답안작성〕을 클릭하여 입력한다. ·실무문제의 답은 문항별 요구사항을 수험자가 파악하여 각 메뉴에 입력한다. ·이론과 실무문제의 **답을 모두 입력한 후** 〔답안저장(USB로 저장)〕을 클릭하여 답안을 저장한다. ·**저장완료** 메시지를 확인한다.
⑦ USB 제출	·답안이 수록된 USB 메모리를 빼서, <감독관>에게 제출 후 조용히 퇴실한다.

▶ 본 자격시험은 전산프로그램을 이용한 자격시험입니다. 컴퓨터의 사양에 따라 전산프로그램이 원활히 작동하지 않을 수도 있으므로 전산프로그램의 진행속도를 고려하여 입력해주시기 바랍니다.
▶ 수험번호나 성명 등을 잘못 입력했거나, 답안을 USB에 저장하지 않음으로써 발생하는 일체의 불이익과 책임은 수험자 본인에게 있습니다.
▶ 타인의 답안을 자신의 답안으로 부정 복사한 경우 해당 관련자는 모두 불합격 처리됩니다.
▶ 타인 및 본인의 답안을 복사하거나 외부로 반출하는 행위는 모두 부정행위 처리됩니다.
▶ PC, 프로그램 등 조작미숙으로 시험이 불가능하다고 판단될 경우 불합격처리 될 수 있습니다.
▶ **시험 진행 중에는 자격검정(KcLep)프로그램을 제외한 일체의 다른 프로그램을 사용할 수 없습니다.**
   (예시. 인터넷, 메모장, 윈도우 계산기 등)

〔이론문제 답안작성〕을 한번도 클릭하지 않으면 〔답안저장(USB로 저장)〕을 클릭해도 답안이 저장되지 않습니다.

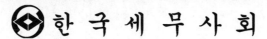

한국세무사회

제117회 전산세무 2급

합격율	시험년월
27%	2024.12

다음 문제를 보고 알맞은 것을 골라 이론문제 답안작성 메뉴에 입력하시오. (객관식 문항당 2점)

――――― 〈 기 본 전 제 〉 ―――――

문제에서 한국채택국제회계기준을 적용하도록 하는 전제조건이 없는 경우, 일반기업회계기준을 적용한다.

이 론

01. 다음 중 자산, 부채의 분류가 잘못 연결된 것은?

① 임차보증금 – 비유동자산
② 사채 – 유동부채
③ 퇴직급여충당부채 – 비유동부채
④ 선급비용 – 유동자산

02. 다음 중 무형자산에 대한 설명으로 옳은 것은?

① 무형자산 창출을 위한 내부 프로젝트를 연구단계와 개발단계로 구분할 수 없는 경우 그 프로젝트에서 발생한 지출은 모두 연구단계에서 발생한 것으로 본다.
② 내부적으로 창출한 영업권은 취득일의 공정가치로 자산으로 인식한다.
③ 연구단계에서 발생한 지출은 모두 무형자산으로 인식한다.
④ 무형자산의 상각기간은 어떠한 경우에도 20년을 초과할 수 없다.

03. 다음 중 채무증권으로만 분류되는 유가증권은 무엇인가?

① 단기매매증권
② 매도가능증권
③ 만기보유증권
④ 지분법적용투자주식

04. 다음 중 유형자산의 감가상각에 대한 설명으로 옳지 않은 것은?

① 감가상각은 자산이 사용 가능한 때부터 시작한다.

② 감가상각대상금액은 내용연수에 걸쳐 합리적이고 체계적인 방법으로 배분한다.

③ 내용연수 도중 사용을 중단하고 처분 예정인 유형자산은 사용을 중단한 시점의 장부금액으로 표시한다.

④ 감가상각방법 중 연수합계법은 자산의 내용연수 동안 감가상각액이 매 기간 증가하는 방법이다.

05. 다음 중 일반기업회계기준상 오류수정에 대한 설명으로 옳지 않은 것은?

① 오류수정은 전기 또는 그 이전의 재무제표에 포함된 회계적 오류를 당기에 발견하여 수정하는 것을 말한다.

② 당기에 발견한 전기 또는 그 이전 기간의 오류 중 중대한 오류가 아닌 경우에는 영업외손익 중 전기오류수정손익으로 보고한다.

③ 전기 이전 기간에 발생한 중대한 오류의 수정은 발견 당시 회계기간의 재무제표 항목을 재작성한다.

④ 중대한 오류는 재무제표의 신뢰성을 심각하게 손상시킬 수 있는 매우 중요한 오류를 말한다.

06. 다음 중 공장에서 사용하는 제품 제조용 전기요금에 대한 원가행태로 옳은 것은?

① 변동원가, 가공원가 　　　　　② 변동원가, 기초원가

③ 고정원가, 가공원가 　　　　　④ 고정원가, 기초원가

07. 다음 중 제조원가명세서의 구성요소가 아닌 것은?

① 기초제품재고액　　② 기말원재료재고액　　③ 당기제품제조원가　　④ 기말재공품재고액

08. 다음 중 종합원가계산 제도에 대한 설명으로 옳지 않은 것은?

① 완성품환산량이란 일정기간에 투입한 원가를 그 기간에 완성품만을 생산하는 데 투입하였다면 완성되었을 완성품 수량을 의미한다.

② 동종제품, 대량생산, 연속생산의 공정에 적합한 원가계산제도이다.

③ 정유업, 화학공업, 시멘트공업에 적합하다.

④ 원가의 정확성이 높으며, 작업원가표를 주요 원가자료로 사용한다.

09. 다음의 자료를 이용하여 제조간접원가 배부액과 제조원가를 각각 계산하면 얼마인가? 단, 제조간접원가는 기계작업시간을 기준으로 예정배부한다.

- 제조간접원가 총액(예정) : 5,000,000원
- 직접노무원가 : 4,000,000원
- 직접재료원가 : 2,000,000원
- 예정 기계작업시간 : 5,000시간
- 실제 기계작업시간 : 4,000시간

	제조간접원가 배부액	제조원가
①	6,250,000원	12,250,000원
②	6,250,000원	10,000,000원
③	4,000,000원	10,000,000원
④	4,000,000원	12,250,000원

10. 다음의 자료를 이용하여 직접배분법에 따라 보조부문의 제조간접원가를 배분한다면 제조부문 B에 배분된 보조부문원가는 얼마인가?

구분		보조부문		제조부문		합계
		X	Y	A	B	
자기부문 발생액		100,000원	300,000원	500,000원	750,000원	1,650,000원
제공 횟수	X	–	100회	400회	600회	1,100회
	Y	400회	–	300회	300회	1,000회

① 210,000원   ② 400,000원   ③ 850,000원   ④ 960,000원

11. 다음 중 부가가치세법상 영세율에 대한 설명으로 옳지 않은 것은?

① 사업자가 비거주자인 경우에는 그 해당 국가에서 대한민국의 거주자에 대하여 동일하게 면세하는 경우에만 영세율을 적용한다.

② 영세율이 적용되는 사업자는 부가가치세 납세의무가 면제된다.

③ 국내에서 계약과 대가의 수령이 이루어지지만 영세율이 적용되는 경우도 있다.

④ 내국물품을 외국으로 반출하는 것은 수출에 해당하므로 영세율을 적용한다.

12. 다음 중 부가가치세법상 공급시기로 옳지 않은 것은?

① 내국물품을 외국으로 수출하는 경우 : 수출 재화의 선적일

② 폐업 시 잔존재화의 경우 : 폐업하는 때

③ 위탁판매의 경우(위탁자 또는 본인을 알 수 있는 경우에 해당) : 위탁자가 판매를 위탁한 때

④ 무인판매기로 재화를 공급하는 경우 : 무인판매기에서 현금을 꺼내는 때

13. 다음 중 부가가치세법상 주사업장총괄납부와 사업자단위과세제도에 대한 설명으로 옳지 않은 것은?

① 법인의 경우 총괄납부제도의 주사업장은 분사무소도 가능하다.

② 총괄납부의 신청은 납부하려는 과세기간 종료일 20일 전에 신청하여야 한다.

③ 사업자 단위로 본점 관할세무서장에게 등록신청한 경우 적용 대상 사업장에 한 개의 등록번호만 부여된다.

④ 사업자단위과세를 적용할 경우 직매장반출은 재화의 공급의제에서 배제된다.

14. 다음 중 소득세법상 근로소득과 사업소득이 발생한 경우, 근로소득에 대한 종합소득산출세액을 초과하여 공제받을 수 있는 특별세액공제는?

① 교육비 세액공제   ② 보험료 세액공제

③ 의료비 세액공제   ④ 기부금 세액공제

15. 다음 중 소득세법상 과세표준의 확정신고와 납부에 대한 설명으로 옳은 것은?

① 공적연금소득과 근로소득이 있는 자로서 각각의 소득을 연말정산한 자는 종합소득세 확정신고의무가 없다.

② 두 곳 이상의 직장에서 근로소득이 발생된 자가 이를 합산하여 한 곳의 직장에서 연말정산을 했다면 종합소득세 확정신고의무가 없다.

③ 근로소득이 있는 자에게 연말정산 대상 사업소득이 추가로 발생한 경우, 해당 사업소득을 연말정산 했다면 종합소득세 확정신고의무가 없다.

④ 금융소득만 3천만원이 있는 자는 종합소득세 확정신고의무가 없다.

실 무

㈜어진상사(2117)는 전자제품의 제조 및 도·소매업을 주업으로 영위하는 중소기업으로 당기의 회계기간은 20x1.1.1.~20x1.12.31.이다. 전산세무회계 수험용 프로그램을 이용하여 다음 물음에 답하시오.

─── 〈 기 본 전 제 〉 ───

·문제에서 한국채택국제회계기준을 적용하도록 하는 전제조건이 없는 경우, 일반기업회계기준을 적용하여 회계처리한다.
·문제의 풀이와 답안작성은 제시된 문제의 순서대로 진행한다.

─── 〈 입 력 시 유의사항 〉 ───

·일반적인 적요의 입력은 생략하지만, 타계정 대체거래는 적요 번호를 선택하여 입력한다.
·채권·채무와 관련된 거래는 별도의 요구가 없는 한 반드시 기등록된 거래처코드를 선택하는 방법으로 거래처명을 입력한다.
·제조경비는 500번대 계정코드를, 판매비와관리비는 800번대 계정코드를 사용한다.
·회계처리 시 계정과목은 별도의 제시가 없는 한 등록된 계정과목 중 가장 적절한 과목으로 한다.

문제 1 [일반전표입력] 메뉴를 이용하여 다음의 거래자료를 입력하시오. (15점)

[1] 01월 05일 ㈜대명으로부터 사옥을 구입하기 위한 자금 600,000,000원을 6개월 내 상환하는 조건에 차입하기로 약정하여 선이자 15,000,000원을 제외한 나머지 금액이 보통예금 계좌에 입금되었다(단, 하나의 전표로 입력할 것). (3점)

[2] 04월 20일 주주총회에서 결의된 내용에 따라 유상증자를 실시하였다. 1주당 6,000원(액면가 액 : 1주당 5,000원)에 10,000주를 발행하고, 대금은 보통예금으로 입금받았 다(단, 주식할인발행차금을 확인하고, 회계처리 할 것). (3점)

[3] 07월 17일 전기에 회수불능으로 대손처리한 외상매출금 11,000,000원(부가가치세 포함)을 보통예금으로 회수하였다(단, 당시 대손요건을 충족하여 대손세액공제를 받았음). (3점)

[4] 08월 01일   정기예금 100,000,000원을 중도해지하여 은행으로부터 다음과 같은 내역서를 받고 이자를 포함한 전액을 당사의 보통예금 계좌로 입금받았다. 이자는 이자수익 계정으로 계상하며, 법인세와 지방소득세는 자산계정으로 처리하시오. (3점)

거래내역 확인증			
계좌번호	103 - 9475 - 3561 - 31	거래일시	x1.08.01.(15 : 12 : 59)
취급점	서울은행 강남지점	취급자	홍길동

※ 거래내용 : 중도해지 ※

- 예금주명 : ㈜어진상사
- 원금 : 100,000,000원
- 해지이자 : 300,000원
- 세후이자 : 253,800원
- 차감지급액 : 100,253,800원

- 법인세 : 42,000원
- 지방소득세 : 4,200원
- 세금 합계 : 46,200원

항상 저희 은행을 찾아주셔서 감사합니다.
계좌번호 및 거래내역을 확인하시기 바랍니다.

[5] 11월 01일　제2기 예정분 부가가치세 고지금액을 가산세를 포함하여 보통예금 계좌에서 이체하여 납부
하였다(단, 부가세예수금 계정을 사용하고 차액은 잡손실 계정으로 회계처리 한다. 이
문제에 한하여 해당 법인은 소규모 법인이라고 가정한다). (3점)

납부고지서 겸 영수증 (납세자용)

납부번호	분류기호	납부연월	결정구분	세목	발행번호
	0126	x110	7	41	85521897

성명(상호)	㈜어진상사		수입징수관 계좌번호		011756

주민등록번호 (사업자등록번호)	571-85-01094	회계연도	20x1	일반	기획재정부		조세
		과세기간	20x107	회계	소관		
주소(사업장)	서울시 구로구 안양천로 539길 6						

납부기한		20x1 년　10월　25일 까지
부가가치세		950,000
계		950,000
납기경과 20x1. 10. 26.까지	납부지연가산세	28,500
	계	978,500
납기 후 납부시 우측〈납부일자별 납부할 금액〉을 참고하여 기재		
납기경과 20x1. 10. 27.부터	납부할 금액	978,500

위 금액을 한국은행 국고(수납)대리점　위 금액을 정히 영수합니다.
인 은행 또는 우체국 등에 납부하시기
바랍니다.　　　　　　　　　　　　　　년　월 일　수납인
(인터넷 등에 의한 전자납부 가능)
　　　　　　　　　　　　　　　　　은　행
　　　　　　20x1년　10월　05일　　우체국 등

　　　구로 세무서장　　(인)

문제 2 **[매입매출전표입력]** 메뉴를 이용하여 다음의 거래자료를 입력하시오. **(15점)**

――― 〈입력 시 유의사항〉 ―――

· 일반적인 적요의 입력은 생략하지만, 타계정 대체거래는 적요 번호를 선택하여 입력한다.
· 채권·채무 관련 거래는 별도의 요구가 없는 한 반드시 기등록된 거래처코드를 선택하는 방법으로 거래처명을 입력한다.
· 제조경비는 500번대 계정코드를, 판매비와관리비는 800번대 계정코드를 사용한다.
· 회계처리 시 계정과목은 등록된 계정과목 중 가장 적절한 과목으로 한다.
· 입력 화면 하단의 분개까지 처리하고, 세금계산서 및 계산서는 전자 여부를 입력하여 반영한다.

[1] 01월 04일 제조부문이 사용하는 시설장치의 원상회복을 위한 수선을 하고 수선비 330,000원을 전액 국민카드로 결제하고 다음의 매출전표를 수취하였다(부채계정은 미지급금으로 회계처리 할 것). (3점)

매 출 전 표

단말기번호	98758156	전표번호	123789

카드종류		거래종류		결제방법	
국민카드		신용구매		일시불	
회원번호(Card No)		취소시 원거래일자			
1234 – 5678 – 8888 – 9098					
유효기간		거래일시		품명	
2026.12.01.		20x1.01.04.		시설장치수선	
전표제출		금 액 / AMOUNT			300,000
		부 가 세 / VAT			30,000
전표매입사		봉 사 료 / TIPS			
		합 계 / TOTAL			330,000
거래번호		승인번호/(Approval No.)			
		123789			

가 맹 점	시설수리전문여기야		
대 표 자	박수리	TEL	02 – 2673 – 0001
가맹점번호	123456	사 업 자 번 호	124 – 11 – 80005
주 소	서울시 송파구 충민로 66		
		서명(Signature)	

[2] 02월 03일　생산공장에서 사용할 목적으로 플라스틱 사출기(기계장치)를 중국으로부터 인천세관을 통하여 수입하고, 수입전자세금계산서를 수취하였다. 부가가치세는 보통예금으로 지급하였다. 부가가치세와 관련된 회계처리만 입력하시오. (3점)

수입전자세금계산서					승인번호		20240203 – 1451412 – 203458		
세관명	등록번호	121 – 83 – 00561	종사업장번호		수입자	등록번호	571 – 85 – 01094	종사업장번호	
	세관명	인천세관	성명	김통관		상호(법인명)	㈜어진상사	성명	김세종
	세관주소	인천광역시 중구 서해대로 339 (항동7가)				사업장주소	서울 구로구 안양천로 539길 6		
	수입신고번호또는일괄발급기간(총건)	20240203178528				업태	제조, 도소매　종목		전자제품
납부일자		과세표준		세액		수정사유		비고	
20x1.02.03.		42,400,000		4,240,000					
월	일	품목	규격	수량	단가		공급가액	세액	비고
02	03	사출기(기계장치)		10	4,240,000		42,400,000	4,240,000	
합계금액		46,640,000							

[3] 02월 15일　영업부서 거래처 직원의 경조사가 발생하여 화환을 주문하고, 다음의 계산서를 발급받았다. (3점)

전자계산서					승인번호		20240215 – 90051116 – 10181237		
공급자	등록번호	123 – 90 – 11117	종사업장번호		공급받는자	등록번호	571 – 85 – 01094	종사업장번호	
	상호(법인명)	풍성화원	성명	오미숙		상호(법인명)	㈜어진상사	성명	김세종
	사업장주소	경기도 화성시 양감면 은행나무로 22				사업장주소	서울시 구로구 안양천로 539길 6		
	업태	도소매업　종목		화훼, 식물		업태	제조, 도소매　종목		전자제품
	이메일	miso7@naver.com				이메일	happy07@naver.com		
						이메일			
작성일자		공급가액		수정사유		비고			
20x1.02.15.		100,000							
월	일	품목	규격	수량		단가		공급가액	비고
02	15	화환		1		100,000		100,000	
합계금액		현금		수표		어음		외상미수금	위 금액을 (청구) 함
100,000								100,000	

[4] 02월 18일 　공장에서 사용하던 화물용 트럭(취득가액 18,000,000원, 감가상각누계액 6,000,000원)을 10,500,000원(부가가치세 별도)에 이배달씨(비사업자)에게 매각하고 전자세금계산서를 발급하였으며 매각 대금은 2월 15일에 선수금으로 1,800,000원을 받았고 잔액은 2월 18일에 보통예금 계좌로 입금받았다. (※ 2월 18일의 회계처리를 하시오.) (3점)

전자세금계산서				승인번호			20240218 - 410100012 - 7115861		
공급자	등록번호	571 - 85 - 01094	종사업장번호		**공급받는자**	등록번호	680101 - 1240854	종사업장번호	
	상호(법인명)	㈜어진상사	성명	김세종		상호(법인명)		성명	이배달
	사업장	서울 구로구 안양천로 539길 6				사업장			
	업태	제조, 도소매	종목	전자제품		업태		종목	
	이메일	happy07@naver.com				이메일			
						이메일			

작성일자	공급가액	세액	수정사유
20x1.02.18.	10,500,000	1,050,000	해당 없음
비고			

월	일	품목	규격	수량	단가	공급가액	세액	비고
02	18	화물용 트럭 판매		1	10,500,000	10,500,000	1,050,000	

합계금액	현금	수표	어음	외상미수금	이 금액을 （영수 ） 함
11,550,000	11,550,000				

[5] 03월 07일 　당사의 건물 인테리어 공사를 담당한 ㈜양주산업의 견적 내역은 다음과 같으며, 3월 7일 전자세금계산서 수취와 동시에 해당 금액은 전액 약속어음(만기일 24.12.31.)을 발행하여 결제 완료하였다. 계정과목은 건물로 계상하시오. (3점)

공사 구분	금액	비고
건물 내부 인테리어	100,000,000원	
1층 보안시스템 설치	10,000,000원	
합계	110,000,000원	**부가가치세 별도**

• ㈜어진상사는 1층 보안시스템의 설치로 물품 도난 사고 방지에 도움이 될 것으로 예상하며, 건물의 감정평가액이 높아질 것으로 기대하고 있다.

문제 3 부가가치세 신고와 관련하여 다음 물음에 답하시오. (10점)

[1] 다음 자료를 보고 제2기 부가가치세 확정신고 기간의 [공제받지못할매입세액명세서](「공제받지못할매입세액내역」 및 「공통매입세액의정산내역」)를 작성하시오(단, 불러온 자료는 무시하고 다음의 자료를 참고하여 직접 입력할 것). (4점)

1. 매출 공급가액에 관한 자료

구분	과세사업	면세사업	합계
7월~12월	200,000,000원	50,000,000원	250,000,000원

2. 매입세액(세금계산서 수취분)에 관한 자료

구분	① 과세사업 관련			② 면세사업 관련		
	공급가액	매입세액	매수	공급가액	매입세액	매수
10월~12월	180,000,000원	18,000,000원	20매	20,000,000원	2,000,000원	8매

3. 총공통매입세액(7월~12월) : 5,000,000원
※ 제2기 예정신고 시 공통매입세액 중 불공제된 매입세액 : 800,000원

[2] 다음은 20x1년 제2기 부가가치세 예정신고기간(7월 1일~9월 30일)의 영세율 매출과 관련된 자료이다. [수출실적명세서] 및 [내국신용장·구매확인서전자발급명세서]를 작성하시오. (4점)

1. 홈택스에서 조회한 수출실적명세서 관련 내역

수출신고번호	선적일자	통화	환율	외화금액	원화환산금액
8123458123458X	20x1년 7월 22일	USD	1,400원/$	$30,000	42,000,000원

※ 위 자료는 직접수출에 해당하며, 거래처명 입력은 생략한다.

2. 홈택스에서 조회한 구매확인서 및 전자세금계산서 관련 내역
(1) 구매확인서 전자발급명세서 내역

서류구분	서류번호	발급일	공급일	금액
구매확인서	PKT20240731555	20x1년 8월 5일	20x1년 7월 31일	70,000,000원

(2) 영세율전자세금계산서

영세율전자세금계산서			승인번호		20240731 – 33000099 – 11000022		
공급자 등록번호	571 – 85 – 01094	종사업장번호		**공급받는자** 등록번호	551 – 85 – 12772	종사업장번호	
상호(법인명)	㈜어진상사	성명	김세종	상호(법인명)	㈜최강전자	성명	최강수
사업장	서울시 구로구 안양천로 539길 6			사업장	경기도 광명시 디지털로 5, 301호		
업태	제조업	종목	전자제품	업태	도매업	종목	전자제품
이메일	happy07@naver.com			이메일	big99@naver.com		
				이메일			

작성일자	공급가액	세액	수정사유
20x1.07.31.	70,000,000		해당 없음
비고			

월	일	품목	규격	수량	단가	공급가액	세액	비고
07	31	전자제품				70,000,000		

합계금액	현금	수표	어음	외상미수금	이 금액을 (**청구**) 함
70,000,000				70,000,000	

[3] 당사의 20x1년 제1기 부가가치세 확정 신고서를 작성 및 마감하여 국세청 홈택스에서 부가가치세 신고를 수행하시오. (2점)

1. 부가가치세신고서와 관련 부속서류는 마감되어 있다.
2. [전자신고] → [국세청 홈택스 전자신고변환(교육용)] 순으로 진행한다.
3. 전자신고용 전자파일 제작 시 신고인 구분은 2.납세자 자진신고로 선택하고, 비밀번호는 "12341234"로 입력한다.
4. 전자신고용 전자파일 저장경로는 로컬디스크(C:)이며, 파일명은 "enc작성연월일.101.v5718501094"이다.
5. 최종적으로 국세청 홈택스에서 [전자파일 제출하기]를 완료한다.

문제 4 결산정리사항은 다음과 같다. 관련 메뉴를 이용하여 결산을 완료하시오. (15점)

[1] ㈜어진상사는 20x1년 2월 1일에 국민은행으로부터 1년 갱신 조건으로 마이너스 보통예금 통장을 개설하였다. 20x1년 12월 31일 현재 통장 잔액은 (－)5,700,000원이다(단, 음수(－)로 회계처리 하지 말 것). (3점)

[2] 미국에 소재한 거래처 INSIDEOUT과의 거래로 발생한 외상매입금 60,250,000원($50,000)이 계상되어 있다(결산일 현재 기준환율 : 1,390원/$). (3점)

[3] 당사는 생산부서의 원재료를 보관하기 위해 창고를 임차하고 임대차계약을 체결하였다. 당해 연도 9월 1일에 임대인에게 1년분 임차료 18,000,000원(20x1.9.1.~20x2.8.31.)을 보통예금 계좌에서 이체하여 지급하고 지급일에 1년분 임차료를 선급비용으로 회계처리하였다(단, 임차료는 월할계산할 것). (3점)

[4] 당사는 외상매출금과 받을어음에 대하여 기말채권잔액의 2%를 대손예상액으로 추정하여 대손충당금을 설정하기로 한다(단, 다른 채권에 대해서는 대손충당금을 설정하지 않음). (3점)

[5] 20x1년 4월 15일에 취득한 영업권의 취득원가는 54,000,000원이다. 영업권에 대한 12월 말 결산 회계처리를 하시오. 회사는 무형자산에 대하여 5년간 월할 균등 상각하고 있으며, 상각기간 계산 시 1월 미만은 1월로 간주한다. (3점)

문제 5 | 20x1년 귀속 원천징수와 관련된 다음의 물음에 답하시오. (15점)

[1] 다음은 영업부 김성민 과장(사번 : 300)의 11월 귀속 급여 및 상여와 관련된 자료이다. [급여자
료입력]과 [원천징수이행상황신고서]를 작성하시오(단, [기초코드등록]→[환경등록]→[원천]→
[5.급여자료입력 화면]에서 "2.구분별로 입력"으로 변경한 후 작성할 것). (5점)

1. 11월 귀속 급여 및 상여 자료			
1) 급여 자료			
급여 항목	금액	공제항목	금액
기 본 급	3,000,000원	국 민 연 금	135,000원
식 대 (비 과 세)	200,000원	건 강 보 험	106,350원
		장 기 요 양 보 험	13,770원
		고 용 보 험	24,000원
		소 득 세	74,350원
		지 방 소 득 세	7,430원
		공 제 총 액	360,900원
지 급 총 액	3,200,000원	차 인 지 급 액	2,839,100원

2) 상여 자료			
상여 항목	금액	공제항목	금액
상 여	2,500,000원	고 용 보 험	20,000원
		소 득 세	207,020원
		지 방 소 득 세	20,700원
		공 제 총 액	247,720원
지 급 총 액	2,500,000원	차 인 지 급 액	2,252,280원

2. 급여의 지급시기는 20x1년 11월 30일이고, 상여의 지급시기는 20x2년 3월 15일이다.

3. 소득세법상 11월 귀속 근로소득이 12월까지 지급되지 않은 경우, 12월 31일에 지급한 것으로 보
아 소득세를 원천징수한다.

4. 지급시기별로 각각의 [급여자료입력]과 [원천징수이행상황신고서]를 작성한다.

[2] 다음은 ㈜어진상사의 사무관리직원인 이태원(사원코드 : 202번)씨의 연말정산 관련 자료이다. [연말정산 추가자료입력] 메뉴의 [소득명세] 탭, [부양가족] 탭, [연말정산입력] 탭을 작성하시오(입력된 자료는 무시하고 다음의 자료만을 이용하여 입력할 것). (10점)

〈자료 1〉 근무지 현황(급여에는 기본급 외에는 없고, 급여일은 매달 말일임)

근무지	급여기간	월급여	연간 총급여
㈜경기 412 – 81 – 24785	20x1.1.1.~20x1.11.30.(퇴사)	4,500,000원	49,500,000원
	• 국민연금 : 2,400,000원, 고용보험 : 440,000원 • 건강보험 : 1,826,000원, 장기요양보험 : 187,000원 • 원천징수 소득세 : 2,580,000원, 지방소득세 : 258,000원		

근무지	급여기간	월급여	연간 총급여
㈜어진상사	20x1.12.1.(입사)~20x1.12.31.	5,500,000원	5,500,000원
	• 국민연금 : 218,700원, 고용보험 : 49,550원 • 건강보험 : 166,750원, 장기요양보험 : 17,090원 • 원천징수 소득세 : 289,850원, 지방소득세 : 28,980원		

〈자료 2〉 가족 현황

관계	성명	주민등록번호	비고
본인	이태원	731210 – 1254632	총급여 55,000,000원
배우자	김진실	771214 – 2458694	소득 없음
모	최명순	440425 – 2639216	소득 있음(장애인(주1))
아들	이민석	030505 – 3569879	대학생
딸	이채영	080214 – 4452141	고등학생

※ (주1)모친인 최명순씨는 상가임대소득에 대한 총수입금액 36,000,000원과 필요경비 16,000,000원이 있으며, 「장애인복지법」상 장애인에 해당함.

〈자료 3〉 연말정산자료

※ 단, 의료비, 보험료, 교육비 입력 시 국세청간소화에 입력하고, 의료비의 증빙코드는 1.국세청장으로 입력
할 것.

(1) 보험료
- 본인(이태원)
  - 자동차보험료 600,000원
  - 보장성운전자보험료 240,000원
- 본인 외
  - 모친의 장애인전용보장성보험료 960,000원
  - 배우자의 저축성생명보험료 1,800,000원

(2) 교육비
- 본인(이태원) : 경영대학원 교육비 8,000,000원
- 배우자 : 정규야간전문대학 교육비 7,000,000원
- 아들 : 대학교 수업료 7,000,000원
- 딸 : 고등학교 수업료 2,000,000원, 교복구입비용 1,000,000원, 현장체험학습비 500,000원

(3) 의료비(단, 모두 근로자 본인(이태원)이 부담하였다.)
- 모친 : 상해사고 치료비 5,000,000원(실손보험 수령액 3,000,000원)
- 아들 : 시력보정용안경 300,000원
- 배우자 : 미용목적 성형수술비 2,000,000원

제117회 전산세무2급 답안 및 해설

■ 이 론

1	2	3	4	5	6	7	8	9	10	11	12	13	14	15
②	①	③	④	③	①	①	④	③	①	②	③	②	④	②

01. **사채는 비유동부채**이다.

02. ② **내부적으로 창출한 영업권**은 원가를 신뢰성 있게 측정할 수 없을 뿐만 아니라 기업이 통제하고 있는 식별가능한 자원도 아니기 때문에 **자산으로 인식하지 않는다.**

③ **연구단계에서 발생한 지출**은 무형자산으로 인식할 수 없고 **발생한 기간의 비용으로 인식**한다.

④ 무형자산의 상각기간은 독점적, 배타적인 권리를 부여하고 있는 **관계 법령이나 계약에 정해진 경우를 제외하고는 20년을 초과할 수 없다.**

03. 채무증권 : 단기매매증권, 매도가능증권, **만기보유증권**

지분증권 : 단기매매증권, 매도가능증권, 지분법적용투자주식

04. 연수합계법은 자산의 내용연수 동안 감가상각액이 매 기간 감소하는 방법이다.

05. **중대한 오류수정은 중대한 오류의 영향을 받는 회계기간의 재무제표 항목을 재작성**한다.

06. **전기요금은 변동원가, 가공원가(제조간접비)에 해당**한다.

07. **기초제품재고액**은 (전기)재무상태표와 (당기)손익계산서에서 확인할 수 있다.

08. ④ 개별원가계산을 설명하는 내용이다.

09. 예정배부율 = 예정제조간접원가(5,000,000) ÷ 예정기계작업시간(5,000) = 1,000원/기계작업시간

제조간접원가 배부액 = 실제조업도(4,000) × 예정배부율(1,000) = 4,000,000원

제조원가 = 직접재료원가(2,000,000) + 직접노무원가(4,000,000) + 제조간접원가(4,000,000)

= 10,000,000원

10. 〈직접배분법〉

	보조부문		제조부문	
	X	Y	A	B
배분전 원가	100,000	300,000	500,000	750,000
X(40% : 60%)	(100,000)	–	40,000	**60,000**
Y(50% : 50%)	–	(300,000)	150,000	**150,000**
보조부문 배부후 원가			1,050,000	960,000

제조부문 B에 배분된 보조부문원가 = X(60,000) + Y(150,000) = 210,000원

11. 영세율은 단지 세율만 0%로 적용하며 납세의무는 면제되지 않는다.

12. 위탁판매 또는 대리인에 의한 매매의 경우에는 수탁자 또는 대리인의 공급을 기준(인도시점)으로 하여 공급시기이다.

13. 그 납부하려는 **과세기간 개시 20일 전에 관할세무서장에게 신청**해야 한다.

14. 교육비, 의료비, 보험료 세액공제는 근로소득에 대한 종합소득산출세액을 초과하는 경우 공제되지 않는다.

15. ① 공적연금소득과 근로소득은 합산하여 종합소득세 신고를 해야 한다.

　③ 근로소득과 연말정산 사업소득이 있으면 합산하여 종합소득세 신고를 해야 한다.

　④ 금융소득 2천만원 초과자는 종합소득세 확정신고의무가 있다.

실 무

문제 1 　일반전표입력

[1] 일반전표입력(01/05)

(차)	보통예금	585,000,000원	(대)	단기차입금(㈜대명)	600,000,000원
	이자비용	15,000,000원			

[2] 일반전표입력(04/20)

(차)	보통예금	60,000,000원	(대)	자본금	50,000,000원
				주식할인발행차금	3,000,000원
				주식발행초과금	7,000,000원

[3] 일반전표입력(07/17)

(차)	보통예금	11,000,000원	(대)	대손충당금(109)	10,000,000원
				부가세예수금	1,000,000원

[4] 일반전표입력(08/01)

(차)	보통예금	100,253,800원	(대)	정기예금	100,000,000원
	선납세금	46,200원		이자수익	300,000원

[5] 일반전표입력(11/01)

(차)	부가세예수금	950,000원	(대)	보통예금	978,500원
	잡손실	28,500원			

문제 2 **매입매출전표입력**

[1] 매입매출전표입력(01/04)

유형: 57.카과, 공급가액: 300,000원,부가세: 30,000 원,공급처명:시설수리전문여기야, 분개:카드 또는 혼합

신용카드사: 국민카드

| (차) | 수선비(제) | 300,000원 | (대) | 미지급금(국민카드) | 330,000원 |
| | 부가세대급금 | 30,000원 | | | |

[2] 매입매출전표입력(02/03)

유형: 55.수입, 공급가액:42,400,000 원, 부가세: 4,240,000 원, 공급처명: 인천세관,전자:여, 분개: 혼합

| (차) | 부가세대급금 | 4,240,000원 | (대) | 보통예금 | 4,240,000원 |

[3] 매입매출전표입력(02/15)

유형: 53.면세, 공급가액:100,000 원, 부가세: 0 원, 공급처명: 풍성화원, 전자: 여, 분개: 혼합

| (차) | 기업업무추진비(판) | 100,000원 | (대) | 미지급금 | 100,000원 |

[4] 매입매출전표입력(02/18)

유형: 11.과세, 공급가액: 10,500,000 원, 부가세: 1,050,000 원, 공급처명: 이배달,전자: 여, 분개:혼합

(차)	보통예금	9,750,000원	(대)	차량운반구	18,000,000원
	선수금	1,800,000원		부가세예수금	1,050,000원
	감가상각누계액(209)	6,000,000원			
	유형자산처분손실	1,500,000원			

☞**처분손익 = 처분가액(10,500,000) − 장부가액(18,000,000 − 6,000,000) = △1,500,000원(손실)**

[5] 매입매출전표입력(03/07)

유형:51.과세, 공급가액:110,000,000원,부가세: 11,000,000 원, 공급처명: ㈜양주산업, 전자:여, 분개:혼합

| (차) | 건물 | 110,000,000원 | (대) | 미지급금 | 121,000,000원 |
| | 부가세대급금 | 11,000,000원 | | | |

☞**상거래 이외의 어음발행은 미지급금 계정과목으로 처리하여야 한다.**

문제 3 부가가치세

[1] 공제받지못할매입세액명세서(10~12월)

1. [공제받지못할매입세액내역] 탭

매입세액 불공제 사유	세금계산서		
	매수	공급가액	매입세액
①필요적 기재사항 누락 등			
②사업과 직접 관련 없는 지출			
③개별소비세법 제1조제2항제3호에 따른 자동차 구입·유지			
④기업업무추진비 및 이와 유사한 비용 관련			
⑤면세사업등 관련	8	20,000,000	2,000,000
⑥토지의 자본적 지출 관련			

2. [공통매입세액의정산내역] 탭

면세비율 = 면세사업(50,000,000) ÷ 총공급가액(250,000,000) = 20%

공제받지못할매입세액내역	공통매입세액안분계산내역	공통매입세액의정산내역	납부세액또는환급세액재계산

산식	구분	(15)총공통매입세액	(16)면세 사업확정 비율			(17)불공제매입세액총액((15)×(16))	(18)기불공제매입세액	(19)가산또는공제되는매입세액((17)-(18))
			총공급가액	면세공급가액	면세비율			
1.당해과세기간의 공급가액기준		5,000,000	250,000,000.00	50,000,000.00	20.000000	1,000,000	800,000	200,000

가산또는공제되는매입세액 (200,000) = 총공통매입세액(5,000,000) × 면세비율(%)(20.000000) - 기불공제매입세액(800,000)

[2] 수출실적명세서외

1. [수출실적명세서](7~9월)

구분	건수	외화금액	원화금액	비고
⑨합계	1	30,000.00	42,000,000	
⑩수출재화[=⑨합계]	1	30,000.00	42,000,000	
⑪기타영세율적용				

No		(13)수출신고번호	(14)선(기)적일자	(15)통화코드	(16)환율	금액		전표정보	
						(17)외화	(18)원화	거래처코드	거래처명
1		81234-58-123458X	20x1-07-22	USD	1,400.0000	30,000.00	42,000,000		

2. [내국신용장·구매확인서전자발급명세서](7~9월)

2. 내국신용장·구매확인서에 의한 공급실적 합계

구분	건수	금액(원)	비고
(9)합계(10+11)	1	70,000,000	
(10)내국신용장			
(11)구매확인서	1	70,000,000	

[참고] 내국신용장 또는 구매확인서에 의한 영세율 첨부서류 방법 변경(영 제64조 제3항 제1의3호)
▶ 전자무역기반시설을 통하여 개설되거나 발급된 경우 내국신용장·구매확인서 전자발급명세서를 제출하고 이 외의 경우 내국신용장 사본을 제출함
=> 2011.7.1 이후 최초로 개설되거나 발급되는 내국신용장 또는 구매확인서부터 적용

3. 내국신용장·구매확인서에 의한 공급실적 명세서

	(12)번호	(13)구분	(14)서류번호	(15)발급일	품목	거래처정보		(17)금액	전표일자	(18)비고
						거래처명	(16)공급받는자의 사업자등록번호			
	1	구매확인서	PKT20240731555	20x1-08-05		(주)최강전자	551-85-12772	70,000,000		

[3] 전자신고(4월~6월)

1. [부가가치세신고서](4월~6월) 마감

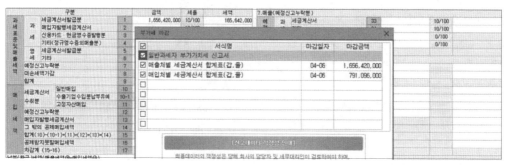

2. 전자신고파일 제작 및 제출

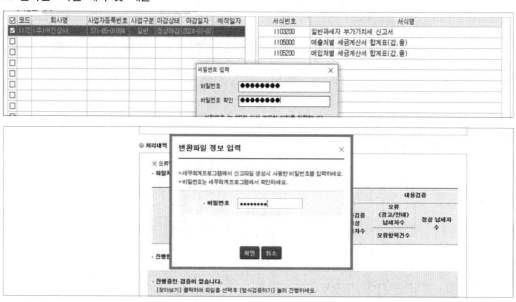

문제 4 결산

[1] 〈수동결산〉

(차) 보통예금   5,700,000원   (대) 단기차입금(국민은행)   5,700,000원

[2] 〈수동결산〉

(차) 외화환산손실   9,250,000원   (대) 외상매입금(INSIDEOUT) 9,250,000원

　☞환산손익 = 기말평가액($50,000 × 1,390) – 외상매입금 장부금액(60,250,000) = 9,250,000원(손실)

[3] 〈수동결산〉

(차) 임차료(제)   6,000,000원   (대) 선급비용   6,000,000원

　☞임차료 = 선급비용(18,000,000)÷12개월×4개월(9.1~12.31) = 6,000,000원

[4] 〈자동/수동결산〉

1. 〈수동결산〉

(차) 대손상각비   306,950원   (대) 대손충당금(외상매출금)   306,950원
　　 대손충당금(받을어음)   2,364,000원   대손충당금환입(판)   2,364,000원

　☞ **외상매출금 : 615,347,500원×2% – 12,000,000원 = 306,950원**
　　 받을어음 : 131,800,000원×2% – 5,000,000원 = (–)2,364,000원

또는,

2. 〈자동결산〉

>기간 : 20x1년 1월~20x1년 12월
>F8 대손상각 >대손율(%) 2% 입력 >추가설정액(결산반영) >108.외상매출금 306,950원 입력
　　　　　　　　　　　　　　　　　　　　　　　　　 >110.받을어음 (–)2,364,000원 입력
　　　　　　　　　　　　　　　　　　　　　　　　　 >F3 전표추가

[5] 〈자동/수동결산〉

1. 〈자동결산〉

>기간 : 20x1년 1월~20x1년 12월
>4. 판매비와 일반관리비 >6).무형자산상각비 >영업권 8,100,000원 입력>F3 전표추가

　☞ **무형자산상각비 = [취득원가(54,000,000)÷내용연수(5)]÷12개월×9개월 = 8,100,000원**

또는,

2. 〈수동결산〉

(차) 무형자산상각비   8,100,000원   (대) 영업권   8,100,000원

문제 5   원천징수

[1] 급여자료 입력과 원천징수이행상황신고서

1. [기초코드등록]→[환경등록]→[원천]→[5.급여자료입력 화면]을 "2.구분별로 입력"으로 변경

2. [급여자료입력]

① 11월 급여(300. 김성민, 귀속년월 11월, 1.급여, 지급년월일 11월 30일)

급여항목	금액	공제항목	금액
기본급	3,000,000	국민연금	135,000
월차수당		건강보험	106,350
식대	200,000	장기요양보험	13,770
자가운전보조금		고용보험	24,000
야간근로수당		소득세(100%)	74,350
		지방소득세	7,430
		농특세	
과 세	3,000,000		
비 과 세	200,000	공 제 총 액	360,900
지 급 총 액	3,200,000	차 인 지 급 액	2,839,100

② 11월 상여(300. 김성민, 귀속년월 11월, 3.상여, 지급년월일 12월 31일←지급시기의제규정)

급여항목	금액	공제항목	금액
상여	2,500,000	고용보험	20,000
		소득세(100%)	207,020
		지방소득세	20,700
		농특세	
과 세	2,500,000		
비 과 세		공 제 총 액	247,720
지 급 총 액	2,500,000	차 인 지 급 액	2,252,280

3. [원천징수이행상황신고서]

① 원천징수이행상황신고서(귀속기간 11월, 지급기간 11월, 1.정기신고)

원천징수명세및납부세액	원천징수이행상황신고서 부표	원천징수세액환급신청서	기납부세액명세서	전월미환급세액 조정명세서	차월이월환급세액 승계명세서

소득자 소득구분	코드	소득지급 인원	소득지급 총지급액	징수세액 소득세 등	농어촌특별세	가산세	당월조정 환급세액	납부세액 소득세 등	농어촌특별세
간이세액	A01	1	3,200,000	74,350					
중도퇴사	A02								

② 원천징수이행상황신고서(귀속기간 11월, 지급기간 12월, 1.정기신고)

원천징수명세및납부세액	원천징수이행상황신고서 부표	원천징수세액환급신청서	기납부세액명세서	전월미환급세액 조정명세서	차월이월환급세액 승계명세서

소득자 소득구분	코드	소득지급 인원	소득지급 총지급액	징수세액 소득세 등	농어촌특별세	가산세	당월조정 환급세액	납부세액 소득세 등	농어촌특별세
간이세액	A01	1	2,500,000	207,020					
중도퇴사	A02								

[2] 연말정산(이태원)

1. [연말정산추가자료입력] 메뉴 → [소득명세] 탭 전근무지 입력

근무 처명	사업자 등록번호	급여	보험료 명세				세액명세		근무 기간
			건강 보험	장기 요양	고용 보험	국민 연금	소득세	지방 소득세	
㈜경기	412-81-24785	49,500,000	1,826,000	187,000	440,000	2,400,000	2,580,000	258,000	1.1~11.30

2. [연말정산추가자료입력] 메뉴 → [부양가족] 탭

관계	요 건		기본공제	추가(자녀)	판 단
	연령	소득			
본인(세대주)	–	–	○		
배우자	–	○	○		
모(81)	○	×	부		사업소득금액 = 총수입금액(36,000,000) － 필요경비(16,000,000) = 10,000,000원
아들(22)	×	○	부		
딸(17)	○	○	○	자녀	종합소득금액 1백만원 초과자

연말관계	성명	내/외국인	주민(외국인,여권)번호	나이	기본공제	부녀자	한부모	경로우대	장애인	자녀	출산입양
0	이태원	내	1 731210-1254632	52	본인						
3	김진실	내	1 771214-2458694	48	배우자						
1	최명순	내	1 440425-2639216	81	부						
4	이민석	내	1 030505-3569879	22	부						
4	이채영	내	1 080214-4452141	17	20세이하					○	

3. 연말정산

〈연말정산 대상여부 판단〉

항 목	요건		내역 및 대상여부	입력
	연령	소득		
보 험 료	○ (×)	○	• 본인 자동차보험료 • 본인 운전자 보험료 • 모친 장애인전용보장성보험료(소득요건 미충족) • 배우자 저축성보험료(대상에서 제외)	○(일반 600,000) ○(일반 240,000) × ×
교 육 비	×	○	• 본인 대학원 교육비 • 배우자 야간대학 교육비 • 아들 대학교 수업료 • 딸 고등학교 수업료외(교복구입비 50만원, 　　　　　　　　 체험학습비 30만원 한도)	○(본인 8,000,000) ○(대학 7,000,000) ○(대학 7,000,000) ○(고등 2,800,000)
의 료 비	×	×	• 모친 상해사고 치료비 • 아들 시력보정용 안경(한도 50만원) • 배우자 미용목적 성형수술비	○(65세 2,000,000) ○(일반 300,000) ×

(1) 부양가족 탭

① 본인(보장성 보험료 및 교육비)

고용보험료	
보장성보험-일반	840,000
보장성보험-장애인	
합 계	**840,000**

교육비	
일반	장애인특수
8,000,000 4.본인	

② 배우자(교육비) 김진실

교육비	
일반	장애인특수
7,000,000 3.대학생	

③ 아들(교육비)

교육비	
일반	장애인특수
7,000,000 3.대학생	

③ 딸(교육비)

교육비	
일반	장애인특수
2,800,000 2.초중고	

(2) 의료비 탭

						2024년 의료비 지급명세서							
	의료비 공제대상자					지급처			지급명세				14.산후조리원
	성명	내/외	5.주민등록번호	6.본인등해당여부	9.증빙코드	8.상호	7.사업자등록번호	10.건수	11.금액	11-1.실손보험수령액	12.미숙아선천성이상아	13.난임여부	
☐	최명순	내	440425-2639216	2	0 1				5,000,000	3,000,000	X	X	X
☐	이민석	내	030505-3569879	3	X 1				300,000		X	X	X

4. 연말정산입력 → F8 : 부양가족 탭 불러오기

	구분		지출액	공제금액		구분		지출액	공제대상금액	공제금액
소득공제	32.공적연금보험공제	공무원연금			세액공제 ⑩ 출산.입양 명)	58.과학기술공제				
		군인연금			연금계좌	59.근로자퇴직연금				
		사립학교교직원				60.연금저축				
		별정우체국연금				60-1.ISA연금계좌전환				
	33.보험료	건강보험료	2,686,390	2,686,390	특별세액공제	61.보장 일반	840,000	840,000	840,000	100,800
			2,196,840	2,195,840		성보험 장애인				
		고용보험료	489,550	489,550		62.의료비	5,300,000	5,300,000	650,000	97,500
	34.주택차입금	대출기관				63.교육비	24,800,000	24,800,000	24,800,000	2,635,936
	원리금상환액	거주자				64.기부금				
	34.장기주택저당차입금이자상				기부금	1)정치자금 10만원이하				
	35.기부금-2013년이전이월분					10만원초과				
	36.특별소득공제 계			2,686,390		2)고향사랑 10만원이하				
37.차감소득금액				32,694,910		기부금 10만원초과				
	38.개인연금저축				그 밖의 공제	3)특례기부금(전액)				
그밖의 소득공제	39.소기업,소상공인 공제부금	2015년이전가입				4)우리사주조합기부금				
		2016년이후가입				5)일반기부금(종교단체외)				
	40.주택마련저축 소득공제	청약저축				6)일반기부금(종교단체)				
		주택청약				65.특별세액공제 계				2,834,236
		근로자주택마련								

	구분	소득세	지방소득세	농어촌특별세	계
73.결정세액					
기납부세액	74.종(전)근무지	2,580,000	258,000		2,838,000
	75.주(현)근무지	289,850	28,980		318,830
76.납부특례세액					
77.차감징수세액		-2,869,850	-286,980		-3,156,830

제116회 전산세무 2급

합격율	시험년월
21%	2024.10

■ 이 론

01. 다음 중 자본적 지출 항목을 수익적 지출로 잘못 회계처리한 경우 재무제표에 미치는 영향으로 옳은 것은?

① 자산이 과소계상 된다.　　　　　　② 당기순이익이 과대계상 된다.
③ 부채가 과소계상 된다.　　　　　　④ 자본이 과대계상 된다.

02. 다음 중 당좌자산에 해당하지 않는 항목은 무엇인가?

① 영업권　　　　② 매출채권　　　　③ 단기투자자산　　　　④ 선급비용

03. 다음 중 회계추정의 변경에 해당하지 않는 것은 무엇인가?

① 감가상각자산의 내용연수 변경
② 감가상각방법의 변경
③ 재고자산 평가방법의 변경
④ 재고자산의 진부화 여부에 대한 판단

04. 다음 중 자본에 대한 설명으로 옳지 않은 것은?

① 유상증자 시 주식이 할인발행된 경우 주식할인발행차금은 자본조정으로 계상한다.
② 신주발행비는 손익계산서상의 당기 비용으로 처리한다.
③ 주식분할의 경우 주식수만 증가할 뿐 자본금에 미치는 영향은 발생하지 않는다.
④ 무상감자는 주식소각 대가를 주주에게 지급하지 않으므로 형식적 감자에 해당한다.

05. 다음의 자료를 이용하여 기말재고자산에 포함해야 할 총금액을 계산하면 얼마인가? 단, 창고 재고 금액은 고려하지 않는다.

> • 반품률이 높지만, 그 반품률을 합리적으로 추정할 수 없는 상태로 판매한 상품 : 2,000,000원
> • 시용판매 조건으로 판매된 시송품 총 3,000,000원 중 고객이 구매의사표시를 한 상품 : 1,000,000원
> • 담보로 제공한 저당상품 : 9,000,000원
> • 선적지 인도조건으로 매입한 미착상품 : 4,000,000원

① 15,000,000원　　② 16,000,000원　　③ 17,000,000원　　④ 18,000,000원

06. 다음 중 원가에 대한 설명으로 옳지 않은 것은?

① 조업도(제품생산량)가 증가함에 따라 단위당 변동원가는 일정하고 단위당 고정원가는 감소한다.
② 제조원가는 직접재료원가, 직접노무원가, 제조간접원가를 말한다.
③ 가공원가란 직접재료원가와 직접노무원가만을 합한 금액을 말한다.
④ 고정원가란 관련범위 내에서 조업도 수준과 관계없이 총원가가 일정한 원가를 말한다.

07. 다음 중 개별원가계산과 종합원가계산에 대한 설명으로 옳지 않은 것은?

① 개별원가계산은 개별적으로 원가를 추적해야 하므로 공정별로 원가를 통제하기가 어렵다.
② 종합원가계산 중 평균법은 기초재공품 모두를 당기에 착수하여 완성한 것으로 가정한다.
③ 종합원가계산을 적용할 때 기초재공품이 없다면 평균법과 선입선출법에 의한 계산은 차이가 없다.
④ 종합원가계산은 개별원가계산과 달리 기말재공품의 평가문제가 발생하지 않는다.

08. 다음 중 보조부문원가를 배분하는 방법에 대한 설명으로 옳지 않은 것은?

① 상호배분법은 보조부문 상호 간의 용역수수관계를 완전히 반영하는 방법이다.

② 단계배분법은 보조부문 상호 간의 용역수수관계를 전혀 반영하지 않는 방법이다.

③ 직접배분법은 보조부문 상호 간의 용역수수관계를 전혀 반영하지 않는 방법이다.

④ 상호배분법, 단계배분법, 직접배분법 중 어떤 방법을 사용하더라도 보조부문의 총원가는 제조부문에 모두 배분된다.

09. 당사의 보험료를 제조부문에 80%, 영업부문에 20%로 배분하고 있다. 당월 지급액 100,000원, 전월 미지급액 30,000원, 당월 미지급액이 20,000원인 경우 당월 제조간접원가로 계상해야 하는 보험료는 얼마인가?

① 64,000원　　　② 72,000원　　　③ 80,000원　　　④ 90,000원

10. 종합원가계산을 적용할 경우, 다음의 자료를 이용하여 평균법과 선입선출법에 따른 가공원가의 완성품환산량을 각각 계산하면 몇 개인가?

- 기초재공품 : 300개(완성도 20%)
- 당기착수량 : 1,000개
- 당기완성량 : 1,100개
- 기말재공품 : 200개(완성도 60%)
- 원재료는 공정착수 시점에 전량 투입되며, 가공원가는 전체 공정에서 균등하게 발생한다.

	평균법	선입선출법		평균법	선입선출법
①	1,120개	1,060개	②	1,120개	1,080개
③	1,220개	1,180개	④	1,220개	1,160개

11. 다음 중 부가가치세법상 부가가치세가 과세되는 재화 또는 용역의 공급에 해당하는 것은?

① 박물관에 입장하도록 하는 용역　　　② 고속철도에 의한 여객운송 용역

③ 도서 공급　　　④ 도서대여 용역

12. 다음 중 부가가치세법상 매입세액공제가 가능한 경우는?

① 면세사업과 관련된 매입세액

② 기업업무추진비 지출과 관련된 매입세액

③ 토지의 형질변경과 관련된 매입세액

④ 제조업을 영위하는 사업자가 농민으로부터 면세로 구입한 농산물의 의제매입세액

13. 다음 중 소득세법상 근로소득의 원천징수 시기로 옳지 않은 것은?

① 20x1년 05월 귀속 근로소득을 20x1년 05월 31일에 지급한 경우 : 20x1년 05월 31일

② 20x1년 07월 귀속 근로소득을 20x1년 08월 10일에 지급한 경우 : 20x1년 08월 10일

③ 20x1년 11월 귀속 근로소득을 20x2년 01월 31일에 지급한 경우 : 20x1년 12월 31일

④ 20x1년 12월 귀속 근로소득을 20x2년 03월 31일에 지급한 경우 : 20x1년 12월 31일

14. 다음 중 소득세법상 사업소득에 대한 설명으로 가장 옳지 않은 것은?

① 간편장부대상자의 사업용 유형자산 처분으로 인하여 발생한 이익은 사업소득에 해당한다.

② 국세환급가산금은 총수입금액에 산입하지 않는다.

③ 거주자가 재고자산을 가사용으로 소비하는 경우 그 소비·지급한 때의 가액을 총수입금액에 산입한다.

④ 부동산임대와 관련 없는 사업소득의 이월결손금은 당해 연도의 다른 종합소득에서 공제될 수 있다.

15. 다음 중 소득세법상 종합소득공제 및 세액공제에 대한 설명으로 옳지 않은 것은?

① 거주자의 직계존속이 주거 형편에 따라 별거하고 있는 경우에는 생계를 같이 하는 것으로 본다.

② 재학 중인 학교로부터 받은 장학금이 있는 경우 이를 차감한 금액을 세액공제 대상 교육비로 한다.

③ 배우자가 있는 여성은 배우자가 별도의 소득이 없는 경우에 한하여 부녀자공제를 받을 수 있다.

④ 맞벌이 부부 중 남편이 계약자이고 피보험자가 부부공동인 보장성보험의 보험료는 보험료 세액공제 대상이다.

실무

㈜선진테크(2116)는 컴퓨터 및 주변장치의 제조 및 도·소매업을 주업으로 영위하는 중소기업으로서 당기의 회계기간은 20x1.1.1.~20x1.12.31.이다. 전산세무회계 수험용 프로그램을 이용하여 다음 물음에 답하시오.

문제 1 [일반전표입력] 메뉴를 이용하여 다음의 거래자료를 입력하시오. (15점)

[1] 01월 03일 전기에 하남상회에게 제품을 판매하고 계상했던 외상매출금 총 3,400,000원 중 1,400,000원은 하남상회가 발행한 약속어음으로 받고, 나머지는 보통예금 계좌로 즉시 입금받았다. (3점)

[2] 01월 15일 영업부에서 사용할 실무서적을 현금으로 구입하고, 다음의 영수증을 수취하였다. (3점)

NO.	영수증(공급받는자용)			
	㈜선진테크 귀하			
공급자	사업자등록번호	145-91-12336		
	상 호	대일서점	성 명	김대일
	사 업 장 소 재 지	서울시 강동구 천호대로 1(천호동)		
	업 태	도소매	종 목	서적
작성일자		금액합계		비고
20x1.01.15.		25,000원		
공급내역				
월/일	품명	수량	단가	금액
1/15	영업전략실무	1	25,000원	25,000원
합계		₩	25,000	
위 금액을 영수함				

[3] 08월 20일 당사는 공장신축용 토지를 취득한 후 취득세 18,000,000원과 지방채 12,000,000원(액면가 12,000,000원, 공정가치 10,500,000원, 만기 5년, 무이자부)을 보통예금 계좌에서 지급하였다. (단, 지방채는 매도가능증권으로 분류할 것) (3점)

[4] 10월 25일 다음의 제조부서 직원급여를 보통예금 계좌에서 이체하여 지급하였다. 예수금은 하나의 계정으로 처리하시오. (3점)

20x1년 10월분 급여명세서

(단위 : 원)

사원코드 : 0008		사원명 : 김하나		입사일 : 20x0.05.01	
부서 : 제조		직급 : 과장			
지 급 내 역		지 급 액	공 제 내 역		공 제 액
기 본 급		3,500,000	국 민 연 금		265,500
상 여		3,000,000	건 강 보 험		230,420
			고 용 보 험		58,500
			장 기 요 양 보 험 료		29,840
			소 득 세		530,000
			지 방 소 득 세		53,000
			공 제 액 계		1,167,260
지 급 액 계		6,500,000	차 인 지 급 액		5,332,740

귀하의 노고에 감사드립니다. ㈜선진테크

[5] 12월 01일 지난 9월 2일 공장에서 사용할 목적으로 ㈜은성기계에서 기계장치를 구매하고 아래의 전자세금계산서를 수취하면서 미지급금으로 회계처리를 했던 거래에 대하여 12월 1일에 법인카드(신한카드)로 결제하여 지급하였다(단, 카드 결제분은 미지급금으로 처리할 것). (3점)

전자세금계산서				승인번호		20240902 - 31000013 - 44346111		
공급자	등록번호	180-81-41214	종사업장번호		공급받는자	등록번호	130-81-53506	종사업장번호
	상호(법인명)	㈜은성기계	성명	박은성		상호(법인명)	㈜선진테크	성명 이득세
	사업장	서울특별시 성북구 장월로1길 28, 상가동 101호				사업장	경기도 부천 길주로 284, 105호(중동)	
	업태	제조업	종목	전자부품		업태	제조, 도소매 외 종목	컴퓨터 및 주변장치 외
	이메일	es@naver.com				이메일 이메일	jdcorp@naver.com	

작성일자	공급가액	세액	수정사유
20x1/09/02	20,000,000	2,000,000	해당 없음
비고			

월	일	품목	규격	수량	단가	공급가액	세액	비고
09	02	기계장치				20,000,000	2,000,000	

합계금액	현금	수표	어음	외상미수금	이 금액을 (**청구**) 함
22,000,000				22,000,000	

문제 2 [매입매출전표입력] 메뉴를 이용하여 다음의 거래자료를 입력하시오. (15점)

[1] 01월 02일 제조부문에서 사용하던 기계장치(취득원가 5,000,000원, 감가상각누계액 4,300,000원)를 미래전자에 1,000,000원(부가가치세 별도)에 매각하면서 전자세금계산서를 발급하였으며, 대금 중 부가가치세는 현금으로 받고, 나머지는 전액 미래전자가 발행한 약속어음으로 수취하였다. (3점)

[2] 02월 12일 가공육선물세트를 구입하여 영업부 거래처에 접대를 목적으로 제공하고 아래의 전자세금계산서를 수취하면서 대금은 보통예금 계좌에서 지급하였다. (3점)

전자세금계산서					승인번호		20240212-100156-956214		
공급자	등록번호	130-81-23545	종사업장번호		공급받는자	등록번호	130-81-53506	종사업장번호	
	상호(법인명)	㈜롯데백화점 중동	성명	이시진		상호(법인명)	㈜선진테크	성명	이득세
	사업장주소	경기도 부천시 길주로 300 (중동)				사업장주소	경기도 부천시 길주로 284, 105호 (중동)		
	업태	서비스	종목	백화점		업태	제조, 도소매	종목	컴퓨터 및 주변장치 외
	이메일	fhdns@never.net				이메일	1111@daum.net		
						이메일			

작성일자	공급가액	세액	수정사유	비고
20x1/02/12	7,100,000	710,000		

월	일	품목	규격	수량	단가	공급가액	세액	비고
02	12	가공육 선물세트 1호		100	71,000	7,100,000	710,000	

합계금액	현금	수표	어음	외상미수금	위 금액을 **(영수)** 함
7,810,000	7,810,000				

[3] 07월 17일 당사는 수출회사인 ㈜봉산실업에 내국신용장에 의해 제품을 판매하고 영세율전자세금계산서를 발급하였다. 대금 중 1,800,000원은 현금으로 받고, 나머지는 외상으로 하였다. (3점)

영세율전자세금계산서					승인번호		20240717 - 1000000 - 0000415871	
공급자	등록 번호	130 - 81 - 53506	종사업장 번호		공급받는자	등록 번호	130 - 81 - 55668	종사업장 번호
	상호 (법인명)	㈜선진테크	성명	이득세		상호 (법인명)	㈜봉산실업	성명 안민애
	사업장	경기도 부천시 길주로 284, 105호 (중동)				사업장	서울 강남구 역삼로 1504 - 20	
	업태	제조 외	종목	컴퓨터 및 주변장치 외		업태	도소매	종목 전자제품
	이메일	1111@daum.net				이메일	semicom@naver.com	
						이메일		

작성일자	공급가액	세액	수정사유
20x1/07/17	18,000,000	0	해당 없음
비고			

월	일	품목	규격	수량	단가	공급가액	세액	비고
07	17	제품	set	10	1,800,000	18,000,000	0	

합계금액	현금	수표	어음	외상미수금	이 금액을 (영수) 함
18,000,000	1,800,000			16,200,000	

[4] 08월 20일 ㈜하나로마트에서 한우갈비세트(부가가치세 면세 대상) 2,000,000원을 현금으로 결제하고 현금영수증(지출증빙용)을 수취하였다. 이 중 600,000원 상당은 복리후생 차원에서 당사 공장 직원에게 제공하였고, 나머지는 영업부서 직원에게 제공하였다. (3점)

[5] 09월 10일 아래의 세금계산서를 20x1년 제2기 부가가치세 예정신고 시 누락하였다. 반드시 20x1년 제2기 부가가치세 확정신고서에 반영되도록 입력 및 설정한다. (3점)

		세금계산서					책 번 호			권		호	
							일 련 번 호					–	

공급자	사업자 등록번호	1 1 3 – 1 5 – 5 3 1 2 7		공급받는자	사업자 등록번호	1 3 0 – 8 1 – 5 3 5 0 6	
	상호(법인명)	풍성철강	성명(대표자)	이소희	상호(법인명)	㈜선진테크	성명(대표자) 이득세
	사업장 주소	서울시 금천구 시흥대로 53			사업장 주소	경기도 부천시 길주로 284, 105호 (중동)	
	업태	도매업	종목	철강	업태	제조업	종목 컴퓨터 및 주변장치 외

작성			공급가액											세액											비고
연	월	일	공란수	백	십	억	천	백	십	만	천	백	십	일	십	억	천	백	십	만	천	백	십	일	
20x1	09	10						1	0	0	0	0	0	0					1	0	0	0	0	0	

월	일	품목	규격	수량	단가	공급가액	세액	비고
09	10	원재료				1,000,000	100,000	

합계금액	현금	수표	어음	외상미수금	이 금액을	(청구)	함
1,100,000				1,100,000			

문제 3 부가가치세 신고와 관련하여 다음 물음에 답하시오. (10점)

[1] 다음의 자료를 토대로 20x1년 제1기 부가가치세 확정신고기간의 [부가가치세신고서]를 작성하시오(단, <u>아래 제시된 자료만 있는 것으로 가정함</u>). (6점)

매출자료	• 세금계산서 발급분 과세 매출 : 공급가액 200,000,000원, 세액 20,000,000원 　– 종이(전자 외) 세금계산서 발급분(공급가액 50,000,000원, 세액 5,000,000원)이 포함되어 있다. 　– 그 외 나머지는 모두 전자세금계산서 발급분이다. • 당사의 직원인 홍길동(임원 아님)에게 경조사와 관련하여 연간 100,000원(시가) 상당의 제품(당사가 제조한 제품임)을 무상으로 제공하였다. • 대손이 확정된 외상매출금 1,650,000원(부가가치세 포함)에 대하여 대손세액공제를 적용한다.
매입자료	• 수취한 매입세금계산서는 공급가액 120,000,000원, 세액 12,000,000원으로 내용은 아래와 같다. 　– 승용자동차(배기량 : 999cc, 경차에 해당됨) 취득분 : 공급가액 20,000,000원, 세액 2,000,000원 　– 거래처 접대목적으로 구입한 물품(고정자산 아님) : 공급가액 5,000,000원, 세액 500,000원 　– 그 외 나머지는 일반 매입분이다.
유의사항	• 세부담 최소화를 가정한다. • 불러온 자료는 무시하고 문제에 제시된 자료만 직접 입력한다. • 해당 법인은 홈택스 사이트를 통해 전자적인 방법으로 부가가치세 신고를 직접 한다. • 부가가치세 신고서 이외의 과세표준명세 등 기타 부속서류의 작성은 생략한다.

[2] 다음의 자료는 20x1년 제2기 확정신고 시의 대손 관련 자료이다. 해당 자료를 이용하여 20x1년 제2기 확정신고 시의 [대손세액공제신고서]를 작성하시오(단, 모든 거래는 부가가치세 과세대상에 해당함). (4점)

대손 확정일	당초 공급일	계정과목	대손금	매출처 상호	대손사유
20x1.10.5.	2023. 5. 3.	미수금 (유형자산매각대금)	11,000,000원	㈜가경	파산종결 결정공고
20x1.10.24.	2021.10.10.	외상매출금	22,000,000원	㈜용암	소멸시효완성
20x1.5.19. (부도발생일)	20x1. 4. 8.	받을어음	16,500,000원	㈜개신	부도발생 (저당권설정 안 됨)
20x1.12.19. (부도발생일)	20x1. 8.25.	받을어음	13,200,000원	㈜비하	부도발생 (저당권설정 안 됨)

문제 4 결산정리사항은 다음과 같다. 관련 메뉴를 이용하여 결산을 완료하시오. (15점)

[1] 기존에 입력된 데이터는 무시하고, 20x1년 제2기 부가가치세 확정신고와 관련된 내용이 다음과 같다고 가정한다. 12월 31일 부가세예수금과 부가세대급금을 정리하는 회계처리를 하시오(단, 납부세액(또는 환급세액)은 미지급세금(또는 미수금)으로, 경감공제세액은 잡이익으로, 가산세는 세금과공과(판)로 회계처리한다). (3점)

> • 부가세대급금 : 9,500,000원   • 부가세예수금 : 12,500,000원
> • 전자신고세액공제액 : 10,000원   • 세금계산서 미발급가산세 : 240,000원

[2] 아래의 내용을 참고하여 20x1년 말 현재 보유 중인 매도가능증권(비유동자산)에 대한 결산 회계처리를 하시오(단, 매도가능증권과 관련된 20x0년의 회계처리는 적절하게 수행함). (3점)

주식명	20x0년 취득가액	20x0년 말 공정가치	20x1년 말 공정가치
엔비디아듀	1,000,000원	800,000원	2,000,000원

[3] 9월 1일에 영업부 차량보험에 가입하고 1년치 보험료 1,200,000원을 납부하였다. 보험료 납부 당시 회사는 전액 보험료로 회계처리 하였다(단, 월할계산할 것). (3점)

[4] 당사는 20x1년 1월 1일에 사채(액면가액 10,000,000원)를 발행하고 매년 결산일(12월 31
일)에 이자비용을 보통예금 계좌에서 지급하고 있다. 만기 20x3년 12월 31일, 액면이자율
10%, 시장이자율 7%이며 발행시점의 발행가액은 10,787,300원이다. 20x1년 12월 31일
결산일에 필요한 회계처리를 하시오. (3점)

[5] 다음은 ㈜선진테크의 유형자산 명세서이다. 기존에 입력된 데이터는 무시하며 다음의 유형자산만 있다
고 가정하고 감가상각과 관련된 회계처리를 하시오. (3점)

유형자산 명세서					
계정과목	자산명	당기분 회사 계상 감가상각비	상각 방법	내용 연수	사용 부서
건물	공장건물	10,000,000원	정액법	20년	제조부
기계장치	초정밀검사기	8,000,000원	정률법	10년	제조부
차량운반구	그랜져	7,000,000원	정액법	5년	영업부
비품	컴퓨터	3,000,000원	정률법	5년	영업부

문제 5 20x1년 귀속 원천징수와 관련된 다음의 물음에 답하시오. (15점)

[1] 다음의 자료를 바탕으로 내국인이며 거주자인 생산직 사원 임하나(750128-2436815, 세대주, 입사
일 : 20x1.09.01.)의 세부담이 최소화 되도록 [사원등록] 메뉴의 [기본사항] 탭을 이용하여 아래의 내용
중에서 필요한 항목을 입력하고, 9월분 급여자료를 입력하시오(단, 급여지급일은 매월 말일이며, 사용하
지 않는 수당항목은 '부'로 표시할 것). (6점)

> ※ 아래 〈자료〉를 통해 임하나의 [사원등록] 메뉴의 [기본사항] 탭에서 다음의 사항을 입력하고 9월분
> 급여자료를 입력하시오.
> • 10.생산직등여부, 연장근로비과세, 전년도총급여
> • 12.국민연금보수월액
> • 13.건강보험보수월액
> • 14.고용보험보수월액

〈자료〉

- 국민연금보수월액, 건강보험보수월액, 고용보험보수월액은 1,800,000원으로 신고하였다.
- 급여 및 제수당 내역은 다음과 같다.

급여 및 제수당	기본급	식대	시내교통비	출산.보육수당 (육아수당)	야간근로수당
금액(원)	1,500,000	200,000	300,000	100,000	2,200,000

- 별도의 식사는 제공하지 않고 있으며, 식대로 매월 200,000원을 지급하고 있다.
- 출퇴근용 시내교통비로 매월 300,000원을 지급하고 있다.
- 출산·보육수당(육아수당)은 6세 이하 자녀를 양육하는 직원에게 지급하는 수당이다.
- 9월은 업무 특성상 야간근무를 하며, 이에 대하여 별도의 수당을 지급하고 있다.
  (→ 임하나 : 국내 근무, 월정액급여 1,800,000원, 전년도총급여 27,000,000원)
- 20x1년 9월 1일 이전의 연장·야간근로수당으로서 비과세되는 금액은 없다.

[2] 다음은 퇴사자 우미영 사원(사번 : 301)의 20x1년 3월 급여자료이다. [사원등록] 메뉴에서 퇴사년월일을 반영하고, 3월의 [급여자료입력]과 [원천징수이행상황신고서]를 작성하시오(단, 반드시 [급여자료입력]의 「F7 중도퇴사자정산」을 이용하여 중도퇴사자 정산 내역을 급여자료에 반영할 것). (6점)

- 퇴사일은 20x1년 3월 31일이고, 3월 급여는 20x1년 4월 5일에 지급되었다.
- 수당 및 공제항목은 중도퇴사자 정산과 관련된 부분을 제외하고 추가 및 변경하지 않기로 하며 사용하지 않는 항목은 그대로 둔다.
- 3월 급여자료(우미영에 대한 급여자료만 입력하도록 한다.)

급여 항목	금액	공제 항목	금액
기 본 급	2,700,000원	국 민 연 금	121,500원
식 대 (비 과 세)	200,000원	건 강 보 험	95,710원
		장 기 요 양 보 험	12,390원
		고 용 보 험	21,600원
		중 도 정 산 소 득 세	-96,500원
		중 도 정 산 지 방 소 득 세	-9,640원
		공 제 총 액	145,060원
지 급 총 액	2,900,000원	차 인 지 급 액	2,754,940원

[3] 다음 자료를 이용하여 이미 작성된 [원천징수이행상황신고서]를 조회하여 마감하고, 국세청 홈
택스에 전자신고를 하시오. (3점)

〈전산프로그램에 입력된 소득자료〉

귀속월	지급월	소득구분	신고코드	인원	총지급액	소득세	비고
10월	10월	근로소득	A01	2명	7,000,000원	254,440원	매월(정기)신고

〈유의사항〉

1. 위 자료를 바탕으로 [원천징수이행상황신고서]가 작성되어 있다.
2. [원천징수이행상황신고서] 마감 → [전자신고] → [국세청 홈택스 전자신고 변환(교육용)] 순으로 진 행한다.
3. [전자신고] 메뉴의 [원천징수이행상황제작] 탭에서 신고인구분은 2.납세자 자진신고를 선택하고, 비 밀번호는 "123456789"를 입력한다.
4. [국세청 홈택스 전자신고 변환(교육용)] → 전자파일변환(변환대상파일선택) → 찾아보기 에서 전자 신고용 전자파일을 선택한다.
5. 전자신고용 전자파일 저장경로는 로컬디스크(C:)이며, 파일명은 "작성연월일.01.t사업자등록번호"다.
6. 형식검증하기 ➡ 형식검증결과확인 ➡ 내용검증하기 ➡ 내용검증결과확인 ➡ 전자파일제출 을 순서대로 클릭한다.
7. 최종적으로 전자파일 제출하기 를 완료한다.

제116회 전산세무2급 답안 및 해설

이 론

1	2	3	4	5	6	7	8	9	10	11	12	13	14	15
①	①	③	②	③	③	④	②	②	④	②	④	④	①	③

01. 자산을 비용으로 계상하면 **자산과 당기순이익 및 자본이 과소계상**된다. 부채에는 영향이 없다.

02. 영업권은 무형자산에 해당한다.

03. **재고자산 평가방법의 변경은 회계정책의 변경**에 해당한다.

04. **신주발행비는 주식의 발행대금에서 차감**한다.

05. 재고자산 = 반품률 추정 불가 상품(2,000,000) + 구매의사 미표시 시송품(2,000,000)
　　　　　　 + 담보제공 저당상품(9,000,000) + 선적지 인도 미착상품(4,000,000) = 17,000,000원

06. 가공원가는 **직접노무원가와 제조간접원가를 합한 금액**이다.

07. 종합원가계산은 공정별로 원가를 집계하므로 재공품 원가의 개별확인이 불가능하여 원가계산 기간 말 현재 **가공 중에 있는 재공품의 원가를 별도로 추정(진척율 등)**해야 한다.

08. 단계배분법은 **보조부문 상호 간의 용역수수관계를 일부 반영하는 방법**이다.

09. 발생 보험료 = 당월 지급액(100,000) − 전월 미지급액(30,000) + 당월 미지급액(20,000) = 90,000원
제조간접원가(보험료) = 발생보험료(90,000) × 배부율(80%) = 72,000원

10.

〈1단계〉 물량흐름파악(평균법)			〈2단계〉 완성품환산량 계산	
평균법			재료비	가공비
	완성품	1,100(100%)		1,100
	기말재공품	200(60%)		120
	계	1,300		**1,220**

선입선출법 = 평균법(1,220) − 기초재공품(300) × 완성도(20%) = **1,160개**

11. 일반적인 여객운송 용역은 부가가치세를 면제한다. 다만, **고속철도에 의한 여객운송 용역은 부가가 치세를 과세**한다.

12. **의제매입세액은 매입세액으로 간주**하므로 매입세액공제가 가능하다.

13. 근로소득 원천징수시기는 지급시점에 원천징수를 하는 것이 원칙이다. 다만 근로소득을 당해연도에 미지급시 다음과 같이 특례를 적용한다.
1~11월 분 근로소득 미지급시 원천징수시기는 12월 31일이다.
12월분 근로소득 미지급시 원천징수시기는 익년도 2월말(연말정산시기)이다.

14. **복식부기의무자의 경우 사업용 유형자산의 처분으로 발생하는 이익을 사업소득에 포함**시킨다.

15. 배우자가 있는 여성인 경우 **배우자의 소득유무에 불구하고 부녀자공제를 받을 수 있다.**

실 무

문제 1 일반전표입력

[1] 일반전표입력(01/03)

(차) 보통예금	2,000,000원	(대) 외상매출금(하남상회)	3,400,000원
받을어음(하남상회)	1,400,000원		

[2] 일반전표입력(01/15)

(차) 도서인쇄비(판)	25,000원	(대) 현금	25,000원

[3] 일반전표입력(8/20)

(차) 토지	19,500,000원	(대) 보통예금	30,000,000원
매도가능증권(178)	10,500,000원		

[4] 일반전표입력(10/25)

(차) 임금(제)	3,500,000원	(대) 보통예금	5,332,740원
상여금(제)	3,000,000원	예수금	1,167,260원

[5] 일반전표입력(12/01)

(차) 미지급금(㈜은성기계)	22,000,000원	(대) 미지급금(신한카드)	22,000,000원

☞일반전표입력 문제이므로 전자세금계산서를 입력하는게 아니라, 채무자를 변경하는 회계처리를 해야 합니다.

매입매출전표입력

[1] 매입매출전표입력(1/02)

유형:11.과세, 공급가액:1,000,000 원, 부가세: 100,000 원, 공급처명: 미래전자, 전자: 여, 분개: 혼합

(차) 미수금	1,000,000원	(대) 기계장치	5,000,000원
현금	100,000원	유형자산처분이익	300,000원
감가상각누계액(207)	4,300,000원	부가세예수금	100,000원

☞처분손익 = 처분가액(1,000,000) - 장부가액(5,000,000 - 4,300,000) = 300,000원(이익)

[2] 매입매출전표입력(2/12)

유형:54.불공, 공급가액:7,100,000 원, 부가세: 710,000 원, 공급처명:㈜롯데백화점 중동,전자:여, 분개: 혼합
불공제사유 : ④기업업무추진비 및 이와 유사한 비용 관련

| (차) 기업업무추진비(판) | 7,810,000원 | (대) 보통예금 | 7,810,000원 |

[3] 매입매출전표입력(7/17)

유형:12.영세, 공급가액:18,000,000 원, 부가세: 0 원, 공급처명: ㈜봉산실업, 전자: 여,   분개: 혼합
영세율구분 : ③내국신용장·구매확인서에 의하여 공급하는 재화

| (차) 현금 | 1,800,000원 | (대) 제품매출 | 18,000,000원 |
| 외상매출금 | 16,200,000원 | | |

[4] 매입매출전표입력(8/20)

유형:62.현면, 공급가액:2,000,000 원, 부가세: 0 원, 공급처명:㈜하나로마트, 분개: 현금 또는 혼합

| (차) 복리후생비(제) | 600,000원 | (대) 현금 | 2,000,000원 |
| 복리후생비(판) | 1,400,000원 | | |

[5] 매입매출전표입력(9/10)

유형:51.과세, 공급가액: 1,000,000 원,부가세:100,000원,공급처명:풍성철강, 전자:부, 분개: 외상 또는 혼합

| (차) 원재료 | 1,000,000원 | (대) 외상매입금 | 1,100,000원 |
| 부가세대급금 | 100,000원 | | |

※ 해당 전표 선택 후 [Shift]+[F5]>예정신고누락분 확정신고>확정신고 개시연월 : 20x1년 10월 입력
   또는 상단 [F11 간편집계..▼]>SF5 예정 누락분>확정신고 개시연월 : 20x1년 10월 입력(※ 또는 11월, 12월)

문제 3 부가가치세

[1] [부가가치세신고서] 4~6월

1. 과세표준 및 매출세액

구분				정기신고금액		
				금액	세율	세액
과세표준및매출세액	과세	세금계산서발급분	1	200,000,000	10/100	20,000,000
		매입자발행세금계산서	2		10/100	
		신용카드·현금영수증발행분	3		10/100	
		기타(정규영수증외매출분)	4			
	영세	세금계산서발급분	5		0/100	
		기타	6		0/100	
	예정신고누락분		7			
	대손세액가감		8			-150,000
	합계		9	200,000,000	㉮	19,850,000

☞ 경조사와 관련하여 직원에게 제공한 제품 등은 연간 100,000원 이하까지 재화의 공급으로 보지 않는다.

2. 매입세액

매입세액	세금계산서 수취분	일반매입	10	100,000,000		10,000,000
		수출기업수입분납부유예	10-1			
		고정자산매입	11	20,000,000		2,000,000
	예정신고누락분		12			
	매입자발행세금계산서		13			
	그 밖의 공제매입세액		14			
	합계(10)-(10-1)+(11)+(12)+(13)+(14)		15	120,000,000		12,000,000
	공제받지못할매입세액		16	5,000,000		500,000
	차감계 (15-16)		17	115,000,000	㉯	11,500,000
납부(환급)세액(매출세액㉮-매입세액㉯)					㉰	8,350,000

- 공제받지 못할 매입세액

구분		금액	세율	세액
16.공제받지못할매입세액				
공제받지못할 매입세액	50	5,000,000		500,000
공통매입세액면세등사업분	51			

3. 경감공제세액 : 전자신고세액공제(10,000원)

4. 가산세 : 전자세금계산서 미발급가산세 = 50,000,000 × 1%(종이) = 500,000원

세금계산서	지연발급 등	62		1/100	
	지연수취	63		5/1,000	
	미발급 등	64	50,000,000	뒤쪽참조	500,000

5. 납부할 세액

경감공제세액	그 밖의 경감·공제세액	18			10,000
	신용카드매출전표등 발행공제등	19			
	합계	20		㉣	10,000
소규모 개인사업자 부가가치세 감면세액		20-1		㉤	
예정신고미환급세액		21		㉥	
예정고지세액		22		㉦	
사업양수자의 대리납부 기납부세액		23		㉧	
매입자 납부특례 기납부세액		24		㉨	
신용카드업자의 대리납부 기납부세액		25		㉩	
가산세액계		26		㉪	500,000
차가감하여 납부할세액(환급받을세액)㉰-㉣-㉤-㉥-㉦-㉧-㉨-㉩+㉪		27			8,840,000
총괄납부사업자가 납부할 세액(환급받을 세액)					

[2] [대손세액공제신고서] 10~12월

대손발생	대손변제						
조회기간	2024 년 10 ∨ 월 ~ 2024 년 12 ∨ 월 2기 확정						
당초공급일	대손확정일	대손금액	공제율	대손세액	거래처		대손사유
2023-05-03	20x1-10-05	11,000,000	10/110	1,000,000	(주)가경	1	파산
2021-10-10	20x1-10-24	22,000,000	10/110	2,000,000	(주)용암	6	소멸시효완성
20x1-04-08	20x1-11-20	16,500,000	10/110	1,500,000	(주)개신	5	부도(6개월경과)
합 계		49,500,000		4,500,000			

☞부도발생일(12.19)로 부터 6개월이 경과한 경우에 대손세액공제대상이 되므로 익년 1기 확정신고대상이다.

문제 4 결산

[1] 〈수동결산〉

(차) 부가세예수금	12,500,000원	(대) 부가세대급금	9,500,000원
세금과공과(판)	240,000원	미지급세금	3,230,000원
		잡이익	10,000원

[2] 〈수동결산〉

(차) 매도가능증권(178)	1,200,000원	(대) 매도가능증권평가이익	1,000,000원
		매도가능증권평가손실	200,000원

	취득가액	공정가액	평가이익	평가손실
전기	1,000,000	800,000		200,000
당기		2,000,000	1,000,000	△200,000
계			1,000,000	0

☞ 전기 말 인식한 매도가능증권평가손실(200,000)을 당기 말 발생한 매도가능증권평가이익(1,200,000)과 우선 상계한다.

[3] 〈수동결산〉

(차) 선급비용	800,000원	(대) 보험료(판)	800,000원

☞ 선급비용＝1년치 보험료(1,200,000)×8/12＝800,000원

[4] 〈수동결산〉

(차) 이자비용	755,111원	(대) 보통예금	1,000,000원
사채할증발행차금	244,889원		

☞ 20x1년 이자비용＝발행가액(10,787,300)×시장이자율(7%)＝755,111원
　　사채할증발행차금 상각액＝액면이자(1,000,000)－이자비용(755,111)＝244,889원

[5] 〈자동/수동결산〉

1. 일반전표입력

(차)	감가상각비(제)	18,000,000원	(대)	감가상각누계액(203)	10,000,000원
	감가상각비(판)	10,000,000원		감가상각누계액(207)	8,000,000원
				감가상각누계액(209)	7,000,000원
				감가상각누계액(213)	3,000,000원

2. 또는 [결산자료입력]

>기간 : 20x1년 1월~20x1년 12월
>2.매출원가　　　　　　>7)경비　　　　>2).일반감가상각비　　>건물 10,000,000원 입력
　　　　　　　　　　　　　　　　　　　　　　　　　　　　　　>기계장치 8,000,000원 입력
>4.판매비와 일반관리비 >4).감가상각비 >차량운반구 7,000,000원 입력
　　　　　　　　　　　　　　　　　　　　　>비품 3,000,000원 입력>F3 전표추가

문제 5 원천징수

[1] 사원등록 및 급여자료 입력(100.임하나)

1. [사원등록] 메뉴 → [기본사항] 탭

기본사항	부양가족명세	추가사항			
1.입사년월일	: 20x1 년 9 월 1 일				
2.내/외국인	1 내국인				
3.외국인국적	KR 대한민국		체류자격		
4.주민구분	1 주민등록번호		주민등록번호	750128-2436815	
5.거주구분	1 거주자		6.거주지국코드	KR 대한민국	
7.국외근로제공	0 부	8.단일세율적용 0 부		9.외국법인 파견근로자 0 부	
10.생산직등여부	1 여	연장근로비과세 1 여		전년도총급여	27,000,000
11.주소					
12.국민연금보수월액	1,800,000		국민연금납부액		81,000
13.건강보험보수월액	1,800,000		건강보험산정기준 1 보수월액기준		
건강보험료경감	0 부		건강보험납부액		63,810
장기요양보험적용	1 여 8,260		건강보험증번호		
14.고용보험적용	1 여	65세이상 0 부	(대표자 여부 0 부)		
고용보험보수월액	1,800,000		고용보험납부액		14,400
15.산재보험적용	1 여				
16.퇴사년월일	년 월 일 (이월 여부 0 부) 사유				

2. [급여자료입력] 메뉴 → [수당등록] 탭

No	코드	과세구분	수당명	근로소득유형 유형	근로소득유형 코드	근로소득유형 한도	월정액	통상임금	사용여부
1	1001	과세	기본급	급여			정기	여	여
2	1002	과세	상여	상여			부정기	부	부
3	1003	과세	직책수당	급여			정기	부	부
4	1004	과세	월차수당	급여			정기	부	부
5	1005	비과세	식대	식대	P01	(월)200,000	정기	부	여
6	1006	비과세	자가운전보조금	자가운전보조금	H03	(월)200,000	부정기	부	부
7	1007	비과세	야간근로수당	야간근로수당	001	(년)2,400,000	부정기	부	여
8	2001	비과세	출산.보육수당(육아수	출산.보육수당(육아	Q01	(월)200,000	정기	부	여
9	2002	과세	시내교통비	급여			정기	부	여
10									

3. [급여자료입력] 귀속년월 9월, 지급년월일 9월 30일

급여항목	금액	공제항목	금액
기본급	1,500,000	국민연금	81,000
식대	200,000	건강보험	63,810
야간근로수당	2,200,000	장기요양보험	8,260
출산.보육수당(육아수당)	100,000	고용보험	14,400
시내교통비	300,000	소득세(100%)	15,110
		지방소득세	1,510
		농특세	

과 세	1,800,000
비 과 세	2,500,000
지 급 총 액	4,300,000

공 제 총 액	184,090
차 인 지 급 액	4,115,910

☞ 비과세=식대(200,000)+보육수당(100,000)+야간근로수당(2,200,000)=2,500,000원

[2] 급여자료와 원천징수이행상황신고서(301.우미영)

1. [사원등록] 메뉴 → 우미영 사원의 퇴사년월일(20x1.3.31) 입력

2. [급여자료입력] 메뉴(귀속년월 3월, 지급년월일 4월 5일) → 상단 **F7 중도퇴사자정산 ▼** 반영

급여항목	금액	공제항목	금액
기본급	2,700,000	국민연금	121,500
식대	200,000	건강보험	95,710
야간근로수당		장기요양보험	12,390
출산.보육수당(육아수당)		고용보험	21,600
시내교통비		소득세(100%)	
		지방소득세	
		농특세	
		중도정산소득세	-96,500
		중도정산지방소득세	-9,640

과 세	2,700,000
비 과 세	200,000
지 급 총 액	2,900,000

공 제 총 액	145,060
차 인 지 급 액	2,754,940

☞ 소득세 등은 자동 계산되어집니다.

3. [원천징수이행상황신고서] 메뉴 귀속기간 3월, 지급기간 4월, 1.정기신고

소득자	소득구분	코드	소득지급		징수세액			당월조정 환급세액	납부세액	
			인원	총지급액	소득세 등	농어촌특별세	가산세		소득세 등	농어촌특별세
근로소득	간이세액	A01	1	2,900,000						
	중도퇴사	A02	1	8,700,000	-96,500					
	일용근로	A03								
	연말정산	A04								

[3] 전자신고(10월)

1. [원천징수이행상황신고서](귀속기간 10월, 지급기간 10월, 1.정기신고) 마감

소득자	소득구분	코드	소득지급		징수세액			당월조정 환급세액	납부세액	
			인원	총지급액	소득세 등	농어촌특별세	가산세		소득세 등	농어촌특별세
	간이세액	A01	2	7,000,000	254,440					
	중도퇴사	A02								

2. 전자신고 파일(원천징수 이행상황제작) 제작(지급기간 10월)

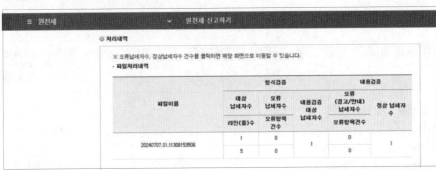

3. 홈택스 전자파일 변환 및 제출

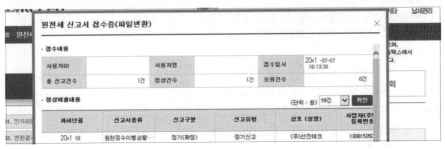

제115회 전산세무 2급

합격율	시험년월
28%	2024.8

이 론

01. 다음 중 재무제표의 기본가정에 해당하지 않는 것은?

① 기업실체를 중심으로 하여 기업실체의 경제적 현상을 재무제표에 보고해야 한다.

② 기업이 계속적으로 존재하지 않을 것이라는 반증이 없는 한, 기업실체의 본래 목적을 달성하기 위하여 계속적으로 존재한다.

③ 기업실체의 지속적인 경제적 활동을 인위적으로 일정 기간 단위로 분할하여 각 기간마다 경영자의 수탁책임을 보고한다.

④ 회계정보가 유용하기 위해서는 그 정보가 의사결정에 반영될 수 있도록 적시에 제공되어야 한다.

02. 다음의 자료를 통해 20x3년 12월 31일 결산 후 재무제표에서 확인 가능한 정보로 올바른 것은?

20x1년 1월 1일 기계장치 취득	
• 매입가액	20,000,000원
• 취득에 직접적으로 필요한 설치비	300,000원
• 20x1년에 발생한 소모품 교체비	600,000원
• 20x1년에 발생한 본래의 용도를 변경하기 위한 제조・개량비	4,000,000원
• 내용연수는 6년, 정액법으로 매년 정상적으로 상각함(월할계산할 것), 잔존가치는 없음.	

① 기계장치의 취득원가는 24,000,000원으로 계상되어 있다.

② 손익계산서에 표시되는 감가상각비는 4,150,000원이다.

③ 재무상태표에 표시되는 감가상각누계액은 8,300,000원이다.

④ 상각 후 기계장치의 미상각잔액은 12,150,000원이다.

03. 다음 중 일반기업회계기준상 무형자산 상각에 대한 설명으로 옳지 않은 것은?

① 무형자산의 상각대상 금액은 그 자산의 추정 내용연수 동안 체계적인 방법에 의하여 비용으로 배분된다.

② 제조와 관련된 무형자산의 상각비는 제조원가에 포함한다.

③ 무형자산의 상각방법으로는 정액법만 사용해야 한다.

④ 무형자산의 잔존가치는 없는 것을 원칙으로 한다.

04. 다음 중 사채에 대한 설명으로 가장 옳지 않은 것은?

① 사채할인발행차금은 사채의 발행금액에서 차감하는 형식으로 표시한다.

② 액면이자율보다 시장이자율이 큰 경우에는 할인발행된다.

③ 사채할증발행차금은 사채의 액면금액에서 가산하는 형식으로 표시한다.

④ 액면이자율이 시장이자율보다 큰 경우에는 할증발행된다.

05. 다음 중 회계정책, 회계추정의 변경 및 오류에 대한 설명으로 옳지 않은 것은?

① 회계정책의 변경은 기업환경의 변화, 새로운 정보의 획득 또는 경험의 축적에 따라 지금까지 사용해 오던 회계적 추정치의 근거와 방법 등을 바꾸는 것을 말한다.

② 회계추정의 변경은 전진적으로 처리하여 그 효과를 당기와 당기 이후의 기간에 반영한다.

③ 회계변경의 효과를 회계정책의 변경효과와 회계추정의 변경효과로 구분하는 것이 불가능한 경우 회계추정의 변경으로 본다.

④ 회계추정 변경의 효과는 당해 회계연도 개시일부터 적용한다.

06. 다음 중 원가 집계과정에 대한 설명으로 옳지 않은 것은?

① 당기제품제조원가(당기완성품원가)는 원재료 계정의 차변으로 대체된다.

② 당기총제조원가는 재공품 계정의 차변으로 대체된다.

③ 당기제품제조원가(당기완성품원가)는 제품 계정의 차변으로 대체된다.

④ 제품매출원가는 매출원가 계정의 차변으로 대체된다.

07. 다음 중 개별원가계산과 종합원가계산에 대한 설명으로 옳지 않은 것은?

① 개별원가계산은 주문받은 개별 제품별로 작성된 작업원가표에 집계하여 원가를 계산한다.

② 종합원가계산은 개별 제품별로 작업원가표를 작성하여 원가를 계산한다.

③ 개별원가계산은 각 제조지시별로 원가계산을 해야 하므로 많은 시간과 비용이 발생한다.

④ 조선업, 건설업은 개별원가계산이 적합한 업종에 해당한다.

08. 다음 중 제조원가명세서와 손익계산서 및 재무상태표의 관계에 대한 설명으로 옳지 않은 것은?

① 제조원가명세서의 기말원재료재고액은 재무상태표의 원재료 계정에 계상된다.

② 제조원가명세서의 기말재공품의 원가는 재무상태표의 재공품 계정으로 계상된다.

③ 제조원가명세서의 당기제품제조원가는 재무상태표의 매출원가에 계상된다.

④ 손익계산서의 기말제품재고액은 재무상태표의 제품 계정 금액과 같다.

09. 다음의 자료를 이용하여 직접노무시간당 제조간접원가 예정배부율을 구하시오.

• 제조간접원가 실제 발생액 : 6,000,000원 • 제조간접원가 배부차이 : 400,000원(과대배부) • 실제 직접노무시간 : 50,000시간

① 112원　　　　② 128원　　　　③ 136원　　　　④ 146원

10. 기초재공품은 1,000개이고 완성도는 30%이다. 당기투입수량은 6,000개이고 기말재공품은 800개일 경우 선입선출법에 의한 가공원가의 완성품환산량이 6,100개라면, 기말재공품의 완성도는 몇 %인가? (단, 가공원가는 전공정에 걸쳐 균등하게 발생한다.)

① 10%　　　　② 15%　　　　③ 20%　　　　④ 25%

11. 다음 중 부가가치세법상 과세기간에 대한 설명으로 옳지 않은 것은?

① 일반과세자의 과세기간은 원칙상 1년에 2개가 있다.

② 신규로 사업을 개시하는 것은 과세기간 개시일의 예외가 된다.

③ 매출이 기준금액에 미달하여 일반과세자가 간이과세자로 변경되는 경우 그 변경되는 해에 간이과세자에 관한 규정이 적용되는 과세기간은 그 변경 이전 1월 1일부터 6월 30일까지이다.

④ 간이과세자가 간이과세자에 관한 규정의 적용을 포기함으로써 일반과세자로 되는 경우에는 1년에 과세기간이 3개가 될 수 있다.

12. 다음 중 부가가치세법상 재화의 공급에 해당하는 것은?

① 담보의 제공   ② 사업용 상가건물의 양도

③ 사업의 포괄적 양도   ④ 조세의 물납

13. 다음 중 소득세법상 근로소득이 없는 거주자(사업소득자가 아님)가 받을 수 있는 특별세액공제는?

① 보험료세액공제   ② 의료비세액공제

③ 교육비세액공제   ④ 기부금세액공제

14. 다음 중 소득세법상 수입시기로 가장 옳지 않은 것은?

① 비영업대금의 이익 : 약정에 의한 이자 지급일

② 잉여금 처분에 의한 배당 : 잉여금 처분 결의일

③ 장기할부판매 : 대가의 각 부분을 받기로 한 날

④ 부동산 등의 판매 : 소유권이전등기일, 대금청산일, 사용수익일 중 빠른 날

15. 다음 중 소득세법상 기타소득에 대한 설명으로 가장 옳지 않은 것은?

   ① 「공익법인의 설립·운영에 관한 법률」의 적용을 받는 공익법인이 주무관청의 승인을 받아 시상하는 상금 및 부상과 다수가 순위 경쟁하는 대회에서 입상자가 받는 상금 및 부상의 경우, 거주자가 받은 금액의 100분의 60에 상당하는 금액을 필요경비로 한다.

   ② 고용관계 없이 다수인에게 강연을 하고 강연료 등 대가를 받는 용역을 일시적으로 제공하고 받는 대가는 기타소득에 해당한다.

   ③ 이자소득·배당소득·사업소득·근로소득·연금소득·퇴직소득 및 양도소득 외의 소득으로서 재산권에 관한 알선수수료는 기타소득에 해당한다.

   ④ 이자소득·배당소득·사업소득·근로소득·연금소득·퇴직소득 및 양도소득 외의 소득으로서 상표권·영업권을 양도하거나 대여하고 받는 금품은 기타소득에 해당한다.

■■■■ 실 무

㈜은마상사(2115)는 전자제품의 제조 및 도·소매업을 주업으로 영위하는 중소기업으로 당기의 회계기간은 20x1.1.1.~20x1.12.31.이다. 전산세무회계 수험용 프로그램을 이용하여 다음 물음에 답하시오.

문제 1 [일반전표입력] 메뉴를 이용하여 다음의 거래자료를 입력하시오. (15점)

[1] 04월 11일   당사가 보유 중인 매도가능증권을 12,000,000원에 처분하고 처분대금은 보통예금 계좌로 입금받았다. 해당 매도가능증권의 취득가액은 10,000,000원이며, 20x0년 말 공정가치는 11,000,000원이다. (3점)

[2] 06월 25일   당사의 거래처인 ㈜은비로부터 비품을 무상으로 받았다. 해당 비품의 공정가치는 5,000,000원이다. (3점)

[3] 08월 02일   ㈜은마상사의 사옥으로 사용할 토지를 비사업자로부터 다음과 같이 매입하였다. 그 중 토지 취득 관련 지출은 다음과 같다. 취득세는 현금으로 납부하고 토지대금과 등기수수료, 중개수수료는 보통예금 계좌에서 이체하였다. (3점)

• 토지가액	300,000,000원	• 토지 취득 관련 법무사 등기수수료	300,000원
• 토지 관련 취득	13,000,000원	• 토지 취득 관련 중개수수료	2,700,000원

[4] 08월 10일   당기분 퇴직급여를 위하여 영업부서 직원에 대한 퇴직연금(DB형) 5,000,000원과 제조부서 직원에 대한 퇴직연금(DC형) 3,000,000원을 보통예금 계좌에서 이체하였다. (3점)

[5] 12월 13일   자기주식(취득가액 : 주당 58,000원) 120주를 주당 65,000원에 처분하여 매매대금이 보통예금 계좌로 입금되었다. 처분일 현재 자기주식처분손실 200,000원이 계상되어 있다. (3점)

문제 2   **[매입매출전표입력] 메뉴를 이용하여 다음의 거래자료를 입력하시오. (15점)**

[1] 03월 12일   싱가포르에 소재하는 ABC사에 제품을 $30,000에 직수출하였다. 수출대금 중 $20,000가 선적과 동시에 보통예금 계좌에 입금되었으며 나머지 $10,000는 다음 달 말일에 수취하기로 하였다(수출신고번호 입력은 생략할 것). (3점)

수출대금	대금수령일	기준환율	비고
$20,000	20x1.03.12.	1,300원/$	선적일
$10,000	20x1.04.30.	1,250원/$	잔금청산일

[2] 10월 01일   업무용으로 사용할 목적으로 거래처 달려요로부터 업무용승용차(990cc)를 중고로 구입하였다. 대금은 한 달 후에 지급하기로 하고, 다음의 종이세금계산서를 발급받았다. (3점)

			책 번 호	권	호

세금계산서(공급받는 자 보관용)

일 련 번 호 ☐☐ - ☐☐☐☐

공급자	등록번호	1 0 6 - 1 1 - 5 6 3 1 8	공급받는자	등록번호	688 - 85 - 01470
	상호(법인명)	달려요	성명(대표자)	정화물		상호(법인명)	㈜은마상사	성명(대표자)	박은마
	사업장 주소	경기도 성남시 중원구 성남대로 99		사업장 주소	경기도 평택시 가재길 14
	업 태	서비스	종 목	화물		업 태	도소매	종 목	전자제품

작성	공 급 가 액	세 액	비 고
연 월 일 빈칸 수	조 천 백 십 억 천 백 십 만 천 백 십 일	천 백 십 억 천 백 십 만 천 백 십 일	
x1 10 01 4	2 0 0 0 0 0 0 0	2 0 0 0 0 0 0	

월 일	품 목	규 격	수 량	단 가	공 급 가 액	세 액	비 고
10 01	승용차				20,000,000	2,000,000	

합 계 금 액	현 금	수 표	어 음	외상미수금	이 금액을 **청구** 함
22,000,000				22,000,000	

[3] 10월 29일　업무용승용차를 ㈜월클파이낸셜로부터 운용리스 조건으로 리스하였다. 영업부서에서 사용하고 임차료 1,800,000원의 전자계산서를 발급받았다. 대금은 다음 달 5일에 지급하기로 하였다. (3점)

[4] 11월 01일　㈜은마상사는 ㈜진산에 아래와 같은 전자세금계산서를 발급하였다. 제품 대금은 ㈜진산에게 지급해야할 미지급금(8,000,000원)과 상계하기로 상호 협의하였으며 잔액은 보통예금 계좌로 입금받았다. (3점)

전자세금계산서					승인번호		20241101 - 1547412 - 2014956			
공급자	등록번호	688-85-01470	종사업장번호		공급받는자	등록번호	259-81-15652	종사업장번호		
	상호(법인명)	㈜은마상사	성명	박은마		상호(법인명)	㈜진산	성명	이진산	
	사업장주소	경기도 평택시 가재길 14				사업장주소	세종시 부강면 부곡리 128			
	업태	도소매	종목	전자제품		업태	건설업	종목	인테리어	
	이메일					이메일				
						이메일				
작성일자		공급가액		세액	수정사유		비고			
20x1.11.01		10,000,000		1,000,000						
월	일	품목	규격	수량	단가		공급가액	세액	비고	
11	01	전자제품					10,000,000	1,000,000		
합계금액		현금		수표		어음		외상미수금	위 금액을 **(청구)** 함	
11,000,000		3,000,000						8,000,000		

[5] 11월 20일   ㈜코스트코코리아에서 제조부 사원들을 위해 공장에 비치할 목적으로 온풍기를 1,936,000원(부가가치세 포함)에 구입하고, 대금은 보통예금 계좌에서 이체하여 지급한 후 현금영수증(지출증빙용)을 수취하였다(단, 자산으로 처리할 것). (3점)

Hom**e**tax, 국세청홈택스 **현금영수증**

● **거래정보**

거래일시	20x1 - 11 - 20
승인번호	G45972376
거래구분	승인거래
거래용도	지출증빙
발급수단번호	688 - 85 - 01470

● **거래금액**

공급가액	부가세	봉사료	총 거래금액
1,760,000	176,000	0	1,936,000

● **가맹점 정보**

상호	㈜코스트코코리아
사업자번호	107 - 81 - 63829
대표자명	조만수
주소	경기도 부천시 길주로 284

● 익일 홈택스에서 현금영수증 발급 여부를 반드시 확인하시기 바랍니다.
● 홈페이지 (http://www.hometax.go.kr)
  - 조회/발급＞현금영수증 조회＞사용내역(소득공제) 조회
                      ＞매입내역(지출증빙) 조회
● 관련문의는 국세상담센터(☎126 - 1 - 1)

문제 3 부가가치세 신고와 관련하여 다음 물음에 답하시오. (10점)

[1] 다음 자료를 보고 제2기 확정신고기간의 [공제받지못할매입세액명세서] 중 [공제받지못할매입세액내역] 탭과 [공통매입세액의정산내역] 탭을 작성하시오(단, 불러온 자료는 무시하고 직접 입력할 것). (4점)

1. 매출 공급가액에 관한 자료

구분	과세사업	면세사업	합계
7월~12월	350,000,000원	150,000,000원	500,000,000원

2. 매입세액(세금계산서 수취분)에 관한 자료

구분	① 과세사업 관련			② 면세사업 관련		
	공급가액	매입세액	매수	공급가액	매입세액	매수
10월~12월	245,000,000원	24,500,000원	18매	90,000,000원	9,000,000원	12매

3. 총공통매입세액(7월~12월) : 3,800,000원
※ 제2기 예정신고 시 공통매입세액 중 불공제매입세액 : 500,000원

[2] 다음의 자료를 이용하여 20x1년 제1기 확정신고기간에 대한 [부가가치세신고서]를 작성하시 오(단, 과세표준명세 작성은 생략한다). (6점)

구분	자료

매출	1. 전자세금계산서 발급 매출 공급가액 : 500,000,000원(세액 50,000,000원)
	  (→지연발급한 전자세금계산서의 매출 공급가액 1,000,000원이 포함되어 있음)
	2. 신용카드 매출전표 발급 매출 공급대가 : 66,000,000원
	  (→전자세금계산서 발급 매출 공급가액 10,000,000원이 포함되어 있음)
	3. 해외 직수출에 따른 매출 공급가액 : 30,000,000원

매입	1. 전자세금계산서 수취 매입(일반) 공급가액 : 320,000,000원(세액 32,000,000원) 2. 신용카드 매입 공급대가 : 12,100,000원 (→에어컨 구입비 3,300,000원(공급대가)이 포함되어 있음) 3. 제1기 예정신고 시 누락된 세금계산서 매입(일반) 공급가액 : 10,000,000원(세액 1,000,000원)
비고	1. 지난해 11월에 발생한 매출채권(5,500,000원, 부가가치세 포함)이 해당 거래처의 파산으로 대손이 확정되었다. 2. 20x1년 제1기 예정신고미환급세액 : 3,000,000원 3. 국세청 홈택스에 전자신고를 완료하였다.

문제 4 **결산정리사항은 다음과 같다. 관련 메뉴를 이용하여 결산을 완료하시오. (15점)**

[1] 전기에 은혜은행으로부터 차입한 장기차입금 20,000,000원의 만기일은 20x2년 4월 30일이다. (3점)

[2] 10월 01일에 팝업스토어 매장 임차료 1년분 금액 3,000,000원을 모두 지불하고 임차료로 계상하였다. 기말 결산 시 필요한 회계처리를 행하시오(단, 임차료는 월할 계산한다). (3점)

[3] 아래의 차입금 관련 자료를 이용하여 결산일까지 발생한 차입금 이자비용에 대한 당해연도분 미지급비용을 인식하는 회계처리를 하시오(단, 이자는 만기 시에 지급하고, 월할 계산한다). (3점)

• 금융기관 : ㈜중동은행	• 대출기간 : 20x1년 05월 01일~20x2년 04월 30일
• 대출금액 : 300,000,000원	• 대출이자율 : 연 6.8%

[4] 결산 시 당기 감가상각비 계상액은 다음과 같다. 결산을 완료하시오. (3점)

계정과목	경비구분	당기 감가상각비 계상액
건물	판매및관리	20,000,000원
기계장치	제조	4,000,000원
영업권	판매및관리	3,000,000원

[5] 결산일 현재 재고자산은 다음과 같다. 아래의 정보를 반영하여 결산자료입력을 수행하시오. (3점)

---

1. 기말재고자산
   - 기말원재료 : 4,700,000원
   - 기말재공품 : 800,000원
   - 기말제품 : 16,300,000원
2. 추가정보(위 1.에 포함되지 않은 자료임)
   - 도착지 인도조건으로 매입하여 운송 중인 미착원재료 : 2,300,000원
   - 수탁자에게 인도한 위탁제품 14,000,000원 중에 수탁자가 판매 완료한 것은 9,000,000원으로 확인됨.

문제 5 20x1년 귀속 원천징수와 관련된 다음의 물음에 답하시오. (15점)

[1] 다음은 영업부 사원 김필영(사번 : 1001)의 부양가족 자료이다. 부양가족은 모두 생계를 함께하고 있으며 세부담 최소화를 위해 가능하면 김필영이 모두 공제받고자 한다. 본인 및 부양가족의 소득은 주어진 내용이 전부이다. [사원등록] 메뉴의 [부양가족명세] 탭을 작성하시오(단, 기본공제대상자가 아닌 경우도 기본공제 '부'로 입력할 것). (5점)

관계	성명	주민등록번호	동거 여부	비고
본인	김필영	820419 – 1234564	세대주	총급여 8,000만원
배우자	최하나	841006 – 2219118	동거	퇴직소득금액 100만원
아들	김이온	120712 – 3035892	동거	소득 없음
딸	김시온	190103 – 4035455	동거	소득 없음
부친	김경식	450103 – 1156778	주거형편상 별거	소득 없음, 「국가유공자법」에 따른 상이자로 장애인, 20x1.03.08. 사망.
모친	이연화	490717 – 2155433	주거형편상 별거	양도소득금액 1,000만원, 장애인(중증환자)
장모	한수희	511111 – 2523454	주거형편상 별거	총급여 500만원
형	김필모	791230 – 1234574	동거	일용근로소득 720만원, 「장애인복지법」에 따른 장애인

[2] 다음은 회계부서에 재직 중인 이철수(사원코드 : 102) 사원의 연말정산 관련 자료이다. 아래의 자료를 이용하여 [연말정산추가자료입력] 메뉴의 [부양가족] 탭, [신용카드 등] 탭, [의료비] 탭 을 입력하여 [연말정산입력] 탭을 완성하시오(단, 근로자 본인의 세부담 최소화를 가정한다). (10점)

1. 가족사항(모두 거주자인 내국인에 해당함)

성명	관계	주민등록번호	동거 여부	소득금액	비고
이철수	본인	830505 – 1478521		48,000,000원	총급여액(근로소득 외의 소득 없음), 세대주
강희영	배우자	840630 – 2547858	여	10,000,000원	양도소득금액
이명수	부친	561012 – 1587428	여	900,000원	부동산임대소득금액 : 총수입금액 20,000,000원 필요경비 19,100,000원
이현수	아들	140408 – 3852611	여	–	초등학생
이리수	딸	191104 – 4487122	여	–	취학 전 아동

※ 기본공제대상자가 아닌 경우도 기본공제 '부'로 입력할 것

2. 연말정산 관련 추가자료(모든 자료는 국세청에서 제공된 자료에 해당하며, 표준세액공제가 더 클 경우 표준세액공제를 적용한다.)

내역	비고
보장성 보험료	• 이철수(본인) : 자동차보험료 300,000원 • 강희영(배우자) : 보장성보험료 200,000원 • 이명수(부친) : 생명보험료 150,000원(만기까지 납입액이 만기환급액보다 큰 경우에 해당) • 이현수(아들) : 보장성보험료 350,000원
교육비	• 이철수(본인) : 정규 교육 과정 대학원 교육비 5,000,000원 • 이현수(아들) : 국내 소재 사립초등학교(「초·중등교육법」상의 정규 교육기관) 수업료 8,000,000원 　　　　　　　바이올린 학원비 2,400,000원 • 이리수(딸) : 「영유아보육법」상의 어린이집 교육비 1,800,000원
의료비	• 이철수(본인) : 질병 치료 목적 의료비 1,050,000원 • 이명수(부친) : 질병 치료 목적 국외 의료비 1,500,000원 • 이리수(딸) : 질병 치료 목적 의료비 250,000원
신용카드 사용액	• 이철수(본인) : 신용카드 사용액 32,500,000원 　(신용카드사용분 중 전통시장/대중교통/도서 등 사용분은 없음)

☞ **신용카드사용의 당해연도 소비증가는 없다고 가정한다.**

제115회 전산세무2급 답안 및 해설

이 론

1	2	3	4	5	6	7	8	9	10	11	12	13	14	15
④	④	③	①	①	①	②	③	②	④	③	②	④	③	①

01. **기본가정에는 1. 기업실체의 가정, 2.계속기업의 가정, 3.기간별보고의 가정**이 있고 ④은 회계정보의 질적특성 중 목적적합성(적시성)에 대한 설명이다.

02. ① 취득원가 = 매입가액(20,000,000) + 설치비(300,000) + 개량비(4,000,000) = 24,300,000원

☞ 소모품 교체비는 수익적 지출로서 당기 비용으로 처리한다.

② 감가상각비 = 취득원가(24,300,000) ÷ 내용연수(6년) = 4,050,000원/년

③ 감가상각누계액 = 4,050,000원 × 3년(x1~x3) = 12,150,000원

④ x3.12.31 미상각잔액(장부가액) = 취득가액(24,300,000) - 누계액(12,150,000) = 12,150,000원

03. 무형자산의 상각방법은 합리적인 방법을 사용하며, **합리적인 상각방법을 정할 수 없는 경우에는 정액법을 사용**한다.

04. 사채할인발행차금은 **사채의 액면금액에서 차감하는 형식으로 표시**한다.

05. 회계정책의 변경은 재무제표의 작성과 보고에 적용하던 **회계정책을 다른 회계정책으로 바꾸는 것**을 말한다.

06. **당기제품제조원가(당기완성품원가)는 재공품 계정의 대변으로 대체**된다.

07. **작업원가표**는 종합원가계산이 아닌, **개별원가계산을 적용할 때 작성**한다.

08. 제조원가명세서의 당기제품제조원가는 **손익계산서의 당기제품제조원가에 계상**된다.

09. 예정배부액 = 실제배부(6,000,000) + 과대배부(400,000) = 6,400,000원

예정배부율 = 예정배부액(6,400,000) ÷ 실제조업도(50,000) = 128원/직접노무시간

10.

⟨1단계⟩ 물량흐름파악(선입선출법)		⟨2단계⟩ 완성품환산량 계산	
재공품		재료비	가공비
완성품	6,200		
- 기초재공품	1,000(70%)		700
- 당기투입분	5,200(100%)		5,200
기말재공품	800(??%)		*(200)*
계	7,000		6,100

기말 재공품 완성도 = 완성품환산량(200) ÷ 기말재공품(800) = 25%

11. 일반과세자가 간이과세자로 변경되는 경우 그 변경되는 해에 간이과세자에 관한 규정이 적용되는 기간은 그 **변경 이후 7월 1일부터 12월 31일까지**이다.

간이과세자가 간이과세를 1기 예정신고 기간에 포기(3.1)했다고 가정하면 과세기간은 다음과 같다.

과세기간	1.1 ~ 03.31	4.1~6.30	7.1~12.31
사업자	간이과세자	일반과세자	일반과세자

12. 사업용 상가건물의 양도는 재화의 공급에 해당하지만, 담보의 제공, 사업의 포괄적 양도, 조세의 물납은 재화의 공급으로 보지 않는다.

13. **기부금세액공제는 종합소득**(사업소득자는 필요경비 산입)이 있는 거주자가 받을 수 있다.

14. 소득세법상 **장기할부판매의 수입시기는 상품 등을 인도한 날**이며, 부가가치세법상 **장기할부판매의 공급시기는 대가의 각 부분을 받기로 한 때**이다.

15. 상금등은 **거주자가 받은 금액의 100분의 80에 상당하는 금액**을 필요경비로 한다.

실 무

문제 1 **일반전표입력**

[1] 일반전표입력(4/11)

(차) 보통예금   12,000,000원   (대) 매도가능증권(178)   11,000,000원

     매도가능증권평가이익   1,000,000원   매도가능증권처분이익   2,000,000원

☞처분손익(매도가능증권) = 처분가액(12,000,000) – 취득가액(10,000,000) = 2,000,000원

[2] 일반전표입력(6/25)

(차) 비품   5,000,000원   (대) 자산수증이익   5,000,000원

[3] 일반전표입력(8/02)

(차) 토지   316,000,000원   (대) 현금   13,000,000원

     보통예금   303,000,000원

[4] 일반전표입력(8/10)

(차) 퇴직연금운용자산   5,000,000원   (대) 보통예금   8,000,000원

     퇴직급여(제)   3,000,000원

[5] 일반전표입력(12/13)

(차)	보통예금	7,800,000원	(대)	자기주식	6,960,000원
				자기주식처분손실	200,000원
				자기주식처분이익	640,000원

☞처분손익(자기주식) = [처분가액(65,000) − 취득가액(58,000)] × 120주 = 840,000원(이익)

자기주식처분손실(200,000)을 우선 상계하고 자기주식처분이익 640,000원 계상한다.

문제 2 매입매출전표입력

[1] 매입매출전표입력(3/12)

유형: 16.수출, 공급가액:39,000,000 원.공급처명: ABC사, 분개: 혼합

영세율구분 : ①직접수출(대행수출 포함)

(차)	보통예금	26,000,000원	(대)	제품매출	39,000,000원
	외상매출금	13,000,000원			

☞ 선적일(3.12)<잔금청산일(4.30) 이므로 수익인식은 선적일의 환율을 적용한다.

과세표준 및 제품매출 = 수출대금($30,000) × 선적일 환율(1,300) = 39,000,000원

[2] 매입매출전표입력(10/01)

유형: 51.과세, 공급가액: 20,000,000 원,부가세: 2,000,000 원, 공급처명: 달려요,전자: 부,분개: 혼합

(차)	부가세대급금	2,000,000원	(대)	미지급금	22,000,000원
	차량운반구	20,000,000원			

☞ 1,000cc 이하의 경차는 부가가치세 매입세액공제가 가능하다.

[3] 매입매출전표입력(10/29)

유형: 53.면세, 공급가액:1,800,000 원,부가세: 0 원, 공급처명: ㈜월클파이낸셜, 전자:여,분개:혼합

(차)	임차료(판)	1,800,000원	(대)	미지급금	1,800,000원

[4] 매입매출전표입력(11/01)

유형: 11.과세, 공급가액:10,000,000 원,부가세: 1,000,000 원, 공급처명: ㈜진산, 전자:여,분개:혼합

(차)	보통예금	3,000:,000원	(대)	부가세예수금	1,000,000원
	미지급금	8,000,000원		제품매출	10,000,000원

[5] 매입매출전표입력(11/20)

유형: 61.현과, 공급가액:1,760,000 원,부가세: 176,000 원, 공급처명: ㈜코스트코코리아, 분개:혼합

(차)	부가세대급금	176,000원	(대)	보통예금	1,936,000원
	비품	1,760,000원			

문제 3 부가가치세

[1] 공제받지못할 매입세액명세서(10~12월)

1. [공제받지못할매입세액내역] 탭

매입세액 불공제 사유	세금계산서		
	매수	공급가액	매입세액
①필요적 기재사항 누락 등			
②사업과 직접 관련 없는 지출			
③비영업용 소형승용자동차 구입 · 유지 및 임차			
④접대비 및 이와 유사한 비용 관련			
⑤면세사업등 관련	12	90,000,000	9,000,000
⑥토지의 자본적 지출 관련			
⑦사업자등록 전 매입세액			

2. [공통매입세액의정산내역] 탭

산식	구분	(15)총공통매입세액	(16)면세 사업확정 비율			(17)불공제매입세액총액((15)×(16))	(18)기불공제매입세액	(19)가산또는공제되는매입세액((17)-(18))
			총공급가액	면세공급가액	면세비율			
1.당해과세기간의 공급가액기준		3,800,000	500,000,000.00	150,000,000.00	30.000000	1,140,000	500,000	640,000

[2] [부가가치세신고서](4~6월)

1. 과세표준 및 매출세액

구분				정기신고금액		
				금액	세율	세액
과세표준및매출세액	과세	세금계산서발급분	1	500,000,000	10/100	50,000,000
		매입자발행세금계산서	2		10/100	
		신용카드 · 현금영수증발행분	3	50,000,000	10/100	5,000,000
		기타(정규영수증외매출분)	4			
	영세	세금계산서발급분	5		0/100	
		기타	6	30,000,000	0/100	
	예정신고누락분		7			
	대손세액가감		8			-500,000
	합계		9	580,000,000	㉮	54,500,000

2. 매입세액

매입세액	세금계산서수취분	일반매입	10	320,000,000		32,000,000
		수출기업수입분납부유예	10-1			
		고정자산매입	11			
	예정신고누락분		12	10,000,000		1,000,000
	매입자발행세금계산서		13			
	그 밖의 공제매입세액		14	11,000,000		1,100,000
	합계(10)-(10-1)+(11)+(12)+(13)+(14)		15	341,000,000		34,100,000
	공제받지못할매입세액		16			
	차감계 (15-16)		17	341,000,000	㉯	34,100,000
납부(환급)세액(매출세액㉮-매입세액㉯)					㉰	20,400,000

- 예정신고누락분

12.매입(예정신고누락분)				
예	세금계산서	38	10,000,000	1,000,000
	그 밖의 공제매입세액	39		
	합계	40	10,000,000	1,000,000

- 그 밖의 공제매입세액

14.그 밖의 공제매입세액				
신용카드매출 수령금액합계표	일반매입	41	8,000,000	800,000
	고정매입	42	3,000,000	300,000
의제매입세액		43	뒤쪽	
재활용폐자원등매입세액		44	뒤쪽	

3. 납부세액(전자신고세액공제 10,000원)

경감 공제 세액	그 밖의 경감 · 공제세액	18			10,000
	신용카드매출전표등 발행공제등	19			
	합계	20		⑭	10,000
소규모 개인사업자 부가가치세 감면세액		20-1		⑭	
예정신고미환급세액		21		⑯	3,000,000
예정고지세액		22		⑰	
사업양수자의 대리납부 기납부세액		23		⑱	
매입자 납부특례 기납부세액		24		⑲	
신용카드업자의 대리납부 기납부세액		25		⑳	
가산세액계		26		㉑	10,000
차가감하여 납부할세액(환급받을세액)⑭-⑭-⑭-⑯-⑰-⑱-⑲-⑳-㉑+㉑		27			17,400,000
총괄납부사업자가 납부할 세액(환급받을 세액)					

- 지연발급가산세

세 금 계산서	지연발급 등	62	1,000,000	1/100	10,000
	지연수취	63		5/1,000	
	미발급 등	64		뒤쪽참조	

문제 4 결산

[1] 〈수동결산〉

(차) 장기차입금(은혜은행)   20,000,000원   (대) 유동성장기부채(은혜은행)   20,000,000원

[2] 〈수동결산〉

(차) 선급비용   2,250,000원   (대) 임차료(판)   2,250,000원
  ☞ 선급비용 = 임차료(3,000,000)×9/12 = 2,250,000원

[3] 〈수동결산〉

(차) 이자비용   13,600,000원   (대) 미지급비용   13,600,000원
  ☞ 미지급비용 = 차입금(300,000,000)×6.8%(연이자율)×8개월/12개월 = 13,600,000원

[4] 〈자동/수동결산〉

1. [결산자료입력]

>2.매출원가   >7).경비   >2).일반감가상각비   >기계장치 4,000,000원 입력

>4.판매비와 일반관리비 >4).감가상각비   >건물 20,000,000원 입력

>4.판매비와 일반관리비 >6).무형자산상각비 >영업권 3,000,000원 입력

>F3 전표추가

2. 또는 일반전표입력

(차) 감가상각비(판)	20,000,000원	(대) 감가상각누계액(203)	20,000,000원
감가상각비(제)	4,000,000원	감가상각누계액(207)	4,000,000원
무형자산상각비(판)	3,000,000원	영업권	3,000,000원

[5] 〈자동결산〉

>2.매출원가 >1).원재료비   >⑩기말원재료 재고액 4,700,000원 입력

          >8).당기 총제조비용   >⑩기말재공품 재고액 800,000원 입력

          >9).당기완성품제조원가 >⑩기말제품 재고액 21,300,000원 입력

>F3 전표추가

☞ 도착지 인도조건으로 매입하여 운송 중인 미착원재료 2,300,000원은 기말재고에 포함하지 않고, 위탁제품 중 판매되지 않은 5,000,000원은 기말재고에 포함한다.

문제 5 원천징수

[1] [사원등록](김필영 2025)

관계	요 건		기본 공제	추가 (자녀)	판 단
	연령	소득			
본인(세대주)	–	–	○		
부(80)	○	○	○	경로, 장애(2)	상이자, 사망전일 판단.
모(76)	○	×	부		소득금액 1백만원 초과자
장모(74)	○	○	○	경로	총급여액 5백만원 이하자
배우자	–	○	○		소득금액 1백만원 이하자
자1(13)	○	○	○	자녀	
자2(6)	○	○	○		
형(46)	×	○	○	장애(1)	일용근로소득은 분리과세소득

[2] [연말정산추가자료입력] 이철수(2025)

1. [부양가족] 탭

(1) 인적공제

관계	요 건		기본 공제	추가 (자녀)	판 단
	연령	소득			
본인(세대주)	–	–	○		
배우자	–	×	부		소득금액 1백만원 초과자
부(69)	○	○	○		소득금액 1백만원 이하자
자1(11)	○	○	○	자녀	
자2(6)	○	○	○		

〈연말정산 대상여부 판단〉

항 목	요건		내역 및 대상여부	입력
	연령	소득		
보 험 료	○ (×)	○	• 본인 자동차보험료 • 배우자 보장성보험료(소득요건 미충족) • 부친 생명보험료(납입금액)환급금액) • 아들 보장성 보험료	○(일반 300,000) × ○(일반 150,000) ○(일반 350,000)
교 육 비	×	○	• 본인 대학원 등록금 • 아들 수업료(학원비는 대상에서 제외) • 딸 어린이집 교육비	○(본인 5,000,000) ○(초등 8,000,000) ○(취학전 1,800,000)
의 료 비	×	×	• 본인 의료비 • 부친 국외의료비는 대상에서 제외 • 딸 의료비	○(본인 1,050,000) × ○(6세이하 250,000)
신용카드	×	○	• 본인 신용카드 사용액	○(신용 32,500,000)

(2) 보험료

① 이철수(본인)

보장성보험-일반	300,000
보장성보험-장애인	
합 계	300,000

② 이명수(부친)

보장성보험-일반	150,000
보장성보험-장애인	
합 계	150,000

③ 이현수(아들)

보장성보험-일반	350,000
보장성보험-장애인	
합 계	350,000

(3) 교육비

① 이철수(본인)

교육비	
일반	장애인특수
5,000,000 4.본인	

② 이현수(아들)

교육비	
일반	장애인특수
8,000,000 2.초중고	

※ 또는 3,000,000

③ 이리수(딸)

교육비	
일반	장애인특수
1,800,000 1.취학전	

2. [신용카드 등] 탭

소득명세	부양가족	신용카드 등	의료비	기부금	연금저축 등Ⅰ	연금저축 등Ⅱ	월세액	연말정산입력

	성명 생년월일	자료구분	신용카드	직불,선불	현금영수증	도서등신용	도서등직불	도서등현금	전통시장	대중교통	소비증가분	
											20x0 년	20x1 년
	이철수	국세청	32,500,000									32,500,000
	1983-05-05	기타										

3. [의료비] 탭 : 국외 의료비는 공제 대상 의료비에서 제외된다.

의료비 공제대상자					지급처			지급명세					14.산후조리원
성명	내/외	5.주민등록번호	6.본인등해당여부	9.증빙코드	7.사업자등록번호	8.상호	10.건수	11.금액	11-1.실손보험수령액	12.미숙아선천성이상아	13.납입여부		
이철수	내	830505-1478521	1	0	1			1,050,000		X	X		X
이리수	내	191104-4487122	2	0	1			250,000		X	X		X

4. [연말정산입력] 탭 : F8 부양가족탭 불러오기 실행

구분			지출액	공제금액	구분			지출액	공제대상금액	공제금액
특별공제	건강보험료		1,921,920	1,921,920	세액공제	61.보장성보험	일반	800,000	800,000	96,000
	고용보험료		384,000	384,000			장애인			
소득공제	34.주택차입금	대출기관				62.의료비		1,300,000	1,300,000	
	원리금상환액	거주자				63.교육비		14,800,000	14,800,000 9,800,000	1,041,612
	34.장기주택저당차입금이자상					64.기부금				
	35.기부금-2013년이전이월분					1)정치자금기부금	10만원이하			
	36.특별소득공제 계			2,305,920			10만원초과			
37.차감소득금액				25,384,080		2)고향사랑기부금	10만원이하			
38.개인연금저축							10만원초과			
그밖의소득공제	39.소기업, 소상공인 공제부금	2015년이전가입				3)특례기부금(전액)				
		2016년이후가입				4)우리사주조합기부금				
	40.주택마련저축소득공제	청약저축				5)일반기부금(종교단체외)				
		주택청약				6)일반기부금(종교단체)				
		근로자주택마련				65.특별세액공제 계				1,137,612
	41.투자조합출자 등 소득공제					66.표준세액공제				
	42.신용카드 등 사용액		32,500,000	4,000,000		67.납세조합공제				
	43.우리사주조합출연금	일반 등				68.주택차입금				
		벤처 등				69.외국납부	▶			
	44.고용유지중소기업근로자					70.월세액				

819

제113회 전산세무 2급

합격율	시험년월
28%	2024.4

이 론

01. 다음 중 재무상태표의 구성요소에 대한 설명으로 틀린 것은?

① 부채는 유동성에 따라 유동부채와 비유동부채로 구분한다.
② 자산과 부채는 유동성이 큰 항목부터 배열하는 것을 원칙으로 한다.
③ 자산은 유동자산과 비유동자산으로 구분하며 유동자산은 당좌자산과 투자자산으로 구분한다.
④ 자본은 자본금, 자본잉여금, 자본조정, 기타포괄손익누계액 및 이익잉여금(결손금)으로 구분한다.

02. 다음의 자료를 이용하여 기말 자본잉여금을 구하시오. 단, 기초 자본잉여금은 10,000,000원이다.

> 당기에 발생한 자본 항목의 증감 내역은 아래와 같다.
> • 주식발행초과금 증가 2,000,000원　　• 자기주식처분이익 발생 300,000원
> • 이익준비금 적립 3,000,000원　　• 자본금 증가 5,000,000원

① 12,000,000원　　② 12,300,000원　　③ 15,000,000원　　④ 17,000,000원

03. 다음 중 받을어음의 대손충당금을 과대 설정하였을 경우 재무제표에 미치는 영향으로 올바른 것은?

① 자산의 과소계상　　　　　② 비용의 과소계상
③ 당기순이익 과대계상　　　④ 이익잉여금의 과대계상

04. 다음 중 일반기업회계기준에 따른 유형자산에 대한 설명으로 옳지 않은 것은?

① 취득원가는 구입원가 또는 제작원가 및 경영진이 의도하는 방식으로 자산을 가동하는 데 필요한 장소와 상태에 이르게 하는 데 직접 관련되는 원가로 구성된다.

② 취득세, 등록면허세 등 유형자산의 취득과 직접 관련된 제세공과금은 당기비용으로 처리한다.

③ 새로운 상품과 서비스를 소개하는 데 소요되는 원가(예 : 광고 및 판촉활동과 관련된 원가)는 유형자산의 원가를 구성하지 않는다.

④ 건물을 신축하기 위하여 사용 중인 기존 건물을 철거하는 경우 그 건물의 장부금액은 제거하여 처분손실로 반영하고, 철거비용은 전액 당기비용으로 처리한다.

05. 다음 중 충당부채에 대한 설명으로 틀린 것은?

① 과거사건에 의해 충당부채를 인식하기 위해서는 그 사건이 기업의 미래행위와 독립적이어야 한다.

② 충당부채는 보고기간말마다 그 잔액을 검토하고, 보고기간말 현재 최선의 추정치를 반영하여 증감조정한다.

③ 충당부채를 발생시킨 사건과 밀접하게 관련된 자산의 예상되는 처분차익은 충당부채 금액의 측정에 고려하지 아니한다.

④ 의무발생사건의 결과로 현재의무가 존재하면 자원의 유출 가능성이 낮더라도 충당부채로 인식해야 한다.

06. ㈜한국은 선입선출법에 의한 종합원가계산을 적용하고 있으며, 당기 생산 관련 자료는 아래와 같다. 품질검사는 완성도 30% 시점에서 이루어지며, 당기에 검사를 통과한 정상품의 3%를 정상공손으로 간주한다. 당기의 정상공손수량은 몇 개인가?

〈물량흐름〉		
기초재공품	500개(완성도 70%)	
당기착수량	2,000개	
당기완성량	2,000개	
기말재공품	300개(완성도 50%)	

① 51개　　　　② 54개　　　　③ 60개　　　　④ 75개

07. 다음 중 원가회계의 목적과 거리가 먼 것은?

① 내부 경영 의사결정에 필요한 원가 정보를 제공하기 위함이다.
② 원가통제에 필요한 원가 정보를 제공하기 위함이다.
③ 손익계산서상 제품 원가에 대한 원가 정보를 제공하기 위함이다.
④ 이익잉여금처분계산서상 이익잉여금 처분 정보를 제공하기 위함이다.

08. 다음은 정상원가계산을 채택하고 있는 ㈜서울의 20x1년 원가 관련 자료이다. ㈜서울은 직접노동시간에 비례하여 제조간접원가를 배부한다. 제조간접원가 배부액을 구하시오.

• 제조간접원가 예산 : 39,690,000원	• 실제 제조간접원가 : 44,100,000원
• 예산 직접노동시간 : 90,000시간	• 실제 직접노동시간 : 70,000시간

① 30,870,000원   ② 34,300,000원   ③ 47,800,000원   ④ 51,030,000원

09. 다음 중 제조원가의 분류로 잘못 구성된 것을 고르시오.

① 추적가능성에 따른 분류 : 직접재료원가, 간접재료원가, 직접노무원가, 간접노무원가
② 제조원가의 요소에 따른 분류 : 직접재료원가, 직접노무원가, 제조간접원가
③ 원가행태에 따른 분류 : 재료원가, 노무원가, 제조간접원가
④ 발생형태에 따른 분류 : 재료원가, 노무원가, 제조경비

10. 다음 중 보조부문원가의 배분 방법에 대한 설명으로 옳은 것은?

① 직접배분법은 보조부문 상호간의 용역수수관계를 전혀 인식하지 않아 항상 가장 부정확하다.
② 상호배분법은 보조부문 상호간의 용역수수관계를 가장 정확하게 배분하므로 가장 많이 이용된다.
③ 단계배분법은 보조부문 상호간의 용역수수관계를 일부 인식하며 배분 순서에 따라 결과가 달라진다.
④ 단계배분법은 우선순위가 낮은 부문의 원가를 우선순위가 높은 부문과 제조부문에 먼저 배분한다.

11. 다음 중 부가가치세법상 아래의 수정세금계산서 발급 방법에 대한 수정세금계산서 발급 사유로 옳은 것은?

> (수정세금계산서 발급 방법)
> 사유 발생일을 작성일로 적고 비고란에 처음 세금계산서 작성일을 덧붙여 적은 후 붉은색 글씨로 쓰거나 음의 표시를 하여 발급

① 착오로 전자세금계산서를 이중으로 발급한 경우
② 계약의 해제로 재화 또는 용역이 공급되지 아니한 경우
③ 필요적 기재사항 등이 착오 외의 사유로 잘못 적힌 경우
④ 면세 등 세금계산서 발급 대상이 아닌 거래 등에 대하여 세금계산서를 발급한 경우

12. 다음 중 부가가치세법상 공제하지 아니하는 매입세액이 아닌 것은?

① 토지에 관련된 매입세액
② 사업과 직접 관련이 없는 지출에 대한 매입세액
③ 기업업무추진비 및 이와 유사한 비용 지출에 대한 매입세액
④ 세금계산서 임의적 기재사항의 일부가 적히지 아니한 지출에 대한 매입세액

13. 다음 중 부가가치세법상 환급에 대한 설명으로 가장 옳지 않은 것은?

① 각 과세기간별로 그 과세기간에 대한 환급세액을 확정신고한 사업자에게 그 확정신고기한이 지난 후 25일 이내에 환급하여야 한다.
② 재화 및 용역의 공급에 영세율을 적용받는 경우 조기환급 신고할 수 있다.
③ 조기환급 신고의 경우 조기환급 신고기한이 지난 후 15일 이내에 환급할 수 있다.
④ 사업 설비를 신설·취득·확장 또는 증축하는 경우 조기환급 신고할 수 있다.

14. 다음 중 소득세법상 종합소득에 대한 설명으로 틀린 것은?

① 이자소득은 총수입금액과 소득금액이 동일하다.
② 퇴직소득과 양도소득은 종합소득에 해당하지 않는다.
③ 사업소득, 근로소득, 연금소득, 기타소득에는 비과세 소득이 존재한다.
④ 금융소득(이자 및 배당)은 납세자의 선택에 따라 금융소득종합과세를 적용할 수 있다.

15. 다음 중 소득세법상 결손금과 이월결손금에 대한 설명으로 가장 옳지 않은 것은?

① 비주거용 부동산 임대업에서 발생한 이월결손금은 타 소득에서 공제할 수 없다.

② 추계 신고 시에는 원칙적으로 이월결손금을 공제할 수 없다.

③ 해당 과세기간에 일반사업소득에서 결손금이 발생하고 이월결손금도 있는 경우에는 이월결손금을 먼저 다른 소득금액에서 공제한다.

④ 결손금의 소급공제는 중소기업에 한하여 적용 가능하다.

실 무

㈜파도상회(2113)는 전자제품의 제조 및 도·소매업을 주업으로 영위하는 중소기업으로, 당기의 회계기간은 20x1.1.1.~20x1.12.31.이다. 전산세무회계 수험용 프로그램을 이용하여 다음 물음에 답하시오.

문제 1 [일반전표입력] 메뉴를 이용하여 다음의 거래자료를 입력하시오. (15점)

[1] 03월 21일 정기 주주총회에서 이익배당을 결의하다. 다음은 정기 주주총회 의사록이며, 실제 배당금 지급일은 4월로 예정되었다(단, 이익배당과 관련된 회계처리를 이월이익잉여금(375) 계정을 사용하여 회계처리할 것). (3점)

제12기 정기 주주총회 의사록

㈜파도상회

1. 일시 : 20x1년 3월 21일 16시
2. 장소 : 경기도 부천시 길주로 284, 515호 (중동, 신중동역 헤리움 메트로타워)
3. 출석상황

주주총수 : 5명	주식총수 : 100,000주
출석주주 : 5명	주식총수 : 100,000주
참 석 율 : 100%	100%

　의장인 사내이사 이도진은 정관 규정에 따라 의장석에 등단하여 위와 같이 법정수에 달하는 주주가 출석하여 본 총회가 적법하게 성립되었음을 알리고 개회를 선언하다.

제1호 의안 : 제12기(20x0년 1월 1일부터 20x0년 12월 31일까지) 재무제표 승인의 건

의장은 본 의안을 20x0년 결산기가 20x0년 12월 31일자로 종료됨에 따라 재무상태표 및 손익계산서를 보고하고 이에 따른 승인을 구한 바 참석주주 전원의 일치로 이를 승인가결하다.

제2호 의안 : 제12기 이익배당의 건

　의장은 제12기(20x0년) 배당에 관한 안건을 상정하고 의안에 대한 설명 및 필요성을 설명하고 그 승인을 구한 바, 만장일치로 찬성하여 다음과 같이 승인 가결하다.

　1) 배당에 관한 사항

　가. 1주당 배당금 : 보통주 1,000원　　나. 액면배당률 : 보통주　　10%　　다. 배당총액 : 100,000,000원

　2) 기타사항

　가. 배당은 현금배당으로 하며, 이익배당액의 10%를 결의일에 이익준비금으로 적립한다.

이상으로서 금일의 의안 전부를 심의 종료하였으므로 의장은 폐회를 선언하다.

위 결의를 명확히 하기 위해 이 의사록을 작성하고 의장과 출석한 이사 및 감사 아래에 기명 날인한다.

---

[2] 03월 28일 남일상사에 대한 외상매입금 15,500,000원 중 7,000,000원은 보통예금 계좌에서 이체하여 지급하였으며 잔액은 대표자 개인 명의의 보통예금 계좌에서 이체하여 지급하였다(단, 가수금 계정을 사용하고, 거래처(00133)를 입력할 것). (3점)

[3] 06월 25일 외부 강사를 초청하여 영업부 직원들의 CS교육을 실시하고 강사료 2,400,000원에서 원천징수 세액(지방소득세 포함) 79,200원을 차감한 금액을 보통예금 계좌에서 지급하였다. (3점)

[4] 08월 10일 단기매매차익을 얻을 목적으로 전기에 취득하여 보유하고 있던 ㈜연홍의 주식(취득가액 500,000원)을 모두 1,000,000원에 처분하고 대금에서 거래수수료 등 제비용 50,000 원을 차감한 잔액이 보통예금 계좌로 입금되었다. (3점)

[5] 09월 05일 제품 생산에 투입할 원재료로 사용하기 위해 구입하여 보관 중인 미가공식료품을 수재 민을 도와주기 위하여 지방자치단체에 무상으로 기부하였다. 단, 취득원가는 2,000,000 원이며, 시가는 2,100,000원이다. (3점)

문제 2 [매입매출전표입력] 메뉴를 이용하여 다음의 거래자료를 입력하시오. (15점)

[1] 07월 17일 비사업자인 개인 소비자 추미랑에게 제품을 판매하고 대금은 현금으로 받아 아래의 현금 영수증을 발급하였다. (3점)

Hom**e**tax. 국세청홈택스 **현금영수증**

● 거래정보

거래일시	20x1/07/17
승인번호	G45972376
거래구분	승인거래
거래용도	소득공제
발급수단번호	010 - **** - 9694

● 거래금액

공급가액	부가세	봉사료	총 거래금액
480,000	48,000	0	528,000

● 가맹점 정보

상호	㈜파도상회
사업자번호	124 - 86 - 94282
대표자명	이도진
주소	경기도 부천시 길주로 284, 515호

● 익일 홈택스에서 현금영수증 발급 여부를 반드시 확인하시기 바랍니다.
● 홈페이지 (http://www.hometax.go.kr)
 - 조회/발급>현금영수증 조회>사용내역(소득공제) 조회
  >매입내역(지출증빙) 조회
● 관련문의는 국세상담센터(☎126 - 1 - 1)

[2] 07월 28일 비사업자인 개인에게 영업부 사무실에서 사용하던 에어컨(취득원가 2,500,000원, 감가상각누계액 1,500,000원)을 1,100,000원(부가가치세 포함)에 판매하고, 대금은 보통예금 계좌로 받았다(단, 별도의 세금계산서나 현금영수증을 발급하지 않았으며, 거래처 입력은 생략할 것). (3점)

[3] 08월 28일 해외거래처인 LQTECH로부터 제품 생산에 필요한 원재료를 수입하면서 인천세관으로부터 아래의 수입전자세금계산서를 발급받고, 부가가치세는 현금으로 납부하였다(단, 재고자산에 대한 회계처리는 생략할 것). (3점)

수입전자세금계산서

			승인번호	20240828 - 11324560 - 11134567		
세관명	등록번호	135 - 82 - 12512	종사업장번호			
	세관명	인천세관	성명	김세관		
	세관주소	인천광역시 미추홀구 항구로				
	수입신고번호 또는 일괄발급기간(총건)					

	등록번호	124 - 86 - 94282	종사업장번호	
수입자	상호(법인명)	㈜파도상회	성명	이도진
	사업장주소	경기도 부천시 길주로 284, 515호		
	업태	제조업	종목	전자제품

납부일자	과세표준	세액	수정사유	비고
20x1/08/28	5,400,000	540,000	해당 없음	

월	일	품목	규격	수량	단가	공급가액	세액	비고
08	28	수입신고필증 참조				5,400,000	540,000	
합계금액	5,940,000							

[4] 09월 02일   사내 행사를 위하여 영업부 직원들에게 제공할 다과류를 구입하고 법인카드(비씨카드)로 결제하였다. (3점)

[5] 09월 11일   공장에서 사용할 목적으로 지난 4월 2일 ㈜오성기계와 체결한 기계장치 공급계약에 따라 절단로봇을 인도받고 시험가동을 완료하였다. 잔금은 보통예금 계좌에서 지급하고 아래의 전자세금계산서를 발급받았다. (3점)

고압제트 절단로봇 공급계약서	
(생략)	
제 2 조 위 공급계약의 총 계약금액은 <u>22,000,000원(VAT 포함)</u>으로 하며, 아래와 같이 지불하기로 한다.	
계 약 금	일금 이백만 원정 (₩ 2,000,000)은 계약 시에 지불한다.
잔 금	일금 이천만 원정 (₩ 20,000,000)은 20x1년 09월 30일 내에 제품 인도 후 시험가동이 완료된 때에 지불한다.
(이하 생략)	

전자세금계산서					승인번호	20240911 - 31000013 - 443461111		

공급자	등록번호	130-81-08113	종사업장번호			공급받는자	등록번호	124-86-94282	종사업장번호	
	상호(법인명)	㈜오성기계	성명	유오성			상호(법인명)	㈜파도상회	성명	이도진
	사업장	경기도 부천시 길주로 1					사업장	경기도 부천시 길주로 284, 515호		
	업태	제조	종목	생산로봇			업태	제조,도소매	종목	전자제품
	이메일	osung@naver.com					이메일	wavestore@naver.com		
							이메일			

작성일자	공급가액	세액	수정사유
20x1/09/11	20,000,000	2,000,000	
비고			

월	일	품목	규격	수량	단가	공급가액	세액	비고
09	11	고압제트 절단 로봇	M701C			20,000,000	2,000,000	

합계금액	현금	수표	어음	외상미수금	이 금액을 (영수) 함
22,000,000	22,000,000				

문제 3 부가가치세 신고와 관련하여 다음 물음에 답하시오. (10점)

[1] 이 문제에 한정하여 ㈜파도상회는 음식점업만을 영위하는 법인으로 가정한다. 다음 자료를 이 용하여 20x1년 제1기 확정신고기간(20x1.04.01.~20x1.06.30.)에 대한 의제매입세액공제신 고서를 작성하시오. (4점)

1. 매입자료

취득일자	공급자	사업자등록번호 (주민등록번호)	물품명	수량	매입가액	구분
20x1.04.10.	은성	752-06-02023	야채	250개	1,020,000원	계산서
20x1.04.30.	㈜이두식자재	872-87-85496	생닭	300마리	1,830,000원	신용카드
20x1.05.20.	김어부	650321-1548905	갈치	80마리	790,000원	농어민 매입

2. 제1기 예정분 과세표준은 80,000,000원이며, 확정분 과세표준은 95,000,000원이다.
3. 제1기 예정신고 시 의제매입세액 75,000원을 공제받았다.
4. 위 자료 1의 면세 매입 물품은 모두 과세사업인 음식점업에 직접 사용하였다.

[2] 다음의 자료를 이용하여 20x1년 제2기 부가가치세 확정신고기간에 대한 [건물등감가상각자산취득명세서]를 작성하시오(단, 아래의 자산은 모두 감가상각 대상에 해당함). (4점)

취득일	내용	공급가액	상호	수량
		부가가치세액	사업자등록번호	매입가액
10.04.	영업부의 업무용승용차(2,000cc) 구입	31,000,000원	㈜원대자동차	전자세금계산서 수취
		3,100,000원	210 – 81 – 13571	
11.26.	제조부의 공장 건물 신축공사비 지급	50,000,000원	아름건설	종이세금계산서 수취
		5,000,000원	101 – 26 – 97846	
12.09.	제조부 공장에서 사용할 포장기계 구입	2,500,000원	나라포장	법인 신용카드 결제
		250,000원	106 – 02 – 56785	

[3] 20x1년 제1기 예정신고기간(20x1.01.01.~20x1.03.31.)의 [부가가치세신고서]를 전자신고하시오. (2점)

1. 부가가치세신고서와 관련 부속서류는 마감되어 있다.
2. [전자신고] → [국세청 홈택스 전자신고변환(교육용)] 순으로 진행한다.
3. [전자신고] 메뉴의 [전자신고제작] 탭에서 신고인구분은 2.납세자 자진신고를 선택하고, 비밀번호는 "12341234"로 입력한다.
4. [국세청 홈택스 전자신고변환(교육용)] → 전자파일변환(변환대상파일선택) → [찾아보기]에서 전자신고용 전자파일을 선택한다.
5. 전자신고용 전자파일 저장경로는 로컬디스크(C:)이며, 파일명은 "enc작성연월일.101.v사업자등록번호"다.
6. [형식검증하기] ➡ [형식검증결과확인] ➡ [내용검증하기] ➡ [내용검증결과확인] ➡ [전자파일제출] 을 순서대로 클릭한다.
7. 최종적으로 [전자파일 제출하기] 를 완료한다.

문제 4 결산정리사항은 다음과 같다. 관련 메뉴를 이용하여 결산을 완료하시오. (15점)

[1] 아래의 자료를 이용하여 정기예금의 당기분 경과이자에 대한 회계처리를 하시오(단, 월할 계산할 것). (3점)

> • 정기예금액 : 30,000,000원　　• 예금가입기간 : 20x1.04.01.~20x2.03.31.　　• 연이자율 : 3.4%
> • 이자는 만기일(20x2.03.31.)에 일시 수령한다.

[2] 일반기업회계기준에 따라 20x1년 말 현재 보유 중인 매도가능증권에 대하여 결산일의 적절한 회계처리를 하시오(단, 매도가능증권은 비유동자산이며, 20x0년의 회계처리는 적절하게 되었다). (3점)

주식명	20x0년 취득가액	20x0년 말 공정가치	20x1년 말 공정가치
㈜엔지	5,000,000원	6,000,000원	4,800,000원

[3] 20x1년 11월 중 캐나다 ZF사에 수출한 외상매출금 $100,000은 20x2년 1월 15일에 외화 통장으로 회수될 예정이며, 일자별 기준환율은 다음과 같다. (3점)

구분	수출신고일 : 20x1.11.03.	선적일 : 20x1.11.10.	결산일 : 20x1.12.31.
기준환율	900원/$	920원/$	950원/$

[4] 기존에 입력된 데이터는 무시하고 20x1년 제2기 확정신고기간의 부가가치세와 관련된 내용은 다음과 같다고 가정한다. 12월 31일 부가세예수금과 부가세대급금을 정리하는 회계처리를 하시오. 단, 납부세액(또는 환급세액)은 미지급세금(또는 미수금)으로, 경감세액은 잡이익으로, 가산세는 세금과공과(판)로 회계처리한다. (3점)

> • 부가세대급금　　6,400,000원　• 부가세예수금　　　　　　8,240,000원
> • 전자신고세액공제액　　10,000원　• 세금계산서지연발급가산세　　84,000원

[5] 결산일 현재 무형자산인 영업권의 전기 말 상각 후 미상각잔액은 200,000,000원으로 이 영업권은 작년 1월 초 250,000,000원에 취득한 것이다. 이에 대한 회계처리를 하시오. 단, 회사는 무형자산에 대하여 5년간 월할 균등 상각하고 있으며, 상각기간 계산 시 1월 미만은 1월로 간주한다. (3점)

문제 5 20x1년 귀속 원천징수와 관련된 다음의 물음에 답하시오. (15점)

[1] 다음 자료를 이용하여 20x1년 5월 귀속 [원천징수이행상황신고서]를 작성하시오. 단, 아래에 주어진 자료만을 이용하여 [원천징수이행상황신고서]를 직접 작성하고, [급여자료입력] 메뉴에서 불러오는 자료는 무시할 것. (5점)

[지급일자 : 20x1년 6월 05일]　　　　　**20x1년 5월 귀속 급여대장**　　　　　(단위 : 원)

구분	급여내역상세					공제내역상세			
성명	기본급	자격수당	식대	자가운전 보조금	합계	4대보험	소득세	지방 소득세	합계
김성현	2,600,000	–	200,000	200,000	3,000,000	234,000	90,000	9,000	333,000
서지은	2,700,000	300,000	200,000	–	3,200,000	270,000	– 20,000	– 20,000	50,000
합계	5,300,000	300,000	400,000	200,000	6,200,000	504,000	– 11,000	– 11,000	383,000

1. 위 급여내역 중 식대 및 자가운전보조금은 비과세 요건을 충족한다.
2. 5월 귀속 급여 지급일은 20x1년 6월 5일이다.
3. 서지은(중도퇴사자) 관련 사항
   (가) 20x1년 5월 31일까지 근무 후 중도퇴사하였다.
   (나) 20x1년 1월부터 4월까지의 총지급액은 12,000,000원이라고 가정한다.
   (다) 소득세 및 지방소득세는 중도퇴사자 정산이 반영된 내역이며, 5월분 급여에 대해서는 원천징수하지 않았다.

[2] 함춘식 대리(사번 : 301, 입사일 : 20x1년 04월 21일)의 20x1년 귀속 연말정산과 관련된 자료는 다음과 같다. 아래의 자료를 이용하여 [연말정산추가자료입력] 메뉴의 [소득명세] 탭, [부양가족] 탭, [의료비] 탭, [신용카드등] 탭, [월세액] 탭을 작성하고 [연말정산입력] 탭에서 연말정산을 완료하시오(단, 제시된 소득 이외의 소득은 없으며, 세부담 최소화를 가정한다). (10점)

현근무지	• 급여총액 : 40,600,000원(비과세 급여, 상여, 감면소득 없음) • 소득세 기납부세액 : 2,368,370원(지방소득세 : 236,800원) • 이외 소득명세 탭의 자료는 불러오기 금액을 반영한다.
전(前)근무지 근로소득 원천징수영수증	• 근무처 : ㈜솔비공업사(사업자번호 : 956 – 85 – 02635) • 근무기간 : 20x1.01.01.~20x1.04.20. • 급여총액 : 12,200,000원(비과세 급여, 상여, 감면소득 없음) • 건강보험료 : 464,810원　　　　장기요양보험료 : 97,290원 • 고용보험료 : 134,320원　　　　국민연금 : 508,700원 • 소득세 결정세액 : 398,000원(지방소득세 결정세액 : 39,800원)

성명	관계	주민번호	비고
함춘식	본인	900919 – 1668321	무주택 세대주임
함덕주	부	501223 – 1589321	일용근로소득금액 4,300만원
박경자	모	530807 – 2548718	복권 당첨소득 500만원
함경리	누나	881229 – 2509019	중증환자 등 장애인으로 소득 없음

가족사항

• 기본공제대상자가 아닌 경우 기본공제 여부에 '부'로 표시할 것
• 위의 가족은 모두 내국인으로 생계를 같이 하는 것으로 한다.

20x1년도 연말정산자료

항목	내용
보험료	• 함덕주(부) : 일반 보장성 보험료 50만원 • 함춘식(본인) : 저축성 보험료 120만원 • 함경리(누나) : 장애인 전용 보장성 보험료 70만원
의료비	• 박경자(모) : 임플란트 비용 200만원 • 함덕주(부) : 보청기 구입비용 30만원 • 함경리(누나) : 치료를 위한 한약 30만원 ※ 위 의료비는 모두 함춘식 본인의 신용카드로 결제하였고, 치료 목적으로 지출하였다. ※ 주어진 자료만 고려하여 입력한다.
신용카드등 사용액	• 함춘식(본인) 신용카드 사용액 : 2,100만원 　－대중교통 사용분 60만원, 아파트 관리비 100만원, 동거가족 의료비 　　260만원 포함 • 함덕주(부) 체크카드 사용액 : 800만원 　－전통시장 사용분 200만원 포함
월세액	• 임대인 : 이고동(주민등록번호 691126 – 1904701) • 유형 및 면적 : 아파트, 84㎡ • 임대주택 주소지 : 경기도 안산시 단원구 중앙대로 620 • 임대차 기간 : 20x1.01.01.~20x2.12.31. • 월세액 : 월 60만원

※ 위 보험료, 의료비, 신용카드 등 사용액은 모두 국세청 연말정산 간소화 서비스에서 조회된 자료이다.

제113회 전산세무2급 답안 및 해설

이 론

1	2	3	4	5	6	7	8	9	10	11	12	13	14	15
③	②	①	②	④	②	④	①	③	③	②	④	①	④	③

01. 유동자산은 **당좌자산과 재고자산으로 구분**하고 투자자산은 비유동자산에 속한다.

02. 기말 자본잉여금 = 기초 자본잉여금(10,000,000) + 주식발행초과금(2,000,000)
　　　　　　　　　+ 자기주식처분이익(300,000) = 12,300,000원

03. **대손충당금(자산 차감) 과대 설정은 자산의 과소계상**된다. 동시에 대손상각비가 과대 계상된다.

04. 취득세, 등록면허세 등 유형자산의 **취득과 직접 관련된 제세공과금은 유형자산의 원가를 구성**한다.

05. 충당부채는 과거사건이나 거래의 결과에 의한 현재의무로서, 지출의 시기 또는 금액이 불확실하지만 그 의무를 이행하기 위하여 **자원이 유출될 가능성이 매우 높고 또한 당해 금액을 신뢰성 있게 추정할 수 있는 의무**를 말한다.

06. 당기에 검사(30%)를 통과한 정상품 = 1,500개 + 300개 = 1,800개

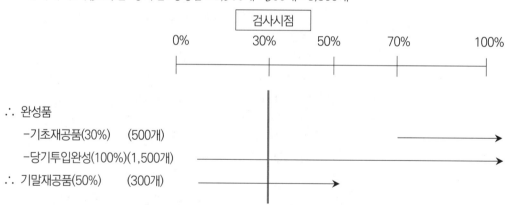

∴ 완성품
　－기초재공품(30%)　(500개)
　－당기투입완성(100%)(1,500개)
∴ 기말재공품(50%)　(300개)

　∴ 정상공손수량 = 정상품(1,800개) × 3% = 54개

07. 이익잉여금처분은 주주에게 지급하는 배당 등을 의미하며 **주주인 외부 이해관계자에게 제공하는 것은 재무회계의 목적에 해당**한다.

08. 제조간접원가 예정배부율 = 제조간접원가 예산(39,690,000) ÷ 예산 직접노동시간(90,000)
　　　　　　　　　　　　 = 441원/직접노동시간
　배부액 = 실제 직접노동시간(70,000) × 예정배부율(441) = 30,870,000원

09. 제조원가를 **원가행태에 따른 분류하면 변동제조원가, 고정제조원가**로 분류한다.

10. 단계배분법은 우선순위가 높은 부문의 보조부문원가를 우선순위가 낮은 부문과 제조부문에 먼저 배분하는 방법으로 상호간의 용역수수관계를 일부 인식하지만 **배분 순서가 부적절한 경우 직접배분법보다도 정확성이 떨어질 수 있다.**

상호배분법은 보조부문 상호간의 용역수수관계를 가장 정확하게 배분하지만 **보조부문의 수가 여러 개일 경우 시간과 비용이 많이 소요되고 계산하기가 어려워 실무상 거의 사용되지 않는다.**

11. ① 착오로 전자세금계산서를 이중으로 발급한 경우 : 처음에 발급한 세금계산서의 내용대로 음의 표시를 하여 발급

③ 필요적 기재사항 등이 착오 외의 사유로 잘못 적힌 경우 : 처음에 발급한 세금계산서의 내용대로 세금계산서를 붉은색 글씨로 쓰거나 음의 표시를 하여 발급하고, 수정하여 발급하는 세금계산서는 검은색 글씨로 작성하여 발급

④ 면세 등 세금계산서 발급 대상이 아닌 거래 등에 대하여 세금계산서를 발급한 경우 : 처음에 발급한 세금계산서의 내용대로 붉은색 글씨로 쓰거나 음의 표시를 하여 발급

12. 세금계산서 **임의적 기재사항의 일부가 적히지 아니한 지출에 대한 매입세액은 공제가 가능**하다. 필요적 기재사항의 일부가 적히지 아니한 지출에 대한 매입세액에 대해서는 공제 불가하다.

13. 납세지 관할 세무서장은 각 과세기간별로 그 과세기간에 대한 환급세액을 확정신고한 사업자에게 그 **확정신고기한이 지난 후 30일 이내(조기 환급의 경우에는 15일 이내)**에 환급하여야 한다.

14. 금융소득은 납세자의 선택에 따라 종합소득합산과세를 적용할 수 없으며 금융소득이 **연 2천만원을 초과하는 경우 금융소득종합과세를 적용**한다.

15. 당해 과세기간에 발생한 **결손금을 먼저 다른 소득금액에서 공제**한다.

실 무

문제 1 일반전표입력

[1] (차) 이월이익잉여금(375) 110,000,000 (대) 미지급배당금 100,000,000
　　　　　　　　　　　　　　　　　　　　　　　　이익준비금 10,000,000

[2] (차) 외상매입금(남일상사) 15,500,000 (대) 보통예금 7,000,000
　　　　　　　　　　　　　　　　　　　　　　　　가수금(대표자) 8,500,000

[3] (차) 교육훈련비(판) 2,400,000 (대) 예수금 79,200
　　　　　　　　　　　　　　　　　　　　　　　　보통예금 2,320,800

[4] (차) 보통예금 950,000 (대) 단기매매증권 500,000
　　　　　　　　　　　　　　　　　　　　　　　　단기매매증권처분이익 450,000

　　☞처분손익＝처분가액(1,000,000－50,000)－장부가액(500,000)＝450,000원(이익)

[5] (차) 기부금 2,000,000 (대) 원재료(8. 타계정으로 대체) 2,000,000

매입매출전표입력

[1] 매입매출전표입력(7/17)

유형: 22.현과 공급가액: 480,000 원 부가세: 48,000 원 공급처명: 추미랑 분개:현금 또는 혼합

(차)	현금	528,000원	(대)	제품매출	480,000원
				부가세예수금	48,000원

[2] 매입매출전표입력(7/28)

유형: 14.건별 공급가액: 1,000,000 원 부가세: 100,000 원 공급처명: 없음 분개:혼합

(차)	보통예금	1,100,000원	(대)	부가세예수금	100,000원
	감가상각누계액(213)	1,500,000원		비품	2,500,000원

[3] 매입매출전표입력(8/28)

유형: 55.수입 공급가액: 5,400,000 원 부가세: 540,000 원 공급처명: 인천세관 전자:여 분개: 현금 또는 혼합

(차)	부가세대급금	540,000원	(대)	현금	540,000원

[4] 매입매출전표입력(9/02)

유형: 57.카과 공급가액: 1,000,000 원 부가세: 100,000 원 공급처명: 과자나라㈜ 분개:카드 또는 혼합
신용카드사 : 비씨카드

(차)	부가세대급금	100,000원	(대)	미지급금(비씨카드)	1,100,000원
	복리후생비(판)	1,000,000원			

[5] 매입매출전표입력(9/11)

유형: 51.과세 공급가액: 20,000,000 원 부가세: 2,000,000 원 공급처명: ㈜오성기계 전자:여 분개: 혼합

(차)	기계장치	20,000,000원	(대)	보통예금	20,000,000원
	부가세대급금	2,000,000원		선급금	2,000,000원

문제 3 부가가치세

[1] [의제매입세액공제신고서](4~6월) 음식점업 법인 6/106

※ **농어민으로부터의 매입은 제조업자에 한하여 가능**하다.

(1) 의제매입세액 자료

① 은성

취득일자	구분	물품명	수량	매입가액	공제율	의제매입세액	건수
20x1-04-10	계산서	야채	250	1,020,000	6/106	57,735	1

② ㈜이두식자재

취득일자	구분	물품명	수량	매입가액	공제율	의제매입세액	건수
20x1-04-30	신용카드등	생닭	300	1,830,000	6/106	103,584	1

(2) 한도계산

☞ 예정신고기간 매입액 : 예정신고 시 의제매입세액 75,000원÷6/106 = 1,325,000원

당기매입액 = 예정신고기간 매입액(1,325,000)+확정신고기간 매입액(2,850,000) = 4,175,000원

면세농산물등	제조업 면세농산물등						
가. 과세기간 과세표준 및 공제가능한 금액등							불러오기
과세표준			대상액 한도계산		B. 당기매입액	공제대상금액 [MIN (A,B)]	
합계	예정분	확정분	한도율	A.한도액			
175,000,000	80,000,000	95,000,000	50/100	87,500,000	4,175,000	4,175,000	
나. 과세기간 공제할 세액			이미 공제받은 금액			공제(납부)할세액 (C-D)	
공제율	C.공제대상금액	D.합계	예정신고분	월별조기분			
6/106	236,320	75,000	75,000			161,320	

[2] [건물등감가상각자산취득명세서](10~12월)

취득내역					
감가상각자산종류	건수	공급가액		세액	비고
합 계	3	83,500,000		8,350,000	
건물 · 구축물	1	50,000,000		5,000,000	
기 계 장 치	1	2,500,000		250,000	
차 량 운 반 구	1	31,000,000		3,100,000	
기타감가상각자산					

No			거래처별 감가상각자산 취득명세				
	월/일	상호	사업자등록번호	자산구분	공급가액	세액	건수
1	10-04	(주)원대자동차	210-81-13571	차량운반구	31,000,000	3,100,000	1
2	11-26	아름건설	101-26-97846	건물,구축물	50,000,000	5,000,000	1
3	12-09	나라포장	106-02-56785	기계장치	2,500,000	250,000	1
4							
				합 계	83,500,000	8,350,000	3

☞ 건물 신축공사비는 완공된 건물로 보셔야 합니다. 공장건물 신축공사비에 대해서 <u>건설중인자산로 보아 매입매출전표에</u> <u>입력하면 건물로 집계가 됩니다.</u>

[3] 전자신고(1~3월)

1. [부가가치세신고서] 및 관련 부속서류 마감 확인

	구분		정기신고금액				구분		금액	세율	세액
			금액	세율	세액	7.매출(예정신고누락분)					
과	과	세금계산서발급분	1	3,300,680,000	10/100	330,068,000	예	과	세금계산서	33		10/100	
세	세	매입자발행세금계산서	2		10/100		정	세	기타	34		10/100	
표		신용카드·현금영수증발행분	3		10/100		누	영	세금계산서	35		0/100	
준		기타(정규영수증외매출분)	4		10/100		락	세	기타	36		0/100	
및	영	세금계산서발급분	5		0/100		분		합계	37			
매	세	기타	6		0/100		12.매입(예정신고누락분)					
출		예정신고누락분	7						세금계산서	38			
세		대손세액가감	8				예	그 밖의 공제매입세액	39			
액		합계	9	3,300,680,000	⑨	330,068,000			합계	40			

2. [전자신고]>[전자신고제작] 탭>F4 제작>비밀번호(12341234) 입력

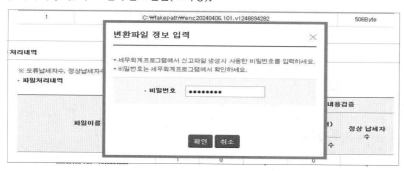

3. [국세청 홈택스 전자신고변환(교육용)]

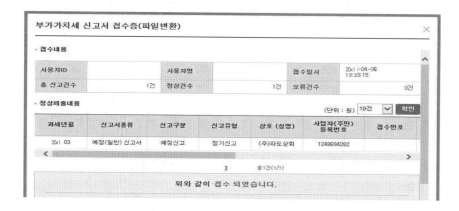

문제 4 결산

[1] [수동결산]

20x1.12.31.　(차) 미수수익　　　　765,000원　　(대) 이자수익　　　　765,000원

☞ 미수수익 = 정기예금액(30,000,000) × 연지아율(3.4%) × 9/12 = 765,000원

[2] [수동결산]

(차) 매도가능증권평가이익　　1,000,000원　　(대) 매도가능증권(178)　1,200,000원

　　　매도가능증권평가손실　　200,000원

	취득가액	공정가액	평가이익	평가손실
전기	5,000,000	6,000,000	1,000,000	0
당기		4,800,000	△1,000,000	*200,000*
계			0	200,000

☞ 매도가능증권평가손익은 재무상태표상 자본 항목 중 기타포괄손익누계액 항목으로 차기 이후 발생하는 평가손익과 상계하여 회계처리한다.

[3] [수동결산]

(차) 외상매출금(캐나다　ZF사)　3,000,000원　　(대) 외화환산이익　　3,000,000원

☞ 환산손익(자산) = $100,000 × (950원 − 920원) = 3,000,000원

[4] [수동결산]

(차) 부가세예수금　　8,240,000원　　(대) 부가세대급금　　6,400,000원

　　　세금과공과(판)　84,000원　　　　　잡이익　　　　　10,000원

　　　　　　　　　　　　　　　　　　　미지급세금　　1,914,000원

[5] [자동/수동결산]

1. [결산자료입력] > 4. 판매비와일반관리비 > 6). 무형자산상각비

　　　　　 > 영업권 결산반영금액란 : 50,000,000원 입력 > F3 전표추가

2. 또는 일반전표입력

(차) 무형자산상각비　　50,000,000원　　(대) 영업권　　　50,000,000원

☞ 무형자산 상각비 = 취득가액(250,000,000) ÷ 내용연수(5년) = 50,000,000원/년

문제 5 원천징수

[1] 원천징수이행상황신고서(귀속기간 5월, 지급기간 6월, 1.정기신고)

| 원천징수명세및납부세액 | 원천징수이행상황신고서 부표 | 원천징수세액환급신청서 | 기납부세액명세서 | 전월미환급세액 조정명세서 | 차월이월환급세액 승계명세 |

소득자 소득구분		코드	소득지급			징수세액			당월조정 환급세액	납부세액	
			인원	총지급액	소득세 등	농어촌특별세	가산세			소득세 등	농어촌특별세
근로소득	간이세액	A01	2	6,000,000	90,000						
	중도퇴사	A02	1	15,200,000	-200,000						
	일용근로	A03									
	연말정산	A04									
	(분납신청)	A05									
	(납부금액)	A06									
	가 감 계	A10	3	21,200,000	-110,000						
총 합 계		A99	3	21,200,000							

전월 미환급 세액의 계산			당월 발생 환급세액					18.조정대상환급(14+15+16+17)	19.당월조정환급세액계	20.차월이월환급세액	21.환급신청액
12.전월미환급	13.기환급	14.차감(12-13)	15.일반환급	16.신탁재산	금융회사 등	합병 등					
			110,000					110,000		110,000	

- 간이세액[A01] 총지급액 : 급여 합계 6,200,000원 − **미제출비과세(자가운전보조금) 200,000원**
  = 6,000,000원

※ 원천세 신고 및 지급명세서 작성 시 **식대는 제출비과세 항목이며, 자가운전보조금은 미제출비과세 항목**이다.

- 중도퇴사[A02] : 1월~4월 총지급액 12,000,000원 + 5월 총지급액 3,200,000원 = 15,200,000원

[2] 연말정산(함춘식) 2025

1. [소득명세] 탭

근무 처명	사업자 등록번호	급여	보험료 명세				세액명세		근무 기간
			건강 보험	장기 요양	고용 보험	국민 연금	소득세	지방 소득세	
㈜솔비 공업사	956-85- 02635	12,200,000	464,810	97.290	134.320	508,700	398,000	39,800	1.1~4.20

2. [부양가족] 탭

관계	요 건		기본 공제	추가 (자녀)	판 단
	연령	소득			
본인(세대주)	−	−	○		
부(75)	○	○	○	경로	일용근로소득은 분리과세소득
모(72)	○	○	○	경로	복권당첨소득은 분리과세소득
누나(37)	○	○	○	장애(3)	

3. 연말정산

항 목	요건		내역 및 대상여부	입력
	연령	소득		
보 험 료	○ (×)	○	• 부친 일반 보장성 보험료 • 본인 저축성 보험료는 대상에서 제외 • 누나 장애인 전용보장성 보험료	○(일반 500,000) × ○(장애인 700,000)
의 료 비	×	×	• 모친 임플란트 • 부친 보청기 구입비 • 누나 치료 한약 구입	○(65세 2,000,000) ○(65세 300,000) ○(장애 300,000)
신용카드	×	○	• 본인 신용카드(아파트관리비 제외) • 부친 체크카드	○(신용 19,400,000 대중 600,000) ○(직불 6,000,000 전통 2,000,000)
월세	본인등		• 월세액	○(7,200,000)

(1) 보험료

① 본인

보장성보험-일반	500,000
보장성보험-장애인	
합 계	**500,000**

② 누나

보장성보험-일반	
보장성보험-장애인	700,000
합 계	**700,000**

(2) [의료비] 탭

의료비 공제대상자			6.본인등 해당여부	9.증빙 코드	지급처		10. 건수	지급명세					14.산후 조리원
성명	내/외	5.주민등록번호			8.상호	7.사업자 등록번호		11.금액	11-1.실손 보험수령액	12.미숙아 선천성이상아	13.난임 여부	
박경자	내	530807-2548718	2	0	1				2,000,000		X	X	X
함덕주	내	501223-1589321	2	0	1				300,000		X	X	X
함경리	내	881229-2509019	2	0	1				300,000		X	X	X
							합계		2,600,000				

일반의료비 (본인)		65세 이상자.장애인 건강보험산정특례자	2,600,000	일반의료비 (그 외)		난임시술비	
						미숙아.선천성이상아	

(3) [신용카드 등] 탭

소득명세	부양가족	신용카드 등	의료비	기부금	연금저축 등I	연금저축 등II	월세액	연말정산입력

	성명 생년월일	자료 구분	신용카드	직불,선불	현금영수증	도서등 신용	도서등 직불	도서등 현금	전통시장	대중교통	소비증가분	
											20x0년	20x1년
	함춘식	국세청	19,400,000							600,000		20,000,000
	1990-09-19	기타										
	함덕주	국세청		6,000,000					2,000,000			8,000,000
	1950-12-23	기타										

4. [월세액] 탭

| 1 | 월세액 세액공제 명세(연말정산입력 탭의 70.월세액) | | | | | | | 크게보기 |

임대인명 (상호)	주민등록번호 (사업자번호)	유형	계약 면적(㎡)	임대차계약서 상 주소지	계약서상 임대차 계약기간 개시일	~	종료일	연간 월세액	공제대상금액	세액공제금액
이고동	691126-1904701	아파트	84.00	경기도 안산시 단원구 중앙대	20x1-01-01	~	20x2-12-31	7,200,000	7,200,000	820,731

5. [연말정산입력] 탭 : F8부양가족탭불러오기 실행

구분	지출액	공제금액	구분	지출액	공제대상금액	공제금액
21.총급여		52,800,000	49.종합소득 과세표준			20,387,540
22.근로소득공제		12,390,000	50.산출세액			1,798,131
23.근로소득금액		40,410,000	51.「소득세법」 ▶			
기본공제 24.본인		1,500,000	52.「조세특례제한법」(53제외) ▶			
25.배우자			53.「조세특례제한법」제30조 ▶			
종합 추가공제 26.부양가족 3명)		4,500,000	54.조세조약 ▶			
27.경로우대 2명)		2,000,000	55.세액감면 계			
28.장애인 1명)		2,000,000	56.근로소득 세액공제			660,000
29.부녀자			57.자녀 ㉮자녀 명)			
30.한부모가족			세액공제 ㉯출산.입양 명)			
연금보험료공제 31.국민연금보험료	2,335,700	2,335,700	연금계좌 58.과학기술공제			
32.공적연금보험 공무원연금			59.근로자퇴직연금			
군인연금			60.연금저축			
사립학교교직원			60-1.ISA연금계좌전환			
별정우체국연금			특별세액공제 61.보장성보험 일반	500,000	500,000	500,000	60,000
특별소득공제 33.보험료	2,646,760	2,646,760	장애인	700,000	700,000	700,000	105,000
건강보험료	2,187,640	2,187,640	62.의료비	2,600,000	2,600,000	1,016,000	152,400
고용보험료	459,120	459,120	63.교육비			
34.주택차입금 대출기관			64.기부금			
원리금상환액 거주자			세액공제 1)정치자금 10만원이하			
34.장기주택저당차입금이자상			기부금 10만원초과			
35.기부금-2013년이전이월분			2)고향사랑 10만원이하			
36.특별소득공제 계		2,646,760	기부금 10만원초과			
37.차감소득금액		25,427,540	3)특례기부금(전액)			
38.개인연금저축			4)우리사주조합기부금			
39.소기업,소상 2015년이전가입			5)일반기부금(종교단체외)			
공인 공제부금 2016년이후가입			6)일반기부금(종교단체)			
40.주택 마련저축 소득공제 청약저축			65.특별세액공제 계			317,400
주택청약			66.표준세액공제			
근로자주택마련			67.납세조합공제			
41.투자조합출자 등 소득공제			68.주택차입금			
42.신용카드 등 사용액	28,000,000	5,040,000	69.외국납부 ▶			
43.우리사주조합 일반 등			70.월세액		7,200,000	7,200,000	820,731
출연금 벤처 등			71.세액공제 계			1,798,131
44.고용유지중소기업근로자			72.결정세액((50)-(55)-(71))			
45.장기집합투자증권저축			82.실효세율(%) [(72/21)]X100			
46.청년형장기집합투자증권저축						
47.그 밖의 소득공제 계		5,040,000				
48.소득공제 종합한도 초과액 ▶						

구분	소득세	지방소득세	농어촌특별세	계
73.결정세액				
기납부 세액 74.종(전)근무지	398,000	39,800		437,800
75.주(현)근무지	2,368,370	236,800		2,605,170
76.납부특례세액				
77.차감징수세액	-2,766,370	-276,600		-3,042,970

저자약력

- ■ 김영철 세무사
  - · 고려대학교 공과대학 산업공학과
  - · 한국방송통신대학 경영대학원 회계 · 세무전공
  - · (전)POSCO 광양제철소 생산관리부
  - · (전)삼성 SDI 천안(사) 경리/관리과장
  - · (전)강원랜드 회계팀장
  - · (전)코스닥상장법인CFO(ERP. ISO추진팀장)
  - · (전)농업진흥청/농어촌공사/소상공인지원센타 세법 · 회계강사

로그인 전산세무 2급

13판	발행 : 2025년 2월 18일	저자와의 협의하에 인지생략
저 자 : 김 영 철		
발 행 인 : 허 병 관		
발 행 처 : 도서출판 어울림		
주 소 : 서울시 영등포구 양산로 57-5, 1301호 (양평동3가)		
전 화 : 02-2232-8607, 8602		
팩 스 : 02-2232-8608		
등 록 : 제2-4071호		
Homepage : http://www.aubook.co.kr		

ISBN 978-89-6239-963-9 13320   정 가 : 30,000원